중국식 현대화의 논리

아시아총서 48

중국식 현대화의 논리 1

사회주의 중국을 움직이는 체계와 동력

류젠줜·천저우왕·왕스카이 지음
구성철·김미래·강애리·정혜미 옮김

산지니

일러두기

1. 본서는 2022년 상하이인민출판사에서 출간한 『정치논리: 현대 중국 사회주의 정치학(政治邏輯 : 當代中國社會主義政治學)』의 한국어판이다.

2. 본서는 현 중국공산당 중앙정치국 상무위원이자 전국인민정치협상회의 주석인 왕후닝(王滬寧)이 현 인민대학 총장인 제자 린상리(林尙立)와 함께 저술한 『정치의 논리: 마르크스주의 정치학 원리(政治的邏輯 : 馬克思主義政治學原理)』(상하이인민출판사, 2004)의 후속작이다.

3. 본서의 집필진은 푸단대 정치학과의 계보를 잇는 총 15인의 학자로 구성되었다. 류젠쥔(劉建軍, 제1장, 제2장, 제4장, 제7장 저자), 천저우왕(陳周旺, 제2장, 제7장 저자), 왕스카이(汪仕凱, 제3장, 제5장 저자) 3인이 공동으로 책임 편집을 맡았다. 위 3인을 제외한 저자로는 뤄펑(羅峰, 중국공산당 상하이시 당교 · 상하이 행정학원 원장, 제4장 저자), 왕중치(汪仲啟, 중국공산당 상하이시 당교 공공관리 교육연구부 부교수, 제6장 저자), 리웨이리(李威利, 푸단대 마르크스주의 학원 부교수, 제8장 저자), 슝이한(熊易寒, 푸단대 국제관계와 공공사무학원 부원장, 교수, 제9장 저자), 장수핑(張樹平, 상하이 사회과학원 정치와 공공관리연구소 부연구원, 제10장 저자), 하오스난(郝詩楠, 상하이 외국어대학 국제관계와 공공사무학원 부교수, 제11장 저자), 사오춘량(肖存良, 푸단대 마르크스주의학원 부교수, 제12장 저자) 리후이(李輝, 푸단대 국제관계와 공공사무학원 교수, 제13장 저자), 천야오(陳堯, 상하이 교통대 국제와 공공사무학원 교수, 제14장 저자), 장지(張驥, 푸단대 국제관계와 공공사무학원 부원장, 교수, 제15장 저자), 선젠민(申劍敏, 상하이 정법학원 부교수, 제7장 저자), 장란(張蘭, 푸단대 국제관계와 공공사무학원 박사후연구원, 제9장 저자)이 있다.

4. 인명과 고유명사는 국립국어원의 외래어 표기법을 따랐다.

5. 본문의 각주는 각 용어에 대한 추가설명이 필요한 경우에 한해 보충한 역자주이다.

6. 본문의 미주는 원문의 저자주로 국내 연구자의 편의를 지원하기 위해 번역하지 않고 게재했다.

축사

    이 책의 역자인 김미래 박사로부터 한국어판 출간을 기념하는 축사를 써달라는 요청을 받고 적잖이 영광스러워 기꺼이 승낙했다. 푸단대학 국제관계와 공공사무학원의 류젠쥔, 천저우왕, 왕스카이 교수가 공동 편집을 맡아 펴낸 이 책의 중문판(원제 『정치논리: 현대 중국 사회주의 정치학』)은 2022년 초판된 이후 이미 수차례에 걸쳐 재간행되며 중국 정치학계에서 매우 높은 평가를 받고 있다. 나는 비록 집필에 참여하지는 못했으나, 2019년부터 공동 편집을 받은 세 분의 학자 및 공저자들과 여러 차례에 걸쳐 토론과 교류를 거듭하였고, 이 책의 기획과 개요, 세부적인 집필 방침에 대한 논의에서부터 최종적으로 출판사에 원고를 송부하기까지의 모든 과정을 함께했다. 현대 중국의 정치학자로 구성된 이 책의 집필진은 중국정치의 근간에 기초해 세계정치의 발전 동향을 전망하였다. 이 책은 중국 고유의 정치담론에 의거해 현대 중국정치의 원리와 체계, 범주를 집성한 역작이며 중국적 언어체계로 정치를 논하고 자주적인 정치지식체계를 구축할 것을 주문하는 최근 중국 학술계의 요구를 실현하는 데 있어 매우 큰 영향력을 지닌 저작이다. 한국 정치학계의 동료들이 이 책의 번역판을 가장 먼저 읽어볼 수 있게 되어 기쁘기 그지 없다. 이에 흔연한 마음을 담아 몇 자 적으며 한국 정치학계의 동료들과 교감하면서 더불어 노력하자는 격려를 전하고자 한다.

중국에서 전해오는 격언으로 '우자구이, 지자구동(愚者求異, 智者求同)'이라는 말이 있다. 어리석은 이는 다름을 추구하고 지혜로운 이는 같음을 추구한다는 뜻인데 나는 여기에 '인자구통(仁者求通)', 인자한 이는 소통을 추구한다는 구절을 덧붙이고 싶다. 한국 학술계는 현대 중국의 정치와 사회에 대한 문화적 친연성과 높은 이해도를 지녔다. 이렇게 보면 한중 정치학계 간의 학술적 교류와 소통이 중국과 서구 정치학계 간의 교류와 소통보다 한층 원활해야 자연스러울 터이다. 그러나 그럼에도 불구하고 한중 양국의 정치제도와 정치발전과 노선, 나아가 정치이론에는 여전히 큰 차이가 존재한다. 그러나 우리가 사는 세계는 본래 차이로 구성되어 있다. '무릇 같지 않은 것이 사물의 본질(夫物之不齊, 物之情也)'이라고 한 맹자의 뜻이 여기에 있다. 각기 다른 다양하고 다채로운 세계를 마주했을 때 우리는 어떠한 태도를 취하는가? 이는 한중 정치학계가 교류하고 대화하는 과정에서 늘상 직면하는 철학적 문제로, 크게 세 가지 태도가 관찰된다. 첫째, 다름을 강조하는 대화법이다. 서로의 다름을 학술적으로 규명하는 시도에 의미가 없다고 할 수는 없겠으나, 이러한 태도는 때때로 피차간의 차이와 다름을 확대하고 과장해 서로 가는 길이 달라 함께하지 못한다는 한계만을 확인하게 하여 학술적 교류 본연의 의의를 잃게 만든다. 둘째, 같음을 바라는 대화법이다. 상대방의 변화를 목적으로 하면서 각자의 색안경을 쓰고 상대방을 들여다보는 것이다. 예컨대 한국정치의 색안경을 쓰고 중국정치를 바라보면서 중국의 정치가 한국처럼 변화하기를 기대하고, 중국정치의 색안경을 쓰고 한국의 정치가 중국과 같기를 희망하는 것이다. 이리 되면 정치적 왜곡과 굴절이라는 결과를 야기할 뿐 아니라 상대방에 대한 경계심만 고조시켜 정상적인 대화를 할 수 없다. 과거 꽤 오랫동안, 심지어 현재까지도 서구 정치학계는 중국 정치학계와 대화하는 과정에서 줄곧 중국의 정치를 변화시키려는 태도를 고수하면서 중국의 정치가 서구처럼 변화하기를 바라 마지않았다. 이것이 중국 주류 정치학계가 서구 정치학계에 거부감을 갖게 된 주된 원인이다.

셋째는 내가 바람직하다고 여기는 교류 모델로, 소통을 추구하는 대화법이다. 각자의 정치제도와 발전노선, 거버넌스 모델의 합리성에 대한 인정을 전제로, 인류 정치 전반을 관통하는 공통된 원리를 탐색하는 동시에 각자의 정치제도 및 국가 거버넌스를 끊임없이 보완하고 개선함으로써 각국 정치학계 간 교류와 대화가 인류 정치문명의 공동 발전이라는 목적에 도달하도록 하는 것이다. 나는 한중 학술계가 소통을 추구하는 이런 교류 모델을 통해 상호 발전하면서 서로를 심층적으로 이해하는 것이 무엇보다 중요하다고 생각한다. 중국정치를 심층적으로 이해하려면 중국 고유의 정치담론과 이론에 착목해야 한다. 그래야만 현대 중국정치의 결과 맥을 제대로 짚어낼수 있다. 최근 몇 년간 한국 정치학계의 동료들과 교류하는 과정에서 내가 받은 인상 중 하나는—반드시 정확하다고 할 수는 없겠으나—영미식 정치학의 훈련을 받은 한국의 정치학자는 중국정치를 연구할 때 영미식 정치학 개념과 이론, 모델을 통해 중국을 인식하고 해석하는 경향이 짙다는 것이다. 이러한 연구들의 경우 그 성과는 비교적 참신하다 할 수 있으나, 중국정치의 발전 동향을 판단하는 데 있어서는 실제와 상당한 오차를 보인다. 이로 인해 연구 자체가 위축되고 낙망을 겪게 된다.

이러한 현상이 시사하는 바는 무엇일까? 바로 중국의 정치발전은 내재적이고 독자적이며 외부 역량에 의해 제약되지 않는 독특한 역사와 논리에 따라 진행되었다는 것이다. 중국정치 안에서 그 내부의 입장을 제대로 관찰하지 못하면 이러한 역사와 논리를 발견하기 어렵다. 중국의 정치학 원서를 번역해 소개함으로써 중국정치의 본의(本義)를 이해하려는 시도가 필요한 까닭이 여기에 있다. 한국의 정치발전을 이해하려는 중국의 정치학계 또한 마찬가지로 한국의 정치학 논저를 읽고 연구하면서 한국의 정치변화와 발전을 이해하려 노력해야 한다. 한국에서는 이희옥 교수가 이끄는 성균중국연구소가 이러한 연구방법을 강조하고 있는 것으로 알고 있는데, 내가 보기에 이러한 연구방법은 하나의 학파를 구축할 수 있는 정도로 중대한 의의를 지닌다.

그 연장선상에서 이 책의 번역이 갖는 가치와 의의가 결코 가볍지 않음을 강조하지 않을 수 없다. 유수의 중국학자들이 모여 총 15장에 걸쳐 현대정치의 보편적 지식을 중국적 언어로 풀어내었다. 짐작하건대 한국의 독자들은 이 책을 읽으면서 이 책이 중국 특색의 정치학을 대표하고 있다는 인상을 강하게 받을 것이고 (이 책에서 논하는) 사회주의, 중국공산당, 전과정 인민민주, 자기혁명, 기층 당조직 건설, 협상정치, 공동부유, 당군관계, 인류운명공동체와 같은 적지 않은 개념들을 상당히 낯설게 느낄 수 있다. 만약 독자들이 '다름을 찾으려는' 의식과 태도로 이 책을 읽어나간다면 결국 도달하게 되는 결론은 명약관화하다. 중국정치는 세계정치, 그중에서도 한국 독자들이 익숙할 서구 정치학의 원리에 저촉되는 '이단'의 정치학이라는 것이다. 사실 이러한 감상은 비단 한국의 독자들에 국한되지 않는다. 오늘날 중국의 정치학 논저를 읽는 중국의 일부 독자들 또한 이러한 느낌을 가질 수 있다. 그러나 만약 그렇다면 이 책의 진수를 읽어내지 못한 것이다. 인류의 보편적 정치지식과 중국의 정치적 실천 사이에서 창조적 전환을 이뤄낸 현대 중국정치의 원리를 이해한다면 독자들은 이 책을 읽으며 특별한 수확을 얻을 수 있음을 대번에 깨닫게 될 것이다. 현대 중국은 더 나은 사회제도와 정치모델을 모색하는 과정에서 실상 매우 개방적인 태도를 견지하면서 인류 공통의 정치학적 성과를 수용하려 애썼다. 중국의 위정자들과 학자들은 중국 특색의 정치적 언어와 개념을 통해 이러한 인류 공통의 정치학적 성과를 재구성했다. 다시 말해 독자들이 다소 생소하다고 느낄 수 있는 이른바 중국 특색의 정치학 개념에는 실인즉 인류 정치문명의 보편적 지식과 원리가 묻어 있다. 나아가 슬기로운 독자라면 배타성을 초극해 총체적인 진리를 깨닫는 '회통(會通)'법으로 이 책을 읽어나가면서 중국 특색의 정치학 개념을 인류 공통의 보편적 원리와 지식으로 승화해 소화할 수 있으리라 생각한다. 이로써 독자들은 중국 고유의 개념에 입각해 중국정치를 이해하고 설명할 수 있게 되고 중국정치의 과거와 현재, 미래를 파악할 수 있게 되며, 이를 바탕으로 차이를 인식함으로써 인류 전체를 관통하는 정치지식과 가치를 체득할 수 있게 된다.

중국정치는 인류 정치발전사에서 줄곧 중요한 위치를 점하고 있다. 과거 100여 년간 서구 정치문명이 세계에 끼친 영향은 지대하였으나, 기이하게도 중국에 한해서는 그 영향력을 확대하지 못하였다. 서구 정치문명의 영향력이 중국에 한해 마비되는 것은 그 영향력이 축소되었거나, 의도적으로 중국에 영향력을 확대하기를 거부한 탓이 아니다. 중국정치에 내재된 역사와 논리가, 특히 정치에 대한 중국 특유의 이해와 인식, 실천 및 창조가 중국에 대한 서구 정치문명의 과도한 영향을 억제하고 독자적이고 자주적인 방식으로 스스로의 정치발전 노선을 개척하도록 추동했기 때문이다. 이는 20세기 이후 세계정치에서 보기 드문 매우 중요한 정치현상이나, 이제껏 세계 정치학계는 여기에 주목하지 않았다. 이 책은 그간 국제 학술계에서 충분히 이루어지지 못한, 서구 정치문명으로부터 자율성을 확보할 수 있었던 중국정치의 역사와 논리를 본격적으로 규명하고 있다. 그렇기에 나는 이 책의 한국어판 출간이 더 반갑다. 이 책에 대한 한국 정치학자들의 다양한 고견을 청취함으로써 저자들이 책을 한층 보완할 수 있는 기회를 가질 수 있기를 기대한다.

마테오 리치와 함께 서양 고전을 중국어로, 유교 경전을 라틴어로 번역한 명말의 사상가 서광계(徐光啟)는 "넘어서려면 반드시 수용해야 하고 수용하기 전에 먼저 번역해야 한다(欲求超勝, 必先會通, 會通之前, 必先翻譯)"고 했다. 예로부터 번역자는 문화 교류의 사자(使者)이자 숨은 스승이었다. 그렇기에 마지막으로 이 책을 번역한 역자들께 심심한 감사를 전하고자 한다. 푸단대학 국제관계와 공공사무학원의 박사후 연구원인 김미래 박사를 비롯하여 본원을 졸업한 구성철 박사, 본원에서 수학하고 있는 강애리 박사생과 정혜미 박사생 네 분의 역자는 중국에서 오랜 시간 공부한 한국인 유학생들로, 깊은 중국어 내공과 고매한 학술적 이상과 지향을 지녔다. 이들의 훌륭한 번역으로 말미암아 이 책의 본뜻이 한국의 독자들에게 온전히 전달될 것으로 믿어 의심치 않는다. 아울러 역서의 출판을 허락해준 산지니 출판사의 강수걸 대표님과 편집과 교정에 정성을 다한 편집자분들께 진심 어린 감사를 표한다.

2024년 춘절, 중국 푸단대학 문과루에서
푸단대 국제관계와 공공사무학원 원장
쑤창허(蘇長和)

한국어판 서문

이 책이 한국에서 출간되는 것을 기념해 한국 독자들과 몇 가지 생각을 나누고자 한다.

중국은 세계 어느 곳을 둘러봐도 찾아보기 어려운 매우 독특한 국가이다. 세계 4대 문명 중에서 문화적 단층(斷層)을 경험하지 않은 국가는 중국이 유일하다. 그러나 이 '한 번도 중단된 적이 없는 문명'은 양가적인 의미를 갖는다. 중국에서 역사는 종교를 대신하는, 중국인의 근본적 신앙과 원대한 포부를 담지한 정신자원(Spiritual Resource)이다. 오늘날 중국의 정치 지도층이 부르짖는 중화민족의 위대한 부흥도 결국 역사라는 정신자원에서 유래한 것이다. 한편 유구한 역사는 역설적으로 영원히 떨쳐낼 수 없는 부담과 압력으로 작용하기도 한다. 이렇듯 거대한 책임을 묵묵히 감당할 수 있는 국가는 전 세계를 통틀어 아마도 중국뿐일 것이다.

중국은 또한 유명한 인구 대국이다. 수많은 인구는 중국이 품고 있는 초대형 규모의 사회적 유기체를 상징한다. 방대한 사회적 유기체를 유지하고 운영하기 위해서는 엄청난 자원이 소요된다. 중국의 역사를 들여다보면 대다수의 중국인이 매우 오랫동안 극도의 물질적 궁핍 속에서 살아왔다는 것을 어렵지 않게 알 수 있다. 처참한 수준의 영아사망률, 출산의 고위험도, 평균수명과 같은 지표가 말해주듯이 보통의 중국인들은 상당 기간 매우 고달픈 생활을 했다. 중국의 광활한 영토 또한 유구한 역사와 마찬가지로 양면성을 갖고 있다. 광활한 영토에는 풍족한 자원뿐 아니라 일종의 대국적 기상이 깃들어 있다. 그러나 다른 한편으로는 높은 내부이질성과 국가안전의 고충이 병존한다. 더욱이 중국은 미국과 달리 천혜의 지리적 이점을 갖지 못했기 때문에 복잡한 지정학적 위험과 국제적 분쟁에서 자유롭지 못하다. 맹자(孟子)가 말한 '광토중민(廣土眾民)', 땅이 넓고 백성이 많은 것은 하나의 자원인 동시에 무거운 책임인 것이다.

인민의 좋은 삶을 창조하고 인민의 삶의 질을 높여야 하는 중국공산당의 숙명과도 같은 사명은 이러한 유구한 역사, 막대한 인구, 광활한 영토에서 비롯된 책임과 표리를 이룬다. 중국은 사회주의만이 이를 극복할 수 있다는 판단하에 기존의 전통 관념을 폐기하고 사회주의를 선택했고, 현재까지 흔들리지 않고 사회주의 노선을 걷고 있다. 중국의 국가와 시장·자본의 관계, 근래 중국이 추진한 빈곤과의 전쟁, 공동부유(共同富裕)의 이론적·실천적 연원이 모두 역사/인구/영토에 대한 사회주의의 책임에서 비롯되었다고 해도 과언이 아니다. 이 책의 부제가 '현대 중국 사회주의 정치학'인 까닭도 여기에 있다. 사회주의 정당인 중국공산당은 한국인들이 흔히 알고 있는 '정당'과는 전혀 다른 성격을 가졌다. 중국공산당은 중화인민공화국의 창립자일 뿐 아니라 선거공학적 이해를 초월해 (국가와 인민에) 무한 책임을 지는 영도형 정당이다. 현대 중국의 정치·제도적 환경은 중국공산당이 '사회'와 '유권자'의 환심을 사는 데 골몰하는 포퓰리즘의 함정에 빠지지 않도록 설계되어 있다. 따라서 중국공산당은 초극적인 위치에서 자원을 배분하고 국가전략을 조정할 수 있는 것이다.

이러한 유구한 역사, 막대한 인구, 광활한 영토, 중국공산당 영도는 곧 초장기 역사, 초대형 사회, 초대형 국가, 초대형 정당—2022년

말 기준 중국공산당이 보유한 당원 수는 9,804만 1,000명으로 약 1억 명에 육박한다―이라는 현대 중국을 구성하는 4가지 속성으로 귀결된다. 이 4가지 속성을 이해해야만 오늘날 중국의 선택을 이해할 수 있다. 이 책은 이러한 4가지 속성을 좌표로 하여 독자들이 중국을 보다 정확하게 이해할 수 있는 위치와 시점을 제공하려 하였다. 이 책이 한국 독자들이 중국을 이해하는 '공감'의 밑바탕이 되기를 희망한다.

이 서문을 끝맺기 전에, 이 책의 출판을 위해 애써주신 분들께 진심 어린 감사를 표하고자 한다. 먼저 이 책을 비롯해 유수한 중국 학술서 번역에 열과 성을 다해주신 산지니 출판사의 강수걸 대표님과 편집 자분들께 깊은 감사의 말씀을 전한다. 나의 애제자 김미래 박사를 비롯한 네 분의 역자께도 특별히 감사를 표하고 싶다. 체계와 환경이 전혀 다른 두 언어를 조율하기만도 어려운 일인데, 더구나 이 책은 중국적 맥락에 대한 이해 없이는 옮겨내기 어려운 내용을 담고 있다 보니 역자들의 노고와 고민이 무척 컸으리라. 이 책의 한국어 번역을 맡아준 김미래 박사, 구성철 박사, 강애리 박사생, 정혜미 박사생 모두 푸단대 국제관계와 공공사무학원이 배출한 우수한 청년학자들 이기에 더욱 흐뭇하고 기쁜 마음이다. 한국 독자들과 이 책에 대해 토론할 날을 고대하며 서문을 마친다.

2023년 6월 24일, 중국 푸단대학에서
저자를 대표하여 류젠쥔(劉建軍)

머리말

　본서의 목적은 현대 중국의 정치발전 과정에 대한 분석이나 정치체계·제도에 대한 연구가 아닌, 현대 중국의 사회주의 정치학 자체를 대상으로 그 기본적인 명제와 원리를 집약하는 데 있음을 밝혀둔다. 나아가 본서는 단면적인 연구 범위에 대한 확장이나 연구방법의 혁신에 주력하는 것이 아니라 정치지식체계 자체가 새로운 진전을 이루는 데 기여하고자 하였다. 요컨대 본서는 푸단대학의 현직 정치학자들이 선배 정치학자들이 초석을 놓은 마르크스주의 정치학 원리라는 학과체계를 계승해 중국이 국가 거버넌스 체계와 거버넌스 능력의 현대화에 매진하고 있는 신시대(新時代)의 시점에서 새롭게 내놓은 지적 산물이라고 할 수 있다. 원리를 추출하고 체계를 구축하려 한 본서의 지식화 노력이 세계 정치학계에 보다 독창적인 이론적 공간을 제시할 수 있기를 희망한다.

　현대 중국의 사회주의 건설과정은 인류 역사상 특기할 만한 실천임에는 의심의 여지가 없다고 할 것이다. 중단된 적이 없는 유구한 역사와 문명, 12억 인구를 품은 초대형 사회, 광활한 지역을 포함한 초대형 국가라는 삼중(三重)의 환경이 교차하는 국가 또는 문명체에 의해 추진된 현대화는 고금에 보기 드문 사례이기 때문이다. 더 놀라운 점은 이러한 삼중의 환경은 중국과 세계의 교류, 사회주의 세계의 극심한 부침, 글로벌화의 진행과 인터넷 시대의 도래라는 중대한 변

혁과 중첩되어 현대 중국이 사회주의 현대화 노선을 추진하는 데
있어 예측하기 어려운 복잡성을 더해주었다는 것이다. 그럼에도 불
구하고 중국은 유례없는 큰 성과를 이뤄냈으며, 모방할 대상도, 참조
할 만한 노선도, 복제할 만한 모델도 없었던 상황에서 추진된 중국의
현대화 사업은 새로운 노선을 개척해냈다. 이른바 중국모델과 중국
노선, 중국경험의 의의가 여기에 있으며, 현대 사회주의 정치학의
매력 또한 여기에서 비롯된다.

　이쯤에서 우리는 몇 가지 의문을 제기하지 않을 수 없다. 중국모델
로 함축되는 중국식 현대화 실천은 어떻게 전통으로부터 탈피했으
며, 서구화 노선을 초월할 수 있었는가? 중국은 어떻게 자신의 노력
과 지혜를 발휘해 현대화의 첨단에 위치한 서방세계가 이해하기 어
려운 혁신적인 활로를 마련할 수 있었는가?

　본서는 이러한 의문을 바탕으로 현대 중국의 사회주의 정치학 지
식체계를 구축하고자 하는 의욕을 움트려는 목적에서 집필되었다.
현대 중국의 사회주의 현대화라는 괄목할 만한 실천과 성과는 무엇
보다 적합한 노선과 제도, 거버넌스 모델의 선택에 힘입은 바 크다.
정치는 현대화의 연료로 기능했고, 정치를 주도하는 가장 핵심적인
역량으로서의 중국공산당은 민심을 통합하고 역량을 결집하는 엔진
역할을 하였다. 분명히 주지해야 할 점은 학설이자 이론, 가치이자
노선으로서의 사회주의가 현대 중국 정치발전의 주축을 확립했다는
것이다. 사회주의가 형성한 주축에 따라 '인민지상(人民至上)'의 원
칙이 순조롭게 중국공산당과 국가 거버넌스의 주요 강령으로 자리
잡을 수 있었다. 이에 본서는 '정치는 아름다운 인간생활을 실현하는
기본 방식'이라는 가장 원초적이면서 원칙적인 중요한 명제를 제시
했다. 이러한 명제는 정치를 새롭게 정의하려는 우리의 학술적 노력

을 반영한다. 정치는 가치의 권위적 배분이나 정치세력 간의 경쟁과 기만이 아니며, 특정 자본이 독점을 유지할 수 있도록 하는 보호막은 더더욱 아니다. 정치의 초심과 취지는 인민의 좋은 삶을 조성하는 데 있다. 나아가 경제는 이익의 최대 추구가 아니라 세상을 다스리고 백성을 구제하는 '경세제민(經世濟民)'이다. 문화는 우월한 지위를 과시하는 패권이 아닌 인간과 자연, 인간과 인간의 공생의 산물이다. 『예기(禮記)』에서 말한 "강함과 유함이 뒤섞이는 것이 곧 천문이고, 문명으로서 그치게 하니 이것이 인문이다. 천문을 관찰하여 사시의 변화를 살피고, 인문을 관찰하여 천하를 교화하여 이룬다(剛柔交錯, 天文也. 文明以止, 人文也. 觀乎天文, 以察時變, 觀乎人文, 以化成天下)."는 뜻이 여기에 있다. 인류에 대한 지식과 문명의 공헌은 양적 축적이 아닌 표준을 정립하는 데 있다. 이러한 목표를 이루기 위한 방법은 우리가 처한 세계를 새롭게 정의하고 표준을 재정립하며, 자연과 사회, 정치를 위한 바른 도리를 새롭게 제시하는 것이다. 여기에 기초해 본서는 아름다운 인간생활을 실현하는 기본 방식이자 주체로 서의 '유기적으로 통일된 정치형태(有機統一的政治形態)'와 더불어 초심을 잃지 않고 초심으로 회귀하는 행위자로서의 정당에 대해 새 롭게 논하고자 하였다. 본서가 담고 있는 일관된, 포괄적·규범적 명제는 중국공산당 영도, 인민주권, 의법치국(依法治國, 법에 의한 국정운영)의 유기적 통일이다. 이러한 '유기적 통일의 정치'는 현대 중국의 사회주의 정치형태가 실상 일종의 정치적 통합이자 정치적 창조의 결과이며, 나아가 하나의 새로운 형태의 정치문명임을 의미 한다. 정치를 주도하는 가장 핵심적인 역량으로서의 정당은 현대 중 국의 현대화 과정에서 가장 중요한 정치적 행위자이다. 중국공산당 은 서구 주류 정치학 이론에서 논하는 경쟁적이고 대립적인 체제하의 정당과 다르다. 중국공산당은 "초심을 잃지 않고 사명을 명심하는(不忘初心, 牢記使命)" 선진적인 정치역량이다. 시진핑 총서기가 제19차 전국대표대회 보고에서 언급한 것과 같이 "초심을 잃지 않아야 유종의 미를 거둘 수 있고 중국공산당의 초심과 사명은 인민의 행복과 중화민족의 부흥을 모색하는 데 있다." 중국은 그 자신의 역사와 문화와 더불어 근대에 겪은 시련으로 말미암아 강건하면서도 적합한 리더십을 통해 인민의 행복과 민족의 부흥을 추구하고자 하는 정치적 유전자를 형성했다. 중국공산당 영도, 인민주권, 의법치국의 유기적 통일이 본서의 일관된 명제라고 한다면, 중국 특색 사회주의의 가장 본질적인 특징으로서의 중국공산당 영도는 본서의 가장 핵심적인 명제에 해당한다. 현대 중국의 사회주의 정치는 선거 승률에 대한 예측이나 선거구 획정의 기교와 방법 고안에 골몰하고 경선이후 인사 구성에 주목하는 서구 주류 정치학과 달리 인민의 행복과 민족 부흥의 실현에 집중한다. 이러한 논지를 바탕으로 본서는 민주에 대한 재정의라는 학술적 소명에 부응하고자 하였다. 요컨대 민주는 정치적 무대에서의 과장된 수식이나 길항적인 정치체제 내에서만연한 상호 부정이 아니며, 자본의 논리에 의해 통제되는 권력의 배분은 더더욱 아니다. 민주란 '민의의 지속적인 표현과 실현'이다. 지속적으로 부단히 표현되는 민의와 그러한 민의를 실현하는 과정이곧 '전과정 인민민주(全過程人民民主)'의 실천인 것이다. 본서는 이러한 논리 안에서 정치와 민주에 대한 재정립이라는 주어진 학술적의무를 이행하고자 하였다. 정치란 근본적으로 '정통인화(政通人和, 좋은 정치로 인민을 화목하게 함)'와 '국태민안(國泰民安, 국가와 인민을 편안하게 함)'으로 요약될 수 있으며, 이는 곧 정치적으로실현된 사회주의의 본질이자 사회주의 정신의 외적 표현이며, 사회주의 목표의 궁극적 실현에 해당한다. 정통인화의 전제가 '전과정 인민민주'를 통해 구현되는 인민주권이라면, 국태민안의 전제는 중국공산당이 주도하는 국가 거버넌스 체계와 거버넌스 능력의 현대화이다. 정통인화와 국태민안이 곧 정치의 근본 취지라는 것이 본서가 구성하려 한 현대 중국 사회주의 정치학 체계의 출발점이다.

나아가 본서는 다음과 같은 14가지 중대한 정치적 명제를 제시하여 현대 중국 사회주의 정치학의 기본적인 체계와 원리를 구체화하고자 하였다.

1. 정치는 아름다운 인간생활을 실현하는 기본 방식이다.

2. 현대 중국의 사회주의 정치형태는 중국공산당 영도와 인민주권, 의법치국이라는 3가지 요소의 유기적 통일로 이루어진다.

3. 중국공산당은 정치를 주도하는 가장 핵심적인 역량이며 이는 중국 특색 사회주의의 가장 본질적인 특징이다.

4. 인민이 국가제도를 규정하고 국가제도는 인민주권을 실현한다.

5. 중국 특색 사회주의 법치 국가는 정치성과 규범성의 합일을 추구한다.

6. 국가 거버넌스 체계와 거버넌스 능력의 현대화는 중국 정치발전의 거시적 목적에 해당한다.

7. 사회주의 공유제는 공동부유(共同富裕)를 실현하는 제도적 근간이다.

8. 국가와 사회는 공생관계에 있다.

9. 마르크스주의는 사회주의 국가의 이론적 무기이다.

10. 군대에 대한 당의 절대적 영도는 정치규범에 입각해 군을 건설하는 정치건군(政治建軍)의 근본 원칙이다.

11. 협상과 통합은 중국 정치운영의 기본 메커니즘이다.

12. 자기혁명은 중국공산당의 정치적 특질을 함축한다.

13. 민족부흥은 중국 인민의 공통된 염원이자 목표이다.

14. 인류운명공동체의 건설은 인류사회의 공동가치이다.

이러한 14가지 명제에서 구성되고 변화 · 발전한 현대 중국 사회주의 정치학 체계는 (사회주의 정치체제의) 가치와 취지, 형태와 제도, 원동력과 목표에 관련한 이론을 집대성한 결과물이다. 그러므로 현대 중국 정치학은 사실상 사회주의 정치학이라고 할 수 있다. 사회주의는 현대 중국정치가 마땅히 추구해야 할 큰 도리(大道)의 형성에 주도적인 역할을 한다. 이른바 정치논리란 정치의 본질과 정신, 도리를 모두 포함한다. 이러한 시각에서 본다면 민족부흥과 원만한 생활, 공동부유, 빈곤해소 등이 모두 현대 중국의 '사회주의'가 담지한 도리를 반영한다고 할 수 있다. 자본주의 정치학에서 강조하는 정당성(合法性)이라는 기치의 이면에 권력을 추구하고 배분하는 (정치공학적) '기술(術)'이 존재한다고 한다면, 사회주의 정치학에서 강조하는 인민정권(人民政權)과 인민민주(人民民主)에는 사회주의 정신을 투영하는 '도리(道)'가 깃들어 있다고 하겠다. 예컨대 서구 학자들이 주장하는 민주평화론, 패권안정론, 집단안보론은 '정치적 기술'에, 인류운명공동체는 '정치적 도리'에 중점을 두었다고 할 수 있다. 정치적 기술은 세력과 책략의 조합이며, 정치적 도리는 가치와 온정의 실현이다. 따라서 본서의 가치적 관점 또한 사회주의에 기초하고 있으며, 사회주의 정치의 본질, 즉 사회주의 정치논리를 제시하는 데 그 목적이 있다. 정치는 아름다운 인간생활을 실현하는 기본 방식이며 이것이 곧 현대 중국 사회주의 정치의 주지(主旨)에 다름 아니다. 여기에는 분산적 · 제약적 · 대립적인 정치관에 대한 초월 및 극복뿐 아니라, 정치의 본질로 회귀해 다시금 정치에 영혼을 불어넣으며 '돌봄(關懷)'의 소명을 실천하려는 의지가 담겨 있다. 현대 중국의 사회주의 정치형태는 중국공산당 영도와 인민주권, 의법치국이라는 3가지 요소의 유기적 통일로 구성된다. 이러한 유기적 통일의 정치형태는 유기성과 통일성이라는 두 가지 성질을 내포하는데 유기성은 정치적 유기체 내부의 상호의존을, 통일성은 정치적 역량의 결집과 표출을 뜻한다. 이러한 유기적 통일의 정치형태는 중국 특유의 '합일(合一)' 문화와 집체성 사고가 발현된 결과물이며, 앞서 언급한 중국공산당 영도, 인민주권, 의법치국이라는 3가지 요소를 통해 운영된다. 정치를 주도하는 가장 핵심적인 역량으로서의 중국공산당은 경쟁적이고 대립적인 정치체제하의 정당과는 다른 사명을 지닌다. 중국공산당은 권력이 아닌 인민 속에 자리하고 있으며, 현대 중국의 정치체계는 납세인이 아닌 인민을 위해 봉사한다. 다시 말해 현대 중국의 사회주의 정치체계는 자본의 논리가 아닌 인민주권의 논리에 근거해 운영되는 것이다. 법치는 중국이 현대 국가의 반열에 들어섰다는 방증이며, 현대 사회주의 국가의 가장 기본적인 국가작용 형태이다. 이러한 유기적 통일의 정치형태는 아래와 같은 현대 중국 사회주의 정치학의 주요 전제를 포함한다. 첫째, 중국공산당은 정치를 주도하는 가장 핵심적인 역량이며, 중국공산당 영도는 중국 특색 사회주의의 가장 본질적인 특징이다. 둘째, 인민이 국가를 규정하고 국가는 제도를 통해 인민주권을 실현한다. 셋째, 중국 특색 사회주의 법치 국가는 정치성과 규범성의 합일을 추구한다. 이로 미루어 볼 때 현대 중국의 정치체계에는 서구 주류 정치학은 물론 타 문명권과는 판이한 새로운 패러다임이 내재하고 있음을 알 수 있다. 왜냐하면 현대 중국의 정치체계는 신과 인간, 국가와 사회, 집단과 개인, 자아와 타자 간의 대립 또는 분리의 논리가 아닌, (양자의) 유기적 통일과 관련주의(關聯主義), 양성(良性)적 상호작용의 논리를 바탕으로 형성되었기 때문이다. '분절(分)'을 통해 다수의 의사를 표현하는 것이 서구정치의 논리라면, '통합(合)'을 통해 민심을 응집시키는 것이 중국정치의 논리이다. 역사학자 첸무(錢穆) 선생은 일찍이 『국사대강(國史大綱)』에서 "서양은 눈앞에 닥친 '힘(力)'의 전쟁에 주력하고 중국은 항시 '정(情)'의 융합에 힘쓴다."고 말한 바 있다. 분절된 국면에서 각각의 정치행위자는 강력한 세력을 구축하고 이를 공고히 하는 데 몰두한다. 반면 통합된 체계는 인민의 지지와 성숙된 민의를 토대로 공동체의 평화와 행복을 추구한다. 유기적 통일과 관련주의, 양성 상호작용의 논리는 중국문화가 내포한 자양분과 현대 중국이 이룩한 현대화 성과, 이에 대한 인민의 동의와 지지, 나아가 중국공산당의 국정 운영 규범의 확립에 기인한 바 크다.

본서는 사회주의 정치의 가치와 취지, 형태에 초점을 맞춰 사회주의 원칙과 정신을 실현하고, 중국공산당 영도와 인민주권, 법치의 유기적 통일을 담보하는 제도적 보장과 체계에 대해 논술하였다. 주요 내용은 다음과 같은 5가지 명제로 요약해볼 수 있다. 첫째, 국가 거버넌스 체계와 거버넌스 능력의 현대화는 중국 정치발전의 거시적 목적에 해당한다. 둘째, 사회주의 공유제는 공동부유(共同富裕)를 실현하는 제도적 근간이다. 셋째, 국가와 사회는 공생관계에 있다. 넷째, 마르크스주의는 사회주의 국가의 이론적 무기이다. 다섯째, 군대에 대한 당의 절대적 영도는 정치규범에 입각해 군을 건설하는 정치건군(政治建軍)의 근본 원칙이다. 물론 어떤 국가든 그 정치발전 과정이 순조로울 수만은 없으며, 정치체계 또한 고정 불변할 수 없다. 따라서 현대 중국의 사회주의 정치발전의 원동력은 어디에 있는가 하는 매우 중요한 문제가 대두된다. 이러한 문제를 반추하는 과정은 곧 본서가 견지하는 변증법적 유물론·역사적 유물론의 방법론을 활용하는 과정인 동시에, 현대 중국의 정치·사회발전 원리에 대한 설명을 제시하는 과정이기도 하다. 이러한 문제에 착안하여 본서는 협상과 통합이라는 중국 정치운영의 기본 메커니즘과 중국공산당의 정치적 특질을 상징하는 자기혁명을 통해 현대 중국이 서구 자본주의 국가 및 소련과 동유럽 사회주의 국가와는 완전히 다른 정치발전 메커니즘을 보유하고 있음을 설명하였다. 모든 정치는 특정한 목적을 지향한다. 예컨대 마르크스주의 정치학의 경우 궁극적으로 공산주의와 자유인들의 연합체 구현을 지향한다. 현대 중국 사회주의 정치학이 지향하는 목적은 민족부흥과 인류운명공동체 건설로 압축된다.

더욱 강조하고 싶은 점은 본서는 단순한 이론적 생산이 아닌 역사와 현실, 이론과 실천, 중국과 세계, 패러다임과 경험적 근거라는 4중(四重)차원에 걸친 양가적 요소들의 상호 영향 속에서 현대 중국 사회주의 정치학 원리를 탐색하고 제시하려 하였다는 것이다. 따라서 다음과 같은 4가지 측면에 착안하였다. 첫째, 현대 중국의 사회주의 정치는 역사와 현실이 융합되고 현실이 역사를 초월하는 과정에서 점차 형성되어, 역사적 관성을 지니는 동시에 역사를 초월하고 극복하려는 특성을 보인다. 둘째, 현대 중국의 사회주의 정치는 이론과 실천이 상호 결합하고 학습하며 교정하는 과정에서 비롯되었다. 예컨대 정치 지도자의 언설은 중국정치·사회 발전의 기본 원리를 규정하며, 현대 중국의 파란만장한 실천은 정치문헌과 정치이론의 혁신과 발전을 촉진한다. 셋째, 현대 중국의 사회주의 정치는 상대적으로 한정된 발전공간을 갖고 있던 전근대 중국의 정치와 달리 건국 직후 줄곧 세계와 긴밀히 연관되어 왔다. 따라서 본서는 현대 중국 사회주의 정치학 원리를 탐색하고 제시하는 데 있어 중국과 세계의 관계를 주요한 좌표로 설정하고 이를 일관되게 견지하였다. 넷째, 현대 중국 사회주의 정치학의 가장 큰 학술적 공헌은 기존의 지배적 이론 및 사고를 극복하고 나아가 반증하는 데 있다. 서구 주류 정치학의 주요 이론을 유일한 준칙으로 한 패러다임들은 중국의 현실 앞에서 이전처럼 그 설득력을 과시하거나 자신하기 어렵게 되었다. 본서는 사회주의 정치학이 서구 주류 정치학의 패러다임을 초월하고 나름의 빛을 발하는 경계에 서 있다고 하겠다. 이제까지 논한 14가지 주요 명제와 그 논리적 관련성은 다음과 같은 도식으로 설명할 수 있다.

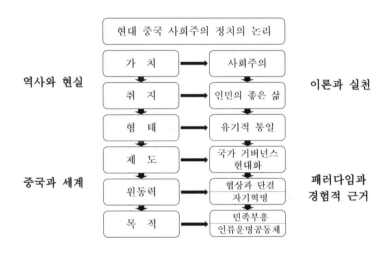

본서는 협업의 결과물이다. 본서의 집필에 참여한 모든 저자들은 푸단대 정치학과라는 산실에서 지혜와 얼을 체득한 이들로, 푸단대 정치학과와는 단절될 수 없는 피와 살처럼 연결되어 있다. 푸단대 정치학과는 찬란한 발전 과정을 겪었고 이 과정에서 숭고하면서도 명예로운 사명을 짊어지게 되었다. 본서의 집필진은 이러한 사명을 이행하고자 하는 일종의 의기투합의 집합체라고 보아도 될 것 같다. 주요 기획자의 한 사람으로서 모든 집필진이 겪은 노동의 수고와 사색의 고통에 깊은 감사를 표한다.

　엄밀히 말해 우리의 탐색과 고찰은 시작 단계에 불과하다. 그럼에도 불구하고 우리의 노력이 현대 중국 사회주의 정치학의 발전에 미약하나마 기여할 수 있기를 희망한다. 더불어 현대 중국 사회주의 정치학이 지식세계를 수놓는 하나의 별로 자리 잡아 인류의 정치지식체계 발전에 이바지하고, 인류가 정치현상의 오묘함을 탐구하고 본질을 분석하며 그 이면의 준칙을 규명하는 데 일련의 지혜와 시사점을 제공할 수 있기를 기대한다.

차례

차례 ⋯⋯⋯⋯⋯⋯⋯⋯⋯⋯⋯⋯⋯⋯⋯⋯⋯⋯⋯⋯⋯⋯ **2권**

제1장
현대 중국 사회주의 정치학의
양상과 특징

1. 근원과 형성

1949년 중화인민공화국이 건립되면서 중국공산당은 부분적 집권 상태에서 전면적 집권 상태로, 지방정권에서 중앙정권으로 변모했다. 중국이 사회주의 국가를 건설해나가는 전인미답의 과정은 현대 국가의 거버넌스와 발전에 있어 유일무이한 경험을 제공했을 뿐 아니라 사회주의 정치학이 형성되고 발전할 수 있는 토양을 마련했다. 건국 이후 70여 년의 경험과 노선, 모델이 총체적으로 결합해 현대 중국 사회주의 정치학이라는 독특한 분과 학문을 배양해냈으며, 이는 중국의 사회주의 현대화 과정을 해석하는 데 있어 중요한 지식자원이다. 왜냐하면 중국과 같은 초장기(超長期)의 역사를 지닌 초대형 국가이자 사회가 추진한 현대화 사업은 고금에 보기 드문 사례로, 당시 모방할 만한 노선이나 모델도 전혀 주어지지 않았기 때문이다. 현대화 과정은 반드시 과학적 이론에 근거해 설계되어야 하며, 과학적 이론은 반드시 실제 현대화 과정에서 얻은 경험과 교훈을 바탕으로 부단히 보완·발전되어야 한다.

현대 중국 사회주의 정치학의 형성은 매우 중요한 국제적 배경을 갖는다. 특히 100년간 미증유의 대변화 국면(百年未有之大變局)이 도래함에 따라 현대 중국 사회주의 정치학이 내포한 냉정과 성숙이라는 특성이 한층 더 부각될 수 있었다. 학술적 관점에서 (사회주의 정치학이 부각될 기회를 제공한) 100년간 미증유의 대변화 국면을 풀이하면 다음과 같다. 첫째, 서구 자본주의 정치제도가 처한 딜레마와 그 역사적 한계가 차츰 노정·확산되고 있다. 자본주의 정치제도는 이미 통제불능의 사회와 급변하는 국제질서의 재편성에 제대로 대응하지 못할 뿐 아니라, 고도로 분열된 사회구조로 인해 민의를 경청하는 경로가 단절되어 국가발전의 지침인 일반의지가 그 빛을 잃어가는 등 줄곧 자긍하던 '민주제도'가 심각한 폐단을 드러내고 있다. 요컨대 자본주의 국가의 부실한 상부구조와 나날이 양극화되는 사회구조, 다극화된 국제질서, 서구 선진국들의 글로벌 자원 독점에 대한 개발도상국들의 도전 등이 복합적으로 작용해 전례 없는 딜레마와 위기가 도래하고 있다. 둘째, 자본주의 국가의 정치제도를 맹목적으로 모방했던 다수의 개발도상국은 엄중한 정치적 혼란과 퇴보를 겪었다. 셋째, 소련의 해체와 동유럽 사회주의의 붕괴가 조성한 불안정이다. 소련의 해체와 동유럽의 격변은 20세기를 장식한 대사건임에도 학계는 지금까지 어떤 설득력 있는 해석도 내놓지 못하고 있다. 그러나 한 가지 분명한 것은 이러한 일련의 역사적 사건이 중국이 사회주의 노선을 유지·발전시키는 데 반면교사로 작용했으며, 이를 통해 중국이 얻은 경험과 교훈은 현대 중국 사회주의 정치학의 형성과 발전에 매우 중요한 원동력이 되었다는 점이다. 현대 중국 사회주의 정치학은 중국의 사회주의 현대화 과정을 견인하고 개괄하는 지식체계로서, 마르크스주의에 입각해 유구한 중국의 정치전통과 대화하는 한편 서구 주류 정치학 체계에 대한 반성과 초극을 시도하고 타국이 정치 변천 과정에서 겪은 시행착오의 교훈을 체계적으로 반추하는 과정에서 차츰 움트고 성장하였다. 즉 현대 중국 사회주의 정치학은 중국의 현실에 근간을 두고 중국의 사회주의 현대화 과정과 성과를 과학적으로 종합하는 과정에서 형성된 독자적인 지식체계이다. 현대 중국 사회주의 정치학의 지적 기반 및 사상적 연원은 마르크스주의 정치학, 전통 중국 정치사상, 마르크스주의의 중국화, 현대 국가 거버넌스 경험으로 나누어 볼 수 있다.

(1) 마르크스주의 정치학

마르크스주의 정치학은 현대 중국 사회주의 정치학을 구성하는 초석이자 핵심이다. 마르크스주의 정치학은 정치학 역사상 가장 참신한 체계로, 과거와 동시대의 여타 정치학 체계와 대별된다. 마르크스주의 정치학은 역사적 유물론과 변증법적 유물론을 기초로 성립되었다. 이를 바탕으로 현실사회의 생산방식과 교환방식에서 출발해 과학적으로 인류사회의 발전과 역사적 진보의 규칙을 제시하고, 사회관계와 경제관계가 사회정치관계에 미치는 영향에 대해 분석함으로써 정치현상의 본질적 특징에 관해 설명하였다. 나아가 마르크스주의 정치학은 인류사회와 역사발전의 필연적 추세를 제시하며 모든 인류의 해방을 실현하는 정치적 이상을 피력하였다. 그 근본 목적은 인류사회와 정치현상에 대한 본질적 특징을 제시함으로써 세계를 변혁하고 인류해방을 실현할 경로와 방법을 강구하는 데 있었다. 마르크스주의 정치학의 형성으로 말미암아 정치현상에 대한 인류의 이해는 새로운 경지에 들어서게 되었다.[1] 마르크스주의는 서구 산업 자본주의 시대의 대안으로서, 자본주의 시스템하에서 인간 소외를 야기하는 경제·사회적 근원에 대한 통찰을 바탕으로 개인의 자유와 권리에 대한 옹호를 계급해방의 쟁취로 발전시킨 학설이다. 계급해방의 가장 큰 장애물은 자본의 강요와 축적의 논리에 의해 주도되는2) 전체 부르주아지의 공동 사업을 관장하는 위원회, 즉 '현대의 국가권력'이다. 따라서 이러한 국가를 폐지하는 정치변혁을 통해 생산관계의 개조를 실현해야 한다. 사회가 국가를 발생시키고 국가 내지 국가의 철회를 결정한다는 것이 마르크스주의 정치학의 기본 원리이다. 그렇다면 마르크스주의 정치학은 구체적으로 어떤 측면에서 중국 사회주의 정치학에 영향을 미쳤으며, 현대 중국의 발전과 중국인의 사유세계에 어떤 참신한 지식자원을 제공하였는가? 마르크스주의가 중국에 유입된 이후 형성된 새로운 지식체계는 다음과 같은 3가지 측면의 요소를 포함한다.

첫째, 정치인식체계로서의 측면이다. 이른바 정치인식체계란 정치현상을 인식하는 지적 도구로서, 정치사회화 과정에서 개인을 육성해내는 지적 원천이다. 지식은 인간의 인식체계를 구축한다. 예컨대 전근대 중국은 완숙한 지식전수체계를 갖추고 있었다. 당시 중국인의 정치인식은 삼자경(三字經)과 제자규(弟子規)의 학습에서부터 시작된다. 대학(大學)은 시서예악(詩書禮樂)을, 소학의 경우 경서를 해석하는 훈고를 주요 학습 내용으로 하였고 소학은 곧 문자학의 별칭이기도 했다. 한서·예문지(漢書·藝文志)는 다음과 같이 적고 있다. "옛날에는 8세가 되면 소학에 들어갔다. 주관(周官)의 보씨가 고위층 자제들을 양성하는 일을 관장하였고 그들에게 육서를 가르쳤으니 이는 상형(象形), 상사(象事), 상의(象意), 상성(象聲), 전주(轉注), 가차(假借)로 글자를 만드는 근본이다." 이러한 정치지식체계를 전수하는 목적은 인륜을 밝히는 데 있었으니 맹자가 말한 오륜—부자유친(父子有親), 군신유의(君臣有義), 부부유별(夫婦有別), 장유유서(長幼有序), 붕우유신(朋友有信)—이 그것이다. 이것들이 곧 전근대 중국의 정치체계를 지탱하는 지적 기반이자 패턴인 셈이다. 이와 유사하게 이슬람 세계의 정치인식은 코란에서부터 시작하며, 서구인의 경우 성경 및 정치사회화의 기초 교리가 동일한 역할을 한다. 정치인식체계는 미래의 정치적 가치관을 정립하는 기점에 해당한다. 마르크스주의가 중국에 유입된 이후 형성된 마르크스주의 정치학은 과거 중국의 정치인식지형을 근본적으로 바꾸어놓았다. 이러한 새로운 정치인식지형을 대표하는 고전적 명제들을 간추리자면 다음과 같다. 1) 정치는 경제를 집중적으로 반영한다. 2) 정치는 각 계급 간의 투쟁이다. 3) 국가는 계급지배의 도구이다. 4) 국가는 사회분열에서 비롯된 관리기구이다. 5) 정치권력은 곧 지배계급의 권력이다. 6) 국가의 속성이 정치형태를 결정한다. 7) 정치적 민주란 계급지배이다. 8) 정당의 성립은 계급성분에 기초한다. 9) 정치는 하나의 과학이자 예술이다. 10) 민족 문제는 사회혁명 문제의 일부이다. 11) 사회의 존재가 사회의 이데올로기를 결정한다. 12) 사회발전은 정치발전을 촉진한다. 13) 혁명은 역사를 견인하는 기관차이다. 14) 시대적 특징이 국제정치의 전반적인 형세를 결정한다. 15) 인류사회는 필연적으로 공산주의 사회로 이행한다.[3] 이러한 15가지 고전적 명제는 중국의 정치인식지형을 변혁시켰을 뿐 아니라, 현대화를 저해할 수 있는 인식상의 장애를 일소해 현대화의 주체와 원동력이 확립되는 데 기여하며 중국의 현대화 발전의 길을 닦았다.

둘째, 정치분석체계로서의 측면이다. 정치분석체계는 정치현상을 해석하는 개념, 유형, 이론과 법칙을 두루 포괄한다. 미국의 정치학계가 그토록 견고한 지식 패권을 향유할 수 있었던 결정적인 까닭은 과학적 언어를 통해 정치적 가치를 지식화, 보급화하는 작업을 해내며 정치현상을 해석하는 지식체계를 형성했기 때문이다. 예컨대 대의제 민주주의, 다원적 민주주의, 삼권분립 등이 모두 미국 정치지식체계에서 빠질 수 없는 분석도구이다. 전근대 중국의 정치지식체계 또한 마찬가지로 내외(內外), 경중(輕重), 예법(禮法), 문무(文武), 상하(上下), 명실(名實), 체용(體用), 간지(幹枝), 고저(高低), 강약(強弱) 등 지금까지 영향을 미치는 일련의 정치분석도구들을 포함하고 있으며, 이는 전근대 중국의 정치를 분석하는 메스에 해당한다. 정치분석개념의 교체와 쇄신은 실상 정치지식유형의 쇄신이자 새로운 정치지식체계의 정립을 의미하며, 이것들은 곧바로 새로운 '정치적 동물'을 묘사하는 지적 도구이자 원천으로 기능한다.

이처럼 마르크스주의가 중국에 유입된 이후 중국의 정치분석체계는 유례없는 전환과정을 겪었다. 그러나 강조해야 할 점은 이러한 과정을 거쳐 쇄신된 지식체계는 전통적 지식체계와 철저히 결별한 것이 아니라 오히려 그것과 융합해 발전해나갔다는 것이다. 마르크스주의와 전통 중국사상의 조화는 다음과 같은 몇 가지 측면에서 발견된다. 첫째, 마르크스주의의 혁명이론은 사실상 '하늘에 따르고 인간에 응하는(順乎天應乎人)' 중국 전통의 정치인식과 상통한다. 다시 말해 마르크스주의는 '혁명'이란 두 글자를 통해 혁명이론을 전수하고 보급하는 동시에 곧바로 과거 중국의 지적 원천을 흡수해 중국 특유의 문화적 함의를 갖추게 되었다. 둘째, 마르크스주의의 국가이론 또한 마찬가지로 '국가'라는 두 글자를 통해 그 이론을 전수하는 한편 중국 문화와 상응하는 융통성을 발휘했다. 마르크스주의 국가이론은 "천하의 근본은 나라에 있고, 나라의 근본은 집안에 있으며, 집안의 근본은 자신에게 있다(天下之本在國, 國之本在家, 家之本在身)"는 맹자의 판단과 구별되기 어려운, 시공을 초월한 상관성을 지닌다. 심지어 '국가(國家)'와 '가국(家國)'은 두루 통용되며 호환이 가능하다. 이러한 국가관과 국가와 가정, 개인을 유기적으로 바라

보는 관점은 서구 정치지식체계에서는 비교적 찾아보기 어렵다. 셋째, 마르크스주의 정치학의 방법론이 정치 변증법이라는 용어로 소개되었을 때부터 마르크스주의 정치학은 중국 전통의 변통(變通)사상과 유기적 결합을 이룬 것이다. 마르크스주의가 말하는 계급투쟁 사상, 물질세계와 정신세계의 관계, 하부구조와 상부구조의 관계 모두 과거 중국의 음양도(陰陽道)를 통해 중국적 성향에 맞게 해석될 수 있다. 역경(易經)에서 이르기를 "한편으로 음이고 한편으로 양인 것을 도라 한다. 이 도를 이어가는 것이 좋은 일이고, 이루는 것이 본성이다. 어진 이는 그것을 보고 어짊이라 하고, 지혜로운 이는 그것을 보고 지혜라 하는데, 백성은 날마다 그것을 쓰면서도 알지 못하니, 이런 까닭에 군자의 도가 드물다(一陰一陽之謂道, 繼之者善也, 成之者性也. 仁者見之謂之仁, 知者見之謂之知, 百姓日用不知, 故君子之道鮮矣)."고 하였다. 이는 음양이라는 상반되는 원리의 부단한 상호작용과 이것이 이루어내는 도에 대해 설명한 것인데 실상 모순 또는 대립을 근본 원리로 사물의 운동을 설명하고 합을 통해 갈등을 초월하려는 변증법 논리와 유사하다. 따라서 무산계급과 유산계급 간의 관계, 국가권력과 자본축적의 상관성 역시 변통론의 틀 안에서 새롭게 시대에 부합하는 생명력을 획득, 발산할 수 있다. 물론 마르크스주의 정치학의 영향으로 정립된 새로운 정치분석체계와 전통의 결부와 접목은 어디까지나 부차적으로 이루어졌으며, 새로운 정치분석체계 자체가 수반한 파천황적 영향이 보다 주요했다.

셋째, 정치규범체계이다. 정치규범체계란 정치적 사명과 정치적 배려, 정치적 이상(理想)을 지식화한 것이다. 자유·민주·박애·정의·평등과 같은 가치적 요소들은 근대 이후 몇 차례의 보완을 거쳐 지식화되면서 서구 주류 정치학의 규범적 지식 요소로 자리 잡았다.

서구 주류 정치학이 그 지식패권을 확립할 수 있었던 비결이 여기에 있다. 중국의 전통적 지식체계가 내포한, 왕성한 생명력을 가진 '천하위공(天下為公)', '대동(大同)', '중화(中和)', '중용(中庸)', '인정(仁政)', '도의(道義)', '덕치(德治)', '현능(賢能)', '애인(愛人)', '정인(正人)', '정기(正己)', '정명(正名)' '민본(民本)', '신용(信用)'과 같은 개념들은 지식화 개조를 거쳐 현대 중국 사회주의 정치학을 뒷받침하는 규범적 지식 요소로 자리 잡았다. 이러한 개념들은 마르크스주의가 지향하는 공산주의, 자유인들의 연합체, 인류해방과 같은 목표와 내적인 관련성 및 부합성을 지니며 마르크스주의가 중국의 전통적 지식체계와 결합할 수 있었던 가치적 기초 역할을 했다.

마르크스주의 정치학은 중국공산당이 개척한 정치혁명의 산물로, 중국 인민에게 참신한 지적 자원을 제공했을 뿐 아니라 이를 통해 중국의 정치적 사유방식과 분석법을 변화시켰다. 이러한 변화는 새롭게 도래한 정치문명을 지탱하는 주체(体)인 정당의 리더십과 이러한 새로운 정치문명을 이론적으로 뒷받침하는 가치(道)로서의 사회주의에서 비롯된 새로운 정치지식과 정치 변증법을 통해 가장 집중적으로 드러난다. 주지하다시피 전근대 중국의 가장 중요한 정치적 발명품은 현대성을 머금고 있는 관료제이다. 관료제의 최상위자는 천명(天命)을 담지한 군주이고 최하위자는 이러한 군주의 통치를 받는 신민(臣民)이다. 레닌주의는 중국에 전에 없던 리더십의 변화를 가져왔으니, 군주를 대체하는 정당이 그것이다. 마키아벨리(Niccolò Machiavelli)는 정당이 군주를 대체하는 현상을 봉건정치가 현대정치로 전환되는 중요한 조짐으로 보았다. 중국에서 마르크스주의는 사회주의를 탐색하는 과정에서 인민으로 하여금 스스로의 역량을 자각하게 하였고, 신민에서 인민으로의 전환은 중국정치가

실현한 실질적 진전을 보여주는 주요한 상징이 되었다. 이로써 '군주
-관료(신사)-신민'이라는 삼위일체의 체제가 '정당-관료(간부)-
인민'이라는 또 다른 삼위일체의 체제로 대체되었다. 중국공산당은
조직역량과 새로운 가치체계를 통해 전통적 관료체제를 국가와 인민
을 위해 봉사하고 현대화 건설을 추동하는 제도체계 및 간부체계로
탈바꿈시켰다. 이러한 시각에서 본다면 피통치자였던 신민은 곧 주
도권을 가진 인민에 의해 대체되었고 전통적 군주제 국가는 현대적
정당국가에게 자리를 내주었으며, 고루한 신사(士紳)체제 또한 간부
국가체제에 의해 대체된 셈이다.[4] 일견 고루한 관료체제가 새로운
옷으로 갈아입은 데 지나지 않는 것으로 보일 수도 있다. 그러나 관료
체제는 실상 조직화 논리에 따라 철저히 개조되었다. 관료체제를 관
통하는 가치—사회주의—자체가 새로운 것이었고, 관료체제를 이끄
는 주체가 새로운 사상과 지식으로 무장한 참신한 행위자—정당—였
기 때문에 개조되지 않고는 지속될 수 없었다. 전통적인 중앙집권체
제는 여전히 유지되었으나 여기에는 보다 고차원적인 목적과 지향이
부여되었다. 국가, 제도, 거버넌스 및 다양한 정치 행위자에 대한
인식과 분석도구의 유례없는 변천은 이러한 일련의 대체 현상이 수
반한 지적 효과라고 할 수 있다.

(2) 중국 전통 정치학

　중국 전통 정치학은 인류 정치지식체계의 중요한 구성체이다. 아
리스토텔레스가『정치학(Politika)』이라는 책을 집필했다고 해서 그
를 정치학의 창시자로 보아서는 곤란하다. 춘추전국시대에 탄생한
제자백가의 경전은 실상 중국인이 창시한 정치학의 중요한 표상이

다. 전통시대 중국에서 정치학이라는 분과학문이 독자적으로 형성되지는 못했으나 이 점이 곧 중국 전통 정치학의 특징이자 핵심이다. 일찍이 첸무 선생은 중국 전통 정치학의 특징을 다음과 같이 집약한 바 있다. 첫째, (천하의) 흥망치란(治亂興亡)은 실제 정무(政務)를 반영하며 정치사상과 정치이론은 모두 이러한 현실정치에서 비롯되는바 (국가 운영을 논하는) 경학(經學)과 크게 다르지 않다. 따라서 중국의 경학은 곧 중국의 정치학이라 할 수 있다. 둘째, 중국에서 정치는 실제 경험을 가장 중시한다. 따라서 정치학 또한 실제 학습과 경험에 방점을 둔다. 셋째, 중국 전통 정치학은 현실정치를 초월하는 하나의 이상(理想)으로서 존재하며 이 점은 특히 중요하다. 물론 중국인의 정치적 이상은 여전히 현실정치에 입각해 있으며 근거 없이 추상적인 체계를 가진 정치철학과 구별된다. 중국 전통 정치학은 사학(史學)은 물론 문학과도 통한다. (정치는) 사학과 통함으로써 도통(道統), 학통(學統), 정통(政統)을 망라한다. (정치가) 문학과 통한다는 것은 가장 숭고한 정치적 이상이 문학에 투영되어 있다는 의미이다. 중국 전통 정치학에 대한 첸무 선생의 결론은 다음과 같다. 서양에서는 정치와 교육, 정치와 학문이 분리되어 있고 학문 자체 또한 분류하여 (정치만을 다루는) 정치학이라는 전문적인 분야가 존재한다. 정치학에서 다루는 실제 정치는 학문 자체보다는 기술에 치중한다. 중국의 경우 '벼슬을 하면서 여력이 있으면 배우고, 배우고서 여력이 있으면 벼슬을 한다(學而優則仕, 仕而優則學)'는 자하(子夏)의 말처럼 정치와 학문은 반드시 통하는 반면 기술은 경시되었다. 중국에서 정치는 국가 운영에 국한되지 않고 나아가 천하의 안정을 추구한다. 이러한 정치를 추구하는 이가 인간의 도리를 다할 수 있고 이러한 정치를 추구하는 국가가 평안하며, 이러한 사람과 국가가 있는 천하는 자연히 태평해진다.5) 비록 현대 중국 사회주의 정치학 체계에서 중국 전통 정치학의 지식 요소가 차지하는 비중이 다소 부차적이라 하더라도, 중국 전통 정치학이 주조한 정치의 의의와 특성, 지향은 고스란히 유지되었으며 다음과 같은 현대 사회주의 정치학의 특색을 더해주었다.

먼저 현대 중국 사회주의 정치학은 매우 뚜렷한 이상적 성격을 갖는다. 현대 중국 사회주의 정치학은 중국 전통 정치학의 이상 전통을 계승하는 한편 다양한 현대적 요소들을 융합하여 숭고한 가치지향을 노정한다. 이러한 가치지향은 중국의 현대화, 중화민족의 위대한 부흥과 직결되며 미국을 필두로 한 현대 서구 주류 정치학과의 근본적인 차이를 함축한다. 미국 학자 도로시 로스(Dorothy Ross)가 『미국 사회과학의 기원(The Origins of American Social Science)』에서 미국 사회과학에 대해 논평한 바에 따르면 미국 사회과학은 그 민족성에서 기원한 현저한 특징을 지닌다. 실용주의나 프로테스탄트 근본주의 또는 추상적 표현주의와 마찬가지로 미국 사회과학은 근대 미국문화의 독특한 산물이라고 할 수 있다. 미국 사회과학이 지닌 자유주의적 가치, 실용주의적 경향, 박약한 역사관, 기술주의에 대한 확신 등은 널리 알려진 20세기 미국의 특징이다. 미국 안팎의 비판에 따르면 이러한 특징들로 인해 미국 사회과학은 역사적 차이와 복잡성에 대한 이해가 결여되어 비역사적이고 과학주의적이다. 미국 사회과학이 지닌 선명한 특징은 역사과학이 아닌 자연과학을 모델로 하며, 자유주의적 개인주의라는 고전적 이데올로기에 스며들어 있다는 점이다. 이러한 독특한 특징은 미국의 사회적 실천과 사회사상에 지대한 영향을 미쳤다. 역사는 인간이 창조한 영역이며 인간과 제도, 실천 및 언어로 구성되는데 이것들은 인간의 경험에 의해 창출되고 권력구조에 의해 유지된다. 역사학은 우리가 역사적 경험을 비판적으로 사고할 수 있도록 하며 나아가 역사적 경험이 조성한 사회구조를 변화시킬 수 있도록 해준다. 이와 대조적으로 20세기 미국 사회과학을 지배한 사회적 영역의 모델들은 가정된 선험적 자연과정을 통해 역사를 이해할 것을 주장했다. 여기에서 사회적 영역들은 자연으로부터의 자극에 대해 반응하는 개별 행위들로 구성된다. 자본주의 시장과 현대 도시사회는 자연의 일부로 간주되었다. 이를 통해 우리는 자연에 대한 양적·기술적 조작과 미국사회에 대한 이상화된 자유주의적 시각을 유지하도록 유도된다. 미국인들은 공화제의 성공적 수립과 광대한 개척지에 의해 보장된 자유주의적 사회에 의해 미국의 역사는 영원한 반석 위에 올랐으며 미래에 발생할 수 있는 어떠한 변질로부터 면제되었다고 믿었다. 예를 들면 영국에서 근대성이 초래한 대중의 빈곤과 계급갈등을 (자신은) 이미 예방한 것으로 생각했다. 남북전쟁 이전까지 이러한 미국 예외주의적 시각은 사회과학으로 하여금 시간을 묶어두려는 노력에 매진하도록 만들었다. 사회과학자들은 기존의 국가제도를 영속시키는 불변의 역사적·자연적 법칙을 찾아냈다.[6] 미국은 스스로를 '언덕 위의 도시(A City Upon a Hill)'로 여기며 이것이 '미국예외주의(American exceptionalism)'의 사상적·지식적 근원이다. 그러나 미국은 새로운 지식체계를 인류사회 발전을 저해하는 '신학지식(神學知識)'으로 환원시키는 치명적인 과오를 범했다. 여기에서 '신학지식'이란 중세시대의 신과 관련된 지식이 아니라 스스로가 구축한 지식 영역을 역사의 정점으로 여기며 다른 지식은 일체 인정하지 않는 절대적 위상을 지닌 불가침성의 지식패권을 의미한다. 따라서 미국 사회과학은 탄생된 그날부터 매우 강렬한 '반역사(反曆史)'적 특징을 지녔다고 할 수 있다. 미국이 창출한 지식 영역 그 흥망성쇠의 비극은 새로운 지식체계가 변혁의 동력이 결핍된 신학지식으로 환원된 데서 기인했다. 신학지식으로 무장한 송장은 나날이 일신하는 세계 변혁의 흐름 앞에서 점차 반동적 성격이 짙은 보수주의로 귀결될 수밖에 없다. 이렇게 보면 미국의 경제학자 존 클라크(John Bates Clark)가 공언했던 '사회주의 없는 사회정의(Social Justice Without Socialism)' 또한 빈말에 지나지 않게 되었다.[7] 오늘날 미국은 여전히 '언덕 위의 도시'에 위치한 예외주의적 신학지식을 고수하고 있으며 제국주의적 노선에 따라 교조화된 지식을 세계적으로 보급하는 데 몰두하고 있다. 그러나 이러한 전략은 내부의 문제 해결은 물론 변화하는 외부 세계에 적응하기에도 적합치 않다. 여기에서 언덕에서 세속으로 추락한 예외주의적 신학지식의 무력함과 취약성을 엿볼 수 있다. 미국 정치학이 스스로를 언덕에 위치한 '신학지식'으로 추앙한 것과 달리 현대 중국 사회주의 정치학은 국가의 독립, 인민중심주의, 사회주의 정신, 민족부흥 및 인류운명공동체와 같은 목적과 긴밀히 결부되어 있다. 현대 중국 사회주의 정치학은 서구 주류 정치학이 지닌 극단주의적 배타성을 초월해 스스로를 중국이라는 유서 깊은 공간에서 놓아두고 중국 전통 정치학의 이상 전통을 계승하며 낡은 것을 버리고 새로운 것을 취해 참신한 이상을 꽃피우는 데 주력한다.

다음으로, 현대 중국 사회주의 정치학은 강렬한 실천적 성격을 지닌다. 정치학은 태생적으로 실천적 성향을 내포한다. 이러한 측면에서 볼 때, 현대 중국 사회주의 정치학과 중국 전통 정치학은 일맥상통하는 관계임을 알 수 있다. 중국 전통의 경세론(經世主義)은 중국 정치학을 구성하는 본투자원에 해당한다. 경세론은 윤리를 근본으로 하며, 도를 밝혀 세상을 구제할 것과 국가와 가정의 일체화, 나아가 모든 이가 화합하는 대동(大同)을 주장하는데 이러한 특징들은 개인이나 계급이 아닌 가정과 종교 또는 그것들로 구성된 문화공동체를 출발점으로 한다. 방법론으로는 본위론(本位論)식의 연역법이 아닌 경험론적 역사관을 취한다. 정치적으로 지향하는 바는 분권이나 경쟁, 적자생존이 아닌 통일과 조화, 천하의 안정에 있다. (경세론에 입각한) 국가이론 역시 정치체제 교체의 원인보다는 천명(天命)의 소재와 시정(施政)의 도리 및 항구적인 도리의 오묘함을 탐구하는 데 중점을 둔다. 중국의 경세론은 가정과 국가의 일체화와 가정과 국가의 번영을 우선 전제로 하며 인성(人性)의 타락과 실덕한 폭군을 가국(家國)질서에 대한 가장 큰 위협으로 본다. 나아가 어느 한 곳에 치우치지 않는 중화(中和)와 민생 구제, 대일통(大一統)과 천하를 개인의 사물(私物)이 아닌 공기(公器)로 보는 공천하(公天下) 관념 등이 모두 중국 정치학의 역사철학적 기초를 이루고 있다.[8]
정치학이 실천적 성격에서 벗어나게 되면 기교적인 정치공학으로 변질되고 만다. 현재 서구 주류 정치학은 이러한 실천적 성격에서 이탈한 탓으로 그 존재 의의를 상실했다. 사회과학의 연구방법은 단순히 연구기술을 내세우는 비즈니스적 생존전략이나 지식패권을 과시하는 갑질 행위가 아니라 진리를 탐색하고 인류를 이롭게 하며 사회적 관심을 촉구하는 적극적인 행위이다. 이러한 시각에서 보면 사회과학, 특히 미국 사회과학이 떠받드는 '양화된 언어'는 완전한 사회적 사실과 문명세계를 되레 해체하고 말살하고 있다. 근대 이후, 특히 행동주의가 주목받기 시작한 이래 서구 주류 정치학은 전 세계에 영향력을 행사하기 시작했는데 그 주된 원인은 서구 주류 정치학이 과학적 언어를 통해 기존의 종교적 언어를 종결시켰기 때문이다. 2차 세계대전 이후 미국 정치학이 막강한 영향력을 자랑할 수 있었던 까닭은 (미국 정치학이) 과도히 수치화·공학화된 언어로 유럽의 규범적 정치지식을 압도함으로써 일견 중립적으로 보이는 '지식패권'을 장악했기 때문이다. 이러한 정치지식의 철저한 과학화 작업은 미국 정치지식체계가 내포한 고질적인 '과학적 오만'을 초래했으며 경악할 만한 수준의 일천하고 근시안적인 특징을 부각시켰다. 이후 진행될 역사적 과정이 이러한 정치지식이 신봉하는 자연법칙에 어긋날 경우 극단적으로 과학화·공학화된 정치지식은 곧바로 치명적인 약점을 노출하게 되며, 정치지식체계의 보급과 재생산 또한 난관을 겪게 될 것이다. 2001년 발생한 9·11테러사건이 미국 본토에 미친 충격이 대표적이다. 해당 사건은 미국의 과학화된 정치지식이 문명충돌론으로 선회하는 이데올로기적 전환을 유발하기에 충분했다. 현대 중국 사회주의 정치학의 실천적 성격은 (현대 중국 사회주의 정치학의) 모든 지식 요소가 중국의 정치발전 과정과 결부된 데서 분명히 드러난다. 현대 중국 사회주의 정치학은 공학화의 함정에 매몰되지 않았고 반(反)역사의 소용돌이에 휘말리지도 않았다. 오히려 정치발전 과정에 깊숙이 개입해 중국이 나름의 정치발전모델을 확립하는 데 기여했으며, 미래 중국의 정치발전 방향을 탐색하는 과정을 통해 과학적이고 완전한 지식체계를 형성하기에 이르렀다. 다시 말해 현대 중국 사회주의 정치학이 강조하는 가치와 제도의 수립, 정치발전을 추동하는 다양한 동력과 메커니즘은 중국의 고유한 역사-사회-문화의 토양에서 배태된 것이라 할 수 있다.

(3) 마르크스주의의 중국화

마르크스주의의 중국화는 마르크스주의 이론이 중국의 현실과 중국 고유의 지식체계와 결합하는 과정을 말한다. 이러한 과정이 없었다면 마르크스주의는 단연코 중국사회를 변혁하는 사상이자 지식으로 기능할 수 없었을 것이다. 마르크스주의의 중국화는 주로 두 가지 경로를 통해 전개되었는데 마르크스주의의 이데올로기화와 마르크스주의의 지식화가 그것이다. 이른바 마르크스주의의 이데올로기화란 마르크스주의가 중국의 혁명과 현대화 건설의 지도 이론이자 혁명과 현대화 사업을 이끄는 중국공산당의 이론적 무기가 되었음을 뜻한다. 마르크스주의의 지식화란 마르크스주의가 중국의 문자와 언어, 지식표현방식, 지식 요소를 통해 전달과 토론, 학습과 실천이 가능한 중첩적이고 신뢰할 만한 지식체계로 거듭났음을 의미한다. 따라서 마르크스주의의 중국화는 하나의 중대한 역사적 명제인 동시에 경천동지할 만한 역사적 사건이라고 할 수 있다. 왜냐하면 마르크스주의는 중국의 이데올로기는 물론 그 정치지식구조와 표현법까지 송두리째 바꾸어놓았기 때문이다. 그러나 이러한 변혁은 마르크스주의와 중국 전통지식의 상호 부정이 아닌 상호 결합을 바탕으로 발생한 것이다. 그렇다면 마르크스주의는 어떻게 중국에 뿌리내릴 수 있었을까? 마르크스주의는 유럽에서 발원했음에도 불구하고 왜 유럽과 미국의 통치자들은 끊임없이 마르크스주의를 극도로 경계하고 배척하는 것일까? 가장 중요한 원인은 마르크스주의가 자본이 지배하는 세계를 전복할 수 있는 치명적인 역량을 가졌다는 데 있다. 따라서 서구의 정치지식구조는 마르크스주의의 사상적 원천을 수용하지 않았을뿐더러 주류 정치지식 구조의 바깥으로 내몰았다. 서구의 국가권력은 강제력을 동원해 지속적으로 마르크스주의를 주변화했고 이러한 억압 속에서 마르크스주의는 그저 고독한 철학 유파에 머무를 수밖에 없었다. 그러나 유럽에서 탄생한 마르크스주의는 역설적으로 중국에서 그 꽃을 피웠다. 마르크스주의는 중국혁명에 강력한 이론적 무기를 제공했을 뿐 아니라 중국의 전통지식과 결합해 기존의 정치지식체계를 개방성, 혁명성, 능동성, 논증성을 두루 갖춘 정치지식체계로 탈바꿈시켰다. 마르크스주의와 중국 전통지식의 결합은 근대 이후 정치지식혁명을 대표하는 사건으로 볼 수 있다. 이와 관련해 우리는 아래와 같은 세 가지 문제를 주목할 필요가 있다.

첫째, 마르크스주의와 중국 전통지식을 결합할 수 있도록 한 밑바탕은 무엇인가? 하나는 유사 이래 중국에서 오래도록 이어진 사회주의 정신과 국가가 자본의 포로가 되는 것을 지양하는 전통이다. 다른 하나는 중국 전통지식이 내포한 실천정신이다. 『서구의 몰락(Der Untergang des Abendlandes)』의 저자 오스발트 슈펭글러(Oswald Spengler)는 「프로이센 정신과 사회주의」라는 글을 통해 본위론과 비교정치학적 관점에서 각각 사회주의와 독일의 문화 이데올로기에 대해 분석했다. 슈펭글러는 본위론적 관점에 입각해 이른바 사회주의란 모든 계급이익을 초월한 위대한 정치·경제제도를 인간의 삶에서 실천하려는 의지라고 정의했다. 나아가 그는 비교정치학적 관점에서 독일식 정치관념과 영국식 정치관념을 대조하였는데, 전자는 공동체에 경도되어 사회주의를 주장하고 후자는 개인의 독립을 무엇보다 우선시하기에 개인주의를 옹호하는 것이라 판단했다. 이러한 판단은 중국에 그대로 적용된다. 로빈슨 크루소식의 개인주의와 자유주의는 애초부터 중국에서 뿌리내릴 공간을 찾지 못했다. 일찍이 중국 가정 내에 존재한 재산균분제도는 서구에서 성행한 장자계승제와 사뭇 상반되는데, 이는 가정이라는 가장 기본적인 경제적·사회적 단위에서조차 일종의 가정사회주의적인 제도에 따른 안배가 이루어졌음을 말해준다. 우리는 사회주의에 대한 마르크스주의의 고전적 논술에서 (사회주의가) 중국 전통지식과의 상호 결합할 수 있는 선천적 친연성을 발견할 수 있다. 사회주의 정신과 여기에 기초한 사회주의적 제도는 처음부터 국가에게 계급과 자본으로부터 독립된 자율성을 가질 것을 요구한다. 중국에서 국가는 독자적으로 형성될 수 있는 원리를 가진 존재로, 과거 유럽에 존재했던 통치형 정권이나 근대 이후 등장한 재정·군사국가와 전혀 다르다. 국가가 지닌 조숙성은 중국에서 세계사상 최초의 자주국가가 등장하는 것으로 증명되었다. '전국에 군현을 설치하고 법령을 하나로 통일한다(海內為郡縣, 法令由一統)'로 압축되는 중국의 대일통 관념이 주조한 군현국가(郡縣國家), 고시국가(考試國家)적 성격은 국가로 하여금 특정한 지역 이익과 계급이익을 초월하는 존재가 될 것을 촉구했다. 중국의 국가 정권은 거국적 범위에서 공공재를 제공하는 보호형 정권으로, 통치형 정권이나 약탈형 권력, 침략형 권력과는 차이가 있다. 이러한 보호형 정권은 국가역량을 발휘해 특정 계급과 자본이 국가를 옭아매는 행위를 철저히 차단한다. 마르크스(Karl Heinrich Marx)와 엥겔스(Friedrich Engels)가 특수 이익과 공공 이익 간의 모순에 대한 분석을 바탕으로 제시한 국가자율성 이론은 유사 이래 중국에 줄곧 존재했던 국가정신과 국가원리, 국가기능과 상당히 부합한다. 마르크스와 엥겔스에 따르면 "공공 이익은 국가의 모습으로 실제 이익—개별적인 것이든 공동의 것이든 간에—과 유리된 독립된 형태를 취한다. 다시 말해 일종의 허구적인 공동체 형태를 채택한 것이다."9) 즉 비록 허구적인 공동체의 형식을 취했다고 하더라도 국가는 공익의 형식으로 사익을 초월하고, 국가권력의 독립성이라는 형식을 통해 국가의 자율성을 확보한다. 아울러 마르크스와 엥겔스는 보나파르트주의를 사례로 국가자율성 문제에 대해 논한 바 있다. 이들에 의하면 보나파르트주의는 다양한 수단을 이용해 부르주아지와 노동자·농민이 서로 대립하도록 만들었고 이러한 길항 속에서 그들 각자의 이익은 한시적으로 균형을 이룰 수 있었다. 이러한 과정에서 국가자율성이 적절히 발휘되는데, 다양한 사회적 역량들이 백중세를 이루었을 때 국가권력은 표면적인 중재자로서 기능하면서 그 독립성을 발현한다. 이러한 국가자율성 없이는 사회주의 정신의 객관화를 기대할 수 없을 뿐 아니라 국가에 대한 자본과 계급의 구속과 잠식 또한 막을 길이 없다. 따라서 우리는 다음과 같은 다소 대담한 결론을 도출할 수 있다. 마르크스주의가 중국 전통지식과 결합해 국가 및 정치와 관련한 일련의 새로운 정치지식체계를 창출할 수 있었던 까닭은 마르크스주의 국가이론과 중국에 줄곧 존재했던 국가원리 사이에 내적인 일치성과 고도의 정합성이 존재했기 때문이다.

카를 마르크스는 1845년에 쓴 「포이어바흐에 대한 테제」 중 11번째 테제에서 "철학자들은 현실 세계를 다양한 방식으로 해석하기만 했을 뿐이다. 하지만 중요한 것은 세계를 바꾸는 데 있다."[10]고 지적했으며 해당 문구는 훗날 마르크스의 묘비에 새겨졌다. 마르크스는 또한 "비판의 무기는 무기의 비판을 대체할 수 없다. 물질적인 힘은 물질적 힘에 의해서만 전복될 수 있다. 그러나 이론 또한 대중을 사로잡자마자 물질적 힘이 된다"[11]고 하였다. 마르크스주의는 아카데미 내부에서의 도그마나 기교를 뽐내는 글장난이 아니며 단순한 정치적 해석은 더더욱 아니다. 마르크스주의는 세계를 바꾸는 실천을 지향한다. 여기서 실천은 단순히 반복되는 행위를 이르는 것이 아니라 세계를 변화시키는 강력한 힘과 결정점을 의미한다. 중국 전통지식이 내재한 경세치용(經世致用) 정신은 바로 이러한 실천지향을 기본적 특징으로 한다. 마르크스주의의 실천적 성격과 중국의 경세치용 정신 사이의 내적인 정합성으로 인해 마르크스주의는 중국에 유입되자마자 식자층이 세계를 인식하고 변화시키는 강력한 사상적·이론적 무기가 될 수 있었다.

둘째, 마르크스주의와 중국 전통지식의 결합을 이끈 메커니즘은 무엇인가? 도대체 어떠한 힘이 양자의 결합을 촉구했는가? 마르크스주의와 중국 전통지식의 결합은 자발적으로 형성된 것이 아니라 일련의 복잡한 메커니즘을 통해 실현되었다. 다시 말해 마르크스주의와 중국 전통지식의 결합은 실상 마르크스주의가 중국의 문자를 빌려 중국의 실천에 조응하는 지식화 작업을 완성한 것에 다름 아니다. 이러한 일련의 복잡한 메커니즘은 다음과 같은 몇 가지 과정을 포함한다. 첫째는 중역(轉譯)이다. 마르크스주의는 원전의 중역을 통해 중국의 인민대중이 수용할 수 있는 지식 요소이자 지식표현으로 거듭났다. 따라서 마르크스주의의 고전적 저작이 번역되는 과정은 실상 (마르크스주의가) 중국의 지식으로 정착되는 과정이라고 할 수 있다. 마르크스주의의 고전적 이론들은 중국의 문자를 거쳐 중역되면서 중국 전통지식과 어우러질 수 있는 참신한 함의를 지니게 되었다. 예컨대 국가, 계급, 혁명, 이데올로기, 변증법, 하부구조와 상부구조와 같은 일련의 개념들이 중국의 문자를 통해 표현되었고 중국적 맥락에서 의미를 갖게 된 것이다. 둘째는 전환이다. 정치지도자들은 이 전환 메커니즘의 작용에 있어 매우 중요한 역할을 담당했다. 서구 정치문명을 지탱하는 정신적 지주가 귀족이라고 한다면, 중국 정치문명의 정신적 지주는 영수(領袖)문화이다. 이는 부정하기 어려운

사실이다. 이른바 전환이란 마르크스주의를 중국의 실천을 지도할
수 있는 지적 도구로 바꾸어주는 작업을 말한다. 예를 들어 마오쩌둥
(毛澤東)은 「모순론」·「실천론」 등 일련의 주요 저작들을 통해 마르
크스주의를 중국의 지식 요소로 전환하는 혁명적 시도를 감행했는
데, 이는 마르크스주의의 중국화를 추동하는 중요한 방법이다. 셋째
는 발전이다. 여기서 발전이란 중국의 현대화 과정에서 부단히 마르
크스주의에 새로운 지식 요소를 불어넣는 작업을 말한다. 개혁, 사회
주의 시장경제, 전과정 인민민주, 다당합작제, 정치협상, 정치규범,
정치 기율, 정치적 판단력, 정치적 통찰력, 정치적 집행력과 같은
개념들은 이미 현대 중국의 새로운 지식체계를 구성하는 중요한 요
소로 자리 잡았다.

(4) 현대 국가 거버넌스 경험

현대 중국 사회주의 정치학은 폐쇄적이지 않은 개방적인 체계를
갖고 있다. 이러한 개방적 특성은 현대 중국이 인류사회의 국정 운영
경험 중에서 선진적인 성과를 선별해 흡수하고 체화하는 과정에서
잘 드러난다. 시진핑은 국정 운영에 대한 일련의 논설을 통해 현대
중국 사회주의 정치학의 향후 발전방향을 제시했다. 신시대(新時
代)* 중국공산당이 국정 운영 방면에서 거둔 중요한 실천과 신시대

---

* 신시대란 중국 특색 사회주의 신시대(中國特色社會主義新時代)를 뜻한
다. 일반적으로 2012년 11월에 열린 중국공산당 제18차 전국대표대회를
기점으로 하며, 2017년 10월에 열린 중국공산당 제19차 전국대표대회
보고—"장기간의 노력 끝에 중국 특색 사회주의는 신시대에 진입했으며
이것은 중국 발전의 새로운 역사적 방향이다"—를 통해 그 시작이 공식적으
로 천명되었다. 신시대 진입 이후 정치적으로는 중국공산당의 전면적 영도
가, 경제적으로는 전면적 소강사회 건설과 공동부유가 강조되는 모습이

중국이 국가 거버넌스 체계와 능력의 현대화 방면에서 행한 일련의 노력은 모두 현대 중국 사회주의 정치학의 주된 내용이 되었다. 근대의 사상가 웨이웬(魏源)이 "눈을 뜨고 세계를 주시하라"고 일갈한 뒤부터 중국은 각국의 우수한 문명적 성과를 수용하는 과정에 진입했다고 할 수 있다. 중국 문화에 내재한 변통철학은 중국이 세계적 범위에서 국가 거버넌스의 선진적 경험을 흡수할 수 있는 용기와 지혜를 제공했다. 그 결과 현대 국가들이 해낸 선진적인 국가 거버넌스 경험이 순조롭게 현대 중국 사회주의 정치학의 지식체계 안으로 편입될 수 있었다.

국가 거버넌스에 대한 인류사회의 탐색은 장기간 지속되었으며, 국가는 인류문명의 발전 과정에서 가장 중요한 정치 발명품이다. 조숙한 문명체계는 일찍이 드넓은 세계제국을 건설한 바 있으며 이러한 세계제국의 통치원리와 형태는 훗날 현대 국가 운영에 있어 매우 중요한 참고 자료가 되었다. 특히 주의해야 할 점은 현대 국가는 공간과 요소라는 두 가지 측면에서 역사적 진전을 이룬 뒤로 초기 도시국가와 선사시대 국가, 일세를 풍미한 세계제국과 완전히 다른 결을 지니게 되었다는 것이다. 다시 말하면 현대 국가의 탄생 이후 국가 거버넌스 체계의 현대화 역정에 대한 탐색 또한 시작된 것으로 보아야 한다. 현대 국가의 형태와 원리가 조응한 결과, 현대화된 국가 거버넌스 체계는 독특한 제도와 기제, 요소를 지니게 되었다. 마르크스와 엥겔스는 자본주의에 대한 본질적 비판을 가하면서도 자본주의 국가가 현대 국가로서 인류역사에서 차지하는 위상에 대해서는 부정하지 않았다. 부르주아지의 발전 과정은 생산방식과 교환방식의 변

관찰되고 있다.

혁은 물론 국가형태와 국가 거버넌스의 진보를 수반한다. 마르크스와 엥겔스가 공산당 선언에서 말한 것처럼 부르주아지의 발전 그 단계마다 거기에 일치하는 정치적 진보가 이루어졌다. 부르주아지는 봉건 귀족의 지배 아래에서는 억압받는 계급이었고 중세 자치도시 코뮌에서는 무장한 자치 연합체였으며 어떤 곳에서는 독립된 도시공화국이었고 또 다른 곳에서는 군주국의 납세 의무를 지닌 제3신분이었다. 그 뒤 매뉴팩처 시기에는 반봉건적 군주국이나 절대 군주국에서 귀족에 대항하는 평형추로 기능했으며 실상은 대군주국 일반의 토대였다. 현대 산업과 세계시장이 확립된 이후 부르주아지는 마침내 현대적인 대의제 국가에서 배타적인 정치적 지배권을 쟁취했다. 현대의 국가권력은 전체 부르주아지의 공동 사업을 관장하는 위원회에 불과하다.[12] 현대 국가와 전쟁의 상관성을 주장했던 저명학자 찰스 틸리(Charles Tilly)에 의하면 진정한 국가의 군대를 제대로 활용하려면 자금과 식량을 조달하는 통치자의 능력에 의지해야만 한다. 군대를 건설하려는 통치자의 단기전략은 융자에 의존하는 것이다. 중기전략은 손에 넣기 쉬운 재산을 약탈하는 것이고 장기전략은 과세이다. 따라서 어떠한 군대조직과 전략을 선택하느냐 하는 문제는 국가의 성격에 결정적인 영향을 미친다.[13] 미국의 연방 대법원 대법관을 지낸 법학자 올리버 홈스(Oliver Wendell Holmes)는 "세금은 문명사회의 대가"[14]라는 명언을 남겼다. 규범경제학자들은 국가의 세입 생산의 역사가 곧 국가의 변천사라고 주장한다. 일찍이 인류사회에서는 어떠한 상품도 존재하지 않았거나 몇몇 사적재만 존재했을 뿐이다. 노동의 분업화·전문화에 따라 인류는 더더욱 국가가 제공하는 공공재를 필요로 하게 되었다. 국가가 재화를 제공하고 노동력을 생산하는 과정에서 규범경제가 도입되었으며, 공공재를 제공하는 국가의 능력은 강화되었다. 또한 대중과 자원에 대한 국가의 조정 능력이 향상됨으로써 국가능력은 한층 확대되었다. 주민은 점차 무역을 통해 수익을 얻을 수 있다는 것을 인지하게 되었으며 자연스레 국가에 더욱 의존하게 되었다. 국가가 공공재와 서비스를 제공하는 밑바탕에는 국가의 과세체계가 깔려 있다.15) 국가는 일종의 신기(神器)로서, 나날이 격렬해지는 군사전쟁, 경제경쟁, 무역전쟁은 국가의 기능 확대에 매우 적절한 명분이 된다. 특히 개인이 국가에 대한 인식을 바탕으로 자신의 정체성을 규정하고 국가의 힘에 의한 보호를 필요로 할 때면 국가능력과 관련된 다양한 지적 탐색은 기세 좋게 역사적 전성기를 맞이하게 된다. 따라서 현대 국가가 소유한 거버넌스 능력과 기술, 설계와 다양한 거버넌스 체계는 자연스레 현대 중국 사회주의 정치학의 주요 내용으로 흡수되었으며, 중국의 국가 거버넌스 현대화 추진에 중요한 자양분이 되었다.

2. 대상과 체계

현대 중국 사회주의 정치학의 연구대상은 일정한 시간적, 공간적 차원에 한한다. 시간상으로는 1949년 신중국 건국 이후의 현대화 실천에 한하며, 공간상으로는 현대화 사업이 추진된 초장기 역사, 초대형 사회, 초대형 국가라는 삼중(三重)의 환경에 처해 있다. 중국의 현대화 사업과 그 성과는 현대 중국 사회주의 정치학 연구의 주요한 배경이며, 가장 중요한 연구대상은 중국의 현대화 실천에서 비롯된 '중국모델(中國模式)'과 그러한 과정에서 형성된 '중국 노선(中國道路)'이다. 이제껏 (중국과 같은) 초대형 개발도상국에서 현대화가 전면적으로 추진된 사례는 없었다. 따라서 중국의 발전이 인류 역사상 괄목할 만한 현대화 장면을 연출했다는 데는 의심의 여지가 없다고 하겠다. 중국의 발전은 20세기 중엽 이후 현대화 이론의 확장과 발전에 기여하는 적합한 사례가 되었다. 기존의 현대화 이론으로는 중국이 성취한 현대화 성과를 설명하기 어려웠으며, 이로 인해 보편적이라 여겨졌던 패러다임 또한 갈피를 잃게 되었을 때 현대 중국 사회주의 정치학은 중국모델과 중국 노선에 대해 분석함으로써 이러한 곤경과 혼란을 해결할 이론적 증명과 학술적 규명을 시도했다. 무엇보다도 중국의 지도체계와 정치운영체계, 제도체계와 제도모델은 현대 중국 사회주의 정치의 특색을 가장 잘 반영하고 있는 영역으로, 현대 중국 사회주의 정치학의 주된 연구대상이다. 현대 중국의 지도체계와 정치운영체계는 다른 국가와 차별화된 특수한 영역이며, 가치 · 목표 · 전략 · 기술 측면에서 각각 실질적, 총체적으로 전통 중국을 초월한 상태로 진화하였다. 세계적으로 정치적 리더십이 퇴조하고 심지어 고갈되어가는 상황과 대조적으로 강건하면서도 유능한 중국의 지도체계는 중국모델과 중국 노선의 성공적 운영을 보장하는 조건이 되었다. 다시 말해 세계적으로 여러 국가들이 정치적 분열과 권력의 적자운영, 민주의 쇠퇴와 같은 문제를 겪고 있는 현시점에서 중국은 견고한 지도체계와 정치운영체계에 의거해 중국 특색 사회주의의 순조로운 발전을 담보할 수 있었다. 이 밖에 신시대 진입 이후 본격적으로 강조되기 시작한 국가 거버넌스 체계와 거버넌스 능력의 현대화 슬로건은 중국의 정치 현대화를 함축하는 가장 중요한 표징이다. 체계와 능력이라는 이중과제는 중국의 정치발전을 추진하려는 전략적 선택에서 비롯되었다, 새뮤얼 허팅턴(Samuel Huntington)이 제시한 "현대성은 안정을, 현대화는 불안정을 수반한다"는 고전적 명제는 중국에 적용되기 어려웠다. 거버넌스 체계와 거버넌스 능력의 현대화에 대한 중국의 탐색은 장기간 이어진 정치 현대화에 관한 일련의 가설과 예단에서 비켜나 서구 자본주의 국가와 전혀 다른 정치 현대화 노선과 모델을 개척했다. 마지막으로 특기할 점은 중국과 세계의 관계이다. 중국과 세계의 관계는 전근대 중국의 천하주의, 서구의 식민주의와는 완전히 구별된 참신한 특징을 보여준다. 중국은 매우 큰 나라이므로 어떠한 시기에도 국제사회에서 매우 중요한 역할을 해왔다고 할 수 있으며, 따라서 중국과 세계의 관계 역시 매우 중요한 정치적·학술적 명제를 내포한다. 중국과 세계의 관계는 중국 철학이 상상한 세계와 중국공산당의 정치적 지향, 중국의 국제적 책임 등 다방면의 내용을 포함하며, 이는 중국과 세계의 평화공존을 조성할 뿐 아니라 중국이 글로벌 시스템에 참여하고 영향을 미칠 수 있는 지혜와 경험을 함축한다. 특히 중국은 인류운명공동체를 건립하는 과정에서 소위 평화롭게 부상하는(和平崛起) 대국이 인류문명체계와 글로벌 경제 시스템, 글로벌 거버넌스 체계에 임해 마땅히 담당해야 할 역사적 역할과 국가적 책임을 실천해나가고 있다. 요컨대 현대 중국 사회주의 정치학의 연구대상은 다음과 같은 몇 가지로 간추릴 수 있다.

(1) 중국모델

중국 사회주의 현대화의 실천과 성과가 중국만의 독자적인 발전모델을 정립한 것은 의심의 여지가 없으며, 이는 중국모델 성립의 전제가 된다. 현재 중국모델은 학계에서 각광받는 주제이자 전 세계가 주목하는 핵심 의제이다. 중국모델을 주제로 한 학술연구는 꾸준히 집적되고 있다. 경제 영역에서는 혼합모델과 공동부유(共同富裕)모델, 정치 영역에서는 협상, 협력, 통합모델, 사회 영역에서는 평화공존모델, 정책 영역에서는 국가주도모델, 국제관계 영역에서는 공동협력원원(共贏)모델 등 모두 중국모델의 주요 내용을 비춰주는 중요한 채널이라고 할 수 있다. 현대 중국 사회주의 정치학의 관점에서 보면 중국모델은 신형(新型)정당제도를 매개로 한 정당정치모델, 다원일체(多元一體)를 지향하는 국가모델, 비경쟁성을 핵심으로 한 권력구조모델, 하나의 바둑판과 같이 각 지방과 부서가 상호 긴밀히 연관되고(全國一盤棋) 역량을 집중시켜 중대사를 처리하는(集中力量辦大事) 특유의 거버넌스모델 등을 망라한다. 즉 중국은 역사와 현실, 민족관계, 권력구조관계 및 중앙과 지방관계라는 4중 구조 속에서 자신이 지닌 역사-사회-문화적 조건에 상응하는 중국모델을 확립했다고 할 수 있다.

(2) 중국 노선

중국 노선은 한마디로 중국 특색의 사회주의 노선이다. 시진핑에 의하면 중국 특색의 사회주의는 노선과 이론체계, 제도라는 삼위일체로 구성된다. 중국 특색의 사회주의 노선은 중국이 사회주의 현대화를 실현하고 인민의 좋은 삶을 조성하기 위해 반드시 거쳐야 할 길이다. 구체적으로는 경제건설을 중심에 놓고 경제·문화·사회·생태문명 및 기타 다른 영역의 건설을 전면 추진하고 4항 기본원칙*

---

* ① 사회주의 노선, ② 프롤레타리아트 계급 독재, ③ 중국공산당 영도, ④ 마르크스·레닌·마오쩌둥 사상이라는 4가지 원칙을 견지해야 한다는 방침이다. 1979년 3월 30일, 덩샤오핑(鄧小平)이 베이징에서 개최된 중공 중앙 이론 학습 토론회 석상에서 「4항 기본원칙을 견지하자(堅持四項基本

과 개혁개방을 견지하며, 사회생산력의 해방과 발전을 지속시켜 모든 인민의 공동부유를 실현해 개인의 전면적 발전을 촉진하는 것을 말한다.[16] 그렇다면 중국 노선은 왜 현대 중국 사회주의 정치학의 연구대상일까? 현실적인 관점에서 말한다면 노선이 방향을 결정하고 노선이 곧 명맥이기 때문이다. 이론적 관점에서 볼 때 노선에는 한 국가와 민족이 나아가려는 미래의 청사진과 규범, 곧 국가와 민족이 지향하는 가장 큰 도리(大道)가 투영되어 있다. 모든 제도적 안배와 정책적 선택은 이러한 노선이 규정한 논리에서 비롯된다. 즉 어떠한 노선을 선택하느냐에 따라 향후 선택할 제도가 달라지는 것이다. 노선이 제도를 좌우하고 제도가 노선을 보장한다. 따라서 중국의 국가 거버넌스 현대화가 결정해야 할 근본적인 문제는 노선과 제도모델의 선택에 있다고 하겠다. 현대 중국의 노선과 제도의 선택은 역사적 전통과 사회적 구조 등 객관적 조건에서 비롯되었으며, 정치지도층이 특정한 정치적 입장과 신념, 정치적 지향에 기초해 모색한 결과에서 도출된 것이다. 2013년 3월 20일, 시진핑은 러시아 방문 전 브릭스 국가 매체들의 연합 취재 자리에서 다음과 같이 말한 바 있다. "한 그루의 나무에서 똑같은 두 잎사귀가 나오지 않는 것처럼 세상에 온전히 동일한 경험이나 고정불변의 발전모델이란 존재하지 않는다. (중국은) 오로지 중국 인민 스스로가 선택한 노선이어야만, 중국의 국가 상황(國情)에 부합하는 노선이어야만 앞으로 나아갈 수 있고 순조롭게 나아갈 수 있다."[17] 즉 노선 문제는 한 국가가 지향하는 현대화의 목표와 정치적 성격을 결정짓는다. 시진핑이 말한 것과 같

原則)」는 제목의 담화를 통해 최초로 제시한 바 있다. 이 중에서 프롤레타리아트 계급 독재는 1982년 개정된 「중화인민공화국헌법(中華人民共和國憲法)」에서 인민민주 독재(人民民主專政)로 수정되었다.

이 노선 문제는 중국공산당 사업의 성패와 관계된 가장 우선적인 문제로서 곧 당의 생명과 같다.[18] 세계를 둘러보고 각국의 발전노선을 조망해보았을 때 가장 대표적인 노선은 자본주의 노선과 사회주의 노선으로 대별될 수 있다. 저명한 역사학자 쉬쥐윈(許倬雲)에 의하면 두 차례의 세계대전을 겪으며 세계 각국은 권력이 집중된 국가가 국력을 발전시키는 급진적 방식과 민주화된 국가가 사회복지를 증진하는 점진적 방식이라는 두 가지 경로 중 하나를 선택해 발전해 왔다. 양자는 때로는 충돌하기도 하고 때로는 학습하기도 하면서 서로 뒤엉켜 현재에 이르렀다.[19] 소련의 해체와 동유럽의 격변은 한때 사회주의 노선에 먹구름을 드리웠으며 그 결과 미국의 정치학자 프랜시스 후쿠야마(Francis Fukuyama)의 '역사의 종말' 선언을 불러오기도 했다. 후쿠야마에 따르면 자유주의가 소련과 동유럽에서 거둔 승리는 역사의 종말을 의미하며 자유가 세계를 정복하는 날이 곧 역사의 진화가 끝나는 날이다. 이는 서구세계의 자아도취를 잘 보여주는 대목으로 서구 문명 그중에서도 미국 문명이 자아낸 무지몽매함이 깃든 판단이라 할 수 있다. 소련과 동유럽에서의 자유주의 실현 여부는 논란의 여지가 있다. 그러나 이를 차치하고서라도 소련의 해체와 동유럽의 격변을 사회주의 노선 실패의 징조로 치부하는 시각에는 무리가 따른다. 소련의 해체와 동유럽의 격변은 이들이 사회주의 노선에서 이탈한 탓으로 사회적, 정치적으로 초래한 엄중한 결과를 반증한다. 다시 말해 이러한 사태는 (사회주의 노선 자체의 성패가 아닌) 사회주의의 기치를 내건 관료주의와 특권에 물든 사회주의, 정실(情實)사회주의는 실패할 수밖에 없음을 증명하는 것이라 하겠다. 현대 중국이 이른바 중국 노선을 걸어갈 수 있었던 까닭은 무엇인가? 전 세계는 왜 중국 특색의 사회주의에 주목하는가? 한마디로 말해 중국이 택한 사회주의 노선은 그 자신의 국가 상황에 적합할 뿐 아니라 사회주의 근본 정신에 부합하기 때문이다.

"노선이 곧 당의 생명"이라는 시진핑의 판단은 사실상 중국이 혁명전쟁을 수행할 무렵 이미 한 차례 증명된 바 있다. 중국공산당은 중국화된 혁명노선을 탐색하는 과정에서 비전 있는 독창성과 전략성을 발휘함과 동시에 탄력적인 전술과 책략을 펼쳤다. 특히 대장정을 수행한 이후 중국공산당은 경험과 학습으로 단련되는 와중에 정세를 관리하는 유연한 전략을 체화하게 되면서 점차 향상된 혁신능력을 보유하게 되었다. 가장 눈에 띄는 사례로 중국공산당이 계급투쟁 과정에서 보여준 유연한 대처를 들 수 있다. 공산당이 견지하는 계급투쟁 이론은 때때로 객관적 형세의 변화에 따라 변화한다. 한 계급의 정치적 속성은 혁명과 반동이라는 양극단이 대립하고 부정하는 구조 속에 고착되지 않는다. 중국공산당은 바로 이러한 혁신적 시각과 능력으로 말미암아 항일전쟁과 해방전쟁을 거치며 많은 정치적 자원을 집적했으며, 보다 폭넓은 정치적 수용력을 갖추게 되었다. 예를 들어 항일전쟁 기간 동안 중국공산당은 지주의 토지를 몰수하는 토지개혁운동의 방침을 잠시 보류하고 다만 토지의 임대료를 낮출 것을 요구했다. 토지의 소유권을 가진 지주는 (토지 자체를 몰수당하지 않았기에) 임대료 인하 이후에도 수입이 보장되며 현지의 선거에 참여할 수 있는 권리 또한 부여받았다. 이어 중국공산당은 직접 선거를 시행할 것을 공포했고 정부 인사 구성에서 공산당원, 비당파인사, 중립인사의 비율을 각각 3분의 1로 할당하는 삼삼제(三三制)를 통해 이전의 소비에트 제도를 대체하기에 이르렀다.[20] 이처럼 중국공산당은 탄력적인 혁신능력을 바탕으로 상당히 고명한 정치적 변증법을 발휘했다. 물론 중국공산당의 혁신능력을 가장 잘 보여주는 사례는 중국

혁명의 주역에 대한 탐색과 선정이다.

고전적 마르크스주의에 의하면 프롤레타리아트 혁명의 주역은 도시 노동자 계급이다. 따라서 중국의 마르크스주의자들 또한 줄곧 도시를 혁명의 주요 진지로 여겼다. 그러나 마오쩌둥을 위시한 중국공산당 지도부는 (이러한 판단이 중국의 현실에 부합하지 않는다는 점을 인식하고) 중국의 현실에 맞는 혁명의 주역을 찾아 나섰다. 그 결과 마르크스주의와 중국의 현실을 창조적으로 결합한 이른바 '농촌으로 도시를 포위하는(農村包圍城市)' 노선이 제시되었고 최종적으로 혁명을 성취할 수 있었다. 이것이 노선이 곧 당의 생명이라는 판단을 입증하는 가장 걸맞은 사례다. 사실 중국이 이러한 혁명 노선을 선택하는 과정은 결코 쉽지만은 않았다. 중국혁명이 농민혁명의 형태로 표출되기까지 중국공산당은 매우 험난한 탐색 과정을 거쳐야 했다. 중국공산당이 혁명노선을 선택하는 과정에서 보여준 혁신능력은 당시 주관적 요소와 객관적 요소가 상호 중첩되면서 배양된 것이다. 아이러니하게도 1927년 국민당이 당내의 좌파와 공산당을 숙청하는 소위 청당(淸黨)운동을 벌인 것이 혁명노선 전환에 객관적 요소를 제공했다. 청당운동으로 인해 도시 내에서 중국공산당의 혁명 근거지는 급속히 축소되었고 국민당의 통제가 상대적으로 미약한 농촌에 새로운 혁명 근거지를 건설하는 것이 급선무로 떠올랐다. 물론 당시 중공 지도부 그중에서도 마오쩌둥의 객관적 형세에 대한 판단이 이후 혁명노선의 선택에 결정적인 영향을 미쳤다. 국민당의 청당운동 이전부터 마오쩌둥의 정치적 사고의 중심은 도시가 아닌 농촌에 있었다. 마오쩌둥의 정치사상을 연구한 스튜어트 슈람(Stuart R. Schram)에 의하면 노동자 계급이 혁명을 주도해야 하다는 원칙은 마오쩌둥의 신념 속에 깊이 주입되어 있던 터였다. 그러나 중국혁명의 운명은 결국 농촌에서 발생한 결과에 달렸다는 판단과 그에 따른 필요에 의해 농민에게 마르크스주의의 정통 관념에서 상당히 어긋나는 계급적 속성이 부여되었던 것이다.[21] 평소 중국의 계급구조와 혁명전략에 특수한 비전을 갖고 있던 마오쩌둥은 이론의 구축을 통해 혁명노선의 중국화 문제를 해결했고, 그의 주도로 이루어진 이러한 전환은 중화인민공화국 건국의 초석을 놓았다.

이와 관련해 서구 학자들은 상당히 객관적인 분석을 내놓았다. 일반적으로 공산당이 견지하는 마르크스주의 이론은 반제(反帝)투쟁의 선봉대로서 프롤레타리아트 계급의 중요성을 강조하기 마련이다. 그러나 중국공산당은 여기에 대해 별다른 이론적, 실천적 진전을 보이지 않았고 오히려 절호의 기회를 잘 포착해 농민의 지지를 얻었다는 것이다.[22] 즉 러시아와 유럽에서 유입된 혁명모델은 중국화 과정을 통해 전에 없던 전환을 겪었다. 프랑스의 저명한 중국학자 자크 제르네(Jacques Gernet)는 만약 중국공산당이 시종일관 소련 고문이 강요한 준칙과 규범 또는 중국의 현실 상황을 이해하지 못한 모스크바에서 내린 원격 지령에만 맹종했다면 아마도 영원히 승리하지 못했을 것이라고 말한다. 요컨대 농촌에서 진행된 중국의 혁명운동은 소련의 지시를 위배하고 정통의 교조에서 역행했기에 발전할 수 있었다는 것이다. 즉 우리가 중국혁명에서 발견할 수 있는 것은 서구의 낡은 전통에 대한 구속이나 러시아 10월 혁명을 이룬 돌발성 도시봉기 방식에 대한 고집이 아닌 농촌이 도시를 포위하는 지난한 과정이었다.[23] (이러한 중국혁명의 의외성 때문인지) 일군의 미국 학자들이 집필한 『세계문명의 원천(Sources of World Civilization)』이라는 책에서는 마오쩌둥이 쓴 「후난 농민운동 관찰 보고서(湖南農民運動考察報告)」를 수록하기도 했다. 해당 저서의 제6편 「현대 문명」

은 간디, 마틴 루터 킹과 더불어 마오쩌둥을 언급하며 만약 마르크스가 공산주의가 러시아에서 뿌리를 내리는 것을 보았다면 분명 의아했을 것이고, 공산주의가 중국을 정복하는 것을 보았다면 충격을 금치 못했을 것이라고 적었다. 왜냐하면 중국의 농업 인구는 러시아보다 많으며 (마르크스가 혁명의 주역으로 여긴) 산업 노동자 인구는 매우 적었기 때문이다. 이렇듯 정통 마르크스주의 이론에 따르면 중국은 공산주의 혁명이 발생할 만한 곳이 아니다. 러시아의 사례와 유사하게 공산주의가 중국에서 성공을 거둘 수 있었던 것은 어떤 한 사람과 불가분의 관계가 있다. 마오쩌둥과 그의 활동이 그것이다. 마오쩌둥은 다음과 같은 두 가지 목표를 실현하는 데 탁월한 공헌을 했다. 먼저 마오쩌둥은 마르크스주의 이론과 실천을 중국의 실제 상황에서 응용해냈다. 비록 당시 중국에 산업 노동자라는 기반은 결여되어 있었지만, 마오쩌둥은 대부분이 극빈에 시달리고 있는 수억 명에 달하는 농업 노동자의 존재에 착안해 농민에게서 혁명의 역량을 찾으려 했다. 1926년, 중국 내지의 농민들은 마침내 지주에 저항하기 시작했다. 그러나 마오쩌둥의 동지들은 이러한 농민들의 노력에 별다른 관심을 보이지 않았다. 이때 마오쩌둥만이 직접 농민들의 봉기가 발생한 지역으로 가서 사건의 경과를 살피며 농민의 역량에 주목하기 시작했다.[24] 결과적으로 중국혁명은 역사적으로 위대한 농민혁명으로 분류되며, 심지어 농민혁명의 대표적 사례로 꼽히기도 한다. 농민군을 비롯한 수많은 촌민의 지지가 없었다면 중국공산당은 정권을 차지할 수 없었을 것이고, 공산당이 없었다면 농민에게서 혁명 사상이 움틀 수 없었을 것이다.[25] 때때로 역사는 놀랍도록 유사한 장면을 연출하는데 덩샤오핑(鄧小平)이 "제2의 혁명"이라 부른 개혁개방 역시 농민의 생산력을 해방하는 것에서부터 시작되었다.

1990년대 이후 사회주의 시장경제를 건설하는 과정에서 약 2억 명에 달하는 농민들은 중국의 부상은 물론 도시와 향촌 간의 불균형, 나아가 중국사회를 안정시키는 주역으로 제 몫을 다했다. 이처럼 중국의 혁명노선과 사회주의 건설 노선은 농촌의 문제를 해결하는 것이 중국이 현대 국가로 발돋움하는 첫걸음임을 증명했다.

　사회주의 건설 시기에 어떠한 노선을 선택하느냐에 따라 국가의 명운과 당 사업의 성패가 결정된다. 문화대혁명은 사회주의 노선의 교조화와 과격화를 야기했고 이로 인해 중국공산당의 사업과 국가 거버넌스, 중국의 사회·경제발전은 심각한 타격을 입었다. 이러한 역경 속에서 중국은 과연 어떠한 노선을 지향해야 하는가가 중국공산당과 중국 인민이 당면한 과제로 떠올랐다. 긴 모색 끝에 중국은 마침내 자신의 국가상황(國情)에 적합한 노선을 찾아내었으니, 중국 특색의 사회주의 노선이 그것이다. 2013년, 시진핑은 새롭게 중앙위원회에 진입한 중앙위원과 후보위원이 중국공산당 제18차 전국대표대회 정신을 학습하는 연구모임 자리에서 다음과 같이 말한 바 있다. "올해는 덩샤오핑 동지가 중국 특색의 사회주의를 제창한 지 31년째 접어든 해이다. 덩샤오핑 동지는 중국 특색의 사회주의를 개창했으며 중국이라는 경제·문화가 상대적으로 낙후된 국가에서 어떻게 사회주의를 건설해야 하는지, 어떻게 사회주의를 공고히 하고 발전시켜야 하는지와 관련한 일련의 기본적 문제들에 대해 최초로 비교적 체계적인 해답을 내놓았다. (덩샤오핑은) 새로운 사상적 관점을 통해 마르크스주의를 계승, 발전시켰고 마르크스주의의 새로운 경지를 개척해냈으며 이를 통해 사회주의에 대한 인식을 한층 과학적인 수준으로 올려놓았다. 중국 특색의 사회주의는 다름 아닌 사회주의이다. 우리는 과학적 사회주의의 기본 원칙을 간과해서는 안 되며 간과하는 순간 이는 곧 사회주의가 아니게 된다. 한 국가가 어떠한 이데올로기를 실천하려면 이 이데올로기가 국가가 직면한 역사적 과제를 해결할 수 있는지를 중점적으로 고려해야 한다. 역사와 현실이 우리에게 말해주듯이 오로지 사회주의만이 중국을 구할 수 있고, 중국 특색의 사회주의만이 중국을 발전시킬 수 있다. 이는 역사의 결론이자 인민의 선택이다."26) 그렇다면 여기에서 시진핑이 언급한 중국 특색 사회주의의 기본 원칙은 무엇인가? 간략히 말해 중국공산당의 주도하에 기본적인 국가 상황에 기초할 것, 경제건설을 핵심으로 할 것, 4항 기본원칙과 개혁개방을 견지할 것, 사회생산력을 해방 및 발전시킬 것, 사회주의 시장경제 · 사회주의 민주정치 · 사회주의 선진문명 · 사회주의 조화사회 · 사회주의 생태문명의 건설, 개인의 전면적 발전을 촉진하고 점차 전체 인민의 공동부유를 실현할 것, 부강하고 민주적이며 문명적이고 조화로운 사회주의 현대화 국가를 건설하는 것이다. 이 중에서 어느 것 하나 중요하지 않은 것이 없다. 그중에서도 경제원칙으로 말할 것 같으면 덩샤오핑이 제시한 "빈곤은 사회주의가 아니다"라는 중요한 명제와 "양극화 역시 사회주의가 아니다"라는 보다 예리한 명제로 요약될 수 있다. 1993년 9월 16일 덩샤오핑과 동생 덩컨(鄧墾)의 대화에서 이러한 판단을 엿볼 수 있다. "12억 인구를 어떻게 부유하게 할 것인지, 부를 성취한 뒤에는 이를 어떻게 분배해야 하는지 이것들은 모두 매우 중요한 문제가 아닐 수 없다. 사실상 이러한 문제는 생산력 발전 문제를 해결하는 것보다 더욱 곤혹스럽다. 분배 문제는 매우 중대하다. 우리가 양극화를 지양한다고 말하는 것은 실상 양극화가 이미 출현했다는 의미이다. 온갖 수단과 방법, 방침을 동원해 이러한 문제를 해결하지 않으면 안 된다. (…) 중국인은 무엇이든 해낼 수 있다. 다만 문제는 나날이 발생하고 나날이 복잡해지며, 새로운 문제 또한 언제든지 발생할 수 있다. 방금 이야기한 분배 문제 또한 그러한 예다. 소수의 사람이 많은 부를 획득하지만, 다수의 사람은 이를 갖지 못하니 이러다가는 언젠가 일이 터질 것이 뻔하다. 분배 불공정은 양극화를 부르고 일정한 시간이 되면 이러한 문제는 반드시 발생한다. 이 문제를 해결해야 한다. 과거의 우리는 먼저 발전부터 하자고 했다. (그러나) 지금 보면 우리가 발전한 이후 직면할 문제들은 발전되지 못한 상태와 비교했을 때 결코 적지 않다."[27] 나아가 덩샤오핑은 1986년 9월 2일, 미국 CBS 60분 쇼의 앵커 마이크 월리스(Mike Wallace)와의 인터뷰에서 단호히 말한 바 있다. "우리의 정책은 사회의 양극화를 야기하는 것이 아니다. 다시 말해 부유한 이를 더욱 부유하게 하고 가난한 이를 더욱 가난하게 하는 것이 아니란 말이다. 한마디로 우리는 새로운 부르주아지 계급이 출현하는 것을 용납하지 않을 것이다."[28] 이후 덩샤오핑은 "중국은 새로운 부르주아지 계급을 양산하지 않는다"는 이 중요 명제를 여러 차례 언급하였으며, 시진핑은 여기에 중요성을 통감하며 공동부유의 실현이 사회주의의 본질적 요구임을 분명히 인식했다. 시진핑은 중국공산당 제18차 중앙위원회의 국내외 기자회견 석상에서 "흔들리지 않고 공동부유 노선으로 나아갈 것"을 강조했으며 이는 시진핑을 대표로 하는 중국공산당 지도체제가 천명한 엄중한 약속이었다. 다수의 당이 경쟁하는 노선이 아닌 공산당이 주도하는 노선을 가는 것, 양극화 노선이 아닌 공동부유 노선을 가는 것, 폐쇄적이고 교조적이던 과거의 노선이나 하루아침에 손바닥 뒤집듯 뒤바꾸는 사도(邪道)가 아닌 개혁개방 노선을 견지하는 것, 서구식 민주가 아닌 인민민주 노선을 가는 것, 사회분열과 단절이 아닌 조화사회의 노선을 가는 것, 이상이 모두 국가 거버넌스의 가장 근본적인 문제에 해당한다. 노선을 잘못 택하게 되면 제아무리 훌륭한 국가 거버넌스 구상이라도 필연적으로 갈피를 잃게 된다. 이처럼 노선은 국가 거버넌스의 정치적 속성은 물론 계급적 속성과 민족적 속성을 규정한다.

(3) 지도체계와 정치운영체계

중국의 지도체계와 국가운영체계는 세계 여느 나라와 차별화된 하나의 독자적 기풍을 형성했다. 이러한 독자성은 국가형태의 차이 보다는 중국의 지도체계가 성취한 업적과 정치운영체계의 효율 면에서 두드러진다고 할 수 있다. 서구 학자들은 국가형태의 차이를 대할 때 자못 이론적 오만을 발산하면서도, 지도체계와 정치운영체계 효율의 차이 앞에서는 이론적 궁색함과 난감함을 갖추지 못한다. 이는 중국의 지도체계와 정치운영체계의 본질을 제대로 통찰하지 못했기 때문이다. 중국의 지도체계와 정치운영체계는 선거의 승리가 아닌 인민 이익의 최대화와 민족부흥을 목적으로 구축된 것이다. 이러한 시각에서 보면 중국의 지도체계와 정치운영체계는 자본주의 국가와 비교했을 때 제도의 시발점과 목적 설정에서 이미 근본적·본질적 차이를 노정하고 있다고 하겠다.

2014년 9월 5일, 시진핑 총서기는 전국인민대표대회 성립 60주년을 기념하는 자리에서 "중국공산당의 영도는 중국 특색 사회주의의 가장 본질적인 특징"이라는 시각을 제시했다. 2016년 7월 1일, 중국공산당 창당 95주년을 경축하는 자리에서 시진핑은 다음과 같이 재차 강조했다. "중국 특색 사회주의의 가장 본질적인 특징은 중국공산당 영도에 있으며, 중국 특색 사회주의 제도의 가장 큰 장점 또한 중국공산당 영도에 있다. 당의 영도를 견지하고 보완하는 것에 당과 국가의 근본과 명맥, 모든 민족과 인민의 이익과 행복이 달려 있다."29) 나아가 그는 "중국에서 공산당의 집권은 중국과 중국 인민, 중화민족에 있어 매우 다행한 일이 아닐 수 없다. 중국의 근현대사, 혁명사를 주의 깊게 살펴보면 중국공산당의 영도가 없었다면 우리 국가와 민족은 오늘과 같은 성과를 이룩하기 어려웠을 것이고 나아가 오늘과 같은 국제적 지위를 성취하기 어려웠다는 것을 어렵지 않게 알 수 있다. (따라서) 중국공산당 영도를 견지하는 중대한 원칙 문제에 있어 우리의 머리는 맑아야 하고 눈을 빛나야 하며 입장은 확고해야 할 것이며 (여기에 있어) 어떠한 모호함이나 동요도 있어서는 안 될 것이다."30)라고 말했다. 이처럼 중국공산당은 중국 특색 사회주의 사업을 지도하는 핵심으로서, 모든 사업을 전체적으로 총괄하고 조율하는 지위에 있다. 작금의 중국에서 중국공산당을 능가하는 정치적 역량이나 세력은 존재하지 않는다. 중국공산당은 당내는 물론 정부, 군대, 민간, 학계(黨政軍民學)에 이르기까지 각지각처에서 모든 사무를 지휘하는 가장 큰 정치 주도 세력이다. 중국공산당은 집권당이므로 당의 영도는 당과 국가의 다양한 사업을 원만히 처리하는 가장 기본적인 조건이자 중국의 정치안정과 경제발전, 민족단결과 사회안정의 근원이기 때문에 여기에 약간의 동요도 있어서는 안 된다.31) 이상의 논술을 정리해보았을 때 우리는 다음과 같은 결론을 도출할 수 있다. 오늘날 중국은 일원화된 지도체계와 정치운영체계를 갖고 있다. 다시 말해 중국공산당은 집단지도와 정치운영을 모두 수행하는 정당조직으로, 지도규범과 정치운영규범이라는 이중 전제를 바탕으로 중국 정치무대의 중심에 서 있다. 이러한 점에서 중국공산당은 나날이 빈약해지는, 권력의 획득을 목표로 한 일반적인 집권당과 본질적인 차이가 있다. 전 세계적으로 보았을 때 권력의 획득이라는 단적인 목적을 가진 집권당은 대개 스스로의 리더십이나 국가운영 비전을 희생한 대가로 집권하는 경우가 많다. 이처럼 리더십이 결핍된 환경에서 정치발전은 주기적으로 반복되는 선거로 인해 끊임없이 파괴되고 고쳐지며 중단된다. 적지 않은 나라들이 이러한 정치적 고질병에 시달리고 있다. 즉 이미 여러 나라에서 정당은 선거 공학에 매몰된 정치 기계 또는 집권만을 목적으로 하는 외눈박이 동물로 전락했다. 리더십의 변질과 약화는 여러 나라들로 하여금 발전의 목표와 방향을 상실케 하였다. 반면 중국은 통합·통일된 지도체계와 정치운영체계를 독자적으로 확보함으로써 중국 사회주의 사업의 방향을 견지하면서 중국적 특색이 다분한 정치발전노선을 개척할 수 있었다.

(4) 제도체계와 제도모델

시진핑에 따르면 중국 특색 사회주의 제도는 근본적 정치제도와 구체적 제도—기본적 정치·경제제도 및 각 방면의 체제와 메커니즘 등—를 유기적으로 결부하는 방침을 견지한다. 아울러 중국공산당 영도, 인민주권, 의법치국을 유기적으로 결합해 국가상황에 조응시켜 중국 특색 사회주의의 특징과 장점을 집중적으로 실현한다. 이것이 중국의 발전과 진보를 담보하는 근본적인 제도 보장인 것이다. 중국 특색 사회주의 제도는 매우 특징적이고 성과 또한 풍부하나 아직 완벽하게 성숙되어 정형화된 것은 아니다. 중국 특색 사회주의 사업은 끊임없이 발전하기에 중국 특색 사회주의 제도 또한 부단한 보완이 필요하다. 따라서 실천을 염두에 둔 이론으로 제도적 혁신을 감행하고 이를 바탕으로 기존의 제도를 견지하고 또 개선해야 한다. 실제에서 출발해 시의적절하게 새로운 제도를 제정하고, 과학적이고 효율적인 무결한 제도체계를 구축해 각 방면의 제도가 더욱 성숙되고 안정될 수 있도록 하여 (궁극적으로) 중국 특색 사회주의의 성공을 위한 보다 효율적인 제도적 보장을 제공해야 할 것이다.32) 이러한 주장은 몇 가지 중요한 정치적 명제를 담고 있다. 첫째, 중국의 제도체계와 제도모델은 모방의 소산이 아닌 실천에 방점을 둔 독자적 산물이다. 즉 중국이 제도모델을 탐색하는 과정은 독자적인 정신과 전통을 반영하고 있다고 하겠다. 시진핑이 말한 것과 같이 독자성은 중화민족의 전통이자 중국공산당과 중화인민공화국 성립에 중요한 원칙이 되었다. 막대한 인구와 낙후된 정치·문화를 가진 중국과 같은 동방의 대국에서 진행된 혁명과 (이러한 조건에서 비롯된) 국가 상황과 과업은 중국이 나아가야 할 길을 결정한다.33) 둘째, 중국의 제도체계는 다양한 제도의 결합에서 비롯되었다. 각 제도는 대립적이나 길항적인 모순 관계에 있지 않으며 유기적으로 일체를 이룬다. 셋째, 중국의 제도체계는 끊임없이 개선되고 최적화되는 과정에 있다. 넷째, 중국의 제도체계는 극단적으로 교조화된 정치적 가치표준에 좌우되지 않으며, 중국의 현대화 사업에 적합한 제도적 보장을 제공한다. 따라서 역사와 현실, 이론과 실천, 형태와 내용을 유기적으로 통틀어 볼 때라야 중국의 제도모델과 그 독보적인 비교우위를 제대로 살필 수 있다. 중국공산당 제19기 중앙위원회 제4차 전체회의에서 표결을 거쳐 통과된「중국 특색 사회주의 제도의 완비와 견지, 국가 거버넌스 체계와 거버넌스 능력의 현대화 추진과 관련한 몇 가지 중요한 문제에 대한 중공 중앙의 결정(中共中央關於堅持和完善中國特色社會主義制度, 推進國家治理體系和治理能力現代化若

幹重大問題的決定)」은 13가지 측면에서 중국의 국가제도와 국가 거버넌스 체계가 가진 뚜렷한 경쟁력에 대해 열거하고 있다.

① 당의 집중 · 통일된 영도와 과학적 이론을 견지하고 정치안정을 유지해 국가가 일관되게 사회주의 방향으로 전진할 수 있도록 함

② 인민주권을 견지해 인민민주를 발전시키고 인민대중과 긴밀히 소통하며 인민에 십분 의지해 국가발전을 추동함

③ 전면적 의법치국 방침을 견지해 사회주의 법치 국가를 건설하고 사회 정의와 공평, 인민의 권리를 여실히 보장함

④ 하나의 바둑판처럼 전국을 총람하는(全國一盤棋) 방침을 고수해 각 지방과 부서의 적극성을 고취하고 역량을 집중시켜 중대사를 처리(集中力量辦大事)함

⑤ 각 민족의 일률적 평등을 보장해 중화민족의 공동체 의식을 정립하여 (각 민족이) 함께 단결하고 분투하며 함께 번영과 발전을 이룰 수 있도록 함

⑥ 공유제를 주체로 한 다종 소유제 경제의 공동발전과 노동에 따른 분배를 기초로 한 다양한 분배 방식의 공존을 견지하는 등 사회주의 제도와 시장경제를 유기적으로 결합해 끊임없이 사회생산력의 해방과 발전을 가능하게 함

⑦ 공동의 이상과 신념, 가치이념, 도덕관념을 견지하는 한편 중화민족의 우수한 전통문화, 혁명문화, 사회주의 선진문화를 고양해 전체 인민이 사상적 · 정신적으로 긴밀히 묶일 수 있도록 함

⑧ 인민을 중심으로 한 발전 사상을 견지해 지속적으로 민생의 보장과 개선에 힘쓰고 인민 복지를 증진해 공동부유 노선으로 나아가게 함

⑨ 개혁과 혁신을 지속하면서 시대의 요구에 부응하고 자기개선과 자기발전에 힘써 시종일관 활력이 넘치는 사회를 만듦

⑩ 덕성과 재능, 능력과 인성을 겸비한 이들을 발탁해 전국의 영재들을 결집하고 기용하면서 더 많은, 더욱 우수한 인재들을 양성하고 배양함

⑪ 인민군대에 대한 당의 절대적 영도(黨指揮槍)를 견지하고 당과 인민에 절대적으로 충성하는 인민군대를 확보해 국가 주권과 안전, 국익의 발전을 강력히 보장함

⑫ '일국양제(一國兩制)' 원칙을 고수해 홍콩과 마카오의 장기적 번영과 안정을 유지하며 조국의 평화통일을 촉진함

⑬ (국가의) 자주성과 대외개방성의 융합을 고수하면서 글로벌 거버넌스에 적극적으로 참여하여 인류운명공동체의 구축에 지속적으로 공헌함

이상이 곧 중국 특색 사회주의 노선의 자신감, 이론적 자신감, 제도적 자신감, 문화적 자신감의 기본적 근거라고 할 수 있다. 이러한 13가지 측면의 장점들을 이론적으로 해석해 간추린다면 다음과 같은 4가지로 정리할 수 있다.

1) 조직 경쟁력

중국의 제도가 가진 조직 경쟁력은 크게 두 가지 측면에서 드러난다. 하나는 중국공산당이라는 핵심 지도층에 의지해 통일된 정치적 질서와 정치적 결정을 유지하는 것이고, 다른 하나는 포용력과 흡수력을 지닌 제도를 배치함으로써 국가와 사회의 양성적 상호작용과 적극적 소통을 실현한다는 데 있다.

이러한 제도의 조직 경쟁력은 먼저 개인적 · 지역적 이익을 초월한 정치조직인 중국공산당의 존재에서부터 발현된다. 이렇게 보면 과거 마오쩌둥이 중국공산당의 지도권에 대해 특별히 강조했던 것이 전혀 이상하지 않다. 『중국공산당과 중국혁명(中國共産黨與中國革命)』 이라는 책에서 마오쩌둥은 "중국공산당을 제외하고는 그 어떤 다른 정당도—그것이 부르주아지 계급의 정당이든 소(小)부르주아지의 정당이든 간에—중국혁명과 중국 사회주의 혁명이라는 두 개의 위대 한 혁명을 지도해 이를 달성하고 투철히 완성하는 일을 감당할 수 없다."[34]고 말했다. 덩샤오핑이 제시한 4항 기본원칙에서 가장 중요 하다고 할 수 있는 항목 또한 공산당의 영도를 견지하는 일이다. 확고 한 지도권을 확보한 정당의 존재는 개발도상국들은 물론 선진국들 또한 매우 부러워할 만한 정치적 경쟁력이 되었다. 이러한 핵심 지도 층이 존재하기 때문에 정치적 결정과 여기에 입각한 정책이 일종의 초탈한 권위를 갖게 되며, 국가 거버넌스가 이익집단과 자본의 힘에 의해 해체되고 와해되는 위협에서 자유로울 수 있는 것이다. 시진핑 이 말한 것처럼 당의 지도라는 원칙을 유지하기에 역량을 집중시켜 중대사를 처리하는 사회주의 제도의 장점이 발휘될 수 있는 것이고, 이것이 곧 중국이 가진 가장 큰 정치적 경쟁력이다. 현재 전 세계적으 로 여러 나라의 거버넌스가 곤경과 궁지에 처해 있는 까닭은 국가 거버넌스가 자본에 종속되어 버렸기 때문이다. 이러한 현상은 소위 발전된 자본주의 국가에서 더욱 심각하게 나타난다.

다음으로 대립적인 정치환경에서 늘 발생하는 정치체제에 대한 부정과 당쟁과 대비해 볼 때 중국의 제도모델은 당과 국가의 활력을 유지하고 폭넓은 인민대중과 사회 각 방면의 적극성, 주도성, 창조성 을 동원하는 데 유리하다. 다양한 사회적 행위자의 적극성을 동원할 수 있는 정치적 경쟁력은 인민정치협상회의(人民政治協商會議)와 통일전선(統一戰線)에 걸맞은 다양한 제도의 안배에서 드러난다. 덩샤오핑은 일찍이 "새로운 시기에 진입한 통일전선과 인민정치협상회의의 임무는 모든 적극적 요소를 동원해 소극적 요소를 적극적 요소로 바꾸어 단결이 가능한 모든 세력을 단결시키고, 한마음 한뜻으로 모든 이의 지혜와 힘을 모아 안정되고 하나 된 정치적 국면을 유지하고 발전시키며 (나아가) 조국을 현대화된 사회주의 강국으로 건설하기 위해 분투하는 것"35)이라고 말한 바 있다. 시진핑이 인민정치협상회의가 맡은 업무에 힘써 대단결 · 대연합 구도를 유지해야 한다고 강조한 것 또한 같은 맥락이다. 대단결 · 대연합 구도는 통일전선 결성에 대한 본질적 요구로 인민정치협상회의라는 조직의 중요한 특징이기도 하다. 인민정치협상회의는 중화인민공화국을 사랑하고 당의 영도와 사회주의 사업을 옹호하며 중화민족의 위대한 부흥을 위해 더불어 노력한다는 정치적 전제하에서 모든 적극적 요소를 최대한 동원해 단결할 수 있는 모든 이들을 단결시키고 함께 위업을 달성할 강력한 힘을 결집하는 데 그 목적이 있다. 중국 제도모델의 정치적 경쟁력은 제도와 문화전통, 국가상황, (시대적) 과제와 요구가 한데 어우러지고 조응한 데서 기인하였으며, 나아가 정치 지도층의 대승적 사고와 과학적 설계에서 비롯되었다고 할 수 있다.

2) 구조 경쟁력

중국 국가 거버넌스의 구조 경쟁력은 크게 두 가지 측면에서 드러난다. 하나는 중국공산당 영도와 인민주권, 의법치국이라는 3요소가 한데 어우러진 유기적 정치(有機政治)의 경쟁력이고, 다른 하나는 역량을 집중시켜 중대사를 처리하고 각 지방과 부서를 총람하는 제도의 경쟁력이다. 유기적으로 통일된 구조가 가진 경쟁력은 서구의 길항적 정치·권력체계를 실질적으로 극복한다는 데 있다. 일찍이 덩샤오핑은 미국의 삼권분립은 실상 3개의 정부를 둔 것에 지나지 않는다는 촌철살인의 논평을 내놓았다. 덩샤오핑은 "중국은 전국인민대표대회 단원제를 시행하고 있으며 이는 중국의 실제 상황에 가장 부합하는 선택이다. 만일 정책과 방향이 정확하다면 이러한 체제의 장점은 극대화될 것이며 국가의 번창과 발전에 크게 기여할 것이다. 아울러 많은 굴레에서 벗어날 수 있다."[36]고 말했다. 현재 일부 나라에서는 민주주의 결핍과 당파투쟁이 횡행하고 있고, 이로 인해 국가 거버넌스 체계는 사적 이익에 몰두한 다양한 세력들에 의해 해체되고는 한다. 다양한 정치세력은 저마다 공공성과 절차적 정의의 기치를 내건 채 국가 거버넌스 효율의 상실을 대가로 한, 인민의 이익을 수호한다는 위선적인 지위를 차지하고 있다. 여러 나라의 거버넌스 체계가 와해되고 경직되며 심지어 상실될 지경에 이르게 된 것은 실상 공익에 대한 수호를 명분으로 사익을 보호하는 데 지나지 않는 이러한 행위들에서 근본적 원인을 찾을 수 있다. 이러한 제도적 환경에서 공공인프라를 건설하거나 공공성 위기를 극복하는 국가사업은 끝 모를 정치적 거래로 변질하며, 국가 거버넌스의 효율은 이러한 정치적 거래에 의해 희생된다. 즉 인민이 희망하는 공공이익은 결국 정치분쟁의 저울추에 불과하다. 중국의 국가 거버넌스 체계가 담지하고 있는 중앙집권 원칙과 집중과 분산의 균형 원칙은 어떤 개인의 의지에 의해 바뀔 수 있는 것이 아니다. 여기에는 중국의 문화유전자와 정치적 심미안이 깊게 배어 있다. 중국 국가 거버넌스 체계가 가진 단일성(單一性) 전통과 유럽과 미국 등 서구 국가의 거버넌스 체계가 가진 복합성(複合性) 전통은 각각 다른 거버넌스의 논리를 대표하는데 이는 양자의 국가 형성 원리와 경로가 확연히 다르기 때문이다. 근현대사를 회고해볼 때 중국 내에서 연방제에 대한 모색이 없었던 것은 아니나 모두 실패로 귀결되었다. 따라서 중국이 내재한 문화적 유전자와 연방제는 부합하지 않는다는 결론에 이른 것이다. 중국은 단원제와 중앙집권에서 비롯된 국가역량과 능률에 힘입어 경제 글로벌화에 참여하는 과정에서 범세계적인 이익집단이 국가 이익을 분할하려 드는 행위를 차단할 수 있었고, 또 국가역량을 바탕으로 경제발전을 위한 통일된 질서와 제도를 보장할 수 있었다. 이것이 곧 중국 제도모델의 구조 경쟁력이다. 2015년 6월 18일 오전, 시진핑은 꾸이저우에서 개최된 일부 성(省)·구(區)·시(市) 당위원회의 주요 책임자들과의 좌담회 자리에서 빈곤 구제와 개발 사업의 책임제를 강화할 것을 논하며 다음과 같이 강조했다. "중앙이 총괄하고 성(省)이 총책을 맡으며 시·현(市·縣)이 실행하는 관리체계와, 구획된 지역을 중심으로 사업이 직접 촌에 적용될 수 있도록 하며 모든 빈곤가정이 정책의 실질적 혜택을 받을 수 있도록 하는 업무 프로세스, (해당 지역) 당정(黨政)의 제1책임자가 총책을 맡는 빈곤 구제와 개발 사업의 책임제를 반드시 실제 상황에 적용토록 해야 한다. 즉 중앙은 정책 제정과 프로젝트 기획, 자금 조달, 업무에 대한 심사 및 평가, 종합 전략 등을 맡는다. 성은 목표를 확정하고 프로젝트를 하달하며 자금을 투입하고 조직을 동원하며 점검 및 지도의 일을 맡는다. 시·현은 사업 진행의 순서와 단계를 설정하고 프로젝트를 실행하며 자금 사용과 인력 배치 등 실제 업무를 추진한다."37) 중국 제도모델의 구조 경쟁력을 잘 보여주는 대목이다. 이처럼 "중앙이 총괄하고 성이 총책을 맡으며 시·현이 실행하는(中央統籌, 省負總責, 市縣落實)" 구조적 분업은 상부와 하부, 각 부서와 계열이 그

구조 경쟁력을 적재적소에 발휘할 수 있도록 만든다. 물론 이러한 경쟁력은 반드시 체계화된 거버넌스 능력을 지닌 부서와 계열의 배치가 동반되어야만 발휘될 수 있다. 그렇지 않다면 부작용을 유발할 수 있다.

3) 발전 경쟁력

중국의 제도모델은 사회생산력의 해방과 발전에 유리한, 따라서 경제·사회의 전면적 발전을 추동할 수 있는 뚜렷한 경쟁력을 지닌다. 오늘날 중국이 성취한 경제성장은 중국 제도모델이 지닌 강한 발전 경쟁력을 방증한다. 이러한 발전 경쟁력은 시장의 '보이지 않는 손'은 물론 정부의 '보이는 손'에 의해 조정되고 장려되었기에 '보이지 않는 손'에 과도히 의존하는 자본주의의 폐단을 방지할 수 있다. 이를 증명하듯 개혁개방이 추진된 이후 중국 사회의 생산력은 어느 때보다 크게 해방되고 발전하여 국민경제는 이미 30여 년간 10%에 가까운 연평균 성장 속도를 유지하였고, 글로벌 경제가 요동치는 형세 속에서도 고속성장의 기세를 이어갔다. 그 결과 현재 세계 제2위의 경제체로 도약했으며 제1위의 경제체가 될 날도 머지않았다. 즉 중국은 이미 글로벌 경제성장을 견인하고 추동하는 주요한 행위자로 자리 잡았다.

4) 능률 경쟁력

중국의 제도모델이 여러 나라들이 겪은 저효율의 병폐를 극복할 수 있었던 까닭은 역량을 집중시켜 중대사를 처리하고, 노선을 추진하면서 직면한 다양한 위험과 시련에 효과적으로 대응할 수 있다는 분명한 장점을 지녔기 때문이다. 다시 말해 중국의 제도모델은 다양한 리스크에 대응할 수 있는 능력을 보유했으며 (이를 통해) 그 자체가 내포한 능률 경쟁력을 최대한 발휘한다. 사방에서 몰려드는 시련과 시험에 맞서는 한편 끊임없이 중대사를 처리하고 국가 행사를 치르며 난제를 해결하는 것은 새로운 시기에 진입한 중국 제도모델의 가장 주된 특징이라고 할 수 있다. 예를 들어 중국은 중증급성호흡증후군(SARS)의 유행과 어느 비와 강설, 대규모 지진과 산사태라는 심각한 자연재해를 성공적으로 극복해내는 한편 쌴샤(三峽)댐과 칭장(青藏)철도 등 중대한 사업과 유인 우주비행이라는 중요한 과학 프로젝트를 성취했다. 또한 베이징 올림픽과 상하이 박람회, 광저우 아시안 게임과 같은 국제행사를 성공적으로 주최하였고, 세계금융위기가 중국에 미친 충격에 대응하면서 앞장서 세계 경기를 반등시키며 글로벌 경제 회복에 중요한 역할을 했다. 이제까지 열거한 '중국서사(中國故事)'는 중국 제도의 독특한 능률 경쟁력을 생생히 반영하고 있다.

(5) 국가 거버넌스 체계와 거버넌스 능력 현대화

국가 거버넌스 체계와 거버넌스 능력의 현대화는 신시대 중국에 부여된 중요한 임무이다. 그렇다면 우리는 국가 거버넌스 현대화를 어떻게 이해해야 하는가? 신시대 중국공산당이 국가 거버넌스 이론에 가장 크게 기여한 바가 있다면 체계와 능력이라는 두 가지 차원을 설정해 국가 거버넌스 현대화를 이해하기 시작한 것이다. 체계와 능력이라는 이중 과제를 병행하는 것은 중국정치의 중요한 특성이다.

시진핑이 말한 것과 같이 국가 거버넌스의 체계와 능력은 한 국가의 제도와 제도집행력을 가장 잘 보여주는 지표이다. 양자는 상호보완 관계에 있으며 어느 하나에만 의지해서는 국정을 제대로 운영할 수 없다. 제도 자체는 국정 운영에 있어서 근본적이고 거시적이며 장기적인 역할을 수행한다. 그러나 효율적인 거버넌스 능력이 갖춰지지 못한다면 아무리 좋은 제도라도 제 기능을 하기 어렵다. 국가 거버넌스의 체계와 능력은 비록 긴밀히 연관되어 있기는 해도 완전히 동일한 것은 아니다. 다시 말해 국가 거버넌스 체계가 성숙했다고 해서 그 능력 또한 자연히 향상되지는 않는다. 세계를 둘러보면 각국은 나름의 거버넌스 체계를 갖추고 있지만 그 거버넌스 능력은 객관적 상황과 자체적인 노력에 따라 차이가 난다. 심지어 동일한 국가에 동일한 거버넌스 체계임에도 시대별로 그 거버넌스 능력에 차이를 보이기도 한다. 그렇기 때문에 중국공산당은 국가 거버넌스의 체계와 능력의 현대화가 동반되어야 한다고 특별히 강조한다. 이론적으로 보았을 때 국가 거버넌스 체계가 강조하는 것은 국가 거버넌스의 구조이며, 여기에는 지도체제의 완비와 권력구조의 최적화 등이 포함된다. 국가 거버넌스 능력의 경우 국가 거버넌스의 능률과 방법, 그에 따른 성과를 강조한다.

이로 미루어 볼 때 국가 거버넌스 현대화를 추진하는 과정에서 거버넌스 체계와 능력이라는 이중 과제의 병행은 더할 나위 없이 중요하다. 예컨대 거버넌스 체계의 현대화에 과도히 집중하게 되면 정치의 원칙과 형식에 집착하게 되고, 반대로 거버넌스 능력을 유독 강조하게 되면 정치체제 자체가 탄력성을 잃을 수 있다. 거버넌스 체계의 현대화를 경시하게 되면 국제적 트렌드에 발맞출 수 없으며, 거버넌스 능력의 현대화를 소홀히 하면 끝없는 불안정을 야기하게 된다. 이러한 문제들은 모두 중국의 역사적 경험과 타국의 정치적 경험에서 검증된 바 있다. 현대 중국의 국가 거버넌스 체계는 아주 다양한 기원을 갖는다. 중국의 전통에서 기원한 대일통 지향의 정치 체계와 중앙집권체제, 소련에서 영향을 받은 민주집중제와 정당조직 형태, 레닌주의, 현대 서구 국가에서 유입된 대의 민주주의 및 풀뿌리 민주주의의 사상 및 제도, 시장경제의 자원배분, 현대 경영관리론 등 매우 다양한 원천이 유기적으로 융합되어 현대 중국의 국가 거버 넌스 체계 안에 녹아 있다. 한편 구조적 차원에서 보면 현대 중국의 국가 거버넌스 체계는 중국공산당 영도, 인민주권과 의법치국이라는 3요소의 유기적 통일로 이루어져 있다. 요컨대 중국 국가 거버넌스 체계는 기원적으로는 '습합적 정치(複合政治)'의 형태를 띠고 구조 적으로는 '유기적 정치(有機政治)'의 형태를 취한다. 이 두 가지 면 모에 현대 중국 국가 거버넌스 체계의 총체적인 특징이 집약되어 있다고 할 수 있다.

국가 거버넌스 체계 현대화의 핵심은 중국 특색 사회주의를 견지 하고 발전시키는 데 있다. 이것이 우리가 이해한 신시대 중국 국가 거버넌스의 가장 중요한 출발점이다. 시진핑의 언설을 빌려 정리하 면 국가 거버넌스 체계와 거버넌스 능력의 현대화는 반드시 개혁의 전면 심화라는 총체적 목적을 온전히 파악하고 이해함으로써 추진될 수 있다. 단 두 마디로 정의하면 중국 특색 사회주의 제도를 보완 및 발전시켜 국가 거버넌스 체계와 거버넌스 능력의 현대화를 추진 하는 것이다. 중국이 나아가야 할 방향은 중국 특색 사회주의 노선에 있다.[38] 국가 거버넌스 체계의 현대화는 소위 '5위일체(五位一體)' 전략의 상위호환 및 심화 과정에 해당한다. 중국공산당 제18차 전국 대표대회에서는 경제건설, 정치건설, 문화건설, 사회건설, 생태문명 건설을 국가 거버넌스의 5대 영역으로 지정했다. 국가 거버넌스 체계 의 현대화는 반드시 이 5대 영역의 제도적 목표에서 비롯되어야 하

며, 각각의 영역에서 보다 완성도 높고 성숙한 제도가 구축되어야
한다. 즉 국가 거버넌스의 5대 영역은 실상 하나의 통일된 영역으로
서 개혁의 전면 심화라는 목적의 요구에 부응해야 한다. 국가 거버넌
스 체계의 현대화를 추진하는 일은 특정 영역에 한정되지 않기 때문
에 반드시 전반적인 방향을 설정해 나아가야 한다. 이는 곧 국가 거버
넌스의 각 영역을 개혁의 전면 심화라는 전략적 요구 안으로 통합한
다는 의미이다. 시진핑이 말했듯 개혁을 전면적으로 심화하는 일은
톱레벨 디자인(頂層設計)과 마스터플랜(整體謀劃)에 힘써 개혁이
진행되는 각 영역 간의 연관성과 체계성, 실현 가능성에 대한 연구를
강화하는 일에 다름 아니다. 이는 대담하면서도 안정된 보조로 추진
되어야 하는데, 여기서 안정된 보조란 총괄적으로 고려하고 전반적
으로 입증된 과학적 정책결정을 의미한다. 정치·경제·문화·사
회·생태문명이라는 각 영역의 개혁과 당의 건설 개혁은 밀접하게
관련되며 조화를 이룬다. 이처럼 어떠한 영역의 개혁이든 다른 영역
의 개혁을 촉진하는 동시에 다른 영역의 개혁과의 긴밀한 협력을
필요로 한다. 만약 영역 간 개혁이 조화를 이루지 못하면 각 방면에서
행한 개혁 조치가 엉켜 서로 제재하는 결과를 초래해 개혁의 전면
심화를 추진하기 어렵고, 억지로 밀고 나간다 해도 큰 효과를 기대할
수 없다.39) 따라서 국가 거버넌스 체계는 단면적인 5대 영역의 건설
에 국한되지 않으며 정당 거버넌스, 정부 거버넌스, 시장 거버넌스,
사회 거버넌스, 문화 거버넌스, 군조직 거버넌스, 공공안전 거버넌
스, 생태 거버넌스, 도시 거버넌스(특히 대도시 거버넌스와 도심 거
버넌스), 글로벌 거버넌스, 반부패 거버넌스, 사법 거버넌스 및 기타
인터넷 시대에 필요한 거버넌스 등 보다 많은 거버넌스 영역으로
구성된 하나의 체계화된 시스템이다.40) 인류사회의 발전은 중국을

국제정세에 영향을 미칠 수 있는 태풍의 눈의 위치로 밀어 올렸다. 범세계적인 경제 · 문화 · 정보자원이 중국에 집중되어 있는 만큼 중국의 거버넌스는 안팎에서 엄중한 도전에 직면해 있다. 이러한 특수한 상황에서 신시대 중국의 국가 거버넌스 체계는 필연적으로 더욱 폭넓은 내용과 전통적인 국가 거버넌스 체계로는 수용하기 어려운 새로운 메커니즘과 과제를 포함하게 될 것이다.

국가 거버넌스 능력은 과학적인 전략기획과 (정부의) 적극적인 개입, 권한과 책임에 대한 명확한 안배, 효과적인 정책수단, 선진적인 거버넌스 기술 등 다양한 요소에 의해 지탱된다. 거버넌스의 체계와 능력은 상호 의존하며 표리(表裏)를 이룬다. 신시대 중국의 국가 거버넌스가 지향하는 전반적 방향은 체계와 능력의 간극을 메우고 양자 간 불균형을 해소하여, 체계와 능력이 상호 연결되고 더불어 성숙하는 통합된 구도 내에서 신시대 중국정치를 구축해나가는 것이다. 개인은 각기 다른 정치적 입장과 계급적 성격, 사회적 지위를 갖고 있기 때문에 국가 거버넌스 체계에 대한 견해차가 있을 수밖에 없고 그에 대한 평가 또한 다양한 가치적 논쟁을 수반한다. 그러나 국가 거버넌스 능력이라는 문제를 이해하는 데 있어서는 국내외 학술계와 각국의 거버넌스 행위자들 사이에는 일정한 합의가 존재한다. 국가 거버넌스 능력은 경제학자와 전쟁 연구자의 흥미를 유발하는 문제로, 국가의 군사적 능력에서 시작해 국가의 자원수취 능력, 재분배 능력, 공공서비스 제공 능력으로 차츰 그 영역이 확장되어왔다.41) 이러한 국가 거버넌스 능력은 각각 국제적 차원과 국내적 차원의 거버넌스 능력으로 대별해볼 수 있다. 중요한 글로벌 영향력을 보유한 국가로서는 글로벌 의제 설정권, 글로벌 규칙 제정권, 글로벌 조직에 대한 지배력, 국제공공사무에 대한 개입권, 국제적 충돌에 대한 중재권, 자국의 국가안보에 관한 보호권과 같은 국제적 차원에서의 거버넌스 능력이 유독 중요할 수밖에 없을 것이다. 국제공공사무에 개입하고 영향을 미칠 수 있는 능력은 하드파워와 소프트파워 두 가지 측면으로 이루어져 있는데 결정력을 발휘하는 것은 하드파워이고 소프트파워는 하드파워를 뒷받침한다. 국내적 차원에서의 거버넌스 능력은 제도설계에 대한 요구를 포함할 뿐 아니라 전문지식과 이를 갖춘 전문가들의 많은 도움이 필요하다. 물론 국가의 발전단계에 따라 거버넌스는 매번 다른 과제와 소명에 직면하며, 국가 거버넌스 능력의 실현 또한 그 범위와 방향에 있어 분명한 차이를 보인다. 국내적 차원에서의 거버넌스는 국가권력의 실천 정도를 뜻한다. 구체적으로 말하면 수취능력, 재분배 능력, 강제력, 통제력, 조직력, 협상력 등 경제·사회발전에 영향을 미치는 국가 거버넌스 능력을 두루 포괄한다. 요컨대 국가 거버넌스 능력은 국가 외교 제도, 공공외교 제도, 국가 예산·재정·조세 시스템에 이르는 수많은 제도적 요소로 구성되어 있다.

(6) 중국과 세계의 관계

한 국가 그중에서도 대국은 세계와의 관계를 어떻게 구축해야 하는가? 이는 근대 이후 적잖은 나라들이 맞닥뜨린 중요한 문제이다. 고전적 마르크스주의에 의하면 자본주의 국가는 자본주의 논리에 따라 세계가 가진 본연의 성질을 바꾸어놓았고, 자본주의 국가와 세계의 관계 구도 또한 여기에서 기인했다. 마르크스와 엥겔스는『공산당 선언(Manifest der Kommunistischen Partei)』을 통해 자본주의가 바꾸어놓은 일련의 관계에 대해 다음과 같이 예리하게 지적한 바 있다. "부르주아지는 자신들이 지배권을 획득한 곳에서는 어디서나 모든 봉건적, 가부장적, 목가적(牧歌的) 관계를 파괴했다. 부르주아지는 사람을 타고난 상전들에게 얽매어놓던 온갖 봉건적 속박을 가차 없이 토막 내버렸다. 그리하여 사람들 사이에는 노골적인 이해관계와 냉혹한 '현금 거래' 외에는 아무런 관계도 남지 않게 되었다. 부르주아지는 종교적 광신, 기사적(騎士的) 열광, 속물적 감상 등의 성스러운 황홀경을 이기적인 타산이라는 차디찬 얼음물 속에 처넣어버렸다. 부르주아지는 사람의 인격적 가치를 교환가치로 해체했으며, 특허장으로 보장되거나 투쟁을 통해 얻은 수많은 자유 대신에 단 하나의 파렴치한 자유, 즉 상거래의 자유를 내세웠다. 한마디로 부르주아지는 종교·정치적 환상에 의해 가려져 있던 착취를 공공연하고 파렴치하며 직접적이고도 잔인한 착취로 바꾸어놓았다."42) 이처럼 자본주의 논리에 따라 국가와 세계를 처리하는 것이 곧 자본의 본성이자 자본주의 국가의 본성이다. 많은 이들의 부러움을 사던 자본주의 정치제도는 얼마 안 가 착취하고 약탈한 글로벌 자원을 그 제도적 우월성을 공고히 하는 제물로 삼았다. 즉 자원 착취를 통해 오만한 제도의 아성을 구축한 것이다. 이것이 국제정치경제학의 자못 오묘한 논리이다. 따라서 개발도상국의 발전이 자본주의 국가가 세계 도처에서 자원을 약탈하는 루트를 위협하게 될 때, 자본주의 국가가 겪을 내부 자원 결핍은 곧 그 정치제도의 결함과 딜레마를 노정하게 된다. 이러한 시각에서 보면 자본주의 국가와 세계의 관계는 합치점을 바탕으로 한 윈윈(win-win)이나 평화공존이 아닌 심각한 제로섬(zero-sum)적 경향을 보인다. 이러한 잔혹한 역사적 광경 속에서 중국의 발전 및 중국과 세계의 관계는 글로벌 질서를 재편할 수 있는 매우 중요한 사례가 될 것이다. 중국은 식민지 건설이나 전쟁 및 약탈에 의해 부상하지 않은 유일한 대국으로서 국제공공사무에 대한 중국의 참여는 중국이 지향하는 중국과 세계의 관계 모델에 입각해 이루어질 것이다.

전근대 중국과 비교했을 때 현대 중국은 보다 개방적이며 정보화·세계화된 환경에서 발전해왔다. 주지하다시피 현재의 글로벌 거버넌스 체계는 유럽과 미국 그중에서도 미국의 주도로 성립된 것이다. 우리는 자주 TV를 통해 "어떤 사건이 국제사회의 이목을 집중시켰다"는 말을 듣고는 한다. 그러나 자세히 들여다보자. 국제사회는 도대체 어디에 있는 걸까? 우리가 볼 수 있는 것이라고는 연합국, 세계은행, 국제통화기금(IMF)과 같은 국제조직과 개별적인 주권국가들뿐이다. '국제사회'는 많은 경우 허무맹랑한 공중누각에 불과하며 심지어 서구 선진국이 개발도상국을 위협하는 도구로 쓰인다. 제2차 세계대전 이후 일약 초강대국으로 부상한 미국은 기축통화가 된 달러와 해외 주둔 미군, 자유·민주·인권 등 미국에 의해 추앙된 소위 '보편적 가치'라는 세 가지 요술지팡이를 통해 글로벌 거버넌스를 주도했는데 이는 전형적인 하드파워와 소프트파워의 결합이다. 어떤 이는 미국의 패권을 지탱하는 주요 외적 기제로 미국이 주도하는 자유주의 국제질서를, 내적 기제로는 달러 패권과 그 막후에 자리한 석유달러 시스템을 꼽는다.[43] '소프트파워' 개념으로 전 세계를 풍미한 미국 학자 조지프 S. 나이(Joseph S. Nye)는 미국의 파워는 강력한 정치·경제력이나 군사력을 통해서만 나타나는 것이 아니라 그 문화적 매력과 국제규칙을 만들고 글로벌 어젠다를 결정하는 가치관과 같은 소프트파워를 통해 보다 분명히 드러난다고 보았다. 소프트파워와 하드파워가 결합되지 않으면 실상 세계를 대상으로 지배적인 영향력을 행사하기 어렵다. 미국은 자본과 전쟁의 상호 유착을 통해 거대한 부를 얻었으나, 이는 필연적으로 도덕적 위기와 국제적인 명예 실추를 초래할 공산이 크다. 역사가 증명하듯이, 자본과 전쟁의 논리에 기대어 패권을 유지하려 했던 서구 열강의 수법은 결국 그 자신의 쇠퇴를 불러왔다. 글로벌 거버넌스에 참여하고 그것을 주도하는 중국의 능력 또한 소프트파워와 하드파워로 설명할 수 있다. 다만 중국의 소프트파워는 미국이 숭상하는 도구적 성격의 '보편적 가치'가 아니라, 평화롭게 공존하고(和平共處), 같음을 지향하되 다름을 존중하며(求同存異), 문화를 통해 교화하고(以文化人), 서로 소통하며 원원하면서(互利互通) 내정에 간섭하지 않는(互不幹涉內政) 보다 실질적이고 궁극적인 내용의 보편적 가치이다. 역사적으로 어떤 국가든 무력을 통해 자신의 목적을 이루려 한 시도는 결국 실패로 귀착되었음을 염두에 둔다면 평화와 공존, 호혜를 중심으로 한 보편적 가치가 지닌 의의는 아무리 강조해도 지나치지 않다고 할 것이다. 다른 한편으로 중국은 경제력과 군사력에서 비롯된 하드파워로 글로벌 거버넌스에 참여하고 이를 주도할 능력을 행사하며, 이는 미국이 주도하는 억압적이고 불평등한 국제레짐에 항거할 수 있는 실력이기도 하다. 중국이 참여하고 주도하고자 하는 글로벌 거버넌스의 방향은 인류운명공동체의 구축으로 귀착되며 이는 평화와 공영을 중시하는 전통문화에 의해 배양된 이상이라고 할 수 있다. 이러한 전통문화는 중국이 지닌 가장 튼실한 문화적 소프트파워이며 중국 특색 사회주의를 뿌리내리게 한 문화적 토양에 해당한다. 반면 미국의 패권 숭배는 미국 특유의 물질주의와 사회적 다원주의에서 비롯된 기형적 문화라고 할 수 있다.

현대 중국 사회주의 정치학은 현대 중국의 실천을 토대로, 중국화된 마르크스주의를 중심으로 형성된 지식체계이다. 따라서 그 전반적인 지식체계는 중국이라는 초대형 국가의 현대화 과정과 그 전망에 대한 분석과 총평 아울러 중국의 정치발전 노선에 대한 과학적 고찰과 체계적 개괄을 주요 내용으로 한다. 우리는 현대 중국 사회주의 정치학의 연구대상에 대한 체계적이고 종합적인 정의를 바탕으로 현대 중국 사회주의 정치학의 포괄적 틀을 제시하였다. 이러한 틀을 구성하는 주된 법칙은 '인민중심'이라는 대전제를 시발점으로 유기적으로 통합된 정치형태를 형성하는 데 있다. 즉 '인민지상'이라는 근원적 가치와 유기적으로 통합된 정치형태가 현대 중국 사회주의 정치학의 저변을 이루고 있다고 하겠다. 유기적으로 통합된 정치형태란 정치를 주도하는 가장 핵심적인 역량으로서의 중국공산당과 제도 주축으로서의 인민민주, 시정의 방법으로서의 법치가 융합된 형태를 말한다. 현대 중국 사회주의 정치학은 세부적으로 국가 거버넌스의 현대화, 공동부유의 제도적 근간, 국가와 사회의 공생, 이데올로기 주도권, 군에 대한 당의 절대적 영도 측면에서 각각 나름의 구조와 주체를 갖추고 있다. 협상과 통합의 정치와 자기혁명의 정치는 중국의 정치발전을 추동하는 원리이자 원동력이다. 중화민족의 위대한 부흥 실현, 인류운명공동체의 건설은 각각 현대 중국 사회주의 정치학의 목표지향적·세계지향적 성격을 반영한다. 여기에 근거하여 우리는 아래와 같은 14가지의 정치명제를 간추려냈다.

① 정치는 아름다운 인간생활을 실현하는 기본 방식이다.

② 현대 중국의 사회주의 정치형태는 중국공산당 영도와 인민주권, 의법치국이라는 3가지 요소의 유기적 통일로 이루어진다.

③ 중국공산당은 정치를 주도하는 가장 핵심적인 역량이며 이는 중국 특색 사회주의의 가장 본질적인 특징이다.

④ 인민이 국가제도를 규정하고 국가제도는 인민주권을 실현한다.

⑤ 중국 특색 사회주의 법치 국가는 정치성과 규범성의 합일을 추구한다.

⑥ 국가 거버넌스 체계와 거버넌스 능력의 현대화는 중국 정치발전의 거시적 목적에 해당한다.

⑦ 사회주의 공유제는 공동부유(共同富裕)를 실현하는 제도적 근간이다.

⑧ 국가와 사회는 공생관계에 있다.

⑨ 마르크스주의는 사회주의 국가의 이론적 무기이다.

⑩ 군대에 대한 당의 절대적 영도는 정치규범에 입각해 군을 건설하는 정치건군(政治建軍)의 근본 원칙이다.

⑪ 협상과 통합은 중국 정치운영의 기본 메커니즘이다.

⑫ 자기혁명은 중국공산당의 정치적 특질을 함축한다.

⑬ 민족부흥은 중국 인민의 공통된 염원이자 목표이다.

⑭ 인류운명공동체의 건설은 인류사회의 공동가치이다.

이러한 14가지 명제에서 구성되고 변화·발전한 현대 중국 사회주의 정치학 체계는 (사회주의 정치체제의) 가치와 강령, 형태와 제도, 원동력과 목표에 관련한 이론을 집대성한 결과물이다. 이를 바탕으로 현대 중국 사회주의 정치학은 정치와 민주의 가치와 개념을 재정립하였다. 정치는 가치의 권위적 배분이나 다양한 정치세력 간의 경쟁과 기만이 아니며, 특정 자본이 독점을 유지할 수 있도록 하는 보호막은 더더욱 아니다. 정치의 초심은 인민의 좋은 삶을 실현하는 데 있다. 경제는 이익의 최대 추구가 아니라 세상을 다스리고 백성을 구제하는 '경세제민(經世濟民)'이며, 문화는 우월한 지위를 과시하는 패권이 아닌 인간과 자연, 인간과 인간의 공생의 산물이다. 『예기(禮記)』에서 말한 "강함과 유함의 뒤섞이는 것이 곧 천문이고, 문명으로서 그치게 하니 이것이 인문이다. 천문을 관찰하여 사시의 변화를 살피고, 인문을 관찰하여 천하를 교화하여 이룬다(剛柔交錯, 天文也. 文明以止, 人文也. 觀乎天文, 以察時變, 觀乎人文, 以化成天下)."는 뜻이 여기에 있다. 중국공산당 영도, 인민주권, 의법치국의 유기적 통일이 본서의 일관된 명제라고 한다면, 중국 특색 사회주의의 가장 본질적인 특징으로서의 중국공산당 영도는 본서의 가장 핵심적인 명제이다. 현대 중국의 사회주의 정치는 선거 승률에 대한 예측이나 선거구 획정의 기교와 방법 고안에 골몰하고 경선 이후 인사 구성에 주목하는 서구 주류 정치학과 달리 인민의 행복과 민족 부흥의 실현에 집중한다. 이러한 논지를 바탕으로 본서는 민주에 대한 재정의라는 학술적 소명에 부응하고자 하였다. 요컨대 민주는 정치적 무대에서의 과장된 수식이나 길항적인 정치체제 내에서 만연한 상호 부정이 아니며, 자본의 논리에 의해 통제되는 권력의 배분은 더더욱 아니다. 민주란 '민의의 지속적인 표현과 실현'이다. 지속적으로 부단히 표현되는 민의와 그러한 민의를 실현하는 과정이 곧 '전과정 인민민주(全過程人民民主)'의 실천인 것이다. 본서는 이러한 논리 안에서 정치와 민주에 대한 재정립이라는 주어진 학술적 의무를 이행하고자 하였다. 정치란 근본적으로 '정통인화(政通人和, 좋은 정치로 인민을 화목하게 함)'와 '국태민안(國泰民安, 국가와 인민을 편안하게 함)'으로 요약될 수 있으며, 이는 곧 정치적으로 실현된 사회주의의 본질이자 사회주의 정신의 외적 표현이며, 사회주의 목표의 궁극적 실현에 해당한다. 정통인화의 전제가 '전과정 인민민주'를 통해 구현되는 인민주권이라면, 국태민안의 전제는 중국공산당이 주도하는 국가 거버넌스 체계와 거버넌스 능력의 현대화이다. 정통인화와 국태민안이 곧 정치의 근본 취지라는 것이 본서가 구성하려 한 현대 중국

사회주의 정치학 체계의 출발점이다.

3. 토대와 구조

(1) 사회주의 : 현대 중국정치의 가치적 성격과 노선 선택

중국 정치발전의 가치적 성격과 노선의 출발점은 사회주의에 있다. 중국의 사회주의 노선 선택은 역사적 전통과 현실적 필요성, 인민의 바람과 정치지도층의 전략적 선택, 당시의 국제정세 등 다양한 요인에서 기인했다. 구체적으로 말해 중국의 문화 유전자와 사회주의 간의 정합성, 중국 사회주의 노선에 대한 마르크스주의의 영향, 중국 특색 사회주의에 대한 중국공산당의 이론적 종합과 실천적 탐색이 현대 중국정치의 가치적 성격과 노선 선택을 결정지었다고 할수 있다. 이데올로기로서의 사회주의가 어떻게 중국사회에 녹아들수 있었는지, 제도로서의 사회주의가 중국의 현대 국가 건설과 현대화 과정에 결합될 수 있었던 비결은 무엇인지, 사회주의가 하나의 정신문화로서 중국의 전통적 문화 유전자와 어떻게 융합될 수 있었는지 등, 이러한 일련의 문제에는 쉽사리 판단하기 어려운 심층적인 원인이 자리하고 있다. 마치 "미국에서는 왜 사회주의가 자리 잡지 못했는가?"와 같은 의문이 줄기차게 제기되는 것처럼 "중국은 왜 사회주의를 택했는가?" 하는 의문 또한 부단히 세인들의 이목을 집중시키는 중요한 문제이다. 중국공산당 역대 지도부는 중국의 발전이 사회주의 노선에서 벗어난다면, 중국의 발전이 극심한 양극화를 초래한다면 한 국가로서의 중국은 전반적 위기를 피할 길이 없다는 것을 너무나 잘 알고 있었다.

  그렇다면 중국정치의 맥락에서 사회주의는 대체 어떠한 의미이며 어떠한 역할을 수행하는가? 일단 사회주의는 자본주의를 초극하려는 가치적 선택의 결과이다. 사회주의가 내포한 가치성향은 현대화를 추진하는 중국의 정신과 지향을 결정한다. 이러한 시각에서 본다면 가치체계는 곧 현대 중국 사회주의 정치학이 가장 우선적으로 다루어야 할 핵심 문제임을 알 수 있다. 가치체계는 국가 거버넌스를 움직이는 축선이며 국가 거버넌스에 영혼과 감성을 부여한다. 인류 역사상 발생했던 모든 중대한 가치변혁은 정치혁명과 사회혁명을 이끌어내는 전주곡이 되고는 했다. 예컨대 중국 춘추전국시대의 백가쟁명은 서주(西周)시대 봉건제의 쇠퇴를 상징했고 전 유럽을 정복한 기독교는 신권정치(神權政治)에 정당성을 제공했으며, 유럽의 계몽운동은 인간의 시대가 신의 시대를 대체했음을 알리는 전조였다. 마르크스와 엥겔스는 혁명을 추동하는 가치변혁과 관련해 다음과 같이 논한 바 있다. "고대 세계의 멸망이 가까워졌을 때 고대 종교는 기독교에 의해 정복되었다. 18세기의 기독교 사상이 계몽사상으로부터 타격을 받아 분쇄되고 있을 때, 봉건사회는 그때만 해도 혁명적이던 부르주아지와 필사적인 사투를 벌였다. 신앙의 자유, 종교의 자유라는 사상은 다만 지식의 영역에서 이루어지는 자유 경쟁을 표현했을 뿐이다."[44] 현대 국가가 개별적인 지역 단위를 대신해 가장 중요한 정치적 실체로 부상하게 되면서 국가는 일련의 가치체계를 통해 자신의 통치에 대한 체계적인 설명을 제시하면서 특정 가치를 구현하고 고양시켜 국가 통치의 역사적 사명과 그것이 지향하는 목표를 널리 알리려고 한다. 즉 가치체계가 곧 국가 통치의 정신적 기형인 것이다. 그러나 우리는 서로 다른 국가와 문명 사이에서 발생하는 가치체계 경쟁은 결코 단순한 관념적 차원의 논쟁이 아닌, 막후의 이익을 둘러싼 투쟁이라는 점을 간과하지 말아야 한다. 일찍이 마르크스가 『신성가족(Die heilige Familie)』에서 지적한 것과 같이 사상이 이익에서 벗어나게 되면 반드시 추해지게 된다.45) 이 점을 인식한다면 시진핑이 "국가 거버넌스 체계와 거버넌스 능력의 현대화를 추진하면서 가치체계 문제를 (또한) 해결해야 한다"는 중요한 과제를 제시한 근본적인 까닭을 알 수 있다. 부르주아지 계급은 자본주의가 성숙되는 과정에서 자신의 속성에 맞춰 세계를 창조하는 본성을 시종일관 견지한다. 이들의 욕망은 자신이 속한 계급의 사상이 한 나라의 통치사상이 되는 데 만족하지 않고 전 세계의 통치사상이 되는 데 있다. 서구 국가들이 꾸준히 신봉해 마지 않는 무력 간섭, 비폭력적 수단과 방법으로 사회주의 국가의 체제 변화를 유도하는 '화평연변(和平演變)' 전략, 민주주의 개혁 운동을 유도하는 '색깔혁명' 전략 등은 모두 이러한 욕망에서 비롯되었다고 할 수 있다. 마르크스와 엥겔스는 일찍이 지배계급의 사상 독점 현상에 대해 매우 냉철히 분석을 한 바 있다. "어떤 시대에나 지배계급의 사상이 지배적인 사상이다. 다시 말해서 사회의 지배적인 물질적 세력인 지배 계급이 동시에 그 사회의 지배적인 정신적 세력이라는 말이다. 물질적인 생산의 수단을 통제하는 계급은 그 결과 정신적인 생산의 수단도 통제하고 있으며, 따라서 정신적인 생산수단을 갖지 못한 계급의 사상은 대개 지배계급의 사상에 종속된다. 지배적인 사상은 지배적인 물질적 관계들의 관념적 표현, 사상으로서 파악된 지배적인 물질적 관계 그 자체에 불과하며, 따라서 어느 한 계급을 지배 계급으로 만들어주는 관계들의 표현이고, 따라서 그 계급의 지배 사상 이외에 아무것도 아니다."46) 여기에서 '지배계급'을 '지배국가'로 바꾸면

자본주의가 탄생한 이후 진행된 역사에 그대로 적용할 수 있다. 지배
계급의 사상과 지배국가의 사상은 사실상 동일하다. 뿐만 아니라 각
각의 자본주의 국가의 배후에는 언제나 국경을 뛰어넘어 이익을 바
탕으로 긴밀히 유착한, 배타성이 짙은 초국적 독점자본집단과 초국
적 지배계급이 자리하고 있다. 이러한 지배계급은 지극히 결연한 자
세로 자신의 이익을 보전하려 안간힘을 쓰는 반면 그 어떤 신흥 세력
또는 국가와 조금의 이익도 나누려 하지 않는다. 냉전 시대에 벌어졌
던 사회주의 국가에 대한 철저한 박멸 작전, 예컨대 포스트 냉전 시대
의 '문명의 충돌'을 빌미로 한 중동지역과 이슬람 세계에 대한 간섭,
경제 글로벌화 시대에 중국을 비롯한 몇몇 나라와 지역에서 펼쳐진
'색깔 혁명' 전략 등은 모두 가치체계 경쟁과 '문명의 충돌'을 가장한
이익투쟁의 발로이다. 이로 미루어 볼 때 중국이 국가 거버넌스 체계
와 능력의 현대화를 추진하면서 가치체계의 문제를 해결하지 못한다
면 '색깔 혁명'을 겪은 국가들의 전철을 밟으며 자본주의 경제 블록를
장식하는 말단으로 전락해 자신의 정치적·경제적 운명을 주도할
권리를 상실하게 될 것이 자명하다.

근대 자본주의가 등장하기 전까지 본격적인 가치체계 논쟁은 시작
되지 않았다. 이는 마르크스가 말한 것처럼 세계의 역사가 미처 제대
로 형성되지 못했기 때문이다. 자본주의의 대두로 말미암아 부르주
아지 계급은 국경을 초월해 세계 역사를 주도할 수 있는 힘을 갖게
되었다. 자본주의가 전 세계적으로 세력을 확장하며 벌인 식민활동
은 가치체계에 대한 부르주아지 계급의 정복심리와 독점욕을 부추겼
다. 그 결과 자본주의 사회 내부에서 형성된 가치관은 부르주아지
계급이 규정한 '보편성'을 크게 획득해 곧 '보편적 가치'로 포장되었
다. 이러한 '보편적 가치'는 서구 자본주의 국가가 타 문명을 정복하

고 통제하는 이기(利器)가 되었으며, 아울러 국제사회에서 (서구 자본주의 국가의) 문화 우월적 지위를 보장하는 지렛대가 되었다. 영어가 영미 두 나라가 보유한 패권적 지위에 힘입어 전 세계로 확산된 것과 같이 특정 국가가 신봉하는 가치는 (그 나라가 보유한) '하드파워'에 의지해 소위 '보편적 지위'를 누리게 된다. 국제교류가 이루어지는 현장에서 '하드파워'와 '소프트파워'는 표리를 이루며 분리되지 않는다. 즉 특정 국가의 패권적 지위는 하드파워와 소프트파워가 결합됨으로써 확립된다. 역사가 선물한 우연하고도 기묘한 기회로 일련의 서구 자본주의 국가는 현대화 과정을 통해 성취한 선진국 지위와 비교우위로 말미암아 전 세계적으로 그 가치관을 전파할 수 있는 자본을 갖게 되었다. 그러나 어떤 '보편적' 가치라 한들 사실상 지배적 지위를 차지한 계급과 우월한 지위를 선점한 민족에 의해 만들어지는 것이다. 일찍이 마르크스와 엥겔스는 『독일 이데올로기(Die Deutsche Ideologie)』에서 이러한 문제에 대해 다음과 같이 고찰한 바 있다. "이제까지 항상 사람들은 자기 스스로에 대하여, 인간은 무엇이고 무엇이어야만 하는가에 대하여 잘못된 관념들을 형성해왔다. 사람들은 신이나 정상적 인간 따위의 관념들에 따라 자신들 간의 관계를 합치시켜 왔다. (그러나) 그들 두뇌의 산물들은 그들의 명령에 구속되지 않는다. 이들 창조자들은 그들의 창조물 앞에 무릎을 꿇어왔다. 이제 그들을 망상과 관념과 도그마와 환상적인 존재들 즉, 그들을 옭아맨 멍에들로부터 해방시키도록 하자. 이들 개념의 지배에 반란을 일으키자."[47] 지금 서구세계는 자신들이 만들어낸 관념에 광적으로 집착하는 수준에 이르렀다. 이러한 광기는 서구 문명 자체에 깊이 각인된 문화적 유전자에서 기인하는데 이는 아리스토텔레스(Aristoteles)식 논리관에 대한 집착과 기독교 특유의 충성심에 뿌리를 두고 있다. 근대 이후 진행된 역사 내내 유럽과 미국은 문화 식민활동을 통해 그들이 명명한 '보편적 가치'의 패권과 명분을 확대해나갔다. 서구 문명이 태생적으로 지닌 정복성과 확장성을 알 수 있는 대목이다. 문화 식민은 국가전략의 중요한 일부로서, 서구 문명이 부상하는 역사적 과정은 곧 문화 식민의 역사이기도 하다. 물론 제2차 세계대전 이후 많은 국가들이 각성하였고, 특히 제3세계 에서는 민족해방운동이 서구의 문화 식민에 저항하는 강력한 대항마 가 되었지만, 미국을 핵심으로 한 서구세력의 문화 식민행위 자체가 사라진 것은 아니었다. 화교 출신의 캐나다 학자 량허녠(梁鶴年, Hok-Lin Leung) 선생에 의하면 서구문화는 상대적으로 지식을 중 시하며 진리를 추구하는 '구진(求真)'의 문화이고, 중국 전통문화는 상대적으로 인성을 중시하며 선을 추구하는 '구선(求善)'의 문화이 다. 지식을 추구하는 과정, 특히 기계적인 논리적 규칙에 의거해 논리 적이지 않은 인성을 연역하려는 시도는 종종 막다른 골목으로 치닫 는다.[48] 이러한 '구진' 정신이 무력을 통해 확장되는 순간 그것은 곧 지식폭력이자 일종의 문화 식민행위로 변질된다. 인도와 동남아 시아·아프리카의 국가들, 정치적 격변 이후의 동유럽과 같은 상당 수의 국가들은 이미 모두 구미의 '보편적 가치'를 추종하는 길로 들어 섰다. 그렇다면 서구의 '보편적 가치' 함정에 매몰된 나라들은 과연 국가를 잘 운영하고 있는가?

그 어떤 사람이나 국가도 궁극적 의미의 '보편적 가치'를 거부할 수는 없다. 예컨대 "자신이 원치 않는 일을 타인에게 베풀지 말라(己 所不欲, 勿施於人)"했던 공자의 가르침이나 "인간을 목적으로 대하 라"고 했던 칸트(Immanuel Kant)의 도덕법칙이 모두 인류사회가 수호해야 할 보편적 가치이다. 문제는 보편적 가치에 대한 명명(命

名)권, 해석권, 정의(定義)권이 특정한 집단 혹은 국가에 의해 독점될 경우나 보편적 가치가 정치적 세력 확장이나 강권(強權)을 과시하는 도구 또는 이기로 이용될 경우, 가치는 곧 그 보편성을 상실하게 된다는 것이다. 예를 들어 미국 외교의 이중적인 가치표준은 미국이 보편적 가치를 수호하는 것이 아니라 보편적 가치를 명분으로 자신의 패권적 지위를 공고히 하려는 것에 지나지 않음을 잘 보여준다. 궁극적 의미의 보편적 가치를 수용하는 일과 힘에 의해 가위질 된 '보편적 가치'를 수용하는 것은 완전히 다른 일이다. 여러 현상이 증명하는 것처럼 서구 국가가 찬양하는 '보편적 가치'의 함정에 빠진 몇몇 국가들은 결코 (보편적 가치가 약속한) 질서와 번영을 이루지 못했으며, 서구에서 수입된 민주는 허구적인 정치적 외피로 전락했다. 민주의 이름으로 자행된 권력투쟁으로 인해 국가는 분열되었고 거버넌스의 효율은 저하되어 발전의 기회를 상실했다. 그치지 않는 권력투쟁과 정당 간 분쟁은 잔혹한 무력충돌을 유발하기에 이르렀다. 이처럼 민주의 붕괴 문제는 이미 많은 국가들이 겪고 있는, 치유하기 어려운 제도적 병통이 되었다. 따라서 제3세계 국가들이 서구의 '보편적 가치' 함정에서 빠져나와 자신의 국가상황에 알맞은 발전노선을 이행하는 것이 곧 (국가 발전을 위한) 유리한 고지를 확보하는 첩경이 될 수 있다. 서구의 '보편적 가치'에 대해 낭만적 태도로 일관하는 국가는 민주와 자유 등 '보편적 가치'가 만들어낸 고통에 시달리게 된다. 물론 일부 중국인들의 뇌리에 서구적 가치를 '보편적 지위'에 올려놓는 관념이 여전히 남아 있음은 부정할 수 없다. 이러한 인식의 차이와 가치의 착란은 아직까지 완전히 근절되지 않았다. 그렇기 때문에 가치체계의 재구성이 국가 거버넌스 현대화의 중요한 부분이자 내용이 될 수 있는 것이다. 중국이 자신의 문화적 소프트파워에 의거해 서구의 '보편적 가치' 함정에서 벗어날 수 있었던 저력은 발전에 있다. 2014년 5월 4일, 시진핑은 베이징대 교수 및 학생들과의 좌담회 자리에서 "중국은 이미 발전하기 시작했다. (그러나) 우리는 '국가가 강해지면 반드시 패권을 추구하는(國強必霸)' 논리를 인정하지 않으며 계속해 평화발전 노선을 걸을 것이다. 그러나 중화민족이 외세에 의해 수모를 겪었던 역사는 이미 지나갔으며 다시는 반복되지 않을 것이다! 우리가 이렇게 단언할 수 있는 저력은 어디에 있는가? 이미 시작된 우리나라의 발전에 있다. 현재 중국의 국제적 위상은 나날이 제고되고 있으며 국제적 영향력 또한 부단히 확대되고 있다. 이것은 중국 인민이 오랜 기간 분투 끝에 쟁취한 존중이다. 이는 근대 이후 중국이 겪었던 국권 상실과 국치, 중국에서 자행된 외세의 횡포와 같은 비참한 역사와 선명한 대조를 이룬다."49)고 하였다. 부르주아지 계급은 어떻게 자신의 가치관을 보편적인 문화적 파워로 둔갑시킬 수 있었는가? 그것은 바로 염가의 상품으로 모든 장벽을 무력화시키고 모든 국가와 민족이 부르주아지 계급의 생산방식을 따르도록 압박했기 때문이었다. 이들은 자신의 가치관에 입각해 부르주아지 계급의 심미안과 잇속에 부합하는 세계를 창조했고 이것이 바로 부르주아지 계급의 사상이 '보편적 가치'로 부상할 수 있었던 근원이다. 중국이 서구의 '보편적 가치' 함정에서 벗어날 수 있는 가장 효과적인 경로는 오로지 하나로, 중국의 노선과 발전상황, 제도에 의거해 부르주아지 계급이 요술로 불러낸 마귀를 물리치는 것이다.

자본주의가 발흥한 17세기 이래로 전 세계를 대상으로 한 가치체계 경쟁은 한 번도 중단되지 않았다. 냉전 시기 소련과 미국 양 진영의 대립은 극단적인 가치체계 경쟁에 다름 아니었으며 포스트 냉전

시대의 '문명의 충돌' 또한 여전히 가치체계 경쟁과 동의어이며 구미 세계와 이슬람 세계의 갈등은 현재까지 그 포연이 가시지 않은 상태이다. 자본주의는 태생적으로 타 문명에서 유래된 가치체계의 도전에 배타적인 태도를 보인다. 전 세계를 통치하려는 부르주아지 계급의 야욕과 자본주의 가치체계의 '보편화'는 동전의 양면과 같다. 특히 글로벌화, 정보화, 사이버화된 시대에서 서구 부르주아지 계급이 스스로에 유리하도록 세계를 창조하는 방법과 경로는 더욱 은밀해졌으며 기술은 더욱 고도화되었다. 따라서 중국이 국가 거버넌스 체계와 능력의 현대화를 추진하는 과정에서 가치체계 문제는 반드시 해결해야 할 매우 시급한 문제가 아닐 수 없다. 국가 거버넌스의 얼은 가치체계가 표출하는 지향과 돌봄에 있기 때문이다. 만약 국가 거버넌스가 제대로 된 가치체계를 갖추지 못하면 서구적 가치관에 예속되거나, 기술주의와 도구주의에 사로잡히기 쉽다. 더구나 중국과 같은 유구한 역사를 가진 초대형 국가가 추구하는 국가 거버넌스 체계와 능력의 현대화는 역사로부터 단절되지도, 기존의 상태를 답습하는 방향이 아닌 역사와 현실, 보존과 혁신 사이에서 균형을 유지할 수 있는 고도의 자신감을 표출해야만 한다. 가치체계는 가치 요소와 태도로 이루어진 체계이다. 서구세계가 근대 이후 자신의 가치관을 수출할 수 있는 자본을 확보할 수 있었던 결정적인 까닭은 그들이 자본력과 군사력을 동원해 가치체계를 좌우할 수 있는 감제고지를 선점했기 때문이며, 덕분에 그들이 표방하는 자유 · 민주 · 인권 · 공평 · 정의와 같은 가치 관념은 소위 '보편적 지위'를 획득했다. 미국 학자 새뮤얼 헌팅턴은 보편주의를 가리켜 비서구 문화에 대항하기 위해 서구가 내놓은 이념이라고 지적했다. 이는 서구세계의 글로벌한 야욕을 정확히 포착한, '보편주의'의 본질을 적시한 판단이다. 서구 선진국들은 앞서 현대화를 이룬 특수한 우위를 바탕으로 가치체계를 창조할 수 있는 고지를 확보하였는데 이것이 곧 서구 자본주의가 비서구사회로 수출한 가치관의 자본인 것이다. 이렇게 보편적 지위를 획득한 가치체계는 무의식중에 자본주의 국가의 거버넌스 모델에 대한 자신감과 자만감을 배가시켰다.

그러나 서구세계가 아무리 가치적 우위를 선점했다고 해도 그 가치관의 수출과정이 순조롭기만 한 것은 아니다. 비서구 국가와 사회로부터 제기된 서구적 가치관에 대한 의문과 비판은 끊이지 않고 자본주의 국가 내부에서도 가치관 재정립에 대한 요구가 계속되고 있다. 이처럼 자본주의 사회 내부에서 일고 있는 본토 문화에 대한 반성과 저항, 지구 한켠에서 이어지고 있는 신권정치가 서구세계의 세속화된 정치에 가하는 반격, 사회주의 가치체계가 자본주의 가치체계에게 가하는 치명적인 비판, 서양 문화·가치관에 대한 동양 문화·가치관의 배척과 일소 움직임과 같은 현상들이 서구 자본주의 세계가 차지한 가치적 우위를 흔들고 있다. 특히 20세기 말부터 21세기 초까지 지속된, 만연한 금융 위기와 극심한 불경기로 인해 자본주의가 차지한 가치적 우위는 세계 각지에서 조성된 다원문화의 공격과 질의에 노출되기에 이르렀다.

가치적 우위는 언제나 (그것을 차지한) 국가의 경제발전 상황과 그 국제적 영향력과 결부된다. 중국의 부상은 중국에게 가치체계 구축에 참여할 수 있는 역사적 기회를 제공하였다. 세계는 중국의 경제 동향뿐 아니라 중국의 가치체계가 표출하는 에너지에 주목하고 있다. 중국 특색과 그 민족적 특징, 시대적 특징을 충분히 반영한 가치체계는 중국의 가치적 입지뿐 아니라 거버넌스 자체의 경쟁력을 내보일 수 있는 채널이 된다. 이러한 점에서 볼 때 국가 거버넌스와 가치체계는 상호 연계 및 침투의 관계에 있다고 하겠다. 역사적으로 세계에 영향을 미쳤던 국가들은 하나같이 물리적 실력과 가치적 영향력을 모두 갖추고 있었다. 가치체계의 재구성은 국제질서의 재구성을 수반하는 경향이 있다. 특정 국가가 부상하면 그 가치관 또한 자연히 확산되며 몰락하면 가치관 또한 쇠퇴하게 된다. 예컨대 근대 이후 중국이 겪은 굴욕은 중국 전통 가치체계의 쇠락을 불러왔으며, 프랑스의 국제적 영향력 축소는 프랑스어의 방언화를 촉진하고 프랑스 혁명 전통에 대한 반성 사조를 불러왔다. 물리적 실력이 실재하는 것처럼 가치적 입지 또한 그러하다. 경제력 · 군사력 등 물리적 실력에서 우위에 선 국가는 대개 가치체계의 고지 또한 점하고 있다. 따라서 중국은 유수한 문화적 전통, 중국 특색과 민족적 특성을 반영한 가치적 핵심, 사회주의 원칙을 담지한 가치 선도를 통해 충분한 가치적 입지를 가질 수 있다. 이것이 곧 중국의 국가 거버넌스가 문화적 자신감을 확보할 수 있는 전제조건이다.

둘째, 사회주의는 본래 자본주의를 극복하기 위한 제도적 장치로, 부르주아지 계급이 아닌 프롤레타리아트 계급 중심의, 사적 이익이 아닌 사회 중심의 제도를 설계한다. 엥겔스는 『공상에서 과학으로: 사회주의의 발전(Socialisme utopique et socialisme scientifique)』에서 생산수단의 국유화를 필두로 한 사회주의적 제도 안배에 대해 다음과 같이 논한 바 있다. "자본주의적 생산 양식은 국민의 대다수를 더욱더 프롤레타리아트로 바꿈으로써, 자멸하지 않으려면 어쩔 수 없이 그것을 변혁하지 않을 수 없는 하나의 세력을 만들어낸다. 사회화한 대생산수단을 더욱더 국유화하지 않을 수 없게 하면서 자본주의적 생산 양식 자체가 그것을 변혁할 길을 제시한다. 프롤레타리아트는 국가권력을 장악하고 우선 생산수단을 국유화한다."[50] 그러나 여기서 생산수단의 국유화는 궁극적 목적이 아닌 수단에 불과하다. 봉건주의가 인신에 대한 통제를, 자본주의가 자본의 이익 추구를 최종 목적으로 했다면 사회주의의 궁극적 목적은 인간의 전면적 발전에 있다. 엥겔스는 인간이 전면적 발전을 성취하는 과정을 다음과 같이 설명한다. "프롤레타리아트는 사회적 권력을 장악하고, 이 권력의 힘으로 부르주아지의 손안에서 벗어나고 있는 사회적 생산수단을 사회 전체의 소유로 만든다. 이러한 행위로써 프롤레타리아트는 생산수단을 자본이라는 종래의 속성에서 해방하며 그것의 사회적 본질이 완전히 자유롭게 발전할 수 있도록 한다. 이후부터는 예정된 계획에 의한 사회적 생산을 할 수 있게 된다. 생산의 발전으로 각종 사회계급이 더 이상 계속 존재하는 것이 하나의 시대착오가 된다. 사회적 생산의 무정부성이 사라짐에 따라 국가의 정치적 권위도 시들어버린다. 드디어 자기 자신의 사회적 존재의 주인이 된 인간은 그 결과로 자연의 주인, 자기 자신의 주인이 된다. 즉 자유롭게 된다."51)

　마지막으로 사회주의를 지향하는 일련의 제도는 민생에 초점을 맞춰 마련되고 시행됨으로써 인민 중심의 사회주의 생활정치를 정립했다. 거시적 관점에서 보았을 때 사회주의는 국가를 통해 자본을 초극함으로써 자원을 사회와 인민에게 환원하는 데 취지를 둔 제도적 장치를 아우른다. 이러한 측면에서 본다면 자본이 국가를 구속하는 경로를 차단하는 것이 곧 중국이 사회주의 노선을 실천하는 정치적 마지노선이라고 할 수 있다. 중국모델이 자본주의 국가모델을 초월할 수 있는 관건이 여기에 있다. 미시적 관점에서 보았을 때 사회주의 체제는 평등과 나눔을 실현하는 생활정치 형태를 실현하기 위해 모든 개인의 생활과 긴밀히 연계된 제도적 설계를 감행한다. 만약 사회주의 정신과 제도, 체계가 모든 개인의 생활을 개선하는 데 쓰이지 않으면 그 생명력을 잃게 된다. 중국이 신시대에 진입한 이후 대대적으로 전개한 반빈곤 투쟁은 이러한 사회주의적 가치를 가장 크게 구현한 사례이다. 빈곤과의 작별은 신시대를 장식한 가장 웅장한 정치적 선언이 되었으며 (반빈곤 투쟁을 통해 조성된) 하부구조 또한 현대 중국 사회주의 정치학의 중요한 연구 주제가 되었다.

만약 우리가 거시적인 제도 설계에서 기층의 생활 영역으로 눈을 돌려 현대 중국의 현대화 과정을 회고한다면 계획경제 시대의 사회주의 체제는 실상 '단위 사회주의(單位社會主義)' 양상으로 구현되었음을 어렵지 않게 알 수 있다. 사회주의 체제는 총체적 성격의 제도적 장치로서 어떻게 생동적인 인민 한 사람 한 사람과 만나 관계를 맺을까? 이것은 매우 중요한 문제가 아닐 수 없다. 사회주의는 개인을 시장으로 몰아넣고 개인의 존재를 이윤 추구와 거래의 주체로 환치하며 개인의 사회적 지위를 구매력으로 치환하는 자본주의와 다르다. 따라서 사회주의 체제는 모든 실체적 개인을 국가기관 안으로 끌어들여 개인에 대한 보호와 제어를 동시에 실현한다. 그러나 국가는 추상적인 존재가 아니기에 개인을 실재하는 공간과 일터로 안치하는 방법에 의해서만 개인과 국가 간의 연결고리를 만들 수 있다. 이것이 곧 계획경제 시대에 존재했던 중국 특색의 단위사회주의이다.

단위사회주의의 기본 특징인 '개인과 국가의 연계'는 단위를 통해 자원을 재분배하는 체제를 통해 실현된다. 단위는 국가의 대리자이자 담지자로 개인의 일과 생활에 있어 필요한 모든 자원을 부담할 책임은 물론 개인의 행동과 생활리듬을 통제할 정치적 의무 또한 가지고 있다. 단위는 자원을 재분배하는 과정에서 사회주의적 가치관에 입각해 임금·복지·주택 제도에서 평등 정신을 관철하여 단위가 전형적인 '사회주의 대가정(社會主義大家庭)'이 될 수 있도록 운영한다. 중국이 시장화 개혁에 돌입한 이후로 단위사회주의는 사회주의적 전통 또는 정신적 특질로 남았지만, 그 영향이 완전히 사라진 것은 아니며 일부 영역에서는 오히려 더 짙어지는 경향이 있다. 비록 단위에 대한 개인의 의존은 매우 약화되었지만 공공성을 지닌 행정 부문과 비영리 부문에서는 여전히 단위사회주의의 정신과 문화를 고수한 채 이어가고 있다. 중국사회가 시장에 의해 해체되거나 분열되지 않은 중요한 까닭은 단위사회주의가 견지하는 평등 정신과 (노동자가 향유하는) 주체적 지위, 단위와 가정을 동일시하는 정서, 단위를 필두로 형성된 사회 거버넌스 체계 등이 여전히 사회구조 속에 뿌리를 내리고 있기 때문이다.

그러나 사회주의 시장경제가 도입되면서 대다수 노동자는 단위 밖으로 나와 단위와 전혀 상관없는 새로운 생활공간에 진입하게 되었다. 그곳이 곧 도시 커뮤니티인 사구(社區)이다. 예전의 단위 내 생활공간과 달리 사구라는 새로운 생활공간은 사회보장체계, 기층 공공서비스체계, 주민위원회 제도, 사회보험체계 등 다양한 사회적 제도에 의해 지탱되고 있다. 이러한 변화는 곧 '단위인'이 '사회인'으로 전환되는 과정을 함축한다. 사회를 관통하는 정서이자 정신으로서의 단위사회주의가 점차 희미해질 무렵 또 다른 새로운 사회주의 문화가 형성되기 시작했는데 우리는 그것을 '사구사회주의(社區社會主義)'라고 부른다. 그렇다면 사구사회주의는 단위사회주의와 비교했을 때 어떠한 정신적 특질과 제도적 장치를 포함하고 있는가?

사구사회주의의 근본적 특징은 사구가 국가에서 독립된 순수한 사적 영역 또는 완전히 자치적 성격의 결사 공간이 아니라는 데 있다. 이러한 측면에서 볼 때 중국의 사구는 서구인들에게 익숙한 시민사회, 사적 영역, 제3영역과 같은 개념과는 전혀 다른 결을 지닌 공간이다. 사구사회주의는 비록 단위사회주의처럼 구성원에게 자원을 재분배하는 기제를 포함하지는 않지만, 다양한 자원들이 사구로 하달되고 결집되며, 사구 내부에서 자원이 통합 및 보완되는 경향 또한 매우 뚜렷하다. 이처럼 사구 내에서 발생하는 모든 자원 분배 기제에는 중국 특색의 사구사회주의 정신이 묻어난다고 하겠다.

사구가 사회주의 문화를 현현하는 공간이 되면서 정당의 영도를 핵심으로 한 사구 거버넌스 체계가 중국 내 도시의 모든 사구에 정착하게 되었다. 단위사회주의를 지도하는 실체가 단위 내 당 위원회인 것처럼 사구사회주의 역시 사구 내 당 조직 및 기층 당 조직의 주도로 운행된다. 기층 당 조직은 사구 내에서 가장 높고도 유일한 정당성을 지닌 존재로서 사구 내 자원을 취합하고 연계하며 통합, 개발해 분배하는 다중적인 역할을 담당한다. 정당 주도하에서의 사구사회주의를 통해 개인이나 영리단체에 의해 사구 자원이 파편화되는 현상을 근절할 수 있다. 우리는 유럽과 미국 곳곳에서 "이곳은 사유지이므로 타인의 출입을 금지함", "이곳은 개인 공간으로 허가없이 출입하는 이에게는 법적 조치를 취할 것"과 같은 표지판을 심심치 않게 목격할 수 있다. 이는 개인주의와 과도한 권리의식이 빚어낸 생활 영역으로, 커뮤니티로서는 사망 선고를 받은 것이나 진배없다. 이러한 공간의 존재는 자본의 오만과 권리의 몰인정을 표출하는 사구자본주의의 전형적 모습이라고 할 수 있다. 독일의 철학자 위르겐 하버마스(Jürgen Habermas)가 말했던 생활세계의 식민화가 구현된 사례라고도 볼 수 있다. 중국 내 도시에 존재하는 사구에서는 이처럼 과도히 사유재산과 권리를 내세우는 표지를 찾아보기 어렵다. 사구사회주의로 인해 중국의 도시 커뮤니티는 따스한 공기로 둘러싸여 있다. 다양한 역량이 사구 내에서 사적 역량이나 자본의 마수, 이기적인 권리의 식과 주장이 활개치거나 확장되지 않도록 감시한다. 사구는 주민들의 공공 생활공간이자 공공 거버넌스가 전개되는 공간으로서 시장화의 흐름에 침식되지 않는다. 중국에서 칼 폴라니(Karl Paul Polanyi)가 『거대한 전환(The Great Transformation)』에서 지적했던 사회에서 이탈한 시장이나 시장 자유화 대 대항적 사회보호 간의 이중운동이 극단적인 양상으로 치닫는 경우는 거의 없다. 이것이 곧 중국 노선과 중국모델이 내재한 문화적 매력이라고 할 것이다. 중국은 사구가 내포한 사회주의적 성격의 제도적 장치들을 통해 다양한 집단을 사구 내 공공공간으로 흡수하여 사회 시스템에서 소외된 룸펜집단이 발생할 수 있는 가능성을 차단한다. 이처럼 사구사회주의는 사회주의 정치의 감성과 사회보장 메커니즘을 잘 보여준다. 오늘날 중국에서 사구사회주의는 나날이 취약해지는 단위사회주의를 대체하는, 새로운 사회 거버넌스 체계의 정신적 지주이자 제도적 보장을 상징한다. 이른바 '함께 건설하고 함께 운영하며 함께 나누는(共建共治共享)' 사회 거버넌스 공동체의 건설은 사구사회주의의 정책적 함의를 표현한 것이다.

40여 년에 걸쳐 진행된 개혁개방 과정에서 사구는 어느새 사회주의의 문화적 전통을 보존하는 공간으로 자리 잡았다. 개혁개방의 흐름 아래 사구 이외의 공간은 계약이라는 형식을 통해 재편된 반면 사구는 단위사회주의의 정신을 계승하고 사회주의 전통을 응집한 공간이 되었으며, 사회주의 전통을 온전히 계승한 공간이 될 날도 머지않았다. 사회주의가 근본적으로 실현하고자 하는 바는 권력과 자원의 사회적 환원이다. 권력의 사회적 환원이 단순한 추상적 표현에서 탈피하려면 실질적인 제도적 장치가 마련되어야 한다. 아울러 이러한 제도적 장치를 구체적으로 실현할 물리적 공간이 필요하다. 사구는 모든 구체적 개인과 관계를 맺고 있기 때문에 사회주의 정신을 구현할 수 있는 조건과 성격을 충분히 갖춘 공간이다. 이러한 점에서 미루어 볼 때 사구사회주의의 성장은 곧 중국사회의 안정과 직결되며, 사구사회주의에서 제도적 실험이 제대로 이루어지지 못한다면 중국정치가 내포한 인민 중심의 가치관을 실천할 공간과 플랫폼의 상실로 이어지게 된다. 즉 사구사회주의를 대대적으로 조성하고 이것이 정착해야만 중국의 현대화 과정이 사회주의 궤도에서 이탈할 수 있는 위험을 방지할 수 있다.

(2) 인민 중심 : 현대 중국정치의 근본 취지

현대 중국정치의 근본 취지는 '인민 중심(人民中心)'이라는 넉 자로 요약될 수 있다. '인민 중심'은 현대 국가 거버넌스가 추구하는 가장 숭고한 이상이자 취지이며, 중국이 사회주의 노선을 선택한 순간부터 필연적으로 정해진 방향이기도 하다. 지배계급이나 자본, 신(神)과 종교를 중심으로 한 거버넌스는 인간에 대한 모욕이다. 칸트 철학이 서양 철학의 전환점을 마련했다고 평가받는 까닭은 '인간'을 발견했기 때문이다. "인간은 그 누구의 수단이 아니며, 인간 스스로가 목적"이라 일갈한 칸트의 발언은 오늘날 우리에게 익숙한 인간 중심, 인간 목적이라는 명제를 온전히 압축하고 있다. 칸트 이후 철학은 더 이상 신학(神學)이 아니었으며, 칸트철학 자체 또한 자연신론(自然神論)을 공격하는 비수가 되었다.52) 물론 이는 순수하게 사변적 차원에서 발생한 변혁에 불과했고 ('인간 목적'을 인민의 생활 현장에서 실현하는) 진정한 정치적 실천과는 거리가 있었다. 그렇다면 '인민 중심' 가치관은 어떠한 정책적 설계를 통해 구현되는가? 어떻게 '인민 중심' 가치관을 실제 거버넌스 실천에 담아낼 수 있을까? 이것이 신시대 국가 거버넌스의 대과제이다. 신시대에 진입한 이후 중국의 국가 거버넌스는 '군중노선(群衆路線)'을 통해 2천여 년간 형성된 뿌리 깊은 '관본위(官本位)'의 행정문화를 철저히 개혁하고 '인민 중심'의 '민문화(民文化)'를 조성했다. '인민 중심' 가치관을 시정(施政)원칙 차원에서 녹여낸 것이 곧 '군중노선'이다.

주지하다시피 민중과 긴밀히 연계·소통하는 행보는 중국공산당이 지닌 3대 풍격 중 하나이다. 군중노선은 선거제도 아래 형성된 거래형 관계나, 경직된 관료체제 아래서의 억압과 피억압의 관계와 다른 새로운 정당-사회관계를 나타낸다. 군중노선이 전제하는 정당과 사회는 물고기와 물의 관계, 피와 살과 같은 관계로 비유된다. 시진핑은 중국공산당과 군중노선의 관계에 대해 다음과 같이 설명했다. "중국공산당은 인민에게서 나왔으며, 인민에 뿌리를 두고, 인민에 봉사한다. 당의 근간과 혈맥, 역량이 모두 인민에 있다. 인민의 옹호와 지지 없이는 당의 사업과 업무를 논하기 어렵다. 여러 차례 말했듯이 당의 선진성과 집권당 지위는 한 번 고생해 얻어낸, 고정불변의 것이 아니다. 과거의 소유가 현재의 소유로 이어지란 법은 없으며 현재의 소유가 영원할 것이라는 보장도 없다. 이는 변증법적 유물론과 역사적 유물론이 도출한 결론이다. 당의 선진성과 순결성을 지키고 당의 집권 기반과 지위를 공고히 하기 위해 우리는 무엇에 의지해야 하는가? 가장 중요한 것은 당의 군중노선을 견지해 민중과 밀착하는 것이다."[53] 요컨대 군중노선은 곧 국가 거버넌스의 생명선으로, 군중노선에서 이탈하게 되면 당의 사업은 정체될 수밖에 없다는 것이다. 군중노선은 국가 거버넌스의 생명선인 동시에 시정 지침이기도 하다. 다양한 시정 업무를 진행하는 과정에서 군중노선을 관철하는 것은 사실상 시정 태도의 문제로 귀결된다. 시진핑은 군중노선을 체화한 시정 태도에 대해 다음과 같이 정리했다. "우리는 당의 군중노선과 인민의 주체적 지위를 견지하고, 시종일관 인민의 안위와 형편을 염두에 두고 민중이 생각하는 일, 바라는 일, 걱정하는 일, 가장 시급하게 여기는 일을 제때 파악하여 성실하고 깊이 있는, 또 세심하고 투철한 태도로 대민업무를 해내야 한다. 대다수 인민의 근본 이익과 현재의 발전단계에서 공통된 인민 이익, 각기 다른 집단의 특수한 이익 관계를 적확히 처리해 인민의 이익이 제대로 보호받고 실현되며 발전할 수 있도록 해야 한다. 중앙정부가 인민을 위해 마련한 다양한 정책적 혜택을 올바르게 시행하여 (인민에게) 좋은 업무를 제대로 해내고, (인민에게) 실질적 도움을 주는 업무를 착실하게 해내어 당과 정부의 돌봄을 민중이 시시각각 느낄 수 있도록 해야 한다."54) 생명선이자 시정 지침으로서의 군중노선을 이해하게 되면 '인민 중심'의 국가 거버넌스가 내포한 가치지향 또한 이해하게 된다.

40여 년의 개혁개방은 중국공산당의 국가운영 방침이 경제발전을 추동하고 국가 안전을 보장 및 보위하는 측면에서 크게 성공했다는 점을 증명했다. 그러나 해결해야 할 너무도 중요한 과제가 남았으니 어떻게 민중과 당원, 사회를 응집시켜 당과 인민의 관계를 피와 살처럼 밀착된 관계로 유지할 것인가 하는 문제가 그것이다. 이는 중국 노선 및 모델의 성패와 직결된 근본적인 문제이다. 일찍이 덩샤오핑은 중국공산당 전체를 대상으로 다음과 같이 경고한 바 있다. "만약 우리의 정책이 양극화를 초래한다면 우리는 실패한 것이다. 만약 우리가 새로운 부르주아지 계급을 만들어낸다면 우리는 이미 사도(邪

道)에 들어선 것이다."55) 중국 노선과 서구 국가의 발전노선의 본질적 차이는 중국의 국가 정권은 자본이라는 깊은 수렁에 발이 묶이지 않았다는 데 있다. 권력에 대한 자본의 통솔은 자본주의 국가의 정치적·경제적 위기를 만들어내는 근원이다. 중국 노선의 정수(精髓)는 군중노선에 입각한 '인민 중심'의 국가운영 이념에 있다고 해도 과언이 아니다. 저명한 정치학자 왕샤오광(王紹光)은 '이원화된 민주(雙軌民主)'라는 개념으로 군중노선이 내포한 민본적 가치와 대의 민주에 대한 극복 의지를 설명하였다.56)

(3) 유기적 정치 : 중국정치의 체계 보장 기제

현대 중국정치는 분화된 상태로 고착되어 각기 다른 이익집단의 정치적 요구를 반영하는 삼권분립이나, 종교가 국가보다 더 높은(神高國低) 정교합일 정권과 차별화된 유기적 정치의 특질을 갖고 있다. 미국정치에서 구현되는 삼권분립을 관찰해보면 애당초 미국의 건국세력이 정치체계를 인위적으로 분할할 수 있는 물리적 세계로 사고했다는 점과 삼권분립의 이면에는 서로 다른 이익집단 또는 권력유형 간의 투쟁과 충돌, 길항과 경쟁이 존재한다는 것을 알 수 있다. 이러한 체계는 막대한 자원에 의해 지탱되며, 이것이 사라질 경우 언제든 위기가 도래할 수 있다. 중국정치는 줄곧 정치의 유기성을 강조해왔다. "천인합일(天人合一)", "물은 배를 띄우지만 뒤집을 수도 있다(水能載舟亦能覆船)", "도는 자연을 법으로 삼는다(道法自然)"와 같은 궁극적인 정치이념이 유기적 정치의 문화적 유전자와 제도적 유전자를 빚어냈다고 할 수 있다, 현대 중국정치의 유기적 성격은 중국공산당 영도, 인민주권, 의법치국의 통일을 통해 체현된다. 당치(黨治), 민치(民治), 법치(法治)는 흩어진 개체들의 조합이 아니라 유기적인 통일체에 해당한다. 유기성에 대한 보호와 장려는 현대 중국 정치문명에 활력을 불어넣는 궁극적 원천이다. 반면 유기성을 파괴하고 망각하는 행위는 현대 중국 정치문명을 무질서와 위기로 몰아넣는다. 여기서 우리는 한 걸음 더 나아가 다음과 같은 문제를 고찰해볼 수 있다. 유기적 정치의 성립을 가능하게 한 기반은 무엇인가? 유기적 정치형태를 구성하는 3요소—중국공산당 영도, 인민주권, 의법치국—의 통일은 어떻게 이루어지는가?

이러한 문제에 대답하기 위해서는 먼저 인민대표대회(人民代表大會) 제도에 대해 논해야 한다. 인민대표대회 제도는 중국공산당 영도, 인민주권, 의법치국의 유기적 통일을 견지하기 위해 마련된 근본적인 정치제도이다.57) 이로 미루어 볼 때 인민대표대회 제도의 효율적 운영은 유기적 정치를 실현하는 기본 조건이라고 할 수 있다. 또한 유기적 정치는 하나의 정치적 이상이자 이념으로서 중국의 신형 정당제도(新型政黨制度)에 투영되어 있다. 여기서 이른바 신형 정당제도란 마르크스주의 정당 이론과 중국의 현실이 결합되어 나타난 결과물이다. 신형 정당제도는 참되고 폭넓게 또 지속적으로 대다수 인민의 근본 이익과 전국 각계·각 민족의 근본 이익을 대표하고 실현하여 소수의 사람과 소수의 이익집단을 대표하던 구식 정당제도의 폐단을 청산할 수 있다는 측면에서 새롭다. 또 신형 정당제도는 각 정당과 무당파 인사와 긴밀히 단결하고 공동 목표를 위해 분투함으로써 감독이 결여된 일당제, 복수의 정당이 번갈아 정권을 잡는 행태와 악성 경쟁의 폐단을 근절할 수 있다는 점에서 새롭다. 아울러 신형 정당제도는 제도화, 절차화, 규범화된 장치를 통해 다양한 의견과 건의를 수집해 정책 결정과정의 과학화와 민주화를 추진하여 당파·

계급·지역·집단 이익에 얽매인 정책 결정 및 시행으로 사회적 분열을 초래한 구식 정당제도의 병폐에서 자유로울 수 있다는 점에서 또한 새롭다. 이러한 신형 정당제도는 현대 중국의 현실은 물론 중화민족이 일관되게 주창해왔던 천하위공(天下為公), 겸용병축(兼容並蓄), 구동존이(求同存異)와 같은 우수한 전통문화에 부합되는, 인류 정치문명에 공헌할 수 있는 제도이다.58) 유기적 정치의 골자는 정치체계를 이익집단이나 권력유형, 행정 부처의 이해관계에 의해 분해될 수 있는 물리적 세계가 아닌, 상하좌우 긴밀히 연동할 수 있는 통합체로 사고한다는 점이다. 유기적 정치는 정치체계의 양성적 운영, 즉 정치체계 내에서 상하가 연동하고 좌우가 상통하는 물 샐 틈 없는 네트워킹이 이루어질 수 있도록 한다. 이는 중국의 통합적 사고와 철학이 현대 중국 정치체계에서 체현되고 재생된 사례라고 할 수 있다. 이러한 점에서 볼 때 통일전선의 경험에서 비롯된 제도적 형태를 지닌 중국의 정당제도는 다른 나라의 정당제도와 확연히 다르다. 중국 정당제도의 근본적 취지는 당의 영도와 인민민주의 유기적 통일을 실현하는 데 있으며, 이를 위해 이중적 정치 기능을 담당한다. 하나는 인민민주의 발전을 위한 효과적인 실천경로와 제도적 공간을 제공하는 것이고, 다른 하나는 당의 영도를 견지하고 완비하기 위한 효과적인 정치적 근간과 제도적 보장을 마련하는 것이다.59) 결론적으로 유기적 정치는 현대 중국 정치체계의 제도화, 규범화, 절차화 과정에 스며든 채 법치가 중국공산당 영도와 인민주권을 매개할 수 있도록 돕는다. 중국에서 법률은 중국공산당의 정치적 주장과 인민의 염원을 통일적으로 표현하는 수단이다. 중국공산당의 영도 아래 인민이 헌법 규정을 제정하고 발효시키며, 중국공산당 역시 헌법 규정의 테두리 안에서 활동한다. 중국공산당과 법률, 중국공산당 영도와 법치는 고도의 합치를 이룬다. 따라서 중국공산당의 영도가 전제되어야만 법치와 법치의 집행, 인민주권이 제대로 실현될 수 있고 국가와 사회의 법치화가 질서 있게 추진될 수 있다.[60] 요컨대 중국공산당 영도와 인민주권, 의법치국(依法治國, 법에 의한 국정운영)은 가치·구조·제도·기제·과정 등 여러 측면에서 유기적 통일을 이룸으로써 다양한 정치적인 균열과 딜레마의 발생과 만연을 방지하고, 정치체제에 대한 부정과 극단화된 정치를 양산할 수 있는 토양을 일소하고 정화한다.

(4) 정당 영도 : 현대 중국정치의 본질적 특성

시진핑에 의하면 중국 특색 사회주의의 가장 본질적인 특성은 중국공산당 영도에 있다. 정당은 국가기관에 이상적인 정치 신념을 부여하며, 민의를 결집하고 국가전략을 결정하는 주도적 역량이다. 또한 구조적·제도적 측면에서 현대 중국정치의 조직 원리를 구성하기도 한다. 사회주의 현대화를 추진하는 과정에서 경제 업무와 경제영역은 (역설적으로) 보다 많은 정치 문제를 포함하게 되는데 이는 중국의 현대화 사업과 경제건설 자체가 사회주의의 정치적 성격을 함축하기 때문이다.[61] 사회주의의 정치적 성격은 고도로 조직화된 정당에서 비롯된다. 고도로 조직화된 중국공산당의 영도는 오늘날 중국의 부상을 견인한 핵심 요소이다. 마오쩌둥이 말했듯 "중국공산당은 (중국의) 사업을 지도하는 핵심"[62]이다. 중국에서 영도당(領導黨)이라 하면 중국공산당을 일컬으며 중국공산당이 수행하는 '영도'의 주된 기능은 국정의 원칙과 방향, 중차대한 정책 결정에 대한 정치적 지도에 있다. 세계를 둘러보면 현재 '관리가 영도를 억누르는

(管理壓倒領導)' 추세가 보편적으로 존재함을 어렵지 않게 발견할 수 있다. 정치적 리더십의 침체와 결핍은 서구 정치의 딜레마를 야기하는 심각한 문제 중 하나다. 권력의 분립과 이익집단의 견제로 말미암아 정치 지도자는 시스템에서 자신의 입지를 잃어가고 있는 형편이다. 이처럼 정치 지도자가 한물간 신세가 된 근본적인 원인은 정치 리더십 자체가 관료제에 의해 대체되었기 때문이다. 즉 정치 지도자의 활동 반경은 이미 심각하게 축소된 상태이다. 그러나 문제는 여기에 국한되지 않는다. 정치 리더십의 부재는 정부의 실패와 조령모개식 제도 전환, 빈번한 정권 교체와 같은 문제를 유발한다. 더구나 사회의 역량이 하루가 다르게 발전하고 디지털 사회가 도래한 현 시점에서 관료제적 관리체계가 모든 소통공간을 관리하는 것은 불가능에 가깝게 되었음에도 불구하고 관료제는 여전히 확장세에 있으며, 위정자와 정당과 같은 등 정치 지도층은 나날이 복잡해지는 사회적 문제에 직면해 당혹스러움을 감추지 못한다. 전 세계가 겪고 있는 정치 리더십 부재의 문제는 아이러니하게도 중국이 세계에 자신의 지혜를 보탤 수 있는 역사적 기회를 제공한다. 영도당의 존재는 중국정치의 조직화 과정에 지속적으로 참신한 생명력을 공급하는 원천이다. 이처럼 정당이 국가와 사회 전체를 영도하는 정당국가(Party-State)는 다당제하에서 다수의 정당이 번갈아 집권하는 자본주의 국가와 구별된다. 자본주의 국가에서 정당은 대개 자본에 굴복한다. 정당은 자본의 충복으로서 부르주아지 계급의 국가관리위원회를 구성하는 임시 대표에 지나지 않는다. 정당국가의 기본 운영원리는 정당이 인민의 염원을 위해 봉사하며 인민을 대표해 국가를 운영하는 데 있다.

(5) 전과정 인민민주 : 인민주권의 실천 경로

민주 자체가 내포한 적잖은 모순과 착란, 긴장으로 인해 이제껏 민주에 대한 이해와 논쟁은 그친 적이 없다. 지금부터라도 학계와 정계는 민주에 대한 새로운 이해를 통해 민주라는 개념을 근본적으로 바로잡도록 노력해야 한다. 이것은 시대가 인류에게 부여한 임무이다. 이에 부응하듯 시진핑 총서기는 '전과정 인민민주'라는 중요한 개념을 제시했다. 해당 개념은 '인민 중심'과 '인민민주'라는 가치와 그러한 가치를 실행하고 관찰하며 측량할 수 있는 '과정'과 결합한, 사회주의 국가의 인민민주 실천 경로를 집약한 개념이라고 할 수 있다. '전과정 인민민주'는 민주의 역설을 타파하고 민주의 딜레마를 극복할 수 있는 새로운 정치적 실험이 될 수 있다.

근대 이후 민주는 줄곧 다양한 역설에 노출되어왔다. 민주의 역설이란 인민의 권력이 대의 민주가 전제하는 '위탁-대리' 관계로 인해 대부분 휴면 상태에 놓인 것을 일컫는다. 이처럼 대의 민주는 많은 경우 시민권의 약화 또는 희생을 대가로 한다. 민주가 자아낸 상당한 의문과 민주 자체가 야기한 모순은 '민주의 딜레마'를 조성한 근본 원인이며, 실질적으로 해결하기 어려운 문제이기도 하다.

'민주'의 어원을 소급해 조명해보면 과거 민주가 부정적 의미를 지녔음을 어렵지 않게 알 수 있다. 대부분의 사람이 민주에 대한 최초의 정의—인민의 통치 또는 정부가 다수의 의사에 복종하는 행태—에 기초해 민주를 개인의 자유와 문명 생활의 고상한 품격에 치명적인 위해를 끼칠 수 있는 바람직하지 못한 현상으로 이해했다. 프랑스 대혁명 시기에 이르러서야 민주에 대한 터부가 해제되었으며, 민주는 보편적 가치를 지닌 정치어휘의 일부로 자리매김했다. 그러나 프랑스 대혁명이 조성했던 공포정치에 대한 트라우마에서 비롯된 민주에 대한 경계는 실상 서구 정치 전통의 일각에 줄곧 존재했다.

먼저 민주가 초래한 정치적 결과는 '정당한 질서가 양산한 정당하지 못한 통치'라는 현상으로 요약될 수 있다. 즉 민주는 부르주아지 계급과 집권 세력이 두르고 있는 정치적 외피에 불과하다. 이렇게 보면 "현대 국가의 행정부는 전체 부르주아지의 문제를 다루는 집행 위원회"[63]라고 일갈했던 마르크스와 엥겔스의 판단은 오늘날까지 항구적인 생명력을 자랑하고 있다. 미국의 사례를 보자. 1960년 대선 이후 미국의 대통령 선거는 재력의 대결로 변질되었다. 해당 대선을 치르는 과정에서 존 F. 케네디(John F. Kennedy)는 재단의 지지와 매체의 대대적인 자본 투자에 힘입어 텔레비전이 막 보급되기 시작한 미국에서 새로운 선거 전통을 창조했고, 그 결과 당 안팎의 경쟁에서 애들레이 E. 스티븐슨(Adlai E. Stevenson II)과 리처드 M. 닉슨(Richard M. Nixon)을 각각 압도할 수 있었다.[64] 이 밖에 눈여겨보아야 할 것은 서구사회에 의해 '승인'된 많은 민주 국가에서 발생하는 심각한 부패 현상이다. 민주적 선거 및 절차가 빚어낸 부르주아지 계급과 집권 세력의 통치는 사실과 결과 양 측면에서 자본주의 민주에 대한 불신을 자아낸다.

뿐만 아니라 현재 자본주의 국가들이 가장 자부하는 민주적 절차는 이미 덩샤오핑이 말한 3개의 정부 간의 상호 부정—덩샤오핑은 서구의 삼권 분립은 곧 '3개의 정부'의 병존을 의미한다고 보았다[65]—으로 전락했다. 미국 학자 프랜시스 후쿠야마(Francis Fukuyama)가 유감스럽게 지적한 바에 따르면 미국이 민주적 절차에 기초해 창설한 삼권분립은 이미 수습하기 어려운, 상대 정파의 정책과 주장을 모조리 거부하는 극단적인 파당 정치, '비토크라시(Vetocracy)'로

변질되고 말았다.66)

서구 정치이론의 패권적 지위의 배후에는 고대 그리스에서 현재까지 이어진 '정치체제론(政體論)'이 존재한다. 어떤 의미에서 보면 서구 정치이론의 오만은 곧 정치체제론의 오만이며, 서구 정치체제론의 오만은 곧 민주이론의 오만이라고 할 수 있다. 중국학자 왕샤오광은 중국정치와 서구정치를 구별하는 가장 큰 차이점은 '정치체제(政體)'와 '정치도리(政道)'에 있다고 보았다.67) 정치체제적 사유(政體思維)는 필연적으로 비서구권의 거버넌스 모델을 '이단'으로 규정하는데, 이는 '정당성'이라는 개념 도구를 통해 선험적으로 판별된다. 일례로 미국학자 엘리자베스 페리(Elizabeth J. Perry)는 '정당성(合法性)'이라는 개념을 통해 중국의 정치모델을 해석했다. 그러나 그는 서구이론과 중국의 발전 사이에 존재하는 비대칭성과 관련해 그 어떤 것도 설명해내지 못했다.68) 한편 중국의 문화부장을 역임한 문예이론가 왕멍(王蒙)은 '합도성(合道性)'이라는 개념을 제시해 서구 민주이론의 '정당성'을 대체하려 하였다. 왕멍에 의하면 예로부터 중국은 권력의 '합도성'을 보다 중시해왔다. 여기서 '합도성'이란 정치가 도(道)에 정합하는 정도를 의미한다고 할 수 있다. 구체적으로 말해 군왕과 조정, 나라에 도가 존재하면(有道) 절차와 이념, 시비와 질서가 형형하여 백성이 안심하고 생업에 종사할 수 있어 태평성대를 이룰 수 있다. 반면 도가 사라지면 나라가 편안한 날이 없고 인심이 각박해지며 민생은 어려워져 재난이 닥치게 된다.69) 왕샤오광이 말한 정치도리와 왕멍이 제시한 합도성은 제약과 대립을 유일한 준칙으로 하는 '민주적 절차'가 아닌, 민의와 민심의 실현 정도에 주목하는데, 이것은 곧 군중 속에서 탄생해 다시 군중 속으로 들어가는(from the masses to the masses) 민주적 과정과 결과를 의미하는 '전과정 민주'의 근본 취지이기도 하다.

아울러 비서구권 국가의 부상과 발전에 따라 글로벌 자원의 동향과 분포 양상이 급변하기 시작하면서 글로벌 자원의 착취를 통해 야만스럽게 성장한 서구 문명은 유례없는 한계에 당면하게 되었고, 글로벌 자원의 유통으로 지탱되던 값비싼 민주 또한 그 물질적 기반을 상실하게 되었다. 이러한 측면에서 본다면 민주의 한계는 일정한 의미에서 현대성의 한계를 의미한다고 볼 수 있다. 모든 사람이 권리를 내세우며 무분별하게 쏟아내는 민주적 요구를 간헐적인 민주적 절차가 만족시키지 못하면 사회적 분열이 뒤따르게 된다. 캐나다의 철학자 찰스 테일러(Charles Taylor)는 진짜 위험은 현실에서 존재하는 전제적 통제가 아닌 파편화에 있으며, 날이 갈수록 사람들이 공동의 목표를 정하고 실천하기가 어려워진다며 미국의 정치체제를 에둘러 비판했다.[70] 서구정치, 특히 미국정치는 이미 이러한 개인주의의 무한 범람과 권리의식의 팽배라는 구렁텅이에 빠지며 지리멸렬한 궤도 안에서 허우적대고 있다. 이처럼 서구정치체제는 무소불위의 사회를 어찌할 수 없는 지경에 이르렀고[71] 이것이 곧 서구식 민주의 딜레마를 야기하는 사회적 근원에 해당한다.

서구식 민주가 전반적인 위기에 봉착하게 되면서 인류는 민주를 새롭게 정의하는 중요한 사명에 직면하게 되었다. 이러한 사명을 이행하기 위한 핵심은 '선거민주'를 '과정민주'로 전환하는 실현경로를 탐색하는 데 있다고 하겠다. 주지하다시피 본래 민주란 '인민의 권리' 또는 '인민의 통치'를 의미한다. 따라서 원의적으로 접근해 볼 때 민주는 특정한 국가형태에 국한되지 않으며, 정책결정 시스템과 생활방식은 물론 인민의 정치생활을 조직하는 제도적 수단을 두루 포괄한다. 레닌에 의하면 민주주의는 국가형태이며 국가의 변종 중의 하나다. 따라서 그것은 조직적 · 체계적으로 폭력을 사용한다. 그러나 이것은 그 일면일 뿐이다. 다른 면에서 민주주의는 시민들 사이의 평등, 즉 국가구조의 결정과 국가의 관리에서의 모든 사람의 평등한 권리에 대한 형식적 인정을 의미한다.72)

국가형태 또는 형식으로서의 민주주의는 고도로 가공되고 개조된 제도이다. 국가형태로서의 민주주의의 출현으로 인해 정치문명은 기존의 전통적인 틀에서 벗어나게 되었으며, 직접 민주주의를 대체한 대의 민주주의(간접 민주주의)가 곧 그 제도적 표현이다. 이로써 민주주의는 곧 정치 행위자를 선택하는 것으로 규정되었고 이는 서구 민주이론이 가장 자긍하는 재산이 되었다. 달리 말하면 민주주의는 아직 미완의 사업이며, 완전히 민주적인 사회를 창조하는 일은 국가형태로서의 민주에 국한되지 않는 궁극적인 목적이다.73)

'민주의 역설'과 '민주의 딜레마'에 직면한 자본주의 국가는 민주에 대한 한층 상향된 가공과 개조를 해내어야만 (그들이 영위하는) 민주 정치의 정당성을 입증할 수 있다. 따라서 근대 정치학은 가치로서의 '민주'에 대한 지식화 작업을 진행한 끝에 자유 민주주의, 다원 민주주의, 참여 민주주의, 숙의 민주주의 등 일련의 휘황찬란한 민주 이론 패러다임을 제시해냈다. 그러나 근대 정치학은 민주의 실질적 내용과 실현 정도를 측량하는 방향으로 나아가기보다 지식화된 민주 자체의 생산과 창출에 골몰했고, 그 결과 본말이 전도되어 민주의 이름(名)이 실상(實)을 잠식하는 지경에 이르렀다. 복잡다단한 민주 패러다임은 일견 독립적이고 객관적으로 보이는 지식체계를 만들어내며 부르주아지 계급이 영위하는 민주제도의 이념적 기초를 구성했다. 부르주아지 계급과 지식으로서의 민주의 관계는 권력과 지식의 관계에 대한 미셸 푸코(Michel Foucault)의 통찰에 의해 온전히 설명될 수 있다. 푸코에 의하면 '지식'의 생산 자체가 권력을 행사하는 하나의 방법이며, 권력은 '지식'을 이용함으로써 보다 과학적으로, 교묘하고 완벽하게 모종의 정치적인 목적을 달성할 수 있다.[74] '선택'과 '경쟁'이라는 두 기둥으로 지탱되는 민주이론은 이미 그 자체가 내포하고 있는 극복하기 어려운 딜레마에 빠져 허우적대고 있다. 이러한 '선택'과 '경쟁'하에서 글로벌 자원에 대한 독점이 전과 같지 않고 사회구조의 양극화가 심화되는 문제가 지속된다면 민주의 위기와 딜레마는 곧 현대성의 위기와 딜레마로 치환되며, 민주의 한계는 곧 현대성의 한계로 귀착된다.

　서구식 민주의 딜레마와 위기를 지켜본 중국은 민주를 새롭게 정의하는 사명에 천착하게 되었고 이는 민주의 본질과 이상(理想)을 되찾으려는 탐색과 노력에 다름 아니다. 현대 중국은 정치발전 과정에서 끊임없이 형식적 의미에 치중된 '공동화(空洞化)'된 민주를 극복하려 시도했으며, 인민과 함께 문제를 해결하는 '실질적인' 민주를 추구해왔다. 이것이 곧 사회주의 민주제도의 기본적 가치인 인민민주(人民民主)이다. 이러한 인민민주는 그것이 실현되는 과정에서 다양한 실천모델을 양산해냈다. 시진핑 총서기가 제시한 '전과정 인민민주'는 인민민주의 가장 중요한 실천형태이다. 2019년 11월, 시진핑 총서기는 상하이 창닝구(長寧區)의 홍차오가도(虹橋街道)를 시찰하면서 다음과 같이 전과정 인민민주에 대해 최초로 언급한 바 있다. "우리가 가는 길은 중국 특색 사회주의 정치 발전노선이며, 인민민주는 전과정에서의 민주를 의미한다. 모든 중대한 입법과 정책결정은 절차에 따른 민주적 토의를 거치는 체계적이고 민주적인 과정을 통해 이루어진다."[75] 아울러 창당 100주년을 기념하는 7·1 담화를 통해 "인민 중심의 발전사상을 실천하고 전과정 인민민주를 발전시켜야"76) 한다고 재차 강조했다. 자유 민주주의에서 파생된 선거 민주주의와 다원 민주주의, 엘리트 민주주의와 같은 지식화된 패러다임과 비교했을 때 '전과정 인민민주'는 그것이 실천되고 운영되는 과정을 객관적으로 측정 및 관찰이 가능하다는 특징을 갖는다. 엘리트 민주주의나 다원 민주주의가 '자유 민주주의'를 과학적으로 정의한 형태에 해당된다면, 전과정 민주는 인민민주'를 과학적으로 정의한 형태라고 할 수 있다. 다시 말해 자유 민주주의가 엘리트 민주주의 또는 다원 민주주의를 통해 실현된다면 인민민주는 전과정 민주를 통해 이행된다는 것이다. 본서가 새롭게 정의하는 민주는 엘리트에 대한 선택이 아닌 민의(民意)의 지속적 표현이자 실현이다. 민의는 정치적 표현과 정책의 제정, 정치적 소통 과정뿐 아니라 각급 정부조직과 행정계층이 인민의 의사를 수용하는 모든 과정에서 관철되어야 한다는 것이 현대 중국 사회주의 정치학이 새롭게 정의하는 정치와 민주의 주 요지이다. 정치란 근본적으로 '정통인화(政通人和, 좋은 정치로 인민을 화목하게 함)'와 '국태민안(國泰民安, 국가와 인민을 편안하게 함)'으로 요약될 수 있으며, 이는 곧 정치적으로 실현된 사회주의의 본질이자 사회주의 정신의 외적 표현이며, 사회주의 목표의 궁극적 실현에 해당한다. '정통인화'의 전제는 전과정 인민민주, 즉 인민이 주도권을 행사하는 인민주권에 있으며 '국태민안'의 전제는 중국공산당이 이끄는 국가 거버넌스 체계와 거버넌스 능력의 현대화에 있다.

현대 중국의 정치체계는 신과 인간, 국가와 사회, 집단과 개인, 자아와 타자 간의 대립 또는 분리의 논리가 아닌, (양자의) 유기적 통일과 관련주의(關聯主義), 양성(良性) 상호작용의 논리를 바탕으로 형성되었다. '분절(分)'을 통해 다수의 의사를 표현하는 것이 서구정치의 논리라면, '통합(合)'을 통해 민심을 응집시키는 것이 중국 정치의 논리이다. 역사학자 첸무(錢穆) 선생은 일찍이 『국사대강(國史大綱)』에서 "서양은 눈앞에 닥친 '힘(力)'의 전쟁에 주력하고 중국은 항시 '정(情)'의 융합에 힘쓴다."[77]고 말한 바 있다. 분절된 국면에서 각각의 정치행위자는 강력한 세력을 구축하고 이를 공고히 하는 데 몰두한다. 반면 통합된 체계는 인민의 지지와 성숙된 민의를 토대로 공동체의 평화와 행복을 추구한다. '통합(合)'을 통해 민심을 응집시키는 정치·거버넌스의 논리는 필연적으로 중국의 정치운영이 범사를 포괄하고 포용하며 흡수하고 소통하도록 요구하는데 이것이 곧 '전과정'에 상응하는 취지이다. 전과정 인민민주는 파편화의 함정에 매몰된 서구사회의 인민이 아닌 총체로서 인민을 상정하며, 민심을 응집시키는 모든 과정에서 총체로서의 인민을 포괄하는 통합적인 거버넌스를 이행하고자 한다. 이를 바탕으로 전과정 인민민주가 지닌 '전체(全)'의 의미를 보다 구체적으로 해석하면 다음과 같다.

첫째, '전체'란 모든 단계를 이른다. 중국 특색의 신방(信訪)제도*와 여러 유형의 공청회 제도, 빈번하게 열리는 좌담회와 다양한 청문회 제도는 여러 단계에 걸쳐 인민의 주도권 행사를 보장하는 제도적 장치이다. 이는 중국 특색의 정당-사회관계의 제도적 구축이자 국가-사회관계의 제도적 형태로, (정당과 사회, 국가와 사회의) 정치적 상호작용 과정이 단계마다 충분히 실현되고 있음을 방증한다. 뿐만

---

* 신방이란 인민 개인 또는 집단이 서신과 방문을 통해 당과 정부 및 기타 국가기관에 불만이나 건의, 제안을 전달하는 민원 행위를 총칭한다. 신방이라는 용어는 1951년 6월 7일 중앙인민정부정무원(국무원의 전신)에서 공표한 「인민의 서신 처리와 인민 방문 접대 업무에 관한 결정(關於處理人民來信和接待人民來訪工作的決定)」에서 최초로 사용된 '인민내신내방(人民來信來訪, 인민의 서신과 방문)'이라는 표현에서 기원했다.

아니라 인터넷 시대가 도래하면서 모든 단계에서의 민주는 어느 때보다 발달된 기술의 지원을 받으며 투명에 가까운 상태에서 인민의 철저한 감독 아래 보다 실질적인 내용과 실현 경로를 확보할 수 있게 되었다.

둘째, '전체'란 '인민 전체'를 뜻한다. 전과정 인민민주의 큰 매력 중 하나는 인민을 총체로 사고하며, 인민 전체의 의사표현을 위해 보다 견실한 제도적 보장을 제공한다는 데 있다. 이는 곧 모든 인민 한 사람 한 사람을 국가의 주인으로 여기는 것이다. 시진핑이 말한 것처럼 모든 민족은 중화민족이라는 대가정의 일원이며 탈빈곤, 전면 소강, 현대화에서 그 어떤 민족도 소외되어서는 안 된다. 모든 민족 구성원이 손을 맞잡고 함께 전면 소강 사회로 나아가야만 중화민족의 우수한 전통과 중국 특색 사회주의 제도의 장점이 구현될 수 있다.78) 이로 미루어 볼 때 국가의 지배를 받는 모든 인민을 동등하게 취급해 국가가 주기적으로 작성하는 호적에 일괄적으로 편제시키는 전통시대 중국의 편호제민(編戶齊民)이 현대에 이르러 인민 전체의 발전권을 보장하고 서비스를 제공하며 관심을 기울이는 현대 민주정치로 변모했음을 알 수 있다.

이 밖에 전과정 인민민주에서 전제하는 '전체'의 취지는 단계나 주체에 국한되지 않고 다양한 사업을 아우르는 '모든 영역'을 포함하고 있다는 점을 간과해서는 안 된다. 다시 말해 전과정 인민민주는 시장논리와 자본논리에 의한 자원의 재분배와 달리, 효율적인 거버넌스를 통해 모든 공간과 사업, 내용, 과제를 사회주의적 신념을 바탕으로 한 인민 중심의 거버넌스로 망라한다.

마지막으로 '전체'란 민의의 표현이 제도의 장벽을 초월해 각기 다른 층위에서 수용될 수 있도록 하는 '모든 층위'를 의미한다. 따라서 모든 계층의 정부 조직이 전과정 인민민주를 실천하는 적극적 행위자가 될 수 있다. 예컨대 중앙정부는 전국을 총람하고 성시정부는 각 관할지역의 모든 영역을 총람한다. 한 중학생의 건의가 전국 각지의 기층 입법 연계점과 같은 제도적 장치를 통해 전국 인민대표대회의 입법과정에 반영될 수 있고, 보통 시민의 건의가 중앙정부의 하달을 통해 지방정부의 정책결정에 영향을 미치는 것 또한 불가능하지 않다. 이처럼 전과정 인민민주는 인체의 민감한 신경(神經)처럼 중국공산당과 인민, 각급 정부와 인민을 연계시키고 접합시켜 양자의 연동을 돕는다. 여기에서 우리는 인민은 물론 정부 또한 전과정 인민민주를 운영하는 주요 행위자이자 실천자임을 알 수 있다. 인민과 정부 모두가 주요 행위자 겸 실천자가 되는 거버넌스 풍경과 그것이 수반하는 정치적 소통과 연동은 연방제 국가에서는 보기 드문 현상이다.

전과정 인민민주가 지닌 '전체'(모든)의 함의가 위와 같다면 '과정(過程)'은 또 어떻게 이해할 수 있을까? '전체'가 인민민주의 가치적 입장을 함축한다면 '과정'은 인민민주의 실천적 입장을 함축한다고 할 수 있다. 다시 말해 '전체'가 정태적인 정치 미학을 상징한다면 '과정'은 동태적인 행동 역량을 대표한다. 가치적이고 이념적이며 이상에 가까운 '전체'만을 상정해서는 전과정 인민민주가 효과적으로 발현되기 어렵다. 따라서 과정의 실질과 원활함, 속도 등 전과정 인민민주를 온전히 측정할 수 있는 주요한 척도가 필요하다. 구체적으로는 다음과 같이 간추릴 수 있다.

첫째, 민주적인 (정치) 표현 과정이다. 이러한 과정은 민의를 지속적으로 실현할 수 있는 원활한 소통 창구를 제공한다. 전과정 인민민주에서 전제하는 표현이란 간헐적이고 주기적으로 이루어지는 표현이나 절대적인 정치적 올바름이나 극단적인 권리의식에 근거한 표현이 아닌, 합법적이고 수월하게 지속적으로 이루어지는 표현이다. 무엇보다 중요한 것은 이처럼 모든 과정에서 이루어지는 지속적인 표현이 연방제 국가와 비교했을 때 보다 효과적으로 막스 베버(Max Weber)가 지적했던 현대 관료제가 조성한 '철의 새장'79)의 폐단을 극복할 수 있다는 데 있다.

둘째, 민주적인 (정치) 협상 과정이다. 이는 통일전선을 구축해 중화인민공화국을 건립했던 '협상건국(協商建國)'의 경험을 계승한, 다양한 영역에서 실현되는 협상민주를 의미한다. 정치 협상, 입법 협상, 행정 협상, 기층 협상 등이 모두 민주적 협상 과정을 담지한 전과정 인민민주를 실현하는 중요한 형태에 해당한다. 충분한 협상 과정은 주기적이고 간헐적으로 이어지는 한정된 민주를 극복하기 위해 반드시 거쳐야 할 과정이다. 지금 중국의 도시 커뮤니티 사구에서는 협상민주와 관련한 두 가지 메커니즘이 관찰된다. 하나는 사회의 저변일수록 정치인식이 낮다는 것이다. 사구의 주민들은 대개 관리비 납부나 주택 리모델링 자금 마련, 공용 주차장과 같은 개인의 실생활과 긴밀하게 연관된 생활 속 의제에 관심이 치중되어 있다. 생활 속 의제를 논의하는 과정에서 정당이나 행정조직, 사회는 굳이 구별되지 않으며 오히려 다양한 행위자가 함께 커뮤니티를 만들고 관리하며 이용하는 방향이 권장된다. 다른 하나는 커뮤니티에서 대두된 의제와 주민 개인 생활의 상관도가 높을수록 공개성과 투명성, 참여에 대한 요구가 높다는 점이다. 전과정 협상민주는 이러한 친(親)생활성을 바탕으로 활발히 전개된다. 이러한 의미에서 본다면 전과정 협상민주는 곧 인민민주를 실현하는 출발점에 다름 아니다.

셋째, 민주적인 공청 과정이다. 민주적 공청과정을 통해 '전과정 인민민주'의 함의가 민의의 지속적 표현에서 민의의 지속적 청취로 확대된다. 현대 국가 거버넌스는 정부로 하여금 반드시 일련의 제도적 설계를 통해 민의를 청취하고 수집할 것을 요구한다. 서구 국가의 선거 또한 민의를 청취하는 제도적 설계의 일종이다. 그러나 민의 청취 기제로서의 선거는 이미 민중의 환심을 사는 기교로 전락한 지 오래이다. 중국 특색의 공청제도는 일종의 상향식 민의 청취 기제로, 인민에게서 대책을 구하고 무엇이 필요한지 묻고 인민의 지혜를 얻는 전형적인 민주적 공청과정이다. 이로 미루어 볼 때 중국 각급 정부의 위정자는 한정된 민의 청취 기제를 가진 서구 국가와 단적으로 비교하기 어려운 업무 강도와 부담을 안고 있다.

넷째, 민주적인 정책결정 과정이다. 현대 국가에서 인민이 정책결정 과정에 참여하는 직접 민주는 대의 민주의 '위탁-대리' 관계에 의해 대체되었다. 그러나 중국은 직접 민주라는 유서 깊은 방식을 국가 거버넌스 체계는 물론 국정운영의 각 단계와 영역에서 구현하고 있다. 중국 도시 거버넌스의 거의 모든 주요 영역에서는 그 결정과정에 주민 의견을 수렴하는 공청회·청문회의 형식이 채택되고 있어 주민이 정책결정 과정에 참여할 수 있는 다양한 제도적 보장이 이루어지고 있음을 발견할 수 있다. 뿐만 아니라 중앙에서 지방에 이르는 각급 정부의 업무 보고, 5개년 발전 계획과 도시 발전 계획과 같은 국가발전전략과 직결된 중요한 정책결정 과정 또한 예외없이 지속적이고 장기적이며 다양한 집단이 참여할 수 있는 민의 표현과 청취의 기제를 포함하고 있다. 즉 중국에서 이루어지는 모든 정책결정은 탁상공론에 의해 도출된 것이 아니라 장기적으로 진행되는 철저한 현지 조사와 다양한 집단의 민의를 충분히 청취한 결과를 토대로 이루어진다. 이러한 민주적 정책결정과정은 전 세계를 통틀어 매우 독보적이다.

다섯째, 민주적인 평가 과정이다. 민주적 평가 과정은 민의의 실현이 어느 수준에 이르렀는지를 검증하고 평가하는 과정이다. 중국의 각급 정부는 상향식의 고과 평가 방식을 채택해 정부 거버넌스의 성과를 평가한다. 불시에 실시되는 설문조사부터 '12345' 핫라인 모니터링과 각종 평가 플랫폼, 각기 다른 부서의 정보와 사무를 통합해 주민의 번거로움을 최소화한 '일왕통반(一網通辦)'과 행정구역을 초월한 공공 서비스에 이르기까지 인민들은 인터넷 발달에 힘입어 그 어느 때보다 확대된 평가권을 누리고 있다. 민주적 평가과정은 인민의 의식주와 생로병사 및 교육과 밀접하게 상관된 영역에서 특히 활발하게 이루어진다. 이처럼 전과정 인민민주는 민의의 지속적 표현에서 민의의 지속적 실현에 이르는 엄밀한 실천 루틴을 갖춰나가고 있다. 민주적 평가과정은 이러한 전과정 인민민주의 종착점이자 귀착점이라고 할 수 있다.

정치명사 또는 개념으로서 등장한 이후 민주는 줄곧 이데올로기화된 논쟁과 경쟁의 한가운데 존재했다. 서구사회는 앞서 발달한 경제적 우위와 정치적 패권 및 현실을 표현하고 설명하는 담론상의 우위를 내세워 민주를 탈취했다.[80] 그러나 개발도상국들이 부상함에 따라 서방 국가로 흘러들던 글로벌 자원의 유통이 지장을 겪게 되었고 이에 글로벌 자원의 착취에 의지해 유지되던 서구 민주제도는 돌연 그 오만했던 고개를 떨구게 되었다. 국제 정치경제학적 시각에서 보면 서구 민주제도의 위기는 자본주의 논리에 의해 구축된 '중심부-주변부' 체제의 와해[81]와 사회 내부에서 조성된 균열과 급속한 양극화에서 비롯되었다고 할 수 있다. '경쟁'과 '선택'이라는 두 버팀목에 의해 유지되던 서구 민주이론은 이러한 이중적인 압박에 노출되어 스스로 극복하기 어려운 곤경과 위기에 직면하게 되었다. 중국의 발전과 부상에 힘입어 '전과정 인민민주'는 서구 민주와 사뭇 대조적인 한 축을 형성했으며, 선거와 제약으로 요약되는 민주를 극복할 수 있는 바람직한 활로를 갖고 있다. 현대 중국은 정치와 민주를 새롭게 정의해야 하는 과제를 충분히 인식하고 있다. 중국정치의 이론과 현실이 정의한 정치는 인민의 좋은 삶을 창조하는 방식이며, 민주는 민의의 지속적 표현이자 실현이다. 현대 중국이 주도하는 정치와 민주의 재해석은 이데올로기화된 민주를 필두로 한 담론 경쟁이 아니라 민주의 본질과 이상으로 회귀하려는 움직임에 가깝다.

(6) 인류운명공동체 : 자본논리와 힘의 논리를 초월한 세계질서의 구축

인류운명공동체라는 명제는 새로운 국제정치질서 조성에 대한 중요한 동기를 내포하고 있다. 인류운명공동체는 근현대의 패권주의와 문화식민체제를 뒤흔들고 심지어 전복할 수 있는 힘을 갖고 있다. 이러한 인류운명공동체라는 가치적 명제를 글로벌 거버넌스의 새로운 방법론으로 정립하는 것이 중국 특색 정치체제가 담지한 국제적 사명이라고 할 수 있다. '인류운명공동체'라는 이념의 의의는 특정한 지역적 범위에 속한 특정 사회의 '공동체' 이념에 국한되지 않는다. 그보다는 새로운 시대와 새로운 국면 아래에서 전개되는 중국의 대외관계를 지도하는 이념이자 가치 선도로서의 성격이 보다 강하다. 동시에 미래 인류사회의 청사진이자 새로운 국제관계의 기본 방향에 대한 지향을 담고 있다. 그렇다면 인류운명공동체가 뜻하는 바는 무엇일까? 다름 아닌 자국의 이익을 추구함과 동시에 타국의 합리적 이익을 고려하고 자국의 발전을 모색하는 과정에서 각국의 공동발전을 또한 추진하는 것이다. 인류운명공동체가 지닌 범인류적 시각 및 가치관은 상호 의존을 전제로 한 국제권력과 공동 이익, 지속가능한 발전과 글로벌 거버넌스를 두루 포함한다.

인류사회는 고립과 단절의 시대에서 교류와 융합의 시대로 진입했다. 자본주의의 탄생 이후 서구사회는 중세 시대의 유산을 폐기하고 자본의 논리에 따라 세계를 탈바꿈시켰다. 자본주의가 파생시킨 것은 우열 질서와 배타성, 차별성을 특징으로 한 부르주아지 계급의 이익 연합체였고, 이러한 부르주아지 계급의 이익 연합체는 중심부의 주변부 수탈을 대가로 유지되는 것이었다. 마르크스와 엥겔스는 이러한 부르주아지 계급 이익 연합체의 본질을 꿰뚫어 본 뒤 여기에 대항하는 프롤레타리아트 계급 이익 연합체, 아울러 여기에서 한층 더 나아간 자유인들의 연합체라는 발상을 제시하였다. 자유인들의 연합체의 목적은 '물질이 인간을 지배하는' 자본주의의 속성을 극복해 개인의 전면적 발전을 이룩하는 데 있다. 글로벌화와 사이버화, 정보화가 진행됨에 따라 인류사회는 이미 서로 동고동락할 수밖에 없는 관련(關聯) 상태에 놓여 있다. 배타성과 차별성, 우열성을 전제한 시대착오적 문명관으로는 나날이 대두되는 다양한 글로벌 의제에 제대로 대응하기 어렵다. 시진핑이 제시한 '인류운명공동체' 사상은 이러한 역사적 추이에서 비롯되었다. '인류운명공동체' 사상은 서구 자본주의 체제에 대한 반성을 기조로, 프롤레타리아트 계급 이익 연합체 나아가 자유인들의 연합체를 갈망하는 마르크스주의 사상과 중국의 역사문화라는 이중의 환경에서 배양된 창조적 산물이다. '이익'에서 '운명'으로의 전환은 인류사회가 인간에 대한 참된 존중을 바탕으로 부분에서 전체로 나아간다는 지향을 함축한다. '연합체'에서 '공동체'로의 전환은 인류사회가 내포한 상호 간의 긴밀함을 높이며 평화협력, 상호 개방과 포용, 상호 학습과 반추, 호혜와 상생 등 다양한 상호성의 정립을 의미한다.

유럽과 미국으로 대표되는 서구세계가 지난 500년간 부르주아지 계급 이익 연합체의 형성과 그것의 공고화에 몰두할 때 '인류운명공동체' 사상은 프롤레타리아트 계급 이익 연합체와 자유인들의 연합체를 지향하는 마르크스주의에 뿌리를 두고 중국문화라는 자양분에 의해 배양되고 싹을 틔웠다. 다시 말해 시진핑이 제시한 '인류운명공동체'라는 개념은 중국의 전통문화(천하관)에 착근하고 마르크스와 엥겔스의 공동체 사상의 계승과 발전을 담지하고 있다. 마르크스와 엥겔스의 저작에서 '공동체'와 관련된 구체적이고 명확한 정의는 찾을 수 없으나, 인류사회의 궤적을 회고하는 마르크스의 논술을 보게 되면 자연적 공동체-추상적 공동체-참된 공동체로 이어지는 그의 인류발전의 구상을 엿볼 수 있다. 마르크스는 인간의 자유와 전면적 발전은 공산주의 사회에서만 실현될 수 있으며, 공산주의 사회라는 조건에서야 비로소 자유인들의 연합체가 형성되며 참된 공동체를 이룩할 수 있다고 보았다. 이러한 마르크스 사상에 영향을 받은 인류운명공동체는 아래와 같은 세 가지 '돌봄'에 방점을 둔다. 첫째, 인류운명공동체는 물질이 인간을 지배하는 부르주아지 계급의 이익 연합체가 아닌 인류 전체에 대한 돌봄체이다. 둘째, 인류운명공동체는 더 많은 이익 획득에 혈안된 발상이나 사후세계의 구원에 대한 집착이 아닌 (인간의 현실적) 운명에 대한 돌봄체이다. 여기에서 운명이란 마르크스가 말했던 자아와 타인, 인간과 자연의 본질적 통일을 뜻한다. 일찍이 마르크스는 『1844년 경제학·철학 수고(Ökonomisch-philosophische Manuskripte aus dem Jahre 1844, Economic and Philosophic Manuscripts)』를 통해 초월적 관점에서 인류사회의 본질적 상태에 대해 규범적으로 정의한 바 있다. 마르크스에 의하면 '사회'의 원초적 형태 또는 진실한 형태를 띤 공동체는 "인간과 자연이 성취한 본질적 통일, 즉 자연의 진정한 부활과 인간의 성취된 자연주의, 자연의 성취된 인간주의"를 바탕으로 한다.82) 이것이 곧 인류사회의 운명이며 이러한 운명 상태에서 우리는 소외에 의한 인간의 외재화 현상을 구축(驅逐)할 수 있다. 셋째, 인류운명공동체는 배타적인 집단이익에 대한 추종이 아닌 공동체에 대한 돌봄체이다. 요컨대 시진핑이 제시한 '인류운명공동체' 사상은 글로벌 대국으로서 중국이 제시한, 이원적 사유와 제로섬 게임을 초월한 향후 세계질서에 대한 긍정적 청사진이다. 이는 서구세계에서 좀처럼 식지 않는 '중국위협론'에 대한 응답이기도 하다. 또한 인류운명공동체는 중국 공산당 지도부가 마르크스주의 이론에 근거해 현 세계와 미래 발전 방향에 대해 심사숙고한 끝에 내놓은 이론적 결정체이다. 인류운명 공동체에는 세상은 모든 이가 공유하는 것이라는 '천하위공(天下為公)', 군자는 조화롭게 잘 어울리나 반드시 같기를 요구하지는 않고, 소인은 반드시 같기를 요구하나 조화롭게 어울리지는 못한다는 '군자화이부동, 소인동이불화(君子和而不同, 小人同而不和)'와 같은 천하관이 깊게 배어 있어 태생적으로 이익을 추구하는 자본주의적 사고와 행위 논리에 대한 극복 가능성을 담고 있다.

4. 방법과 위상

(1) 구심적 정치관

(핵심부를 향해 발달하는) 구심적 정치관은 현대 중국 사회주의 정치학이 내포한 대표적인 방법론 중 하나이다. 중국은 핵심을 구축해 다양한 역량을 통솔하는 방법으로 정치를 운영한다. 이로써 전체 국면을 총괄하고 다양한 행위자들을 조율하여 각각의 정치역량이 분립하면서 상호 기만과 경쟁을 거듭하는 국면을 지양할 수 있다. 핵심을 통해 도처를 통솔하는 방법은 중국의 대일통(大一統) 정치전통에서 배양된 문화적 유전자 내지 정치적 유전자에서 비롯되었다. 첸무 선생은 중국의 대일통 정치에 대해 다음과 같이 논술한 바 있다. "평화를 지향하는 대일통은 중국의 정치체제가 주변지역의 병탄이 아닌 중앙으로의 응집에 치중하도록 만들었다. 이 기저에는 부강이 아닌 평화에 치중된 정신이 자리하고 있다. 이미 성취한 온전함에 집중하고 미지의 침탈에는 관심이 적다. 대외적으로는 '학문과 덕을 닦아 오게 할 것(昭文德以來之)'을 표방하고 대내적으로는 '적음을 근심하지 않고 고르지 못함을 근심(不患寡而患不均)'한다. 그러므로 물자의 이용보다는 인사(人事)의 조화에 더욱 힘쓴다." 이를 바탕으로 첸무 선생은 동서양 문화의 특징을 비교하기도 하였다. 첸무에 의하면 서양은 분열 속에서 분립하는 양상을 보인다. 따라서 병존을 위한 '무력(力)' 전쟁이 주된 업이 되어 사방 곳곳에서 전쟁이 끊이지 않는다. 반면 동양은 뭉쳐진 전체 안으로 모여드는 양상을 보이며 협조를 위한 '정서(情)'의 융화에 힘써 주로 중심으로 수렴된다. 이처럼 한쪽은 국가의 강성을 위해 어떤 수단도 마다치 않고 다른 한쪽

은 안정을 도모하며 널리 확장된다. 요컨대 서양형 문화의 특징은 전환에, 동방형 문화의 특징은 확장에 있다. (서양적 특징인) 전환은 마치 뒷 물결이 앞 물결을 뒤집고 파란이 겹겹이 쌓여 다시 밀려오고 소멸하듯 한다. 이집트와 바빌론, 페르시아에서 그리스와 로마에 이르기까지 서양사의 변천 과정에서 거칠고 사나운 파도와 파란에 휩쓸려 멸망한 나라와 민족은 부지기수이다. (동양적 특징인) 확장이란 산과 봉우리들이 모여 구불구불 감돌며 한 산맥이 또 다른 산맥을 감싸듯 겹겹이 에워싸고 모여서 많은 봉우리가 서로 어울려 하나가 되는 것이다.83) 중국의 역사는 핵심이 결여되거나 취약해지면 여지없이 정치적 균열이 발생하고, 핵심이 강건하면 다양한 역량이 응집되어 통일된 정치공동체가 유지된다는 사실을 증명했다.

신중국 건국 이후 중국공산당은 조직논리에 의거해 근대 이후 중국에서 발생한 핵심의 취약과 결핍이 초래한 폐단을 극복해냄과 동시에 새로운 유형의 정치형태를 구축했다. 시진핑이 말한 것과 같이 현대 중국 사회주의 정치제도의 장점을 잘 보여주는 명확한 특징 중 하나는 전체적인 국면을 총괄하고 다양한 역량을 조율하는 중국공산당의 지도력이다. 중국의 국가 거버넌스 체계를 장기판에 비유한다면 중국공산당 중앙은 중군영에 주재하며 전체 형세를 조망하는 '사(帥)'의 역할이다. (사의 지휘 아래) 차(車)·말(馬)·포(包)가 각자 역할을 다하면 대세가 분명해진다. 만약 중국에서 (각각의 정치 역량이) 임의로 일을 처리하거나 모래알처럼 흩어지는 현상이 횡행한다면 확정한 목표를 실현하지 못할뿐더러 반드시 재난에 가까운 결과가 뒤따를 것이다. 근대 이후부터 신중국 성립 이전까지의 100여 년의 역사가 이를 여실히 증명한다.84) 구심적 정치관은 어느 날 갑작스레 생겨난 것이 아니라 이러한 역사와 현실을 섭취하며 성숙되어왔다. 옛사람들이 말한 "하늘에는 두 해가 없고 백성에게는 두 군왕이 없다(天無二日, 民無二王)"는 의미는 중국정치에 관습적으로 존재하는 유일성을 지닌 핵심을 이르는 것이다. 현대 중국정치는 정당을 중심으로 구심적 정치관을 시대와 부합되도록 개조했고, 제도 · 가치 · 조직이라는 세 가치 측면에서 구심적 정치관의 기능을 확보하여 강력한 정치적 에너지가 발휘될 수 있도록 만들었다. 첸무 선생이 언급한 로마제국과 중국의 근본적 차이점이 여기에 있다. 로마가 방 하나에 커다란 등 하나를 매달아 사방을 비추었다면 진(秦)나라와 한(漢)나라는 사방에 방을 두고 각각 등을 매달아 서로를 비추게 하였다. 따라서 로마의 경우 커다란 등 하나의 불이 꺼지게 되면 방 전체가 암흑이 된다. 반면 진 · 한의 경우 등 한두 곳의 불이 꺼져도 빛 자체가 사라지지는 않는다. 그렇기에 로마는 한 시대를 풍미하는 데 그쳤으나 중국문화는 오랜 세월에 걸쳐 그 빛을 잃지 않는 것이다.[85]

(2) 대국(大局)적 정치관

대국적 정치관에서 전제하는 정치란 단순한 자원의 재분배 또는 권력기반의 공고화에 한정되지 않는다. 선거판에서 만연한 속 보이는 정책으로 유권자의 환심을 사는 데 골몰하는 행위를 의미함은 더더욱 아니다. 대국적 정치관은 전략과 지향, 목표 차원에서 정치가 중국 사회주의 혁명과 사회주의 건설에서 차지했던 '대국'적 위상을 상정한다. 예를 들어 중국공산당 영도를 견지하는 것, 당 중앙의 권위를 수호하는 것, 당과 군중의 관계를 밀접하게 유지하는 일 등이 모두 중국정치의 향방을 좌우하는 대국적 포석인 것이다. 1962년, 덩샤오펑은 아래와 같이 마오쩌둥의 발언을 인용하면서 전략에 대한 인식을 강조한 바 있다. "마오쩌둥 동지가 여러 번 언급했던 사례가 있다. 홍군이 대장정 도중 초원을 건널 때 취사병 동지는 기상 직후 오늘 쌀죽이 있는지 없는지를 묻지 않고 남쪽으로 갈 것인지 북쪽으로 갈 것인지를 먼저 물었다. 남쪽으로 갈 것인지 북쪽으로 갈 것인지는 당시 가장 중요한 전략 문제였다. 이 일화는 우리 군대의 병사들이 얼마나 전략을 중시하는지 보여준다." 일련의 역사가 증명하듯이 중국공산당은 종합적·대국적·전반적으로 문제를 사고할 것을 강조하며 이에 능하고, 철저히 대국에 착안하고 대국을 파악하며 대국에 복종하고 봉사하며 일한다. 이는 중국공산당이 최종 승리를 성취한 기본 조건이자 장기간에 걸친 혁명과 사회주의 건설 및 개혁을 경험하며 정착된 훌륭한 전통이다.86) 그렇기 때문에 현대 중국의 지도부는 한결같이 정치를 논할 것(講政治)을 강조한다. 정치 지도자의 정치토론 강조는 대국적 정치관이 정치행위와 정치운영 과정에서 외적으로 발현된 현상이라고 할 수 있다. 정치는 곧 대국이고 대국이 곧 정치이다. 하나의 방법론으로서의 대국적 정치관은 사욕(私欲)적 정치관이나 도구적 정치관을 초월한다. 많은 국가가 이 사욕적 정치관과 도구적 정치관의 포로가 되어 구속받고 있는 것과 대조적이다. 시진핑이 말한 것처럼 중국의 정치 지도자는 두 가지 대국을 염두에 두어야 한다. 하나는 중화민족의 위대한 부흥을 위한 전략 대국이며, 다른 하나는 100년간 미증유의 대변화 국면이다. 이 두 가지 대국이 현재 국정 기획의 기본 출발점이다.87) 대국적 정치관은 정치분석과정에서 중국의 노선·제도·정책 선택을 철저히 파악하는 데 기여한다. 중국은 바로 이러한 대국적인 정치를 통해 방대한 국가를 단결시켜 현대화 노선으로 진입할 수 있었다. 이론적으로 고찰해보면 대국적 정치관은 마르크스주의 정치학이 내포한 유물론적 정치관에서 한층 발전된 형태에 해당한다. 유물론적 정치관의 기본 내용은 크게 4가지로 간추릴 수 있다. 첫째, 역사 운동의 기본 동력과 발전 법칙을 제시하는 것이다. 둘째, 사회발전의 객관적 조건을 바탕으로 사회 · 정치현상을 인식하는 것이다. 셋째, 사회 · 정치의 끊임없는 발전 과정을 통해 사회 · 정치현상을 인식하는 것이다. 넷째, 경험적 관찰을 통해 정치현상의 본질을 분석 및 인식하는 것이다.[88] 요컨대 일체의 신비함이나 사변적 색채를 배제한 채 정치현상을 투시해야만 표상을 통해 대국을 장악하고 현대 중국 정치발전의 중심축과 역사적 사명을 확립할 수 있다.

(3) 변증법적 정치관

어떤 국가든 정치발전은 직선으로만 묘사할 수 없기에 역사적 변동과 사회 · 정치적 변천의 법칙을 관찰함으로써 정치발전의 향방을 가늠해야 한다. 역사 운동 과정과 정치와 사회의 보편적 연계를 바탕으로 정치를 이해하고 재구성하는 것은 마르크스주의가 내포한 정치 변증법을 구현하는 주된 방법이다. 변증법적 유물론은 현대 중국 사회주의 정치학 방법론 형성에 중요한 영향을 미쳤다. 바꿔 말하면 마르크스주의가 중국에 미친 지대한 영향 중 하나는 중국의 정치 변증법 혁명을 추동했다는 데 있다.

마르크스주의의 유입과 여기에 기초한 현대 중국 사회주의 정치학 지식체계의 형성으로 인해 정치변화 법칙을 이해하는 중국인의 관념 또한 유례없는 변혁을 겪었으니, 이것이 곧 '정치 변증법' 혁명이다. 변증법적 유물론과 역사적 유물론은 마르크스주의 정치학 방법론을 구성한 토대에 해당한다. 정치 영역에서 유물론적 변증법은 유물론적 변증법의 기본원리를 사회·정치 영역에 적용하는 역할을 했다. 유물론적 변증법은 객관 세계를 부단히 발전하고 운동하는 하나의 과정으로 이해한다. 즉 객관 세계는 정지된 고정불변의 세계가 아니다. 세계에 존재하는 모든 사물은 상호 연결되어 영향을 미치고 제약한다. 다른 사물과 완전히 무관한 독립된 사물은 존재하지 않는다. 유물론적 변증법이 지닌 기본 원리를 간추리자면 다음과 같다. 첫째, 사회·정치생활은 하나의 운동 과정이다. 둘째, 정치와 사회 발전은 보편적으로 연동된다. 셋째, 정치는 변증법의 기본 법칙을 내재한다. 넷째, 정치학은 변증법의 기본 범주를 구현한다.[89] 중국 전통의 정치 변증법은 "물은 배를 띄울 수도, 뒤집을 수도 있다(水能載舟亦能覆舟)", 육가(陸賈)가 말했던 "말 위에 앉아 천하를 얻을 수는 있어도 다스릴 수는 없다(馬上得天下但不能馬上治天下)"와 같은 고전적 명제에 스며들어 있다. 그러나 중국공산당에 의한 정치지식체계의 재구성이 완성된 이후 이러한 고전적 명제들은 "하부구조가 상부구조를 결정하고 상부구조는 다시 하부구조에 대하여 반작용한다", "생산력이 생산관계를 결정하고 생산관계는 다시 생산력에 대해 반작용한다"와 같은 새로운 정치 변증법에 의해 대체되었다. 마르크스주의 정치학은 인류사회의 정치발전을 분석할 때 양적 변화와 질적 변화의 법칙을 충분히 활용한다. 구체적으로 말해 인류사회의 생산력 발전은 생산방식의 발전을 지속적으로 추동하고, 사회의 하부구조는 생산력의 점진적 발전에 따라 끊임없이 변화하며 최종적으로 하나의 새로운 형태를 완성하게 된다. 그러다 하부구조 전체에 변화가 발생하면 정치적 상부구조 역시 그에 상응하는 변화를 겪게 된다. 인류 역사의 정치발전 과정이 대강 이러하다. 마르크스가 지적했듯이 "사회 생존의 물질적 조건이 기존 정치형태의 변화를 급히 필요로 할 만큼 성숙했을 때 기존 정권의 전체적인 성격 또한 변화하기 시작한다."90) 이것이 곧 양적 변화가 질적 변화에 이르는 과정이다. 반면 질적 변화가 양적 변화에 이르는 과정 또한 존재한다. 즉 정치적인 상부구조에 변화가 발생한 이후 사회·경제의 하부구조 발전의 요구에 적응한 (새로운) 정치적 상부구조 자체가 나타날 수 있으며 이에 따라 사회 생산력 또한 크게 발전할 수 있다.91)

이러한 정치 변증법에 의한 (사상적) 진전과 혁명을 실현한 뒤 새로운 유형의 정치 변증법을 구축해야만 새로운 유형의 과학적 지식 요소와 기술적 지식 요소 및 다양한 사회과학적 지식 요소를 두루 흡수해 앞으로 나아갈 수 있다. 정치 변증법 혁명은 정치적 사유의 혁명 및 정치분석의 혁명을 직접적으로 수반할 뿐 아니라 새로운 정치법칙을 발견케 하기 때문이다. 만약 중국정치가 여전히 "물은 배를 띄울 수도, 뒤집을 수도 있다", "말 위에 앉아 천하를 얻을 수는 있어도 다스릴 수는 없다"와 같은 고전적 변증법에서 머물러 있다면 중국이라는 커다란 토양은 세계와 소통할 수 없는 매우 편협한 공간으로 전락해 과거의 단일적 속성을 가진 지배적 성격의 봉건적 정권을 양산할 뿐이다. 따라서 중국정치는 하부구조와 상부구조, 생산력과 생산관계로 요약되는 정치 변증법을 바탕으로 한 새로운 유형의 사상과 지식 패러다임을 구축한 뒤에라야 전통 시대의 지배형 정권을 실질적으로 극복할 수 있다. 나아가 발전형 정권, 서비스형 정권, 인민 정권과 같은 시대에 조응하는 정권을 구성함으로써 새롭게 중국정치의 '법칙을 정립(立法)'해나갈 수 있다. 오늘날 교육을 받은 중국인의 사유세계와 사고회로는 이러한 정치 변증법에 의해 구성되었다고 할 수 있다. 예컨대 중국인은 장유(長幼), 상하(上下), 내외

(內外), 경중(輕重)이라는 개념을 통해 자신이 몸담고 있는 생활세계와 대인관계를 사고하는 한편 하부구조와 상부구조, 생산력과 생산관계와 같은 개념을 통해 자신이 마주하고 있는 거시적인 구조와 역사적 과정을 해석하기도 한다. 후자는 전통적인 언어 지식이나 경학(經學)이 아우를 수 없는 성격의 지식이다. 이는 정치 변증법이 수반하는 지적 혁신을 겪어야만 중국의 지식세계가 철저히 변화할 수 있음을 시사한다.

중국공산당은 이러한 변증법적 정치관의 영향 아래 자신의 세계관과 방법론을 정립했고, 이를 기초로 전통 정치의 프레임을 근본적으로 초월할 수 있었던 것이다. 마오쩌둥이 말했듯 마르크스주의는 몇몇 분과학문을 창시하였으나 그 저변을 이루는 것은 마르크스주의 철학이다. 마오쩌둥은 혁명전쟁을 수행하면서는「교조주의에 반대함(反對本本主義)」·「실천론(實踐論)」·「모순론(矛盾論)」을, 사회주의 건설 시기에는「10대 관계를 논함(論十大關系)」·「인민 내부의 모순을 올바르게 처리하는 문제에 대하여(關於正確處理人民內部的問題)」를 저술하였다. 이러한 저작들은 변증법적 유물론의 세계관과 방법론을 유연하게 응용해 중국적 특색을 갖춘 마르크스주의 철학 사상 형성에 기여하여 변증법적 유물론을 적절히 이해하고 활용한 모범적인 사례가 되었다. 덩샤오핑의 경우 변증법적 유물론을 통해 실제 문제를 해결하는 데 매우 능했던 지도자였다. 덩샤오핑은 사회주의 초급단계에서 존재하는 주요한 문제들을 파악할 것과 경제 건설을 중심 과제로 설정하고 이를 견지할 것을 주장했다. 아울러 반드시 실천을 통해 업무를 점검해야 한다고 역설하면서 사회주의 사회의 생산력 발전, 사회주의 국가의 종합국력 신장, 인민 생활 수준 향상에 유리한가를 고려하는 '3개의 유리(三個有利於)' 표준과 물질문명 건설과 정신문명 건설의 양립, '돌다리도 두드리며 건너는(摸著石頭過河)' 태도로 계획과 시장, 선부(先富)와 공동부유(共富) 관계를 잘 처리할 것을 강조했다. 장쩌민(江澤民)은 "머릿속에 변증법적 유물론과 역사적 유물론적 세계관이 없다면 올바른 입장과 과학적 태도로 복잡다단한 객관적 사물을 인식하고 사물 발전의 법칙을 이해하기 어렵다."고 하였다. 후진타오(胡錦濤) 역시 변증법적 유물론과 역사적 유물론의 세계관과 방법론은 마르크스주의의 가장 근본적인 이론적 특징이라는 것을 분명히 인식했고, 마르크스주의 철학에 대한 학습과 이해를 바탕으로 새로운 시대에 나타난 기본 문제들을 탐색하고 해결하는 능력을 향상해야 한다고 주장했다. 시진핑은 중국공산당이 인민을 단결, 인솔해 '두 개의 백년(兩個一百年)' 분투 목표와 중화민족의 위대한 부흥을 실현하기 위해서는 반드시 마르크스주의 철학의 지혜를 (사상적) 자양분으로 끊임없이 흡수해야 하며, 보다 의식적으로 변증법적 유물론의 세계관과 방법론을 견지하고 활용해야 한다고 강조한다. 예컨대 실제 업무를 추진하는 과정에서 현상과 본질, 형식과 내용, 원인과 결과, 우연과 필연, 가능성과 현실, 내부 요인과 외부 요인, 공통성과 개성 등의 관계를 보다 잘 파악하고 변증법적 사유와 전략적 사고 능력을 향상하는 것이다. 이러한 요구를 좀 더 구체적으로 간추리자면 다음과 같다. 첫째, 세계는 물질로 통일되며, 물질이 의식을 결정한다는 원리를 이해하고 학습해야 한다. 둘째, 사물의 모순 운동이 내포한 기본 원리를 파악하고 부단히 문제의식을 가져 앞으로 나아가는 도중 직면하는 문제를 적극 응시하고 해결한다. 셋째, 유물론적 변증법의 기본 방법을 학습해 변증법적 사유 능력을 계속 발전시켜 복잡한 국면을 통제하고 처리하는 능력을 기르도록 한다. 넷째, 인식과 실천의 변증법적 관계가 갖는 원리를 이해하는 동시에 실천이 우선이라는 관점을 견지해 실천을 바탕으로 이론의 혁신을 지속적으로 추동해야 한다.92)

이처럼 정치 변증법 혁명은 담론의 변화뿐 아니라 정치적 사유방식의 변혁과 문제를 처리하고 해결하는 방법의 진보까지 이끌어냈다. 이로 미루어 볼 때 변증법적 유물론과 현대 중국 사회주의 정치학의 변증법적 정치관은 정치적 사유와 정치적 행동, 정치적 능력 등 다양한 차원의 재구성을 내포하고 있다.

(4) 역사적 정치관

역사를 통해 정치를 이해함은 현대 중국 사회주의 정치학이 무척 강조하는 중요한 입장이자 방법이다. 왜냐하면 중국은 현재까지 유일하게 한 번도 중단된 적 없이 존속해온 문명체계이기 때문이다. 중국의 문화적 유전자와 정치적 유전자는 이러한 유구한 역사적 과정을 거쳐 형성된 것이다. 역사를 통해 이해한 정치는 개인의 의지에 의해 변화하는 객관적 선택이 아니다. 첸무 선생은 『국사대강(國史大綱)』서언에서 다음과 같이 쓰고 있다. "중국사는 한 수의 시(詩) 같고 서양사는 한 편의 연극 같다. 연극을 구성하는 매 막(幕)은 각각 판이한 변화를 내포한다. 한편 시는 평온한 리듬으로 새로운 단계로 나아가기에 딱 잘라 분별하기 어렵다. 시는 중국 문화의 가장 아름다운 면모를 대변한다. 연극은 중국에서 별다른 위치를 차지하지 않는다."93) 역사적 정치관이 가장 크게 시사하는 바는 현대 중국의 국가 거버넌스와 역사적 전통의 밀접한 관계이다. 전통시대 중국이 확립한 국가운영의 제도적 전통과 (다양한 행위자 간의) 관계모델 및 치국 경험은 현대 중국의 국가 거버넌스 안에서 창조적으로 변용되었다. 신시대 이후 추진된 국가 거버넌스 체계와 거버넌스 능력의 현대화 또한 자연적으로 이러한 역사와 불가분의 관계를 맺고 있다.

중국공산당이 유독 강조하는 국가 거버넌스 체계의 민족성, 독자성, 서구 국가와의 차별성은 곧 중국공산당의 역사관이자 거버넌스관(觀)을 대표한다. 주지하다시피 역사와 문화는 국가 거버넌스 체계의 나라별 특징과 직결되는 항구적인 요소이다. 역사와 문화는 거의 변하지 않기에 국가 거버넌스 체계의 역사·문화적 유전자 형성에 결정적인 영향을 미친다. 그 어떤 나라도 타국의 제도모델에 전적으로 의존하거나 타국의 발전노선을 그대로 추종해 발전한 사례가 없다. 미국, 영국, 프랑스, 독일 등 국가의 발전노선은 모두 나름의 특색이 있으며, 이러한 특색은 해당 국가들의 역사에 의해 주조된 것이다. 인류 역사상 그 어떤 민족이나 국가도 외세에 의지하거나 타국의 장단에 춤을 춰 강성과 부흥을 이뤄낸 바가 없으며, 그렇게 되었다면 필연적으로 실패 또는 종속이라는 결과를 초래한다. 이것이 중국공산당이 줄곧 견지하고 있는 정치적 판단이다.

역사와 현실의 관련성은 신시대 국가 거버넌스를 분석하는 중요한 관점이다. 시진핑에 따르면 "한 나라가 어떠한 거버넌스 체계를 선택하느냐는 해당 국가의 역사적 유산, 문화적 전통, 경제·사회의 발전수준에 의해 결정된다. 오늘날 중국의 국가 거버넌스 체계 또한 중국의 역사적 유산, 문화적 전통과 경제·사회발전의 기초 위에서 장기적 발전과 점진적 개선, 내생적 진화를 거쳐 탄생한 것이다."94) 이처럼 현대 중국 국가 거버넌스 체계와 전통시대 중국의 국가운영체계의 상관관계는 계승, 개선, 내생적 진화와 실질적 극복으로 요약될 수 있다. 중국의 역사는 대일통, 중앙집권, 현능(賢能)주의과 같은 변화하기 어려운 관성적 요소들을 창조해냈다. 이것들은 마치 혈관을 타고 흐르는 혈액처럼 중국 문화 및 사유의 골수에 스며들어 그 어떤 힘으로도 도려내기 어렵다. 이것이 곧 중국 국가 거버넌스의 역사적 연원에 해당한다. 후대에 구축된 국가 거버넌스 체계가 새로운 요소를 얼마나 수용했는가와는 관계없이 그 자체는 역사적 연원과 다른 요소와의 결합에서 비롯된 성과이며, 역사적 뿌리가 피워낸 꽃이라고 할 수 있다. 어떤 나라든 역사적 연원에서 단절된 거버넌스는 존재하지 않으며, 역사가 유구한 국가일수록 보다 지대한 영향을 받는다.

이제까지의 논의를 바탕으로 우리는 시간적·공간적 차원에서 각각 현대 중국 사회주의 정치학이 차지하고 있는 위상에 대해 과학적으로 판단할 수 있다. 먼저 시간적 차원에서 현대 중국 사회주의 정치학은 전통시대 중국의 경학적 지식과 치국 전통을 실질적, 전반적으로 초월했다. 공간적 차원에서의 위상은 세 가지 측면에서 가늠해볼 수 있다. 첫째, 현대 중국 사회주의 정치학은 자본주의 국가 현대화 이론으로 획일화된 정치발전 노선을 초극하며 또 다른 가능성을 피력했다. 둘째, 현대 중국 사회주의 정치학은 소련 해체와 동유럽 사회주의의 붕괴 이후 빈사 상태에 놓인 사회주의 정치학 이론과 실천을 소생시켜 재창조했다. 셋째, 현대 중국 사회주의 정치학은 지식적, 이론적 측면에서 여러 개발도상국의 정치발전 노선 사례를 선별적으로 지양하고 학습한 결과물이다. 이로 미루어 볼 때 현대 중국 사회주의 정치학은 글로벌 정치지식체계 내에서 대체할 수 없는 위상을 확보했다고 하겠다. 이제껏 어떤 나라도 초장기의 역사를 지닌 초대형 사회와 국가에서 실현한 현대화 경험과 모델은 제공하지 못했다. 이 한 가지만 보더라도 현대 사회주의 정치학이 글로벌 정치지식체계 내부에서 흔들리지 않는 위상을 차지할 이유는 충분하다. 이제 현대 중국 사회주의 정치학은 나름의 독특한 매력과 경시하기 어려운 설득력을 갖춤으로써 지식이자 패러다임으로서, 이론이자 형태로서, 메커니즘이자 가치로서 인류사회에 공헌할 수 있게 되었다. 현대 중국 사회주의 정치학은 역사와 현실의 융합, 마르크스주의의 혁신과 발전 및 현대화 경험의 성과에 힘입어 인류 전체가 쌓아 올린 지식의 금자탑에서 그 위상을 빛낼 수 있게 된 것이다.

제2장

정치 : 아름다운 인간생활을 실현하는 기본 방식

정치는 한시도 인간의 생활과 긴밀히 연관되지 않은 적이 없다. 설령 의식적으로 정치를 멀리하려 해도 우리는 사실상 이미 정치 안에서 살고 있다. 로빈슨 크루소식의 야만인 생활을 하지 않는 한, 우리가 사용하는 수도, 전기, 가스, 교통 등 의식주와 관련된 생활의 기본 요소들은 공권력이 제공하는 자원을 떠나서는 누릴 수 없는 것들이다. 정치는 인류 문명의 상징이자 문명 생활을 보장하는 기본 방식이다. 그런 의미에서 모든 인간은 정치인이며, 인간은 정치의 테두리 안에서 존재한다.

1. 정치 : 최고선(至善)에 대한 지향

인간은 왜 정치생활을 할까? 일부 정치철학적 관점은 정치란 단지 '필요악'에 지나지 않으며 대안을 찾을 수 있다면 과감히 폐기해야 한다는 입장을 가지고 있다. 그러나 이러한 관점은 근원적인 오류를 범하고 있다. 정치는 '악'도 아니고 '필요'도 아니기 때문이다. 정치는 악이 아닌 '선(善)'이며, 더 나아가서는 아리스토텔레스(Aristoteles)가 말한 '최고선(至善)'에 해당한다. 경험적 판단에 근거하여 정치는 상층부 엘리트 계층의 전유물로 사회 하층민과는 무관하다고 보는 관점도 있다. "임금의 덕이 나와 무슨 상관인가(帝力於我何有哉)", "기층에는 정치가 없다(基層無政治)"라는 말에는 이러한 시각이 반영되어 있다. 그러나 이 또한 오해이다. 공권력의 운용은 개개인의 삶에 관련되며, 사람과 사람 간의 일상적 교류 역시 정치를 떠나서는 이루어지기 어렵다. 인간관계 자체가 곧 정치적 관계이기 때문이다.

(1) 정치적 존재 : 인간의 본질적 특성

인간이 인간이 될 수 있었던 까닭, 즉 인간이 영장류에서 진화해 다른 동물과 차별화될 수 있었던 까닭은 인간이 지닌 군집성과 이성에 따른 실천력에서 찾을 수 있다. 인간만이 집단을 이루는 것은 아니다. 대다수 동물은 집단생활을 한다. 개미, 꿀벌, 침팬지 등 곤충과 포유류를 아우르는 많은 동물이 모두 나름의 방법으로 집단생활을 한다. 최근의 연구에 따르면 집단생활을 하는 동물에게 분업이나 선거와 같은 상대적으로 고정된 제도 형태가 발견되며, 이는 인간의 그것과 크게 다를 바가 없다고 한다. 이처럼 집단생활은 여러 동물에 공통된 속성이므로 그것만으로 인간을 규정하기는 어렵다. 그보다는 인간이 집단생활을 통해 구축한 군집성이라는 정치적 속성이야말로 인간과 다른 동물을 구별 짓는 고유한 특징이라고 할 수 있다. 인간의 군집성을 정치적이라 볼 수 있는 까닭은 인간만이 자신의 이성적 실천력을 바탕으로 고유의 윤리, 제도, 역사, 문화를 발전시키고 이를 통해 자신의 군집성을 규정함으로써 하나의 공동체를 형성했기 때문이다. 다른 동물에게서는 이러한 능력이 발견되지 않는다. 환언하면 인간과 동물의 가장 근본적인 차이는 인간의 정치성에 있으며, 이러한 정치성은 곧 군집성과 이성적 실천력의 결합에서 비롯되었다고 할 수 있다. 이러한 의미에서 고대 그리스 철학자인 아리스토텔레스

148

는 "인간은 본래 정치적인 동물"1)이라고 정의한 것이다. 집단생활을 하는 모든 동물을 '정치적 동물'이라고 할 수 없는 까닭은 (일련의 정치성을 가지려면) 정치 자체 또는 도시국가를 만들어내야 하기 때문이다. 이 점을 부연 설명하기 위해 아리스토텔레스는 한층 나아가 "인간은 로고스를 가진 동물"2)이라고 했던 것이다. '로고스 (Logos)'는 인간이 언어를 통해 진리를 말하는 능력을 의미한다. 진리를 말하고 이것이 듣는 이로 하여금 수용되는 과정은 화자와 청자의 상호 이해와 양자 간에 구축된 공통성을 바탕으로 이루어진다. 이것이 인간의 정치성에 대한 비교적 완전한 이해이다.

우리는 "인간은 본래 정치적 동물"이라고 한 아리스토텔레스 발언의 내적 함의를 이해해야만 인간이라는 정치적 존재에 대해 한층 더 명확히 알 수 있다. 구체적으로 논하자면 다음과 같다. 첫째, 정치 공동체는 내부에 존재하는 차이성과 다양성을 존중해야 한다. 집단성은 차이에 대한 말살이 아니라 차이성과 다양성에 대한 포용과 존중을 내포한다. 그래야만 제대로 된 집단을 구성할 수 있기 때문이다. 인간을 획일화하거나 탈인격화된 '법인(法人)'으로 규정해 모아놓은 집합은 정치적인 집단이라고 할 수 없다. 정류장에서 버스를 기다리는 승객들을 예로 들어보자. 모두가 버스를 타야 하기에 표면적으로는 집단인 것 같지만 그들 간의 이익은 충돌의 여지가 있어 일치한다고 보기 어렵다. 먼저 버스를 탄 사람은 빈자리에 앉을 수 있지만, 늦게 탄 사람은 빈자리가 없어 서서 갈 수도 있다. 최악의 경우 승차조차 못할 가능성도 있다. 따라서 표면적으로 관찰되는 객관적인 '이익'만으로 인간을 정의하고 획일화하면 단지 추상적인 집단만 양산할 뿐이다. 진정한 집단은 정치적이며, 다양성과 차이성에 대한 포용을 바탕으로 만들어진다. 둘째, 정치적 관계에서 형성된 유대감은 (그들이 지닌) 공통성에 기초한다. 집단은 단순히 개체로 구성된 오합지졸이 아니다. 모래알처럼 흩어진 오합지졸은 정치를 구성할 수 없다. 차이성과 다양성을 인정했다고 해서 공통성이 부정되는 것이 아니다. (차이와 다름에 대한) 상호 인정 그 자체가 곧 공통성이다. 개체주의에서 공통성을 발견할 수 있는가 하는 문제는 현대 정치의 근본적인 문제 중 하나이다. 이를 해결하기 위한 토머스 홉스(Thomas Hobbes), 존 로크(John Locke)의 이론적 노력은 모두 실패했다. 왜냐하면 이들의 전제가 틀렸기 때문이다. 홉스와 로크는 인간의 차이성과 다양성을 인정하지 않았고, 인간을 법인으로 획일화해야만 정치사회가 성립할 수 있다고 보았다. 이를 지적한 이가 장 자크 루소(Jean-Jacques Rousseau)이다. 찰스 테일러 (Charles Margrave Taylor)가 루소의 학설을 가리켜 '인정의 정치 (politics of recognition)'3)라고 한 까닭이 여기에 있다. 루소는 테일러가 제시한 민족 평등의 문제에 그치지 않고 정치의 존재 의의 자체를 고민했는데 이는 상호 인정을 정치의 전제로 설정하는 시각으로 이어진다. 셋째, 정치생활이란 개체 간의 공통성이 기본 제도라는 결실로 나타난 것을 이른다. 상호 인정이라는 공통성이 성립되어야만 인간과 인간 사이에 공동체에 대한 일종의 합의가 형성되고 궁극적으로 상호 이해에 도달할 수 있다. 여기서 합의란 작게는 (공동체 구성원이 공유하는) 어떤 개념이나 판단, 크게는 하나의 이념을 일컫는다. 예를 들어 이렇게 하면 좋다, 이 꽃은 아름답다와 같이 무엇이 '좋은가', 무엇이 '아름다운가'에 대한 공통된 이해가 곧 합의이다. 정치란 바로 이러한 합의를 제도화하고 이것을 지속시켜 다음 세대로 이어질 수 있는 생활 세계에 대한 공통된 이해를 만들어내는 것이다. 개인 간에 이루어진 사적인 합의나 특정 세대에 국한된 합의는 우연의 산물로, 지속되지 못하고 점차 희미해진다. 정치는 인간을 인간답게 만드는 근본에 맞닿아 있기에 시공간을 막론하고 지속되며, 정치생활이 궁극적으로 달성할 수 있는 업적은 (정치공동체 내부) 합의의 제도화이다.

본래 정치란 전체에서 출발해 전체에 속한 개체의 차이성과 다양성을 두루 살피는 것이다. 근대 이후 서구 정치는 개체에서 출발해 일종의 허구에 가까운 전체성을 도출해냈다. 이는 일종의 변이된 형태의 정치라고 할 수 있다. 칼 마르크스(Karl Heinrich Marx)는 정치의 전체성을 인간의 '유적 본질(類本質)'이라 보았으며 '인간은 모든 사회적 관계의 총체'라고 주장했다. 따라서 우리는 인간을 인식할 때 고립된 개체가 아닌 사회적 관계의 총체로서 바라봐야 한다. 인간의 개체성은 전체성이라는 큰 틀 안에 놓아야만 제대로 이해될 수 있으며 의미를 가질 수 있다. 그렇지 않다면 개체는 하나의 맹목적인 원자(原子)에 불과하다.

요컨대 인간은 정치적 존재이며, 정치생활은 다른 집단생활을 하는 동물에게서는 발견할 수 없는 인간의 전유물이다. 영장류 학자 프란스 드 발(Frans De Waal)의 저서 『침팬지 폴리틱스(Chimpanzee Politics: Power and Sex among Apes)』에 따르면 침팬지 집단이 인간보다 앞서 정치를 확립했다고 한다.[4] 그러나 여기에서 말하는 '정치'는 마키아벨리(Niccolò Machiavelli)식의 권력정치이다. 권력투쟁으로서의 정치는 정치의 근원적 형태라고 할 수 없다. 권력투쟁은 인간에 국한된 현상이 아니며, 인류가 형성되기 이전부터 존재해왔다. 따라서 권력투쟁은 인간을 본질적으로 규정하는 특징이 될 수 없다. 근원적인 의미에서 정치란 아름다운 인간 생활을 실현하는 기본 방식이다.

아리스토텔레스는 이러한 의미에서 정치를 '최고선'을 실현하기 위한 생활이라고 본 것이다. 쟁탈과 사리사욕이 아닌 이해와 헌신, 책임과 단결이 동물성을 초월한 인간의 본성이며, 이러한 본성이 곧 인간을 인간답게 만든다. 전자는 인지상정이나 미덕이라 할 수는 없다. 미덕은 인간이 동물성을 초월하는 데 필요한, 실천가능한 행실이다. 그러나 존 로크(John Locke)는 이러한 아리스토텔레스의 윤리적 정치관에 반박했다. 로크가 생각한 미덕은 장기적인 이익을 위해 목전의 욕망을 자제하는 것이다. 아리스토텔레스의 경우 인간 삶의 필요를 충족시킬 수 있는 것은 모두 좋고 선한 것이라 보았고 그 중에서도 정치를 '최고선'으로 꼽았다. 왜냐하면 인간은 정치에 참여함으로써 완성될 수 있기 때문이다. 정치 이외의 것은 아무리 추구해도 만족할 수 없다. 재산 획득을 예로 들어보자. 인간이 성취할 수 있는 부에는 한계가 없다지만 부를 획득하는 기술에는 한계가 있다.5) 여기서 아리스토텔레스가 강조하려 한 바는 아무리 돈을 많이 벌어도 돈을 버는 행위 자체가 한 사람을 완성할 수는 없다는 것이다. 끊임없이 자신을 보완하는 인간의 실천 과정은 정치를 종착점으로 한다. 인간은 정치생활을 영위해야만 동물성과 철저히 결별할 수 있다.

(2) 바람직한 정치환경의 설계 : 더 나은 생활의 전제조건

인간은 정치를 통해 평화로운 공존을 실현한다. 집단생활을 하는 다른 동물들은 물리적 충돌을 수반한 경쟁을 거쳐 정해진 무리 내 서열을 통해 질서를 유지한다. 설령 힘으로 상대를 압도한다 해도 이는 본질적으로 '충돌'이다. 모든 동물은 기본적으로 개체주의 경향을 보이고 개체의 이익에서 출발해 무리를 형성한다. 그러나 동물의 집단생활은 이익을 기반으로 형성된 느슨한 조합이기에 힘(서열)으로 집단을 유지할 수밖에 없다. 서구사회가 숭상하는 개인주의 '정치'는 이러한 동물의 원시성에 따른 것으로 결국 강권 논리의 비극을 초래하게 된다. 동물은 물질적 욕망으로 이익을 규정하는데, 플라톤(Plato)의 말을 빌리자면 먹고살기 위한 욕망에 기초한 집단은 단지 '돼지들의 나라'일 뿐이다. '돼지들의 나라'는 현대 서구 정치 문명을 묘사한 은유적 표현이다. 부르주아 정치는 인간의 원시적인 동물성 자체를 되풀이할 뿐이며 이는 본질적으로 격세유전이라고 볼 수 있다.

자신이 속한 집단 속에서 정치를 영위하는 것은 인류 특유의 능력이다. 우리는 인간의 이러한 정치 능력을 인간이 최고선의 생활을 위해 도시국가를 건설하는 능력이라 일컬을 수 있다. 도시국가는 (도시국가를 건설하는 데 필요한) 제도와 공간을 가리키며, 보다 넓은 의미에서는 정치활동과 정치생활의 담지체라고 할 수 있다. 최고선의 생활은 좋은 제도적 환경을 전제로 한다. 아리스토텔레스의『정치학(Politika)』을 관통하는 가장 근본적인 문제는 '인류가 상정한 좋은 삶을 실현할 수 있는 가장 좋은 정치체제란 무엇인가?' 하는 것이다.6) 후세인들은 이를 가리켜 정치체제 문제라 부른다. 예컨대 좋은 삶에 대한 인간의 갈망을 충족시키는 좋은 정치환경이란 어떤 것인가? 좋은 정치환경을 가능하게 하는 조건은 무엇인가? 어찌하면 좋은 정치환경을 수립할 수 있는가? 와 같은 문제가 그것이다. 아리스토텔레스에 따르면 비교적 일찍부터 정치체제에 대해 고찰하기 시작한 이들은 팔레아스(Phaleas)와 플라톤이다 이들은 얼마간의 정치 경력을 가지고 있었다. 밀레투스(Miletus)의 히포다모스(Hippodamos)는 정치

경력이 전무한 이로서는 최초로 이상적인 정치체제를 고안했다. 그러나 이러한 정치적 설계는 모두 옥에 티를 가지고 있다.

가장 좋은 정치환경은 그 나라의 풍습에 부합하는 정치환경이다. 인민의 생활에 적합한 정치환경만이 인민으로 하여금 그것을 유지하고 발전시킬 의지를 갖게 하기 때문이다. 사마천의 『사기(史記)』 '노주공세가(魯周公世家)' 편에 다음과 같은 대목이 있다.

"노공(魯公) 백금(伯禽)이 노(魯)에 봉해지고, 3년이 지나서야 처음으로 주공에게 국정을 보고한 적이 있었다. 주공이 '어째서 늦었느냐?'라고 묻자, 백금은 '그 풍속과 예의를 바꾸고, 삼년상을 치르느라 늦었습니다.'라고 했다. 태공(太公, 태공망 여상呂尙)도 제후에 봉해졌는데 다섯 달 만에 주공에게 국정을 보고했다. 주공이 '어째서 이렇게 일찍 왔습니까?'라고 묻자, '저는 군신 간의 예를 간소화하고 그 풍속에 따랐을 뿐입니다.'라고 했다. 나중에 백금의 늦은 국정 보고를 듣고는 바로 '어허, 훗날 노가 제를 섬기게 될 것이다! 무릇 정치란 간소하고 쉽지 않으면 백성이 가까이하기 힘들다. 쉽고 백성이 가까우면 백성들이 모여들 수밖에 없다.'며 탄식했다."

순기자연(順其自然, 본래의 면모에 따라 자연스럽게 발전해나감)이든 이풍역속(移風易俗, 낡은 풍속을 개량함)이든 인간생활과 조화를 이루는 정치환경을 설계하기 위한 발로이므로 이론적으로 모두 옳다고 할 수 있다. 다만 과거 중국의 정치적 전통과 지혜에 비춰본다면 순기자연이 보다 본분을 지키는 방식에 가깝다고 하겠다. 그러나 순기자연은 아무 일도 하지 않는 수수방관과 다르다. (본래의 면모를 거스르지 않고 자연스럽게 발전해나간다고 해도) 위정자는 인민의 좋은 삶과 조화를 이루는 정치환경이 구현될 수 있도록 노력을 게을리하지 말아야 한다. 일찍이 공자가 말했던 정치는 곧 '올바름(正之)'이자 '가르침(教之)'이었다. 여기서 올바름(正之)이 관철하고자 하는 바는 좋은 생활의 전제가 되는 정치환경을 조성하는 일이다. 공자가 말한 '올바름(正)'은 그가 살았던 시대적 맥락에서 비롯된 올바름으로, "임금은 임금답고 신하는 신하답고, 아비는 아비답고 자식은 자식다워야 한다(君君, 臣臣, 父父, 子子)"는 것이다. 이처럼 모든 사람이 각자의 위치를 지키고 본분을 다할 때 천하가 태평을 이루게 된다. 반면 임금이 무도하고 신하가 신하답지 않은 마음을 품고 부자가 반목하면 천하는 혼란스러워진다. 물론 공자는 좋은 정치환경이 갖춰졌다고 해서 만사형통할 것이라 보지 않았다. 제아무리 좋은 정치환경이라도 여러 세대에 걸쳐 지켜내지 않으면 안 되며 이를 위해서는 가르침, 교화가 필요하다. 다시 말해 좋은 정치환경은 인민의 좋은 삶을 가능하게 하는 필요조건일 뿐 충분조건이 될 수 없다. 인심이 험악해지면 (아무리 좋은) 정치환경이라도 제 기능을 할 수 없게 된다.

현재 기록이 남아 있는 정치환경과 관련된 최초의 논의는 헤로도토스(Herodotos)의 『역사(Historiae)』에 적혀 있는 다리우스 왕과 신하의 대화이다. 그러나 이는 소득 없는 논쟁에 불과했다. 여기서 언급되는 모든 정치체제는 결국 통치자의 도덕적 타락으로 인해 전부 붕괴하고 말았기 때문이다.[7] 인간의 부패, 정치체제의 쇠퇴, 세계의 혼란은 하나로 연계된 고리와 같다. 플라톤은 (황금시대에서 철의 시대에 이르는) 모든 시대를 통틀어 정치의 타락은 불가역적 과정이라 보았다. 아리스토텔레스는 하나의 정치체제는 곧 이전의 정치체제에 대한 구원(救援)으로 나타난다고 보았다. 예컨대 귀족제는 참주제에 대한 구원이고 민주제는 과두제에 대한 구원이며 이러한 구원 과정은 끊임없이 순환된다. 폴리비오스(Polybios)의 경우 (귀족정, 민주정, 군주정의 장점을 채용한) '혼합정체'를 구성할 것을 제안했다. 여러 정치체제의 장점만을 유기적으로 통일해 구성한 '혼합정체'는 인심의 변화와 관계없이 정상적으로 운행될 수 있다. 즉 정치체제의 혼합이라는 한 번의 진통만 겪으면 이후의 문제는 손쉽게 해결될 수 있다는 것이다.

이제까지 언급한 사상가들은 각각 다른 견해를 가지고 있었으나, 정치체제가 인간생활에 있어 매우 중요하며 심지어 가장 중요하다는 데에는 이견이 없었다. 이러한 고민은 근대까지 이어져 토머스 홉스, 존 로크, 몽테스키외(Charles-Louis de Secondat), 장 자크 루소와 같은 다수의 사상가 또한 정치환경 설계에 천착하였다. 그러나 로크 이후 정치환경 설계는 사유재산권의 보호에 자리를 내주게 되었고, 사유재산에 대한 보호만이 인간의 좋은 삶을 비호할 수 있다는 인식이 자리 잡기 시작했다. 이것이 곧 현대 서구의 '탈정치화'된 '정치'이다. 정치환경 설계와 관련된 루소의 주장에 돈키호테(Don Quixote)적 색채가 어느 정도 남아 있었다면, 이러한 색채는 존 스튜어트 밀(John Stuart Mill)에 이르러 완전히 사라지게 된다. 밀의 '대의제 정부'는 인민의 좋은 삶이라는 거시적인 문제에 대한 근본적 해결책이 아닌, 하나의 정치적 기술로서 제시된 것이다.

카를 마르크스(Karl Heinrich Marx)는 정치설계 능력의 상실은 부르주아지의 정치적 숙명이라고 보았다. 부르주아지는 역사상 최초의 '통치하지 않는 지배계급'[8]으로 자신의 이익과 정치를 완전히 분리하였다. 심지어 정치에 종사하는 것은 손해라는 판단에서 정치 무대에서 퇴장해 자신들을 대표할 정치적 대리인을 물색한다. 마르크스에 따르면 부르주아지는 의회공화제가 자신들의 안락한 생활을 담보하는 대리인 정치에 가장 적합한 정치형태라고 보았다. 그러나 예상과 달리 부르주아지의 정치적 퇴장은 루이 나폴레옹 보나파르트 (Louis Napoléon Bonaparte)의 쿠데타라는 결과를 가져왔다. 부르주아지는 실패했고 정치설계 능력 또한 완전히 퇴화하였다. 도시국가 시대부터 자연법 시대에 이르기까지 정치형태의 창조를 통해 좋은 삶을 향유하고자 했던 인류의 모든 노력은 민주 시대에 이르러 끝이 났다. 이익을 매개로 한 '동질적 보편주의 세계'는 정치설계를 필요로 하지 않는다. 프랑스 정치사상가 피에르 마낭(Pierre Manent)은 "(우리가) 보다 자주 직면하는 것은 정치형태의 범람이 아닌 부족이다. (…) 미래는 문명의 탈지역화와 세계화가 진행되는 시기이다. 우리는 더 이상 정치형태를 필요로 하지 않는다. (따라서) 정치권의 언행일치 여부와 그 중요성 또한 안중에 없다. 기술적 규범과 사법적 규정만으로 충분히 일상생활을 경영할 수 있다"9)고 지적했다.

이러한 부르주아의 정치를 지양하는 유일한 방법은 정치를 설계하는 노력을 회복하고 새로운 정치설계를 통해 인간의 유적 본질을 실현하는 데 있다. 마르크스 자유주의 사상이 지향한 바가 이것이며 그 단서는 '소외' 이론에서 찾을 수 있다.

'소외(alienation)'는 참으로 까다롭고 난해한 용어이다. "인간이 생산한 어떤 대상이 자신의 법칙을 따르게 되고 생산자에게서 멀어지면서 궁극적으로는 '적대적이고 이질적인' 존재가 된다. 이로써 인간은 대상화된 생산물로부터 소외된다"고 한 이링 페처(Iring Fetscher)의 발언은 소외에 대한 많은 사람의 이해를 대표한다.10) 영어 'alienation'로 번역되는 소외는 더 나아가 유리, 소원, 대립을 가리킨다.

마르크스는 비판적 의도에서 '소외'를 사용한다. 하지만 철학적 의미에서 소외는 일종의 상태, 과정, 활동을 가리킨다. 따라서 단순히 좋고 나쁨만으로 이를 평가하기는 어렵다. 앞서 언급한 페처의 견해에 따르면 소외의 첫 단계는 대상화이며, 대상화 그 자체는 본질적으로 아무런 문제가 없다. 한편 마르크스는 대상화는 인간의 자기 확증이라고 분명히 지적하였다.[11] 인간이란 무엇인가? 인간은 소외 없이 존재할 수 있는가? 소외가 없다면 인간은 여전히 무지몽매한 상태에서 머무르며 자기를 의식하거나 인식하지 못할 것이며 자신의 정체성 또한 발견할 수 없을 것이다. 즉 "너 자신을 아는 것(Know Thyself)"이 곧 소외이다. 다시 말해 인간은 반드시 자기 자신으로부터 유리되고 멀어져야만 비로소 자신을 발견할 수 있다는 것이다. 소외는 자아 인식의 한 과정이다. 요컨대 철학적 의미에서 소외는 인간의 본질에 속하는 유적 의식이 외화를 거쳐 하나의 세계를 구성하고 인간의 본질과 대립하는 것을 말한다. 왜냐하면 세계가 인간이 유적 본질을 인식하는 것을 방해하기 때문이다. 인간의 자아성찰은 본래 오디세이아(Odysseia)와 같은 비극적인 영웅서사 과정을 거친다. 오디세우스는 고향을 떠나 세계를 정복한 후 온갖 시련과 고난을 겪으며 고향으로 돌아왔다. 그러나 그의 고향은 이미 완전히 다른 세계가 되어 있었다. 때문에 오디세우스(자아)는 반드시 변장과 신분 위장(지식과 피상)을 통해 자신의 세계를 회복해야 했다. 어떤 의미에서 보면 헤겔의 노력 또한 이와 다르지 않다고 하겠다.

소외 개념은 플라톤의 '산파술' 개념에서 비롯되었다고 할 수 있으나, 그것을 체계화한 이는 헤겔이다. 헤겔의 소외는 일종의 '정신의 외화'이다. 정신은 소외를 극복한 뒤 다시 자아로 회귀한다. 정치경제학의 영향을 받은 마르크스는 '소외'가 '생산과정'에서 기인한다고 보았다. 인간은 노동이라는 생산과정에서 자신의 노동력을 외부의 자연에 투입하고 개조하는 과정에서 자아의식을 형성하는 '노동 생산자'라는 것이다.[12] 마르크스는 소외가 헤겔에 의해 집대성되었음을 분명히 이르고 있다. 소외의 궁극적 형태는 지식이다. 현대인은 이미 자아로부터 소외되었으며, 지식과 개념을 통해서만 자신을 인식할 수 있다. 대상화를 통한 자기인식은 불가능하다. '미네르바의 부엉이가 황혼이 깃들 무렵에야 날개를 펼치듯' 인간은 역사가 시작되고 지식에 깃든 비밀이 풀린 뒤에야 비로소 소외를 철저히 극복하고 자신을 인식할 수 있다. 환언하면 헤겔은 국가, 제도, 문화, 종교, 지식을 포함한 모든 인공물을 소외로 보았다. 이러한 소외가 존재하는 한, 인간은 자신의 본원적 생활에 도달할 수 없기에 새로운 정치설계를 통해 소외를 타파해야만 한다. 마르크스는 이러한 소외의 극복을 일컬어 '지양'이라고 하였다. 지양이란 이미 발생한 소외가 야기한, 인간과 대상화된 객체 간의 단절을 초월하는 것을 의미한다. 모든 소외는 '필연'적으로 발생하나, 이를 '지양'해야만 비로소 필연으로부터 벗어나 자유에 도달하게 된다. 인간이 지양이라는 위대한 도약을 내딛으면 '인간 각자의 자유로운 발전이 모두의 자유로운 발전의 조건'이 된다. 다시 말해 인간은 정치를 통해서만 모든 필연성의 사슬을 끊고 자신의 유적 본질을 회복할 수 있다.

2. 시민사회 : 정치해방이라는 환상

"영광스러운 정신적 여명이다. 사고하는 존재가 모두 이 시대의 환희를 나누었다. 고귀한 감정이 인간의 마음을 움직이고 정신적 열정이 전 세계를 흥분시켰다. 마치 신과 세상이 처음으로 화해한 듯했다."[13]

이는 헤겔이 『역사철학강의(Vorlesungen über die Philosophie der Geschichte)』에서 프랑스 혁명을 칭송한 유명한 대목으로, 지금 보아도 그 감격이 여실히 전해진다. 현 시대의 도래, 로마가 멸망한 이후 수백 년간 유럽을 뒤덮었던 암흑의 일소, 시민사회의 부상 모두가 광명, 진보, 평등, 자유를 상징한다. 그러나 일련의 역사가 부르주아지의 시민사회는 결국 정치해방이라는 환상에 지나지 않는다는 것을 증명하고 있다.

(1) 시민사회에서 상정하는 국가

마르크스는 마키아벨리를 "인간의 시선으로 국가를 관찰한 최초의 사람"이라고 불렀다. 마키아벨리는 '신정론(theodicy)'을 '국가이성(reason of state)'으로 대체한 최초의 인물이며 인간 행위의 정당성 여부는 신탁이나 금지령이 아닌 국익의 부합 여부에 달려 있다고 주장했다. 즉 사적으로는 악한 행위라 하더라도 그것이 '국가'를 위한 것이었다면 '선'한 행위가 될 수 있다는 것이다. 그 반대의 경우도 마찬가지다. 예컨대 살인은 옳지 않으나 나라를 위해 싸웠다면 많은 적을 살상할수록 칭송받는다. 반면 살상을 두려워하면 겁쟁이로 취급된다. 이처럼 마키아벨리의 정치사상은 서구 정치사상사의 중대한 전환점을 마련했다.

　마키아벨리는 과거 윤리를 주요 잣대로 하던 관행에서 벗어나, '민족국가'의 이익을 정치 행위의 정당성을 판단하는 기준으로 삼았는데 이러한 판단은 민족국가가 등장하기 시작한 중세 말기의 현실과 잘 맞아떨어졌다. 아울러 마키아벨리는 정권 부패 및 교체의 원인은 군주와 민중의 도덕적 부패가 아닌 군주의 통치력 저하에 있다고 보았다.

　이처럼 마키아벨리에게 정치는 '최고선의 생활'에 대한 지향이 아니라 국가로 하여금 '기술' 또는 '책략'을 획득하게 하는 것이었다. 마키아벨리는 키케로(Marcus Tullius Cicero)의 비유를 빌려 군주는 "사자의 용맹과 여우의 지략"을 겸비해야 한다고 강조했다. 맹수를 대표하는 사자가 암시하는 것은 리바이어던(Leviathan), 즉 마키아벨리식 정치의 '결단자'이다. 여우는 술수에 능하고 계산이 빠른 '균형자'로서 부르주아지 시민을 대표한다. 사실 마키아벨리가 상정하는 군주 또한 본질적으로는 한 사람의 '시민'이다. 한 사람의 시민이 동료 시민들의 호의로 군주가 되기 때문이다. 군주가 권력을 획득하고 이를 유지하려면 '국가이익'을 위해 자신의 '물욕'을 반드시 통제해야 한다. 이러한 인식이 수용되면 군주는 '길들여진다'. 마키아벨리의 등장을 시작으로 정치는 (최고선에 대한 지향이라는) 본연의 의미를 상실하게 되었다.

　마키아벨리가 정치의 도덕성을 타파하고 정치를 공리적 사고로 이해한 최초의 인물이었다면 홉스는 최초로 개인의 정당성을 논증한, 서구 개인주의 정치의 창시자였다고 할 수 있다. 홉스 이전까지 개인의 권리는 지금과 같은 정당성을 갖지 못했고 개인은 오로지 신에 헌신하고 의무를 다해야만 인간이 될 수 있었다. 홉스는 (만인에 대한 만인의 투쟁이라는) 자연 상태를 가설로 내세우면서 생존을 위해 자신의 이익을 추구하는 것이 인간의 본성이라고 주장했고, 정치질서는 생존을 위한 이익 추구를 하나의 권리로 인정하는 자연법의 성립에서 시작된다고 보았다. 그러나 마르크스는 『정치경제학 비판 요강(Grundrisse der Kritik der Politischen Ökonomie)』 서문에서 이러한 인식 자체가 허구적이라고 비판했다. 왜냐하면 이른바 개인을 논할 수 있게 된 시점은 부르주아지 시민사회 이후이기 때문이다. 즉 '개인'의 존재(와 그 권리)는 사실상 역사가 수반한 결과일 뿐, 결코 역사가 시작되는 기점이 아니라는 것이다.[14]

홉스가 풀어야 할 숙제는 개인에서 출발해 (궁극적으로) 정치체를 도출해야 한다는 것이었다. 만인의 이익 추구가 출발점이라면, 즉 모든 개인의 '욕망'이 정당화된다면 사회 전체의 질서와 집단생활은 어떻게 구축되는가?

주지하는 바와 같이 홉스는 '자연 상태'를 상정하였고 자연 상태에서 현대 국가의 정당성을 도출해냈다. 홉스는 『리바이어던(Leviathan)』을 통해 악한 인성으로 가득 찬 자연 상태를 묘사하였다. 악한 인성으로 가득한 자연 상태는 "만인의 만인에 대한 투쟁(전쟁)"을 특징으로 하며, "(이러한 자연 상태에 놓인) 인간의 삶은 외롭고 가난하며 비참하고 잔혹하다. 그리고 짧다."[15] 만인에 대한 만인의 전쟁은 인류를 멸망으로 이끈다. 이러한 자연 상태에서는 '죽음에 대한 공포'가 모든 사람이 공유하는 한계로서 일반적인 정서이다. 정치는 응당 가장 근본적인 인간의 일반성에 기초해야 한다. 결국 죽음에 대한 공포가 인간으로 하여금 자연 상태에서 벗어날 수 있는 길을 강구하도록 만드는 것이다. 따라서 개인은 일정 부분 자신의 권리를 양도하는 계약을 맺고 주권자를 내세우는데 이 주권자가 곧

'리바이어던'이다. '리바이어던'은 집권적이며 심지어 전제적인데, '검을 지니지 않은 계약은 텅 빈 문서'[16]나 다름없기 때문이다. 그렇기 때문에 많은 연구자가 홉스가 제시한 '리바이어던'의 최고 목표는 '질서'나 '권위'이지 '자유'가 아니며 '민주'는 더더욱 아니라고 주장했으며, 홉스의 사회계약론은 당시 유럽의 절대군주제에 대한 묘사로 받아들여졌다. '리바이어던'을 '국가'로 이해한다면 (시민이 세운) 주권자의 집권 과정은 시민사회가 폭력을 국가에 양도하고 국가로 하여금 폭력을 독점하도록 하는 과정에 다름 아니다. 그에 따른 결과가 곧 시민사회의 안정화와 문명화이다.

그러나 홉스의 논리에는 결함이 있다. 전술했듯이 홉스는 개인으로부터 전체를 도출하려면 반드시 개개인이 공유하는 보편성을 찾아야 한다고 주장했고 이를 인간의 '욕망'에서 찾으려 했다. 또 정치적 권위는 가장 기본적이고 본능적인 인간의 보편성 위에 건립된다고 굳게 믿었다. 설령 그 보편성이 가장 비열한 인간성일지라도 정치적 권위에 의한 질서를 유지하는 데는 문제가 없다. 그렇게 해서 홉스가 찾아낸 것은 '죽음에 대한 공포'였다. 생존에 대한 욕망이야말로 가장 근본적이며 틀림없는 보편성이라고 본 것이다. 존 로크는 이러한 홉스의 주장이 다소 허술하다고 비판했다. 로크가 보기에 '죽음에 대한 공포'보다 더 중요한 조건은 '삶에 대한 애정'이었기 때문이다. 앨런 블룸(Allan Bloom) 또한 "죽음에 대한 공포는 그 자체보다 훨씬 더 근본적인 전제를 바탕으로 하는데, 그것은 '삶은 아름답다'는 것"이라고 지적했다.[17] 그러나 '삶에 대한 애정'은 다양할 수 있다. 다시 말해 홉스는 애초부터 방향을 잘못 설정했던 것이다. '욕망'이라는 보편성은 합의보다는 충돌을 야기할 수 있기 때문이다.

홉스의 학설이 지닌 문제는 여기서 그치지 않는다. 자연 상태에서 만인은 자신의 이익을 위해 투쟁하는데 이 중에서 '허영심과 자만심이 충만한 자'는 이익 계산자를 넘어 주권자, 주인이 된다. 한편 죽음이 두려워 자신의 생명을 거래하는 자는 피지배자, 노예가 된다. 타산적이고 생사를 저울질하는 이들은 모두 부르주아지 시민이다. 애초 홉스는 시민사회를 초월한 주권자를 상정했고, 개인의 이익이나 욕심을 추구하지 않는 주권자만이 전체를 대표하고 집단 질서를 유지할 수 있다고 보았다. 따라서 홉스가 말한 '죽음에 대한 공포'와 사회 계약은 사실상 정치적 권위를 대표하는 국가가 아닌 (각자의 이익 추구에 골몰하는) 시민사회를 겨냥해 제시한 것이다. 국가는 '자연 상태'에서 벗어난 적이 없었으며 폭력을 독점하고 폭력을 사용한 강제력을 통해 자신의 통치를 유지한다. 요컨대 홉스는 기나긴 논증에도 불구하고 결국 자연 상태를 초월한 '정치사회'를 제시하지 못했다. 이를 단지 홉스만의 오류라고 할 수 있을까? 이것은 사실 개인으로부터 전체 질서를 도출하려 한 필연적 결과이다. 홉스의 주장은 개인주의의 정치적 숙명을 드러내 보였을 뿐이다.

홉스의 주장에서 문제점을 발견한 존 로크는 한층 더 나아가 이미 정당화된 개인으로 구성된 시민사회를 인간 해방의 종착점으로 상정하였다.

로크에 따르면 자연 상태에서 인간은 타인보다 자연을 먼저 마주한다. 로크는 인간과 자연이 공존하는 단계야말로 진정한 자연 상태이며 홉스가 주장했던 인간의 생존을 위한 만인에 대한 만인의 투쟁은 자연 상태가 아닌 전쟁 상태라고 보았다. 또한 전쟁은 사실상 피할 수 있다고 주장했다.[18]

모든 사람이 자연으로부터 자신의 생존에 필요한 모든 자원을 충분히 획득할 수 있다면, 또 각자가 획득한 것에 대한 상호 소유권이 인정된다면 전쟁은 일어나지 않을 것이며 세상은 평화로울 것이다. 이러한 상호 인정이 곧 로크가 제시한 재산권이다. 사람과 사람이 조우한다고 해서 반드시 홉스가 말한 전쟁이 발생하지는 않는다. 자연에 대한 인간의 점유가 인정된다면 전쟁은 발생하지 않을 것이다. 다만 인간이 충분히 자연을 점유하지 못해 생존에 필요한 자원을 획득할 수 없게 되거나 필요 이상의 것을 소유하고 싶다는 탐욕이 생길 경우에 한해 전쟁이 발생한다.

정부가 필요한 까닭은 정부가 재산권의 상호 인정을 보장함으로써 전쟁을 미연에 방지할 수 있기 때문이다. 즉 정부의 정당성은 인간의 재산권 보호에 있다. 이로써 로크는 홉스의 주장이 지닌 문제를 완전히 극복하였고 정치사회를 시민사회와 동일시하였다. 로크는 홉스가 말한 자연 상태는 전(前) 사회적 · 전(前) 도덕적인 상태로, 사실상 정치사회로의 이행이 불가능하다는 점을 인식했던 것이다. 다만 로크는 과도기를 논증하는 방식이 아닌 자연 상태를 시민사회에 뒤에 놓는 방법을 택했다. 즉 로크가 주장한 시민사회야말로 명실상부한 '자연사회'이며, 인간은 그 안에서 자연의 절대적 주인으로 군림하며 자연을 일방적으로 지배하고 점유하며 개발한다. 반면 홉스에게 시민은 노예이다. 이들은 인정을 획득하기 위해 주인을 향한 투쟁을 계속하면서 법률이나 도덕과 같은 족쇄로 주인을 구속한다. 이와 달리 로크가 상정한 시민은 모두가 (자신의) 주인이자 자연의 주인이다. 이들은 자연을 억압하고 착취함으로써 생존에 필요한 자원을 획득하기 때문에 투쟁을 벌일 이유가 없다.

그러나 투쟁성을 상실한 시민은 진정한 주인이 아니다. 이들은 욕구를 채우는 데 혈안이 된 노예로, 자연으로부터 얻는 물질적 만족에 도취되어 헤어나지 못한다. 재산권의 상호 인정을 통해 자기 확증을 얻었지만 이는 직접적인 확증이 아닌 재산권을 매개로 한 일종의 소외이다. 진정한 주인은 재산권이지 인간이 아닌 것이다. 다시 말해 법적으로 인정받는 것은 '법인(法人)'이지, 인간 자체가 아니다. 시민사회는 재산권에 의해 원자적 단위로 분리되었고, 이렇게 원자화된 모든 개인은 재산권 아래 숨어 편안한 생활을 누리며 서로 침범하거나 심지어 왕래하는 일도 없이 단절된 채 살아간다. 이렇듯 로크가 구축한 것은 원자화된 사회였다. 로크는 홉스와 마찬가지로 개인에서 출발했으나 (로크가 구축한 사회는) 홉스가 말했던 전쟁과 리바이어던으로부터 자유로울 수 있었다. 그러나 그 사회는 타인과 단절된, 극도로 속물화된 원자화된 사회였다. 이것이 부르주아지 시민사회가 지닌 또 다른 숙명이다. 홉스와 로크가 주장하는 개인주의의 정치적 숙명은 일견 다른 듯 보이나 특정한 역사적 조건에서는 일맥상통할 수 있다. 이와 관련해 한나 아렌트(Hannah Arendt)의 전체주의 기원에 대한 분석을 참고해봄 직하다.

"비전체주의 세계의 사람들이 전체주의 지배를 맞이할 자세를 갖게 된 것은 한때 노년처럼 사회적으로 주변부적 조건에서 겪는 한계 경험이었던 외로움이 이제 우리 세기의 점점 더 많은 대중이 매일 겪는 일상 경험이 되었기 때문이다. 전체주의는 대중을 무자비한 과정 속으로 내몰고 그들을 조직하는데, 이 과정은 현실로부터의 자멸적인 도피 행각처럼 보인다. (…) 다른 사람들과의 관계 밖에서 한 사람의 정체성을 확인해주는 것은 내부의 강제이며, 이 강제의 유일한 내용은 엄격하게 모순을 피한다는 것이다. 내부의 강제는 한 사람을, 그가 혼자 있을 때조차 테러의 강철 끈 속에 스스로를 맞추게 하며, 전체주의 지배는 단독 유폐라는 극단적 상황을 제외하고는 그를 결코 혼자 내버려두지 않는다. 사람들 사이의 모든 공간을 파괴하고 서로를 압박하게 만들어 고립의 생산적인 잠재력조차 말살시킨다."19)

(2) 정치의 재발견

전술한 바와 같이 로크는 인간의 해방을 시민사회에 의탁했으나, 시민사회는 실상 보편성이 빚어낸 환상에 지나지 않았다. 시민사회에서 인간은 '비정치화'되었을 뿐만 아니라 '비인간화'되었다. 재산권의 비호 아래 생활하는 것만으로 인간의 완성을 기대하기는 어려우며 이를 좋은 삶이라고 보기도 어렵다.

루소는 이 점을 분명히 인식하고 있었다. 그는 『사회계약론(Du Contract Social ou Principes du droit politique)』의 서문에서 "인간은 자유롭게 태어나 어디에서나 쇠사슬에 묶여 있다. 자신이 다른 사람들의 주인이라고 믿는 자가 그들보다 더 노예로 산다"고 지적하였다. 로크가 묘사한 시민은 재산권을 소유하면 자연의 주인이자 자기자신의 주인이 된다고 여겼다. 그러나 이들은 실상 자연의 노예이자 욕구의 노예로, 한번도 제대로 된 주체성을 확립하지 못했다.

루소의 근거는 간명하다. 개인에서 출발하여 정립된 보편성은 진정한 보편성이 아니라는 것이다. 루소가 보기에 홉스의 '욕망의 보편성'이나 로크의 재산권의 상호 인정 모두 허구적 보편성에 불과하다. 인간과 인간을 제대로 연계 짓지 못하고 오히려 충돌을 유발했기 때문이다.

루소는 자연 상태에서는 인간과 자연의 관계만 존재할 뿐 타인과 접촉하거나 타인을 필요로 하는 인간과 인간의 관계는 존재하지 않는다는 로크의 관점에 동의하였다. "상수리나무 아래에서 배불리 먹고 우연히 마주친 도랑에서 물을 마시고 식량을 제공한 나무 밑에서 잠자리를 찾는 것만으로 인간의 욕구는 완전히 충족된다."20) 인간의 자의식은 자연과 대립하는 과정에서 배양된 것이다. "자연은 모든 동물에게 명령하고 동물은 이에 따른다. 인간도 같은 영향을 받는다. 그러나 인간은 복종하느냐 저항하느냐의 선택에서 전적으로 자유로움을 인식한다."21) 이를 '자연적 자유'라고 부르며 '사회적 자유'와 구별된다.

시민사회는 인간의 원시적인 절제 본성이 무너진 데서 기인했다. 무절제한 번식이 인구 증가를 불러왔고 이로써 타인과 조우할 기회 또한 크게 늘어났다. 또한 인간은 일신을 보존하는 데 만족하지 못하고 자신의 힘만으로는 실현할 수 없는 목표를 추구한다. 따라서 필연적으로 타인의 도움을 구하고 이렇게 사람과 사람 간의 협력이 발생한다. 그러나 협력 이후에는 노동상품에 대한 소유권 분쟁이 기다린다. 분쟁 과정에서 '이것은 내 것이다'라는 사유 관념이 발생해 자신의 이익을 지키려 한다. 이것이 곧 최초의 재산권이다. 이로 미루어볼 때 로크의 주장은 틀렸다. 재산권은 인간이 자연 이상의 것을 필요로 하기 시작한 때부터 발생했기 때문이다. 각각의 재산권을 인정하게 되면 모두가 주인이 되는 것은 불가능하다.

일반적으로 선천적 차이가 집단 내 지위 격차를 결정한다. 강자는 크게 존중받으며 약자로 하여금 자신의 재산권을 인정하도록 강요하고 약자는 강자에 종속된다. 이 점에서는 홉스가 옳았다. 사유제하에서 타인의 존중을 획득하는 유일한 방법은 강한 힘을 이용해 최대한 자신의 이익을 취하고 늘리며, 타인을 억압해 노예로 부리는 것이다. 루소가 지적했듯이 "한편으로는 경쟁과 대항이, 다른 한편으로는 이해(利害)의 대립이 있게 되는데 이 모두가 남을 희생시켜 자기의 이익을 도모하려는 숨겨진 욕망일 뿐이다. 이 모든 악은 소유가 낳은 최초의 결과이며 이제 자라나기 시작한 불평등과는 따로 떼어 생각할 수 없는 동반자이다."[22]

투쟁이 일정 단계에 이르면 시대의 요구에 따라 정치제도와 법률이 조성되어 충돌이 수반한 생존에 대한 위협이 제거된다. 강자가 사회계약을 체결한 까닭은 (재산권에 대한) 인정을 획득하는 투쟁 과정에서 수많은 적이 생겼고, 억압받는 약자들이 연합하게 되면 자신의 생존이 위협받을 수 있게 되기 때문이다. 약자는 법률적 보호를 받으려는 목적에서 계약을 통해 시민사회와 결탁한다.

이렇게 보면 정치의 기원에 대한 시각은 로크보다 홉스가 한층 독창적이다. 루소가 그런 홉스에 비해 특출난 점은 사유재산 보장과 불평등 인정이라는 시민사회의 제도와 법률의 성격을 간파했다는 데 있다. 개인이 시민사회를 결성해 얻은 것은 (당초 목적했던) 법에 의해 보장되는 보편적 정의가 아닌 정부의 강제력에 의해 유지되는 불평등과 부조리였던 것이다. 시민사회의 결성으로 형성된 것은 예속 관계였고 정부는 이를 합법화했는데, 이러한 정부는 필연적으로 포악하고 부패할 수밖에 없다. 특권을 지닌 소수가 정부의 권력을 앞세워 다수를 지속적으로 억압해 욕구의 노예 상태로 묶어놓는다. 다수가 노예 상태에 있기 때문에 소수의 통치자 또한 인정을 획득할 가능성을 잃게 되고 도리어 필요에 의해 다수에 더욱 의존하게 된다. 이로써 소수의 통치자 또한 노예로 전락한다. 루소가 말했듯 "지금까지는 자유롭고 독립적이었던 인간이 이제는 새로운 욕구에 의해 동류의 인간들에게 예속되어 그들의 주인이 되었으면서 그들의 노예가 되었다."[23] 그러므로 (인간의 해방을 위한 해결책으로서이) 시민사회는 '양패구상(兩敗俱傷)'이라는 결과를 낳았다.

루소는 『사회계약론』을 통해 어찌하면 인간을 시민사회의 노예 상태에서 구제할 수 있을 것인가 하는 문제에 천착했다. 루소는 시민 사회의 혼란과 투쟁을 극복하고 새로운 정치 문명을 건설하기 위해서는 반드시 문제를 발본색원해야 한다고 주장했는데, 사유재산권 폐지가 그것이다. 루소에 따르면 사회계약은 "공동체의 각 구성원이 각자의 모든 권리와 자유를 공동체 전체에 전적으로 양도"하는 것이다.24) 루소가 보기에 권리의 전적 양도는 새로운 정치관계가 구축되는 토대를 제공한다. 시민사회의 권리관계는 일종의 물권관계에 불과하며 그 안에서 인간은 물질의 노예로 전락해 인정을 받지 못한다. 따라서 권리의 폐지는 인간본성에 대한 부정이 아니라 인간본성을 물질적 노예 관계에서 구출하려 하는 것이다. 또한 권리의 전적 양도를 통해 개인은 평등 상태라는 타인과 동등한 기반을 얻게 된다. 어떤 이들은 이러한 평등 상태를 평등을 전제로 하는 평균주의로 간주하고 결과의 불평등을 초래할 수 있다고 비판한다. 그러나 이러한 비판은 타당하다고 보기 어렵다. 『인간 불평등 기원론(Discours sur l'origine et les fondements de l'inégalité parmi les hommes)』을 보게 되면 루소가 강조하는 평등은 물권적 평등이 아닌 개인의 가치와 존엄의 평등이라는 것을 알 수 있다. 물권 관계가 해체되어야만 비로소 개인의 상호 인정을 가능하게 하는 토대가 마련되는 것이다. "인간이 사회계약으로 인하여 잃는 것은 그의 자연적 자유와 무제한의 권리이다. 반면 인간이 사회계약으로 인해 얻는 것은 사회적 자유이며, 그가 갖고 있는 생명권과 모든 소유권이다."25)

모든 정치사회는 분명 어떠한 보편성에 기초하고 있다. 문제는 그 보편성은 무엇인가 하는 것이다. 루소는 '일반의지'라는 개념을 제시해 인간의 가치 실현을 위한 (사회적) 합의에서 정치사회 연합의 기반을 모색하려 했다. 루소는 사적 이익에 기초해서는 진정한 인류 공동체를 구축할 수 없다고 보았다. 그렇게 구축된 공동체는 결국 불평등과 상호 충돌이 만연한 시민사회를 형성할 뿐이다. 인간의 정치 연합은 응당 보편화된 정치적 가치에 기초해야 한다. 심층적으로 이루어진 합의를 바탕으로 공동체를 구축해야만 인간은 비로소 자신의 이익만을 추구하는 편협한 사고에서 탈피해 진정한 평등과 보편적 정의를 실현할 수 있다. 이것이 바로 루소가 말한 '일반의지'이다. 자율적인 '일반의지'는 그 목적과 본질마저 '일반의지'이므로 개별의지에 휘둘리지 않는다. 요컨대 '일반의지'는 전체에서 비롯되었기 때문에 전체에 적용되는 보편성을 갖는다. 즉 '일반의지' 자체가 곧 정의이다. 루소에 따르면 "일반의지만이 공공의 복지라는 국가 설립의 목적에 따라 국가의 모든 힘을 지도할 수 있다. 개개인들의 이해관계의 대립 때문에 사회 건설이 필요했다고 한다면 이들 이해관계의 일치가 사회 건설을 가능하게 한다."26)

'일반의지'는 어디서 비롯되는가? 루소는 홉스와 로크의 오류는 개인에서 출발해 정치사회를 구축하려 했다는 데 있으며, 이는 불가능하다는 것을 깊이 인식했다. 인간은 자연적 욕망으로 인해 결코 정치적 인간이 될 수 없다. 또한 인간은 자유라는 질서 안에 속박되어 있으며, 그 대가는 인간의 존엄성 상실이다. 그렇다면 루소가 제시한 해결책은 무엇인가? 루소에 따르면 인간은 '이익'이 아닌 '정감'으로 정의되어야 한다. 타인에 대한 애정과 연민을 포함한 정감만이 인간 내면의 자기확신을 불러일으킨다는 것이다. 인간과 인간 사이에 존재하는 진정한 보편성이 여기에 있다. 인간의 정감은 타인과 조우했을 때 발생하므로 태생적인 대외성과 사회성을 갖는다. 인간 간의 사랑과 이해를 통해 형성되는 인정은 제로섬(zero-sum)이 아닌 상

호 강화적인 성격을 띤다. 찰스 테일러는 이러한 정감을 가리켜 '진정
성'이라 일컫는다.[27] '진정성'의 '상호 강화'적 특징은 '일반의지'의
기초가 된다.

아울러 루소는 객관적으로 존재하는 자연적 불평등보다는 사회적
불평등에 문제가 있다고 보았다. 루소에 따르면 우리는 사회적 불평
등에 대한 극복을 바탕으로 자연적 불평등을 인식해야 한다. 환언하
면 우리는 인간과 인간 사이에 선천적으로 형성된 자연적 차이를
인정해야 한다. 자연적 차이는 상호 인정에 걸림돌이 아닌 상호 인정
의 조건이 되어야 한다. 성별, 피부색, 신체 등 선천적 차이에 대한
인정은 현대의 배타적 정치를 지양하는 '인정의 정치'를 구축한다.
우리는 사회적 불평등을 극복한 뒤에야 비로소 자연적 불평등을 회
복하고 동질화의 위기에서 벗어날 수 있다.

루소는 자연 상태, 시민사회, 정치사회라는 삼단논법을 통해 홉스
와 로크가 봉착했던 문제를 해소했다. 핵심은 자연 상태 안에서 정치
사회의 보편성을 발견했다는 데 있다. 자연 상태는 인간의 욕망으로
인한 갈등을 해결할 수 없었고 시민사회는 그러한 자연 상태에서
발생했다. 이렇게 탄생한 시민사회는 이해 충돌과 인정 투쟁의 장에
다름 아니었다. 인정 투쟁 과정에서 발생한 여러 불평등과 분열이
이익으로 분화된 공동체에 대한 환상을 유지한다. 루소가 머리 많은
괴물에 비유했던 이 환상의 공동체가 곧 홉스의 리바이어던이자 로
크의 '재산권' 사회이다. 이러한 문제를 해결하려면 '차이를 인정하
는 사회'이자 '일반의지'를 바탕으로 한 공동체인 정치사회로 진입해
야 한다. 정치사회에서 인간은 이해타산을 초월한 열정을 품게 되는
데, 연합체에 대한 열정과 애국주의적 정서가 그것이다.

(3) 정치적 해방이라는 환상

마르크스는 시민사회가 곧 정치적 해방이라는 환상에 미혹되지 않고 냉정을 유지했다. 마르크스는 청년 헤겔파를 대표하는 브루노 바우어(Bruno Bauer)와 유대인 해방이라는 시대적 쟁점을 두고 논쟁을 벌이며 바우어가 말한 정치적 해방은 망상에 지나지 않는다고 비판했다. 바우어는 미국과 프랑스를 예로 들며 유대인의 해방은 종교의 폐지와 정치적 해방으로 귀결되어야 한다고 주장했다. 마르크스는 오직 '기독교 국가'만을 비판할 뿐 '국가 자체'를 비판하지 않는 바우어의 비판이 철저하지 못하다고 비판했다.[28] 마르크스는 유대인을 유대인으로 존재하게 하는 시민사회의 구조를 근본적으로 변혁하지 않는 한 진정한 의미의 해방은 성취되지 못할 것이라 보았으며 그러한 의미에서 '국가 자체'를 비판하였다. 궁극적으로 마르크스는 헤겔의 '인륜적 국가' 이론을 지양했다. 마르크스에 따르면 헤겔처럼 '국가'를 신학으로부터 해방시키면 국가는 공중에 떠다니는 '신'이 되거나 대지를 걷는 '신'이 되는데 이러한 국가는 결코 '완성된 기독교 국가'가 될 수 없다.[29]

많은 이들이 기독교의 금욕주의에 은폐된 비이성적 요소는 간과한 채 현대 세계는 유대교에 대한 기독교의 승리, 즉 비이성에 대한 이성의 승리에서 도래되었다고 여긴다. 기독교가 유대교에 승리를 거두면서 이성에 의한 합리적 통제가 시작되는 현대 세계로 나아갔다는 것이다. 그러나 마르크스는 바우어를 비판함으로써 이러한 신념을 사실상 무너뜨렸다. 마르크스에 따르면 현대 세계는 유대교에 대한 기독교의 승리가 아니라 곧 기독교에 대한 유대교의 승리이며 "유대교는 시민사회의 완성과 함께 그 정점에 이른다. 그러나 시민사회는 기독교 세계 안에서야 비로소 완성된다."30) 다시 말해 유대교의 '시민사회'가 현대 세계를 이끄는 주역이고, 기독교 '국가'는 현실적 국가가 아닌 헤겔의 대지를 걷는 '신'이라는 뜻이다. 다시 말해 응당 주목해야 할 것은 기독교 '국가'가 아닌 유대교의 '시민사회'이다. 이보다 중요한 것은 현대 세계에서 기독교에 대한 유대교의 승리는 비이성이 이성에게 거둔 승리를 의미한다는 것이다. 이처럼 마르크스는 현대 세계를 '비이성적'이라 진단했다. 유대교의 '이윤 추구 원칙'에서 이러한 비이성을 발견할 수 있으며, 비이성적 이윤 추구는 궁극적으로 사회를 해체시킨다. 마르크스의 이러한 지론에는 훗날 제시되는 자본주의 생산 시스템에 대한 그의 비판성이 묻어나 있다.

여기서 마르크스의 모든 비판을 관통하는 핵심 개념은 '자유'이다. 마르크스의 자유관은 『유대인 문제에 관하여(Zur Judenfrage)』에 매우 잘 드러나 있다. 마르크스가 이해하는 자유는 'of'가 아니라 'from'이며 재산의 자유, 종교의 자유가 아니라 재산과 종교의 속박으로부터의 자유이다. 바우어가 이해하는 정치적 해방은 국가가 신학에서 벗어나 헌정(근대) 국가를 건설하는 것이었다. 한편 마르크스는 "정치적 해방은 한편으로 인간을 시민사회의 구성원으로, 이기적인 독립적 개인으로 환원하는 것이며 다른 한편으로는 인간을 시민으로, 도덕적 인격으로 환원하는 것"31)이라 주장하며 정치적 해방의 한계성을 지적하였다. 정치적 해방의 결과는 독립적인 개인으로서의 '인간'과 '정치인'으로서의 '시민'의 대립을 야기한다. 이기적인 '인간'은 '유적 존재'로서의 의의를 상실했다. '시민'은 '추상적이고 인위적이며 풍자적 인간인 법인'32)이다. 환언하면 현대 국가는 '시민'을 '진정한 인간'으로 환원시킬 수 없다. 여기에서 (전근대에 대한) 일말의 향수를 발견할 수 있다. 중세 시민사회는 어찌되었든 '정치적 성격'을 가지고 있었기 때문이다. 봉건사회가 와해되면서 '이기적인 인간'만 남게 되었다.[33) 결국 시민사회의 이기적인 인간이 현대정치의 밑바탕이 되었고, '시민'은 추상적 '법인'이 되었다. (이기적 인간은) '법인'의 공허함을 메우기 위해 온갖 '자연권'을 몸에 두른 채 '유적 존재'로 위장하고, 이기적이고 공허한 개인의 자유를 '(진정한) 자유'로 위장한다.

마르크스가 이러한 자유를 비판하려는 까닭은 이것이 (인간 간의) 상호 단절과 충돌을 유발하기 때문이다. "자유란 무엇인가?", "여기서 말하는 것은 고립된, 자기 자신으로부터 밀려나 단자화된 자유이다", "이런 자유는 인간과 인간의 결합이 아니라 인간과 인간의 분리에 기초한다", "이런 자유는 모든 사람이 타인을 자신의 자유를 실현하는 사람이 아닌 자신의 자유를 제한하는 사람으로 보게 한다."[34) 이러한 자유는 영국의 정치철학자 이사야 벌린(Isaiah Berlin)이 적극적 자유(Positive freedom)에 대한 대안으로 제시한 '소극적 자유(Negative freedom)'를 연상시킨다. 벌린이 자유 개념을 고찰한 까닭은 우리가 선택에 직면했을 때 자유를 선택할 수 있기 때문이 아니라 자유 자체에 충돌성이 존재한다고 보았기 때문이다. 실제로 소극적 자유는 적극적 자유의 맹아를 내포하고 있다.

그러나 보다 흥미로운 점은 이러한 비판에 마르크스의 자유관이 은연중에 드러나 있다는 것이다. 마르크스에 따르면 "해방이란 인간의 세계와 관계가 인간 자신으로 회귀하는 것이다."[35) "각자의 자유로운 발전이 모든 이의 자유로운 발전을 위한 조건"이라고 했던『공산당 선언』의 한 대목 또한 같은 맥락에서 이해될 수 있다. 요컨대 마르크스는 이기적인 인간의 허구적 '보편성'을 비판했고 허구적 '보편성'으로는 공동체의 기반을 구성할 수 없다고 주장했다. 또한 마르크스는 공동체는 충돌의 전제로 구축될 수 없으며, 인간의 자유로운 발전은 사회적 관계의 파괴를 대가로 해서는 안 된다고 강조했다. 왜냐하면 인간은 (사회적 관계의 총체이기 때문에) 사회적 관계가 파괴된 채로는 자신을 이해할 수 없기 때문이다.

이러한 마르크스의 시각을 바탕으로 추론해보면 바우어의 오류는 시민사회로부터의 해방을 정치적 해방으로 대체한 데 있다. 즉 바우어는 시민사회 자체가 지닌 노예성을 파악하는 데 소홀한 나머지 시민사회의 인간 노예화를 심화시키는 결과를 도출하고 만 것이다. 시민사회하에서 인간은 진리를 발견할 수 없다. 인간은 국가의 속박이 아닌 시민사회의 속박에서 벗어나야만 자유로워질 수 있다.

마르크스는 훗날 『자본론(Das Kapital)』을 통해 역사적 관점에서 공동체 형태로서 시민사회가 가지는 허구성에 대해 신랄히 비판했다. 마르크스는 자본주의 생산방식 이전에 아시아적 소유 형태(공유제), 고대적 소유 형태(공유제와 사유제의 결합), 게르만적 소유 형태(사유제)라는 세 가지 소유 형태가 존재했으며, 이를 바탕으로 세 가지 유형의 개인과 공동체 관계가 형성되었다고 주장했다. 마르크스는 자본주의 생산 이전에 존재했던 공동체 형태에 대해 연구했고 이를 통해 인간에게 있어 공동체는 개인보다 근본적인 존재 형태임을 규명해냈다. 마르크스에 따르면 "고립된 개인은 토지를 소유할 수 없으며", "토지를 소유함으로써 맺은 관계는 언제나 다소 자생적이거나 또는 역사적으로 발전된 어떠한 형태의 부락 또는 공동체의 평화적 또는 강제적인 토지 점거에 의해서 매개된다."36) 간단히 말해 개인은 토지를 직접 소유하는 것이 아니라 공동체의 매개를 거쳐 소유한다는 뜻이다. 자본주의 이전의 소유 형태에서 개인은 자신을 (단순한) 노동자가 아니라 소유자이면서 노동도 하는 공동체 구성원으로 인식했다. 노동의 목적은 모든 소유자와 그 가족 나아가 공동체 전체의 생존을 보장하는 데 있었다. 모든 형태의 공동체는 개인이 공동체와 맺었던 기존 관계의 재생산에 기초해 발전한다. 이것이 본질적이며 진실한, 역사적인 공동체 형태의 정체이다.

마르크스에 따르면 현대 세계의 특징은 공동체로부터 분리된 인간의 존재에 있다. 마르크스는 "공동체 구성원이 사유자가 되어 도시 공동체 및 도시 영토의 소유자로서의 자신과 분리되는 곳에 있게 되면 자신의 재산을 잃을 수 있는 상황이 발생한다"37)고 주장했다. 이때부터 공동체는 해체되기 시작하고 인간은 비참한 처지로 전락한다. 또 "현대 세계에서 인간의 목적은 생산으로 나타나고 생산의 목적은 부의 축적으로 나타난다." "부르주아적 경제 및 생산이 진행되는 시기에 이르러 인간의 내적 본질과 그 표출은 공허함으로 귀결된다."38) 요컨대 시민사회는 공동체는 물론 정치적 존재로서의 인간 또한 와해시켰다. 따라서 시민사회가 인간해방을 수반한다는 것은 그저 환상에 불과하다.

3. 신시대의 실험 : 더 나은 삶을 창조하는 정치적 실천

중국 특색 사회주의가 신시대로 진입했다는 것은 중국의 정치발전이 새로운 단계에 들어섰음을 의미한다. 중국공산당은 현대 중국이 신시대로 진입했음을 선언하고 사회의 주요 모순을 재규정하였다. 시진핑은 중국공산당 제19차 전국대표대회(이하 19차 당대회) 보고를 통해 "중국 특색 사회주의는 신시대로 접어들었고, 중국사회의 주요 모순은 이미 나날이 커져가는 좋은 삶에 대한 인민의 갈망과 불균형·불충분한 발전 사이의 모순으로 전환되었다"고 선언했다. 이처럼 중국사회의 주요 모순은 19차 당대회를 기점으로 '나날이 늘어나는 물질문화에 대한 인민의 수요와 낙후한 사회 생산력의 모순'에서 '나날이 커져가는 좋은 삶에 대한 인민의 갈망과 불균형·불충분한 발전 사이의 모순'으로 전환되었다. 이러한 판단은 작금의 중국정치를 진단하는 과정에서 대국(大局)적 정치관과 변증법적 정치관이 발현된 결과이다. 전술했듯이 중국은 이기적인 시민사회만이 좋은 삶을 조성할 수 있다는 서구의 환상을 초월해야만 중국 특색 정치를 통해 좋은 삶을 조성하는 단계로 나아갈 수 있다.

(1) 시민사회를 넘어 : 중국사회 성장의 정치 논리

오늘날 세계에서 가장 주목할 만한 사실은 중국이 개혁개방을 통해 수적 규모에서 그 어느 나라와도 비교할 수 없는 중산층을 육성했다는 것이다. 현대 중국은 전 세계에서 가장 방대한 중산층을 구축함으로써 덩샤오핑이 제시했던 중국식 현대화모델인 소강 사회(小康社會)를 구현했다. 더불어 시진핑이 제시한 '인민 중심(以人民爲中心)', '인민 도시(人民城市)' 또한 왕성한 생명력을 얻었다.

소강 사회와 인민 도시가 제공한 풍부한 현실적 근거와 참신한 이론적 공간은 현대 중국이 상투적인 '시민사회'모델에서 벗어나 새로운 경지로 나아갈 수 있는 지평을 열었다. 나아가 중국을 방법으로 하는 보편이론이 성립될 수 있는 역사적인 계기가 마련되었다. 대다수의 서구학자는 끊임없이 "중국 중산층의 부상은 왜 서구식 시민사회의 탄생으로 이어지지 않았는가? 중국의 중산층은 왜 서구식 민주화의 실현을 추동하지 않았나? 정치학계에서 통용되는 이른바 (경제

발전은 민주주의로 이어진다는) '립셋 명제' 또는 '립셋 가설(Lipset Hypothesis)'은 왜 중국에서 설득력을 잃었는가?[39] (줄곧 안정을 유지하는) 중국의 도시사회에는 대체 어떠한 비밀이 있는가"와 같은 질문을 제기하고는 한다. 우리는 이러한 질문에 답하기 전에 먼저 나름의 논지에 입각해 이론적으로 서구 시민사회의 베일을 벗기고 그 진상을 규명해보려 한다.

현대 서구 문명이 자긍해 마지 않으며 전 세계로 확산시킨 예리한 사상적 무기는 시민사회 이론이다. 시민사회는 'civil society'에서 유래한다. 중국에서 'civil society'는 ① 문명사회, ② 민간사회, ③ 시민사회, ④ 공민사회로 번역된다. 현재 (중국) 학계에서 보편적으로 사용되는 표현은 '공민사회'이다. 인위적으로 만들어진 시민사회라는 개념은 무엇을 가리키는가? 시민사회에 부여된 가치적 함의와 정치적 목적은 무엇인가? 시민사회 이해의 관건이 되는 이 두 가지 질문에 답하기 위해서는 그 근원을 좇아 'civil society'의 발생과 변천에 대해 명확히 파악할 필요가 있다.

먼저 밝혀두어야 할 것은 서구세계에서 '시민사회'는 그 정의와 개념이 확립되어 있지 않다는 점이다. '시민사회'는 하나의 역사적 개념인 동시에 문화적 개념이기도 하다. 따라서 각기 다른 역사적 시기나 각기 다른 국가, 개인, 문화적 배경에 따라 그것이 내포하는 의미가 확연히 달라지며 심지어 대립하기도 한다. 여기서는 'civil society'는 다음과 같은 대표적 함의만을 간추려 제시한다.

첫째, 자연사회와 대응되는 '문명사회'이다. 아리스토텔레스와 키케로(Marcus Tullius Cicero)는 '시민사회'와 '문명사회'를 동일시했는데 이는 인류 문명의 초기 발전단계에 해당하며, 인간이 야만 상태에서 문명 단계로 진입했음을 뜻한다. 이러한 전통은 훗날 로크,

칸트(Immanuel Kant), 루소 등에 의해 계승되었다. 로크는 'civil society'를 사유재산에 기반을 둔 '시민사회 또는 정치사회'와 동일시했다. 그는 재산을 소유하지 못하는 노예 상태에 있는 이들은 시민사회의 일원이라 하기 어렵다고 보았다.[40] 시민사회의 존재 목적은 사유재산을 보호하는 데 있기 때문이다. 칸트는 시민사회를 헌정국가로 보았으며[41] 루소 또한 시민사회를 국가로 간주했다.[42] 이러한 전통에서 시민사회는 국가와 상호 대립적인 독립 영역이라기보다 오히려 국가와 다름없는 정치사회로 받아들여진다. 요컨대 시민사회는 한 사회집단이 발전을 거쳐 원시 상태에서 벗어난 산물과 결과이며, 자연 상태와 대비되는 문명화된 사회로서 국가와 동일한 의미를 가진다.

둘째, 정치국가와 대응되는 '사적 영역'이다. 시민사회가 국가로부터 분리되어 자주적 영역이 되었다는 것은 새로운 전통이 형성되었음을 의미한다. 애덤 퍼거슨(Adam Ferguson)은 이러한 전통의 선구자로, 시민사회는 국가로부터 독립된 자율적 공간이라고 주장하였다. 퍼거슨에 따르면 시민사회의 발전 과정은 인간성의 진보를 반영한다. 여기서 시민사회의 발전이란 부락을 거점으로 한 야만한 군사주의 사회에서 복잡하고 문명적인 상업사회로의 전환을 뜻한다.[43] 이처럼 시민사회를 사적 영역으로 간주하는 전통은 훗날 헤겔과 마르크스에 의해 계승되었다. 19세기 헤겔은 퍼거슨의 견해를 바탕으로 정치국가와 시민사회를 명확히 구별하였다. 헤겔에 따르면 시민사회는 사적 이익을, 국가는 보편 이익을 대표하는 영역이다.[44] 마르크스는 일찍이 『유대인 문제에 관하여(Zur Judenfrage)』에서 "유대교는 시민사회의 완성과 함께 그 정점에 이른다. 그러나 시민사회는 기독교 세계 안에서 비로소 완성된다. 인간의 모든 민족적 · 자연적 · 인륜적 · 이론적 관계를 인간 외적으로 만드는 기독교의 지배 아래에서만 시민사회는 국가적 삶으로부터 완전하게 분리될 수 있으며, 인간의 모든 유적 유대를 해체할 수 있고, 이 유적 유대의 자리에 이기주의와 사욕에 찬 욕구를 들여놓을 수 있다. 시민사회는 오직 그러한 지배 아래에서만 인간의 세계를 서로를 적대시하는 원자적 개인의 세계로 분해할 수 있다"45)고 하였다. 다시 말해 원자적 개인에 기반한 시민사회를 구성하기 위해서는 반드시 모든 혈연 · 반(半)혈연적, 윤리 · 비윤리적, 종법 · 비종법적인 관계를 철저히 해체해야 한다. 그래야만 비로소 원자적 개인이 탄생하고 시민사회가 성립된다.46) 이처럼 헤겔과 마르크스는 앞서 시민사회에 부여된 정치적 · 도덕적 함의를 모두 일축했음을 알 수 있다. 심지어 마르크스는 'civil society'를 아예 부르주아 계급이 지배하는 '부르주아 사회'로 간주했다. 부르주아 사회는 법적 요구나 정치공동체의 윤리에 영향을 받지 않고 자신의 법칙에 따라 작동하는 경제질서를 대표한다. 이러한 전통은 중국 개혁개방 초기 시장경제 발전의 요구에 부합된 까닭에 1980년대 일군의 중국 학자에 의해 계승되었다. 즉 당시 중국에서 'civil society'는 계획경제 체제에서 해방된 시장 영역으로 수용되었으며, (시장 영역으로서의) 시민사회는 국가와 병존하는 양대 영역으로 자리 잡았다.

셋째, 국가권력을 제약하고 감시하는 '독립 영역'이다. 제2차 세계대전 이후, 특히 1970~80년대 제3의 민주화 물결이 대두하면서 서구 학자들 사이에서 시민사회를 새롭게 해석하는 세 번째 전통이 조성되기 시작했다. 시민사회를 비공식적인 사회적 연계 위에 건립된 진실된 사회 형태로 보는 시각이 그것이다. 이로써 헤겔로 대표되는 시민사회에 대한 전통적 인식은 완전히 전복되었고 시민사회에 강력한 정치적 함의가 부여되었다. 여기서 시민사회의 두 가지 '하위 형태'인 시민사회 I 과 시민사회 II가 출현하였다. 시민사회 I 은 애덤 스미스(Adam Smith)로 대표되는 스코틀랜드 학파에서 유래하며, 시민이 결사체에 적극 참여해서 국가를 견제하고 민주주의를 강화하는 형태를 말한다. 시민사회 II는 시민들이 자발적으로 참여하여 국가가 제공할 수 없는 공공서비스를 생산하고 국가권력을 제한하는 형태이다. 로버트 퍼트넘(Robert D. Putnam)이 제시한 사회적 자본 이론은 시민사회 I 에서 파생되었다. 사회 항쟁과 민주화 이행 등 전복성을 띤 이론적 패러다임은 시민사회 II의 영향을 받았다. 21세기에 접어들면서 중국 학자들은 차츰 헤겔과 마르크스식 시민사회 이론에서 벗어나 시민사회에 농후한 정치적 바람과 특수한 정치적 기능을 부여하기 시작했는데, 이 또한 시민사회 II에 의거한 것이었다. 서구 학자들은 라틴아메리카와 동유럽 시민사회의 부상이 (이들 국가의) 민주화 이행의 직접적 동력으로 작용했다고 보았다. 그러나 적잖은 역사적 사례가 강력한 시민사회는 공동체의 파편화를 초래하고 많은 적대적 파벌을 양성해 사회적 분열과 갈등의 위험을 높인다는 것을 증명하고 있다. 서구 국가들은 이로 인해 이미 한 차례 홍역을 치른 바 있다. 미국의 정치학자 셰리 버먼(Sheri Berman)은 바이마르 공화국(Weimarer Republik)의 사례를 바탕으로 시민사회의 기능을 상세히 분석하였다. 버먼에 따르면 1920~30년대 독일 시민사회에서는 대부분의 사람이 직업 또는 문화단체에 소속되어 있었을 정도로 사회단체 활동이 매우 활발했고 이러한 사회단체 활동이 시민사회를 지탱하는 지주 역할을 했다. 그러나 시민단체의 적극적인 참여는 민주와 자유의 가치를 선도하지 못했고 오히려 역행하였다. 당시 독일의 정치제도가 매우 취약한 탓에 시민조직의 요구에 제대로 부응하지 못했던 것이 주된 원인이었다. 그 결과 시민들은 (무능한 기존의 정치체제를 대신해 자신들의 요구를 만족시켜줄 세력으로) 민족주의 나아가 나치즘에 주목하게 되었다. 시민사회의 긴밀한 결속과 네트워크가 곧 나치즘의 대두를 불러온 격이다.47) 이로 미루어 볼 때 서구세계가 칭송해 마지않는, 자유와 민주에 기초한다는 시민사회는 결코 태생적인 것이 아님을 알 수 있다.

넷째, 국가와 협력하는 '시민사회'와 국가의 통제 수단으로서의 '시민사회'이다. 앞서 언급한 자연사회와 대비되는 '문명사회', 정치국가와 대응되는 '사적 영역', 국가권력을 제약하고 감독하는 '독립 영역'으로서의 시민사회가 다소 사변적인 의미에 치우친 반면, 국가와 협력하는 '시민사회'와 국가의 통제 수단으로서의 '시민사회'는 우리가 직면한 현실을 기반으로 제시되었다. 국가권력을 제약하고 감시하는 '독립 영역'으로서의 개념은 서구 국가들이 민주주의를 수출할 때 자주 사용된다. 그러나 정작 이들 서구 부르주아 국가 내부에서 더욱 강조되는 것은 시민사회와 국가의 협력, 그리고 국가라는 통제기구를 구성하는 요소로서의 시민사회이다. 특히 국가는 기금회나 정교협력 체제, 여론 통제 정부가 후원하는 사회조직 등을 통해 사회에 대한 무형(無形)의 통제를 완성하는데, 이 (기금회, 종교, 여론, 사회조직이라는) 4가지는 시민사회를 구성하는 주된 요소이기도 하다. 즉 시민사회는 국가 통제 시스템의 대명사에 불과하며, 시민사회의 활동이 정부의 통제 범위를 벗어나는 순간 곧바로 폭력을 독점하는 국가기구가 등장해 이를 제압한다. 독일 뒤스부르크-에센대학교(University of Duisburg-Essen)의 토마스 헤베러(Thomas Heberer) 교수가 '국가로부터의 독립'이라는 조건은 결코 시민사회를 정의하는 유일한 기준이 될 수 없다고 주장한 것은 이 때문이다. 중국 또한 마찬가지로

(농업, 공업, 국방, 과학기술) 4개 현대화(四個現代化)나 조화사회(和諧社會)와 같은 공동의 발전 목표를 실현하기 위해서는 국가와 시민사회 조직 간의 협력과 협조가 절대적으로 필요하다. 헤베러는 또한 민주화가 시민사회 자체는 아니며 민주화 이후 시민사회가 반드시 발생하는 것도 아니라고 지적했다. 아울러 무엇보다 중요한 것은 시민사회의 발전에 유익한 구조가 형성되는 것이며, 이러한 구조는 시민사회와 국가의 대립이 아닌, 양자의 상호보완을 통해 사회 안정을 도모하는 구조가 되어야 한다고 강조했다.[48]

이제까지 살펴본 바에 따르면 시민사회는 결코 하나의 면모를 가진 단일한 개념이 아닌, 역사적 시기에 따라 함의를 달리하는 역사적 개념임을 알 수 있다. 부르주아 통치 제도가 확립되는 과정에서 시민사회는 많은 경우 (국가로부터 철저히 독립된 영역으로서보다는) 국가의 협력자, 국가 통제 시스템의 주변 요소로 기능했다. 그러므로 시민사회를 단순히 국가권력를 제약하는 역할로 규정하는 것은 역사적 사실에 어긋난다. 앞서 살펴본 것처럼 시민사회는 역사적 시기마다 각각 다른 의미가 부여된 인위적인 개념이다. 따라서 서구 학자들은 많은 문제에서 양가적으로 나타나는 시민사회의 모호성을 인정하지 않을 수 없다. '유일한 진리(唯一眞, One-Truth)'라는 사명에 입각해 서구식 민주—'정치시장화'의 대명사—를 수출하며 비서구 국가의 '민주화 이행'을 추진하는 것은 서구 자본주의 국가가 지닌 고유한 천성이다. 이러한 천성은 오늘날 사라지기는커녕 갈수록 그 정도가 강해지고 있다. 소련과 동유럽, 중동과 북아프리카의 '민주화 이행' 추진 과정에서 '시민사회'는 서구 국가가 내세울 수 있는 가장 좋은 정치적 슬로건이었다. 역사를 회고해보면 서구 국가들은 서구식 민주주의를 수출할 때만 유독 시민사회의 독립성과 감독성, 제약성을 강조했음을 알 수 있다. 그러나 정작 내부에서는 시민사회의 도덕적 속성과 협력적 책무, 법적 함의를 강조한다. 이처럼 대외적으로는 시민사회의 정치성을 강조하고 대내적으로는 시민사회의 건설성을 강조하는 것은 '시민사회'의 개념을 다루는 서구의 교묘한 정치적 기술이다.

따라서 많은 서구 학자가 끊임없이 "중국은 40여 년에 걸친 개혁개방에도 불구하고 어째서 서구식 '시민사회'를 잉태하지 못했는가"라는 의문을 던질 때, 우리는 응당 "중국은 왜 서구의 '시민사회'와는 다른 형태의 사회를 건설하게 되었는가"에 대해 물어야 한다. 환언하면 중국은 어떻게 근대 이후 서구가 경험한 사회적 전환과 사뭇 다른 사회 노선과 모델을 개척할 수 있었는가 하는 것이다. 이는 분명 사회를 구성하는 기본 단위의 근본적 차이, 사회적 관념의 근본적 차이, 개인과 사회의 관계 및 국가와 사회의 관계의 근본적 차이 등 다중적인 요소에서 비롯된 것일테다. 서구의 '시민사회'가 독특한 정치적 전통과 경제 제도, 문화 관념에 의해 배태되었다고 한다면 중국 또한 자신의 논리에 입각해 고유의 사회 형태를 만들어 낸 것뿐이다. (이러한 근본적인 차이를 간과한 채) 단순히 왜 중국에서는 서구식 시민사회가 나타나지 않는가를 묻는 것은 포스트모던사회로 전환되는 과정에 있는 일련의 서구 국가에서는 왜 동양식 온정사회나 이슬람권의 정교일치사회가 나타나지 않는가를 묻는 것과 다르지 않다. 이러한 질문들은 다분히 자의적이고 자기중심적이다. 사회 형태가 지닌 합리성은 국가의 발전 과정에 대한 기여도로 가늠되는 것이지 타자를 모방하고 추종함으로써 담보되는 것이 아니다. 후술할 '업민사회(業民社會)' 패러다임은 서구식 시민사회 패러다임을 초월 또는 탈피할 수 있는 중요한 시도이며, '정치를 통해 사회를 이해'함으로써 참신하고 독창적인 이론적 판단과 기본 명제를 제시하려는 노력이 투영되어 있다.

(2) 좋은 삶을 조성하는 새로운 정치 패러다임

1) 인구정치

고대 그리스의 사상가 플라톤과 아리스토텔레스가 인구계획의 필요성을 지적한 이래[49] 인구는 줄곧 정치 문제였다. 역사가 증명하듯이 급격한 인구 변화는 정치적 · 사회적 격변을 유발했다. 예컨대 14세기 유럽에서는 흑사병이 당시 인구 3분의 1의 목숨을 앗아가면서 노동력 부족 문제가 대두되었다. 이에 따라 노동력을 제공하는 농노의 발언권이 자연스레 높아졌고 이는 자작농의 증가와 (농노제에 기초한) 장원제의 해체를 촉진했다. 18세기 중국의 경우 전대미문의 인구 팽창으로 말미암아 식량 부족, 노동력 과잉과 같은 문제가 발생했다. 이때부터 다양한 민란이 여러 차례 일어났으며 이러한 혼란은 청대 말엽의 국력 쇠퇴로 이어졌다. 이로 미루어 볼 때 인구 변화와 사회 변혁은 상호 인과적 관계에 있다고 볼 수 있다. 때로는 어떤 사회적 변화가 인구의 증감을 초래하기도 하고 인구의 증감으로 인해 어떤 사회적 변혁이 야기되기도 한다. 인과관계가 어떻든 사회적 변화에 따라 보다 새롭고 많은 수요가 필연적으로 발생한다. 정치는 이러한 사회적 환경의 변화를 직시하고 새롭게 발생한 요구에 응답해야 한다. 정치의 안정과 불안정은 주요 변화에 대한 국가의 정책적 대응 능력에 의해 좌우된다. 따라서 인구증감과 직결되는 출산과 양육 문제는 온전히 사적 영역에 속한다고 보기 어렵다. 예로부터 출산은 항상 국가의 관리 아래 놓여 있었다. 각국은 자국의 실정에 부합하는 시의적절한 인구 대책을 채택해 실시한다. 이처럼 인구 규모와 인구구조의 복잡성은 정치를 이해하는 '냉정한 변수'이지만, 전통 정치학에서 인구정치는 늘 주목받지 못했다. 인구 변화의 추세가 각 국마다 다른 데다, 인구구조의 변화는 장기간에 걸쳐 진행되기 때문에 인구학과 정치학의 대응 관계를 파악하기 어렵기 때문이다. 따라서 인구구조의 변화가 수반한 정치적 영향에 대한 연구는 아직까지 지지부진한 상황이다.50)

만약 인구구조에 기초해 형성된 국가상황(國情)을 통해 중국과 타국의 정치를 이해할 수 있다면 가치판단과 규범성을 초월한 새로운 시좌를 발견할 수 있다. 예컨대 미국의 인구가 지금보다 10억 명 이상 늘어난다고 가정할 때 총기소지 자유화는 지속될 수 있을까? 미국이 줄곧 표방해온 작은 정부와 큰 사회는 유지될 수 있을까? 미국이 수호하는 제1원칙인 자유의 원칙이 종전과 같은 호소력을 가질 수 있을까? 와 같은 문제를 생각해볼 수 있다. 또 다른 예를 들어보자. 중국의 경우 인구의 약 94%가 국토의 40%에 집중 거주하고 있다. 중국의 헤이룽장성(黑龍江省) 헤이허(黑河)와 윈난성(雲南省)의 텅충(騰沖)을 경계로 하는 '후환융 라인(胡煥庸線, Hu Line)'은 중국 인구의 다과(多寡)를 나누는 중요한 분계선이다. 만약 '후환융 라인' 동쪽의 인구가 '후환융 라인' 서쪽으로 대거 이동하는 상황이 발생한다고 했을 때 중국의 국가 거버넌스모델은 변화하지 않을 수 있을까? 도시의 사례를 들어보자. 현재 중국 상하이의 인구는 약 2,500만 명에 달하며 그 인구의 대부분이 도심에 거주하고 있다. 반면 프랑스 파리의 경우 시내에 거주하는 인구는 200만 명뿐이며 파리의 전체 인구 또한 (상하이의 절반에 못 미치는) 1,200만 명에 그친다. 미국 뉴욕시(교외 포함)의 인구도 1,800만 명에 불과하다. 중국의 베이징, 상하이와 가장 유사한 아시아의 초대형 도시 일본 도쿄의 경우를 보아도 시내에 거주하는 인구는 1,385만 명(2019년 2월 1일 기준) 정도이다. 이처럼 인구를 정치사회에 영향을 미치는 주된 요인으로 상정하고, 인구 변화를 정치 변화와 사회 현상을 수반하는 주요 의제로 상정하는 것이 곧 전통 정치학이 줄곧 경시했던 (정치학) 하위 분야인 인구정치학이다. 요컨대 인구정치학은 인구와 식량·주거·안보·생태·환경의 관계를 규명하는 학문이다. 인구의 생로병사, 인구의 사회보장, 인구와 토지의 관계, 인구 규모와 거버넌스 비용의 관계 모두 인구정치학의 연구 범주에 속한다.

인구정치학적 시각에 입각했을 때 중국과 비견될 수 있는 국가는 인도가 유일하다. 인도는 종교와 민족 제도에 의거해 13억 인구를 단절되고 경직된 구조 안에 묶어두고 있다. 이로 인해 인도는 대외적으로 '관리되지 않는 공공질서(public order without management)', 줄곧 부침을 겪는 언어 갈등 및 언어 대치 문제, 피부색에 따른 사회적 계급과 카스트 제도와 같은 부정적 이미지로 각인되어 있다. 경직된 구조에 기반한 사회제도하에서 민족과 지역을 초월한 공용 언어는 확립되기 어렵다. 이렇게 보면 중국은 고도로 유동적인 사회임에도 일련의 질서를 유지하고 있고, 인도는 상대적으로 정체된 사회이면서 질서를 유지하고 있다. 어느 쪽이 어렵고 어느 쪽이 쉬운가는 말하지 않아도 알 수 있다.

여기서 강조해야 할 것은 인구정치는 인구 거버넌스보다 거시적인 개념이라는 점이다. 상술한 바와 같이 국가가 강제적 정책을 통해 인구 증감을 조절하는 조치는 인구 거버넌스에 속한다. 즉 인구 거버넌스는 국가의 인구 정책 및 인구 관리를 통칭한다. 미셸 푸코(Michel Foucault)가 『안전, 영토, 인구(Sécurite, territoire, population)』

에서 제시한 '생명권력(bio-power)'을 국가가 인류/인구를 관리하는 메커니즘으로 이해할 수 있다. 다시 말해 '생명권력'이란 국가가 인류 전체—개인이 아닌 출생·사망·성장·질병을 겪는 생물학적 종(種)으로서의 존재—를 대상으로 행사하는 권력을 말한다. 푸코에 따르면 국가는 18세기 통계학의 발명을 계기로 인구를 피통치대상으로 삼고 인구 정책과 그 메커니즘을 통해 개인과 가정에 대한 국가권력의 개입점을 구축했다.51) 넓은 의미에서 인구 거버넌스는 인구정치에 포함될 수 있다. 그러나 인구 거버넌스와 인구정치는 같지 않다. 여기서 말하는 인구정치 또한 미셸 푸코가 묘사한 생명관리정치, 즉 신체에 대한 국가의 통제권과 다르다. 본문에서 말하는 인구정치는 인구와 사회자원 총량의 비례관계로 이해할 수 있다. 만일 인도처럼 방대한 인구를 카스트와 같은 경직된 제도 안에 묶어놓는다면 충분히 확보된 사회자원 총량으로 이를 지탱할 필요도 없다. 그러나 현대화 궤도 속에서 방대한 인구의 에너지가 방출되기 시작하면 이러한 인구의 규모와 유동, 고용에 적절히 대응할 수 있는 정책과 제도가 요구된다. 중국은 지금까지 현대화 궤도 속에서 방대한 인구를 관리해온 유일한 국가이다. 그러므로 인구정치를 바탕으로 중국의 사회 변천을 이해하려는 시도를 소홀히 해서는 안 된다. 중국 인민이 현대화의 궤도 속에서 발휘한 근면과 노력, 적극성은 광활한 경제공간을 채우는 사회자원 총량의 증대를 이끌었다. 이로써 중국의 방대한 인구와 풍부한 사회자원 총량은 적절한 비례관계를 형성하였다. 가업, 사업, 학업, 지업(志業)을 추구하는 중국 인민은 인구정치와 자기발전의 유기적 결합 속에서 삶의 에너지를 발산하였다. '인구정치'가 만들어 낸 삶의 의미와 가치는 후술할 '생활정치'의 틀 안에서 새로운 발전 가능성과 해석을 얻었다. 분명한 것은 인구정치라는 특수한 환경적 특징이 현대화를 추진하는 중국의 정책적 선택을 좌우했다는 점이다. 중국이 '인민중심주의'를 지향하지 않는다면 종국에는 빈부 양극화와 대규모 구조적 대립과 갈등, 충돌을 초래할 수밖에 없다. 중국은 인도와 달리 현대화의 충격을 흡수하는 대가로 유지되는 잔혹한 전통적인 제도와 공간이 존재하지 않는다. 개인의 시장 능력에서 현대화 동력을 탐색하는 방법 또한 중국의 인구정치적 특징에 부합하지 않는다. 이처럼 인구정치는 국가가 어떠한 정책을 수립하고 어떠한 정책 수단을 선택해야 하는지를 정치적으로 이해할 수 있는 하나의 채널을 제공한다.

2) 가국(家國)정치

『대학(大學)』은 경(經) 1장에서 이르기를 "격물, 치지, 성의, 정심, 수신, 제가, 치국, 평천하(格物, 致知, 誠意, 正心, 修身, 齊家, 治國, 平天下)"라 하였다. 이 고금을 관통하는 대학 8조목은 본래 안(內)에서 바깥(外)으로, 내면(心)에서 외형(形)으로 나아가는 인생 여정을 함축하고 있다. 그러나 대개 시간이 지날수록 '바깥'이 '안'을 가리고 '외형'이 '내면'을 압도하게 된다. 이처럼 '안'이 가려지고 '내면(心)'을 상실하게 되면 국가 거버넌스와 사회 거버넌스의 본질과 기초가 유실될 수 있고 시진핑이 강조한 원천관리(源頭治理) 역시 제대로 효과를 발휘할 수 없다. 이 8조목은 자기 수양에서 시작해 점차 외부로 확장되는 중국사회의 생성 원리를 압축하고 있다. 이러한 원리는 관련주의에 기초한 심신(心身) 구조, 지행(知行) 구조, 군기(群己) 구조와 가국(家國) 구조를 배태했다. 이 4중 구조의 밑바탕을 이루는 정신과 얼이 곧 가국 정서이다. 인간은 정신과 행위, 개인과 자연, 자아와 가정(小家), 개인과 무리 사이에서 관계를 형성해야 할 뿐 아니라 개인과 국가 나아가 여기에 속한 모든 집단과 관계를 형성해야 한다. 이를 위해서는 타인, 공동체, 국가와의 관계를 잘 처리할 수 있는 '인식 도구'가 필요하다. 한 사람으로 하여금 인간관계와 사회관계라는 인륜적 구조를 인식하게 하는 이러한 도구는 한 사회를 선치(善治)로 나아가게 하는 원시적 토대이기도 하다. 본서의 제9장에서 제시하고 있는 '업민사회'는 고금을 관통하는 8조목과 현대적 요소가 유기적으로 결합된 산물이다. 몸과 마음을 닦아 수양하는 것(修身)은 한 사람의 지업(志業)이고 집안을 단속하는 것(齊家)은 한 사람의 가업이며 국가를 운영하고 천하를 편안하게 하는 것(治國平天下)은 한 사람이 여러 사람과 더불어 달성해야 하는 대업이다. 모든 사람은 자신의 능력에 맞게 '업(業)'의 경계와 범위를 확장할 수 있다. '대업(大業)'이든 '소업(小業)'이든 모든 업은 삶과 생명의 가치 실현이라는 총체적 목표를 지향한다.

중국에서 Country, State, Nation은 모두 '국가(國家)'로 번역되는데 이는 중국 본토의 국가 관념을 그대로 반영하고 있다. 『맹자 · 이루장구상(孟子 · 離婁章句上)』에서 이르기를 "천하의 근본은 국가에 있고, 국가의 근본은 가정에 있으며, 가정의 근본은 개인에게 있다(天下之本在國, 國之本在家, 家之本在身)"고 하였다. 이러한 판단은 정치공동체에 대한 중국적 사유를 여실히 대표한다. 중국에서 '국가에서 가정', '가정에서 국가'라는 양대 노선은 상충하지 않는다. 따라서 사적 영역과 공적 영역이라는 이분법적 논리는 중국에 적용되지 않는다. 중국사회를 이루는 가장 기본적인 단위는 개인이 아니라 가정이다. 선인들이 숭상한 가국일체(家國一體) 관념은 신시대 중국사회 거버넌스의 출발점이자 토대이다. 현대 중국의 가국(家國)관계는 양자를 맹목적으로 동일시하는 전근대적인 가국관계와 다르다.

그러나 양자를 철저히 나누는 그러한 가국관계는 더더욱 아니다. 중국학자 량허녠(梁鶴年)에 따르면 서구 문명의 문화적 유전자는 '유일(唯一, One)'-'진(眞, Truth)' 조합, '범인(人, Man)'-'개인(個人, Individual)'의 조합이라는 양대 요소에서 기인한다. 이 양대 요소는 하나로 결합된다. 비교적 일찍 등장한 이성주의에서 말하는 '인간'은 개인 또는 모든 사람을 포괄하는 '인적 주의(Humanism)'로 귀착된다. 한편 근대 이후 출현한 경험주의에서 '인간'의 개념은 단순히 개인을 가리키는 '개인주의(Individualism)'에 국한된다. 서구 문명은 유아독존적이고 배타적인 질서를 추구한다. 서구 자본주의가 전 세계적으로 부상한 이후 서구 문명은 전 세계인을 위한 '프로크루스테스의 침대(Procrustean bed)'를 만들려 하였다. (그리스 신화에 등장하는 프로크루스테스라는 도적이 지나가는 행인을 붙잡아 자신의 철침대에 눕히고 철침대의 크기에 맞게 잡아늘리거나 잘라서 살해하듯 하는) 독단과 재단으로 점철된 서구의 표준은 유일한 진리를 상정하는 서구 문명의 문화적 유전자와 완전히 일치한다. 다시 말해 서구 문명의 배타성과 팽창성은 '유일-진(唯一-眞, One-Truth)' 관념에서 파생된 것이다. 서구세계가 '유일-진'의 관념하에 전 세계에 '서구식 민주주의'를 수출하는 행태는 과거 십자군 원정을 연상시킨다. 우리는 이러한 21세기의 십자군에서 개인주의와 '유일-진'의 결합을 확인할 수 있다. 그러나 서구 문명 저변에 깔린 '분리(分)' 중심의 문화 원리는 개인의 인격분열과 더불어 서구 문명의 위기를 야기하는 복병이 되기도 한다. 량허녠은 이처럼 '분리'를 기본 격조로 하는 서구의 궤적을 다음과 같이 설명한다. "이성론자인 르네 데카르트(René Descartes)는 자아를 주체로 세계(객체)와 구별함으로써 주체/자아, 객체/타인이라는 현대 서구의 이원적 세계관을 구축해 '개인'이라는 이념을 창조했다. 이원론적 세계관은 자아-세계, 정신-신체라는 두 가지 차원으로 이루어져 있다. 이어 경험주의를 대표하는 존 로크는 개인의 의식은 경험에 기초한다고 주장하였다. (로크에 따르면) 인간은 아무것도 각인되지 않은 백지상태(tabula rasa)로 태어나 경험과 교육을 통해 점차 의식을 형성한다. 로크는 이를 바탕으로 개인의 자유와 권리, 개인과 개인 간의 사회적 계약 관계를 정의하였고 도덕·정치·사회적 측면에서 개인의 가치를 강조하는 이데올로기인 앵글로색슨식 개인주의를 정립하였다. 개인의 가치와 자유는 서구 문명의 역사를 지배한다."[52] 서구 문명의 흥망성쇠는 결국 개인주의에서 기인한다. 근대 서구 문명은 개인주의라는 문화적 가치에 힙입어 빛을 발하기 시작했다. 그러나 서구 문명의 딜레마를 유발하는 근원이 또한 개인주의에 있다. 개인의식의 무한한 팽창에서 비롯된 사익 추구와 자유 경쟁은 인간소외를 야기하는 물질문명과 자본주의 세계를 창조했을 뿐 아니라, 서구세계를 퇴로 없는 자본화와 사익화의 길로 몰아넣는다. 서구사회 거버넌스에서 발생하는 많은 문제는 개인주의의 범람이 그 요인이며 이러한 문제들은 지역사회공동체와 생활공동체의 해체로 이어졌다. 로버트 D. 퍼트넘(Robert D. Putnam)이 지적한 '나 홀로 볼링(Bowling Alone)' 현상은 쇠퇴가 진행 중인 서구사회 기층 공동체의 현주소를 여실히 보여준다. 이 때문에 일부 학자는 '넘치는 권리, 모자란 책임(too many rights, too few responsibilities)' 문제를 지적하기도 한다. 극단적인 개인주의를 신봉하는 서구의 '사도(使徒)'들은 모든 권위를 잠재적 '지배'로 간주하고 합법적이고 민주적인 통제와 실질적 공적 권위마저 극력 반대한다.[53] 지역사회 의식의 쇠퇴는 서구 개인주의 사회의 위기와 딜레마를 상징한다. 퍼트넘이 제시한 사회적 자본 이론은 폐쇄적 네트워크에 기반한 결속형 사회자본(Bonding social capital)의 소멸로 인해 발생한 이론적 공백을 메우려는 의도를 갖고 있다. 자발적 조직에 기반한 가교형 사회자본(Bridging social capital)과 수평적 연결에 기반한 공동이익은 계층과 인종 및 기타 이질성에 기반해 발생하는, 각기 다른 지역사회/네트워크 간의 차이를 초월한 사회자본이다. 이 밖에 가교형 사회자본에서 파생된 개념인 연계형 사회자본(Linking social capital)은 자원과 권력에 의해 형성된 수직적 관계에서 발생하는 사회자본으로, 개인은 사회경제 발전을 위한 공식 제도로부터 사회자원을 획득한다.54) 그러나 서구 국가들이 일련의 사회 문제와 사회 위기에 대응하는 과정에서 개인주의가 초래한 파편화된 함정에서 벗어나기는 좀처럼 어려울 것으로 보인다. 캐나다 철학자 찰스 테일러가 비판했듯이 위험은 실재하는 독재적인 통제가 아니라 사람들이 공동의 목적을 형성하고 그것을 수행할 수 있는 능력이 점점 더 없어지는 파편화 현상에 있다. 사람들이 자신을 점점 더 원자주의적으로 보게 될 때, 다시 말해 공동의 기획들이나 충절을 지키는 일들에 있어서 동료 시민들에 대한 연대감을 점점 더 상실하게 될 때 파편화 현상이 생겨난다. 물론 이런 사람들도 공동으로 추진하는 기획들에 있어서 다른 사람들과의 연대감을 느낄 수도 있다. 그러나 그런 것들은 사회 전체가 아니라 오히려 부분적인 집단들, 예를 들면 지역 공동체, 인종적 소수 집단, 어떤 종교나 정치이념의 신봉자들, 특수한 이해관계의 추진자들에게만 해당되는 것이다. 민주적인 선거인단이 이런 의미에서 파편화되면 될수록, 유권자들은 분파적인 자기 집단을 키워나가기 위하여 그들의 정력을 그만큼 더 많이 쓰게 된다.55) 서구 정치, 특히 미국 정치는 이미 이러한 수렁에 빠져 있다. 누구나, 어떤 집단이든 '자신의 합리성'(예를 들면 동성애 등)을 '집단적 합법성'으로 전환하려 한다. 개인주의의 무한한 범람과 권리주의의 맹렬한 폭주는 서구 정치를 지리멸렬한 궤도로 밀어 넣는다. 서구 정치체계는 이미 통제 불능의 사회를 감당할 수 없게 되었다. 이것이 곧 서구정치가 처한 딜레마의 사회적 근원이다.

한편 중국의 국가 거버넌스, 기층 거버넌스, 사구 거버넌스는 가국일체주의라는 문화적 유전자에서 벗어난 적이 없다. 시진핑은 중국의 '문화적 유전자'에 대한 심층적 이해를 바탕으로 "중화민족의 가장 기본적인 문화적 유전자를 현대 문화와 융합하여 현대사회와 조화를 이루도록 하고 사람들이 즐거이 접하고 널리 참여할 수 있는 방식으로 보급할 것"[56]을 주문하였다. 중국의 전통사상과 문화는 중국의 독특한 세계관, 인생관, 가치관 등을 구현하여 중국 인민의 생산과 생활 속에서 대대로 전승되고 있으며, 그 핵심 내용은 중화민족의 가장 기본적인 문화적 유전자를 구성하고 있다. 중국 인민은 스스로 심신을 닦아 수양하고 가정을 단속하며 국가를 운영하고 천하를 평안하게 하며(修身齊家治國平天下), 때를 기다리며 자리를 지키고(尊時守位), 사물의 본질을 파악하여 임기응변의 태도를 갖추고(知常達變), 만물의 이치를 깨달아 여러 가지 일들을 잘 처리하며(開物成務), 공훈을 세우고 업적을 쌓는(建功立業) 과정에서 점차 다른 민족과 구별되는 독특한 표식을 형성하였다. 다시 말해 중국의 국가 거버넌스 체계와 기층 거버넌스 체계는 우수한 외부 요소를 수용하는 데 일말의 망설임이 없는 개방적인 태도를 견지하고 있는데 이 태도 자체는 중국 고유의 '문화적 유전자'에서 배태된 것이다. 요컨대 서구의 사회 거버넌스와 국가 거버넌스는 '유일-진'과 '범인-개인'이라는 양대 문화적 유전자에 착근한 채 제도, 문화, 정책, 법률을 통해 구현된다. 한편 중국의 사회 거버넌스와 국가 거버넌스는 지속적으로 문화, 제도, 정책, 법률 내부로 스며들어 재구성되는 '합일-도 (合一道)', '가국(家國)'이라는 양대 문화적 유전자에 기초한다. 모든 문명이 진리와 도리를 추구한다. 그러나 그것에 도달하는 경로는 다를 수 있다. 진리의 피안에 도달하는 중국의 경로는 '천하귀일(天下定於一)', '음양합일(陰陽合於一)', '천지합일(天地合於一)', '천하합일(天下合於一)'로 함축된다. 서구세계가 추상적이고 배타적인 '유일(One)'을 추구하는 반면, 중국은 포용과 통합의 '합일(合一)'을 추구한다. 여기에서 출발해 인간과 만물의 동일성은 '대도(大道)'로, 다양한 이익의 통일성은 '군도(群道)'로 표현된다. 서구인들은 그들이 지향하는 궁극적 근거를 '진리(Truth)'라 부르고, 중국인들은 그것을 '도(道)'라고 부른다. '합일-도'는 다름을 포용하는, 즉 차이를 인정하고 공통점을 찾는 구동존이(求同存異)의 질서를 추구한다. 자신의 가치관을 타인에게 강요하고 이렇게 형성된 질서를 관리하는 것은 '유일-진'의 외재화된 결과이며, 구동존이를 바탕으로 한 '대도'와 '군도'는 '합일-도'의 외재화된 결과이다. '범인-개인'은 개인을 기점으로 평등을 원칙으로 하는, 개인이 집단을 초월하는 기회주의적 제도를 추구한다. 반면 '가-국'관계는 소아(小我)와 대아(大我)가 하나된 총체주의적 제도를 지향한다. 개인주의 전통에 기반한 거버넌스는 개인 영역과 외부 영역의 병립을 강조한다. 한편 가국 이론은 개인, 집단, 국가의 연계를 구성하는 다양한 요소와 영역의 결속 및 통합을 강조한다. 정치와 종교 관계를 이해하지 못하면 서구정치를 이해할 수 없듯이 가정과 국가의 관계를 이해하지 못하면 중국정치를 이해할 수 없다. 가국일치와 정교일치는 중국과 서구 문명사에서 각각 매우 중요한 위상을 갖는다. 비록 엄밀한 의미에서

196

가정과 국가, 정치와 종교를 동일시하는 전통은 더 이상 존재하지 않지만 가정과 국가, 정치와 종교를 상호 이입하는 전통은 여전히 이어지고 있다. "국가가 있어야 가정이 있다", "가정이 국가의 근본이다"와 같은 관념은 중국의 사회구조에서 여전히 견고히 자리 잡고 있으며 현재까지도 지대한 영향력을 발휘하고 있다. 따라서 가국 이론은 현대 중국정치를 이해하는 원론이며, 가국정서는 현대 중국이라는 초대형 사회를 지탱하는 정신적 유대라고 할 수 있다.

3) 생활정치

일찍이 시진핑은 다음과 같은 발언을 통해 생활정치의 성립에 이론적 기반을 제시하였다. "중국 인민은 기나긴 역사적 과정 속에서 근면과 용기, 지혜를 발휘해 여러 민족이 화목하게 공존하는 아름다운 터전을 개척했으며 유구하면서도 참신한 우수한 문화를 배양해냈다. 열정적으로 삶을 영위하는 중국 인민은 보다 좋은 교육과 보다 안정된 일자리, 보다 만족스러운 소득, 보다 든든한 사회보장, 보다 높은 수준의 의료 서비스, 보다 쾌적한 주거 여건, 보다 아름다운 환경과 더불어 자녀들이 보다 나은 환경에서 성장해 보다 좋은 직업과 생활을 향유할 수 있기를 희망한다. 좋은 삶에 대한 인민의 염원이 곧 우리가 분투해야 할 목표이다. 인간 세상의 모든 행복은 피땀 어린 노동에 의해 창조되는 것이다. 우리의 책임은 당 전체와 전국 민족과 인민 전체를 응집시켜 이끌며 지속적으로 사상을 해방하고 개혁개방을 견지하며 사회 생산력을 끊임없이 해방 및 발전시키고 인민군중이 생산활동과 생활에서 겪는 곤란을 해결하는 데 주력하여 흔들림 없이 공동부유의 길로 나아가는 것이다."[57] 이러한 시진핑의 언설은 정치적 관점에서 풀어낸 생활서사를 대표한다. 이러한 '생활정치관'은 궁극적으로 인민을 지향하는 인민중심주의를 집중적으로 표현한다.

정체(政體)정치학과 국가정치학은 각각 뿌리 깊은 전통을 가지고 있다. 정체정치학은 선(善)한 정치생활을 지향하나, 이러한 (선한) 정치생활은 "인간은 본래 정치적 동물 혹은 폴리스적 동물"이라는 전제에 기초한 고전적 속성을 띤다. 고전 정치학에서 상정하는 인간 생활은 (인간이) 경제에 오염되기 이전의 순수하고 투명한 공동생활이다. 현대 정치학은 현대 국가의 영토 관념에 묶인 나머지 풍부하고 다채로운 시민생활을 관찰하고 연구할 기회를 사회학과 경제학에게 넘겨주고 말았다. 마르크스가 단언했던 것처럼 인류는 정치적으로 해방된 이후 정치 영역에서 평등을 실현했으나 정작 시민사회 내부에는 불평등을 남겨두었던 것이다. 따라서 정치와 생활의 분리는 예견된 것이었다. 현대 정치학이 국가권력에 주목하는 까닭은 인간의 생활이 비국가적이고 비정치적이기 때문이다. 우리는 현대 정치학이 경시하는 생활 현장에서 국가정치와는 전혀 다르면서도 불가분의 연관성을 지닌 생활정치를 발견할 수 있다. 이 특수한 생활정치 영역에서는 비록 대규모 계급적 대립이 발생하지는 않지만 일견 사소해 보이는 생활 문제가 국가의 정치적 불안정을 야기하는 도화선이 될 수 있다. 이렇게 보면 공권력, 계급, 거물(大人物)에 주목하는 국가정치학은 사실상 파급성을 지닌 생활정치에 둘러싸여 있다고 할 수 있다.

생활정치는 일상생활에서 발생하는 모든 가치의 '협상적' 배분이자, 생명의 가치와 공동체의 가치의 일상적 구현이다. 더 나아가 개인과 국가의 상호 관련성과 생명의 가치를 극대화하는 적극적인 행위이기도 하다. 이처럼 생활정치는 데이비드 이스턴(David Easton)이 "가치의 권위적 배분"58)이라고 정의한 정치나, 해럴드 라스웰

(Harold Lasswell)이 "누가, 무엇을, 언제, 어떻게 얻는가(Who gets what, when, and how?)"[59]의 문제라고 했던 정치와 전혀 다르다. 몽테스키외는 "주권을 가진 민중은 자기가 할 수 있는 일은 자기가 하고, 자기가 하지 못할 일은 대리자(代理者)로 하여금 행하게 해야 한다"[60]고 했다. 이러한 발언에는 공동체정치와 엥겔스가 비판했던 대중과 유리되는 국가정치와의 차이가 암시되어 있다. 일상생활 현장이 정치학의 연구 범위에 포함되고 여기에 특수한 정치적 함의가 부여된다면 생활정치학은 하나의 하위 학문으로서 자연스레 출현할것이다. 생활정치는 낮은 정치로서의 생활정치(politics of life as low politics), 약한 정치로서의 생활정치(politics of life as weak politics), 작은 정치로서의 생활정치(politics of life as little politics)로 규정된다. 낮은 정치, 약한 정치, 작은 정치라고는 하지만 생활정치의 대두는 인민의 좋은 삶을 조성하고 기층 협상 민주주의를 배양할 수 있는 광대한 토양을 제공한다. 요컨대 생활정치학은 우리가 진실한 세계로 회귀할 수 있도록 돕는 정치지식체계가 될 수 있다. 전통적인 정치지식체계를 구성하는 거의 모든 개념이 특수한 목적에 의해 제조된 반면 생활정치는 진실된 생활 현장과 진실된 삶을 지향한다.

정치학에서는 아직까지 이분법에 기초한 이원론적 전통이 건재하다. 개인과 국가, 개인주의와 집단주의, 국가와 사회, 상류층과 하류층, 독재와 민주가 그 예이다. 이러한 이원적 구분은 인위적인 데다 특정한 정치적 목적에 기여하기 때문에 매우 강한 구조성과 목적성을 지닌다. 우리는 중국의 사회 구성을 이해할 때 개인주의와 집단주의의 이분법적 틀에 사로잡히지 않도록 주의해야 한다. 관련주이(關聯主義)는 중국사회를 형성하는 주요 기제로서 개인으로 하여금 지속적으로 자신의 도덕적 외연을 확장하도록 만든다. 즉 중국사회는 서구의 수직사회(즉 계층사회 또는 계급사회)와 구별되는 수평사회 인 것이다. 이러한 수평사회에서 (개인의) 몸과 마음의 관련성, (개 인의) 지식과 행동의 관련성, 개인과 가정의 관련성, 가정과 사구의 관련성, 사구와 국가의 관련성은 각기 다른 요소를 하나로 잇는 연결 메커니즘을 이룬다. 우리가 주목하는 생활정치학은 (이러한 관련성 에 기초한) 인간의 진실된 생활 현장을 지향한다.

미국의 사상가이자 시인인 랄프 에머슨(Ralph Waldo Emerson) 은 일찍이 사랑에 기초한 질서는 견고하지 않다고 하였다.61) 이러한 신조는 여러 세대에 걸쳐 미국인들에게 깊은 영향을 주었고, 자본주 의 법권 사회가 법률 중심의 질서를 확립하는 데 기여했다. 그러나 법에 대한 지나친 강조는 퍼트넘이 말한 '사회적 자본'이 끊임없이 유실되는 결과를 낳았다. 따라서 우리는 에머슨이 범한 오류를 지적 하지 않을 수 없다. 사랑에 기초하지 않은 질서야말로 견고하지 않다. 우리는 가족, 공동체, 집단을 중시하는 중국사회에서 정감과 협력, 관계로 구축된 질서가 성장하고 확장되고 있음을 발견할 수 있다. 부정하기 어려운 사실은 중국 고유의 사회집단 질서는 시장논리의 침투에도 불구하고 훼손되지 않았다는 것이다. 중국 사구 내부에 존 재하는 관계적 자원·감성적 자원, 호조(互助)적 자원·소통 자원의 지속적인 발전과 정착은 복잡한 중국사회와 (중국사회의 복잡성에 서 기인한) 유동사회·물권(物權)사회·사이버사회·위험사회의 특징을 관리할 수 있는 견고한 토대를 마련했다. 아울러 개혁개방 40여 년간 중국사회의 급속한 발전과 전환을 촉진했다. 이것들이 가능했던 비결은 '온기 있는 사구(有溫度的社區)'에 있다. 친밀한 사구, 서로 돕는 사구, 관계 사구, 온정이 있는 사구와 같은 슬로건이 모두 '온기 있는 사구'의 다양한 측면을 함축한다.

　시장화가 인간관계의 소원화를 유발한다는 것은 부정하기는 어렵다. 상품과 화폐를 매개로 하는 관계에서 사람과 사람 간의 교류는 거래로 탈바꿈한다. 이는 자본주의 논리에 의해 발생한 필연적인 결과이다. 그러나 시장화 물결이 인류의 모든 활동 공간을 잠식할 수는 없다. 자본주의 사회가 내포한 딜레마의 근원이 여기에 있다. 생활 단위로서의 사구이든 거버넌스 단위로서의 사구이든 사구의 성격이 시장 규칙과 같을 수는 없다. 이기적인 경제인(economic man), 사적 물권, 개인주의에 기초한 모든 경제 원리는 생활정치와 배치된다. 따라서 (생활정치를 고찰하기 위해서는) 먼저 사적 물권-공적 물권, 사유재산-공공재산, 개인주의-집단주의라는 이원적 대립의 틀에서 탈피해야 한다. 이러한 이분법을 극복한 뒤에라야 사구 내부의 공과 사 양극단 사이에서 움튼 상린권, 사회재산, 관련주의와 같은 온기가 담긴 '공공 공간'을 발견할 수 있다. 이것이 곧 온기 있는 사구, 온정 있는 생활정치의 정착과 신장을 가능하게 하는 토대이다. 이분법을 삼분법으로 전환하는 발상은 철학적 혁명이자 생명관의 혁신이다. 온기 있는 사구는 주민들로 하여금 물질적 속박에서 벗어나 진정한 관계 상태를 회복하게 한다. 온정 있는 생활정치의 본질은 관계적 자본, 감성적 자본, 사회접합 자본을 육성하고 축적하는 데 있다. 사람과 사람 사이의 관계 구축과 정다운 교류, 결속 강화가 곧 생활정치의 요체이다.

　중국에서 사구는 전형적인 생활정치의 현장으로서, 단순히 '확대된 개인'이 아닌 '확대된 가정'이다. 사구인(社區人)이라는 개념은 개인이 자신의 생활공간인 사구와 맺고 있는 밀접한 관련성에 대해 설명해준다. 이러한 개인과 사구의 관련성을 발굴하고 여기에 일련의 제도적 설계와 자원 공급을 더해 공고히 한다면 중국 사회 거버넌스의 초석이 다져질 것이다. 가업, 학업, 산업 등은 (개인을 나타내는) 유형적 표식인데, 이것들은 다시 (개인의) 사업, 지업(志業, 포부)과 같은 가치적 표식으로 집약된 '업민(業民)'이라는 정체성 내부로 스며든다. 모든 개인은 '업민'이며 '업민'은 사구라는 생활정치 현장에서 성장한다. 따라서 사구 거버넌스는 국가 거버넌스 체계의 중요한 구성 부분으로서 사회적 관계의 회복과 사회적 접합점 마련, 사회적 자본의 육성, 정신적 유대 증진에 힘써 사구의 온도를 높이고 사구의 품격을 현시하는 가장 기초적인 요구와 유리되어서는 안 된다. 요컨대 사구는 온기와 온정, 품격이 있는 굿 거버넌스의 실현 공간이다. 개혁개방 40여 년간 중국의 사구 거버넌스는 이러한 기초적인 요구를 사수해왔다. 중국의 경제발전과 사구 거버넌스의 비결이 여기에 있다.

제3장
유기적 통일의 사회주의 정치

현대 중국정치는 유기적 통일의 정치이고 중국공산당 영도, 인민 주권, 의법치국은 하나의 유기적 통일의 총체이다. 이 유기적 통일의 총체는 현대 중국정치의 내핵을 구성하므로 유기적 통일은 현대 중국정치의 기본 특성이 되었다. 현대 중국정치의 기본적 특성으로서 유기적 통일은 한편으로 현대 중국정치의 실천 과정에 뿌리를 두고 있는, 중국 현대 정치발전의 산물이다. 따라서 사회주의 건설 규율은 정치 상층구조의 구현이다. 또한 유기적 통일은 중국공산당의 현대 중국정치에 대한 조형 과정에 뿌리를 둔 것이다. 중국공산당이 현대 중국정치 규율을 인식하는 기초에서 의식적으로 현대 중국정치를 만든 산물이기도 하다. 따라서 이는 중국공산당 집정 규칙의 구체화 이기도 하다.

1. 역사적 유물론 : 유기적 통일의 근원

(1) 정치적 부정의 부정

유기적 통일은 사회주의 제도가 이미 확립된 기초에서 사회주의 정치의 실천이 점차 발전하고 현저해짐에 수반된 것이다. 중국공산 당은 중국 특색 사회주의 사업을 영도하는 역사적 과정 중에 발전과 사회주의 제도 개선의 총체적 목표를 바탕으로, 중국 특색 사회주의 정치발전을 위한 기본 경험에 근거해 점차 당의 영도, 인민주권, 의법치국은 한 유기적 통일의 총체임을 인식하였다. 따라서 유기적 통일은 중국 사회주의 정치제도가 실천 중에 부단히 발전한 산물이고, 중국 특색 사회주의 정치발전 경험에 대한 집중적 개괄이며, 중국 특색 사회주의 정치발전 노선의 집대성자이다. 현대 중국공산당은 당의 영도, 인민주권, 의법치국이 유기적 통일을 구성하는 총체임을 인식한 이후, 이 유기적 통일의 총체적 발전을 적극적으로 추진했다. 또 중국 사회주의 정치발전의 실천과 중국 사회주의 정치제도의 완성은 긴밀히 결합하기 시작했다.

현대 중국정치의 내핵은 중국공산당 영도, 인민주권, 의법치국이 함께 구성된 유기적 통일의 총체이고, 유기적 통일은 현대 중국정치의 기본 특성이 되었다. 유기적 통일은 역사적 유물론의 개념에 뿌리를 두고 있고, 역사적 유물론은 인류사회의 발전이 변증법 법칙을 반영하는 자연스러운 역사적 과정이라고 여긴다. 계급투쟁은 인류사회 역사 발전의 원동력이다. 아울러 필연적으로 통치적 지위를 쟁취하는 정치투쟁으로 발전하기 마련이다. 프롤레타리아와 부르주아 간 정치투쟁은 계급투쟁의 최후 형태이고, 그 최종 결과는 프롤레타리아가 통치계급이 되는 것이다. 다시 말하면 계급투쟁은 필연적으로 프롤레타리아 독재를 초래한다. 프롤레타리아 독재는 부르주아 계급의 정치 통치를 부정할 뿐만 아니라 전체 계급 통치에 대한 부정이기도 하며 프롤레타리아 통치의 가장 기본적인 목적은 인류의 정치적 해방과 사회적 해방을 실현하는 것이다. 그래서 프롤레타리아 통치는 부정의 부정 법칙의 '종합'을 대표한다.[1] 합제는 부정의 집대성자이고, 부정의 부정은 모순 운동의 핵심 단계이며, '본성에 따라 대항하고 모순을 내포하는 과정, 한 극단에서 그 반대쪽으로의 전환, 마지막으로 전체 과정 핵심의 부정의 부정'이다.[2] 계급 통치에 대한 부정의 부정을 겪었기 때문에 인류사회의 정치생활은 유기적인 통일의 상태로 발전한 것이다.

마르크스는 생산력과 생산 관계의 변증법적 운동의 관점에서 프롤레타리아 독재의 성격을 설명했다. "이제 박탈할 것은 독립경영 노동자가 아니라 수많은 노동자를 착취하는 자본가이다. 이러한 박탈은 자본주의 생산 자체의 내재적 법칙의 작용, 즉 자본의 집중을 통해 이뤄진다. 한 자본가가 수많은 자본가를 타도했다. 이런 집중적 또는 소수 자본가에 의한 다수 자본가에 대한 타도에 따라 규모가 부단히 확대되는 노동 과정의 협력 방식은 날로 발전하게 된다. 과학은 점차 의식적으로 기술 분야에 적용되고 토지는 점차 계획적으로 사용된다. 노동 수단은 점점 더 공동으로만 사용될 수 있는 노동 수단으로 전환되고 있다. 일체의 생산 수단은 결합된 사회적 노동의 생산 수단으로 사용되어간다. 각국의 인민은 세계 시장 네트워크에 휘말리면서 자본주의 제도는 점진적으로 국제적인 성격을 갖추게 되었다. 이 전환 과정의 모든 이익을 약탈하고 독점하는 거대 자본 기업이 부단히 줄어들면서 빈곤, 억압, 노예, 퇴화와 착취의 정도가 심화하였다. 자본주의 생산 공정 자체의 메커니즘에 의해 훈련되고 연합되고 조직된 노동 계급의 저항도 증가하고 있다. 자본의 독점은 이러한 독점과 함께 그리고 이러한 독점 아래 번성하는 생산 방식의 족쇄가 되었다. 생산 수단의 집중과 노동의 사회화는 자본주의의 겉껍데기와 양립할 수 없는 지경에 이르렀다. 이 겉껍데기는 곧 폭파될 것이다. 자본주의 사유제 종말의 종이 곧 울릴 것이다. 착취자는 박탈당할 것이다. 자본주의의 생산 방식에서 발생하는 자본주의 점유 방식,

즉 자본주의의 사유제는 개인의 노동에 기초한 사유제에 대한 첫 번째 부정이다. 그러나 자본주의 생산은 자연 과정의 필연성으로 의해 그 자체로 부정을 초래했다. 이는 부정의 부정이다."3) 프롤레타리아 독재는 자본주의 제도를 부정하는 토대 위에서 건립된 사회주의 제도의 정치 내용이다.

레닌은 '부정의 부정'으로 프롤레타리아 독재에 대해 심도 있는 설명을 가했다. 프롤레타리아 독재란 프롤레타리아가 지배하는 국가 정권, 즉 사회주의 국가이지만 사회주의 국가는 더 이상 원래 의미의 국가가 아니다. 『국가와 혁명』에서 레닌은 마르크스의 사상을 계승하고 발전시켰고, 파리 코뮌이 다수에 대해서는 민주주의를 소수에 대해서는 독재를 실행하는 새로운 국가임을 지적하며 "코뮌은 더는 국가가 아니다. 왜냐하면 코뮌이 억압하려는 것은 대다수 주민이 아니라 소수 주민(착취자)이기 때문이다. 그것은 이미 부르주아 계급의 국가기구를 파괴했다. 주민들은 억압을 실행하는 특수 세력을 대체하기 위해 스스로 등장했다."4)고 말했다. 프롤레타리아 독재는 대다수 사람이 민주적인 형태로 통치하기 때문에, 국가는 사회와의 이원적 분립, 그리고 양자 간의 상충이 최대한 줄어들어 국가와 사회 사이에 상호 지지 관계가 형성되었기 때문에 레닌은 프롤레타리아 독재를 '반(半)국가'라고도 불렀다.5) 이러한 사상은 마오쩌둥으로 대표되는 중국공산당에게 중대한 영향을 미쳤다. 마오쩌둥은 중국혁명의 기본 경험을 결산하면서 이에 근거한 신중국을 건국했을 때를 생각했다. 사회주의 중국은 인민민주 독재의 신중국이고, 노동자 계급, 농민계급, 도시소자산 계급 및 민족부르주아 계급으로 구성된 인민이 전체 중국인의 90% 이상을 차지한다. 그래서 인민 내부의 민주적 실시와 적에 대한 독재를 결합하는 것이 중국공산당의 혁명

과 국가건설의 '주요 경험'이자 '주요 강령'이라는 것을 말이다.[6]

인민민주 독재는 중국에서 프롤레타리아 독재의 실천이므로 계급 통치에 대해 부정의 부정으로서의 성치발전의 새로운 단계이기도 하고, 인민민주 독재를 기초로 한 현대 중국정치는 유기적 통일의 정치이다. 유기적 통일은 역사적 유물론의 관점에서 현대 중국정치의 전반적인 기본 특성으로 정의된다. 유기적 통일의 기본 함축은 정치가 더 이상 지배적 지위를 둘러싼 계급투쟁이 아니라는 것이다. 중국은 절대다수의 민중으로 구성된 인민주권 국가이고, 인민주권 국가의 정치는 부단한 생산력의 기초 위에서 인민 내부의 모순을 정확하게 처리하는 것을 기본 내용으로 한다. 구체적으로 두 가지 측면을 포괄한다. 한 측면은 중국은 사회주의 제도가 확립된 조건에서 광대한 민중으로 구성된 인민으로 통치 지위를 획득했고 국가는 인민을 기초로 건립되었다. 따라서 국가사무는 인민사무로 승격되었고, 국가는 통치 지위를 획득한 '인민의 자기규정'에 불과하다.[7] 따라서 국가와 사회 간 상호지지 관계가 형성되어 과거에 장기간 존재한 상호충돌 관계를 대체했다는 것이다. 다른 한 측면은 계급 통치가 존재하지만, 인민민주 독재의 역사적 단계로 이미 발전해 이 역사적 단계는 계급 통치를 제거하는 과도기적 단계에 불과하다는 것이다. 그래서 계급 사이의 통치 지위는 정치투쟁으로 변해 중국사회의 주요 모순이 아니고 인민 내부의 모순을 확실히 처리해 현대 중국정치의 주제가 되었다. 인민 내부의 모순을 정확히 처리하려면 반드시 지속적인 해방과 생산력 발전, 더 나은 삶에 대한 인민의 증가하는 수요를 끊임없이 충족시켜야 한다.

(2) 유기적 통일의 정치 특징

현대 중국의 유기적 통일의 정치는 다음과 같은 주요 특징을 가지고 있다. 첫째, 유기적 통일의 정치는 정치가 서로 밀접하게 연결된 전체임을 의미한다. 현대 중국정치의 내핵은 당의 영도, 인민주권, 의법치국으로 공동 구성되고 중국공산당 영도, 인민주권, 의법치국이 내핵을 구성하는 기본요소이지만, 상호 긴밀히 연계되어 있다. 장쩌민은 공산당 제16차 당대회 정치보고에서 "당의 영도는 인민주권과 의법치국의 근본적 보장이고, 인민주권은 사회주의 민주의 본질적인 요구이며 의법치국은 당이 인민을 영도해 국가를 통치하는 기본 방략이다. 중국공산당은 중국 특색 사회주의 사업의 영도적 핵심이다. 공산당의 집정은 인민주권을 영도하고 지지하며 인민 군중을 가장 광범위하게 동원하고 조직하여 법에 따라 국가와 사회 사무를 관리하고 경제 및 문화 사무를 관리하며 인민 군중의 기본 이익을 보호하고 실현하는 것이다. 헌법과 법률은 당의 주장과 인민의지가 서로 통일된 것이다."고 언급했다.[8] 중국공산당 영도, 인민주권, 의법치국은 모두 단독으로 현대 중국정치의 핵이 되기엔 충분치 않다. 오직 삼자의 유기적 통일 전체만이 현대 중국정치의 내핵이며 이 핵이 바로 인민민주이다. 따라서 인민민주는 중국공산당 영도, 인민주권, 의법치국의 유기적 통일의 산물이다.

중국공산당 영도, 인민주권, 의법치국의 유기적 통일은 중국 특색 사회주의 민주정치에 있고 중국 특색 사회주의 민주정치는 인민민주이다. 인민민주는 중국공산당 영도, 인민주권, 의법치국으로 구성된 유기적 통일의 총체다. 이 총체는 중국공산당 영도, 인민주권, 의법치국 삼자가 단순히 더해진 산물이 아니라 삼자를 초월한 기초 위에 자신의 성격을 가져 중국공산당 영도, 인민주권, 의법치국에 대해 규정을 진행하는 전체이다. 다시 말해 중국공산당 영도, 인민주권, 의법치국 모두 단순히 각각의 고립된 관점에서는 올바르게 이해할 수 없다. 인민민주의 관점, 즉 세 가지 유기적 통일의 전체적인 관점에서만 정확한 해석을 얻을 수 있는 것이다. 집중하여 논하자면, 중국공산당 영도, 인민주권, 의법치국은 인민민주의 구성요소이다. 인민민주는 중국공산당 영도, 인민주권, 의법치국의 성질과 깊이를 확정하고, 중국공산당 영도, 인민주권, 의법치국의 실천 논리와 행동 경계를 규정하며 중국공산당 영도, 인민주권, 의법치국의 발전 동력과 발전 공간을 만들어낸다.

둘째, 유기적 통일의 정치는 단단한 토대를 가지고 있다. 유기적 통일의 정치 뿌리는 중국 절대다수 민중으로 구성된 인민이다. 인민은 사회주의 제도에서 중국공산당의 영도를 중심으로 하는 전체 세력이기 때문에 인민을 인민 전체라 부를 수 있다. 인민 전체가 사회주의 국가 정권의 장악자이고 사회주의 국가 정권의 성격은 인민 전체에 봉사해야 한다는 것에서 결정된다. 그 기본 내용은 사회주의 국가 정권이 생산력을 해방·발전시키고 경제 기초의 지속적 변화를 촉진하는 것이며 더 나은 삶에 대한 인민의 증가하는 요구를 지속해서 충족시키는 것이다. 또 인간 자유와 전면적인 발전을 촉진하고 사회진보를 추진하며 나아가 인민 전체를 지속해서 통합하고 발전시키는 것이다. 인민 전체의 공고화와 발전은 사실 인민민주의 공고화와 발전이다. 따라서 인민 전체가 유기적 통일의 정치에 단단한 토대를 제공한 것이다.

사회주의 국가 정권이 인민 전체를 공고히 하고 발전시키는 것은 경제 기초와 상부구조 사이의 변증법적 관계의 주제이다. 마르크스에 따르면 "경제 기초가 바뀌면서 거대한 상부구조 전체가 느리거나 빠르게 변화했다. 이러한 변혁을 조사할 때 다음 두 가지를 항상 구별해야 한다. 하나는 생산의 경제적 조건에서 발생하는 물질로 자연과학의 정확성으로 지적할 수 있는 변혁이고 다른 하나는 사람들이 이 충돌을 의식하고 극복하려고 노력하는 법적, 정치적, 종교적, 예술적 또는 철학적, 간단히 말해 이데올로기적 형태이다."9) 인류사회 발전에서 상부 구조물의 근본적 역할은 경제 기초의 내부충돌을 의식한 기초에서 이러한 충돌을 극복하는 것이지만, 근본적 역할은 주로 정치적 상부구조에서 나온다. "정치적 상부구조는 상부구조 전체의 일부이다. 하지만 그중 결정적 의미가 있는 핵심 부분이다."10) 생산력과 생산 관계 사이의 모순은 사회주의 국가에서 여전히 존재하고 사회주의 국가 정권의 기본 임무는 이 모순을 지속해서 해결하고 경제 기초의 변혁을 추동하는 과정에서 인민 전체를 통합하고 발전시키는 것이다. 사회주의 국가 정권이 상술한 역할을 할 수 있어야 인민 전체가 부단한 발전을 얻어낼 수 있다.

셋째, 유기적 통일의 정치는 강력한 활력을 가지고 있다. 유기적 통일의 정치는 중국공산당 영도, 인민주권, 의법치국이 공동으로 구성된 전체로, 전체의 기본요소 변혁 및 기본요소 사이의 발전이 바로 전체의 활력이 있는 곳이다. 중국공산당 영도, 인민주권, 의법치국은 모두 인민 전체의 공고화와 발전의 수요에 따라 변혁을 진행하고, 또한 그 각각의 변혁에서 중국공산당 영도, 인민주권, 의법치국 사이의 관계 역시 부단히 발전해야 한다. 따라서 그 사이의 관계는 제도화, 절차화, 규범화를 달성한다. 이러한 변혁과 발전이 바로 유기적 통일 정치의 끊임없는 활력이다.

유기적 통일 정치의 모든 활력 원천 중에서 중국공산당의 영도는 가장 중요한 활력 원천이다. 시진핑은 "중국공산당 영도는 중국 특색 사회주의의 가장 본질적인 특징이다."라고 언급했다.[11] 중국공산당은 중국 특색 사회주의 사업의 전반적인 사항을 총괄하고, 각 방면의 영도적 핵심역할을 한다. 아울러 사회주의 현대화를 발전시키고 발달된 인민민주 정치를 건설하며 중화민족의 위대한 부흥을 실현하는 것은 중국공산당의 역사적 사명이다. 중국공산당은 선봉대 성격의 정당이기 때문에 서구 국가의 정치생활에서의 정당과는 완전히 다른 정당이다. 선봉대는 중국공산당이 인류사회발전 법칙, 사회주의 건설의 법칙, 공산당 집권의 법칙을 끊임없이 탐구하고 실천해야 한다는 것을 의미한다. 더 나아가 말하자면 선봉대의 성격은 중국공산당이 부단히 혁신하여 자기혁명을 실현하고 이를 바탕으로 중국사회의 발전과 변혁을 추진해야 한다는 것을 규정한다. 따라서 중국공산당의 영도는 유기적 통일의 정치에 강력한 활력을 제공할 것이다.

넷째, 유기적 통일의 정치는 끊임없이 발전하고 발전의 여지가 넓다. 유기적 통일의 정치는 사회주의 민주정치의 실천과 중국 특색 사회주의 정치의 발전 속에 존재하고, 중국 특색 사회주의 정치의 발전은 고도로 발달한 사회주의 민주정치 또는 인민민주를 실현하는 것이며, 그 근본 목표는 사회가 국가에 대한 주도를 실현하는 것이다. 마르크스는 파리 코뮌의 경험을 종합할 때 사회주의 국가를 '사회 공화국'으로 간주했다. 이는 사회가 국가 정권을 다시 회수하는 것이고, 사회를 지배하고 억압하는 역량에서 사회 자체의 생명력으로 변화시키는 것이며, 이는 인민 군중이 국가 정권을 다시 회수하는 것이며, 그들은 그들 자신의 역량을 형성하여 그들을 억압하는 조직적인 역량을 대체하는 것이다. 이것은 인민 군중이 사회해방을 얻는 정치 형식이고, 이러한 정치 형식은 인민 군중의 적에 의해 그들을 억압하기 위해 구실 삼은 거짓된 사회적 역량을 대체한다.12) 국가에 대한 사회의 주도는 사회 공화국의 근본적인 상징이지만 중국을 포함한 사회주의 국가는 현대화 수준이 높지 않은 기초 위에서 세워졌기 때문에 "노동의 자본 의존, 경제와 사회 발전의 국가 의존은 사회해방의 불가능을 선언하는 것이다".13)

사회주의 국가는 계급해방의 산물일 뿐 사회해방의 산물이 아니라는 것은 현대 중국의 유기적 통일의 정치가 직면해야 할 가장 근본적인 사실이다. 노동자 계급을 영도계급으로 중국 절대다수 민중으로 구성된 인민 전체가 계급해방을 획득하는 것은 유기적 통일 정치의 근간으로 유기적 통일의 정치 형성을 결정한다. 그러나 인민 전체의 계급해방을 기초로 사회해방을 더욱 실현할 수 있어야 유기적 통일의 정치는 그야말로 진정으로 성숙한 유기적 통일의 정치가 되는 것이다. 사회해방의 부재는 현대 중국의 유기적 통일의 정치가 다소 부족할 뿐만 아니라, 현대 중국의 유기적 통일의 정치가 발전의 여지가 넓다는 것을 설명한다. 따라서 유기적 통일의 정치는 반드시 사회해방을 목표로 성숙하고 완전한 상태로 발전해야 한다. 이러한 점에서 유기적 통일의 정치는 사회주의 국가 정권이 경제 기초의 내부 모순을 극복하는 과정에서 적극적인 역할을 해야 하고, 정치의 상부구조가 경제기반에 충분히 유효하게 작용할 수 있는 자원을 제공하고 조건을 조성해야 한다.

2. 유기적 통일 정치관의 발전

(1) 발전 과정

유기적 통일의 정치에 대한 중국공산당의 인식은 미성숙에서 성숙으로 발전하는 과정을 거치면서 점진적으로 발전했다. 물론 유기적 통일 정치에 대한 중국공산당의 이해는 중국 특색 사회주의 사업의 발전과 함께 점차 깊어지고 있고, 특히 중국 특색 사회주의 정치발전의 정반의 경험을 종합하는 기초에서 끊임없이 발전하고 있다. 유기적 통일의 정치에 대한 중국공산당의 이해는 사회주의 민주정치의 지속적인 발전의 산물이라고 말할 수 있다. 그러나 중국공산당은 유기적 통일의 정치에 대한 성숙한 인식을 형성한 후 유기적 통일의 정치에 대한 자신의 이해를 바탕으로 현대 중국정치의 내핵을 의식적으로 형성하고 사회주의 민주정치의 발전에서 유기적 통일 정치의 발전, 개선 및 성숙을 촉진하기 위해 노력했다.

중국공산당에게 사회주의 국가는 인민민주 독재의 새로운 정권이고, 사회주의 국가에 대한 노동자 계급의 영도는 중국공산당을 통해 이뤄졌기 때문에 중국공산당의 영도는 사회주의 국가의 핵심요소가 되었고, 동시에 사회주의 민주정치의 핵심요소가 되었다. 중국공산당이 먼저 당 지도자의 중요성을 명확히 했지만, 공산당 지도자는 내재적으로 인민주권을 실현해야 한다는 요구를 가지고 있다. 왜냐하면 공산당의 영도가 중국의 광대한 민중을 인민 전체로 응집시켰기 때문이다. 인민 전체는 사회혁명의 방식으로 사회주의 국가를 건설했고, 인민 전체는 사회주의 국가의 정치적 기반이며, 인민 전체는 동시에 사회주의 국가에서 계급해방을 얻었고 인민주권의 지위를 획득했다. 개혁개방 이후 중국공산당은 인민주권에 대해서 새로운 인식을 갖게 되었고, 민주가 없으면 사회주의가 없다는 것을 인식했을 뿐만 아니라 민주와 법치를 연결해야 한다는 것을 인식하기 시작했다. 덩샤오핑은 정치적으로 민주를 발전시키는 것이 개혁개방의 두 가지 중요한 내용 중 하나라고 여겼다.[14] 그는 개혁개방 시동을 건 강령적 문서인 「사상해방, 실사구시, 일치단결하여 앞으로 나아가자」에서 "인민민주를 보장하기 위해서는 법제를 강화해야 한다. 이러한 제도와 법률이 지도자가 교체되거나 지도자의 견해와 주의력에 의해 바뀌지 않도록 민주를 반드시 제도화·법률화해야 한다."라고 지적했다.[15]

개혁개방 초기 덩샤오핑의 판단은 실제로 중국공산당의 당에 대한 영도, 인민주권, 의법치국이 유기적 통일의 총체라는 인식의 기원이 되었다. 사회주의 정치발전 경험을 부단히 총결하는 기초에서 장쩌민은 15차 당대회 보고에서 "중국 특색 사회주의 정치를 건설하는 것은 중국공산당의 영도하에 인민주권의 기초 위에서 법에 따라 나라를 다스리고, 사회주의 민주정치를 발전시키는 것이다."라고 언급했다.[16] 그는 사회주의 초급 단계의 기본 강령을 설명하면서 "중국 특색 사회주의를 건설하는 경제, 정치, 문화의 기본 목표와 기본 정책은 유기적으로 통일되고 분리할 수 없으며 사회주의 초기 단계에서 당의 기본 강령을 구성한다."라고 말했다.[17] 또한, 장쩌민은 정치체제 개혁과 민주 법제 건설에 대해 구체적으로 논술하면서 당은 인민을 영도하여 헌법과 법률을 제정하고 헌법과 법률의 범위 내에서 활동해야 한다라고 생각했다. "의법치국은 당의 영도를 견지하고 인민민주를 발양하며 법에 따라 엄격하게 사무를 처리하며 당의 기본 노선과 기본방침의 철저한 시행을 제도와 법률로 보장하고 당이 시종일관 전체 상황을 총괄하고 각 측을 조정하는 영도의 핵심적 역할을 해야 한다."18) 15차 당대회 정치보고에서 논술된 것은 중국공산당이 유기적 통일의 정치에 대해 비교적 성숙한 이해를 가졌다는 걸 이미 설명하는 거라 말해야 할 것이다.

유기적 통일의 정치에 대한 중국공산당의 이해는 16차 당대회 보고에서 더욱 성숙했다. 장쩌민은 "사회주의 민주정치를 발전시키는 가장 근본적인 것은 당의 영도를 견지하고, 인민주권, 의법치국을 유기적으로 통일하는 것이다. 당의 영도는 인민주권과 의법치국의 근본적인 보장이며, 사람들이 주권을 가지는 것은 사회주의 민주정치의 본질적인 요구이자, 의법치국은 당이 인민을 영도하는 기본 방략이다."19)라고 말했다. 이러한 논술에서 공산당 영도, 인민주권, 의법치국의 유기적 통일일 뿐만 아니라 유기적 통일의 전체를 구성하며 이 유기적 통일의 전체가 사회주의 민주정치임을 알 수 있다. 사회주의 민주정치는 인민민주이고, 후진타오는 17차 당대회 보고에서 "인민민주는 사회주의의 생명이다."라고 생각했다.20) 이로써 중국공산당은 유기적 통일의 정치에 대한 완전한 인식을 하게 됐다. 공산당 영도, 인민민주, 의법치국은 유기적 통일이 함께하는 전체인데다 이 전체, 곧 인민민주는 사회주의의 생명이 있는 곳이다. 인민민주는 유기적 통일의 전체로써 자신의 구성 부분에 관해 규정을 진행했다. 이는 바로 공산당 영도, 인민주권, 의법치국이 모두 반드시 인민민주에서 의미를 찾고 해석을 얻어야 하는 것이다.

공산당 영도, 인민주권, 의법치국의 유기적 통일된 전체, 즉 인민민주를 인식하는 것을 기초로 중국공산당은 이 인식을 지도하여 유기적 통일의 정치를 적극적으로 형성하는데 이러한 형성은 사회주의 정치발전과 인민대표대회 제도로 유기적 통일의 정치를 공고히 발전시키는 데 집중되어 있다. 시진핑은 19차 당대회 보고에서 "당의 영도, 인민주권, 의법치국의 유기적 통일을 견지한다. 당의 영도는 인민주권, 의법치국의 근본적 보장이고, 인민주권은 사회주의 민주정치의 본질적 특징이며, 의법치국은 당이 인민을 영도해 국가를 다스리는 기본방식이다. 이 삼자는 중국 사회주의 민주정치의 위대한 실천으로 통일된다."라고 언급했다. 그뿐만 아니라 유기적 통일의 정치는 중국 근본 정치제도의 실천으로 발전이 실현된다. "인민대표대회 제도는 당의 영도, 인민주권, 의법치국이라는 유기적 통일의 근본 정치제도 안배를 견지해야 하고 반드시 장기적으로 지속하고 부단히 완성해야 한다."21) 인민대표대회 제도로 유기적 통일의 정치를 공고히 발전시키고, 유기적 통일의 정치발전을 중국 사회주의 민주정치 발전의 실천에 두는 것은 중국공산당의 유기적 통일에 대한 새로운 인식을 나타낸다.

(2) 중국공산당 영도

중국공산당은 중국 특색 사회주의 사업의 영도 핵심이고 당의 영도는 '중국 특색 사회주의의 가장 본질적인 특징'과 '중국 특색 사회주의 제도의 가장 큰 장점'을 구성한다.22) 따라서 당의 영도는 고유의 의미가 있으며 현대 영도 과학이 이해하는 일반적인 의미의 영도가 아니다. 소위 당의 영도란 중국공산당이 국가사무, 경제문화사무, 사회사무 및 정당 자신의 사무에 대해 최고의 권위를 누리는 것으로 이러한 권위는 당이 인민 전체를 응집하고 인민 전체를 지도하여 확정된 목표를 달성하도록 하는 데 집중되어 있으며 구체적인 내용으로 국가 기관 직원 추천, 국가 발전 방향 확정, 국정 방침 결정,

사회 진보 유도, 무력 장악 등이 포함된다. 장쩌민은 16차 당대회 보고에서 "당의 영도는 주로 정치, 사상과 조직 영도이다. 국정 방침 제정을 통해 입법 건의를 제기하고, 주요 간부를 추천하고, 선전교육을 진행하며 당 조직과 당원의 역할을 충분히 발휘하고 의법집정을 견지해 국가와 사회에 대한 당의 영도를 시행하는 것이다."라고 지적했다.[23] 당의 영도가 단순히 도의·가치에 입각한 정당성이 아님은 분명하다. 민중을 동원하고 설득하는 사상적 영도는 정치, 조직, 사상 등 영역을 포괄하는 체계적인 과정이다. 간단히 말하면 당의 영도는 중국공산당이 국가와 사회의 최고 정치 역량임을 가리킨다.

중국공산당의 영도는 사회혁명의 결과이다. 중국공산당은 선봉대 성격의 정당으로 선진사회의 생산력을 대표하는 노동자 계급을 계급적 기반으로 하고 인류사회의 발전 규칙을 해석한 마르크스주의를 행동지침으로 삼았기 때문에 중국공산당은 자연히 사회혁명을 이끄는 핵심이 되었고 사회혁명을 통해 사회주의 국가를 창건하게 되었다. 사회혁명은 단순히 정권변경을 목표로 하는 정치혁명과 달리 경제 기초와 상부구조의 공동변혁을 요구하며, 이러한 공동변혁은 반드시 광대한 인민의 집체 행동을 요구해야만 완성될 수 있기 때문에 사회혁명은 당이 인민을 결집시키고 지도하여 새로운 정치질서와 사회제도를 구축하는 역사적 과정으로 그중 광대한 인민이 인민 전체가 되는 것이 중심 고리이다. 린상리(林尙立)는 "당 영도의 핵심 사명은 인민의 연대를 만들고 인민의 단결을 응집하는 것이다."라고 여겼다.[24] 중국 사회혁명의 집대성자는 바로 사회주의 국가의 형성이고, 사회혁명으로 결속된 인민 전체가 사회주의 국가의 정치적 토대를 이루고 있으며, 이 과정에서 당은 자연스레 사회주의 국가의 영도 핵심이 되었다. 당의 영도가 인민 전체를 형성하는 과정에 깊이 뿌리를 두고 있음을 이로써 알 수 있다.

중국공산당 영도는 사회주의 체제에서 확립되었고, 한편으로는 당이 인민을 지도하여 사회주의 제도를 수립하고 다른 한편으로는 당이 사회주의 체제의 효과적인 운영을 보장할 책임을 지고 있다. 사회주의 제도는 사회해방이 아닌 계급해방의 기초에서 건립되었으며, 국가에 대한 사회의 주도는 사회주의 제도에서 실현되지 않았다. 그래서 국가는 인민과 사회의 이름으로 결정을 내릴 수 있지만, 사회가 국가를 주도할 수 없는 상황에서는 인민의 사무가 국가의 사무로 적절히 전환될 수 없다. 또한 인민과 사회는 국가가 늘 인민의 이익을 대표한다는 것을 보장할 수 없으며 인민의 이익과 국가의 행동 사이에는 긴장 관계가 존재한다. "이러한 현실에 직면하여 정당의 역할은 결정적일 것이다."25) 시진핑은 "중국공산당의 영도는 인민이 인민주권을 지지하고 보장하는 것을 실현하는 것이다."라고 언급했다.26) 중국공산당 지도자는 반드시 인민과 국가 간의 긴장 관계를 극복하는 관건적 역할을 해야 하며, 그 기본 내용은 당이 인민의 이익을 근본으로 삼고, 국가가 주도하는 사회의 현실에 기초해 인민이 국가를 이끌도록 조직하고 지원하며, 인민의 이익으로 국가 행동을 지도하고 국가가 인민 이익에 봉사하도록 보장하여 사회주의 제도의 효율적인 운영을 달성한다는 것이다.

(3) 인민주권

사회주의 민주정치의 본질과 핵심은 바로 인민주권이다. 인민이 주인이 되는 것은 인민주권, 더 나아가서 말하자면 인민이 사회주의 국가 정권을 장악하고, 국가권력을 행사하며, 공공사무를 결정하는 것이다. 후진타오는 17차 당대회 보고에서 인민주권에 대해 핵심적인 해석을 내렸다. 그는 "국가의 모든 권력이 인민에게 속하고, 모든 단계와 영역에서 공민의 질서 있는 정치 참여를 견지하고, 법에 따라 국가와 사회 문제를 관리하고 경제와 문화 사업을 관리하도록 가장 광범위한 인민의 참여를 동원하고 조직"해야 한다고 생각했다. 또한 인민주권을 보장하려면 "민주제도를 정비하고 민주적 형식을 풍부하게 하며 민주적 경로를 확대하고 법에 따라 민주선거, 민주적 의사결정, 민주적 관리와 감독을 실시하여 인민의 알권리, 참여권, 표현권 및 감독권을 보장해야 한다"고 밝혔다.27) 후진타오의 논술에서 우리는 사회주의 정치발전의 현 단계에서 인민민주가 국민이 알권리, 참여권, 표현권, 감독권을 행사함을 의미하고, 국가와 사회 사무, 경제와 문화 사무를 중심으로 민주 선거, 민주적 의사결정, 민주적 관리와 감독을 수행한다는 것을 알 수 있다.

인민주권을 실현하는 것은 사회주의 국가 정권의 성격 때문이다. 사회주의 국가는 인민 전체를 정치적 기초로 하는 국가이며, 그 본질은 일종의 정치역량인 인민 전체의 제도화이므로 사회주의 국가는 반드시 인민이 국가 정권을 장악하고 국가권력을 행사하며 인민주권을 실행해야 한다. 시진핑은 "중국공산당이 인민을 영도하여 인민민주를 실행하는 것은 인민주권을 보증하고 지지하는 것이다. 인민주권을 보증하고 지지하는 것은 구호나 빈말이 아니며 국가의 정치생활과 사회생활에 정착하여 인민이 법에 따라 국가 사무를 관리하고 경제와 문화 사업을 관리하며 사회 사무를 관리할 권력을 효과적으로 행사할 수 있도록 해야 한다."고 언급했다.28) 인민의 권력은 인민의 일원인 공민의 민주적 권리로 이행되어야 하며, 인민이 권리를 누리는지 유무의 기준을 판단하기 위해서는 "인민이 선거에 투표할 권리가 있는지 여부와 일상생활에 지속적으로 참여할 권리가 있는지 여부, 인민이 민주적 선거를 실시할 권리가 있는지 여부, 또한 인민이 민주적 의사결정, 민주적 관리와 민주적 감독을 수행할 권리가 있는지 여부를 봐야 한다. 사회주의 민주는 완전한 제도적 절차뿐만 아니라 완전한 참여와 실천이 필요하다. 인민주권은 반드시 구체적이고 현실적으로 중국공산당의 집정과 국가통치에 반영되어야 하고, 구체적이고 현실적으로 중국공산당과 국가 기관의 각 방면과 각급 업무에 반영되어야 하며, 구체적이고 현실적으로 인민의 자기 이익에 대한 실현과 발전에 반영되어야 한다."29)

민주정치가 이미 세계 정치발전의 흐름이 된 배경에서 중국은 인민주권을 반드시 지속적으로 추진하고, 발달되고 성숙한 민주정치를 더욱 발전시켜 자유민주 체제와 경쟁적으로 공존하는 과정에서 사회주의 민주정치의 우월성을 충분히 보여줘야 한다. 그중 통치에 있어 인민과 광범위하게 상의하고 협상민주를 발전시키는 것이 중점이다. 시진핑은 "중국 사회주의 제도 아래에서는 할 일이 있으면 잘 의논하고, 많은 사람의 일은 많은 사람이 상의하며, 사회 전체의 의지와 요구의 최대공약수를 찾는 것은 인민민주의 참뜻이다. 인민의 이익과 관련된 일은 인민 내부에서 어떻게 해야 할지 잘 상의해야 하고, 상의하지 않거나 협의가 부족할 경우 일을 잘 처리하기는 매우 어렵게 된다. 우리는 일이 있으면 더 많이 상의하고, 일을 만나면 더 많이 상의하며, 일을 할수록 더 깊이 논의해야 하고, 상의는 많으면 많을수록 더 좋은 것이다"라고 말했다.30) 동시에 인민주권은 사회주의 사업 발전의 수요를 실현하는 것이다. 사회주의 사업은 중국 인민의 공동사업으로, 광대한 민중이 적극성을 충분히 발휘하는 기초 위에 집채 행동에 의존하고, 그래야 사회주의 사업이 지속적이고 깊은 발전 동력을 얻을 수 있다. 그리고 인민주권은 반드시 수억 인민의 적극성을 방출해야 그들이 국가 사무와 사회 사무, 경제와 문화 사업에 지속적이고 구속력 있는 영향을 미칠 수 있기 때문에 인민주권이 사회주의 발전 동력의 원천이 되는 것이다.

(4) 의법치국

당이 인민을 영도하고 국가를 통치하는 기본방식은 의법치국이다. 소위 의법치국이란 헌법과 법률이 국가와 사회의 최고 준칙임을 말한다. 모든 국가 기관, 정당, 사회조직, 시민도 헌법과 법률이 규정한 범위 내에서 활동해야 하며 헌법과 법률을 넘어서는 특권의 존재를 절대 허용하지 않는다.

당이 인민을 영도해 '치국이정(통치)'하는 기본방식으로써 의법치국과 공산당 영도는 일치해야 하고, 공산당 영도는 의법치국의 근본적 보장이다. 중국공산당은 「전면적인 의법치국 추진의 약간의 중대 문제에 관한 결정」에서 "당의 영도와 사회주의 법치는 일치하며, 사회주의 법치는 반드시 당의 영도가 있어야 하고, 당의 영도는 반드시 사회주의 법치에 의존해야 한다. 당의 영도하에 의법치국과 법치를 엄격히 시행해야만 인민주권이 충분히 실현되고 국가와 사회생활 법치화의 질서 있는 추진이 가능하다."라고 판단한다.31) 공산당의 영도와 법치 국가의 일치성은 당이 인민을 영도하여 헌법과 법률을 제정하고, 헌법과 법률이 공산당의 영도적 지위를 확립하며, 공산당의 통치 주장을 전면적으로 관철했다는 것으로 구체적으로 말할 수 있다. 이로써 "오늘날 중국에서 의법치국을 견지하는 것은 비로 딩의 영도를 견지하는 것이다."32)

지극히 중요한 문제는 당의 영도와 의법치국의 일치성이 헌법과 법률의 구체적 조문이 당의 헌법적 지위를 확립하고 당의 주장을 표현하는 데 있는 것뿐만 아니라, 헌법과 법률의 규범적 내용이 반드시 당의 이데올로기 규정에 부합해야 하는 한다는 것이다. 헌법을 중심으로 한 사회주의 법 체계는 사회주의 제도를 개선하고 발전시켜야 하는데, 이는 사회주의 법치의 규범적 함축 또는 실질적인 법치가 사회주의의 기본 원칙에 반드시 부합해야 하고 그중 공산당의 영도를 보장하는 것이 가장 근본적이라는 것을 말한다. 천밍밍(陳明明)은 "당의 영도는 국가, 사회와 인민의 거취에 대한 정치적 정확성과 규범을 충족시키는 것으로 간주된다"라고 판단했고, 이는 '법치의 영혼'과 '법치의 경계'를 구성한다.33) 실질적인 법치는 당의 이데올로기 규정에 부합하며, 사실 당의 법치화 수준을 높이는 것이기도 하다. 당의 이데올로기가 부단히 실질적인 법치를 형성할 때 당은 끊임없이 이데올로기 규정에 따라 당 자체를 규율해야 하고, 엄격한 규정에 따라 당을 통치하는 데 집중해야 한다. 의규치당은 당의 이데올로기를 강화하고, 당의 이데올로기는 실질적인 법치를 형성한다. 의법치국의 규범성 함축과 공산당의 영도가 일치하는 기반에서만 사회주의 법치 국가를 건설할 수 있고 의법치국과 의규치당이 서로 통일될 수 있다.

　의법치국의 목표는 사회주의 법치 국가를 건설하는 것이다. 사회주의 법치 국가 건설은 체계적인 공정으로 당과 인민의 의지를 국가권력 기관의 법적 절차를 거쳐 국가의 의지로 격상함으로써 헌법을 중심으로 한 완전한 사회주의 법률체계를 형성하는 것은 매우 중요한 기초적 부분이다. 최고 준칙인 헌법과 법률은 공산당이 인민을 영도하여 제정하고 헌법과 법률 자체가 당과 인민의 의지를 집중적으로 구현한 것인 이상, 당은 반드시 통치의 과정에서 헌법과 법률을 준수하는 데 앞장서야 하며, 헌법과 법률의 권위에 단호히 복종해야 한다. 헌법과 법률의 권위는 사실상 당의 권위이고, 헌법과 법률의 권위를 훼손하는 어떤 행위도 의심할 여지 없이 당의 권위를 파괴하는 것이며, 의법치국을 파괴하는 모든 행위는 의심할 여지 없이 중국 공산당 영도를 손상하는 것이다. 당의 권위와 헌법과 법률의 권위를 통합하는 것은 현대 중국 유기적 통일의 정치에 있어 매우 중요한 것인데, 오로지 의법치국으로만 헌법과 법률의 권위를 확립하며 중국공산당의 영도와 인민주권, 의법치국이 유기적으로 통일하는 전체—인민민주—만이 제도화, 규범화, 절차화될 수 있기 때문이다.

3. 사회주의 국가 : 유기적 통일 정치의 토대

유기적 통일의 정치는 사회주의 국가의 정치이며 사회주의 국가는 유기적 통일 정치의 토대이다. 사회주의 국가는 노동자 계급을 영도 계급으로 하여 중국의 절대다수 민중으로 구성된 인민이 정치적 지배의 지위를 차지하고 정치적 통치 행위를 실시하는 국가이므로 사회주의 국가는 계급 통치에 대해 부정의 부정을 진행하는 새로운 국가이다. 구체적으로 중국에 대해 말하자면 중국공산당의 영도하에 중국의 절대다수로 구성된 인민이 국가 정권을 장악하고 국가권력을 행사하며 인민주권을 실현한다. 따라서 중국의 정치생활에는 이미 정치 통치를 둘러싼 계급 간의 정치투쟁이 존재하지 않는다. 계급모순은 중국사회의 주요 모순이 아니고, 인민의 각 구성성분은 근본적 이익에서 일치하며 인민의 내부 모순을 올바르게 처리하는 것이 정치생활의 주제를 구성한다. 인민 전체, 사회 공동체, 국가 정권, 생산 수단의 공유제가 사회주의 국가의 기본 연결고리를 구성하고 유기적 통일 정치가 이러한 기본 연결고리에 뿌리를 내려 발전의 공간을 어렵지 않게 발견할 수 있다.

(1) 인민 전체

사회주의 국가는 인민 전체를 정치적 기반으로 하고, 이는 사회주의 국가를 인간으로부터 이해해야 하며, "모든 정치 학설 시스템의 논리적 출발점과 현실적 출발점은 인간 자체여야 함"을 의미한다.[34] 국가는 인간의 생산과 생활 과정에서 생겨나지만, 인간은 추상적인 사람이 아니라 일정한 사회적 관계에서 다양한 활동에 참여하여 사회적 교류와 사회적 연결의 실현을 형성하는 현실의 사람을 말한다. 마르크스는 "특정한 방식으로 생산 활동을 하는 특정 개인은 일정한 사회적, 정치적 관계가 발생한다. 경험적 관찰은 어떤 경우에도 경험에 기초하여 사회구조와 정치구조가 생산과 연결되어 있음을 밝혀야 하고 신비롭고 사색적인 색채를 띠어서는 안 된다. 사회구조와 국가는 늘 일정한 개인의 생활 과정에서 생겨난다. 하지만 여기서 말하는 개인은 그들 자신이나 다른 사람들이 상상하는 그런 개인이 아니라 현실의 개인, 다시 말해 이 개인은 활동을 하고 물질적 생산을 하기 때문에 일정하게 물질적이고, 그들의 자의적인 지배를 받지 않는 한계, 전제와 조건 속에서 활동하고 있다."고 판단했다.[35] 현실적인 사람들은 다양한 집단으로 응집되고, 전체 인민은 그중에서도 가장 중요한 집단 형태이다.

현실의 인간은 생산과 생활에서 일정한 관계를 맺고 이를 바탕으로 사회를 형성하며, 사회는 현실의 사람이 생존하고 발전하는 조건이다. 그러나 사회와 같은 이러한 사람의 집단적 존재에서는 사람과 사람 사이에서, 집단과 집단 사이에서 이해충돌이 발생할 수밖에 없고, 이러한 이해충돌이 계급충돌로 발전하여 정치투쟁으로 부상할 때 국가는 충돌을 제어하고 사회질서를 유지하기 위한 도구로 등장한다. 국가는 결코 사회의 이익충돌과 계급투쟁을 제거할 수 없고 경제적으로 지배적인 지위를 차지한 계급은 국가의 통치계급이 될 것이며, 그래서 국가는 상응하는 지배계급이 계급충돌을 억제하고 피지배계급의 반항을 억압하는 도구가 된다. 이러한 국면은 유구한 역사 발전을 거쳐 필연적으로 새로운 단계로 진입하게 된다. 즉 프롤레타리아와 부르주아 계급이 총체적 결전의 역사 단계에 들어가는 것이다. 프롤레타리아는 선진사회의 생산력을 대표하고 광대한 민중과 근본적으로 일치하는 이익을 갖고 있기 때문에 프롤레타리아가 부르주아 계급의 정치 통치를 전복시키면 광대한 민중의 계급해방을 실현하고 대다수 사람이 향유할 수 있는 민주를 확립하게 된다. 그러나 프롤레타리아 계급이 혁명에서 승리하기 위해서는 자신이 사회구성원의 다수가 될 뿐만 아니라 선봉대의 영도하에 단결하여 고도로 응집된 혁명군을 구성해야 하는데, 이 혁명군은 대다수 인민으로 구성된 인민 전체이다.

중국공산당이 영도하는 사회혁명은 마찬가지로 노동자 계급을 영도계급으로 하여 중국의 절대다수 민중으로 구성된 인민 전체가 구통치계급을 전복하여 대다수 인민의 민주를 실현하는 혁명이다. 하지만 중국의 절대다수 민중으로 구성된 인민 전체는 더 높은 응집성과 완전성을 가지고 있다. 중국혁명은 현대화 수준이 매우 낙후된 기초에서 진행되었는데, 이는 자본주의 산업화의 저개발이 중국혁명을 위한 방대한 규모의 노동자 계급을 형성하지 못했음을 의미한다. 사실 노동자 계급은 중국사회에서 소수이기 때문에 강대한 혁명의 역량을 키워 혁명의 승리를 거두기 위해서는 노동자 계급이 중국사회의 다수를 차지하는 농민계급과 동맹을 맺어야 하며 동시에 도시 소자산 계급 및 민족 부르주아 계급과 통일전선을 구축해야 한다. 단순히 노동자 계급, 농민계급, 도시소자산 계급, 민족 부르주아 계급으로 구성된 중국사회의 대다수는 아직 인민 전체라고 할 수 없고 공산당의 영도하에 노동자 계급을 영도계급으로 하는 중국의 절대다수 민중으로 구성된 집단만이 인민 전체이다. 근본적인 원인은 중국공산당이 발달된 조직 네트워크, 엄격한 기율, 포용적 이데올로기, 합리적인 행동 강령을 통해 중국 절대다수 민중을 전체로 만들었다는 데 있다. 단적으로 말하면 중국공산당은 인민 전체에 응집성과 완전성을 제공한다.

인민 전체는 중국혁명을 추진하는 기본 역량이었고, 낡은 통치 질서를 무너뜨리고 새로운 통치 질서를 수립하는 과정에서 인민 전체는 새로운 통치 질서의 기초, 즉 사회주의 국가의 정치적 기반을 구성했다. 사회주의 국가는 일종의 정치역량으로서 인민 전체의 제도화된 표현 형태일 뿐이므로 인민 전체가 사회주의 국가에서 국가 권력을 장악하고 정치 통치를 실시하는 주체가 되었다. 인민 전체는 공산당 영도 아래 중국사회의 절대 다수 민중이 결집해 만들어진 것이다. 그래서 인민 전체가 국가 정권을 장악하고 정치적 통치를 실시한다. 바로 대다수 민주 통치, 또한 인민의 자기 통치이며 국가도 인민의 자기규정이 되어 사회와 국가 간의 상호지지 관계가 형성되는 것이다.

(2) 사회공동체

사회주의 국가는 인민 전체를 정치적 기반으로 두고 있는 이상, 인민 전체는 필연적으로 상응하는 사회를 형성하기 때문에 사회주의 국가와 서로 대응한다. 마르크스는 "사회는…… 그 형태가 어떠하든 지 간에…… 도대체 무엇인가? 바로 사람들이 서로 활동하는 산물이 다. 사람들은 모종의 사회 형태를 자유롭게 선택할 수 있는가? 결코 불가능하다. 사람들은 생산력 발전의 일정한 상황에서 일정한 교환 과 소비를 하게 될 것이다. 생산, 교환과 소비 발전의 일정 단계에서 상응하는 사회제도, 상응하는 가정, 등급 또는 계급조직이 있게 될 것이다. 한마디로 상응하는 시민사회가 있을 것이다. 일정한 시민사 회가 있으면 시민사회의 공식적인 표현에 불과한 상응하는 정치 국 가가 있을 것이다."라고 생각했다.[36] 사회는 생산력의 발전 수준에 따라 결정되고 상응하는 사회제도, 상응하는 가족, 등급 또는 계급조 직을 구성요소로 한다.

사회주의 제도가 이미 확립된 조건에서 중국의 사회 생산력은 크 게 발전했으며 전반적으로 전면적인 샤오캉을 실현한 토대 위에서 중국사회도 거대한 발전을 이루었고 새로운 단계에 진입했다. 인민 전체가 중국사회의 절대다수인 민중으로 구성되어 있기 때문에 인민 전체의 성격이 중국사회의 성격을 결정하고 인민 전체에 의해 결정 되며, 새로운 단계로 발전하는 중국사회는 조화로운 공동체이고 조 화로운 공동체의 본질은 조화로운 사회이다. 사회주의 국가에 상응 하는 인민 전체로 구성된 사회는 조화로운 사회 공동체인 것이다.

후진타오는 사회주의와 조화사회를 "경제건설, 정치건설, 문화건 설, 사회건설이 조화롭게 발전하는 사회이고 사람과 사람, 사람과 사회, 인간과 자연이 전체적으로 조화로운 사회"라고 생각했다.[37] 인민 전체에 결정되고 새로운 단계로 발전하는 중국사회가 조화로운 사회인 근본 이유는 생산 수단 공유제를 주체로 하는 경제체제가 확립되었고 계급모순이 더 이상 중국사회의 주요 모순이 아니며 중국공산당은 광범위한 인민 군중의 이익을 제외하면 자신의 특수 이익이 없기 때문이다. 인민은 이미 국가의 주인이 되었다. 후진타오는 다음과 같이 언급했다. "우리 당과 국가의 이러한 성격은 중국의 가장 광범위한 인민의 이익을 근본적으로 일치시킨다. 우리 사회의 기본 모순은 비대항적이며 우리는 끊임없이 사회 화합을 촉진하고 궁극적으로 사회주의 조화사회를 건설하기 위한 근본적인 정치적 전제 및 사회제도적 보장을 가지고 있다."[38] 조화사회는 인민 이익이 근본적으로 일치하는 사회이다. 여기서 말하는 인민 이익의 근본적 일치는 사실 인민 전체가 고도의 응집성과 완전성을 가진 정치 실체, 사회주의와 조화사회의 건설은 이 정치 실체를 공고하게 발전시키는 것을 가리킨다.

인민 전체의 응집성과 완전성은 중국사회가 적대적인 계급모순에 의해 지배될 가능성을 배제한다. 하지만 조화사회는 모순이 없는 사회가 아니라 대량의 복잡한 인민 내부 모순이 있는 사회이며 조화사회는 인민 내부의 모순을 해결하는 과정에서 발전을 달성하는 사회이다. 후진타오는 이와 같이 언급했다. "사회주의와 조화사회를 건설하는 과정은 각종 모순을 적절하게 처리하고 끊임없이 전진하는 과정이다. 불협화음을 제거하고 조화로운 요소를 부단히 증가시키는 과정이다. 중국의 개혁개방이 중요한 시기에 진입하면서 중국사회에 존재하는 인민 내부의 모순이 빈번해지고 다양화하는 상황이 나타나고 있다. 이는 중국사회의 심각한 변혁에서 피할 수 없는 현상이다."[39] 조화사회의 인민 이익이 근본적으로 일치하는 측면이 현대 중국 유기적 통일 정치의 바탕을 이루고 있다면, 조화사회의 인민 내부의 모순이 광범위하게 존재하는 다른 측면도 존재하고 이 바탕은 많은 발전을 촉진한다. 그래서 인민 내부의 모순을 끊임없이 해결하는 과정은 실제로 광범위한 인민 이익을 확대하고 근본적으로 일치시키는 기본적인 과정이며, 인민 전체의 응집성과 완전성을 부단히 강화하는 과정이기도 하다.

중국사회의 주요 모순의 전환은 사회공동체의 발전이 새롭고 높은 발전 수준의 역사적 단계에 진입했음을 의미한다. 시진핑은 19차 당대회에서 "중국 특색의 사회주의가 새로운 시대에 접어들었고, 중국사회의 주요 모순은 인민의 아름다운 생활 수요 증가와 불균형 발전 사이의 모순으로 이미 전환되었다. 중국은 10억 명이 넘는 사람들의 먹고사는(원바오, 溫飽) 문제를 안정적으로 해결하고 전반적인 샤오캉 사회를 실현했다. 머지않아 전면적인 샤오캉 사회를 건설할 것이고 인민의 더 나은 삶에 대한 요구가 날로 광범위해질 것이다. 아울러 물질문화 생활에 대한 요구가 더 높아질 뿐만 아니라 민주, 법치, 공정, 정의, 안전, 환경 등의 방면에서도 요구 사항이 나날이 증가할 것이다. 동시에 중국사회의 생산력 수준이 현저하게 향상되었고 사회 생산 능력은 다방면에서 세계에서 가장 앞서 있다. 이에 따라 불균형 발전이 더욱 두드러졌고 인민의 증가하는 아름다운 삶의 요구를 만족시키는 데 있어 주요 제약 요소가 되었다."고 엄숙히 지적했다.40) 인민의 날로 증가하는 아름다운 삶의 수요와 불균형 발전 사이의 모순을 파악하는 것은 중국 특색 사회주의 신시대에 인민 내부의 모순을 올바르게 해결하는 열쇠이며, 인민 전체의 응집성과 완전성을 더욱 향상시켜 사회공동체를 더욱 높은 수준으로 발전시킬 수 있다.

(3) 국가 정권

사회주의 국가의 건립은 유기적 통일의 정치를 창조했기 때문에 사회주의 국가의 정권은 인민 전체가 장악하는 것이다. 비록 인민 전체가 장악하고 있는 정권은 인민에 대해 실행하는 민주와 적에 대한 독재를 결합한 인민민주 독재이지만, 인민 전체는 노동자 계급을 영도로 하는 중국의 절대다수 민중으로 구성되어 있기 때문에 독재의 적은 중국 사회구성원의 극소수와 외국의 적대 세력 정도이다. 이는 인민민주 독재의 주요 측면은 인민민주이고, 적에 대한 독재는 인민민주 독재의 부차적인 측면이며, 적에 대한 독재는 인민민주를 보장할 뿐만 아니라 인민민주를 보완함을 의미한다. 인민 전체는 사회주의 국가 정권의 정치적 기초이고 인민민주 독재는 인민 전체를 국가 정권의 장악자로 확립한다. 동시에 인민 전체를 국가 정권과 결합시키고 사회주의 국가 정치제도의 기본 역할은 인민 전체와 국가 정권의 결합을 공고화하는 것이다. 또 인민 전체와 국가 정권이 결합해야만 사회주의 국가의 정치제도가 자체 운영을 통해 유기적 통일의 정치를 공고히 하고 발전시킬 수 있다.

사회주의 제도가 이미 확립되고 인민 전체가 국가권력을 장악하는 조건 아래에서 인민 전체는 지속적으로 발전될 수 있다. 오늘날 중국 사회에서 인민의 범위는 이미 최대한 확대되었다. 장쩌민은 16차 당대회 보고에서 "개혁개방이 심화하고 경제문화가 발전함에 따라 중국의 노동자 계급 대오가 부단히 성장하고 그 자질은 계속 높아지고 있다. 지식인을 포함한 노동자 계급과 광대한 농민은 항상 중국의 선진 생산력의 발전과 사회의 전면적인 발전을 촉진하는 근본적 역량이다. 사회변혁에 등장한 민간 과학기술기업의 창업자와 기술자, 외자기업에 고용된 관리기술자, 자영업자, 사영기업인, 중개 조직 종사원, 프리랜서 등 사회계층은 모두 중국 특색 사회주의 사업의 건설자이다."라고 지적했다.41) 인민은 최대한의 중국 민중을 포함하는데 이는 정치역량으로서 인민 전체의 응집성과 완전성의 향상과 함께 비약적인 진보를 이룰 것이다. 나아가 인민 전체가 장악하고 있는 국가 정권도 더욱 공고해질 것이다.

인민 전체가 장악하고 있는 국가 정권은 인민 전체와 사회 구성원 사이의 최대 중첩을 바탕으로 계급 통치에 대한 부정의 부정이 진행된다. 그래서 계급 통치 및 이와 밀접하게 연계된 계급투쟁은 정치의 주요 내용일 수 없다. 이를 대체한 것이 인민 내부의 모순을 정확히 처리하는 것을 주요 내용으로 하는 유기적 통일의 정치다. 유기적 통일의 정치는 인류사회 정치생활의 새로운 경지를 열었고, 이러한 새로운 경지는 당연히 계급 대항 정치에 대한 것이다. 유기적 통일의 정치가 개척한 새로운 경지를 인민민주라고 말할 수 있다. 인민민주의 기본 목적은 '사회적 정치 주체의 전반적인 이해관계'를 보장, 발전, 조절하는 것이다.42) 유기적 통일의 정치에서 정치 주체의 전반적 이익 관계는 인민의 근본 이익이다. 인민 전체가 장악하고 있는 국가 정권은 인민의 근본 이익, 다시 말해 인민 전체의 전반적인 이익 관계를 지속적으로 발전시켜 유기적 통일 정치의 완전함과 성숙을 추동하는 것이다.

(4) 생산 수단 공유제

사회주의 국가는 공유제를 생산 수단 소유제의 주요 형식으로 하는 국가이다. 사회주의 국가의 정치적 기초가 인민 전체로 구성되어 있다면 사회주의 국가의 경제적 기반은 생산 수단의 공유제로 구성되어 있다. 아울러 생산 수단 공유제 또한 인민 전체역량의 경제기반을 구성하고 있다. 공산당이 혁명 과정에서 결집한 인민 전체가 생산 수단 공유제에 기초해야만 사회주의 국가에서 오랫동안 공고한 발전을 할 수 있기 때문이다. 즉, 생산 수단 공유제의 기초 위에서만 중국의 광대한 민중은 일치된 근본 이익을 형성하고 근본 이익의 일치를 바탕으로 인민 전체를 응집할 수 있으므로 생산 수단 공유제는 현대 중국 유기적 통일 정치의 가장 깊은 토대이다.

유기적 통일의 정치는 계급 통치에 대한 부정의 부정의 바탕에서 형성된다. 중국공산당은 절대 다수 민중을 인민 전체로 응집시켜 소수를 대체해 국가 정권을 장악했다. 이는 계급 통치에 대한 부정의 부정을 진행한 첫 역사적 행동이다. 국가 정권을 이용해 생산 수단 사유제 폐지를 기초로 생산 수단 공유제를 확립·발전시키는 것은 계급 통치에 대한 부정의 부정을 진행한 두 번째 역사적 행동이다. 마르크스와 엥겔스는 다음과 같이 언급했다. "노동자 혁명의 첫걸음은 프롤레타리아를 통치계급으로 끌어올려 민주를 쟁취하는 것이다. 프롤레타리아 계급은 자신의 정치적 통치를 이용해 부르주아 계급의 모든 자본을 점진적으로 빼앗고 모든 생산 도구를 국가, 즉 조직이 통치계급이 되는 프롤레타리아 계급의 손에 집중시키며 가능한 한 빨리 생산력의 총량을 늘려야 한다."[43] 생산 수단 사유제 폐지와 사회 생산력 발전에 걸맞은 생산 수단 공유제의 확립은 인간의 자유와 전면적 발전을 위한 초석이다. 그렇기 때문에 유기적 통일의 정치에 있어서 두 번째 역사 행동은 더 심원한 역사적 의미를 가지고 있다.

유기적 통일의 정치에 의한 계급 통치에 대한 부정의 부정 핵심은 인민 전체가 국가 정권을 장악하는 데 있다. 하지만, 인민 전체는 광대한 민중의 자의적인 느슨한 집합이 아니라 광대한 민중이 근본적인 이익의 일치를 바탕으로 응집하여 형성된 정치적 실체이다. 인간은 모든 사회적 관계의 총합을 구현하는 현실적인 인간이기 때문에 인간의 이익은 필연적으로 변화하고 발전한다. 이는 광대한 민중의 근본적인 이익이 자동으로 일치할 수 없다는 것을 의미하고, 나아가 광대한 민중이 응집하여 형성된 인민 전체는 한 번 형성되면 늘 공고한 사물을 형성하는 건 아니라는 것을 의미한다. 인민의 전체를 장기간 공고히 하기 위해서는 인민의 근본 이익의 일치성을 강화하고 발전시켜야 하며 그중 관건은 생산 수단 공유제를 확립하는 것인데, 이는 생산 수단 공유제가 광대한 민중의 근본 이익의 일치성을 위한 토대를 마련하기 때문이다. 시진핑은 "공유제를 견지하고 발전시키는 것은 중국 특색 사회주의 제도를 공고히 하고 발전시키는 데 있어 중요한 기둥이다", 또 국유기업은 "인민의 공동 이익을 보장하는 주요 역량이다"라고 언급했다.[44] 생산 수단 공유제의 확립으로 계급모순은 더 이상 중국사회의 주요 모순이 아니고 중국공산당의 선봉대 성격과 국가 정권의 사회주의 성격은 중국 인민의 이익과 근본적으로 일치됨을 결정한다. 비록 인민 내부에는 객관적으로 모순이 존재하지만, 중국사회의 기본 모순은 대항성이 없다. 이로써 알 수 있는 것은 생산 수단의 공유제두가 사회주의 생산 관계의 성격을 결정하고 광대한 민중의 이익분배 기본구도와 이익발전의 기본방향을 형성했다는 것이다. 이는 경제 기초의 측면에서 인민 전체의 장기적 통합을 위해 중요한 보장을 제공하는 것이기도 하다.

물론 광대한 민중의 근본적 이익의 일치는 민중 간의 모순이 없다는 것을 말하는 것은 아니다. 중국 특색 사회주의 소유제 형태가 공유제를 주체로 하고 다양한 소유제가 공동 발전하기 때문에 민중 사이에는 모순이 존재할 수 있으며, 심지어 일부 모순은 광대한 민중의 근본적 이익의 일치성에 영향을 미칠 가능성도 있다. 이러한 상황에서 생산 수단 공유제를 견지·발전시키는 것은 광대한 민중의 근본 이익의 일치성을 조성하였고 인민 전체를 공고히 하는 것은 갈수록 더 중요해지고 있다. 당 18기 3중전회 결정에서는 "공유제 경제의 공고화와 발전을 위해 흔들림 없이 공유제의 주체적 지위를 견지하고 국유경제의 주도적 역할을 충분히 발휘하며 국유경제의 활력, 통제력, 영향력을 지속적으로 강화해야 한다."라고 명확히 요구했다.45) 마찬가지로 19기 4중전회의 결정에서도 공유제를 주체로 다양한 소유제를 함께 발전시키는 것은 사회주의 제도의 우월성을 반영하며 "공유제 경제를 흔들림 없이 공고히 발전시켜야 한다"고 강조했다.46) 여러 소유제의 공동 발전은 사회주의 초급단계의 기본 경제제도이다. 따라서 생산 수단 공유제를 발전시키는 것은 특히 중요하다. 공유제의 주체적 지위를 지속적으로 공고히 해야 다양한 소유제가 공동발전하는 사회주의 초급단계에서 광대한 민중의 근본이익 일치성을 강화할 수 있고 이를 바탕으로 인민 전체를 통합하고 발전시킬 수 있다. 마찬가지로 생산 수단의 공유제를 견지하고 발전시켜야 사회주의 국가에 경제적·정치적 기반을 제공한다. 이로써 유기적 통일 정치의 발전을 위한 깊은 토대를 마련할 수 있다.

4. 유기적 통일 정치의 결합구조

중국공산당 영도, 인민주권, 의법치국이 유기적으로 통일되어 만들어진 전체는 사회주의 민주정치이고, 사회주의 민주정치는 인민민주이다. 인민민주는 유기적 통일 정치의 전체이다. 이는 일단 중국정치 중에서 자신의 성격을 초보적으로 형성하고 자신의 핵심을 구성하는 요소로 하는 즉 중국공산당 영도, 인민민주, 의법치국으로 규정되고 만들어진다. 따라서 인민민주는 중국공산당 영도, 인민주권, 의법치국으로 구성된 유기적 통일의 기초이다. 중국공산당 영도, 인민주권, 의법치국은 인민민주의 실천과 발전에서 유기적으로 통일되었다고 말할 수 있으며, 인민민주의 실천과 발전은 중국공산당 영도, 인민주권, 의법치국으로 만들어진 유기적 통일의 정치를 더 공고히하고 개선할 수 있다. 인민민주의 실천과 발전은 주로 국가체제, 정치체제, 통치체제의 세 가지 구조를 포함하며 중국공산당 영도, 인민주권, 의법치국이 바로 국가체제, 정치체제, 통치체제를 통해 유기적통일을 실현하는 것이다.

(1) 국가체제로 유기적 통일을 실현

국가체제는 국가 정권의 성격이고 사회주의 국가 체제는 인민민주독재이다. 마오쩌둥은 혁명 승리 이후의 정치를 분석하면서 미래의국가는 인민공화국이며, 국가체제, 그것은 단지 '하나의 문제, 바로사회 각 계급의 국가 내 지위'를 가리키고, 인민공화국의 국가체제는'각 혁명계급 연합 독재'라고 여겼다.[47] 여기서 말하는 모든 혁명계급은 노동자 계급, 농민계급, 도시 소자산 계급, 민족 부르주아 계급 및 기타 계급의 혁명 세력이다. 신중국 성립 당시, 마오쩌둥의 국가체제에 대한 인식에는 새로운 발전이 있었다. 그는 신중국의 국가체제를 인민민주 독재로 보고, "인민이란 무엇인가? 중국의 현 단계에서 노동자 계급, 농민계급, 도시 소자산 계급 및 민족 부르주아 계급이다. 이들 계급은 노동자계급과 공산당의 영도 아래 단결하여 자신의 국가를 구성하고, 자기 정부를 선출하며, 제국주의의 앞잡이인 지주 계급과 관료 부르주아 계급과 이를 대표하는 국민당 반동파와 그 하수인들을 향해 독재를 실시하는 것이다."라고 생각했다.[48] 인민민주 독재가 모든 혁명계급의 연합 독재의 표현을 대체한 것임은 쉽게 알 수 있다.

인민공화국의 국가체제는 각 혁명 계급의 연합 독재에서 인민민주 독재로 승화하는 것이 주요한 이론적 발전이다. 한 측면에서 인민은 혁명계급이 연합해 형성될 뿐만 아니라 중국공산당의 영도 아래 결속되어 만들어진 전체역량이다. 다른 측면에서는 인민은 독재를 실시하는 주체이며 인민이 국가의 주인으로 인민주권을 실현한다. 인민이 주인이라는 것은 절대다수의 중국 민중이 전체로 응집하여 계급해방을 실현했다는 것을 의미하며, 소위 계급해방이란 인민 전체가 피지배적 지위로부터 해방되어 통치자가 되었다는 것이다. 계급해방을 실현한 인민 전체는 국가에서 통치 지위를 획득했다. 그러나 극소수 적에 대한 독재는 인민 전체의 주요 업무가 아니다. 인민 전체의 근본적 임무는 자신의 통치 지위를 이용해 생산 관계를 부단히 개혁해 생산력을 해방하고 사회주의 건설을 지속적이고 효과적으로 추진하는 것이다. 이로써 계급과 계급통치를 소멸시키고 고도로 발달한 인민민주를 건설한다. 이처럼 사회주의 국가의 국가체제는 집중적으로 표현해야 할 기본적 함의이다.

인민 전체는 민주와 독재를 실행하는 주체이다. 하지만 인민 전체는 중국 절대다수 국민으로 구성된 느슨한 연합이 아니라 중국공산당의 영도를 중심으로 노동자 계급을 영도계급으로 한 중국 절대다수 민중으로 구성된 정치적 실체이다. 중국공산당의 영도는 인민 전체를 결집시키는 핵심이기 때문에 인민이 국가 정권을 장악하고 국가권력을 행사하며 주인이 될 때 중국공산당의 영도는 내재적으로 인민민주 독재, 즉 인민주권을 확립한다. 더 나아가 중국공산당 영도와 인민 전체는 중국혁명 과정에서 유기적으로 통일된 것이다. 인민 전체가 혁명을 통해 통치 지위를 획득하고 국가 정권의 장악자가 된 이후 중국공산당의 영도는 인민주권과 유기적으로 통일되는 것이다. 중국공산당 영도와 인민주권의 유기적 통일은 중국공산당 영도와 인민 전체의 유기적 통일이 사회 영역에서 국가 정권의 영역으로 확대되는 필연적인 결과이다.

중국공산당 영도와 인민 전체의 유기적 통일이 중국공산당 영도와 인민주권이 유기적으로 통일 전환되는 과정에서 의법치국이 제3의 요소로 등장하고 결합되기 시작했다. 의법치국은 인민주권의 내재적 요구이다. "합법적인 정치사회는 인민의 동의를 기초로 해야 하며 이러한 동의는 정부가 수립하기 위해 달성한 사회 계약에 반영되어야 한다. 이러한 사회 계약은 통상 헌법 형식을 채택하고 헌법은 정치체제 구조와 제도 청사진을 확정한다."49) 인민주권은 의법치국의 수요에 대해 실제로 사회주의 국가의 정치적 기초가 되는 인민 전체가 헌법 형태로 확정된다는 것을 의미한다. 마오쩌둥은 1954년 헌법 제정을 주재하면서 중국혁명의 성과인 인민민주 국가를 헌법에 확립하고 공고히 하는 하나의 사상을 관철했다.50) 헌법에서 인민 전체와 인민주권을 확립하고 공고히 하는 것은 실제로 의법치국의 방식으로 중국공산당 영도와 인민주권의 유기적 통일을 확립하고 공고히 하는 것이다. 아울러 의법치국의 지속적인 추진과 사회주의 법치의 부단한 개선에 따라 유기적 통일 정치를 공고히 하고 발전시키는 데 의법치국의 역할은 점점 더 분명하고 중요해질 것이다. 따라서 중국공산당 영도, 인민주권, 의법치국은 국가체제에 의해 유기적으로 통일되어 있어 국가체제의 통합과 발전은 끊임없는 개선이 수반될 것이다.

(2) 정치체제로 유기적 통일을 실현

중국공산당 영도, 인민주권, 의법치국은 국가체제를 실현하는 유기적 통일의 정치체제까지 확대될 것이다. 헌법은 인민 전체 및 중국공산당 영도와 인민주권의 유기적 통일에 대한 확정과 통합은 사회주의 국가의 정치제도 체계로 구체적으로 나타날 것이다. 정치체제는 사회주의 국가의 정치제도 체계 중의 근본이다. 정치체제는 국가정권의 조직형태이고, 국가체제에 의해 결정되고 구현된다. 중국의 정치체제는 바로 인민대표대회 제도이고, 인민대표대회 제도는 중국공산당 영도, 인민주권, 의법치국이라는 유기적 통일의 근본적 형태이다.

중국공산당 영도, 인민주권, 의법치국에 의한 유기적 통일을 실현하는 데 있어 인민대표대회 제도의 중요한 지위와 핵심역할에 대한 중국공산당의 인식은 그 자체가 유기적 통일 정치 실천의 산물이다. 17차 당대회 보고에서는 중국공산당 영도와 인민주권, 의법치국은 중국 특색의 사회주의 정치발전에 유기적으로 통일된 동시에 사회주의 민주정치의 제도화, 규범화, 절차화를 반드시 추진해 사회주의 정치제도의 특징과 우위를 견지해야 한다고 지적했다.51) 중국공산당은 사회주의 정치제도를 통해 유기적 통일 정치를 공고히 해야 한다는 과제를 제시했고, 이를 바탕으로 후진타오는 18차 당대회 보고서에서 "제도 건설을 두드러진 위치에 두고 중국 사회주의 정치제도의 우월성을 충분히 발휘해야 한다."라고 언급했다.52) 중국 사회주의 민주정치 실천 경험과 사회주의 정치제도 건설 경험을 반복적으로 요약한 것을 바탕으로 시진핑은 19차 당대회 보고서에서 이와 같이 언급했다. "인민대표대회 제도는 당의 영도, 인민주권, 의법치국이 유기적 통일을 견지하는 근본 정치제도로 배치하고, 반드시 장기적이고 지속적으로 견지하고 개선해야 한다."53) 인민대표대회 제도로 중국공산당 영도, 인민주권, 의법치국을 실현하는 유기적 통일은 유기적 통일의 정치가 새로운 고도로 발전했음을 의미하고, 유기적 통일 정치를 내핵으로 하는 중국의 사회주의 정치제도도 새로운 단계로 발전했다.

인민대표대회 제도는 유기적 통일 정치의 논리에 따라 설계되었다. 당의 지도자는 인민들이 선거의 형태로 인민대표를 선출하고 인민대표는 각급 인민대표대회로 구성하며, 인민대표대회는 당과 인민의 의지를 국가 의지로 격상시키는 것, 즉 법적 절차에 따라 이를 헌법과 법률로 제정하고 당과 인민은 헌법과 법률의 규정에 따라 활동을 수행한다. 사실 전국인민대표대회는 당의 결속된 인민 전체를 조직형태로 보여주는 것이기 때문에 전국인민대표대회는 인민 전체의 축소판 또는 '축소된 인민'이라고 말할 수 있다.54) 인민대표대회 제도 자체가 헌법의 산물에 불과하고 당이 결집하여 형성된 인민 전체가 인민대표대회를 통해 조직한 형태를 보이고 당과 인민의 의지도 인민대표대회를 통해 헌법과 법률이 된 이상 인민대표대회 제도는 중국공산당 영도, 인민주권, 의법치국의 유기적 통일을 실현한다.

중국공산당 영도, 인민주권, 의법치국은 인민대표대회 제도 중에 실현된 유기적 통일과 마찬가지로 역동적인 정치과정이다. 인민대표대회가 소집되는 시간 내에 각급 당 위원회는 전문적인 임시 업무위원회 또는 영도소조를 설립하고, 인민을 대표하는 인민대표대회가 그 기간의 의제를 진행할 것이다. 이와 동시에, 인민대표대회를 구성하는 대표도 대표단에 따라 임시 당 지부를 성립하고, 당 위원회는 임시 영도소조를 통해 대표단의 임시 당 지부를 직접 이끌 뿐만 아니라 대표단 당 조직 책임자 연석회의를 통해 대표의 행동을 조정하고 당 위원회의 영도를 강화한다.[55] 이를 통해 당은 인민대표대회 내부에 진입하여 영도와 인민주권을 실현하고, 당의 인민대표대회 진입 방식은 헌법과 법률에 규정되어 있음을 알 수 있다. 따라서 인민대표대회의 정치과정은 중국공산당 영도, 인민주권, 의법치국을 유기적으로 통일하고 있으며 이 정치과정은 인민민주의 전형적인 모습이라고 할 수 있다.

사회주의 정치제도 체계에서 정부는 인민대표대회에 의해 선출되고 인민대표대회의 감독을 받으며 인민대표대회에 대한 책임을 지는 국가기구이며, 정부는 인민대표대회의 연장선에 있다고 할 수 있으므로 정부를 정치체제의 중요한 부분으로 볼 수 있다. 중국공산당 영도, 인민대표대회, 의법치국은 정치체제를 통해 유기적 통일을 달성한 것으로 인민대표대회뿐만 아니라 정부를 통해서도 실현된다. 각급 정부는 동급 당 위원회의 영도를 받아들일 뿐만 아니라 정부 내부의 당 조직도 당의 영도를 보장하고 있으며, 각급 정부는 인민대표대회에서 탄생하였기 때문에 정부 자체가 인민민주의 결과이자 구현이다. 각급 정부는 헌법과 법률을 행동 준칙으로 삼아야 하며 법에 따라 의법행정은 정부의 기본 특징이다. 공공사무 관리의 주요 책임자는 실제로 각급 정부이기 때문에 중국공산당 영도, 인민주권, 의법치국이 실천에서 유기적으로 통일되는데 주로 정부에 의해 완성된다. 나아가 인민민주는 결국 인민의 근본적인 이익을 증진하고 공민의 권리를 개선해야 하기 때문에 정부 행위는 인민민주의 주요 측면에서 인민민주의 발전에 직접적인 영향을 끼친다. 따라서 중국공산당 영도, 인민주권, 의법치국의 유기적 통일의 발전과 개선에 영향을 준다.

(3) 통치체제로 유기적 통일을 실현

통치체제는 국가통치 체계이며 그 기본 내용은 오늘날 중국의 사회주의 제도 체계이다. 국가체제와 정치체제는 사회주의 제도 체계에서 가장 근본적인 구성요소이므로 국가체제와 정치체제도 통치체제에 포함된다.

비록 국가체제와 정치체제는 중국공산당 영도, 인민주권, 의법치국의 유기적 통일의 과정에서 중요한 기초적 역할을 했지만, 국가체제와 정치체제를 제외한 국가통치 체계의 다른 부분도 중국공산당 영도, 인민주권, 의법치국의 유기적 통일을 실현하는 과정에서 중요한 역할을 한다. 또한 사회주의 제도의 지속적인 건설, 발전 및 개선과 함께 국가체제와 정치체제 밖의 국가 거버넌스 체계는 중국공산당 영도, 인민주권, 의법치국의 유기적 통일을 실현하는 데 점점 더 많은 역할을 할 수 있으며 이러한 변화는 정당제두와 기층 군중 자치 제도에 집중되어 나타난다. 따라서 여기서 분석된 통치체제의 유기적 통일 실현은 국가체제와 정치체제 이외의 국가 통치체계의 유기적 통일, 특히 정당제도와 기층 군중 자치제도 실현의 유기적 통일을 가리킨다.

중국의 정당제도는 중국공산당이 영도하는 다당협력과 정치 협상제도이고, 인민정치협상회의는 다당협력과 정치 협상의 조직형태이다. 인민정치협상회의는 국가 기관은 아니지만, 중국 정당제도의 조직형태이기 때문에 사실상 국가 기관과 유사한 역할을 하고 있으며, 이러한 역할은 인민대표대회와 상호 협력하는 데 집중되어 있다. 구체적으로 중국공산당이 이끄는 다당협력과 정치협상제도, 인민정치협상회의제도는 항상 인민의 범위를 최대한 확대하고, 중국공산당을 중심으로 한 민주당파와 인민단체로 구성된 조직 네트워크를 이용해 중국의 절대다수 민중에 대한 '정체성 통합'56)을 실시하여 인민 전체의 기능을 극대화해야 한다. 중국공산당 영도, 인민주권, 의법치국은 모두 '정체성 통합'의 가치 기반이자 정체성의 대상이기 때문에 '정체성 통합' 과정에서 중국공산당 영도, 인민주권, 의법치국의 유기적 통일이 실현된다.

기층 군중 자치제도는 국가 정권 밖의 사회 분야에서 중국공산당 영도, 인민주권, 의법치국의 유기적 통일을 실현하는 정치제도이다. 사회 분야는 중국 민중의 절실한 이익이 집중되는 정치 분야로 중국 광대한 민중의 중요한 이익을 보장하고 개선하는 데 중점을 두고 자기관리, 자기봉사, 자기교육, 자기감독을 수행하는 것은 인민주권의 가장 효과적이고 광범위한 방법일 뿐만 아니라 인민민주를 발전시키는 기초적인 공정이다. 사회 분야는 인민의 내부 모순이 집중되는 주요 분야이며, 기층 군중의 자치는 인민의 내부 모순을 올바르게 처리하는 기본 방식이고, 법치는 기층 군중 자치의 핵심 자원이라고 할 수 있으며, "전면적인 의법치국 추진의 기초는 기층에 있고 업무 중점도 기층에 있다."[57] 여기에서 기층 군중 자치제도의 유효한 운영이 보인다. 당이 인민을 영도하여 의법치국의 방식으로 중국의 광대한 민중의 절실한 이익을 보장하고 개선하는 과정에서 각종 문제를 직접 해결함으로써 인민 전체의 응집성과 완전성을 부단히 높이는 토대 위에서 중국공산당 영도, 인민주권, 의법치국이 유기적으로 통일됨을 알 수 있다.

유기적 통일의 정치와 국가통치 체계는 상호촉진되며 국가통치 체계는 유기적 통일 정치의 통합과 개선을 위한 동력과 자원을 지속적으로 제공할 것이고 유기적 통일의 정치는 국가통치 체계의 현대화를 위한 근본적인 지원을 제공할 것이다. 중국공산당 영도, 인민주권, 의법치국의 유기적 통일은 반드시 국가 거버넌스의 현대화를 촉진하는 과정을 거쳐야 하며 그것은 '새로운 시대 국가 거버넌스 현대화의 황금 법칙'을 지도한다.[58] 중국 특색 사회주의 민주정치의 발전으로 볼 때 국가통치의 현대화는 중국공산당 영도, 인민주권, 의법치국의 유기적 통일을 실현하는 데 점점 더 중요한 역할을 할 것이고, 유기적 통일의 정치는 국가 거버넌스의 실천 활동에서만 강화되고 완성될 수 있기 때문이다.

5. 끊임없이 발전하는 유기적 통일 정치

사회주의 국가의 건립은 유기적 통일의 정치를 건립했고, 중국공산당 영도, 인민주권, 의법치국 등 핵심요소의 발전 및 사회주의 정치제도는 중국공산당 영도, 인민주권, 의법치국의 지위 안배와 그들 상호관계의 배치에 대한 유기적 통일의 정치가 이미 발전·형성되었음을 설명한다. 그러나 유기적 통일의 정치는 완전히 성숙하지 않았으며 사회주의 민주정치의 발전을 지속적으로 개선해 발달된 인민민주로 발전시켜야 한다. 유기적 통일의 정치를 공고히 하고 개선하기 위해서는 반드시 인민을 중심으로 기반을 공고히 해야 하고, 개혁을 심화하고 활력을 강화하며, 제도적 혁신과 형태를 개선해 나아가 유기적 통일의 정치가 완전한 성숙한 상태가 되도록 추동해야 한다.

(1) 기반 공고화

사회주의 국가는 유기적 통일 정치의 기반이며, 기반을 공고히 하는 것은 사회주의 국가를 공고히 하는 것이다. 유기적 통일 정치의 관점에서 분석하면 그 근간으로서 사회주의 국가는 인민 전체, 조화 사회, 국가 정권, 생산 수단 공유제 등 중요한 고리가 존재하므로 유기적 통일 정치의 기반을 공고히 하기 위해서는 인민 전체, 조화사회, 국가 정권, 생산 수단 공유제의 네 가지 측면에서 구체적으로 시작해야 한다.

첫째, 유기적 통일 정치의 기반을 공고히 하려면 인민 전체를 공고히 하고 인민 전체의 응집성과 완전성을 부단히 강화하여 중국공산당의 영도가 항상 광대한 민중을 인민 전체로 결집시켜 사회주의 국가를 위한 견실한 정치적 기초를 조성할 수 있도록 보장해야 한다. 둘째, 유기적 통일 정치의 기반을 공고히 하려면 조화로운 사회를 공고히 하고 인민의 근본 이익을 지속해서 증진하는 토대에서 공민권을 부단히 개선하며 전체 이익과 국부적 이익, 장기적인 이익과 목전의 이익, 집단 이익과 개인 이익의 관계를 적절하게 조정하고 인민 내부의 모순을 올바르게 해결하여 당이 인민 전체를 결집시킬 수 있는 견고한 사회 기반을 제공해야 한다. 셋째, 유기적 통일 정치의 기반을 공고히 하기 위해서는 국가 정권을 공고히 하고, 인민민주에서 출발해 국가 정권의 민주적 성격을 지속해서 발전시키며, 국가 정권이 항상 인민의 손에 있음을 보장하고 국가 정권의 공공관리 직능을 강화하는 기초에서 국가 정권은 인민에 봉사하는 능력을 향상해야 한다. 마지막으로 유기적 통일 정치의 기반을 공고히 하기 위해서는 생산 수단의 공유제 지위를 견지하고 국유기업을 더 강하고 우수하게 만들고 인민군중의 더 나은 삶에 대한 요구를 충족시키는 공유제 경제의 기본 역할을 더욱 잘 발휘해야 한다.

　분석적 관점에서 사회주의 국가는 인민 전체, 조화사회, 국가 정권, 생산 수단 공유제의 4개 부분으로 나눌 수 있지만, 유기적 통일 정치의 기반을 공고히 하기 위해서는 4개의 연결고리에서 결합을 형성해야 하며 이를 위해서는 인민 전체, 조화사회, 국가 정권, 생산수단 공유제에서 하나의 공통된 이념인 인민 중심의 이념을 관통해야 한다. 시진핑은 신시대 중국 특색의 사회주의 사상과 관련해 "인민 중심을 견지해야 한다. 인민은 역사의 창조자이며 당과 국가의 장래와 운명을 결정하는 근본적인 역량이다."라고 논술했다.59) 인민은 사회주의 국가의 주인이고 모든 권력은 인민에게 속하기 때문에 인민을 중심으로 유기적 통일 정치의 기반을 공고히 하는 것이 유기적 통일 정치의 근본을 움켜쥐고 있다. 현대 중국의 유기적 통일 정치의 전망은 인민을 중심으로 하는 이념이 실천으로 전환되는 정도에 크게 좌우되며, 인민 전체의 전반적인 통합과 발전을 바탕으로 유기적 통일 정치가 발전하고 개선될 수 있다.

(2) 전면적인 개혁 심화

중국공산당은 인민 전체를 결집하는 토대 위에서 사회주의 국가를
세웠고, 사회주의 국가는 사회주의 정치제도를 통해 인민 전체를 국
가 정권과 결합했다. 한편으로 이러한 결합은 사회주의 정치제도의
확립과 공고화를 통해 사회상태로 존재하는 인민 전체를 국가상태의
존재로 전환시켜 사실상 인민 전체의 공고화와 발전에 도움이 된다.
그러나 한편으로는 사회주의 정치제도의 불완전성으로 인해 이러한
결합은 또한 인민 전체의 응집성과 완전성을 약화시키고 인민 전체
의 진일보한 발전을 저해하는 문제가 있다. 만약 인민 전체가 발전하
지 못하면 인민 전체를 정치 기반으로 하는 사회주의 국가는 발전을
이루기 어렵고, 따라서 유기적 통일정치 역시 발전하기 어렵다. 이는
사회주의 정치제도의 불완전성이 유기적 통일 정치의 발전을 제약하
므로 반드시 사회주의 정치제도의 개혁을 심화시켜 유기적 통일 정
치의 활력을 강화해야 함을 의미한다.

전면적인 개혁 심화는 중국공산당이 중국 특색 사회주의 사업을
영도하는 중요한 방법이고 중국 특색 사회주의 사업이 부단히 전진
할 수 있는 활력의 원천이다. 시진핑은 다음과 같이 언급했다. "개
혁·개방은 현대 중국의 운명을 결정하는 핵심이자 '두 개의 백 년
(兩個百年)' 분투 목표의 실현을 결정하며, 중화민족의 위대한 부흥
을 실현하는 핵심이다."[60] 유기적 통일의 정치를 발전시키고 개선하
는 과정에서 사회주의 정치제도의 불완전성으로 인한 문제는 전면적
인 개혁을 심화시키는 방식으로만 해결할 수밖에 없다. 사회주의 민
주정치 건설의 실천은 끝이 없고 전면적인 개혁의 심화 역시 끝이
없는 것이다. 전면적인 개혁 심화의 목표는 사회주의 정치제도를 발

248

전시키고 개선하는 것이고 전면적인 개혁 심화의 목표를 달성하려면 중국공산당 영도 체제와 중국공산당의 자기혁명을 전면 개혁 심화의 열쇠로 삼아야 한다.

중국공산당은 중국 특색 사회주의 사업의 영도 핵심이다. 중국공산당 영도는 사회주의 정치제도의 핵심 구성요소이며, 중국공산당은 사회주의 정치제도의 엔진이라고 할 수 있다. 따라서 사회주의 정치제도의 개혁을 심화시키기 위해서는 반드시 중국공산당 영도체제를 개혁하고 완비해야 하며, 건전하고 효과적인 영도체제의 도움으로 당의 전면적 영도를 실현해야 한다. 중국공산당 영도를 강화하기 위해서는 당이 늘 선봉대 성격의 정당을 건립해야 하므로 당의 자기혁명을 전면적이고 종엄치당의 방식으로 추진해야 하며, 당의 선봉대 성격을 유지하는 것은 사회주의 정치제도를 발전시키고 개선하는데 지극히 중요한 작업이다.[61] 당이 항상 선봉대 성격의 정당이라는 토대 위에서만 당은 시종일관 공(公)으로, 집정은 인민으로, 중화민족의 위대한 부흥이라는 역사적 사명을 변함없이 추진하여 유기적 통일 정치에 활력을 제공할 수 있다.

(3) 제도 창조

유기적 통일 정치의 발전은 제도적 창조를 통해 유기적 통일 정치의 형태를 개선할 것을 요구한다. 중국공산당 영도, 인민주권, 의법치국은 유기적 통일 정치의 핵심요소일 뿐이고 사회주의 민주정치의 발전과정에서 중국공산당 영도, 인민주권, 의법치국의 유기적 통일은 유기적 통일 정치의 형성을 의미한다. 그러나 유기적 통일 정치이 완전한 성숙을 의미하는 것은 아니다. 실제로 유기적 통일 정치는 부단한 발전의 과정에 있으며 발달된 인민민주만이 유기적 통일 정치의 완전한 성숙 형태이다. 인민민주는 중국공산당 영도, 인민주권, 의법치국이 유기적으로 통일되어 만들어진 정체이다. 그렇지만 인민민주의 실천 과정과 제도 형식은 풍부하고 다채롭고 중국공산당 영도, 인민주권, 의법치국 이 세 가지 핵심요소에 국한되지 않을 것이다. 따라서 인민민주 발전의 수요에 반드시 근거해 제도를 창조해 인민민주의 실천 과정과 제도 형태를 풍부하게 만들어야 한다. 나아가 고도로 발달된 인민민주를 건립하고 유기적 통일의 정치 역시 이에 상응하는 완전히 성숙한 형태로 발전한다.

제도 창조는 그 자체로 중대한 정치적 변혁이다. 제도 창조는 단순히 오래된 제도를 수정하는 것이 아니라 오래된 제도에 존재하는 장애와 문제를 해결하는 것을 기초로 하거나, 기존 제도적 자원을 재편하여 실천의 요구를 충족시키기 위해 제도 변화를 달성하거나, 새로운 제도를 만들어 기존 제도 시스템에 추가하여 실제의 수요를 충족시시키는 것을 말한다. 제도 창조 과정에서 인류 정치 문명의 모든 우수한 성과와 인민민주 발전의 실천 경험이 중요한 기초이며 그중 인민민주 발전의 실천 경험이 더 근본적이다. 제도 창조는 사회주의 정치제도 체계를 전체적으로 바꾸는 것이 아니라 사회주의 정치제도의 기본원칙을 따르는 기초에서 인민민주 발전의 실천 과정이 제기한 요구에 근거해 새로운 제도를 건립해야 하므로 인민민주를 발전시키고 개선하며 사회주의 정치제도 시스템을 공고히 하고 풍부하게 한다. 제도 창조는 사회주의 정치제도 체계에서 인민민주의 실천에 입각한 정치변혁 과정임을 알 수 있으며 유기적 통일의 정치를 위한 더 많은 제도적 형태를 창출하고 유기적 통일의 정치를 완전한 성숙으로 추진하기 위한 수요를 충족시킬 것이다.

제4장

중국공산당 : 정치를 주도하는 가장 핵심적인 역량

공산당이라는 정당의 성격은 마르크스주의 주요 사상가들이 집대성한 이론과 공산당 당헌에 의해 명확히 규정된다. 그러나 민중의 복리를 모색하는 공산당의 가치적 사명은 (이론이나 당헌이 아닌) 노동자가 기계제 대공업에 종사하는 과정에서 형성된 경제관계, 사회관계 및 정치관계에서 배태된 것이다. 근대 이후 중국에서 현대화가 시작되고 그것이 안정적으로 추진될 수 있었던 까닭은 (여기에 대한) 중국공산당의 개입과 견인이 주요했기 때문이다. 중국혁명과 사회주의 건설, 개혁개방에 이르는 역정을 통해 성숙된, 민중의 복지를 모색하는 가치적 유전자와 국가와 민족의 부흥을 강구하는 역사적 사명은 몇 세대에 걸쳐 공산당원들의 의지를 북돋아 그들을 단련시키고 분투케 하였다. 이처럼 강렬한 역사적 사명은 신중국의 탄생뿐 아니라 사회주의 건설과 개혁개방의 추진을 가능하게 하였고 오늘날 중국을 신시대로 이끌었다. 신시대에 진입한 중국은 (제국주의와 봉건주의에 맞서) 결연히 일어나는 단계(站起來)와 나라를 부유하게 하는 단계(富起來)를 거쳐 이제 국가의 강성을 모색하는 단계(强起來)로 도약했다. 중국공산당은 새로운 유형의 정당이다. 중국공산당은 민족이 위기와 곤경에 처해 있을 시기에 출현해 백 년간 풍파를 겪으면서도 국가의 현대화를 효과적으로 추진해나갔고, 문화국가에서 민족국가, 민족국가에서 현대 국가에 이르는 중국의 점진적 성장을 견인했다. 이러한 국가발전을 주도하는 과정에서 중국공산당 자체 또한 발전과 보강을 거듭하였는데 그 제도적 성과 중 하나가 곧 신형(新型) 정당제도이다. 비교적 관점에서 볼 때 중국의 신형 정당제도는 개방성, 책임성, 발전성, 혁신성, 리더십이 한데 어우러진 특징을 갖고 있다. 지난 한 세기 동안 중국사회가 겪은 급격한 변화와 전환은 중국공산당이라는 신형 정당과 그 제도체계에 의해 추동되고 견인되었다고 해도 과언이 아닐 것이다. 중국의 현대화 과정에서 신형 정당과 신형 정당제도가 폭발적인 에너지를 분출할 수 있었던 비결은 다름 아닌 그 자체적 특징에서 찾을 수 있다. 중국공산당은 정치를 영도하는 가장 핵심적인 집단역량이다. 개혁개방 이래 중국공산당이 보여준 전면적 리더십과 그 효율성은 정부와 시장, 사회의 관계를 과학적으로 설정한 데서 비롯되었다. 즉 중국공산당은 제 자리를 찾은 시장과 조화사회(和諧社會)의 관계를 합리적으로 설정하고 대처하는 것을 핵심 원칙으로 한 리더십을 구현했다.

1. 신형 정당의 탄생과 성장

중국 인민은 민족해방과 현대 국가 건설을 추구하는 과정에서 마르크스주의라는 매우 예리한 이론적 무기를 발굴했고 이를 계기로 중국공산당이라는 신형 정당조직을 조직했다. 레닌은 "한 정당의 참된 효용을 이해하려면 그 정당이 내건 간판이 아닌 그 계급적 성격과 국가의 역사적 조건에 주목해야 한다"고 주장했다.[1] 중국공산당이라는 신형 정당 또한 현대화 사업에 직면한 중국의 내생적 발전에 요구되는 핵심 역량으로 등장해 중국혁명과 사회주의 건설, 개혁개방 과정 내내 조직화된 추동력을 발휘했다. 중국공산당은 현대 국가의 성장을 견인하는 과정을 통해, 또 효과적인 조직적 행보와 자기혁명식 개조 과정을 통해 신형 정당의 제도화된 형태를 정립했다. 중국 공산당이 주도하는 다당합작제도(多黨合作制度)와 정치협상제도(政治協商制度)가 그러한 제도화의 소산이다.

(1) 신형 정당의 탄생

마르크스주의의 유물론적 사관에 따르면 정당은 공연히 생겨난 것이 아니라 현실적인 하부구조에서 비롯된다. 일찍이 엥겔스는 정당의 탄생과 하부구조의 관계에 천착한 바 있다. 엥겔스에 따르면 "오늘날까지 역사적 저작에서 별다른 작용을 하지 못하거나 혹은 아주 미세하게 작용하던 경제적 사실은 적어도 현대 세계에는 매우 결정적인 역사적 역량으로 작용하고 있다. 경제적 사실은 현대 계급이 대립하는 기초를 형성했다. 이러한 계급 대립은 대규모 공업으로 인해 충분히 발전한 국가, 특히 영국에서 정당 형성의 기초이자 당쟁의 기초가 되어 사실상 모든 정치사의 기초가 되었다."[2] 즉 정당과 관련된 현상 특히 정당의 생성 배경을 분석할 때는 반드시 경제관계 및 그것을 바탕으로 형성된 사회관계와 정치적 현실에 먼저 주목해야 한다는 것이다. 독립된 주권과 신장된 민권을 갖추지 못한, 빈곤과 나약함에 찌든 근대 중국이 근대화를 실현하기 위해서는 중국사회의 재구성이라는 사회혁명의 과제가 선행되어야만 했다. 수많은 우국지사가 중국을 내우외환으로부터 구하려 고군분투했다. 그러나 민족 부르주아지 계급의 미성숙과 취약성, 현대화 과정에서 (걸림돌로 여겨진) 전통문화에 가해진 강한 충격과 배척, 특히 주권이 독립되지 못한 상황에서 채택된 미숙한 구국 방안과 제도 설계로 인하여 결국 현대화는 좌절되었고 중국사회의 통합성은 심각한 위기를 맞았다. 그러던 중 러시아 10월 혁명이 불러온 국제적 반향에 힘입어 중국 또한 마르크스레닌주의를 점차 인식하고 수용하기 시작했으며, 마르크스레닌주의를 지도 사상으로 한 공산당이 탄생함으로써 중국이 처한 내우외환의 정치적 곤경과 사회분열의 위기에서 탈피하는 데 반드시 필요한 조직적 기초가 갖춰지게 되었다. 신형 정당으로서 중국공산당은 마르크스주의 이론에 따라 효과적으로 사회를 조직, 동원해 분열된 사회의 통합을 도모하였다. 나아가 신민주주의 혁명과 사회주의 혁명을 통해 정치공동체를 수립하여 중국의 현대화 추진에 새로운 발판을 마련하였다. 요컨대 어떤 의미에서 중국공산당이라는 신형 정당의 탄생은 중국사회가 직면한 통합성의 위기에서 기인하였는데, 그러한 통합성의 위기는 구체적으로 다음과 같은 몇 가지 측면을 포함한다.

1) 주권의 상실

중국에 현대화의 맹아가 싹틀 무렵 자본주의의 해외 팽창과 식민지 건설이 한참 기승을 부렸고, 중국의 국토는 열강에 의해 점거되었으며 자원은 수탈되었다. 이러한 침략 행위는 중국 민족공업의 정상적 발전을 저해했으며, 과도한 수탈로 인한 빈곤은 중국 기층의 사회관계를 긴장시켰다. 이처럼 주권 위기에서 기인한 사회통합 문제는 사분오열된 국토, 열강에 의해 유린되는 내정 문제 나아가 여기에서 비롯된 사회적 봉기를 유발해 중국사회를 지극히 불안정한 상태로 몰아넣었다. 천두슈(陳獨秀)는 당시 열강이 중국의 국토를 분할하는 행태를 다음과 같이 묘사했다. "베이징에 주재한 각국의 전권대사가 암암리에 상의해 우리의 조상이 수천 년간 깃들었던 소중한 중국을 과일 자르듯 너 하나, 나 하나 하며 다 같이 나눠 가지려 한다."3) 열강의 강제 개입과 이익 갈취는 전통 중국이 유지해왔던 극도로 안정된(超穩定) 사회구조에 큰 충격을 주었고, 이로 인해 기존의 통치체제에 대한 민중의 신임이 흔들리기 시작해 다양한 사회적 저항이 발생하게 되었다. 아울러 주권의 상실과 열강의 군사적 정복에 대처하는 과정에서 반복된 실패는 일련의 지식인으로 하여금 전통문화에 대한 회의와 외면을 자아내기에 충분했으며, 이는 (새로운) 문화통합의 필요성이 제기되는 데 영향을 미쳤다. 요컨대 주권의 상실이 야기한 사회통합의 위기는 민족 전체의 힘을 응집할 수 있는 사회통합체의 등장을 염원하게 하였고 이는 신형 정당의 출현을 가능하게 하는 국제적 배경으로 작용했다.

2) 정권의 분열

마오쩌둥은 「외세, 군벌과 혁명(外力, 軍閥與革命)」이라는 글을 통해 1920년대 당시 중국이 직면한 형세를 다음과 같이 분석했다. "우리는 국내외 정치경제 정세에 기초해 중국의 현재와 근 미래를 예측할 수 있다. (현재와 다가올 근 미래는) 반동 군벌이 지배하는 천하이다. 외세와 군벌은 한동안 부도덕한 영합을 이어갈 것이며 (그 결과) 극히 반동적이고 극히 혼란한 정치가 이어질 것이다."4) 과연 마오쩌둥이 묘사한 것과 같은 극도로 혼란한 정치적 상황이 도래했고, 전통적인 대일통 체제는 안팎의 분열이라는 새로운 국면을 마주하게 되었다. 여기서 내부의 분열이란 군벌 간의 분열이다. 이는 다수 군벌의 할거 양상으로 나타나며 수많은 자원이 이러한 군벌 간의 혼전에 의해 낭비된다. 외부의 분열이란 (중국을 둘러싼) 열강 간의 분열이다. 분열된 군벌 세력은 외국자본이 개입할 수 있는 기회와 공간을 제공하게 된다. 이는 결국 분열된 군사집단이 외세에 의해 조종되는 양상으로, 열강은 (특정 군벌의) '대리인(代理人)'이 되어 '나라 안의 나라(國中之國)'가 병립되는 지경까지 초래된다. 이러한 안팎의 분열은 상호 인과관계 및 강화관계에 있다. 이러한 분열 국면에서 중국이 민족민주혁명을 완성하기 위해서는 민중을 결집하고 조직해 강력한 집단행동을 감행해야 했다. 민중을 결집하고 조직하려면 목표를 설정하고 자원을 집중시켜 효과적인 행동을 추진할 수 있는 조직적 역량이 필요하다. 이러한 조직적 역량이 갖춰진 뒤에야 넓고 깊은 사회혁명을 전개할 수 있기 때문이다. 우리는 당시 중국이 앓고 있던 병폐의 근본 원인이 제국주의 열강의 착취와 지배, 군벌 세력으로 인한 혼란에 있다는 것을 어렵지 않게 알 수 있다. 이러한 상황에서는 오로지 인민이 궐기해 혁명적 수단으로 외부의 열강에 대항하고 내부의 군벌 정권과 그들의 무장력을 해소하는 길만이 유일한 해결책이다. 그 외의 방법은 그저 헛수고에 불과한 잘못된 처방이었다.[5] 요컨대 국가 정권의 분열로 말미암아 국가 정권 자체가 사회통합체 역할을 했던 전통적인 사회통합모델은 그 효력을 상실하게 되었고, 러시아 10월 혁명의 승리를 계기로 하여 당시 중국에도 엄격하고 공정한 조직적 기율을 갖춘 신형 정당이 소환되기에 이른 것이다.

3) 문화정체성의 혼란

과거 중국은 크게 두 가지 차원에서 문화정체성의 혼란을 겪었다. 하나는 민족적 위기가 중첩된 상황에서 겪은 문화정체성의 혼란이다. 일부 선진적 지식인들은 서구문화와 접촉하는 과정에서 중국의 전통문화를 반추하였고, 그중 일부는 전통문화의 역기능에 대해 과장해 비판하였다. 이렇게 조성된 문화적 좌절감은 문화적 요소가 지닌 사회통합의 순기능을 크게 약화시켰다. 다른 하나는 조직적 차원에서 겪은 문화정체성의 혼란이다. 당시 중국은 가치적 측면에서 시대를 주도할 선진적인 이론이 부재한 상황이었다. 현대 정당의 외양을 갖춘 다수의 정당이 등장했어도 이러한 정당들은 운영과정에서 곧 중국 전통문화에 의해 침식되었다. 외부 가치관의 유입이나 세례를 기대할 수 없는 상황에서 본토의 문화만으로 정당이라는 조직과 그로 인해 수반되는 현상을 설명하기는 어려운 일이었다. 이러한 문화정체성의 혼란으로 인해 (중국에 출현한) 현대 정당은 그 자신이 응당 담지해야 할 사회통합체로서의 기능을 발휘할 수 없었다. 외세의 간섭에 의해 야기된, 중국과 서구의 문화가 격렬히 충돌하는 당시 형국에서 폭넓은 민중의 지지를 획득할 수 있는 가치적 측면에서의 최대공약수를 확보하지 못한다면 민족민주혁명은 효과적인 집단행동으로 발전하기 어려웠고 실제로 곤란에 빠졌다. 중국이 이러한 문화정체성의 혼란을 겪고 있을 때 마침 러시아 10월 혁명의 포성이 울려 퍼졌고 이를 계기로 중국은 중국사회를 통합할 예리한 사상적 무기, 마르크스레닌주의와 조우하게 되었다. 당시 마오쩌둥은 중국공산당의 탄생과 관련해 다음과 같이 적었다. "중국 공산당은 5.4운동 이후에 탄생했으며 5.4운동은 러시아 10월 혁명 직후에 발발했다. (따라서) 중국공산당은 레닌의 호소 아래 조직된 것이다. 공산주의 인터내셔널(코민테른)은 인력을 파견해 중국공산당의 조직을 도왔고 중국공산당 제1차 전국대표대회에도 코민테른 대표가 참석했다."6)

4) 조직력의 결핍

반(半)식민·반(半)봉건사회를 초래한 당시의 정권 조직에 민족민주혁명을 기대하기란 불가능했다. 비(非)인민성을 특징으로 한 정권의 지배층이 민족과 민중의 이익을 행보의 지침으로 삼을 리 만무했다. 중국 전통 사회는 권력이 고도로 집중된 황권(皇權)체제였으며, 사회는 치밀한 관료제 및 전통문화와 철저히 연계된 기층의 향신(鄕紳)층에 의해 통제되었다. 따라서 민중의 이익은 자체적인 조직에 의해 체계적으로 표출될 수 없었고, 민중은 그저 (개명된) 통치자가 민간사회의 고충에 귀 기울여주기를 바랄 수밖에 없었다. 이러한 상황에서 중국사회가 민족민주혁명을 실현하기 위해서는 사회를 조직하고 동원할 중추조직이 필요했다. 기층 민중을 동원하고 조직해 이익을 표출하고, 이러한 이익을 조정할 새로운 유형의 정치조직이 그것이다. 결과적으로 말해 중국공산당은 그 역할을 해냈다. 비록 신해혁명 이후 수많은 정당이 우후죽순처럼 등장했지만, 중국공산당을 제외한 정당들은 하나같이 파벌적 색채가 매우 강했다. 이러한 정당들은 권력이 소수 또는 개인에 집중되는 권위적인 사고에서 자유롭지 못했으며, 이들에 의한 정치운영은 붕당정치와 크게 다르지 않았다. 일부 정당은 아예 정치 관료조직으로 변질되기도 했다. 이처럼 중국공산당 성립 이전의 중국사회는 사회 통합에 적합한 정치조직 및 매개체가 결여된 상태였으며, 이는 역설적으로 신형 정당이 역사적 무대에 등장하게 된 사회적 배경이 되었다.

요컨대 근대 중국이 직면한 주권의 상실과 정권의 분열, 문화정체성의 혼란이라는 문제들로 인해 구태의연한 정치조직은 민중을 동원하고 파편화된 사회를 통합할 중임을 감당할 수 없었다. 따라서 새로운 유형의 통합지향적 정치조직의 출현이 요구되었고 이는 중국공산당 탄생의 구조적 조건이 되었다. 근대 중국이 처한 총체적 난국을 타개하기 위해서는 통합성을 띤 조직적 역량이 사회를 조직해 민주 민족혁명을 완성해야 했기 때문이다. 초기 공산주의 혁명가 윈다이 잉(惲代英)은 당시 시대상에 기초해 중국공산당의 성립에 다음과 같은 의미를 부여했다. "우리는 조직에 의지해야만 힘을 가질 수 있기에 반드시 사회와 정당에 의지해야 한다. 그렇지 않으면 우리는 영원히 암흑 세력 치하에서 굴복할 수밖에 없다. 물론 한 사회 또는 한 정당의 내부에는 우리의 골치를 썩일 많은 일들이 존재한다. 그럼에도 불구하고 우리는 조직의 힘을 갖춰야만 한다. 그래야만 악의 세력을 타도하고 열악한 환경을 개조해 자신과 타인을 구할 수 있다.[7] 반식민지 상태에 처한 중국의 각 사회계층과 정치집단 중 유일하게 프롤레타리아트 계급과 공산당만이 가장 편협하지 않고 사리사욕이 없으며, 가장 원대한 정치적 안목과 조직성을 갖추었다. (따라서 이들만이) 전 세계의 선진적 프롤레타리아트 계급과 그 정당의 경험을 겸허히 수용해 자신의 사업에 활용할 수 있다."[8]

(2) 신형 정당의 단련 과정

마오쩌둥은 「중국혁명과 중국공산당(中國革命與中國共産黨)」이라는 글에서 오로지 중국공산당만이 중국 민주주의 혁명과 사회주의 혁명을 주도해 이를 투철히 완성할 수 있다고 역설했다. 아울러 마오쩌둥은 이러한 중임을 감당하기 위해 중국공산당이 갖춰야 할 자격과 조건을 언급하면서 중국공산당은 "전국적 범위의, 폭넓은 군중성을 갖춘, 사상적·정치적·조직적으로 굳건한 볼셰비키화된 중국공산당"이 되어야 하며, 그렇지 않다면 "중임을 완성할 수 없다"고 단언하였다.9) 중국공산당이 이러한 자격과 조건을 갖추어나가는 과정은 실상 스스로를 단련하는 과정에 다름 아니다. 마오쩌둥은 「공산당인 발간사(共産黨人發刊詞)」에서 당이 거쳐야 할 혁명적 단련의 구체적 방법에 대해 다음과 같이 서술하였다. "18년간 이어진 당의 건설 과정과 당의 볼셰비키화 과정은 당의 정치노선과 긴밀히 연계되어 있을 뿐 아니라, 통일전선 문제와 무장투쟁 문제에 대한 당의 올바른 또는 올바르지 않은 대처와도 밀접히 관련된다."10) 여기서 마오쩌둥이 언급한 통일전선, 무장투쟁, 당의 건설, 공산당의 본질적 속성인 마르크스레닌주의는 곧 신형 정당을 다듬고 세우는 4가지 기본 방향으로 자리 잡았다. 신형 정당은 이러한 4가지 측면에서 단련을 거듭했고 그 조직력과 투쟁력, 영향력은 나날이 향상되었다. 구체적으로 논하자면 다음과 같다.

1) 마르크스레닌주의

조직이 인간 무리(人群)의 집합체로서 효과적인 집단행동을 이끌어내기 위해서는 반드시 대오를 확대해야 하며 동시에 자원을 수용하고 제도를 설계해야 한다. 조직이 자원을 수용하고 조직원에게 동기를 부여하는 데 있어 조직의 비전과 목표 설정이 무엇보다 중요하다. 특히 신형 정당의 강령과 노선은 그 자신이 신봉하는 특정 이론을 구체화한 결과물이며 기존의 정당 및 정치세력과 차별화된 표식이므로, 정당의 대오를 확대하고 권위 있는 영향력을 확대하는 데 결정적으로 기여하는 심층적인 요소라고 할 수 있다. 레닌은 "혁명이론 없이 견실한 사회당은 있을 수 없다. 왜냐하면 혁명이론은 사회당원들을 단결하게 만들기 때문이다. 그들이 혁명이론에서 모든 신념을 얻고 혁명이론을 운용해 투쟁 방식과 활동 방식을 확립한다"고 주장했다.11) 이처럼 레닌은 정당과 혁명에 있어서 이론의 의의는 물론 이론의 작용 범위와 그 효율적인 운용 방식에 대해서도 주목했다. 한편 엥겔스의 경우 정당 강령의 형성과 변천의 이면에 존재하는 물질적 요소에 착안했다. 엥겔스에 따르면 "새로운 정당은 반드시 명확하고 적극적인 강령이 있어야 한다. 이러한 강령의 세칙은 환경의 변화와 정당 자체의 발전에 의해 변화할 수 있다. 그러나 어떤 시기이든 (강령의 변화에는) 반드시 당 전체의 동의가 있어야 한다."12) 다시 말해 정당 강령의 변화는 현실사회의 물질적 기초에 입각하고 당 전체의 의지를 취합한 뒤에 이루어져야 한다는 것이다. 중국공산당은 이미 건당 초기부터 이론, 이른바 '주의(主義)'가 신형 정당과 신형 정당이 주도하는 혁명에 미치는 중요한 의의에 대해 깊이 인식한 바 있다. 1920년 11월, 마오쩌둥은 "신민학회가 헛된 무리의 집합이나 감정의 결합이 아닌 '주의'의 결합으로 변모해야 한다"고 주장했으며, "'주의'는 하나의 깃발과 같아서 이 깃발이 세워진 후에라야 모두에게 희망이 생기며 어느 곳으로 나아가야 할지를 알게 된다"고 하였다.13) 당시 마오쩌둥이 말한 "주의의 결합"이 실질적으로 의미하는 바는 중국혁명을 지도할 과학적 이론이다. 공산주의 이론의 과학성은 변증법적 유물론과 역사적 유물론으로 대표되는 과학적 세계관에 의해 구현된다. 공산당의 이론 원리는 "현존하는 계급투쟁"에 근거하는데 이는 "눈앞에서 펼쳐지는 역사운동의 진실한 관계의 일반적 표현"에 다름 아니다.14) 그러므로 신형 정당은 중국 대륙의 현실에 뿌리를 둔 물질운동과 계급관계에 염두하여 그 '주의'를 확립하고 강령을 채택해야 하며, 여기에는 중국이 처한 민족민주혁명의 새로운 발전단계는 물론 중화민족 전체의 최대 이익이 반영되어야 한다. 즉 중국공산당이라는 신형 정당은 신민주주의* 혁명을 통해 민족의 해방을 도모하고 민중의 행복을 추구해야 한다는 것이다. 여기에서 더 나아가 마오쩌둥은 "중국공산당은 처음부터 마르크스레닌주의 이론을 바탕으로 한 정당이다. (마르크스레닌주의를 지도 사상으로 삼은 까닭은) 이 주의가 전 세계 프롤레타리아트 계급을 가장 정확하고 혁명적으로 대변하는 사상의 결정체이기 때문이다. 마르크스레닌주의의 보편적 진리가 중국혁명의 구체적 실천과 상호 결합할 수 있다면 중국혁명의 면모를 일신할 수 있으며 신민주주의의 역사적 단계를 마련할 수 있다"고 하였다.[15]

2) 통일전선

반봉건 · 반식민지 상태의 중국이 주권을 되찾고 인민을 해방하려면 반드시 민족 전체의 힘을 모아 중국공산당의 지도에 따라 민족민주혁명을 이루어내야 했다. 혁명을 성공적으로 성취하려면 사회 전체의 자원과 역량을 통합해 동원해야 한다. 따라서 흩어진 모래알

---

* 1940년 1월, 마오쩌둥은 「신민주주의론(新民主主義論)」이라는 글을 발표해 중국혁명의 역사적 과정은 민주주의 혁명과 사회주의 혁명 두 단계로 나뉜다고 주장했다. 민주주의 혁명은 다시 구(舊)민주주의 혁명과 신(新)민주주의 혁명으로 구별된다. 마르크스주의에 따르면 사회주의 혁명은 자본주의 발전 결과 필연적으로 발생한다. 마오쩌둥은 (사회주의 혁명의 선행단계로서) 중국의 자본주의를 숙성하게 할 민주주의 혁명은 부르주아지 계급이 주도하는 낡은 범주의 민주주의, 즉 '구민주주의'가 아니라 노동 프롤레타리아트 계급이 영도하는 새로운 범주의 민주주의, 즉 '신민주주의'가 되어야 한다고 강조했다. 신중국 건국 초기 마오쩌둥을 위시로 한 중공 지도부는 이 신민주주의로 대표되는 계급연합 민주주의를 바탕으로 자본주의적 발전을 이룬 뒤 사회주의로 이행하는 길을 연다는 구상을 제시했다. 이러한 민주적 계급연합 국가 구상은 다섯 개의 별(공산당이라는 큰 별을 둘러싼 작은 별 4개는 각각 노동자 · 농민 · 소부르주아지 · 민족 부르주아지를 상징)로 장식된 오성홍기와 중국인민정치협상회의 공동강령으로 표현된다.

형국과 같은 중국사회를 조직하는 것이 급선무였다. 량치차오(梁啓超)가 1921년 「정치운동의 의의와 가치(政治運動之意義及價值)」라는 글에서 "공화의 기초를 다지고 민족 사업을 발전시키려면 국민이 협력하는 습관을 기르는 것이 핵심이며, 대규모의 협력 행위야말로 정치운동의 으뜸이다."라고 한 뜻이 여기에 있다.16) 량치차오가 중국사회의 조직이라는 과제를 제시했다면, 중국공산당은 여기에 하나를 더한 이중 조직이라는 사명에 직면했다. 중국공산당은 먼저 스스로를 조직해야 했다. 중국공산당은 혁명의 주도세력이자 길잡이로서 마오쩌둥이 비판했던 (조직체 가입에 부당한 조건을 내세우는) '관문주의(關門主義)'를 지양하고 사회 전체에 대한 당의 수용력을 제고해야 했다. 구체적으로 말해 당의 강령을 지지하는 선진분자를 당 조직 내부로 수용해 당 조직의 네트워크가 중국사회 전체로 뻗어나갈 수 있도록 해야 하며, 이를 바탕으로 당 조직의 전국적 영향력을 확대할 수 있는 조직적 기초와 인적 자원을 공급해야 했다. 그런 뒤에는 중국공산당 자신을 좌표로 하여 사회를 조직해야 했다. 즉 중국이 각각의 역사적 단계에서 직면한 문제와 과제에 기초해 단결할 수 있는 계급·계층·단체의 역량을 집합시켜 혁명 투쟁의 물결을 만들어낸다. 이것이 사회를 응집 및 통합하는 중국공산당의 통일전선 행동 방침이다. 규범적 측면에서 볼 때 중국공산당이 사회를 조직하는 방법은 다음과 같은 두 가지 방법으로 대별된다. 첫 번째 방법은 당 자체 조직과 당원 개개인을 활용해 직접적으로 사회 안으로 침투하여 당의 주장을 선전하고 민중을 동원·조직해 혁명을 목표로 한 집단행동을 이끌어내는 것이다. 두 번째 방법은 당 자신 외의 조직화된 역량, 예컨대 다른 당파나 계급·계층·단체를 활용해 그들과 연계되어 있는 군중에 영향을 미치고 그 힘을 동원 및 조직하여 혁명을 목표로 한 행동을 함께할 각 조직체들의 대연합을 이루는 것이다. 이러한 의미에서 볼 때 통일전선의 구축과 그 실천 과정은 혁명 동지의 대열을 확대하는 동시에 혁명 과정에서 부딪힐 수 있는 조직화된 저항을 축소하는 과정이라고 할 수 있다. 마오쩌둥은 「중국사회 각 계급 분석(中國社會各階級的分析)」이라는 글을 통해 다음과 같이 지적했다. "누가 우리의 적이고 누가 우리의 벗인가? 이는 혁명의 선결 문제이다. 지난날 중국의 혁명 투쟁이 성과가 미미했던 까닭은 진정한 벗과 단결해 진정한 적을 분쇄하지 못했던 탓이다."17) 그러나 혁명 동지의 대열을 확대해 통일전선을 구축하는 과정은 저절로 이루어지지 않는다. 결국은 당 스스로가 효과적인 행동을 통해 성취해야 한다. 이러한 행동의 효율성은 중국사회의 이해관계와 갈등, 계급관계에 대한 정확한 분석에서 비롯된다. 즉 정확한 분석에 기초한 협력 사업과 노선을 제시해 혁명 동맹자의 지지와 적극적 호응을 이끌어내야 한다는 것이다. 마오쩌둥은 「공산당인 발간사(共産黨人 發刊詞)」에서 중국공산당의 성립부터 1939년 통일전선 구축에 이르는 과정을 6가지 기본 법칙을 통해 설명하면서 부르주아지 계급과 통일전선을 구축하는 것을 소홀히 한 좌경 관문주의와 부르주아지 계급이 혁명을 배반할 수 있는 가능성을 간과한 우경 기회주의를 모두 비판하였다.18) 아울러 마오쩌둥은 부르주아지 계급과의 연합과 투쟁 모두 중국공산당 정치노선의 중요한 일부이며, 부르주아지 계급과의 연합하고 투쟁하는 과정에서 스스로를 발전시키고 단련하는 것 또한 중국공산당 건설의 중요한 내용이라고 주장하였다.19) 즉 마오쩌둥은 통일전선의 형성 과정이 곧 당의 건설 과정이자 당 자체의 단련 과정이라고 보았다. 통일전선의 구축과 쇄신, 운영의 성패는 중국사회의 성격과 사회문제에 대한 중국공산당의 적확한 판단과 (이를 바탕으로 제시된) 당의 체계화된 강령과 효과적 행보에 의해 좌우된다. 중국공산당이라는 신형 정당은 이러한 과정을 통해 스스로를 부단히 단련하며 그 제도화 수준을 높여나갔다.

3) 무장투쟁

마르크스와 엥겔스는 『공산당 선언』에서 "프롤레타리아트 계급은 작금 사회의 최하층으로 공적(公的) 사회를 이루고 있는 겹겹의 상부구조 전체를 폭파하지 않고서는 일어날 수도 없고 허리를 펼 수도 없다."고 했다.[20] 즉 계급투쟁이 선행되지 않고서는 착취계급은 현실 이익을 목전에 두고 역사의 무대에서 퇴장하지 않을 것이고, 수많은 가난한 민중은 하나의 독립된 계급으로 응집되지 못해 민중의 행복을 보호하고 증진하는 효과적인 집단행동 또한 이루어지지 못할 것이다. 중국공산당은 왜 무장투쟁 방식을 통해 민주를 쟁취하려 했는가? 여기에 대해 마오쩌둥은 다음과 같이 대답했다. "중국의 특징은 독립된 민주국가가 아니라 반식민 · 반봉건 상태의 국가라는 데 있다. 내부적으로는 민주제도를 갖추지 못해 봉건제도의 압박을 받고 외부적으로는 민족 독립을 이룩하지 못해 제국주의의 압제를 받고 있다. 따라서 (중국 인민이) 활용할 수 있는 의회가 없으며 노동자를 조직해 파업이라는 합법적 권리 행사를 이끌 조직도 없다. 이러한 상황에서 공산당에게 부여된 기본 임무는 장시간에 걸쳐 합법적 투쟁을 벌여 궐기하고 전쟁하는 것이 아니다. 도시를 점거한 뒤에 향촌을 도모하는 것은 더더욱 아니다. 오히려 이것과 완전히 상반된 노선으로 나아가야 한다."[21] 마오쩌둥의 판단으로 미루어 볼 때 당시 중국의 프롤레타리아트 계급과 통치계급의 이해관계가 근본적으로 상충하는 상황에서 다수의 민중이 체제 내에서 허락되는 합법적 투쟁을 통해 무장한 내·외부의 적과 맞서 권리를 쟁취하기란 불가능했다. 따라서 오로지 '무장한 혁명으로 무장한 반혁명에 반대'할 수밖에 없었다. 이러한 '혁명전쟁'은 중국혁명의 특징이자 장점이며 당시 중국의 국가상황에 완전히 부합되는 판단이었다.22) '전쟁은 정치의 연속'이기 때문에 혁명전쟁을 수행하는 과정에서 자원의 배분과 사회적 동원, 가치의 결집이 요구된다. 따라서 혁명전쟁은 모종의 의미에서 정치관계, 사회관계 심지어 가치관계의 재구성에 해당하며 일종의 정치적 동원의 과정이기도 했다. 중국공산당은 혁명전쟁 당시 강력하기 그지없는 반혁명 세력에 대항하며 무장투쟁을 주도했다. 이 무장투쟁을 승리로 이끌기 위해 중국공산당은 반드시 해내야 할 몇 가지 일들이 있었다. 당 조직의 동원력을 향상하는 일, 사회 내부에 (새로운) 혁명 역량을 수혈하는 일, 동맹자들의 지지를 획득하는 일, 혁명에 투신한 열사들을 대상으로 사상적 지도와 혁명화 개조를 하는 일이 그것이다. 이제껏 열거한 모든 일은 당이 스스로의 조직력을 제고하는 과정이자, 실상 당이 한층 볼셰비키화되는 과정이었으니 가히 신형 정당의 단련과정이라고 보아도 무리가 없다. 이러한 과정에 대해 마오쩌둥은 「공산당인 발간사(共産黨人發刊詞)」에서 다음과 같이 집약했다. "18년간 우리 당의 발전과 정착, 볼셰비키화는 혁명전쟁을 수행하는 과정에서 진행되었다. 무장투쟁이 없었다면 오늘날 공산당은 존재하지 않았을 것이다."23) 중국공산당이 집권에 성공한 뒤 맞이한 평화시대에서 과거의 참혹하고 격렬한 무장투쟁은 더 이상 찾아볼 수 없어졌다. 그러나 국가 현대화를 실현하는 과정에서 부딪힐 수많은 난관을 극복하기 위해서라도 혁명전쟁 시대에 다져진 투쟁 정신과 투쟁적 자세는 계승되고 계속해 발휘되어야 할 필요가 있다. 그렇기에 시진핑은 다음과 같이 강조한다. "중국공산당은 국가가 내우외환, 민족적 위기에 처해 있을 당시에 탄생했기에 그 출현과 동시에 투쟁이라는 낙인을 새긴 채 줄곧 투쟁 속에서 생존을 도모하고 발전을 이뤘으며 승리를 성취했다. 우리가 민족 부흥에 가까워질수록 순조롭지 못한 일이 발생하며 위험과 모험, 역경이 가득할 것이다. 따라서 초심을 잊지 말고 사명을 명심해야 한다. 안전하다고 해서 위험을 잊어서는 안 되고 (현재) 존속한다고 해서 멸망을 단속하는 것을 게을리해서는 안 되며, 즐겁다고 해서 고민하지 않으면 안 된다. 시시각각 경계하고 부단히 심기일전하여 새로운 역사적 특징이 지닌 위대한 투쟁에 용감히 임해야 한다." 시진핑이 강조한 투쟁의 초심은 투쟁을 위한 투쟁이나 일신의 사리사욕을 위한 투쟁이 아니라, 인민의 좋은 삶과 중화민족의 위대한 부흥을 실현하기 위해 중임을 자각하고 감당하며 묵묵하고 착실하게 난관을 극복하는 것이다.[24]

4) 당의 건설

중국공산당은 신민주주의 혁명과 사회주의 혁명을 주도해 승리로 이끄는 과정, 현대 국가를 건설하고 경제·사회 발전을 추동하는 과정, 현대화 과정이라는 세 가지 과정을 통해 스스로를 혁명화했다. 그 결과 당의 조직력은 물론 마르크스주의 중국화 수준 또한 크게 향상되었다. 어떤 의미에서 보면 앞서 열거한 마르크스레닌주의, 통일전선, 무장투쟁 모두 당의 건설과 불가분의 관계에 있다고 할 수 있다. 마르크스레닌주의는 선진적 이론으로서 중국공산당이 대외적으로 사회의 선진분자를 유치할 수 있게 하였고 대내적으로는 조직 내부의 가치 통합을 추진할 수 있게 하는 사상적 무기로 기능하였다. 통일전선을 구축하고 혁명전쟁을 수행하는 과정은 중국공산당이 거듭 성장하고 발전하는, 위에서 서술한 신형 정당의 단련 과정에 다름 아니었기에 당의 건설과 직접적인 관계가 있다. 그렇기에 마오쩌둥은 "오늘날 우리가 중국공산당을 어떻게 건설할 것인가 하는 문제는 지난날 당의 역사를 고찰해보면 알 수 있다. 당의 건설 문제는 통일전선, 무장투쟁 문제와 연계해서 보아야 한다."고 한 것이다.[25] 규범적 측면에서 당의 건설 문제는 크게 두 가지로 나뉜다. 하나는 당의 조직망이 중국사회 면면에 닿고 미치는 문제, 즉 마오쩌둥이 말했던 중국공산당을 '전국 범위의, 폭넓은 군중성을 지닌' 정당으로 만드는 문제이다. 다른 하나는 당내 몇몇 인사들의 가치관과 사상을 개조하는 문제이다.

중국공산당을 전국적인 영향력을 보유한 '폭넓은 군중성'을 갖춘 정당으로 만드는 문제는 당을 건설하는 중요한 방향이다. 중국공산당은 프롤레타리아트 계급의 전위(前衛)로서 혁명전쟁을 수행하는 대부분 시간 동안 체제 밖의 혁명 주도 세력으로 당시의 정권과 대립하는 위치에 있었다. 백색 공포가 가득했던 시절, '한 점의 불꽃'에 불과했던 당 조직이 전국에서 '요원의 불길'을 만들어내기 위해서는 당 조직 내 활동가들이 마르크스주의적 '인민 본위(本位)' 사상과 중국의 실제 현실을 결합하고, 대다수 민중의 실제 요구를 반영해 그들의 권익을 만족시켜야 했다. 즉 민중 전체의 실제 생활 문제가 곧 중국공산당이 응당 주목해야 할 문제였다. 이러한 문제들에 관심을 기울여 해결하고 민중의 요구를 만족했을 때라야 중국공산당은 비로소 진정한 민중 생활의 조직자가 되었다고 할 수 있었고, 군중들의 관심과 옹호를 얻을 수 있을 터였다.[26] 해방 전쟁의 승리가 가까워졌을 때 중국공산당 업무의 중심은 향촌에서 도시로 이동했다. 도시와의 전쟁을 앞두고 마오쩌둥은 도시 건설의 중요성을 강조하면서

"만약 우리가 노동자의 생활 및 보통 인민의 생활을 개선할 수 있다면 정권을 유지할 수 있고 기반을 확고히 할 수 있다. 그렇지 않다면 실패한다."27)고 강조했다. 여기에서 말한 노동자와 민중의 생활 문제 개선은 사실상 민중의 최대 관심사를 해결하는 것이다. 이에 따라 중국공산당은 각기 다른 활동 장소에서 민중의 권익을 보호하고 증진함으로써 당의 권위를 수립하는 동시에 당이 중국혁명을 주도할 수 있는 사회적 기반을 다졌다.

당원을 교육하고 그들의 사상을 개조하는 문제는 당원과 홍군(紅軍) 전사에게 공산주의 신념과 프롤레타리아트 계급 사상을 주입함으로써 중국 민중의 행복을 위해 분투하게 하는 내적 동기를 촉진해 이들로 하여금 편협한 개인과 결사, 계급의 이익을 초월하도록 만드는 작업이다. 이렇게 당원에게 사상적 지도와 개조를 진행하는 까닭은 당시 중공 당내의 계급구조에서 그 원인을 찾을 수 있다. 당시 중국공산당 내부에는 부르주아지 계급 또는 소부르주아지 계급과 소농사상의 영향을 받지 않았다고 하기 어려운 비(非)프롤레타리아트 계급 출신 당원이 적지 않았다. 중국공산당은 엄연히 프롤레타리아트 계급의 정당이다. 프롤레타리아트 계급 출신의 비교적 선진적인 이들에 의해 조직된 정치적 성격의 단체를 공산당이라고 하는 것이다. 물론 공산당 내부에는 다른 성분을 지닌 당원들이 존재한다. 프롤레타리아트 계급이 아닌 농민이나 소부르주아지 계급 출신, 비프롤레타리아트 계급 출신의 지식인들이 그들이다. 그러나 출신과 입당은 각기 다른 문제이다. 비프롤레타리아트 계급 출신도 입당 후에는 프롤레타리아트 계급이 되며, 그 사상과 행보 또한 프롤레타리아트 계급의 그것으로 변화하지 않으면 안 된다.28) 사상을 프롤레타리아트 계급의 것으로 변화해야 한다는 것은 마오쩌둥이 말한 "프롤레타리아트 계급에 의한 사상적 영도"29)를 의미한다. 좀 더 구체적으로 말해 당내에서의 조직 생활과 조직 건설을 통해 당원이 마르크스주의의 사상적 원천을 흡수하도록 하고 비프롤레타리아트 계급의 사상을 억제 또는 일소하여 마르크스주의 사상을 통일적 강령으로 하는 사상적 동원과 가치적 통합을 완성하는 것이다. 이로써 혁명을 위한 효과적인 집단행동을 할 수 있는 사상적 기초가 구축된다.

2. 신형 정당 및 그 제도체계의 특성

중국공산당이라는 신형 정당이 활동을 전개하는 구체적 전략과 방법, 방식 등은 환경의 변화에 따라 진화한다. 그러나 그 기본적인 특성은 시대나 환경이 변화했다고 해서 뇌동하지 않는다. 신형 정당 자체와 신형 정당제도는 구분해 보아야 한다. 후자는 상대적으로 안정적인 환경에서 형성된 하나의 제도 관계를 일컫는다. 혁명전쟁 시대 중국공산당은 자신의 근거지나 해방구, 심지어 적의 점령지구나 백구(白區)와 같은 다양한 장소에서 활동을 지도하며 경험을 쌓았다. 그러나 신중국 건국 이후 중국공산당은 전국적 영향력을 형성하기 어려웠던 부분적 집권 상태에서 축적한 이러한 과거의 경험과 별개로, 민주당파와 관계를 설정하고 이를 제도화해야 하는 과제에 직면하게 되었다.

신형 정당제도는 신형 정당과 각 민주당파, 무당파 인사 사이에서 이루어진 '협상건국(協商建國)' 과정 즉 새로운 형태의 정치협상 과정을 통해 형성되었다. 따라서 신형 정당 자체와 마찬가지로 이들 간의 제도화 관계 또한 시대의 변화에 영향을 받지 않는 일정한 항구성을 띤다. 신형 정당과 그 제도체계가 내포한 이러한 항구성은 다른 정당 및 정당제도에서는 찾아볼 수 없는 고유한 특성이라고 할 수 있다.

(1) 신형 정당의 특성

1920년대에 탄생한 중국공산당은 100여 년간의 분투 끝에 중국을 문화국가, 민족국가에서 현대 국가로 이끌었으며 (제국주의와 봉건주의에 맞서) 결연히 일어나는 단계(站起來)와 나라를 부유하게 하는 단계(富起來)에서 국가의 강성을 모색하는 단계(强起來)로 도약시켰다. 이러한 국가·사회의 변천 및 발전과 맞물려 중국공산당 또한 군소 정당 시절을 거쳐 거대 정당으로 발전했다. 중국공산당의 발전은 당시 50여 명에 불과했던 작은 단체가 오늘날 9500만 명이 넘는 당원을 보유한 대(大)정당으로 변모한 규모의 변화뿐 아니라 부단히 변화하는 사회 현실에 적응하기 위한 정책적 조정을 포함한다. 그럼에도 불구하고 중국공산당은 '공산당'으로서 항구 불변의 유전자를 간직하고 있다. 이러한 유전자는 정태적인 정당 조직구조 또는 조직망 이면에 존재하는 심층적인 요소를 두루 포함하는데, 이는 신형 정당과 다른 유형의 정당을 구별하는 표식이자 신형 정당이 보유한 막강한 조직력 및 절대적 영향력의 원천이다. 이처럼 시공간의 변천과 관계없이 변하지 않는 유전자를 보유했다는 것이 곧 중국공산당이라는 신형 정당의 특성이다. 이러한 신형 정당의 특성에 대해 구체적으로 논하면 다음과 같다.

1) 인민 본위

중국공산당이라는 신형 정당은 자신의 투쟁 목적을 국가적 · 민족적 대의 및 인민의 이익에 결부시켰다. 마오쩌둥은 1949년 1차 담화를 통해 다음과 같이 말했다. "22년 전 우리는 (가진 것이) 아무것도 없었다. 28년 전에는 심지어 공산당조차 없었다. 우리가 지금 과거에 없던 것을 갖고 있는 까닭은 인민이 그것을 필요로 했기 때문이다. 과거 소학교 교사 시절의 나는 교사 일로 먹고살면서 공산당을 조직해 내리란 생각은 하지도 못했다. 훗날 인민이 필요로 했기에 공산당이 성립된 것이다."30) 중국공산당 제2차 전국대표대회 선언 또한 "중국공산당은 노동자와 빈농의 현재 이익을 고려하고 노동자를 이끌어 민주주의 혁명운동을 이끌기 위해 노동자와 빈농으로 하여금 소부르주아지 계급과 더불어 민주주의 연합전선을 구축하게 하였다"31)고 밝히고 있다.

이러한 인민을 중심으로 한 발전 사상은 인민 본위로 귀결되어 국가와 정당의 형성, 구성, 발전의 저변을 이루는 근본적 의의가 되었다. 인민 본위라는 가치관은 중국공산당이라는 신형 정당이 조직을 확대하고 사회자원을 획득할 수 있게 한 가치적 요인인 동시에 그 조직력과 통합력을 구축하는 가치적 요인으로 작용하여 중국공산당의 발전과 강성에 지대한 영향을 미쳤다.

중국공산당의 인민 본위적 특성은 민주제도에 대한 마르크스의 사상과 상통한다. 마르크스는 『헤겔 법철학 비판(Zur Kritik der Hegelschen Rechtsphilosophie)』에서 "민주제도 중 국가제도 자체는 하나의 규정을 나타낼 뿐인데 그것은 인민의 자기 규정"이라고 지적했으며 아울러 "본질과 존재, 현실성에 한정해 보았을 때 국가제도는 끊임없이 그것을 구성하는 현실적 기초와 인간, 인민으로 회귀

274

하며 인민 스스로에 의해 규정되는 작품이다. 여기서 국가제도는 인간의 자유의 산물이라는 본래의 면모를 드러낸다."[32]고 하였다. 국가 및 제도는 "인민 스스로의 작품"이라고 한 마르크스의 관점에 따르면 국가는 인민에 의해 만들어졌기에 자주성을 획득한 이후 반드시 인민의 현실적 요구를 반영해야 한다. 그래야만 국가의 권력 기반이 안정된다. 여기에 정당을 대입해 보아도 크게 다르지 않다. 인민은 분명 정당 성립의 기초이자 역량의 근원이다. 중국공산당의 100년 역정이 이를 여지없이 증명한다. 인민은 인간의 집합적 존재이며, 사회는 이러한 인간의 집합적 존재를 조직하는 방식이다. 따라서 국가든 정당이든 인민 중심의 발전사상을 관철해 사회라는 집합체의 가변적이고 다원적인 이익 요구에 효과적으로 응답해야 한다.

이러한 민본적 가치관은 시대 흐름의 변화와 무관하게 중국공산당의 모든 시기 강령과 노선, 방침과 정책에 깃들어 있으며, 혁명과 건설, 개혁에 매진했던 장구한 시공간을 거쳐 지금의 신시대에 이르렀다. 인민의 이익을 귀착점으로 한 신형 정당이라면 자체 조직체계를 실제 운영함에 있어서, 또 국가 정권과 사회를 선도하는 데 있어서 반드시 민중의 요구를 고려해야 했으며 민의를 취합하고 통합하며 이것을 반영하는 데 집중해야 했다. 따라서 인민 중심의 발전 사상은 혁명시대 중국공산당의 리더십은 물론, 이후의 집권과 행정 등 모든 집단행동과 공권력이 운용되는 영역에서 관철되고 있다. 시진핑에 따르면 중국공산당 행보의 근본적 출발점이자 목표점은 전심전력으로 인민을 위해 봉사하는 데 있다. 이것이 다른 모든 정당과 차별화된 중국공산당의 근본 특징이다. 당의 모든 업무는 반드시 대다수 인민의 근본 이익을 최고 목표로 삼아야 한다. 당의 업무 성과를 검증할 때는 인민이 실질적 혜택을 획득했는가, 인민 생활이 진실로 개선되었는가, 인민 권익이 제대로 보장되었는가를 궁극적으로 살펴야 한다.33) 아울러 시진핑은 "천하가 곧 인민이며 인민이 곧 천하이다. 천하를 얻었으면 지켜야 하는데 여기서 지켜야 할 것이 곧 민심이다. 중국공산당의 뿌리와 명맥, 역량이 모두 인민에게 있다."34)고 강조했다. 중국공산당이라는 신형 정당은 이러한 인민 본위적 특징으로 말미암아 과거 중화민국 시기에 등장했던 구(舊) 정당 및 오늘날 서구 국가의 정당과 차별화될 수 있었다. 마오쩌둥 또한 이러한 인민 본위적 특징과 관련해 다음과 같이 언급한 바 있다. "국사(國事)는 한 당파에 국한된 사적 사무가 아닌 국가의 공적 사무이다. 공산당의 유일한 임무는 인민 전체를 단결시키고 제 한 몸을 돌보지 않고 투쟁하여 민족의 적을 물리쳐 민족과 인민의 이익을 모색하는 것이다. 따라서 (공산당에게는) 사적 이익이라고 할 만한 그 어떤 것도 허용되지 않는다."35) 한 당파(一黨一派)의 사적 이익과 인민 본위의 경계선이 곧 서구 국가의 여타 정당과 중국공산당의 가장 본질적인 차이를 형성한다. 신형 정당은 두 가지 측면에서 하나의 당파 즉 사적 이익을 추구하는 정당을 초월한다. 하나는 당시 사회의 최대공약수를 반영한 노선과 정책을 택해 효과적으로 사회 이익을 표출하고 또 그것을 통합하는 능력을 구현한다. 다른 하나는 사회 변화의 향방에 따라 행동을 취해 신형 정당의 탁월한 적응력과 자기 회복력, 사회를 견인하는 능력을 발휘하는 것이다. 예컨대 향후 이상사회를 건설할 목적으로 현실 사회에 대한 적절하고도 비판적인 개조를 실현하는 일이다. 이러한 사회의 최대공약수와 미래 사회에 대한 구상을 염두에 둔 행보는 중국공산당이라는 신형 정당이 지닌 초월적 일면을 잘 보여준다. 실제로 마르크스와 엥겔스는 『공산당 선언』에서 "공산주의자들은 노동자 계급이 당면한 목적과 이익을 위해 투쟁하지만, 이와 동시에 현재의 운동에서 그 운동의 미래를 대변하기도 한다"
며 공산당의 '초월성'에 대해 언급한 바 있다.36) 만약 신형 정당이
공리(功利)적 목적을 가지고 있다면 그것은 마오쩌둥이 말한 "프롤
레타리아트 계급 혁명의 공리주의자"로서의 그것일 것이다.37) 이러
한 공리주의자만이 진실로 사리사욕을 초월할 수 있기 때문이다.

2) 조직망(組織網絡)

엄청난 역사적 세월과 초대형 정치공간을 짊어진 중국이라는 거대
한 선박은 현대화를 추진하는 과정에서 다소 우여곡절을 겪었으며
어떤 시기에 이르러서는 좌절을 경험하기도 했으나, 대체로 제법 안
정적으로 중책을 감당해왔다. 이것이 가능했던 까닭은 중국의 혁명
과 건설, 개혁 과정을 진두지휘한 중국공산당이라는 신형 정당의 리
더십이 있었기 때문이다. 마오쩌둥과 덩샤오핑, 장쩌민, 후진타오
그리고 시진핑에 이르는 중국공산당 지도부는 중국공산당이 중국의
현대화 과정을 주도하며 담당했던 대체불가능한 역할에 대해 강조했
다. 이들 중공 지도부의 언설에 의하면 "중국혁명은 중국공산당이
출현한 이후 그 면모를 일신하게 되었고",38) "중국공산당의 리더십
이 없었다면 사회주의 경제, 사회, 군사, 문화를 조직하는 일과 농업,
공업, 국방, 과학에 이르는 4대 현대화를 조직하는 일은 불가능했을
것39)이다. 그렇기에 "중국공산당의 영도는 중국 특색 사회주의의
가장 본질적 특징이며, 공산당이 없었다면 신중국과 신중국의 번영
과 부강 또한 없었을 것"이라 말하는 것이다. 따라서 "중국공산당이
라는 견고한 영도 핵심을 견지하는 일은 중화민족의 명운과 관련된
다."40) 중국공산당이라는 신형 정당이 이토록 강력한 역할을 할 수
있었던 가장 중요한 원인은 중국 기층사회에 착근해 확산된 중국공

산당의 조직망에서 찾을 수 있다. 이러한 조직망은 중국공산당이 중국사회에 스며들 수 있도록 한 조직적 기반이자 그 영향력을 발휘할 수 있게 한 매개체로, 중국공산당이 그 권위적 영향력을 행사하는 데 필요한 베이스캠프라고도 할 수 있다. 중국공산당은 마르크스주의 원칙에 따라 건설된 정당으로 당의 중앙조직과 지방조직, 기층조직이 내적으로 긴밀히 연결된 체계를 형성했다. 이는 세계의 어떤 정당도 갖지 못한 강력한 비교우위이다.[41)

사회의 구석까지 미치는 사통팔달된 네트워크식의 조직구조가 중국공산당이 보유한 강력한 능력을 대변한다. 혁명전쟁 시대 중국공산당이 보유한 조직망은 그 범위나 구성원 규모에 있어서 오늘날의 그것과 비교할 바가 못 되나, 당시에 시도했던 방법과 경험이 오늘날 중국공산당이라는 신형 정당의 조직력 발전에 있어 일종의 경로의존을 구성한 것은 틀림이 없다. 그렇다면 신형 정당이 정치적 주체로서 사회 또는 정권이라는 객체를 이끌고 통합하며 동원하려면 어떻게 해야 하는가? 먼저 개개의 당원이 사회라는 객체 속으로 들어가 정당의 가치이념과 방침, 정책을 주입해 사회를 신형 정당이 지향하는 방향과 목적으로 유도해야 한다. 과거 이 과정에서 가장 큰 역할을 한 것이 홍군이다. 마오쩌둥은 「당내 잘못된 사상의 교정에 관하여(關於糾正黨內的錯誤思想)」라는 글에서 일부 홍군이 가진 '단순한 군사적 관점'에 대해 비판하였다. 마오쩌둥에 의하면 "홍군의 역할은 결코 단순히 전투만을 수행하는 데 한정되지 않는다. 홍군에게는 전투에 임해 적군의 군사적 역량을 소멸하는 것 이외에도 군중에 당의 이념을 선전하고 군중을 조직 및 무장시키는 일, 나아가 군중을 도와 혁명정권을 수립하고 공산당의 조직을 건립하는 일 등 중대한 임무가 있다."[42) 이를 통해 우리는 토지혁명 당시 홍군 전사들이 수행했던 전투와 선전 및 동원이라는 이중 임무에 대해 알 수 있다. 즉 홍군은 전투부대인 동시에 선전부대였던 것이다. 선전부대로서 홍군의 기능은 당에 의해 지적으로 훈련된 각 홍군 전사가 당의 정치적 메시지를 사회화하여 보다 많은 민중의 인정과 추종을 이끌어내는 과정에서 비롯된다. 이러한 과정을 통해 정당 조직은 물론 홍군 자체의 발전까지 도모할 수 있다. 혁명이 고조될 무렵 중국공산당은 크게 두 가지 임무에 주력했다. 하나는 노동자와 혁명적 지식인 등 군중을 규합해 전국적 범위의 노동자 계급 내부로 세력을 확대하고 공고히 하는 것이었다. 다른 하나는 농촌으로 들어가 농민 군중 내부에서 그 조직의 기초를 구성하는 것이었다. 중국공산당은 반드시 진정한 대중정당으로 거듭나야 할 필요가 있었다. 그래야만 노동자 계급의 투쟁은 물론 민족혁명의 영수로서의 지도적 지위를 굳힐 수 있기 때문이었다. 이러한 중대한 임무에 착수하기 위해서는 군중 속으로 들어가 당의 이념을 선전·선동해야 한다. 따라서 모든 당원은 어디에 있든지 당의 사상과 구호를 선전하는 데 주력해야 했다.[43] 그런 뒤에는 사회 내부에 구축된 일련의 당 조직과 지부 즉 체계화된 조직력을 활용해 당의 정치적 주장을 선전하고 기층사회를 조직해 혁명과 건설, 개혁을 추진할 수 있는 충실한 역량을 형성해야 한다. 마오쩌둥에 따르면 혁명전쟁 시기 홍군의 전투력을 보전하기 위해 당의 지부 건설을 연계시켰던 일은 홍군이 고군분투하면서도 절대 흩어지지 않았던 중요한 비결이다.[44] 당의 지부를 어떤 이질적인 조직 내부로 투입하는 작업은 향후 해당 조직의 정치발전 향방을 결정지을 뿐 아니라 (해당 조직의) 핵심 기능이 원활하게 발휘될 수 있도록 담보한다. 혁명전쟁 시기에 탄생한 이 효과적인 방법은 현재까지 이어지고 있다. 장쩌민과 후진타오, 시진핑 등 중국공산당 지도부는

"저변이 튼튼하지 않으면 지축이 흔들린다(基礎不牢, 地動山搖)"는 사실에 유념해 기층 조직 건설의 중요성을 거듭 강조했다. 장쩌민은 일부 지방에서 나타난 기층 당 조직 건설의 유명무실화, 빈약화 문제를 겨냥해 "당의 업무가 포괄하는 영역을 확대해 기층 당 조직의 응집력과 업무능력을 부단히 향상해야 한다"고 역설했다.45) 시진핑은 "기층 당 조직 건설을 당의 입장을 선전하고 당의 결정을 관철하며 기층 거버넌스를 이끌고 군중을 단결 및 동원하고 개혁과 발전을 추동하는 강력한 투쟁의 보루로 삼아야 한다"고 강조했다.46)

요컨대 중국공산당은 당원 개개인의 역할을 활용하는 방법과 사회 저변에 당 조직 네트워크를 건설하는 방법을 통해 중국사회에 착근하였다. 이를 통해 과거에는 혁명을, 현재는 정치를 주도하는 주체로 자리매김한 것이다. 사실 이러한 당원이라는 인적 투입 전략과 당 조직이라는 조직적 투입 전략은 상호 협조와 지지를 요하는 구조에 놓여 있다. 당 조직은 각 당원의 결합으로 개인의 역량을 배가시키는 '증폭기' 역할을 한다. 당원은 당 조직의 전략을 구체적으로 집행하는 주체로 당 조직의 수족에 해당한다. 이러한 상호 의존적 투입 경로를 통해 중국공산당이라는 신형 정당의 가치이념과 정치목적이 사회 곳곳으로 주입된다. 따라서 당 조직의 네트워크가 건재하고 그것이 포괄하는 영역이 넓을수록 사회에 대한 당 조직의 영향력 또한 확대된다. 이로써 중국공산당이라는 신형 정당의 주도적 지위와 집권을 지탱하는 사회적 기초 역시 한층 군건해질 수 있는 것이다.

3) 유능한 리더십

장쩌민에 따르면 "중국공산당은 인민을 이끌고 정권을 쟁취하기 위해 분투하는 당에서 인민을 이끄는 전국적 정권을 획득한 장기집권당으로, 외부적으로 고립된 상태에서 국가 건설을 이끄는 당에서 전면적 개혁개방이 추진되는 상태에서 국가 건설을 이끄는 당으로 변모했다."[47] 우리는 장쩌민의 발언을 통해 새로운 시대를 맞이한 신형 정당의 무엇이 변했고, 무엇이 변하지 않았는지를 알 수 있다. 중국공산당이라는 신형 정당은 이른바 '두 가지 전환'을 겪었는데 이는 곧 정권 쟁취에서 정권 획득 상태로 변모한 것과 외부적으로 고립된 상태에서 전면적 개혁개방으로 나아가 국가건설을 추진하게 된 환경의 변화를 말한다. 한편 시대의 변화와 무관하게 신형 정당은 줄곧 '영도'를 통해 국가와 관계를 맺고 처리해왔으며 이것이 중국공산당이라는 신형 정당의 변치 않는 본색(底色)이라고 할 수 있다. 혁명전쟁과 사회주의 건설, 개혁에 이르는 과정을 통틀어 중국공산당은 줄곧 유능한 리더십을 발휘해왔다.

시진핑 총서기는 중국공산당 성립 100주년을 기념하는 담화에서 중국공산당의 영도하에 성취한 100년간의 업적을 4가지 측면에서 개괄하였다. 신민주주의 혁명이라는 업적과 사회주의 혁명·건설이라는 업적, 개혁개방과 사회주의 현대화 건설이라는 업적, 신시대 중국 특색 사회주의의 업적이 그것이다.[48] 중국공산당 제19차 6중전회에서 통과된 결의에서는 이와 맞물리는 4차례의 도약을 제시하였다. 4차례의 도약이란 중국이 수천 년간 이어진 봉건적 전제정치를 타파하고 인민민주로 도약한 것(신민주주의 혁명 시기), 농공업이 낙후되고 문화·과학 수준이 공백에 가까운 동방의 인구 대국이 사회주의 사회로 진입한 것(사회주의 혁명과 건설 시기), 중화민족이 (제국주의와 봉건주의에 맞서) 결연히 일어나는 단계(站起來)에서 나라를 부유하게 하는 단계(富起來)로 도약한 것(개혁개방과 사회주의 현대화 건설 시기), 이러한 시기를 거쳐 중화민족이 국가의 강성을 모색하는 단계(強起來)를 맞이하게 된 것(중국 특색 사회주의 신시대)을 뜻한다.49) 이러한 4가지 측면에서의 4차례 도약은 모두 중국공산당의 영도 아래 진행되었다. 중국공산당의 유능한 리더십은 비단 주권 회복과 경제·정치발전, 사회 통합과 민생 개선을 이끄는 데 국한되지 않는다. 소극적이고 피동적이었던 중국 인민의 의식 상태가 적극적이고 주동적으로 변화할 수 있었던 데에는 중국공산당의 리더십이 주요했다.50) 이러한 업적이 점차 축적되면서 중국은 자신의 제도와 문화에 자신감을 갖게 되었다. 요컨대 중국공산당이라는 신형 정당이 거쳐온 100년간의 발전 과정은 실상 중국혁명과 건설, 개혁을 효과적으로 이끄는 과정이었고, 이 과정에서 발휘된 유능한 리더십은 중국공산당과 다른 유형의 정당을 구별 짓는 주요한 특징으로 자리 잡았다.

단순히 어원적인 차원에서 접근했을 때 '영도(領導)'란 데리고(帶領) 이끈다(引領)는 뜻이다. 어떤 사회든 발전을 이루기 위해서는 일정한 규모의 무리 또는 집단활동이 수반되어야 하는 법이다. 무리 또는 집단을 이룰 수 있는 단결력이 있어야만 사회 발전에 영향을 미치고 그것을 추동할 수 있는 중요한 역량이 될 수 있기 때문이다. 그렇다면 이러한 집단행동은 어떻게 이루어지는가? 결국 대중 속에 존재하는 소수의 정예가 데리고 이끌어야 하는 것이다. 이들 또한 어떤 집단행동에 참여하는 구성원의 일부이며, 이들이 집단행동을 이끌 수 있는 까닭은 집단이나 공동체의 일정한 동의와 지지를 얻어 공적 이성 또는 사회의 최대공약수를 만족시켰기 때문이다. 무엇이 영도인가? 마오쩌둥에 따르면 "대량의 명확한 무언가가 미처 보이지 않을 때, (예컨대 커다란 선박의) 돛대의 끝머리가 겨우 보이기 시작했을 무렵부터 이것이 곧 대량의 보편적인 무엇인가로 발전할 것을 알고 능히 그것을 장악할 수 있는 그러한 힘이 곧 영도"이다.[51] 여기서 마오쩌둥이 말한 "대량의 보편적인 무엇"이 곧 공적 이성, 사회의 최대공약수를 가리키며, 리더가 응당 관철해야 할 정수(精髓)이다. 정당의 구성요소와 목적 및 취지, 기능과 같은 측면에서 보았을 때 영도는 집단행동을 형성하는 중요한 추진력이자 사회 통합의 매개체이다. 그러나 어떤 정당이 영도라는 중임을 감당할 수 있는가 하는 문제 즉 영도당(領導黨)이 될 수 있는가 하는 문제는 해당 정당의 성격과 결부된다. 앞서 언급했듯이 만약 정당이 대변하는 것이 일개 당파의 이익에 불과하다면 그러한 정당의 당원은 사회를 구성하는 대다수의 폭넓은 민중이 아니기 쉬우며, 그러한 정당은 사회의 공익을 반영한 강령이나 노선, 방침, 정책을 제시할 수 없다. 따라서 '영도'라는 중임을 감당할 수 있을 리 만무하다. 오로지 '현재의 운동에서 그 운동의 미래를 대변'하는 프롤레타리아트 계급의 정당만이 '영도당'이라는 역할과 책임을 짊어질 수 있다.[52] 중국의 신형 정당이 상정한 정당의 영도는 개개인의 당원이 아닌 중국공산당이라는 조직적 실체를 영도 주체로 한다. 영도가 미치는 대상과 범위는 국가의 정치, 경제, 사회, 문화 등 각 영역을 두루 포함한다. 영도 방법이란 당이 국가와 사회 각 영역에서 진행하는 구체적인 영도 방법을 뜻한다. 동적 측면에서 당의 영도는 하나의 '활동' 즉 인민을 이끌고 조직해 벌이는 시범적인 활동을 뜻한다. 마오쩌둥에 의하면 "이른바 영도권(領導權)이란 하루 종일 구호처럼 외치거나 기고만장하게 복종을 요구하는 것이 아니라 당의 적확한 정책과 시범적 활동을 통해 당외 인사들을 설득하고 교화하여 당의 제의를 수용하도록 하는 것이다."[53] 정적 측면에서 영도는 하나의 '관계' 상태를 말한다. 즉 당이 효과적인 활동을 통해 인민대중 및 추종자들보다 선두에서 선행하는 위치를 점하는 것이다. 물론 당의 영도가 지닌 목적은 인민의 근본 이익을 실현하는 데 있다.

정당의 리더십은 민중의 지지와 승인을 바탕으로 이루어진다. 이는 중국과 서구 정당 모두에게 해당되는 본질적 속성이자 그 영향력을 발휘할 수 있는 전제조건이다. 서구 정당이 획득한 동의와 지지는 경쟁적 선거 과정에서 얻은 득표를 통해 드러난다. 중국공산당의 경우 모든 민족의 공동 이익을 제외한 공산당 자체의 당파적인 사리사욕은 존재하지 않는다. 혁명전쟁 시대 중국공산당은 당시의 정권 치하에서 합법적인 지위를 얻지 못했기 때문에 외적인 강제력에 의해 리더십을 발휘할 수 없었다. 다시 말해 중국공산당은 오직 당 스스로의 선진적인 이론과 엄밀한 조직성, 합리적인 정책에 의지해 민중의 지지를 획득했던 것이다.54) 레닌에 따르면 프롤레타리아트 계급이 정권을 획득한 이후 "당은 프롤레타리아트 계급 집권의 선봉대 즉 영도자"가 된다.55) 따라서 중국공산당의 리더십은 신중국을 건국해 집권당이 이후에도 전혀 퇴색하지 않았다. 중국공산당 영도의 정당성은 당 조직과 당원 개개인의 선봉대 역할 및 중국공산당이 정치, 경제, 사회, 문화 각 영역에서 발휘하는 리더십에 기초한다. 중국공산당은 그 가치이념과 조직구조, 집권방식을 부단히 정돈하며 변화하는 사회환경에 발맞춘, 보다 나은 당의 영도를 실현하려 한다.

상기의 내용으로 미루어 볼 때 중국공산당이 확립한 영도 지위는 단순한 선언이나 국가권력의 힘이 아닌 스스로의 능력과 정당성에 힘입어 성취된 것이다. 중국공산당이라는 집권당의 강령과 노선, 방침과 정책에 대한 민중의 동의와 지지가 없었더라면, 또 집권당의 활동이 효과적이지 못했다면, 중국공산당은 그 영도 지위를 확립하고 유지하지 못했을 것이다. 따라서 중국공산당의 영도 지위는 결국 당 자체의 활동이 아닌 민중의 자발적인 동의와 지지에 의해 결정된다고 할 수 있다. 당 자체의 활동은 결국 민중의 평가를 피할 수 없기 때문이다. 환언하면 중국공산당의 영도 지위는 미리 결정되거나 굳어진 것이 아니다. 중국공산당이 영도를 행사하는 방식 또한 고착화될 수 없다. 즉 중국공산당은 자신이 특정한 환경과 영역, 역사적 단계에서 발휘한 리더십모델을 분별없이 남용해서는 안 되며, 자신의 영도 지위가 줄곧 유지될 것이라 당연시해서도 안 된다. 왜냐하면 중국공산당에 대한 민중의 지지는 가변적이며, 따라서 중국공산당이 획득할 수 있는 정당성 또한 유동적이기 때문이다. 시진핑 총서기가 "당의 선진성과 집권당 지위는 한번 고생해 얻어낸, 고정불변의 것이 아니다. 과거의 소유가 현재의 소유로 이어지란 법은 없으며 현재의 소유가 영원할 것이라는 보장도 없다. 이는 변증법적 유물론과 역사적 유물론이 도출한 결론이다."56)라고 엄중히 경고한 것 또한 이러한 맥락에서다. 요컨대 민중의 지지와 동의가 곧 중국공산당의 영도 지위를 결정하기에 중국공산당은 사회주의 혁명, 건설, 개혁의 시기를 막론하고 '인민을 근본으로 삼는(以民爲本)' 가치 유전자를 계승하고 이것과 군중노선을 결합시켰다. 이것이 곧 중국공산당이라는 신형 정당이 유능한 리더십을 실현할 수 있었던 경험적 소산이며, 동시에 중국공산당이 항상 경계를 늦추지 말아야 할 중요한 과제이기도 하다.57)

4) 민주집중제

신형 정당이 자신의 취지를 실현하고 권위적 영향력을 확대하려면 반드시 조직력을 갖춰야 한다. 조직력을 향상하려면 위민을 위해 봉사하는 가치이념과 완전한 조직망, 체계화된 규범과 제도, 유능한 리더십을 구축하는 데 주력해야 한다. 인민을 위해 봉사하는 가치이념은 (신형 정당의) 이념 영역에, 조직망과 규범 및 제도는 구조 영역에, 유능한 리더십은 행위 영역에 속하며 이러한 각각의 영역이 모여 신형 정당의 특성을 구성한다. 합리적 조직이론에 따르면 체계화된 규범 및 제도는 조직의 목표 실현과는 무관한 조직원의 개성을 여과할 수 있는 한편 조직의 목표 달성과 관련된 요소는 보류하거나 장려하여 조직적 환경에서 집단행동이 이루어질 수 있도록 돕는다. 중국공산당이라는 신형 정당에게는 민주집중제가 곧 이러한 제도에 해당한다. 민주집중제가 신형 정당을 구성하는 주요한 특징 중 하나일수 있는 까닭은 이 제도의 생성 과정 자체가 마르크스주의 정당의 속성과 긴밀히 연관되기 때문이다. 뿐만 아니라 민주집중제와 연계되어 설치된 일련의 제도들, 예컨대 당내 회의제도와 선거제도, 정책 결정제도 등은 신형 정당의 엄밀한 조직 규율과 강한 집행력을 담보한다. 이러한 제도들은 마르크스주의 정당의 제도적 유산이다. 공산당이 임하는 사업은 대다수 민중 나아가 인류 전체의 해방과 관련되기 때문에 민주적 가치를 고양하고 민중의 참여를 고무하는 적극성을 발휘해야 한다. 동시에 준엄한 조직 규율을 마련해 신형 정당으로서 강력한 조직력과 추진력을 갖춰야 한다. 마오쩌둥은 「중국공산당이 민족전쟁에서 차지하는 위상(中國共産黨在民族戰爭中的地位)」이라는 글에서 중국공산당이라는 신형 정당과 그 구성원들이 발휘해야 할 적극성과 관련해 다음과 같이 말한 바 있다. "위대한 투쟁을 앞둔 중국공산당은 당내 모든 지도기구와 모든 당원 및 간부에게 고도의 적극성을 발휘할 것을 주문해야 한다. 그래야만 승리를 쟁취할 수 있다. 적극성은 반드시 지도기구와 간부, 당원의 창의력과 책임 정신, (이들이 발산하는) 업무의 활기를 통해 구현되어야 한다. 또 당내 생활의 민주화에 힘써 과감하고도 활발하게 문제를 제기하고 의견을 개진하며 잘못된 점을 지적할 수 있는 적극성이 발휘되도록 해야 한다."[58] 아울러 마오쩌둥은 당의 기율을 엄중히 위반한 장궈타오(張國燾)*의 사례를 지적하며 다음과 같이 당의 기율을 새롭게 제시했다. "① 개인은 조직에 복종한다. ② 소수는 다수에 복종한다. ③ 하급은 상급에 복종한다. ④ 당 전체는 당 중앙에 복종한다. 이러한 규율을 위반하는 것은 곧 당의 통합을 파괴하는 것에 다름 아니다. 이러한 가장 중요한 규율 외에도 비교적 상세한 당내 법규를 제정하여 각급 지도기구의 행동을 통일해야 한다."[59]

마르크스주의 사상가들은 조직 규율과 제도 및 규범이 정당의 발전과 투쟁력을 제고하는 데 매우 중요한 기능을 담당한다고 주장한다. 1859년 5월 18일, 마르크스는 엥겔스에게 보내는 서신에서 "지금 우리는 반드시 당의 기율을 절대적으로 유지해야 한다. 그렇지 않으면 아무것도 이룰 수 없다"[60]고 강조했다. 엥겔스 또한 "프롤레

---

* 장궈타오(1897~1979)는 쟝시성(江西省) 핑샹(萍鄉)현 출신으로 1919년 5.4운동 당시 베이징대에서 수학하며 학생운동의 중심 인물로 부상했고 공산주의 사상가 천두슈, 리다자오(李大釗)와 왕래하며 마르크스주의에 경도되었다. 1920년 중국공산당에 입당하였고 1921년 상하이에서 열린 중국공산당 제1차 전국대표대회에 참가해 13명의 창당 발기인에 포함되었다. 1928년 모스크바에서 열린 중국공산당 제6차 전국대표대회에서 저우언라이(周恩來), 리리싼(李立三), 취추바이(瞿秋白) 등 23명과 함께 중국공산당 중앙위원회 위원에 선출되는 등 줄곧 지도부에서 활동하였다. 마오쩌둥과는 대장정의 최종 목적지를 두고 충돌하였다. 마오쩌둥은 북상하여 기존의 근거지와 합류할 것을 주장했으나, 장궈타오는 서남부 또는 서북부 내지로 후퇴해 새로운 근거지를 개척할 것을 주장했다. 최종적으로 마오쩌둥의 북상 의견이 채택되었으나 장궈타오는 승복하지 않고 두 차례의 독자노선을 시도하다 실패하였다. 이후 장궈타오는 당내에서 정치적 입지를 상실했고 결국 1938년 4월 옌안(延安)을 떠나 중국 국민당으로 전향하였나. 국공내전 이후 국민당을 탈당해 홍콩으로 망명하였다가 다시 캐나다로 망명했고 1979년 그곳에서 사망했다.

타리아트 계급 혁명 투쟁에서 승리하기 위한 가장 중요한 요건은 엄격히 법률을 준수하는 것이다. 그렇지 않다면 제아무리 드높은 혁명의 기세나 야단법석도 결국 실패로 끝난다. 기율이야말로 (프롤레타리아트 계급이 혁명 투쟁을 전개하는 데 있어) 가장 효과적이고 강력한 필요조건이며 부르주아지 계급이 가장 두려워하는 것"[61]이라 역설했다. 레닌 역시 볼셰비키가 성공할 수 있었던 요건으로 엄격한 기율을 꼽았다. 레닌은 "만약 우리 당에게 극도로 엄격하고 철저한 기율이 없었다면, 우리 당은 노동자 계급 전체의 기꺼운 옹호를 획득하지 못했을 것이며, (…) 볼셰비키 정권은 2년 반은 고사하고 두 달 반도 유지되지 못했을 것"이라고 평가했다. 아울러 레닌은 "무조건적 집중과 지극히 엄격한 기율은 프롤레타리아트 계급이 부르주아지 계급으로부터 승리할 수 있었던 요건 중 하나"[62]라고 주장했다. 이처럼 당의 조직 기율에 대한 강조는 서구의 느슨한 선거용 정당과 마르크스주의 정당을 대별하는 중요한 차이점이다. 따라서 엄격한 조직 기율은 마르크스주의 정당의 본질적 속성에 의해 결정된 것이라 보아도 무방하다. 정권 전복을 주요 목적으로 한 혁명시대든 집권 이후의 건설 시기이든, 중국공산당이라는 신형 정당은 언제나 최대 다수의 이익을 보호하는 것을 최종 목적으로 한다. 이러한 사명을 완성하려면 중국공산당 내부는 물론 사회를 동원하고 조직해야 한다. 그렇기 때문에 끊임없이 당 조직을 강력한 '투쟁 거점'으로 건설해야 한다고 강조하는 것이다. 중국공산당이 추진력과 조직력을 높여가는 과정에서 엄격한 조직 기율은 필수 불가결한 요소이다. 따라서 사상 및 조직 건설을 통해 당원 대오를 정돈하고 이상과 목표를 위해 분투하는 당원의 내적 동력을 계발하는 한편, 제도 및 규범을 통해 조직 간의 관계를 정비하고 당원의 행위를 규제하여 당 조직의 목표 실현에 기여할 수 있는 효과적인 집단행동을 전개하도록 한다. 그리하여 궁극적으로 당 조직의 집행력을 높이는 것이다. 여기에 대해 레닌은 다음과 같이 명확히 논술한 바 있다. "우리는 이미 여러 차례에 걸쳐 노동자 정당 내 기율의 의의와 기율의 개념에 대한 견해를 원칙적으로 논한 바 있다. 행동의 일치와 토론 및 비판의 자유, 이것이 곧 우리가 밝힌 (기율에 대한) 명확한 견해이며 선진 계급의 민주주의 정당이 응당 갖춰야 할 기율이다."[63] 레닌이 말한 "토론과 비판의 자유"는 실상 '민주'를 가리키는 것이며 "행동의 일치"는 '집중'을 내포한다. 즉 마르크스주의 정당에게 필요한 기율은 민주집중제라는 의미이다.

혁명의 시기이든 건설과 개혁의 시기이든 신형 정당이 자신에게 부과된 역사적 사명을 달성하기 위해서는 반드시 두 가지 '조직화'를 완성해야 한다. 하나는 스스로에 대한 조직화이다. 다시 말해 정당 자체를 활력이 넘치고 조화로운 운영이 가능한 고효율적인 조직 체계로 재편해야 한다. 다른 하나는 영도 및 집권 대상에 대한 조직화로, 즉 국가와 사회에 대한 조직화를 말한다. 중국공산당이라는 신형 정당은 국가와 사회 안에서 혁명과 건설, 개혁을 추진할 수 있는 자원과 지혜, 경험을 획득했고 분산되고 원자화된 각 역량을 통합하여 혁명운동과 국가건설, 민족부흥을 추진할 수 있는 효과적인 집단행동을 이끌어냈다. 따라서 중국공산당에게 민주집중제는 당을 조직하는 근본 제도라고 할 수 있다. 장쩌민이 말한 것처럼 "민주집중제는 당을 조직하는 근본 원칙이다. 민주집중제는 당내 생활에서 반드시 준수해야 할 기본 준칙이자 체계화, 민주화된 정책 결정을 실현하기 위해 없어서는 안 될 제도적 보장에 해당한다. 고도의 민주와 고도의 집중이 변증법적으로 통일된 민주집중제는 변증법적 유물론과 역사적 유물론이 당의 조직 및 제도 구축 과정에서 구현된 사례이며, 중국 공산당의 군중노선 방침이 조직 및 제도를 구축하는 과정에서 창조적으로 작용한 결과"[64]이다. 뿐만 아니라 민주집중제는 국가와 사회 활동을 조직하는 원칙으로도 기능한다. 시진핑에 따르면 "민주집중제는 국가의 조직 형태와 활동 방식을 결정하는 기본 원칙으로 중국 국가제도의 뚜렷한 특징이다. 모든 국가기관은 중국공산당의 영도 아래 통일된 총체이다. 따라서 각 기관은 합리적으로 분업하는 한편 긴밀히 협력하고, 민주를 충분히 관철하는 한편 효율적인 집중을 실현하여, 논의는 했지만 결론을 내리지 못하는 행태, 결정하고도 집행하지 않는 행태, 제대로 집행하지 못하는 행태 등 바람직하지 못한 현상을 극복하고 (조직 간) 상호 견제와 저효율의 폐단을 방지해야 한다."[65] 마오쩌둥은 「연합정부를 논함(論聯合政府)」이라는 글을 통해 민주집중제에 대해 다음과 같이 규정했다. "신민주주의 정권 조직은 마땅히 민주집중제를 채택하여 각급 인민대표대회로 하여금 국정방침을 결정하고 선거를 통해 정부를 구성하도록 해야 한다. 이러한 민주집중제는 민주적이기도 하고 집중적이기도 하다. 다시 말해 민주를 기초로 한 집중, 집중된 지도하의 민주이다."[66] 요컨대 민주집중제는 중국공산당이라는 신형 정당 내부는 물론 국가와 사회 영역에도 적용되는 원칙이다. 즉 민주집중제는 하나의 '통합체'로서의 정당이 그 내부의 통합은 물론 국가와 사회 안팎의 통합을 진행할 때 활용되는 제도적 도구인 것이다. 중국공산당이라는 신형 정당이 인민의 좋은 삶이라는 목적을 달성하기 위해서는 국가와 사회 각 영역의 적극성을 동원해야만 하는데 이 과정에서 민주집중제는 신형 정당과 국가 및 사회가 비교적 원만한 관계를 맺는 데 기여한다. 고로 민주집중제는 중국공산당이라는 신형 정당이 자신의 가치적 사명을 실현하는 데 더할 나위 없이 적합한 제도라고 할 수 있다.

(2) 신형 정당제도의 형성과 장점

이론적으로 신형 정당과 신형 정당제도는 동일하지 않다. 후자는 중국공산당이라는 신형 정당과 민주당파와 인민단체, 무당파 인사의 관계를 포함한다. 신형 정당이 민족해방과 인민민주, 국가건설을 추진하는 과정에서 당외 인사와 형성한 제도적 관계가 곧 신형 정당제도의 주된 내용이다. (각기 다른 계급, 정당, 단체가 동일한 목적을 실현하기 위하여 공동전선을 구축하는) 통일전선(統一戰線) 정책은 중국혁명의 승리를 이끈 삼보(三寶) 중 하나로, 중국공산당이라는 신형 정당을 핵심으로 한 각 정당, 혁명단체 간의 연합 문제를 해결하기 위한 목적에서 비롯되었다. 통일전선은 혁명 투쟁의 조직화 정도를 높여 대규모 집단행동을 촉진함으로써 혁명을 승리로 이끌기 위해 조직화된 토대라고 할 수 있다. 어떤 의미에서 신형 정당제도는 신형 정당이 주도한 통일전선 정책의 제도적 성과라고도 볼 수 있다. 마오쩌둥은 통일전선 정책의 혁명적 의의를 되새기는 한편 신형 정당과 기타 당파, 단체와의 협력의 중요성을 다음과 같이 강조했다. "당외 인사가 참여하지 않는 정부는 문제가 발생할 가능성이 있다. 중국공산당은 영구히 당외 인사와 협력할 것이다. 그래야만 (당내에서) 부정한 행위나 관료주의가 발생하는 것을 방지할 수 있다. 통일전선 없이 혁명은 승리하지 못한다. 통일전선 없이 거둔 승리는 불안정하다."[67] 1949년 9월에 개최된 신(新)정치협상회의에는 11개의 민주당파와 중국공산당이 모두 참여해 (신중국) 건국 문제와 관려해 긴밀히 협력하면서 중국공산당이 주도하는 다당합작의 취지를 십분 구현하였다.68) 해당 회의에서 선출된 7명의 중앙 인민정부 주석 및 부주석 중 3명이 민주당파였으며, 56명의 중앙 인민정부 위원 중 20명이 또한 민주당파였다. 이처럼 민주당파는 자체 인사를 투입하는 방식으로 국가 정권 시스템 안으로 진입하였다. 어떤 의미에서 보면 중국의 신형 정당제도는 1949년에 개최된 신정치협상회의를 통해 정식 형성되었다고 할 수 있다. 해당 회의를 계기로 신형 정당제도가 중국 정치무대에서 최초로 공식적 · 전면적으로 운영되기 시작했기 때문이다.

개혁개방 이후 중국의 정당제도는 두 차례에 걸쳐 그 정치적 위상이 격상되었다. 먼저 1993년 수정된 헌법안에는 "중국공산당이 주도하는 다당합작과 정치협상제도는 장기적으로 존속 및 발전해나갈 것"이라는 문구가 명확히 삽입되었다. 2018년 전국 양회 기간에 이르러서는 한층 더 위상이 높아졌다. 시진핑은 "중국공산당이 주도하는 다당합작과 정치협상제도"를 "신형 정당제도"로 집약했다. 아울러 "중국공산당이 주도하는 다당합작과 정치협상제도는 중국의 기본 정치제도이며 중국공산당과 중국인민, 민주당파와 무당파 인사가 더불어 만든 위대한 정치적 창조물로, 중국이라는 토양에서 배양된 신형 정당제도"69)라는 발언을 통해 그 뚜렷한 특징과 장점을 강조했다. 그렇다면 신형 정당제도의 새로움은 어디에 있는가? 신형 정당제도가 지닌 참신성에 대해 시진핑은 다음과 같이 정리하고 있다. "첫째, 신형 정당제도는 마르크스주의 정당 이론과 중국 현실의 결합에서 비롯된 산물로, 실질적 · 포괄적 · 지속적으로 가장 대다수 인민의 근본 이익과 전국 각 민족 · 영역의 근본 이익을 대표하고 이를 실현할 수 있어 소수의 사람과 소수의 이익집단을 대표하던 구식 정당제도의 폐단을 효과적으로 예방할 수 있다는 점에서 새롭다. 둘째, 신형 정당제도는 각 정당과 무당파 인사를 긴밀히 단결시켜 공동의 목표를 위해 분투하게 하여 감독이 결여된 일당 독재 및 다수의 정당이 돌아가며 집권하고 악성 경쟁을 일삼는 폐단을 예방할 수 있다는 점에서 새롭다. 셋째, 신형 정당제도는 제도화, 절차화, 규범화된 안배를 통해 다양한 의견과 건의를 취합하고 정책결정 과정의 체계화와 민주화를 촉진하여 특정 당파, 특정 계급, 특정 지역 및 집단의 이익에 얽매여 사회적 분열을 야기했던 구식 정당제도의 폐단을 예방할 수 있다는 점에서 또한 새롭다. 이러한 신형 정당제도는 현대 중국의 현실에 부합할 뿐 아니라 중화민족이 일관되게 제창해온 천하위공(天下爲公, 천하를 공유함), 겸용병축(兼用並蓄, 각기 다른 내용과 성질의 것을 수용함), 구동존이(求同存異, 차이를 인정하고 공통점을 찾음)와 같은 훌륭한 전통문화적 가치관과도 맞물려 인류 정치문명에 크게 공헌할 수 있다."70) 우리는 위의 담화를 통해 신형 정당제도가 지닌 몇 가지 특징을 추출할 수 있다. 대표성, 동원력, 통합성, 포용성은 신형 정당제도의 특징이자 외국의 다른 정당제도와 비교했을 때 부각될 수 있는 경쟁력이기도 하다. 구체적으로 논하자면 다음과 같다.

1) 실질적 대표성

중국의 신형 정당제도는 중국공산당의 영도를 강조해 대다수 인민의 근본이익을 대표할 것을 보장하는 한편 중국 특색의 참정당(參政黨)인 각 민주당파를 통해 특정 당파와 연계된 일부 인민의 이익을 또한 대표한다. 동시에 인민대표대회의 선거구 제도와 정치협상회의의 직능대표제를 조합하여 각 민족, 각 계층, 각 단체, 각계 인사가 정치적 대표를 두고 민주적 · 협상적 방법으로 정치생활에 참여할 수 있도록 한다. 신형 정당제도는 이러한 섬세한 제도 안배에 힘입어 보다 폭넓고 실질적인 대표성을 확보할 수 있다. 현대 국가의 주인은 인민이고, 그러한 인민으로 구성된 사회는 정당 또는 정부가 자원과 세력을 획득할 수 있는 장소이자 공간이다. 정당과 정부는 사회라는 원천에서 자신의 정당성을 지속적으로 확보하는 한편, 역으로 사회의 발전과 진보의 기준을 제시하고 이를 추동하기도 한다.

집권당인 중국공산당은 인민정치협상회의를 주도하는 과정에서 시종일관 인민의 이익을 귀착점으로 하고 인민의 입장에 서서 중국 인민과 중화민족의 이익을 충실히 대표한다. 인민정치협상회의는 전문적인 협상기구이자 매개체로서 이를 구성하는 각 민주당파와 인민 단체, 무당파 인사 등은 헌법과 정치협상회의 헌장에 의해 부여된 직책과 사명을 이행한다. 예컨대 각자와 연계된 인민대중의 실제 요구를 수집 및 취합하고 경제·사회발전 문제와 관련된 민간의 다양한 제안과 건의를 집권당과 공공권력기구에 전달한다. 제8차 전국정치협상회의부터 정치협상회의를 구성하는 직별이 29개에서 각 당파와 각 단체, 각 민족, 특별 초청 인사가 포함된 34개 부문으로 확대되었다. 여기에는 경제, 과학기술 등 영역의 전문가와 특별 공로자가 포함되었고 일선 노동자와 농민의 비중이 늘어났으며 기초교육, 직업교육 종사자와 기층에서 근무하는 의료인, 공공위생·방역에 종사하는 현장 대표 또한 정치협상회의에 진입하였다. 동시에 다양한 업종을 대표하는 업계 대표와 상대적으로 연소한 우수 인재를 수용하였다. 이로써 인민정치협상회의의 대표성이 배가되어 정치협상회의라는 기구는 보다 다원적이고 입체적이며 실질적인 요구를 반영할 수 있게 되었다.

2) 효과적인 동원력

인민정치협상회의가 발휘한 효과적인 동원력은 신민주주의 혁명 및 사회주의 혁명의 완성과 사회주의 현대화 건설 추진에 기여한 매우 중요한 보장기제였다. 인민정치협상회의는 크게 3가지 기제를 바탕으로 동원력을 발휘하였다. 첫째는 사상적 지도이다. 회의와 학습, 선전과 같은 방법으로 특정한 가치이념과 목표지향을 체화할 수 있도록 유도하는 것이다. 둘째는 물질적 인센티브다. 현실에서의 실천과 미래의 물질적 보상을 연계하는 방법으로 업적을 내세워 강력한 응집력과 동기부여를 생성해낸다. 셋째는 조직망의 구축이다. 혁명과 건설, 개혁은 수억에 달하는 인민과 관계된 사업으로, 방대한 규모를 지닌 집단행동이다. 따라서 조직망의 구축은 군중을 결속시켜 효과적인 집단행동을 이끌어낼 수 있는 조직적 토대를 다지는 중차대한 일이다. 이러한 조직망은 중국공산당과 민주당파와 기타 사회단체를 망라한다.

이러한 3가지 동원기제는 신형 정당제도에도 그대로 적용된다. 먼저 사상적 지도를 통해 중국공산당이 추진하는 거시적 사업의 목적과 의의를 민중에게 각인시킨다. 중화민족의 위대한 부흥을 실현하는 중국몽(中國夢)은 사회 전체의 역량을 필요로 한다. 따라서 효과적인 사상적 지도를 통해 인민정치협상회의와 연계된 각계각층의 민중이 중국공산당이 상정한 각 단계의 목표가 내포한, 시공을 초월한 역사적 의의를 충분히 인식할 수 있도록 해야 한다. 다음으로 물질적 인센티브를 통해 정당 활동과 민중의 거리를 좁힌다. 정당은 활동을 통해 업적을 축적함으로써 정당에 대한 민중의 친밀감을 높인다. 다시 말해 정당은 사회적 영향력을 확대하기 위해 자신이 전개하는 활동의 목표를 민중의 물질적 요구와 결부시킨다. 물질적 인센티브를 바탕으로 한 동원을 통해 민중은 개개인의 이익 증진이 전면적 소강 사회 건설과 사회주의 현대화 강국 건설과 같은 거시적 목적과 긴밀히 연관됨을 인식하게 되고, 꿈을 이루기 위해서는 그에 걸맞은 노력이 뒷받침되어야 한다는 것을 느끼게 된다. 마지막으로 중국공산당 기층 당 조직과 같은 폭넓은 조직망을 구축함으로써 당의 전면적 영도를 실현하고 정협위원의 의정활동에 조직적 기반과 인적 자원을 제공할 수 있도록 보장한다.

3) 고도의 통합성

현대 국가에서 정당은 사회통합체로서 사회를 합일하는 기능을 수행한다. 정당의 존재가치는 루소가 말했던 일반의지(general will)를 조직해 대중의 선호를 공공정책으로 전환하는 가능성에 있다고 해도 과언이 아니다. 이러한 '통합체'로서의 기능은 주로 두 가지로 대별된다. 하나는 사회의 질서와 안정을 위해 민중이 제도화된 경로를 통해 정치에 참여토록 함으로써 일부 국가에서 발생한 민중의 무질서한 참여 폭증을 예방하는 것이다. 다른 하나는 사회를 조직하고 동원함으로써 사회적 이견을 좁히고 분열을 봉합하며 원자화된 개인을 결속시켜 사회 전체가 마땅히 지향해야 할 가치목표를 추구하도록 이끄는 것이다. 이러한 두 가지 기능은 오늘날 중국이 안정적으로 발전해나가는 데 매우 중요한 의미를 지닌다. 현재 중국에서 신형 정당제도는 정치·사회통합을 실현하는 제도적 토대로 자리 잡았다. 이러한 제도는 상당한 동원력과 결정력, 집행력, 응집력을 내포하고 있어 다양한 당파와 협력을 실현함은 물론 통합 가능한 범위와 탄력을 증가시켜 통합 기능을 극대화한다. 중국의 신형 정당제도가 가진 이러한 고도의 통합성은 제도 자체의 수용력과 협상력,

참정 및 의정능력으로 나타나며, 이러한 기능은 각각 사회통합과 의견통합, 참여통합에 상응해 발휘된다. 먼저 신형 정당제도의 수용력이란 중국공산당의 조직망과 각 민주당파, 인민단체 자체 조직이 표출하는 개방성을 가리킨다. 요컨대 새로이 생성된 사회역량을 흡수함으로써 사회에 대한 통합을 실현하는 것이다. 신흥 사회계층에 대한 중국공산당의 정치적 수용은 중국 사회구조에 새롭게 발생한 현실적 변화에 대한 예리한 통찰과 이성적 진단에 기초한다. 정치적 수용은 사회에 대한 중국공산당의 구심력과 응집력을 제고할 뿐 아니라 집권당으로서의 적응력과 사회통합능력 향상에 기여한다. 여기에 그치지 않고 중국공산당은 집권환경에 발생한 준엄한 변화를 직시하고 부단히 조직 건설 및 조직망의 침투 강도를 높이고 당의 업무가 미치는 범위를 전반적으로 확대해 당의 기층 조직 건설의 개방성과 포용성을 눈에 띄게 강화하였다. 중국공산당을 제외한 정당들 또한 일정한 개방성을 구현한다. 예컨대 각기 다른 사회계층과 직능단체의 대표가 다른 당파로 진입할 때 별다른 장벽을 두지 않는다. 또한 이들은 의정 참여나 민주적 감독과 같은 다양한 방식을 통해 자체 요구를 표출할 수 있어 공공 정책의 제정 및 집행에 영향을 미치거나 참여할 수 있다. 이러한 개방성은 다양한 의제를 수용하는 개방성으로 이어진다. 사회 내부에는 각기 다른 요구가 존재하고, 이러한 요구들은 각각의 직능 대표가 인민정치협상회의에 진입함으로써 공적으로 표출된다. 이처럼 신형 정당제도가 구현하는 수용력은 그 나름의 높은 적응력과 조정력을 두루 포괄한다고 할 수 있다.

둘째, 신형 정당제도의 협상력은 민주적 협상기제를 통해 사회 의견을 통합하는 기능을 뜻한다. 이러한 협상력을 실현하는 주된 경로는 두 가지로 대별되는데 중국공산당과 민주당파 간의 협상인 정당

협상과 인민정치협상회의 내부에서 중국공산당 및 민주당파와 각계 대표인사 간에 진행되는 협상이 그것이다. 협상 과정에서 사회 각계의 의견과 입장이 표출되고 상충하기도 하는데, 민주적·결속적인 분위기에서 이러한 차이를 인정하고 공통점을 찾아 관련 문제와 안건에서 합의를 이뤄 정당·조직 차원에서 사회 의견을 통합한다.

셋째, 신형 정당제도의 참정 및 의정능력이란 민주당파 및 무당파 인사가 국정운영에 참여해 구체적인 정책을 공급하는 과정에서 행사하는 영향력을 의미한다. 각 민주당파는 인민대표대회나 정부, 사법 기구 등 국가기관에서 고위직을 맡으며 (국가기관 구성에서) 일정한 비중을 차지한다. 이 밖에 민주당파 및 무당파 인사는 인민정치협상 회의라는 제도적 플랫폼을 바탕으로 국가와 지역의 경제·사회발전 문제와 관련한 조사 및 시찰을 진행하거나 자문 및 심사를 개진하고, 조사연구보고서나 제안서 및 건의서와 같은 방식으로 참정 및 의정 활동을 수행한다. 이처럼 신형 정당제도는 직간접적인 방법으로 민주당파 및 각 단체 인사가 정책결정에 참여할 수 있도록 하여 이들에 의해 대표되는 집단의 참여를 통합한다.

4) 지대한 포용성

중국의 신형 정당제도는 중국의 현실에 입각하는 한편 중국의 전통을 계승하고 정치문명으로서의 통칙을 내포하는 등 매우 지대한 포용성을 특징으로 한다. 신형 정당제도는 다양한 행위자의 존재와 정치협상 방침, 유기적 단결과 같은 3가지 요소를 통해 그 포용성을 구현한다.

중국의 신형 정당제도가 상정하는 다양한 행위자의 존재는 신형 정당제도 자체가 단순한 일당제나 다당제가 아닌, 중국공산당 영도를 전제로 다양한 정당 간 협력과 협상을 실천하는 제도임을 시사한다. 집권당인 중국공산당을 제외한 8개의 참정당 민주당파는 여야로 구별되지 않는 친밀한 우당(友黨)관계에 있다. 우호적인 정당관계와 이들을 둘러싼 민주적·단결적인 합작 분위기가 곧 신형 정당제도가 지닌 지대한 포용성을 대표하며, 이러한 포용성은 중국공산당의 영도를 견지한다는 '합일'된 전제 아래 기타 참정당의 '다원적' 존재와 기능이 효과적으로 제 몫을 발휘할 수 있도록 한다.

정치협상 방침이란 인민정치협상회의가 가지고 있는 기본 방침을 말한다. 1982년에 열린 중국공산당 제12차 전국대표대회 때 처음으로 "(중국공산당과 민주당파는) 장기적으로 공존하고 상호 감독하며 서로 진심으로 대하며 영욕을 함께한다(長期共存, 互相監督, 肝膽相照, 榮辱與共)"는 방침이 제시되었고, 2018년 3월 수정을 거쳐 통과된「중국인민정치협상회의 헌장수정안(中國人民政治協商會議章程修正案)」을 통해 이러한 방침이 재차 확인되었다. 인민정치협상회의는 신형 정당제도의 구체적인 운영기구이다. 그 기본 방침은 결속과 조화를 주된 기조로 하는 정당관계와 인민정치협상회의에 진입한 기타 단체, 조직 행위자들의 활동을 위해 상정한 '비제로섬 게임(non zero-sum game)'이라는 전제로 요약될 수 있다.

유기적 단결이란 신형 정당제도가 아우르는 각 당파와 무당파, 기타 사회단체가 각각의 역할을 수행하며 협조하고 보완함을 이른다. 덩샤오핑은 일찍이 각 당파 간의 보완적 기능에 대해 다음과 같이 논한 바 있다. "중국공산당은 언제나 한 시각에서 문제에 접근하고 민주당파는 또 다른 시각으로 문제에 접근하고 방책을 제시해야 한다. 그래야만 보다 많은 문제를 다룰 수 있고 이를 보다 전면적으로 처리할 수 있어 결단하는 데 유리하고 비교적 합당한 방침과 정책을 제시할 수 있어 만약 문제가 발생한다고 해도 비교적 수월하게 바로 잡을 수 있다."71) 중국의 신형 정당제도는 이제까지 열거한 규범적 틀과 이를 구체적으로 실천하는 과정에서 중국공산당이 중국의 정당 시스템 내부에서 차지하는 지도적 위치를 견지하도록 하는 한편 (중국공산당과) 각 민주당파 및 무당파 인사가 긴밀히 결속해 공동 목표를 위해 분투하도록 한다. 이러한 환경에서 민주당파와 무당파 인사는 (중국공산당과) 정치적 합의를 이룬 상태에서 의견을 제시하고 비판적 건의를 하는 방식으로 중국공산당에 대한 민주적 감독을 진행한다.

(3) 비교 시각에서 본 신형 정당

중국공산당은 특정한 환경과 특정 시공간에서 성장해온 정당으로, 서구 자본주의 국가 및 여러 개발도상국 정당과 더불어 논하기 어렵다. 왜냐하면 중국공산당은 영도당과 집권당의 합일체이자 인민이익을 대표하는 정당이며 중화민족 정치공동체의 수호자라는 다양한 속성을 겸비했기 때문이다. 이 모두가 다른 나라의 정당은 가지지 못한 속성이다. 이러한 시각에서 보면 신형 정당이론은 현대 중국 사회주의 정치학을 구성하는 가장 중요한 요소라고 해도 지나치지 않을 것이다. 따라서 우리는 비교 시각에 기초한 이론적 접근을 통해 중국공산당이 지닌 특성에 대해 입체적·종합적으로 이해할 수 있다.

1) 폐쇄형 정당과 개방형 정당

우리가 논하려는 정당의 폐쇄성과 개방성은 어떠한 의미인가? 우리는 폐쇄형 정당 또는 개방형 정당이라는 개념을 어떻게 사용할 수 있을까? 한 정당이 개방형/폐쇄형인지를 판단할 때 참조할 수 있는 표준은 두 가지로 압축된다. 하나는 해당 정당의 이데올로기가 정당의 태생적 계급성(예를 들어 프롤레타리아트 계급 정당)에서 탈피한 새로운 요소를 포함하고 있는가 하는 것이다. 다른 하나는 해당 정당의 구성원, 그중에서도 지도부가 정당의 태생적 계급성에 부합하지 않는 새로운 구성원에게도 개방되어 있는가 하는 것이다. 구체적으로 논하면 다음과 같다.

우선 모든 정당은 특정한 이데올로기에 경도되어 있다는 사실을 인식해야 한다. 사회과학에서 광의의 이데올로기는 신념체계로 이해되며, 특정 사회·정치 질서에 대한 안정적인 해석은 물론 새로운 사회·정치 질서를 실현하는 경로와 관련한 하나의 정형화된 시각을 제시한다. 이데올로기는 왕왕 인간의 본성에 대한 착상과 역사철학을 통해 우리가 달성해야 할 목표와 나아가야 할 방향을 설명하려 한다. 이러한 의미에서 본다면 이데올로기는 하나의 간명화된 정치철학, 학설 또는 세계관에 다름 아니다.[72] 일반적인 정치학 이론에 의하면 이데올로기는 바람직한 사회에 대한 환상을 문자화한 것이자, 그러한 바람직한 사회를 구축하는 최후의 수단이다. 정치 이데올로기는 온화하고 이성적 태도로 정치전통을 설명하려 하지 않는다. 오히려 기존의 정치전통을 변화시킬 것을 약속한다.[73] 정치적 의미에서의 이데올로기가 단순한 관념적 차원의 이데올로기보다 중요한 까닭은 그것이 곧 정치 행위자의 사상적 무기인 때문이다. 정치생활에서 이데올로기는 '운동', '정당' 또는 '혁명'과 긴밀히 결부된다. 일부 미국 정치학자에 따르면 미국인은 위에서 열거한 이데올로기와 관련한 서술에 쉽게 공감하지 못한다. 타협과 실용주의를 중시하는 미국인으로서는 현 세계에서 이데올로기가 가지는 거대한 에너지를 쉽게 이해할 수 없다는 것이다.[74] 물론 이러한 시각에는 맹점이 있다. 설사 민중이 이데올로기가 갖는 거대한 에너지를 체감하지 못한다고 할지라도 통치자나 정치 엘리트는 다르다. 이들은 바로 이러한 에너지에 의존해 자신의 정치적 지위를 유지하고 영향력을 세계로 확대해나가기 때문이다. 미국의 정치 엘리트가 약 1만 명에 달한다고 가정해보자.[75] 공화당이든 민주당이든 이 1만 명의 이념적 지향은 더할 나위 없이 명확하다. 서구 자본주의 국가의 정당은 경쟁적 선거의 필요에서 기원했으며, 이러한 정당이 이데올로기를 실용적으로 가공하는 현상은 어렵지 않게 발견된다. 유럽에서 대두한 포괄정당(catch-all party)이 그 전형적인 사례이며, 이성적 법칙에 의해 지배되는 미국의 정당 또한 크게 다르지 않다고 하겠다. 오토 키르히하이머(Otto Kirchheimer)가 제시한 포괄정당이라는 개념은 엘리트정당 및 간부정당, 대중정당과 같은 많은 정당을 아울러 묘사했다. 포괄정당은 1945년 이후의 사회가 선택한 일종의 변화된 노선에서 기인한 결과를 설명하기 위해 제시되었다. 포괄정당은 특정한 사회집단이 아닌 국가이익의 대표 신분으로 집권을 모색했으며, 당내 지배적 위치에 있는 영수는 더 이상 몇몇 소수의 적극적 당원에 의지하지 않고 TV를 통해 유권자와 직접 소통하기 시작했다. 또한 포괄정당은 유권자의 출신이나 소속을 가리지 않고 폭넓은 지지를 획득하기를 열망했으며, 정당의 목표는 (일부 집단을) 대표하는 것이 아니라 국정운영에 있었다.[76] 한편 미국 정당의 경우 경쟁이 유난히 극심한 정치시장에서 합리적 조직으로 변모하는 경향을 보였다. 앤서니 다운스(Anthony Downs)에 따르면 정치시장에서 정당의 행동 방식은 이성적이고 이기적이다. 다운스는 정당을 "정기적으로 치러지는 선거에서 의석을 획득하는 방식으로 통치기구에 대한 통제를 모색하는 팀(team)"으로 보았다. 정부에 대한 통제를 최대화하기 위해 각 정당은 다당제 환경에서도 최대한 많이 득표하려 한다. 정당이 획득한 득표수가 많을수록 연합정부에 진입할 기회 또한 커지기 때문이다. 따라서 양당제하의 양대 정당은 앞다투어 이데올로기의 계보에서 중성적 위치를 차지하려 든다. 급진적 입장을 갖고 있던 정당도 결국에는 중성적 입장으로 선회한다. 그래야만 극성 지지층의 상실로 입은 손실을 중성적 위치에서 더 많은 유권자를 확보하는 것으로 메울 수 있기 때문이다. 다시 말해 극성 지지층을 포기해도 대세에는 큰 지장이 없다. 대다수 사람이 이데올로기 계보에서 중립적 입장을 고수하기에 한정된 규모의 극성 지지층을 확보하기보다 대다수 유권자의 지지를 획득하는 편이 집권에 한층 유리하기 때문이다. 아울러 정당이 이데올로기적 조정과 전략적 개방을 감행하는 편이 극도로 이념화된 국가와 유권자를 여러 이데올로기에 의해 할거하는 것보다 훨씬 안정적인 국면을 만들 수 있다.77) 극도로 이념화된 사회에서는 양대 정당이 일상적으로 병립한다. 이데올로기적 차이가 매우 큰 탓으로 집권당은 자신의 지지층과 반대층을 모두 만족시킬 수 없다. 따라서 정부 운영이 점차 불안정해지고 심지어 그 정도가 혁명이 발생할 임계점에 도달하기도 한다. 이 밖에 각각의 인민이 각자 다른 이데올로기에 경도되어 이룬 세력이 비등할 경우 다당제가 정착될 가능성이 높으며 다수의 정당은 각각 일정한 지지층을 보유할 수 있다. 이러한 환경에서는 이데올로기 간 차이와 이견이 가중된다. 따라서 (정당 간의) 정치 연맹을 구성해 국정을 운영하려 해도 복수 정당의 핵심 지지층과 그 밖의 유권자를 모두 만족시킬 수 있는 합당한 정책을 찾기 어려워 정부는 점차 효율성을 상실하게 된다.78)

중국공산당의 경우 위의 몇 가지 모델과는 다른, 비경쟁적인 일당

집권체제 안에 존재한다. 비경쟁적 일당집권체제에서는 다수의 정치 세력이 각자의 이데올로기를 활용해 민중을 분열하는 현상을 근절할 수 있다. 뿐만 아니라 정당이 정권 획득을 목적으로 극단적 지지층을 포기하고 중성적 노선을 취하는 폐단 또한 예방할 수 있다. 그러나 이러한 체제는 중국공산당에게 매우 높은 수준의 탄력적 이데올로기 공간을 구성할 것을 요구한다. 즉 중국공산당은 이데올로기를 합리적으로 보완하는 작업을 통해 보다 많은 민중의 지지를 얻어 혁명과 건설의 완성을 보장하는 동시에 극단적 이데올로기를 지닌 집단의 이익 또한 고려해야만 한다. 위에서 언급한 서로 다른 정당 간의 배타적인 이데올로기 분쟁과 여기에서 기인한 여론 분열 현상, 다당제 환경 아래에서 비등한 정치세력이 유권자를 분점하는 현상과 중국공산당의 상황을 비교해 보자. 100년에 걸친 발전 과정을 통틀어 중국공산당은 문화대혁명 시기를 제외하고는 줄곧 이데올로기 측면에서 뚜렷한 유연성을 보였다. 다시 말해 중국공산당은 시대의 변화와 요구에 따라 노련하게 이데올로기를 탄력적으로 신축(伸縮)해왔다. 일찍이 마오쩌둥은 「중국사회 각 계층 분석(中國社會各階層分析)」이라는 글에서 중국사회의 계층을 지주계급과 매판(買辦)부르주아지 계급, 중산계급, 소부르주아지 계급, 반(半)프롤레타리아트 계급과 프롤레타리아트 계급으로 분류한 바 있다. 마오쩌둥은 중산계급을 가리켜 "(중산계급은) 좌파에 합류해 혁명파가 되든지 우파에 합류해 반(反)혁명파가 되든지 해서 반드시 빠르게 분열할 것이다. 중산계급 자체가 독자적 세력이 될 가능성은 없다. 따라서 중국의 중산계급을 주체로 한 (중산계급의) 독자화된 혁명사상은 (성립될 수 없는) 환상에 불과하다."고 했다. 한편 소부르주아지 계급과 관련해 마오쩌둥은 "(소부르주아지 계급의 경우) 평소에는 혁명에 대한 태도가 제

각기 다르다. 그러나 전쟁이 일어나 혁명의 기세가 높아지고 승리의 서광이 비치면 소부르주아지 계급 내 좌파뿐 아니라 중간파 또한 혁명에 참여할 것이며, 우파라 하더라도 프롤레타리아트 계급과 소부르주아지 계급 내 좌파가 일으킨 혁명의 물결에 휩쓸려 혁명에 동조할 수밖에 없다."고 하였다.[79] 항일전쟁 시기 중국공산당은 통일전선 이론을 바탕으로 부르주아지 계급을 유형별로 분류해 동원했다. 마오쩌둥의 정치비서였던 당내 이론가 후챠오무(胡喬木)는 계급이론에 대한 마오쩌둥의 이론적 공헌에 대해 다음과 같이 평가했다. "1940년대 마오주석은 중국사회의 계급관계에 대한 새로운 관점을 제시했다. 이러한 관점은 과거 1930년대에는 제시된 적이 없었다. 마오주석은 지주자산계급에서 대(大)지주 · 대(大)자산계급을 따로 떼어 해방전쟁 당시 이 대자산계급을 가리켜 관료자산계급(官僚資産階級)이라 불렀다. 이처럼 마오주석은 민족 부르주아지 계급과 대지주 · 대자산계급을 구분하여 중국혁명의 이론 및 정책에 매우 중요한 기여를 했다. 이는 1940년대 쟁취한 중국혁명 승리의 상당히 중요한 전제조건이었다. 대지주 · 대자산계급은 내부에서 또 갈라져 일본이나 영국, 미국과 같은 각기 다른 제국주의 집단에 부역했다. 대자산계급은 주로 영미 세력과 영합했고, 일본에 부역한 이들은 그 안에서 또 항일(降日, 일본에 항복함)과 친일로 나뉘었다. 이러한 구별을 정확히 이해하고 그 내부의 갈등을 잘 이용해야만 항일(抗日)민족통일전선을 유지하고 승리를 쟁취할 수 있었다. 마찬가지로 기타 중간세력(민족 부르주아지 계급 또한 중간 세력에 속한다)에 대한 구체적 분석도 여러 차례 진행되었으며, 적잖은 중요 정책이 이러한 과정을 거쳐 결정되었다. 1930년대부터 항일민족통일전선을 구축해야한다는 의견이 제시되었고 중국공산당은 이 문제에 본격적으로 주목

하기 시작했다. 예컨대 푸젠(福建)인민정부에서 최초로 시작된 각
지방의 군벌과 장제스(蔣介石) 집단의 갈등을 이용하는 일은 중국공
산당의 정치공작에서 매우 중요한 문제였다. 해당 업무는 항일전쟁
을 거치며 더 많은 변화가 생겼다. 중국공산당은 (국민당) 중앙군과
지방군을 구별해 대응했을 뿐 아니라 중앙군 또한 선별해 (그 성격에
따라) 각기 다른 정책을 적용했다. 예컨대 항일통일전선 구축에 호의
적인 국민당 2급 상장 웨이리황(衛立煌)과는 연합하는 정책을 택했
다. 지주계급 내부에서 또한 진보적인 성향의 지주를 골라내었다.
이러한 선별 작업은 1940년대 중국공산당의 정책 수립에 중요한 근
거가 되었다."[80] 훗날 제시된 덩샤오핑의 '애국통일전선(愛國統一
戰線)', 장쩌민의 '3개 대표(三个代表)' 중요사상, 후진타오의 '조화
사회(和諧社會)' 또한 중국공산당의 계급성과 사회적 토대를 크게
확장했다. 이 과정에서 사회주의 건설과 개혁개방에 공헌하는 이들
을 가리켜 애국자, 사회주의 건설자라고 하는 중요한 표현이 등장했
고 이를 계기로 중국공산당과 인민대중은 차츰 새로운 관계를 형성
해나갔다. 이러한 관계모델은 경쟁적 선거, 다당제를 채택한 국가의
정당-유권자 관계와 매우 다르다. 양자의 차이는 중국공산당이 보유
한, 각 계층의 이익을 고루 통합하고 다른 관념을 지닌 군중의 요구까
지 살피는 탄력적 이데올로기 공간에서 기인한다.

둘째, 고전적 서구 정당이론에 따르면 정당은 엘리트를 수용하는
기능을 한다. 즉 정당은 공직에 임할 인재 후보를 (정당 내부로) 수용
해 준비시킨다는 것이다. 누군가 국가수반이 되려면 먼저 어떤 정당
의 지지를 얻어 해당 정당의 후보가 되어야만 한다.[81] 다시 말해
정당은 엘리트와 간부의 배양실인 셈이다. 여기서 우리는 정당의 차
이를 초월한, 각기 다른 정치체제를 꿰뚫는 통속적 요소가 존재함을

알 수 있다. 모든 정치체제는 엘리트 집단의 적극적 행위에 의해 유지된다는 점이 그것이다. 정부권력과 일정한 거리를 유지하는 관료 엘리트, 경제 엘리트와 비교했을 때 한 국가에서 정당의 권력 획득과 공고화에 기여하는 엘리트 집단은 그리 방대하지 않으며 그 숫자는 국가 규모에 따라 달라진다.[82] 정치 영역의 핵심 행위자로서의 엘리트 집단은 실제 정치운영 과정에서 가장 활기를 띠는 세력이다. 중국 공산당 또한 다른 정당과 마찬가지로 간부 엘리트 집단의 분발에 힘입어 역사를 창조하고 쇄신할 수 있는 주체와 행위, 역량을 구축할 수 있었다. 그렇다면 우리는 어떠한 기준으로 한 정당이 개방성을 갖춰 엘리트를 충원했는지 판단할 수 있을까? 가장 주요한 표준은 신분과 재산에 따른 제약을 두지 않고 보다 폭넓은 공간에서 엘리트 충원 문제를 다루었는가 하는 것이다. 예로부터 중국의 정치권력은 줄곧 개방적 태도를 유지해왔다. 우리가 앞서 제시한 기준에 따르면 국민당은 폭넓게 혁명가들을 영입하고 혁명가들이 정당 내부 운영에 참여하는 것을 용인했던 혁명형 정당에서 지주와 자본가의 이익을 대표하는 보수형 정당으로 전락했다. 이는 실상 개방형 정당에서 폐쇄형 정당으로 변질된 것이다. 자본주의 국가의 많은 정당들이 엘리트를 영입할 때 소유자산 규모에 따라 제약을 둔다는 은폐성 짙은 특징을 아는 사람은 많지 않다. 즉 이들 정당은 (표면적으로는 개방적 태도를 취할지 몰라도) 뼛속 깊은 폐쇄성을 갖고 있다. 특정 가문에 의해 독점된 정권의 경우 타고난 신분이 엘리트 발탁의 표준이 된다. 이 점에서 전근대 중국의 문벌정치와 유사하며 그 폐쇄성은 두말할 필요가 없다. 반면 중국공산당은 혁명 시기부터 현재에 이르기까지 엘리트 충원에 있어 줄곧 개방적 태도를 견지했으며, 이것이 곧 중국공산당이 정권을 쟁취한 중요한 비결이라고 해도 틀리지 않는다. 각기 다른 계층, 다른 지역 출신의 엘리트들이 집결했던 옌안(延安)의 사례가 이를 증명한다. 일찍이 덩샤오핑이 제시했던 혁명화, 연소화, 전문화, 지식화라는 간부쇄신전략에는 엄청난 정치적 식견이 깃들어 있다. 덩샤오핑이 제시한 '4화(四化)' 정책은 신분이나 재산과 같은 단순한 기준과는 비할 수 없는 개방성을 구현하며, 이러한 개방성이 곧 일당집권체제가 보유한 활력을 좌우한다. 공자는 "정치를 하는 이는 사적으로 신세를 졌다 하여 임의로 상을 주어서는 안 되고(爲政者不賞私勞), 사적으로 원한이 맺혔다 하여 임의로 벌을 내려서는 안 된다(不罰私怨)"고 입버릇처럼 말했다. 우리는 이러한 공자의 발언을 인용해 엘리트 임용에 따른 정당의 폐쇄/개방 여부를 가늠할 수 있다. 요컨대 사적인 은원(恩怨)에 따라 상벌을 결정하는 정당이 곧 폐쇄형 정당이고, 출신·신분·재산·파벌에 따른 편견을 두지 않는 정당이 곧 개방형 정당이다. 세대 간 교체를 통해 권력이 대물림되는 정당이 폐쇄형 정당이고, 세대 내 교체와 끊임없는 계층이동을 촉진하는 정당이 곧 개방형 정당이다.

2) 관료형 정당과 책임형 정당

관료형 정당과 책임형 정당은 정당이 변천과정에서 성립 초기의 취지를 상실하고 특권집단으로 변질되었는가 아니면 신념과 기율, 법률 및 기타 조정수단을 통해 여전히 활력을 유지하고 있는가에 따라 가늠할 수 있다. 독일의 정치사회학자 로베르트 미헬스(Robert Michels)는 모든 정당은 과두정치로 흐르는 경향이 있다고 주장했다. 중재, 교류, 통신, 연합행동과 같은 전략적, 기술적 필요로 인해 리더와 구성원 간에 간극이 발생한다. 즉 소수의 엘리트에 의한 과두정치는 하나의 철칙처럼 불가피하게 나타난다. 이 밖에 조직 구성원 또한 점차 (자신을 이끌어줄) 리더를 필요로 하고 리더 역시 빠르게 권력과 지배를 추구하는 욕망을 따른다. 이러한 심리적 요소가 과두정치의 발전을 추동한다. 조직에서 과두정치는 피선거인이 선거인을 지배하는 형태, 피위임자가 위임자를 지배하는 형태, 대표로 임명 및 파견된 이가 (자신이) 대표해야 하는 이들을 지배하는 형태로 나타난다.83) 미헬스가 지적한 과두제 정당은 관료형 정당으로 내닫는 첫걸음이다. 정당 전체가 이해관계로 얽혀 이익을 주고받으며 인민으로부터 유리된 대형 집단으로 변질된 것이 곧 관료형 정당이며, 이러한 집단은 특권적 지위를 줄곧 유지하는 새로운 계급이 된다. 관료형 정당의 유일한 목적은 특권적 지위를 유지하는 것이며, 이러한 목적을 달성하기 위해 사회와 인민으로부터 자원을 수탈하는 것도 서슴지 않는다. 객관적으로 보았을 때 일당제하의 집권당은 관료형 정당으로 변질될 가능성이 높다. 집권당에게 외적 구속을 가할 수 있는 선거라는 메커니즘이 결여되어 있기 때문이다. 서구학자들이 정당의 관료화 현상을 극복하는 대안으로 민주적 선거를 제시한 것도 이러한 맥락에서다. 그러나 이러한 흐름은 득표의 최대화에 매몰된, 극도로 합리적인 정당의 탄생으로 이어진다. 그렇기 때문에 서구 정당이론에서는 합리적 선택에 기초한 정당모델과 책임정당모델을 두고 쟁론이 끊이지 않는다. 책임정당 이론에서 말하는 정당은 정부를 조직해 공공서비스를 제공하고 정책결정에 영향을 미치는 조직이다. 중국의 경우 비단 정당에 보다 많은 도덕적 · 정치적 책임을 부과할 뿐 아니라 이러한 책임기제를 부단히 계발하고 보장하며 유지한다. 지속적인 반부패운동과 주기적으로 당의 체질을 개선 및 정돈하는 정당(整黨)운동, 하향식 감독체계와 명령체계, 교육체계가 모두 이러한 책임기제를 구성하는 불가결한 요소이다. 특권적 지위를 유지하는 것을 유일한 목표로 하는 관료형 정당에게는 책임이라고 할 만한 것이 없다. 대(大)자산계급에 의해 통제되는 정당과 비교했을 때 관료형 정당은 자원을 수탈하고 (자신의) 지위를 유지하는 기술적 측면에서 서툴고 일천하기 때문에 시간이 지날수록 집권 지위가 위태로워진다. 소련공산당의 사례가 그러하다. 서구학자들의 분석에 따르면 소련의 해체를 야기한 직접적 원인은 소득 격차가 아니라 고위층이 자기 재산을 합법화할 목적으로 추진한 사유화 정책에 있다. 소련 체제하에서 상위계층과 하위계층의 소득 격차는 자본주의 체제의 그것과 비교했을 때 그다지 큰 편이 아니었다. 한 소련 대기업 최고경영자의 봉급은 일반 산업노동자의 4배 수준이었다. 반면 동시대 미국 기업 총수의 봉급은 일반 노동자의 150배에 달했다. 소련정치국 위원의 월 소득은 1200~1500루블이었으며, 그중 최고지도층의 월 소득은 가장 높은 2000루블이었다. 당시 소련 기업에 근무했던 일반 노동자의 월 소득은 대략 250루블 정도였다. 즉 소련 정계 최고위층의 봉급은 일반 산업노동자의 8배에 해당한다. 1993년 미국 산업노동자의 연간소득은 2만 5천 달러 정도인데 미국 고위층의 한 주(周)소득은 이 액수의 8배인 20만 달러가 넘었다.[84] 고로 소련 해체의 주된 원인으로 소득 격차를 꼽는 시각은 다소 피상적이다. 소련 체제에서는 소득 격차가 특권의 상징이 될 수 없기 때문이다. 소련 사회주의 체제에서 관료기구 내부의 고위급 인사는 직위가 낮은 구성원들의 추앙을 받는 대단한 위상을 가진다. 다시 말해 직위 고하가 관료 구성원의 지위를 가늠할 수 있는 유일한 척도인 셈이다. (고위급 인사가 갖는) 위상은 직위에 맞게 누릴 수 있는 물질생활의 특권을 의미한다. 직위 고하에 따른 소득 차이가 존재한다는 점에서 자본주의 국가의 행정기구와 유사하나, 이들의 봉급 자체는 그다지 높지 않았다. 이들이 누리는 특권은 봉급 이외의, 직위와 결부된 부가적인 복지, 즉 무상 또는 염가로 제공되는 다양한 복지 혜택에 있다. 관료들은 시중에 나오지 않는 결핍 상품과 서비스를 누릴 수 있었으며, 일반 상점에서 구할 수 없는 특수한 상품을 내부 상점에서 구매할 수 있었다. 이들은 주택뿐 아니라 좋은 설비와 쾌적한 조건을 갖춘 의료시설에서 의료 서비스를 제공받았고, 내부 휴양시설에서 보내는 휴가의 호화스러움은 일반 기업의 노동자가 이용하는 휴양시설과 비교할 수 없을 정도였다. 관료들이 누리는 이러한 특수한 서비스 또한 직위에 따라 차별적으로 제공되었다. 예컨대 상대적으로 직위가 높은 간부들은 고급 병원에서 치료받고 더 많은 상품을 구비한 상점에서 구매하며 전용 기사가 딸린 차량을 제공받고 시종이 딸린 휴양시설에서 휴가를 보낸다. 관료의 가족들 또한 이와 동등한 물질생활의 특권을 누린다.85) 따라서 단순히 소득만으로 소련공산당의 관료화 정도를 가늠할 수 없다. 격차가 적은 소득구조가 곧 이들의 관료화를 은폐하고 미화한다. 정당의 관료화는 자원에 대한 해당 정당의 배타적 점유와 독점 여부에서 드러난다. 관료화된 정당은 자원에 대한 약탈식 점유를 서슴지 않고 국가발전을 추동해야 하는 책임을 잊는다. 책임을 상실한 관료형 정당은 그 특권적 지위를 유지하기 위해 보다 강도 높은 약탈을 자행하는 악순환이 형성된다. 요컨대 소련의 해체는 사상적 · 지식적 차원의 도태가 아니라 소련공산당의 타락에서 기인했다고 할 수 있다. 역사학자 션즈화(沈志華)에 따르면 소련의 해체는 현실에 안주하려는 소련공산당의 타성에서 비롯되었다. 그러나 이는 (소련공산당이라는) 정당의 실패이자 소련식 과두체제의 실패이지, 사회주의 사상 자체의 실패나 사회주의가 형성한 신형 사상 · 지식체계의 붕괴로 치환될 수는 없다. 소련 지도층의 국가이익에 대한 약탈이 이러한 실패의 궁극적 원인이다. 권력층의 약탈은 러시아 역사에 깊이 뿌리내린 만성적인 병폐이다. 과거 예카테리나 2세는 국가이익 개념을 환기해 이러한 고질적인 병통을 근절함으로써 정변으로 집권한 자신의 정통성 한계를 상쇄하려 하였다. 예카테리나 2세는 집권 이후 원로원을 향해 황제 본인은 물론 본인이 소유하는 모든 것은 국가에 귀속되며 이후 황제의 사익과 국가의 공익을 구분치 않는다고 공표하였고, 황제 스스로 국가에 필요한 기금을 내놓으며 이를 몸소 실천해 보였다. "국가의 영광이 나의 영광을 만든다", "우리는 인민을 위해 만들어졌다"가 곧 예카테리나 2세의 정치 신조였다.86) 그러나 예카테리나 2세가 애써 조성한 국가관념과 국가이익은 소련 시대에 이르러 매우 협소한 집단관념과 집단이익으로 변질되고 말았고, (사회주의라는) 과학적 이론과 선진적 사상이 왜곡된 정치체제로 인해 (체제와) 조응되지 못하는(misalignment) 결과를 초래했다. 소련이 해체됨에 따라 러시아를 지탱하던 지식자원 또한 도약과 초월을 가능하게 하는 특유의 매력을 잃게 되었다. 이러한 소련공산당과 대조적으로 중국공산당은 사회주의 체제에 대한 개혁과 보완을 감행했다. 사회주의 체제를 폐기한 소련은 더욱 탐욕스러운 특권계층을 양산한 반면, 사회주의 체제에 대한 개혁과 보완을 진행한 중국은 사회자원의 증대와 이러한 발전의 과실을 공유하는 단계로 나아갔다. 아울러 중국공산당은 소련식 폐해와 악순환을 극복할 수 있는 발전노선을 제시해야 하는 책임을 짊어짐으로써 전형적인 책임형 정당으로 거듭났다.

3) 통치형 정당과 발전형 정당

통치형 정당과 발전형 정당을 논하기 위해서는 정당의 전략과 사명이라는 중요한 문제를 지적하지 않을 수 없다. 정당의 책임이 사회에 대한 응답과 분배정의 실현에 무게를 둔다면 정당의 사명과 전략은 집권과 집권 이후 국가발전의 청사진을 제시하는 데 치중한다. 시종일관 선거라는 압력을 마주한 서구 대의제 국가의 정당이 통치형 정당으로 변질될 가능성은 높지 않으나, 고위 정치엘리트 집단에 의해 정당이 통제되는 현상 자체는 늘 존재한다. 자본주의 국가의 정치 엘리트층은 거대 자본과 은행에 의해 구성되는데, 이들은 자신의 경제적 지위를 유지하기 위해서라도 통치형 정당의 출현을 허락하지 않는다. 정당에 의해 조직된 정부가 민중에게 제공하는 서비스가 양질일수록 이들이 획득할 수 있는 잉여가치가 늘어나기 때문이다. 이처럼 자본주의 경제제도는 태생적으로 통치형 정당을 거부하는 습성을 내포하고 있다. 통치형 정당은 대개 가문정치나 독재정치 환경에서 탄생한다. 다시 말해 통치형 정당은 한 가문의 이익이나 개인의 이익이 국가이익을 크게 넘어설 때 출현한다. 통치형 정당의 고위층은 자신들의 통치가 전복되었을 때 망명이나 도망이라는 선택을 할 수밖에 없다. 애초에 이들에게 국가는 숭고한 정치적 실체가 아니었다. 따라서 재산과 자본을 소유하기만 하면 국가 안에 있든 밖에 있든 큰 차이가 없다. 발전형 정당의 경우 통치형 정당과 대조적으로 자신의 이익과 국가의 이익, 민족·인민의 이익을 일체화하며, 국가와 인민을 윤택하게 하는 것이 그 발전의 목적이다. 중국공산당은 제3세계의 정당들과 비교했을 때 매우 전형적인 발전형 정당에 해당한다. 중국공산당은 중국의 경제발전, 사회발전 및 정치발전 전략을 모두 설계하는 발전형 정당으로서 전근대 중국의 통치형 정권과 이전의 혁명형 정권과 구별된다.

통치형 정권에서 혁명형 정권으로의 전환은 중국 정치발전사에 특기할 만한 거대한 변혁이었다. 물론 혁명형 정권이 과거의 통치형 정권과 철저히 결별할 수 있었던 데에는 마오쩌둥을 위시한 중국공산당이 주도한 중국사회의 개조와 재구성이 주요했다. 마오쩌둥은 정치적 지혜를 발휘해 마르크스주의의 중국화를 완성함으로써 혁명형 정권의 확립과 발전에 결정적인 사상적 자원을 제공했다. 계급이론과 인민민주 이론, 통일전선 이론, 정당 이론 및 군사 이론과 같은 중요한 사상적 자원이 중국공산당 정권이 지닌 투철한 혁신적 속성을 결정했다고 해도 과언이 아닐 것이다. 통치형 정권의 속성은 통치 지위의 유지와 결부되고, 혁명형 정권의 속성은 인민의 정치해방 촉구와 현대 국가의 건립으로 귀결된다. 양자는 판이한 발전노선과 정치적 목적·사명을 지녔다. 혁명형 정권으로 자리를 잡은 이후 중국공산당의 집권전략은 혁명 이후 사회를 중건하고 발전하는 쪽으로 이행했다. 이것이 1950년대 중국의 전략적 선택, 즉 혁명형 정권에서 발전형 정권으로의 전환이다. 당시 혁명적 색채가 완전히 사라졌다고 보기는 어려우나, 전반적인 노선은 혁명 이후 발전에 초점이 맞춰져 있었다. 특히 1차 5개년 계획이 완성됨으로써 중국은 현대 국가로서 발전할 수 있는 비교적 견고한 기틀을 마련할 수 있었다. 1978년에 개최된 중국공산당 제11차 3중전회는 중국공산당이 혁명형 정권에서 발전형 정권으로 나아가는 서막이었다. 이후부터 현재까지 중국은 발전형 정권이 부단히 보완되는 단계에 있다. 혁명형 정권의 경우 인민의 정치해방을 실현하고 현대 국가를 건국하는 데 목적이 있었다. 한편 발전형 정권의 목적은 현대 국가 건설에 필요한 자원을 개발해 민생 개선의 저변을 다져 독자적인 부국안민(富國安

民) 노선을 개척하는 데 있다. 덩샤오핑이 제시한 "발전은 확실한 도리(發展是硬道理)"나 "발전은 정치운영과 국가부흥의 제1의 임무(發展是執政興國的第一要務)"라고 했던 장쩌민의 발언, 후진타오가 제시한 과학적 발전관(科學發展觀)과 시진핑이 강조한 국가 거버넌스 체계와 거버넌스 능력의 현대화가 모두 중국공산당의 국가발전 노선이 개혁개방을 거치며 구축한 일관성과 연속성을 말해준다. 현대 중국에서 발전형 정권은 과거 어떤 정권과도 비길 수 없는 중대한 의의를 지닌다. 정치학자 정융녠(鄭永年)에 따르면 학자들이 발전형 국가라는 개념으로 경제발전에 매진하는 정부를 설명하듯 우리는 발전형 정당이라는 개념으로 중국공산당을 설명하는 것이 가능하다. 적어도 경제적인 의미에서는 그러하다.87)

4) 거래형 정당과 변혁형 정당

거래형 정당과 변혁형 정당은 정당이 사회와의 관계에서 어떠한 행위전략을 취하느냐에 따라 판별된다. 그 핵심 요건은 정당이 자본에 의해 구속되거나 포퓰리즘의 포로가 되지 않고 (사회로부터) 상대적으로 독자적인 지위를 확보했는가 하는 데 있다. 이탈리아의 정치학자 조반니 사르토리(Giovanni Sartori)는 경쟁적 체계에서의 정당은 의사 표현의 통로이고, 비경쟁적 체계에서의 정당은 인재 선발의 도구라고 주장했다.88) 이러한 사르토리의 주장은 두 가지 측면에서 이해할 수 있다. 하나는 경쟁적 체계에서의 정당은 비경쟁적 체계에서의 정당에 비해 사회와의 거리가 매우 가깝다는 점이다. 다른 하나는 경쟁적 체계에서의 정당은 비경쟁적 체계의 정당에 비해 (사회와 거리가 가까운 만큼) 사회에 의해 좌우되기 쉽다는 점이다. 다운스가 말했던 최대 득표를 추구하는 조직으로서의 정당은 사실상 정당의 전략적 자율성을 크게 저하시킨다. 자본주의 국가에서 집권에 성공한 정당이 선거 기간에 제시했던 공약을 실천하는 경우는 매우 드물다. 왜냐하면 정당은 (집권과 동시에) 다수의 이익집단으로부터 자유로울 수 있는 상대적으로 독자적인 위치를 점하려 들기 때문이다. 그렇지 않으면 특정 계급 및 이익집단의 이해관계를 초월한, 전체 국익에 부합하는 전략을 추진할 수 없다. 이렇게 특정 집단의 이해관계를 초월해 독자적으로 국가발전 전략을 추진하는 정당은 당연히 변혁형 정당이다. 변혁형 정당은 교육과 안내, 청사진 설정을 통해 엘리트와 대중이 편협한 사적 이익의 세계로부터 탈피해 보다 대승적인 목적에 집중할 수 있도록 만든다. 물론 그 어떤 정당도 이러한 목적에 쉽게 도달할 수는 없다. 시장화 흐름은 사적 이익 추구에 매몰된 개인을 양산한다. 엘리트부터 민중에 이르는 사회구성원 모두 이러한 함정으로부터 자유로울 수 없으며, 이는 세계적으로 공통된 현상이다. 그러나 변혁형 정당이라면 마땅히 한 국가와 민족에 얼을 불어넣는 사명을 감당해야 한다. 역사적 전환점을 마련한 정당은 대개 변혁형 정당의 면모를 띠고 정치 무대에 등장한다. 중국공산당은 많은 경우 거래형 정당이 아닌 변혁형 정당의 면모를 보인다. 중국과 같은 개발도상국에서는 사적 이익에 집중하는 개인이나 조직 또는 집단이 국가적 책임을 담지하기 어렵기 때문이다. 이는 중국이 다당제를 선택하지 않는 중요한 원인이기도 하다. 다당제는 필연적으로 서로 다른 정치집단에 의한 국익 분열과 유권자의 환심을 사는 경쟁을 유발한다. 이러한 환경에서 정당이 독자적인 국가전략을 상정하고 실천하기는 매우 어렵다. 따라서 국가발전의 모든 단계에서 이러한 문제를 해결하기 위한 과제와 역량이 요구된다. 이와 대조적으로 변혁형 정당으로서의 중국공산당은 중국이 시간적 · 공간적 차원에서 응당 점해야 할 위치를 결정한다.

5) 지배형 정당과 영도형 정당

과거 일본, 인도, 멕시코, 오늘날 싱가포르와 같은 국가들은 일당우위제로 분류될 수 있는 정당제도를 운영한 바 있다. 일당우위제는 경우에 따라 지배형 정당을 배태할 수도 있고 영도형 정당을 배태할 수도 있다. 우리는 지배형 정당과 영도형 정당을 논하기 전에 먼저 이러한 정당과 다른 정당의 관계에 주목해야 한다. 다당제 국가의 정당관계는 경쟁관계이며, 일당우위제 국가의 정당은 지배적 위치를 점하기 용이하다는 것은 의심할 여지가 없다. 중국공산당의 경우 영도당의 신분으로 정치무대에 등장했다는 점에서 위의 두 경우와 구별된다. 엄밀히 말해 중국은 일당제 국가나 다당제 국가로 분류될 수 없다. 중국의 정당제도는 중국공산당이 영도하는 다당합작과 정치협상제도로 요약될 수 있다. 기타 민주당파에 대한 중국공산당의 영도는 일당우위제 국가의 여당이 야당에 가하는 압박과 다른 성격을 지닌다. 중국공산당과 민주당파는 중국적 문화윤리 테두리 안에서 공통된 정치적 책임과 사명을 유지하는 관계에 놓여 있다. 당정관계(黨政關係)에 주목해보자. 다당제 국가의 여당은 정부를 조직하는 권리를 가지는 데 그치나, 중국공산당은 국가발전을 영도하는 과정에서 자신의 의지를 법률과 국가의지로 치환할 수 있다. 따라서 정당이 국가를 영도할 때 정당이 정부를 대체하는 이당대정(以黨代政) 현상이나 영도의 일원화 현상이 발생할 수 있다. 정당이 국가를 영도하는 사례가 이론적, 실천적으로 시사하는 바가 무엇인지는 차후 지속적으로 논의되어야 할 것이다. 이 밖에 영두형 정당은 정당과 사회의 관계에서 또한 부각되는데 이는 흔히 당과 대중의 관계(黨群關係)

로 표현된다. 현대 사회의 정당이 사회를 완전히 자신의 조직체계 안으로 흡수하기란 불가능하다. 중국의 단위(單位)체제는 사회를 정당의 조직체계 내부로 삽입하려는 목적에서 비롯된 제도적 기제이다. 단위체제는 정당의 사회조정능력을 제고할 수 있다는 장점과 더불어 사회의 활력을 억누른다는 단점 또한 내포하고 있다. 서구 정당의 경우 외부 조직이나 지원자를 활용하는 등 다양한 경로를 마련하여, 사회의 활력을 압살하는 경성(硬性)적인 조직체계에 의존하지 않고도 사회를 영도할 수 있는 경험을 축적했다. 단위체제가 나날이 쇠퇴하고 사회가 자율성을 발휘할 수 있는 영역이 나날이 확대되며 사회의 유동 속도와 규모가 기존의 체제로 감당하기 어려울 정도로 증가하고 있는 상황에서 중국공산당은 계속해 사회를 어떻게 영도해야 하는가 하는 문제에 직면하게 될 것이다. 마지막으로 군대에 대한 정당의 영도, 즉 당군관계(黨軍關系)를 언급할 필요가 있다. 군대에 대한 중국공산당의 영도는 불가침적인 절대성을 지닌다. 군대에 대한 당의 절대적 영도는 중국이 겪은 특수한 역사적 경험에서 기인했다. 다시 말해 중국적 당군관계의 독특성은 중국과 다른 나라의 당군관계모델의 차이가 아니라 중국 역사상 존재했던 당군관계를 극복한 데서 비롯된다. 중국공산당은 당이 인민의 군대를 지휘하는(黨指揮槍) 제도를 선택함으로써 사병으로 인해 발생할 수 있는 국가분열의 위험은 물론 송대 이후 군권을 황제 일인에 귀속시켜 국방력 약화를 초래하는 문제를 해결했으며, 많은 개발도상국에서 횡행하는 군의 정치 관여 행위를 근절할 수 있었다. 따라서 정당에 군대에 대한 절대적 영도권을 부여한 것이 곧 중국 당군관계의 가장 중요한 특징이라고 할 수 있다.

지금까지의 분석을 토대로 우리는 중국공산당과 다른 국가의 정당을 획일적으로 비교하기에는 무리가 있음을 확인할 수 있었다. 중국 공산당은 폭넓은 기능을 갖춘 정치조직이다. 예컨대 가치 선도, 정권 운영, 정치·사회안정 유지, 경제발전, 정치교육, 정책제정, 사회안 전망 구축 등 거의 모든 국가 거버넌스 영역은 공산당과 긴밀히 연결 되어 있다. 즉 다른 나라에서는 다수의 정치조직과 사회조직이 분담 하는 기능을 중국에서는 중국공산당이 단독으로 감당하고 있다. 다 른 나라에서 국가 거버넌스와 관련된 기능을 수행하는 모든 조직을 통합해 하나의 집단으로 만들었다고 가정할 때, 이러한 통합된 집단 의 등가물이 곧 중국공산당인 셈이다. 물론 그렇다고 해서 중국공산 당을 제외한 (다른 국가의) 집권당이 개방형 정당, 책임형 정당, 발전 형 정당, 변혁형 정당, 영도형 정당으로 분류될 수 있는 특징을 가질 수 없는 것은 아니다. 중국공산당과 기타 정당이 부분적으로 유사한 기능과 속성이 있음도 부인할 수 없다. 오히려 현대 사회 및 시장경제 의 발전으로 인해 이러한 유사성은 점차 뚜렷해지고 있다. 그럼에도 불구하고 중국공산당이 특수한 발전노선과 제도적 환경, 역사적 단 계에서 비롯된, 다른 정당과 일률적으로 비교될 수 없는 특징을 지녔 음은 부정할 수 없다. 똑같이 '당(party)'이라고 부른다고 해서 모든 당을 동일한 사물로 간주하는 시각은 겉핥기식 접근에 불과하다. 예 컨대 중국의 봉건제와 서유럽의 퓨덜리즘(feudalism)은 모두 봉건 제로 불리나, 실상 전혀 다른 성격을 지녔다.[89] 서주(西周)의 봉건제 는 통일로, 서유럽의 봉건제는 분열로 귀결되는 양상을 보인다. 종교 또한 마찬가지이다. 불교와 기독교, 이슬람교는 모두 종교이나 전혀 다른 종교이다. 정당 역시 이름만 같은 정당일 뿐 각각의 정당이 대표 하는 바는 모두 다르다. 어떤 국가의 정당은 특정 종족이나 가문의 이익을, 어떤 국가의 정당은 특정 계급의 이익을, 또 어떤 국가의 정당은 국가와 인민의 전체 이익을 대표한다. 요컨대 봉건이라 해서 동일한 봉건이 아니며, 종교라고 해서 같은 종교가 아니듯 정당 또한 피아(彼此)간의 차이가 존재한다.

3. 정당 전면 영도의 논리

전술했듯이 '영도'는 마르크스주의 정당의 가치적 사명을 반영하는 중국 신형 정당의 중요한 특성 중 하나이다. 중국공산당이라는 신형 정당이 실천한 영도를 토대로 분석해보자. 중국공산당은 혁명과 국가건설, 개혁이라는 각 역사적 단계마다 효과적인 리더십을 발휘해 괄목할 만한 성과를 내었다. 개혁개방 이후에는 집권당으로서 체계적인 원리에 따라 국가와 시장, 사회가 상호작용하는 과정을 잘 풀어나갔으며, 그 결과 인민의 삶의 질과 국가의 종합국력이 비약적으로 향상될 수 있었다. 이로 미루어 볼 때 중국공산당이라는 신형 정당은 비단 정치권력뿐 아니라 광범위한 경제와 사회 영역을 모두 관할하는 전면적 · 전방위적 영도를 행사하고 있음을 알 수 있다. 이러한 당의 전면적 영도는 2019년에 개최된 중국공산당 제19차 4중전회에서 "당정군민학(黨政軍民學), 동서남북중(東西南北中) 당이 모든 것을 영도한다", "당의 영도는 국가 거버넌스의 각 영역, 각 방면, 각 분야에 걸쳐 관철된다"와 같은 문구를 통해 표현된 바 있다.90) "국가 거버넌스의 각 영역, 각 방면, 각 분야"는 곧 신형 정당의 영도가 미치는 객체를 뜻하며 신형 정당을 제외한 모든 조직화된 주체를 포함한다. 일반적으로 각 조직의 차이는 그 성격은 물론 구조와 규모, 자원에서 비롯된다. 이처럼 각 조직은 성격 및 자원 총량의 차이에서 기인한 권력 위상의 차이로 말미암아 조직의 목표를 실현할 때 부득불 외부 자원을 흡수해 조직의 정당성을 부여받으며, 업무를 추진할 때 다른 조직과 지속적으로 어울리며 협력해야만 한다. 쌍방 관계의 제도화 수준과 이를 기초로 형성된 신뢰도가 조직 간 협력의 성패를 결정한다. 중국공산당이라는 신형 정당은 정부와 시장, 사회와 조화를 이루는 과정에서 자신의 지배적 영향력을 확립하는 한편 자신의 역량이 미치는 모든 영역에서 효과적인 리더십을 행사한다. 신형 정당은 국가, 시장과 사회와 형성한 제도적 관계에서 합리적인 국정운영, 시장귀환(市場歸位), 조화사회라는 기본 원리를 준수한다. 이는 곧 중국공산당이라는 신형 정당이 효율적 리더십을 실천하기 위해 제시한 가치표준이기도 하다.

(1) 합리적 국정운영 : 현대 국가의 국정운영 원리

중국공산당은 집권당이며 당의 영도는 집권을 통해 실현된다.[91] 중국공산당이라는 신형 정당은 의법집정(依法執政)으로 요약되는 합리적 국정운영 원칙을 바탕으로 국가권력 시스템과 관계를 맺는다. 다시 말해 법률이 대표하는 합리성은 현대 중국의 국가운영에서 관철되는 주된 원리이다. 법에 따른 국정운영을 의미하는 의법집정은 현대 국가의 정치적 관계를 설정하는 기본 원칙이자, 중국공산당이라는 신형 정당이 효과적 리더십을 발휘하는 데 필수 불가결한 요소이다. 시진핑에 따르면 국가 거버넌스 체계와 거버넌스 능력의 현대화는 곧 시대의 변화에 적응하려는 노력을 대표한다. 구체적으로는 발전의 요구에 부합되지 않는 체제적 장치와 법률·법규를 개혁하는 동시에 부단히 새로운 체제적 장치와 법률·법규를 수립해 각 방면의 제도를 보다 체계적으로 완비하여 당과 국가, 사회의 사업이 제도화, 규범화, 절차화된 거버넌스에 의해 이루어질 수 있도록 해야 한다. 아울러 거버넌스 능력 구축에 주력하고 제도와 법률에 입각해 업무를 처리하는 의식을 높인다. 궁극적으로는 제도와 법률을 올바르게 운용해 국정을 운영하고, 각 방면에서 성취한 제도적 성과가 국가관리의 효능으로 이어질 수 있도록 하여 당의 체계적 국정운영, 민주적 국정운영, 법치적 국정운영의 수준을 제고해야 한다.92) 이처럼 국가 거버넌스 영역에서 제도와 법률의 역할을 줄곧 강조하는 것은 곧 국가정치의 합리성을 중시함에 다름 아니다. 요컨대 집권당은 정부 또는 국가기관과 관계를 맺을 때 공적 이성과 제도적 규범에 입각해야 한다.93)

1) 당정관계 원칙으로서의 합리적 국정운영

중국공산당이라는 신형 정당이 정권을 장악했다는 것은 곧 중국공산당이 국가권력을 통해 영도를 행사할 수 있게 되었음을 의미한다. 정당과 국가기관은 엄연히 다른 조직이기 때문에 정치권력을 장악한 정당이 효과적인 리더십을 발휘하려면 반드시 국가의 제도적 규범 안으로 스며들어 법에 따른 국정운영을 실현해야 한다. 덩샤오핑은 「당과 항일민주정권(黨與抗日民主政權)」이라는 글에서 다음과 같이 제시한 바 있다. "당은 면밀히 정책을 연구해 정책을 정확히 결정하고, 행정기관이나 민의기관 내부의 당단(黨團, 당 그룹)을 통해 당이 결정한 정책이 정부의 법령이나 시정방침으로 채택되도록 해야 한다. 당의 지도기구는 정부 내부의 당단 및 당원에게 명령할 수 있는 권력과 필요할 때 당의 명의로 정부에 건의하는 권력만을 가질 뿐, 결코 정부에 명령하는 권력을 갖지 아니한다."94) 해당 글은 항일전쟁 시기에 발표되었음에도 불구하고 당이 정부기관과의 관계에서 마땅히 취해야 할 기본 원칙을 충분히 제시하였다. 당이 "행정기관이나 민의기관 내부의 당단을 통해 당이 결정한 정책이 정부의 법령이나 시정방침으로 채택되도록 하겠다"고 한 것은 곧 법에 따른 국정운영, 즉 의법집정에 대한 의지를 피력한 것이다. 법률은 곧 합리성의 표현이며, 의법집정은 중국공산당이라는 신형 정당이 국가기관과 관계를 모색할 때 관철되는 기본 원칙이다.[95] 규범적 측면에서 볼 때 합리화는 정치생활에서 지향해야 할 중요한 가치이다. 정치규범에 대한 인식, 정치체계의 정당성 확립, 비인격화된 관료제의 성립, 협상과 토론을 통한 공적 이성의 형성 등으로 요약되는 정치생활의 합리화 과정은 점차 인민의 의사 표출과 긴밀히 연관되는 동시에, 인민의 요구가 실현될 가능성과 (이것을 실현하는) 실행성 및 규범성을 높인다. 이러한 시각에서 보면 통치 시스템의 효율성 및 반응성, 민중 참여의 절차성 모두 현대 정치체계의 합리화와 규범화 흐름에 부합한다고 할 수 있다. 이러한 합리화는 정치 주체 간에 이루어지는 합리화를 포함한다. 중국의 국가운영체제에서 집권당이 정치체계 내부에서 다른 정치 주체와 주고받는 상호작용 또한 여기에 해당한다. 이 과정에서 집권당은 주도적 역할을 담당함과 동시에 상대방과 융합하려는 적극성을 충분히 발휘해야 한다.

2) 현실적 요구로서의 합리적 국정운영

1928년 7월에 열린 중국공산당 제6차 전국대표대회에서 통과된 「소비에트 정권의 조직 문제에 대한 결의안(關於蘇維埃政權的組織問題決議案)」은 당과 정권(소비에트) 관계에 대해 다음과 같이 언급하였다. "당은 소비에트 사상의 영도자이며 응당 당단을 거쳐 소비에트를 지도해야 한다. 당은 모든 소비에트 구역에 당단 조직을 설치하고 이러한 당단과 당원이 발표한 언론을 거쳐 소비에트 사업상의 여러 문제에 대한 당의 의견을 개진한다."96) 소비에트 시절의 모색은 중국공산당이라는 신형 정당이 혁명 이후 국정을 운영하는 데 사상적, 경험적 영감과 교훈을 제공했다. 합리화 흐름은 집권당이 정치체계 내부로 스며들어 국가기관에 착근하는 과정에서 나타난다. 집권당은 (국가기관에) 효과적으로 착근할 수 있는 일련의 경로와 방법을 강구한다. 그러는 한편, 이러한 개입은 엄연히 정치 주체 간의 상호작용이라는 점을 간과치 않는다. 다시 말해 집권당은 자신이 개입해 있는 국가기관의 기능과 적극성을 대체할 수 없다. 이러한 합리적 착근은 집권당 스스로 주도하고 추진한 결과이다. 중국공산당은 중국의 경제발전 및 사회성숙 과정에서 표출될 정치적 요구에 대한 이성적 판단과 인식을 바탕으로 합리적 착근을 추진한다. 합리적 착근은 사회주의 민주의 필연적 요구이자, 집권당과 정부가 지닌 공적 정체성의 주된 표현이기도 하다. 시진핑에 따르면 중국공산당은 집권당으로서 의법집정 방침을 견지하고, 의법치국의 전면적 추진에 매우 중요한 역할을 수행한다. 각급 당 조직은 반드시 헌법과 법률의 범위 내에서 활동하고, 각급 영도(지도급) 간부는 법에 따른 업무 처리와 준법에 앞장서야 한다. 또한 각급 조직 부서는 법에 따른 업무 처리와 법률 준수 여부를 간부 심사와 선별의 중요 조건으로 삼는다.97)

① 합리적 국정운영의 주요 골자

계획경제 시대 중국공산당은 집권당 신분으로 정치체계에 착근하고 제도적 구조를 구축해 효과적인 국정운영을 도모했다. 당시의 이러한 '일원적 착근'은 상당한 현실적 타당성을 지니고 있었는데, 집권당의 권위 수립은 물론 국가와 사회발전에 기여할 수 있다는 점에서 그러했다. 그러나 신시대의 상황은 다르다. 현재 중국에서는 여러 갈등이 복잡하게 나타나는 등 사회의 활력이 다양한 방법으로 표출되고 있다. 이러한 활력을 효과적으로 소화할 조직력의 결여로 인해 기층의 무질서 현상 또한 빈번하게 발생하고 있다. 중국의 경제총량은 나날이 증대되는 추세이나, (경제발전의) 불균형 및 불충분 문제 또한 심각한 수준에 이르렀다. 인민의 물질생활 조건이 크게 개선되어 전면 소강 사회로 나아가는 와중에 민주·법치·공평·정의와 같은 가치에 대한 인민의 열망도 나날이 고조되고 있다. 이러한 변화는 집권당인 중국공산당의 운신 공간에 대한 변화마저 수반한다. 신시대는 집권당인 중국공산당에게 과거의 비(非)법치주의적인 착근 방식에 대한 변혁은 물론 새로운 국정운영 법칙을 탐색할 것을 요구하고 있다. 한마디로 천변만화하는 다원적 사회로 진입한 이후 중국공산당의 집권환경 및 활동의 하부구조에도 변화가 발생했다. 따라서 중국공산당은 여기에 적응하기 위해 일련의 개혁을 추진하지 않을 수 없고 이를 통해 보다 충분한 국정운영 자원을 확보하려 한다. 이러한 변화를 인식한 중국공산당은 제16차 4중전회에서 "체계적 국정운영, 민주적 국정운영, 법치적 국정운영" 방침을 제시했다. 여기에 그치지 않고 시진핑은 제18차 3중전회에서 재차 "중국공산당은 체계적 국정운영, 민주적 국정운영, 법치적 국정운영 수준을 높여야 한다"고 강조했다. 체계적 국정운영, 민주적 국정운영, 법치적 국정운영이 요구하는 바는 중국공산당의 국정운영이 규범성을 확보하고 민주성을 견지하며 법치화 원칙을 준수하는 것이다. 규범성을 확보하려면 중국의 현실에 대한 끊임없는 탐색과 공산당의 집권, 사회주의 건설, 인류사회 발전을 위한 규범을 결합해 정치문명의 본토성과 보편성의 조화를 꾀해야 한다. 아울러 중국의 근본 정치제도에 대한 유지를 전제로, 인류정치문명의 발전규범이 내포한 가치이념을 학습하고 현대 문명에 부합되는 본토의 정치문화적 특질을 발굴해 합리적, 점진적으로 중국의 정치체제를 개혁해나가야 한다. 집권당이 민주성을 견지하려면 인민을 위한, 인민에 의한 국정운영을 추구해야 한다. 즉 인민의 요구를 취합하고 반영하며 민중이 공공생활에 참여할 수 있는 제도화된 경로를 적극적으로 모색해야 한다. 법치화 원칙을 준수하기 위해 집권당은 헌법과 법률의 제정을 주도하는 동시에 법률의 범위 내에서 활동해야 한다. 나아가 공권력의 운용을 제약하고 보장하며 시민사회의 교류와 소통을 규범화하는 법률의 대체 불가한 기능에 대해 분명히 인식해야 한다. 현재 중국공산당은 이러한 원칙를 강조하고 준수함으로써 시장의 기능은 물론 정부와 사회가 법률의 범위 내에서 발휘하는 기능을 극대화할 수 있는 방향으로 국정운영 방침을 조정하고 있다. 이로써 정당과 국가, 사회가 유기적으로 하나의 제도적 관계를 형성하게 되고 이러한 관계가 집권당의 국정운영능력을 정치적으로 보장한다. 규범성과 민주성, 법치화는 모두 합리적 국정운영의 주된 표현이다. 요컨대 합리적 국정운영은 전환기 중국사회를 적확히 진단하는 중국공산당의 이성적 인식 능력과 (이를 바탕으로) 합리적 국정운영 전략을 적절히 제시하는 능력으로 표출된다.

② 사회주의 민주 건설에 대한 요구

직접 민주이든 간접 민주이든 민주의 본질은 인민으로 하여금 공권력을 운용하도록 하는 데 있다. 인민에게 공권력을 부여하고 인민에게 부여된 공권력의 효과적 운용을 보장하려면 인민의 정치참여 수준을 합리적으로 높여나가는 과정이 필요하다. 인민이 스스로 자신의 운명을 장악하려면 우선 초자연적 존재 또는 '천국'으로부터 자기 지배력을 되찾아 세속사회로 옮겨놓아야 한다. 나아가 전제적 통치를 전복하고 폭군으로부터 자기 지배력을 되찾아 인민의 수중에 쥐어야 한다. 마지막으로 인민이 정치에 참여할 수 있는 제도적 틀과 정책을 설계하고 이를 적시에 제공해야 한다. 이로써 질서 있고 효과적인 인민의 정치참여가 실현되고, 인민은 이러한 제도를 바탕으로 공권력을 통제할 수 있게 된다. 이러한 합리적 발전 과정은 민주정치의 심화과정에 다름 아니다. 민주적이고 합리적인 정치는 결국 일종의 동일성을 전제로 하는 셈이다. 민주를 추구하고 발전시키는 것은 중국공산당이 초지일관 견지해온 목표이다. 마오쩌둥은 「신민주주의론(新民主主義論)」에서 중국사회의 성격을 분석하면서 중국혁명은 반드시 두 단계에 걸쳐 진행되어야 한다고 주장했다. 민주주의 혁명과 사회주의 혁명이 그것이다. 민주주의 혁명은 또 두 단계로 나누어지는데 구(舊)민주주의 혁명과 신(新)민주주의 혁명이 그것이다.98) 신민주주의 혁명에서 한걸음 더 나아가 사회주의 혁명을 추구하는 목적은 인민민주 독재의 인민공화국을 건립하는 데 있었다. 인민민주야말로 인민공화국이라는 정체성에 상응하는 취지이기 때문이다. 마르크스 탄생 200주년을 기념하는 대회에서 시진핑은 인민민주에 대해 다음과 같이 언급했다. "마르크스를 학습하는 것은 곧 인민민주와 관련된 마르크스주의 사상을 학습하고 실천하는 것이다. 우리는 확고부동하게 중국 특색의 사회주의 정치발전노선을 갈 것이며 중국공산당 영도, 인민주권, 의법치국의 유기적 통일을 통해 사회주의 민주정치를 건설할 것이다. 아울러 인민주권을 실현하는 제도적 보장을 강화하고 국가 거버넌스 체계와 거버넌스 능력의 현대화에 박차를 가하며 인민의 적극성, 주동성, 창조성을 충분히 활용해 보다 적절하고 효과적인 인민민주를 실현할 수 있도록 할 것이다."99) 이로 미루어 볼 때 중국공산당이 중국의 역사 무대에 등장하는 순간부터 민주는 줄곧 중국공산당이 지향해야 할 가치이자 추구해야 할 목표 였음을 알 수 있다. 중국공산당 집권 이후에는 사회적 변화에 따라 민주화의 방법과 제도화 경로를 한층 보완해야 할 필요성이 대두했 다. 앞서 논한 민주의 합리적 발전 과정이 이러한 필요에 대한 응답이 라고 할 수 있다. 개혁개방 이후 사회주의 민주는 중국의 정치발전에 사상적 원천과 제도적 기초를 제공했으며, 중국사회의 가치기반을 효과적으로 활용했다. 신시대에 이르러 민주화는 국정운영체계가 관 철해야 할 가치로 자리 잡았다. 즉 중국공산당은 국가기관에 착근하 는 과정에서 민주화라는 가치를 지향하고 집권당으로서 자신이 보유 한 자원과 우위를 충분히 운용해 민주정치의 발전을 추동한다. 예컨 대 인민은 각급 인민대표대회를 통해 국정운영에 관여하고 정부의 법에 따른 행정을 감독한다. 이러한 과정을 통해 국정운영체계는 합 리화의 궤도로 들어설 수 있게 된다.

③ 집권당과 정부에 대한 공공성 요구

정당은 일련의 가치관과 정책 강령을 지지하는 무리의 집합체로 서, 자연스레 몇몇 집단의 이해관계를 반영한다. 그러나 어떠한 정당 이 사회적 영향력을 확대하려 하거나 더 나아가 집권당이 되려면 이들의 정책적 주장이 사회의 일부 집단의 이익만을 반영해서는 안 되며, 되도록 최대 다수의 이익을 대표해 강한 공공성을 확보해야 한다. 한편 정부는 국가의 상징적 대표이다. 마르크스의 관점에 의하면 특수 이익과 공동 이익 사이에는 모순이 존재한다. 개인들은 특수 이익만을 추구하고, 공동 이익은 하나의 환상적 공동체 형태를 지닌 국가를 선택한다.[100] 국가는 늘 공익의 모습으로 나타나며 일정한 사회적 기능을 수행한다. 엥겔스가 말했듯 정치적 통치는 어느 곳에서나 일정한 사회적 기능을 수행하는 것을 기반으로 삼으며 이러한 사회적 기능을 수행해야만 지속될 수 있다.[101] 여기서 마르크스와 엥겔스가 주로 논한 것은 자본주의 국가의 정부 기능이지만, 실상 (정치체제와 무관한) 국가의 사회적 기능과 그 중요성에 대해서 지적한 것이나 다름없다. 현대 국가는 항구적인 사회관리기능을 가지며, 정부는 이러한 사회관리기능을 수행함으로써 그 공공성을 표출한다. 집권당과 정부는 공공성을 지향하며, 이들은 자신의 가치와 정당성에 대한 인민의 평가를 수용해야 한다. 만일 집권당이 규범적이고 예측 가능하며 합리적인 방법으로 정치체계에 착근하지 않았다면 국정운영의 비효율이 야기됨은 물론 인민의 평가마저 곤란해져 집권당과 정치체계의 정당성이 모두 흔들리는 이중 손실을 초래할 수 있다. 따라서 집권당의 합리적 국정운영은 집권당 자체의 이성적 인식 및 의식을 반영하며, 집권당의 합리적 착근은 사회주의 민주에 대한 요구와 더불어 집권당과 정부에 대한 공공성 요구에 부합하는 (합리적 국정운영으로 나아가는) 필연적 과정이라고 할 수 있다.

요컨대 정당이 집권했다는 것은 정당이 국가기관과 상호작용하는 단계로 나아갔음을 의미한다. 이러한 상호작용은 크게 두 가지 측면에서 이루어진다. 먼저 정당은 경성과 공공성을 주요 속성으로 한 국가기관의 역량을 통해 자신의 강령과 노선을 추진해 정당의 권위가 미치는 범위와 그 영향력을 크게 확대할 수 있다. 그런 뒤 집권당은 이익 표출과 집약, 정치사회화 및 엘리트의 충원과 같은 기능을 주도적으로 발휘하여 국가기관의 효율성과 반응성을 높일 수 있다. 그러나 이러한 양자 간의 효과적 상호작용은 조직 간 경계 설정이 명확하고 기능 보완이 순조롭게 이루어진다는 전제에서 가능하다. 다시 말해 집권당과 국가기관의 상호작용은 누가 누구를 물리적, 기능적으로 대체하는 것이 아니라, 양자가 기능적으로 서로를 보완하고 강화하는 것이다. 정당과 정부가 균형적 관계 형성했다는 것은 곧 당정관계의 합리화와 규범화를 뜻한다. 과거 중국의 전능주의(全能主義)* 정치 시대에 성행한 일원화된 당정관계는 정치발전 과정에서 요구되는 기능 분화에 부합하지 않을 뿐 아니라 사회주의 민주의 정립에도 도움이 되지 않는다. 특히 사회의 다원화, 정치의 합리화 추세가 뚜렷한 오늘날 이러한 일원화된 관계모델은 지양되어야 하며, 규범화, 합리화된 당정관계에 자리를 내주어야 한다. 이 또한 합리적 국정운영의 일반적 양상이다. 합리적 국정운영을 목적으로 한 집권당이 정치체계 내부로 착근하는 과정에서 다른 정치 주체와 형성하는 상호작용 관계는 엄연히 정치 주체 간의 상호작용이다. 이러한 관계에서 집권당은 주도적인 역할을 해낼 수 있고 집권당이 착근한 다른 정치 주체 역시 충분히 적극성을 발휘할 수 있다. 간과하지 말아야 할 점은 집권당이 정당 거버넌스를 추진하는 과정에서 발휘하는 주도적 역할 또한 예외 없이 규범화, 제도화되어야 한다는

---

* 전능주의는 미국계 화교 출신의 정치학자 조우탕(鄒讜, 1918~1999)이 제시한 개념이다. 전능주의란 정치권력이 언제든 (법적 · 사상적 · 도덕적 · 종교적 제약을 받지 않고) 무제한적으로 사회의 모든 영역과 계층에 개입할 수 있다는 사상적 입장이다. 전능주의 정치란 이러한 전능주의를 기초로 수립된 정치사회로, 국가-사회 관계를 표현하는 특정한 형태라는 점에서 정치체제의 성격을 설명하는 권위주의와 구별된다. 자세한 것은 鄒讜, 「全能主義與中國社會」, 『二十世紀中國政治 : 從宏觀歷史與微觀行動角度看』(香港 : 牛津大學出版社, 1994)를 참조할 것.

것이다. 그래야만 다른 조직이 각각의 기능을 발휘할 수 있는 새로운 공간을 생성 및 확장할 수 있고, 정당 거버넌스의 효율성을 담보하는 조직적, 제도적 기초를 확보할 수 있다. 중국공산당 제19차 4중전회에서 "당의 영도제도체계를 견지 및 보완하고 당의 체계적 국정운영, 민주적 국정운영, 법치적 국정운영의 수준을 제고할 것"과 "당과 국가의 모든 기관이 직책을 이행하는 모든 과정에서 당의 영도가 관철되어야 한다"고 강조한 것은 바로 이러한 취지에서 비롯되었다.102)

(2) 시장귀환과 시장관리

개혁개방 이후 경제 영역은 중국공산당이라는 신형 정당과 상호작용하면서 과거 정치권력에 의해 관제되던 정치사회에서 탈피할 수 있게 되었다. 즉 경제 영역은 자유로운 활동이 가능한 공간과 시장규율이 통용되는 보다 자주적인 공간을 확보할 수 있게 된 것이다. 이러한 공간에서 시장은 자원배분에 결정적 역할을 하며, 정부 또한 필수적인 조정 기능을 수행한다. 이것이 곧 효율적인 시장과 능률적인 정부의 조화, 상호보완이다. 이를 위해서는 일단 시장체계를 구축하고 이를 운용함으로써 자원배분의 효율성을 확보해야 한다. 그런 뒤에는 꼭 필요한 행정지도와 효과적인 관리를 통해 자본 운행에서 발생할 수 있는 결함을 메우고, 공정(公正)을 실현하는 데 필요한 제도적 기초를 확립해야 한다. 현대 중국이 시장 메커니즘의 가치를 인식하는 과정, 나아가 이것과 사회주의를 조화시키는 과정은 결코 순조롭지 않았으며 하루 아침에 이루어지지도 않았다. 이는 매우 지난한 탐색과 점진적 발전을 거쳐 이루어졌다. 경제 영역에서 실현된 시장규율에 대한 준수와 시장 메커니즘의 확립으로 요약되는 '시장귀환'은 중국공산당이라는 신형 정당의 정치관과 사회주의 본질에 대한 인식 및 글로벌화와 같은 객관적 요소와 깊은 관련이 있다.

1) 시장기능에 대한 인식

마르크스와 엥겔스는 『독일 이데올로기』에서 다음과 같이 지적한 바 있다. "공산주의는 그것이 지금까지의 모든 생산 관계 및 교류 관계를 변혁한다는 점에서 이전의 모든 운동과 구별된다. 또한 그것은 최초로 의식적으로 모든 자연적인 전제를 지금까지 존재하는 인간의 창조물로서 간주하고, 그 전제에서 자연적이라는 성격을 벗겨내며, 그 전제들을 연합된 개인들의 힘에 복속시킨다. 따라서 공산주의의 건설은 실상 경제적 성격을 갖는다. 즉 (개인이) 연합해 창조한 물질적 제조건을 위해 현존하는 조건을 연합의 조건으로 만드는 것이다."103) 우리는 이러한 마르크스와 엥겔스의 논술을 통해 공산주의는 이론적 구상이 아니라 인간들의 연합을 촉진하는 현실적인 경제운동이며, 자유인들의 연합체 또한 충분한 물질적 토대에 기초함을 알 수 있다. 즉 생산력 발전 없이는 생명을 지닌 현실적 인간은 존재할 수 없고 이러한 조건에서 실현된 공산주의는 사상누각에 불과하다는 것이다.104) 중국의 신형 정당인 중국공산당은 마르크스주의 정당으로 정권을 잡고 나서는 생산력 발전을 추동해야 하는 새로운 사명에 직면했다. 마오쩌둥은 "중국 정당의 정책과 실천을 살펴보려면 (정당이) 중국 인민에게 미친 영향의 좋고 나쁨과 크고 작음에 주목해야 한다. (이것은) 결국 중국 인민의 생산력 발전에 대한 정당의 공헌 여부와 공헌 정도를 보는 것이다. 정당은 생산력을 제한할 수도, 해방할 수도 있다."105)고 주장했다. 그러나 생산력의 최종적 해방은 일정한 현실적 조건에 구애될 수밖에 없다. 혁명전쟁 시대에 중국공산당이 혁명 근거지에서 시행한 정책과 조치들은 (혁명 근거지의) 생산력 발전에 기여하였으나 전국적으로 생산력 발전을 촉진하는 흐름을 만들어내지는 못하였다. 그렇기에 중국공산당은 신민주주의라는 정치적 토대를 조성해 중국 전역에서 중국 인민의 생산력을 해방하고 충분한 발전의 가능성을 확보하려 했던 것이다.106) 즉 중국공산당은 신중국 건국과 동시에 생산력 해방을 위한 기본적인 정치적 토대를 제공한 것이다.

그러나 생산력 해방은 새로운 정권이 수립되었다고 해서 자동적으로 실현되지 않는다. 생산의 제1요소는 노동이며, 이것을 제공하는 노동자는 독립된 순수한 개인이 아니므로 현실적 생산관계와 제도적 배치에 직접적인 영향을 받게 된다. 계획경제 시대에는 생산의 제1요소인 노동자가 행정 지령에 의해 통제되었기 때문에 노동자의 잠재력이 제대로 해방되지 못했다. 따라서 이러한 계획경제는 결핍경제로 불리며, 인민의 좋은 삶을 가능하게 하는 물질적 기초를 제공하지 못했다. 그러나 개혁개방 이후 중국 특색 사회주의가 본격적으로 움트기 시작하면서 상황이 달라지기 시작했다. 덩샤오핑에 의하면 사회주의의 본질은 생산력을 해방 및 발전시키고 착취와 양극화를 일소하며 궁극적으로는 공동부유에 도달하는 데 있다.107) 이처럼 덩샤오핑은 사회주의와 생산력 발전을 직접 결부시켜 "사회주의를 도모하려면 반드시 생산력을 발전시켜야 한다"고 주장했으며 "빈곤은 사회주의가 아니다"108)라고 강조했다. 생산력 발전을 위한 가장 중요한 조치는 바로 인간, 노동자를 생산관계의 사슬에서 해방시키는 것이다. 계획경제 시대에는 시장경제가 자본주의에 의해 생성된 현상으로 간주하는 등 과도히 이데올로기화되었고 시장, 사적 소유와 같은 개념과 저축과 같은 행위는 집체주의와 유리된 (금기화된) 표현이나 소행으로 여겨져 엄중히 비판받았다. 덩샤오핑은 사회주의 본질에 대한 과학적 인식을 바탕으로 계획과 시장의 적절한 위치를 찾아 나섰다. 그 결과 시장은 개혁개방 이후 더는 민감한 표현이 아닌, 적극성을 장려하고 생산력을 발전시키는 핵심적인 메커니즘으로 자리 잡게 되었다. 덩샤오핑은 1979년부터 "시장경제는 자본주의 사회에서만 존재한다거나 (시장경제는 오로지) 자본주의 시장경제만이 존재한다고 보는 시각은 분명코 틀린 것이다. 사회주의도 시장경제를 조성할 수 있다."109)고 했다. 나아가 1985년에는 "사회주의와 시장경제 사이에 근본적인 모순은 존재하지 않는다"고 주장했으며110), 1991년 초에는 "계획경제가 곧 사회주의이고 시장경제가 곧 자본주의라고 생각지 말라. 두 가지 모두 수단에 불과하다. 시장 또한 사회주의를 위해 봉사할 수 있다."고 역설했다.111) 이어 1992년에 발표한 남순강화(南巡講話)에서는 "사회주의와 자본주의의 본질적 차이는 계획과 시장의 많고 적음에 있지 아니하다. 계획경제가 곧 사회주의는 아니며 자본주의에도 계획이 있다. 시장경제가 곧 자본주의는 아니며 사회주의에도 시장이 있다."며 계획경제와 시장경제에 의해 사회주의/자본주의가 판별되는 것이 아님을 한층 더 명확히 설명했다.112)

이제까지의 논의를 바탕으로 우리는 마르크스주의 정당에게는 혁명과 건설, 개혁이라는 시대적 과제와 무관한 궁극적 목표가 존재함을 알 수 있다. 바로 인민이 아름답고 행복한 삶을 영위하도록 하는 것이다. 사회주의의 본질에 대한 인식의 차이로 인해 시장 메커니즘은 한동안 자본주의의 파생물로 치부되어 비판받았고, 중국공산당이라는 신형 정당이 생산력 발전을 추동하는 기본 경제방침으로 채택될 수 없었다. 이러한 숙제는 개혁개방의 총설계사 덩샤오핑에 의해 완성되었다. 시장 메커니즘과 생산력 발전의 정비례 관계에 주목한 덩샤오핑의 혜안과 논설은 실사구시(實事求是)에 입각해 사업을 추진하는 중국공산당의 전통은 물론 미래의 자유인 연합체에 필요한 물질적 기초를 파악한 한 마르크스주의자의 심오한 통찰을 잘 보여준다.113)

2) 시장의 점진적 귀환

생산력 발전을 촉진하는 시장의 기능이 중시되기 시작했다고 해서 시장이 완전히 제 자리를 찾은 것은 아니었다. '시장귀환'은 자원배분 과정에서 시장이 수행하는 결정적 기능에 방점이 찍혀 있다. 개혁개방 이후 '시장귀환'은 중국공산당이 인민의 좋은 삶을 실현하기 위해 추진한 정치적 목표였으며, 온포(溫飽), 총체적 소강(總體小康), 전면적 소강(全面小康)을 차례로 달성하는 3단계 경제발전전략에서 제기되었다. 이와 맞물려 사회주의 시장경제 체제 또한 점진적 발전을 거듭하였고, 자원배분에서 시장의 결정적 역할을 수행하는 '시장귀환'이 마침내 완성되었다.

중국공산당 내 경제이론가 천윈(陳雲)은 "신중국 건국 이후 경제건설 영역에서 범한 주된 착오는 '좌(左)적 착오'라고 진단했으며 이것은 (경제) 주체에 대한 착오"라고도 했다. 천윈에 따르면 개혁개방 당시 중국은 10억 명의 인구와 8억 명의 농민을 가진 국가였으며 이러한 조건에서 경제건설을 진행해야 했다.114) 또한 천윈은 "중국의 인구 80%가 농민이며, 혁명에서 승리한 지 30년이 지난 지금 인민은 생활의 개선을 요구한다"며 "굶주림에 시달리는 곳이 적지 않으니 이것은 매우 큰 문제"라고 지적했다. 그가 보기에 가장 주요한 문제는 농민 문제였기에, 농민의 숨통을 틔우는 것이 무엇보다 중요하다고 강조했다.115) 천윈의 판단에서 알 수 있듯 개혁개방 초기 중국공산당이 직면한 주요 문제는 일련의 정책 혁신을 통해 농민의 온포 문제를 해결하는 것이었고 일종의 생산청부제인 가정연산청부책임제(家庭聯産承包責任制)는 이러한 흐름에서 비롯되었다. 생산청부제의 등장으로 집체경제하에서 장기적으로 이어진 '한솥밥을 먹는(吃大鍋飯)' 평균주의적 집단생활의 폐단이 극복되었을 뿐 아니라 노동의 조직과 보수 책정 또한 개선되는 등 생산관계 또한 부분적으로 조정되었다. 과도히 집중된 관리와 단일한 경영방식도 당시 중국 농촌의 경제현황에 적합한 방식으로 교정되었다.116) 생산청부제는 계약을 통한 강제적 압력으로 농민의 생산 임무를 독촉하는 것이 아니라, 농민이 체감할 수 있는 물질적 가치를 늘리고 이들의 온포 문제를 해결함으로써 농업 생산에 종사하는 농민의 내적 적극성을 유도했다. 이로써 시장 주체로서 농민의 지위가 초보적으로 확립되었다. 중국공산당이라는 신형 정당은 당시 눈앞에 놓인 온포 문제를 해결하기 위해 농업과 농민 문제 해결에 주력했을 뿐 아니라 계획경제 시절 중공업 발전전략에 대해 반추하며 경공업 우선 발전전략을 추진하기 시작했다. 이러한 조정과 변동이 점진적 개혁에 현실적 가능성을 제공한 결과 '계획경제를 주로 하고 시장조절로 보조하는(計劃經濟爲主, 市場調節爲輔)' 모델은 점차 '계획 있는 상품경제(有計劃的商品經濟)'라는 과도기모델로 나아갔고, 자원배분에서 시장 메커니즘이 수행하는 역할 또한 점차 확대되었다.

'계획경제를 주로 하고 시장조절로 보조하는' 모델은 명확한 시장지향적 성격을 띠고 있으나, 기본적으로 채택된 경제제도는 어디까지나 계획경제였기에 시장경제는 하나의 조절 수단에 머물 수밖에 없었다. 이러한 모델로는 계획경제 체제의 폐단을 근본적으로 개혁하기 어려웠기에 중국공산당 제12차 3중전회는 '계획 있는 상품경제'를 제시해 상품경제가 중국 경제발전에서 반드시 거쳐야 할 단계임을 명확히 한 것이다. 아울러 "상품경제가 충분히 발전해야 경제가 제대로 살아나고 각 기업의 효율이 높아지며 경영이 유연해져 복잡다단한 사회적 요구에 영민하게 대처할 수 있게 된다. 이는 단순히 행정수단이나 지령성 계획에 의지해서는 달성할 수 없다."117)고 강조했다. 중국공산당은 계획과 시장에 대해 부단히 연구함으로써 계획경제와 시장경제를 (사회주의와 자본주의라는) 각기 다른 사회의 기본 제도 유형으로 여기던 사상적 속박에서 벗어날 수 있었다.118) 그 결과 개혁개방 10여 년간 시장의 범위는 점차 확대되었고 대다수 상품의 가격 또한 자율화되었으며 계획이 직접적으로 관여하던 영역 또한 현저히 축소되어 경제활동에 대한 시장의 조절 기능이 크게 증대되었다. 이어 중국공산당 제14차 전국대표대회에서는 "경제체제개혁의 목적은 사회주의 시장경제 체제를 건립해 생산력 해방과 발전에 기여하는 데 있다"119)는 점이 강조되었다. 중국공산당이 이 시기에 제시한 사회주의 시장경제 체제 건립이라는 목표는 일견 시장 메커니즘의 기능을 통해 생산력 발전을 추동하려는 의지에서 비롯된 것으로 보인다. 그러나 여기에는 보다 심층적인 동기가 자리하고 있었으니, 신속한 경제발전으로 인민의 생활 수준을 높이고 총체적 소강 문제를 해결하기 위한 기초 작업이 그것이다. 덩샤오핑은 경제발전의 속도와 관련해 다음과 같이 발언한 바 있다. "경제발전이 언제까지나 저속도에 머물러 있다면 생활 수준은 향상되기 어렵다. 오늘날 인민이 우리를 왜 지지하는가? 그것은 근 10년간의 발전이 있었기 때문이고, 그 발전이 뚜렷했기 때문이다. 만약 우리가 향후 5년간 발전하지 못한다면 혹은 저속도의 발전만 한다고 가정할 때

(이것이 우리에게) 어떠한 영향을 미치겠는가? 이는 경제 문제일 뿐 아니라 사실상 정치 문제이다."[120] 이처럼 경제발전 및 인민 생활 수준 향상 문제를 정치 문제와 결부 짓는 사고는 '인민의 좋은 삶에 대한 창조'를 정치의 본질로 여기는 중국공산당의 정치관을 잘 보여주는 좋은 사례이다.

중국공산당 제14차 전국대표대회 이후 사회주의 시장경제 체제는 시장의 기본적 위치를 보장해 시장이 자원배분 과정에서 지속적으로 결정적 역할을 발휘할 수 있도록 하는 방향으로 발전해나갔다. 2017년 초, 시진핑은 정부와 시장의 관계에 대해 다음과 같이 강조한 바 있다. "정부와 시장의 관계를 잘 처리해야 한다. 시장이 자원배분 과정에서 결정적 기능을 하도록 하고 정부 또한 책임을 다해 공급측 구조개혁이라는 중대한 원칙을 실현해야 한다. 시장규범을 준수하고 시장 메커니즘을 적절히 활용해 문제를 해결하는 한편 정부 또한 중임을 맡아 정부가 응당 해야 할 일을 해내야 한다. 시장의 기능과 정부의 기능은 상호 보완·촉진·보충의 관계에 있다. 자원배분 과정에서 시장이 발휘하는 결정적 기능을 유지하고 시장 메커니즘을 보완하며 업계 카르텔과 진입장벽, 지방보호주의를 타파하고 시장 수요 변화에 대한 기업의 적응력 및 조정력을 높여 기업의 자원 요소 배분의 효율성과 경쟁력을 제고한다. 정부가 단순한 행정 명령만 하달해서는 그 기능을 제대로 발휘할 수 없다. 정부는 시장 메커니즘에 대한 존중을 바탕으로 한 개혁을 통해 시장에 활력을 불어넣고 정책을 통해 시장이 예정된 성과를 거둘 수 있도록 유도하며, 규획을 통해 투자 방향을 명확히 하고 법치를 통해 시장 행위를 규범화해야 한다."[121] 이어 중국공산당 제19차 전국대표대회 보고 또한 사회주의 시장경제 체제 보완에 박차를 가할 것을 예고했다. 해당 보고는 "경제체제개혁은 반드시 재산권 제도와 생산요소의 시장화 배치를 중점으로 진행될 것"이며, "재산권에 대한 효과적인 인센티브, 생산요소의 자유로운 이동, 시장가격의 유연화, 공정질서를 바탕으로 한 경쟁, 기업의 생존 경쟁을 실현할 것"을 표명했다. "재산권 제도와 생산요소의 시장화 배치"에 대한 강조122)는 곧 자원배분 과정에서 시장의 결정적 기능을 존중한 조치라고 할 수 있다. 신시대에 진입한 이후 개혁의 추진 강도는 더욱 높아졌으며 자원배분 과정에서 발휘되는 시장의 결정적 기능 또한 더욱 부각되었다. 다시 말해 경제 활동에서 이루어지는 자원배분에 대한 시장의 역할을 온전히 인정하는 시장귀환의 원칙이 실현된 것이다. 경제 영역에 대한 중국공산당의 영향력은 크게 두 가지 측면에서 확인할 수 있다. 첫째, 국유기업에 대한 당의 영도이다. 시진핑에 따르면 "당의 영도와 당의 건설을 견지하는 것은 중국 국유기업의 영광스러운 전통이다. 중국 국유기업의 '뿌리(根)'와 '영혼(魂)', 독자적 경쟁력이 여기에 있다." 아울러 시진핑은 당과 국유기업의 관계에서 한결같이 지켜나가야 할 두 가지 사항을 강조했는데 하나는 국유기업에 대한 당의 영도를 견지하는 것이고, 다른 하나는 현대 기업제도에 따라 국유기업을 개혁하는 것이다.123) 둘째, 비공유제 경제의 활력과 창조력을 고양하는 일이다. 중국의 비공유제 경제는 개혁개방 이후 중국공산당의 방침과 정책의 지도에 따라 발전해왔으며 이는 중국공산당 영도 아래 개척된 하나의 노선으로 받아들여지고 있다.124) 제19차 전국대표대회에서는 또 "시장 진입 네거티브 리스트 제도를 전면 실시"할 것과 "통일된 시장과 공정 경쟁을 저해하는 각종 규제와 행태를 폐지 및 청산해 민영기업의 발전을 지지하고 다양한 시장 주체의 활력을 고양시킬 것"을 약속했다.125) 중중국공산당의 이러한 정책적 지지와 인도가 없었다면 중국의 비공유제 경제는 현재와 같은 성과를 이뤄낼 수 없었을 것이다. 상술한 국유기업에 '현대 기업제도를 수립'하는 일과 '비공유제 경제의 활력과 창조력을 고양'하는 일 모두 자원배분 과정에서 시장의 결정적 기능을 필요로 한다. 이른바 '시장귀환'의 원칙은 이러한 과정을 거쳐 확립될 수 있었다.

3) '시장귀환'을 가능하게 한 현실적 요인들

중국공산당이라는 신형 정당이 경제 영역과 관계를 설정하는 방법은 크게 두 가지로, 경제체제개혁의 추진과 정책 규획을 통한 지도가 그것이다. 중국공산당은 이러한 방법을 통해 시장이 자원배분 과정에서 점차 결정적 기능을 발휘하도록 유도했다. 중국공산당이 점진적으로 경제체제개혁을 추진하는 과정에서 시장귀환이라는 가치이념도 서서히 형성되었다. 특기할 만한 것은 이러한 과정과 관련된 또는 여기에서 파생된 다양한 요소가 시장귀환이라는 가치이념 보급에 기여하여 그것이 확립될 수 있는 현실적 요소를 형성하였다는 점이다.

① 경제 글로벌화의 영향

글로벌화는 두 가지 측면에서 구조적인 영향력을 행사한다. 첫째, 글로벌화는 모든 행위 주체에 구조적 영향력을 미친다. 가치이념의 수립과 조직의 구축 나아가 행동모델의 선택에 이르기까지 모든 행위 주체의 면면이 글로벌화의 영향권에 있다고 해도 과언이 아니다. 둘째, 어떤 지역 혹은 주체에게서 발생한 특정 사건은 종종 조직적 경계와 지역적 한계를 초월해 궁극적으로 글로벌한 파급력과 영향력을 형성한다. 글로벌화가 내포한 구조적 영향력은 단순한 경제관과 정치관 또는 문화관을 초월해 문제를 대하고 분석할 것을 촉구한다. 즉 특정 문제나 사건이 수반한 복합적 효과 및 반응 또는 '초지역적 효과'에 대해 주목하라는 것이다. 경제 글로벌화는 시장경제 논리가 전 지구적으로 확산되었음을 의미한다. 예컨대 시장규칙은 민족국가의 국경과 영역을 넘어 중국 기업의 운영에도 영향을 미친다. 기업은 경제 글로벌화에서 비롯된 긍정적 효과를 나누고 국제시장의 게임규칙을 수용해야 한다. 외국자본은 엄청난 매력을 지닌 개방 정책과 저비용이라는 비교우위, 거대한 시장에 매혹되어 앞다투어 중국으로 몰려들었고 이에 따라 외국 자본의 자금과 기술, 관리모델뿐 아니라 그들의 경쟁의식과 계약적 사고가 중국으로 유입되었다. 이로써 시장 논리는 신속하게 중국 내부로 스며들었다. 사회주의 시장경제가 확립되려면 정치에 의한 견인과 비전 제시가 필요할 뿐 아니라 외부 동력 또한 절실하다. 시진핑은 하이난(海南)에서 다음과 같은 담화를 발표함으로써 경제 글로벌화가 중국 경제 및 계약규칙에 미치는 영향력을 한층 더 명확히 제시한 바 있다. "중국이 (세계를 향해) 열어젖힌 대문은 절대 닫히지 않을 것이며 앞으로 더욱 활짝 열릴 것이다. 이것은 세계를 대상으로 한 중국의 엄중한 약속이다. 중국은 대외 개방이라는 국가의 기본 정책을 유지하고 상호 호혜적으로 원원하는 개방 전략을 구사할 것이다. 아울러 중국은 세계무역규칙체계를 준수하고 보호할 것이며 경제 글로벌화가 지금 보다 더 개방적, 포용적, 보편적, 균형적, 공영적으로 발전하도록 이끌어 더욱 활기차고 포용적이며 지속 가능한 경제 글로벌화 과정을 만들어갈 것이다. 이를 통해 각기 다른 국가와 계층, 집단이 경제 글로벌화의 혜택을 두루 누릴 수 있도록 할 것이다."126)

② 규칙 제도의 완비

시장경제는 본질적으로 일종의 법치경제에 속한다. 개혁개방 이후 시장 메커니즘은 '계획을 주로 하고 시장으로 보조하는' 모델과 '계획 있는 상품경제'를 거쳐 사회주의 시장경제에 이르는 과정을 통해 자원배분 과정에서 점차 기본적이고 주도적인 위치를 점하게 되었다. 그러나 시장경제를 채택했다고 해서 경제적 번영이 저절로 성취되지는 않는다. 시장경제를 성공적으로 운영하기 위해서는 적절한 재산권 제도가 설계되어야 하고 이를 뒷받침할 수 있는 일련의 인프라가 구축되어야 한다. 또한 완전한 자유방임 시장경제는 '시장 실패'를 초래할 수 있다는 점을 간과해서는 안 된다. 따라서 정부는 재산권을 규정하고 실행하며 약탈 행위를 방지하는 책임을 맡아야 한다. 이를 해내야만 '유능한 정부(有爲政府)'라 할 수 있는 것이다. '유능한 정부'는 시장 메커니즘의 정상적 작동을 보장하고 '시장 실패'를 바로잡는다. 시진핑에 따르면 "사회주의 환경에서 시장경제를 발전시킨 일은 중국공산당이 성취한 대단히 독창적인 성과이다. 중국의 경제발전이 커다란 성공을 이룰 수 있었던 결정적 요인은 시장경제의 장점과 사회주의 제도의 강점이 동시에 발휘되도록 한 데 있다. 우리는 변증법과 양점론(兩點論)*을 견지해 사회주의 기본제도와 시장경제를 결합시키기 위해 힘써야 하며, 이 두 가지 비교우위가 모두 잘 발휘될 수 있도록 해야 한다. 이것을 실천하는 과정에서

---

* 양점론은 마오쩌둥이 제시한 대립물의 통일을 일컫는 철학적 입장이다. 사물의 대립면을 이원적·분리적으로 파악하는 이분법 또는 양분법과 달리 양점론은 유물론적 변증법의 연장선상에서 모든 사물을 모순적 통일체로 파악하며, 사물의 모순된 두 가지 측면이 대립과 통일을 이루며 사물의 발전을 추동한다고 보았다. 본문에서는 사회주의 시장경제를 하나의 모순적 통일체로 보고 자칫 충돌할 수 있는 사회주의와 시장이라는 요소를 적절히 조율해 발전을 이끌어야 한다는 의미로 쓰였다.

유효한 시장과 유능한 정부는 병존할 수 없다는 세계적인 경제학 난제를 극복하도록 노력해야 한다."127) 유능한 정부라는 명칭에 걸맞은 기능을 발휘하려면 여기에 필요한 규칙과 제도가 정비되어야 한다. 재산권 제도의 사례를 보자. 2016년 11월에 발표된 「중공중앙·국무원의 재산권 보호 제도를 법적으로 보완하는 것에 관한 의견(中共中央, 國務院關於完善産權保護制度依法保護産權的意見)」은 "재산권 제도는 사회주의 시장경제의 초석이며 재산권 보호는 사회주의 기본 경제제도를 유지하기 위한 필수적인 조치"로, "재산권 보호를 강화하는 근본 대책은 법치의 전면적 추진"임을 강조하였다. 아울러 "현대 재산권 제도를 한층 보완하고 재산 보호의 법치화를 추진하며 재산 보호와 관련된 입법, 집행, 사법, 준법 각 영역과 단계에서 법치 이념을 실현할 것"128)을 약속하였다. 사회주의 시장경제가 확립됨에 따라 정부는 (시장경제의 지탱에 필요한) 효과적인 기능 수행을 요구받았다. 이에 정부는 시장경제 발전에 필요한 완전한 법률체계를 제공하였고, 법률체계가 완비되고 그것이 힘 있게 집행될수록 '시장귀환'의 원칙은 더욱 확고히 자리 잡을 수 있었다.

③ 권리의식의 팽배

인간의 권리의식은 시장이 제공하는 경제적 인센티브에 의해 움튼다고 해도 과언이 아니다. 인센티브는 인간으로 하여금 권리에 대한 보다 강한 현실적 동기를 갖게 한다. 사회주의 시장경제의 발전이 없었다면 인민의 평등의식이나 권리의식 또한 고취되지 못했을 것이다. 인민은 일상적인 경제적 교류를 통해 권리·평등·자유와 같은 가치의 소중함을 깨닫는다. 현대적 의미의 권리는 법률에 의해 지탱된다. 권리는 공공성을 가지며, 어떤 주체에 귀속된 물질에 대한 법적 보호를 요구한다. 일정한 권리의식이 갖춰지지 않은 상태에서 통치의 정당성을 확보하기란 근본적으로 불가능하다. 그러나 역사적으로 보았을 때 모든 통치권력(의 정당성)이 꼭 법률을 기반으로 성립된 것은 아니었다. 선험적이고 외재적인 신비한 힘이나 강제력도 통치권력에 대한 승인을 이끌어낼 수 있었다. 다만 권리의 경우 법률과 연동되어 (법률에 의한) 경성화된 보장과 공동체의 지지를 얻어 실현되어야만 한다. 그래야만 터무니없는 특수한 요구가 아닌, 타자의 요구에 대한 존중을 전제로 하는 하나의 신장된 개성(個性)으로 받아들여질 수 있다. 이렇게 법률을 바탕으로 성립된 권리는 사회 전체의 발전과 번영에 기여한다. 시진핑이 "인민 이익의 실현, 인민 염원의 반영, 인민 권익의 보호, 인민 복지의 증진을 법치의 모든 과정에서 실현하여 인민의 의지가 법률 및 법률 시행에 의해 충분히 구현되도록 해야 한다"129)고 강조한 것도 이러한 맥락에서다.

정치 · 경제 · 사회 영역에서 분열이 발생한 국가에서 정당은 국가와 사회를 연결하는 중개자이자 교량으로서 각 사회적 주체의 이해관계를 집약하고 국가권력기관에 영향을 미친다. 정당은 이익관계의 표출과 집약기능을 하며 경제 영역에서 자신의 권위적 영향력을 확대한다. 동시에 경제 영역에서는 다양한 시장 주체가 자신의 이익을 유지 또는 확대하려 애쓴다. 이들은 일련의 경로를 통해 특정한 정치적 입장을 가진 정당에 영향을 미치기도 하고 심지어 정당의 정치적 선호를 조성하기도 한다. 간과하지 말아야 할 것은 자신의 권위적 영향력을 확산시키기 위한 집권당의 활동과 자신의 이익 증진을 위해 정당과 적극적으로 소통하는 시장 주체의 활동 모두 경제 영역의 핵심적인 운영 메커니즘, 즉 시장 메커니즘의 효과적인 운행이 전제되어야 가능하다는 점이다. 시장논리에 대한 존중과 준수가 선행되지 않고는 경제 주체의 이익이 유지되거나 보장받을 수 없어 경제영역은 성황을 이룰 수 없다. 중국공산당이라는 신형 정당은 이 점을 충분히 인식했기에 시장 주체와 소통하며 자원배분에서 시장의 결정적 기능이 발휘될 수 있도록 장려한 것이다. 중국공산당과 경제 영역의 관계는 통합에서 존중이라는 변화 과정을 거쳤다. 과거 전능주의 정치 시대에는 계획경제가 주도적 위치를 차지했기에 사회는 정치 주체 및 행정 주체와 다른 성격의 시장조직을 만들어내지 못했다. 따라서 당시 존재한 경제조직은 기본적으로 정치관계 내부로 융화되어 집권당을 포함한 정치역량과 고도로 일원화된 상태에 머물렀다. 개혁개방 이후 정치권력이 수축과 적응을 경험함에 따라 다양한 시장 주체가 점차 모습을 드러냈고 경제 영역은 나름의 자율성과 활기를 표출하기 시작했다. 중국공산당이라는 집권당이 각각의 시장주체가 담지한 역할 및 가치규범을 용인하고 존중하지 않았다면 이러한 국면은 도래하지 못했을 것이다. 이제까지의 논의를 토대로 우리는 중국공산당이라는 중국의 집권당이 경제 영역과 소통하는 과정에서 여느 선진국(의 집권당)과도 비교하기 어려운 까다로운 역할을 수행해왔음을 알 수 있다. 중국공산당은 먼저 체제개혁을 통해 완전히 발달된 시장 시스템의 출현을 촉구하고 배양했다. 그런 뒤에는 규획과 같은 정책 및 조치를 통해 경제발전을 이끌고 자본의 부작용을 억제하는 등 사람을 근본으로 하는 이인위본(以人爲本)의 가치 위에서 경제발전을 성취했다. 중국공산당이 당 외부에서 경제 영역을 대상으로 한 거버넌스를 추진하는 과정은 몇 차례의 변화를 겪었다. '계획경제'에서 '계획을 주로 하고 시장으로 보조하는' 체제로, 여기서 또 '계획 있는 상품경제'로 이행했다가 마침내 '사회주의 시장경제'로 전환하는 과정이 그것이다. 특히 중국공산당 제19차 3중전회에서는 시장이 자원배분 과정에서 수행하는 결정적 기능이 강조되었고 '시장귀환'이라는 흐름이 더욱 분명해졌다. 당 외부에서 시장을 대상으로 진행된 거버넌스의 주된 경로는 두 가지이다. 첫째는 체제개혁이다. 중국공산당은 권위성 문건을 공표함으로써 체제에 대한 직접적 조정을 감행하고, 중국의 경제체제를 새롭게 규정함으로써 계획에서 시장으로의 전환과 사회주의 시장경제의 점진적 확립을 이뤄냈다. 둘째는 규획을 통한 지도이다. 중국공산당은 국민경제와 사회발전에 관한 5개년 규획 건의를 통해 중국 경제발전의 중점과 방향은 물론 구체적 프로젝트까지 제시하는 등 경제 영역 전반을 진두지휘했다. 특기할 만한 점은 중국공산당은 경제 영역을 지휘하는 과정에서 국유기업 조직뿐 아니라 새롭게 등장한 경제조직 예컨대 중국 국내에 설립된 중외합자기업(中外合資企業), 중외합작경영기업(中外合作經營企業), 외상투자경영기업(外商投資經營企業)과 같은 삼자(三資)기업 내부까지 자신의 조직적 네트워크를 확장했다는 것이다. 이러한 조직적 피복 작업은 집권당인 중국공산당의 조직력을 높이는 효과적인 수단이었다.

(3) 정당이 견인하는 조화사회

마르크스와 엥겔스가 『독일 이데올로기』에서 지적한 바에 따르면 "개인은 타인과의 공동관계에서 비로소 자신의 자질을 다방면으로 발전시킬 수 있는 수단을 갖게 된다. 즉 진정한 공동체에서 각 개인은 그들의 관계 속에서, 그리고 그 관계를 통해서 자유를 획득한다."[130] 단순한 개인이라면 사회적 네트워크 속에서 자신을 규정하고 자신의 가치를 발견하며 자신의 이익을 보호하고 확대하려 할 것이다. 그러나 인민의 이익으로 귀착되는 신형 정당이라면 반드시 인간의 자유와 가치 실현에 입각해 사회관계를 처리해야 한다. 사회관리란 결국 인간에 대한 관리와 봉사에 다름 아니다. 따라서 중국공산당은 대다수 민중의 실제 이익을 다루어야 하며 시종일관 인민을 근본으로 한, 인민을 위한 국정운영을 견지해 전심전력으로 인민을 위해 봉사하는 신형 정당의 근본 취지를 철저히 관철해야 한다. 즉 인민을 위해 권력을 사용하고 인민과 한마음이 되며 인민의 이익을 도모해야 한다.131) 그래야만 사회가 중국공산당이라는 신형 정당의 권력기반이자 역량의 원천이 될 수 있다. 집권당이 나날이 변화를 거듭하는 사회 영역으로부터 지지와 자원을 획득하려면 무엇보다 사회 현황을 정확히 진단하고 효과적인 조치를 행해 사회적 요구를 만족시켜야 한다. 전면적 소강 사회를 건설하는 것은 중국공산당이 인민과 역사 앞에 한 장엄한 약속으로 14억 중국 인민의 공통된 염원이다. 중국공산당은 해당 목표를 실현하기 위해 제18차 전국대표대회 이후 경제건설, 정치건설, 문화건설, 사회건설, 생태문명 건설의 5위 일체(五位一體)라는 전체적 포석과 전면적 소강 사회 건설, 전면적 심화 개혁, 전면적 의법치국, 전면적 종엄치당(從嚴治黨, 엄정한 당 관리)을 포함한 4대 전면(四大全面)이라는 전략적 포석을 구축하고 이를 적극적으로 추진해왔다. 5위 일체와 4대 전면은 상호촉진 및 통합, 연동 관계에 있다. 이를 바탕으로 중국공산당은 경제발전 추진과 더불어 사회주의 시장경제, 민주정치, 선진문화, 생태문명, 조화사회 건설을 관철하고 부유한 인민, 강성한 국가, 아름다운 중국에 도달하려 한다.132) 즉 신시대의 중국공산당은 전면적 소강 사회 건설이라는 발전의 문제를 해결함과 동시에 사회적 조화를 이뤄내야 하는 이중 과제에 직면해 있다. 사회적 조화의 달성은 어떤 의미에서 전면적 소강 사회 건설보다 난이도가 높은 난제라고 할 수 있다. 중국공산당이 사회와의 양성적 상호작용을 강조하며 '조화사회'의 조성을 사회거버넌스의 중요한 가치적 지향점으로 제시한 까닭이 여기에 있다. 조화사회를 조성하기 위해서는 사회 영역 곳곳에서 일고 있는 변화와 당 건설 사업의 중점을 기민하게 파악하고 이것을 관리할 방법이 명확히 제시되어야 한다.

1) 사회 영역의 변화와 당 건설 사업의 주안점

중국공산당이 새로운 경제조직과 사회조직 등 정부조직과 대조를 이루는 비(非)단위조직 내부에 효과적으로 착근하는 문제는 곧 전환기를 겪고 있는 사회 영역을 대상으로 한 당 건설 사업의 주된 역점이다. 단위조직과 비단위조직은 성격이 다르지만 모두 일정한 지역에 속해있으므로 양자를 대상으로 한 당 조직 건설 사업은 실상 연동 및 보완이 가능하다. 따라서 네트워크식 당 건설 국면을 구축하는 것 또한 사회 영역을 대상으로 당 건설 사업의 주안점이 될 수 있다.

① '단위체제'의 축소와 신(新)경제조직에 대한 당의 착근

중국적 맥락에서 단위는 당정(黨政)기관, 공익적 목적에서 국가 또는 국가 지원에 의해 설립된 사업조직(事業單位), 국유기업, 집체기업과 같은 조직을 지칭한다. 계획경제 시대의 단위는 당과 정부가 정부와 사회를 관리하는 조직적 매개체였다. 국가는 각기 다른 등급과 영역의 단위조직이 형성한 단위체제와 이것이 내포한 '이중적 의존(정부에 대한 단위의 의존 및 단위에 대한 정부의 의존)' 메커니즘을 통해 도시 커뮤니티에 대한 수직적 통합을 실현할 수 있었다. 그러던 중 사회가 전환기에 접어들며 소유제 구조의 조정이 뒤따랐고,

정부와 기업의 분리가 불가피해지는 흐름 속에서 각기 다른 소유제 구조를 가진 기업이 우후죽순처럼 솟아났다. 예컨대 외국기업과 사영기업과 같은, 전통적인 단위조직에 속하지 않는 기업이 등장하기 시작했다. 이렇게 되자 단위를 주체로 한 전통적 사회조정모델은 퇴색되었고, 계획경제 시대에 보편화되었던, 단위를 중심으로 한 당 조직 사업의 적합성 문제도 불거지기 시작했다. 경제발전 속도가 빠르고 시장화가 상당히 진행된 지역에서는 이미 외국기업, 사영기업과 같은 신(新)경제조직이 빠른 속도로 두각을 나타내고 있었다. 이러한 비단위 경제조직은 대량의 노동인구를 수용하고 있었기 때문에 이러한 조직 내부에서 어떻게 당 조직 사업을 공백 없이 전개할 것인가 하는 문제는 중국공산당 권력기반의 공고화와 직결된 문제였다. 따라서 중국공산당은 오피스 빌딩이나 클러스터 단지와 같은 기업의 집결지나 회사원들이 주로 거주하는 사구와 같은 공간의 내부로 자신의 영향력을 주입해나가려 했다. 사회 영역을 대상으로 한 당 건설 사업의 주안점이 여기에 있었다.

② 사회 자율성의 맹아와 신(新)사회조직에 대한 당의 착근

계획경제 시대에는 당과 정부, 정부와 기업, 정부와 사회가 분리되지 않았기에 엄밀한 의미에서 현대 사회조직이 미처 등장하지 못했다. 계획경제 체제가 해체되고 개혁개방이 채택되면서 법률적 보장이 이루어짐에 따라 개인의 경제적 지위가 향상되었고 해외자금의 유입이 늘어났다. 이로써 사회에서 유동되는 자원의 양이 점차 증대되었고, 개인이 자유롭게 행동할 수 있는 자율적 공간도 점차 확대되었다. 이렇게 출현한 일정한 자율성을 지닌 개인들은 정부조직과 시장조직이 만족시키지 못하는 개인 및 사회의 특정한 수요를 겨냥하

여 일정한 자금을 투입해 새로운 사회조직을 설립하였다. 사회단체, 민간비영리단체, 자선단체, 다양한 풀뿌리 조직 모두 이러한 신사회조직에 해당한다. 중국 민정부(民政部) 누리집에서 제공한 통계에 따르면 2018년 말 중국 전역에는 81만 7천 개의 사회조직이 존재하며(전년 대비 7.3% 증가), 이들이 수용한 노동인구는 980만 4천 명에 달한다(전년 대비 13.4% 증가). 이러한 신(新)사회조직의 등장은 중국공산당의 사회 사업에 새로운 과제를 제시하였다. 먼저 중국공산당은 새로운 관리체제와 플랫폼을 도입 및 활용해 신사회조직을 당과 정부의 영향권 안으로 편입시켜야 했다. 다음 행보는 당의 조직과 기능을 신사회조직 전체에 피복시켜 이들 조직이 합법적이고 진보적인 방향으로 발전할 수 있도록 유도하는 것이다.

③ 이익의 다원화와 네트워크식 당 건설 국면의 형성

계획경제 체제에서 사회주의 시장경제로 나아가는 과정을 통해 중국사회는 단일성을 기반으로 한 동질적 사회에서 점차 다원화된 이질적 사회로 변모했다. 각기 다른 생활양식을 영위하는 개인들이 특정한 도시공간에 모여 도시사회를 형성한다. 따라서 중국공산당의 사회 사업은 기업의 사무직 노동자 및 고도의 전문직 종사자와 같은 (대개 고학력, 고소득이라는 특징을 보이는) 고소양(高素質) 집단과 실업자, 질병으로 노동력을 상실한 이들과 일자리를 찾아 도시로 나온 '농민공' 집단과 같은 취약계층, 삶의 질과 품격을 추구하는 일부 시민계층 등 다양한 집단의 이해관계를 반영하지 않을 수 없다. 즉 중국공산당은 이처럼 다원화된 이해관계를 이해하고 이들의 요구에 부응하는 생활조건을 제공해야 한다. 민중의 다양한 요구를 이해하고 이를 만족시키려면 무엇보다 네트워크식 당 건설 국면을 구축하는 것이 급선무였다. 중국공산당은 이를 위해 각기 다른 사회집단 내부에 당 조직을 건설하거나 당의 업무를 피복시키는 방법, 각기 다른 영역과 업종 심지어 다른 속성을 지닌 당 건설 조직의 네트워크를 구축하는 방법을 통해 일종의 구역성 당 건설 국면을 형성해나갔다. 이러한 네트워크식 당 건설 과정에서 당 조직은 어떤 공공재를 직접 제공하거나 특정한 공적 사무를 처리하는 것이 아니라, 공적 가치의 선도자로서 집단행동을 할 시 가장 먼저 행동에 나서는 역할을 수행한다. 즉 당 조직은 조직 네트워크를 통한 자원 공유를 실현하여 '단절된 사회'를 봉합하고 연계하는 기능을 담지한다.

2) 신형 정당의 사회 거버넌스 과제

사회 사업 범위와 주안점이 명확해졌다면 과제 또한 뚜렷해진다. 이론적으로 보았을 때 중국공산당은 변화와 발전이라는 시대적 배경과 정당과 사회의 발전이라는 목표를 두루 고려해 사회 사업의 과제를 확정해야 했다. 이를 요약하면 다음과 같다.

첫째, 사회를 조직하는 일이다. 계획경제 시대의 중국공산당은 당 조직을 확대하거나 행정명령을 하달하는 방식으로 사회에 대한 고도의 통제를 실현했고 그 결과 정치와 사회가 일치화된 국면이 나타났다. 그러나 계획경제 체제가 해체되고 사회주의 시장경제가 추진됨에 따라 체제적 차원에서 사회의 성숙과 발달이 장려되었고 여기에 필요한 자원 또한 주어졌다. 그 결과 전통 체제에서는 찾아볼 수 없던 신사회조직, 신경제조직, 자치조직과 같은 다양한 조직이 등장해 빠른 속도로 발전해나갔다. 이러한 신형 조직의 출현과 발전은 사회발전 원리에 따른 현상이었으나, 정작 정당의 발전에는 적잖은 애로사항이 발생했다. 사회의 확대로 인해 당 건설의 '공백'이 발생하면서 중국공산당의 사회 조직 사업은 상당한 도전에 직면했다. 현재 중국의 몇몇 지방과 기층은 방임적인 무조직, 무관리, 무정부 상태에 처해 있다. 따라서 문제나 사고가 발생하기 전에 이를 감지하고 예방할 이가 없으며, 문제나 사고가 발생한 후에는 이를 보고하고 분석할 이가 없어 해결이 어려운 지경이다. 이는 기실 해당 지방 및 기층에 대한 중국공산당의 조직력과 업무수행력이 매우 취약한 상태에 있음을 말해준다. 만약 이러한 문제가 만연해진다면 당과 정부의 사업은 대중적 지지 기반을 상실하게 될 것이므로 매우 심각한 문제가 아닐 수 없다.133) 따라서 행정수단에 기대지 않고 이러한 (조직적) 공백을 일소하여 사회에 대한 재구성을 실현하는 것이 신시대 중국공산당의 사회 사업 과제로 떠올랐다.

둘째, 사회를 견인하는 일이다. 중국적 맥락에서 사회의 발전은 사회 자체가 아닌 당과 정부에 의해 견인되고 규정된다. 중국공산당은 크게 두 가지 경로를 통해 사회를 주도한다. 하나는 사회교육이다. 사회는 개성이 펼쳐지는 공간으로, 개인은 사회에서 개성을 표출하고 이익을 실현한다. 그러나 사회는 개인의 집합이기도 하므로, 개인은 (사회에서) 자신의 이익을 실현하는 과정에서 반드시 타인의 권익과 사회의 공익을 존중해야만 한다. 정당은 바로 이 경계에 위치해 개인이 공익 증진에 기여하고 타자의 합법적 권익을 존중하도록 이끌어야 한다. 이것이 곧 정당의 사회교육 책임이다. 다른 하나는 사회 민주에 대한 선도이다. 사회 민주적 제도는 일종의 공공재로서, 공중의 참여가 전제되어야만 효과적으로 운영될 수 있고 공공정책 결정과 엘리트 선택에 있어 적극적 기능을 발휘할 수 있다. 그러나 공중의 참여는 계발되고 선도되어야 할 필요가 있다. 정당이 바로 이러한 공중의 공적 참여와 민주생활의 제도화된 경로에 해당한다. 정당은 또한 당내 민주를 효과적으로 구현함으로써 인민민주와 사회민주를 견인하는 역할을 한다.

셋째, 사회를 안정시키는 일이다. 오늘날 중국사회는 발전의 황금기에 진입했으나 이와 동시에 다양한 문제에 직면해 있다. 이러한 문제들은 중국사회를 독일의 사회학자 울리히 벡(Ulrich Beck)이 말한 "위험사회"로 밀어넣는다. 높은 사회유동성을 가진 중국사회가 직면한 갈등과 위험은 중국의 도시공간에서 그대로 나타난다. 도시의 경우 인구와 자원의 밀집도가 높다 보니 이러한 문제들이 한층 더 심각하게 불거지며 사회의 안정을 위협한다. 따라서 현재 중국공산당의 사회 사업은 당 조직 네트워크를 (사회 면면에) 피복시키고 그 기능을 제대로 발휘해 사회적 요구를 취합 및 반영하고 이에 부응하여 사회 안정의 기반을 다지는 데 초점이 맞춰져 있다. 이러한 과정에서는 법치의 사회안정 기능을 적절히 활용하는 데 주의를 기울여야 한다. 즉 중국공산당은 당과 정부의 업무가 법치화 궤도에 들어서도록 해야 하며, 이러한 법치화 궤도 위에서 사회역량을 통합하고 사회이익의 균형을 맞추고 사회관계를 조정하고 사회행위를 규정해 나가야 한다. 이처럼 법치를 통해 사회적 갈등과 문제를 해결함으로써 중국사회가 중대한 변혁의 와중에서 활기와 질서정연함을 유지하도록 하는 것이 중국공산당 추진하는 사회 안정화의 주된 방향이다.134)

넷째, 사회에 봉사하는 일이다. 정당은 사회에 착근함으로써 사회의 승인과 지지를 획득할 수 있고, 사회에 효과적으로 봉사함으로써 그 정당성을 지속적으로 강화해나갈 수 있다. 시진핑이 "중국공산당은 인민에게서 유래하였으며 인민에게 뿌리를 두고 인민에게 봉사한다. 중국공산당의 기반과 명맥, 역량 또한 인민에게 있다. 인민의 보호와 지지가 없다면 당의 사업과 업무는 논할 도리가 없다."[135)고 한 것은 이러한 맥락에서다. 중국공산당의 사회 사업이 사회적 서비스를 제공하지 못한다면 이는 정당발전뿐 아니라 사회발전의 원리에도 위배된다. 사회에 봉사하는 과정을 통해 성립된 서비스형 정당모델은 당은 사회에 봉사한다는 이념을 부각함과 동시에 사회와 민중에 효과적인 서비스를 제공하는 데 전념한다.

다섯째, 사회를 통합하는 일이다. 사회통합은 곧 하나의 일체화된 사회를 구성하는 일이다. 현대 사회를 통합한다, 일체화한다고 함은 행정적 수단을 통해 차이를 제거하는 것이 아니라, 사회의 다원적 요소를 하나의 유기적이고 보완적인 상태로 재구성하는 것을 의미한다. 현대 사회에서 정당은 본래 이러한 통합체로서의 기능을 담지한다. 따라서 중국공산당의 사회 사업은 이러한 통합체 기능을 한층 개발해, 집권당인 중국공산당이 다원화된 현대 사회에서 이익의 표출과 통합, 정치사회화 기능을 제대로 발휘할 수 있도록 하는 데 주력한다.

중국사회가 겪은 일련의 변화로 인해 정치조직과 사회조직, 경제조직이라는 각기 다른 유형의 조직이 출현했다. 규범적 의미에서 볼 때 이러한 조직 간에 이루어지는 보완이 곧 조화사회를 형성하는 중요한 조건이라고 할 수 있다. 그러나 제도를 통해 감시받지 못한 공권력은 시장과 사회를 억압하고 지배하는 힘으로 변질되며, 사회는 이러한 정치역량에 의해 질식될 수 있다. 따라서 공권력에 대한 제도적 규제를 완비한 현대 국가만이 조화사회를 실현할 수 있는 제도적 기반을 갖췄다고 할 것이다. 1949년 신중국이 건국됨과 동시에 중국공산당은 집권당 자격으로 현대 국가 건설 작업에 착수했다. 당시 중국공산당은 단위제와 인민공사(人民公社)체제*를 통해 자신의 조직적 네트워크를 확대해 도시와 향촌에 대한 조직적 침투와 통제를 실현하였다. 이로써 흩어진 모래알 같던 중국사회를 개조하여 대규모 정치동원이 가능한 조직적 기반을 구축할 수 있었다. 여기에 혁명 담론과 이데올로기의 강력한 영향이 더해져 민중의 참여와 정치적 충성 또한 극에 달했다. 그러나 당시의 국가 건설은 공권력을 규제하는 제도화 노력을 동반하지 못했기 때문에 권력의 고도 집중과 사회 역량의 빈사 사태를 초래했다. 당이 사회에 깊이 착근한 탓으로 당시의 중국사회는 농후한 정치적 색채와 짙은 관료화 성향을 보였으며, 결과적으로 정당과 정치, 사회가 고도로 일체화되는 정치와 사회의 일원화 국면이 도래했다. 이후 중국의 역사는 개혁개방이라는 새로운 시기로 진입했다. 개혁개방은 중국공산당에게 사회 재생산이라는 숙제를 안겨주었는데 이는 곧 사회생활의 재구성 또는 재생산을 가능하게 하는 일련의 제도와 규범을 마련하는 일이었다. 이러한 숙제를 완성하려면 사회의 다양한 권리주체의 노력이 필수적이었다. 이들이 자신의 권리를 주장하고 실현하는 과정을 통해 중국사회는 자체적 조직력을 신장할 수 있었다. 아울러 집권당인 중국공산당을 중심으로 한 정치체계는 (제도화를 통한) 공권력에 대한 규제를 학습해나갔고 이로써 사회가 성숙되고 발달할 수 있는 공간이

---

* 인민공사는 1950년대 후반 중국 농촌에서 시행되었던 사회경제 관리체제이다. 인민공사의 특징은 일대이공(一大二公)과 정사합일(政社合一)로 압축될 수 있다. 대(大), 즉 크다는 것은 규모가 크다는 의미이며, 공(公)은 생산수단의 공유화 정도가 높다는 뜻이다. 인민공사는 하나의 공사 전체를 경제적 단위로 했기 때문에 규모가 컸고, 인민공사와 생산대대(生産大隊, 300~500가구戶), 생산대(生産隊, 23~30가구)가 농촌의 토지, 생산수단, 생산물을 소유하는 3급 소유의 형태를 띠고 있었기에 공유화 정도가 높았다. 정사합일이란 공사를 단위로 하는 농촌의 집체적 경제조직과 향(鄉) 정부의 행정관리조직의 일체화를 말한다.

마련되었다. 여기에 사회조직을 양성하고 그 발전을 추동할 수 있는 효과적인 제도적 배치가 잇따랐다. 사회의 활력이 높아지고 사회조직의 합법적이고 질서 있는 활동이 이루어져야만 정부는 비로소 자신의 전환된 기능을 제공할 대상을 확보할 수 있으며, 정당은 거버넌스를 추진할 수 있는 확고한 사회적 기반을 갖출 수 있다. 요컨대 사회 재생산은 정당 거버넌스와 긴밀히 연관된다. 정당이 거버넌스를 추진하는 데 요긴한 사회조직의 역량은 바로 이러한 사회 재생산을 통해 촉진되고 배양되며, 이로써 조화사회를 구축할 수 있는 조직적 틀이 완성되는 것이다.136) 사회 영역이 하루가 다르게 성장하고 있는 상황에서 정당 거버넌스가 효과적으로 실현되기 위해서는 정당과 사회 간에 양성적 상호작용이 이루어져야 한다. 즉 집권당인 중국 공산당과 사회 간에 조화사회 구축이라는 목표와 이러한 목표를 실현하는 기본 수단인 사회 거버넌스의 틀에 대한 합의가 이루어져야 할 것이다.

제5장

인민민주

인민민주는 중국공산당이 중국 인민을 영도해 현대 정치를 창조하는 과정에서 구축한 사회주의적 민주이다. 혁명과 군중, 해방은 중국공산당과 중국 인민이 더불어 이룩한 현대 중국정치의 초석이며, 인민민주는 여기에서 비롯된 소산이다. 인민민주의 본질은 인민이 주도권을 행사하는 인민주권에 있다. 일반적 의미에서 인민민주는 수많은 중국 민중이 중국공산당의 영도 아래 인민이라는 총체로 응집되어 재탄생한 뒤 주권을 가지고 국가제도를 규정하며 국가권력을 행사함을 이른다. 좀 더 구체적으로 확장해보면 중국공산당이 인민을 응집하고, 응집된 인민이 국가제도를 규정하고, 규정된 제도가 인민주권을 보장하고 실현하는 것이 곧 인민민주의 기본 내용이라고 할 수 있다. 인민민주의 실천적 특성은 최근 강조되는 '전과정(全過程)', 즉 모든 과정에 적용되는 데 있다. 인민민주는 그것이 실현되는 도중에도 창조와 발전을 거듭한다. 인민민주의 근본 목적은 좋은 삶에 대한 인민의 요구를 부단히 충족하는 것과 더불어 인민의 자유와 전면적 발전을 지속적으로 추진하는 데 있으며, 이는 인민민주를 측량하는 주된 척도이기도 하다.

1. 현대 정치가 배양한 인민민주

(1) 혁명

인민민주는 중국혁명의 성과를 집대성한 결과물이다. 중국은 서세 동침(西勢東侵)에 의해 강압적으로 자본주의 세계체제로 편입되었 을 때부터 이미 혁명을 통한 독립과 발전을 모색하는 정치발전 시기 에 진입했다고 할 수 있다. 중국혁명이 처음부터 인민민주 실현을 목적으로 한 것은 아니었다. 혁명 승리 이후 조성된 객관적 조건에 의해 인민민주가 성립되었다고 보는 편이 보다 정확할 것이다. 인민 민주가 중국혁명을 집대성한 결과로 출현했다는 사실은 중국혁명의 역사적 과정은 자본주의 세계체제와 같은 구조적 요소에 구애받지 않고 혁명을 이끈 정치적 역량에 의해 주도되었음을 의미한다. 중국 혁명을 이끈 정치적 역량은 시대적인 한계에도 불구하고 자신의 정 치적 창조성을 충분히 발휘하였고, 그러한 정치적 창조성이 집중적 으로 구현된 사례가 곧 인민민주라고 할 수 있다. 즉 인민민주는 중국 공산당이 중국 인민을 영도해 창조한 정치형태이다. 또한 인민민주 는 지속적인 재창조 과정을 통해 발전해나간다.

전근대 중국은 서세동침의 상황 속에서 총체적 위기를 맞았고, 혁 명은 그러한 총체적 위기를 타개하기 위해 반드시 거쳐야 할 과정이 었다. 여기서 총체적 위기란 정치·경제·문화를 포함한 중국사회 전체가 직면한 구조적 충돌 상태를 뜻한다. 이러한 총체적 위기를 유발한 급소는 정치에 있었다. 전통적 왕조국가 체제는 중국을 제대 로 된 근대화의 길로 이끌지 못했고, 여기에서 기인한 국가 주권 및 정권의 위기는 주권상실과 국가분열, 계급대립을 초래하는 등 중국

사회 전체가 좌초될 위기로 이어졌다. 당시 중국사회가 처한 총체적 위기는 정치적 실패로 인해 야기되었기에, 이러한 중국사회를 재구성하기 위해서는 반드시 정치적 성공이 선결되어야 했다. 대외적으로는 주권의 독립을 쟁취하고 대내적으로는 국가의 통일을 완성할 수 있는 현대 국가를 수립하는 것이 정치적 성공을 담보하는 관건이었다. 이러한 현대 국가는 전근대 왕조국가라는 폐허에서 움트는 것이 아니라 장기적인 혁명을 통해 창조되는 것이다. 따라서 중국이 수립한 현대 국가는 필연적으로 (중국의 혁명 과정에서 비롯된) 특수성을 지니게 되었다.

중국은 예로부터 다민족 공동체였다. 현대화의 물결 앞에서 중앙집권을 지향하는 왕조국가는 붕괴했어도 다민족 공동체의 면모는 그대로 유지되었다. 따라서 어떻게 현대 국가가 제공한 정치적 틀을 활용해 다민족 공동체를 조직할 것인가 하는 문제는 중국의 현대 국가 건설 과정에서 간과할 수 없는 주요한 문제로 자리 잡았다. 정치학자 린상리(林尚立)의 견해에 따르면 현대 중국정치의 향방을 결정하는 역사적 흐름은 국가의 통일성과 통합성을 유지하면서 천 년 문명국의 전반적인 현대화 전환을 실현하는 데 있었다. 이것은 곧 현대 중국정치에 부여된 주된 사명이기도 했다.[1] 다민족 공동체가 현대 국가로 변모하려면 현대 국가 건설 과정에서 다민족 공동체의 통일성이 보장되어야 했고, 이렇게 보장된 통일성은 반드시 현대 국가와 조응되어야 했다. 중국은 현대 국가 건설 과정에서 일관되게 통일성을 추구했고 이는 곧 현대 중국정치의 통합지향적 정치관으로 귀결되었다. 통합지향적 정치관이 내포한 기본적 함의는 국가는 각 민족의 민중으로 구성된 통합체이며 국가의 자주독립과 생존 및 발전이 무엇보다 우선한다는 것이었다. 현대 중국정치는 이러한 통합

지향적 정치관에 입각해 시종일관 전체의 이익을 출발점과 목표점으로 삼았다. 시민의 권리와 복지는 전체의 이익이 보장된 뒤에야 개선될 수 있었다.

요컨대 다민족 공동체의 통일성을 유지하는 것이 중국의 현대 국가 건설 과정에서 반드시 관철되어야 할 조건이었고, 현대 국가를 창조한 중국 혁명은 이를 실현해냈다. 중국혁명은 다민족 공동체의 면모를 유지한 현대 국가를 만들기 위해 자국의 고루한 통치질서뿐 아니라 제국주의 세력이 중국에 가한 반(半)식민 통치를 전복하는 강도 높은 사회혁명을 완성해야 했다. 중국공산당은 이러한 혁명의 험난함을 충분히 인식하고 있었다. 일찍이 마오쩌둥은 다음과 같이 진단한 바 있다. "중국혁명의 적은 몹시 강력하다. 중국혁명의 적은 비단 강력한 제국주의 세력뿐 아니라 강력한 봉건 세력과 한때 제국주의 및 봉건 세력과 영합해 인민을 적으로 돌렸던 부르주아지 내 반동파를 아우른다. 이들을 적으로 둔 중국혁명은 장기성과 참혹성을 동반한다. 우리의 적은 매우 강력하기에 장기간에 걸쳐 혁명 역량을 축적하고 단련해야만 이들로부터 최후의 승리를 거둘 수 있는 역량으로 거듭날 수 있다."[2] 즉 강력한 적으로부터 혁명의 승리를 쟁취하기 위해서는 다민족 공동체 면모를 유지해 보다 강인한 혁명 역량을 조성해야만 했던 것이다.

(2) 군중

인민공화국은 중국혁명이 승리를 성취한 이후 건립된 현대 국가이다. 인민공화국은 변함없는 다민족 공동체이다. 인민공화국이 현대 국가가 될 수 있었던 근본 요인은 주권재민이라는 기본 원칙을 실현한 데 있다. 다민족 공동체가 인민공화국의 형태로 유지될 수 있었던 까닭은 다민족 공동체가 현대 국가로 온전히 전환되는 혁명에 각 민족의 민중이 폭넓게 참여해 (다민족 공동체로서의 면모를) 관철했기 때문이다. 다민족 공동체는 대다수 민중을 응집시켜 통합체를 이루는 중간 형태를 거쳐 유지되었고, 이렇게 조성된 통합체가 곧 인민공화국의 정치적 기초를 형성하게 되었다. 현대 중국정치는 중국 민중이 정치무대에 데뷔해 혁명에 참여함으로써 비로소 발족될 수 있었고, 민중이 일정한 조직 형태와 제도적 절차에 의거해 국가사무를 주도하게 되면서 한층 성숙할 수 있었다. 이처럼 민중 역량의 성장은 현대 중국정치의 발전과 궤를 같이한다. 민중 역량과 현대 정치의 동반 성장을 가능하게 한 (정치의) 제도화 흐름과 발전은 인민민주가 배양될 수 있었던 요건이기도 하다.

중국 민중이 중국혁명의 원동력이 되는 과정은 결코 순탄치 않았다. 낙후된 사회구조가 민중 역량이 발휘되는 것을 저해했기 때문이다. 당시 중국의 현대화는 정치역량에 의한 견인과 지원이 결여된 탓으로 자본주의가 적시에 발전하지 못해 정체되었다. 이로 인해 현대 정치의 사회적 기초를 이루는 부르주아지와 노동자 계급이 충분히 형성되지 못해 전근대 정치의 사회적 기초인 농민 계급이 여전히 중국 최대의 사회적 집단을 이루고 있었다. 이처럼 낙후된 사회구조는 중국사회의 현대화를 번번이 좌절시킨 주범이었다. 이러한 낙후된 사회의 단면을 변화시키기 위해서는 혁명이 필요했고, 혁명을 전개하려면 먼저 대다수 민중의 역량과 역할에 주목해야 했다. 많은 역사학자가 강조하듯이 중국혁명에서 민중이 담당한 역할은 그것이 어떤 것이든 중점적으로 다루어야 할 문제이다.[3] 당시 중국혁명은 노동자 계급과 부르주아지의 역량에만 의지해서는 완성될 수 없었기에 농민 계급을 포함한 대다수 민중을 혁명의 역사적 과정 속으로 끌어들여야만 했다. 따라서 생산관계를 기초로 형성된 사회계급에 대한 분석에만 집착해서는 안 되었고, 반드시 중국혁명 자체가 직면한 문제를 바탕으로 효과적인 계급동원과 정치통합을 강구해야 했다.

중국 민중을 대상으로 한 계급동원과 정치통합은 중국공산당에 의해 완성되었다. 중국공산당은 혁명에 대한 영도권을 획득한 후 중국 혁명이론을 지도하면서 중국혁명의 면모를 철저히 쇄신해나갔다. 중국공산당은 자본주의의 성숙을 조건으로, 도시 노동자를 중심으로 한 사회주의 혁명을 소화하기 어려운 중국사회의 구조적 한계를 예리하게 포착했다. 이러한 환경에서 선진적인 노동자 계급을 대표하는 중국공산당이 중국혁명을 승리로 이끌기 위해서는 최대한 많은 중국 민중을 자신의 전위대 주위로 결집시켜 혁명의 길로 나아가야 했다. 대다수 민중이 혁명의 길로 들어서게 된 것은 의심할 여지 없이 중국공산당이 전개한 폭넓은 계급동원의 결과이다. 중국공산당은 완전한 조직체계와 발달한 조직적 네트워크를 갖추고 있었기 때문에 계급동원과 정치통합을 동시에 진행할 수 있었다. 이러한 과정에 힘입어 중국공산당의 영도권이 민중 내부로 관철될 수 있었고, 민중 또한 "공산당 대오의 발전, 사상의 통일성, 기율의 엄정성"에 융화될 수 있었다.4) 요컨대 중국혁명의 승리는 중국의 대다수 민중의 참여를 바탕으로 한 것이며, 중국공산당의 영도 아래 민중이 단결할 수 있었던 것이 승리의 근본 요인이었다.

계급동원과 정치통합의 시각에서 바라보았을 때 중국의 대다수 민중은 실상 혁명과 근본적 이해관계를 같이하는 군중에 해당한다. 군중은 시민과 다르다. 군중은 전근대적인 통치질서하에서 그 권리와 이익이 제한되고 침해받던 사회구성원을 말한다. 이질성이 짙은 군중들이 자체적으로 하나의 집단을 이루어 기존의 통치질서를 뒤엎기란 불가능하다. 그럼에도 불구하고 군중은 전근대적 통치질서하에서 억압받았기에 이를 전복하고자 하는 강렬한 욕구를 갖고 있었다. 이러한 특성이 이들을 혁명으로 이끌었고 심지어 혁명을 추동하는 원동력이 될 수 있게 한 것이다. 군중 혁명은 현대 정치의 전주곡이다. 현대 중국정치는 군중을 원동력으로 한 중국혁명에 의해 창조되었기에 자연히 군중의 정치적 지위를 존중했고 군중에게 그 역할을 발휘할 수 있는 공간을 부여하였다. 물론 현대 정치의 틀 안에서 군중은 그 면모를 일신하지 않을 수 없었다. 인민공화국의 제도와 조응하는 군중만이 중요한 정치자원으로서 새로운 방식에 의거해 현대 중국정치의 성장을 추동할 수 있기 때문이다. 물론 어떠한 방식으로 정치에 참여하든 군중이 현대 중국정치에 없어서는 안 될 중요한 역량이라는 점만은 변치 않는다.

(3) 해방

상술했듯이 중국의 대다수 민중은 중국공산당이 영도하는 혁명에 참여해 승리를 쟁취하고 인민공화국을 건립했다. 민중은 이러한 인민공화국 체제에서 해방을 맞았다. 해방은 중국혁명과 현대 중국정치를 관통하는 특별한 테마이다. 해방이 지닌 정치적 함의는 정치적 자율성 획득에 있다. 좀 더 구체적으로 말해 해방이란 정치 주체가 자신의 의지에 따라 정치제도를 구성하고 정치활동을 전개하며 다양한 권리와 이익을 보장받고 자유롭게 발전을 실현할 수 있는 상태를 뜻한다. 인민공화국의 건국과 더불어 군중이 획득한 해방은 민족해방과 계급해방이다. 민족해방은 중국이라는 다민족 공동체가 중국공산당의 영도 아래 중화민족으로 재탄생한 후 제국주의의 반식민적 통치에서 벗어나 자신의 바람에 따라 좋은 삶을 창조할 수 있게 된 상태를 말한다. 계급해방은 각기 다른 계급에 속한 군중이 중국공산당의 영도로 결집되어 전근대적인 통치질서를 전복하고 피통치자 신세를 청산한 뒤 새로운 국가 정권의 한 통치계급이 되어 인민공화국 체제에서 자유와 전면적 발전을 실현할 수 있게 된 상태를 일컫는다.

민족해방이든 계급해방이든 이것을 이끈 주체는 독립된 개인이 아니라 군중으로 조직된 유기적 통합체이다. 민족해방은 독립된 주권을 가진 현대 국가의 건립 과정을, 계급해방은 노동자 계급이 영도하는 사회주의 국가의 성립 과정을 압축하고 있다. 민족해방과 계급해방은 중국이라는 다민족 공동체의 현대화 전환 과정을 구성하는 주된 내용이라고 해도 과언이 아니다. 중국이 현대 국가를 건국하는 과정에서 다민족 공동체를 그대로 보전하기 위해서는 제국주의 열강이 중국에게 가한 반식민적 통치를 먼저 척결해야 했다. 즉 중국의 민족해방은 마땅히 다민족 공동체라는 통합체의 전환을 보장하는 방향으로 이루어져야 했다. 그러나 중화민족의 해방을 실현하기 위해서는 먼저 계급에 착안해야 했다. 왜냐하면 다민족 공동체의 현대화 전환을 보장하는 일은 다민족 공동체를 하나의 통합체로 응집하는 일에서부터 시작되므로, 다민족 공동체 내부에서 민족을 초월할 수 있는 자연스러운 정치과정(political process)이 진행되어야만 했다. 혁명이라는 역사적 배경 아래 이를 가능하게 할 정치과정은 오로지 계급동원밖에 없었다. 물론 당시 중국사회에는 하나의 계급만 존재한 것이 아니라 노동자 계급, 농민 계급, 도시 소부르주아지, 민족 부르주아지 계급을 포함한 다양한 계급이 존재했다. 이처럼 다양한 계급의 존재는 계급동원을 바탕으로 한 정치통합, 즉 중국공산당의 영도 아래 계급 통일전선을 결성해야만 다민족 공동체를 하나의 통합체로 묶는 임무를 완성할 수 있음을 시사한다.

요컨대 계급해방과 민족해방은 밀접히 관련되며 계급해방은 민족해방의 토대이다. 계급해방의 관건은 프롤레타리아트 계급의 영도계급화이다. 왜냐하면 프롤레타리아트 계급이 영도계급이 되어야만 (프롤레타리아트 계급 정당인) 중국공산당이 영도권을 획득해 중국이라는 다민족 공동체를 하나의 통합체로 묶어낼 수 있기 때문이다. 프롤레타리아트 계급의 영도계급화는 중국혁명의 성격을 규정하는 매우 중요한 문제이다. 마오쩌둥은 인민공화국의 국가제도에 대해 논하며 다음과 같은 의견을 피력한 바 있다. "1924년, 손중산(孫中山)이 주관하고 공산당이 참가한 국민당 제1차 전국대표대회가 개최되었고 이때 다음과 같은 매우 유명한 선언이 공표되었다. '근래 각국에서 말하는 민권(民權) 제도는 많은 경우 부르주아 계급의 전유물이자 평민을 억압하는 도구로 전락했다. 따라서 국민당의 민권주의는 소수인들의 사적 소유가 아닌 보통 평민도 공유할 수 있는 민권주의가 되어야 할 것이다.' (국민당과 공산당 가운데) 누가 누구를 영도하는가 하는 문제를 차치하고 정치강령으로서만 논한다면 여기에서 말한 민권주의는 우리(중국공산당)가 말하는 인민민주주의 또는 신민주주의와 부합한다. 보통 평민과의 공유만을 허하고 부르주아 계급의 사적 소유를 불허하는 국가제도에 노동자 계급의 영도를 더하면 이것이 곧 인민민주 독재의 국가제도이다."5) 우리는 이러한 마오쩌둥의 발언에서 프롤레타리아트 계급의 영도계급화가 곧 계급해방의 핵심임을 재차 확인할 수 있다. 프롤레타리아트 계급의 영도 없이는 계급해방은 물론 민족해방도 논할 수 없다. 계급해방은 중국공산당이 영도하는 혁명과 기타 혁명을 구별하는 표식이며, 계급해방의 여부가 혁명의 전망과 국가제도의 성격을 좌우한다.

계급해방과 민족해방을 유기적으로 사고했을 때 해방은 곧 중국 인민의 해방을 뜻한다. 환언하면 대다수 민중이 응집해 구성한 인민의 해방을 의미한다. 해방이 곧 인민민주인 것은 아니나 해방이 인민민주의 길을 개척하고 토대를 마련한 것만은 틀림이 없다. 해방은 통합체가 획득한 정치적 자주권을 의미한다. 이러한 정치적 자주권이 확보된 뒤에야 중국 민중이 자신의 의지에 따라 국가사무를 결정할 수 있다. 정치적 자주권은 없어서는 안 될 인민민주의 전제조건이다. 계급해방 과정은 중국의 대다수 민중이 인민으로 응집되는 과정이다. 이러한 과정은 자연스럽게 형성된 과정이 아닌, 중국공산당의 계급동원과 정치통합에 의해 진행된 정치적 개입 과정이었다. 대다수 민중의 의사표현과 각기 다른 의견 간의 협상이 이러한 과정의 주된 내용이었다. 민중 간의 협상 및 중국공산당과 민중의 협상은 인민민주를 구성하는 기본 요소이며, 인민민주가 지속적으로 발전하는 데 필요한 중요한 자원이기도 하다.

2. 중국공산당이 결집한 인민

(1) 하나의 통합체로서의 인민

인민민주는 사회주의 국가에서 실천하는 민주제도로, 자본주의 국가의 민주제도와는 근본적으로 다른 성격을 갖는다. 양자의 근본적 차이점은 '민주'가 아닌 '인민'에 있다. 인민민주의 주체는 절대다수로 구성된 인민이며, 인민은 곧 국가의 주인이다. 인민이 국가 정권을 장악하고 국가권력을 행사한다는 것이 인민민주의 기본 입장이며, 여기에서 논하려는 인민민주의 핵심이 인민인 까닭도 여기에 있다. 인민은 중국사회의 절대다수 민중으로 구성된다. 그러나 인민은 결코 느슨한 집합이 아니라 공동의지와 정치적 구심점을 중심으로 결집한 유기적 통합체이다. 하나의 통합체로서의 인민이 자연적으로 형성되는 것은 불가능하다. 대다수 민중이 결집해 인민으로 거듭나는 과정은 하나의 정치적 과정일 수밖에 없다. 그렇기 때문에 인민은 (이러한 정치적 과정을 통해 탄생한) 하나의 정치적 실체에 해당된다.

혁명은 인민을 단련시키는 최초의 제련소이다. 중국혁명은 제국주의와 봉건주의에 반대하는 신민주주의 혁명이었다. 따라서 최대한 많은 중국 민중을 단결시켜 거대한 혁명 대오를 조성해야만 이러한 적들을 꺾고 혁명을 쟁취할 수 있었다. 이러한 혁명 대오를 조성한 사회 구성원이 곧 인민이다. 사실 인민은 혁명의 원동력을 일컫는 또 다른 표현에 불과하다. 중국혁명의 원동력은 노동자 계급, 농민 계급, 도시 소부르주아지, 민족 부르주아지 계급을 포함한 다양한 계급을 망라한다. 그러나 각 계급의 위치와 역할은 모두 다르다. 마오쩌둥은 중국혁명의 원동력에 대해 다음과 같이 분석한 바 있다. "중국의 프롤레타리아트 계급은 다음과 같은 사실을 자각해야 한다. 중국의 프롤레타리아트 계급은 가장 굳센 각오와 가장 큰 조직성을 갖춘 계급임에 틀림이 없지만 오로지 자신의 역량에만 의존했다면 혁명에서 승리하지 못했을 것이라는 점이 그것이다. 혁명에서 승리하기 위해 프롤레타리아트 계급은 반드시 다양한 상황에서 모든 가능성을 지닌 혁명적 계급 및 계층과 단결해 혁명 통일전선을 형성해야 한다. 그중에서 농민 계급은 노동자 계급의 확고한 동맹자이다. 도시 소부르주아지 또한 믿을 만한 동맹자이다. 민족 부르주아지 계급의 경우 일정한 시기에 일정한 정도의 동맹자가 될 수 있다. 이는 중국혁명의 역사에서 이미 증명된 근본 법칙 중 하나이다."[6] 마오쩌둥이 언급한 것처럼 노동자 계급, 농민 계급, 도시 소부르주아지, 민족 부르주아지 계급 모두가 인민을 구성하는 기본 요소에 해당한다. 노동자 계급이 영도하고 농민 계급, 도시 소부르주아지, 민족 부르주아지 계급이 공동으로 참여하는 계급동맹 또는 혁명 통일전선이 이러한 인민을 형성하는 기초이다.

이처럼 계급은 인민을 구성하는 주된 요소이다. 사회적 생산관계를 바탕으로 중국 민중을 계급으로 분류하는 과정은 인민이 형성되는 첫 번째 단계이다. 그러나 민중을 계급으로 분류하는 과정 자체가 목적이 될 수는 없다. 목적은 어디까지나 계급적 분류에 기초한 동원과 혁명에 있다. 따라서 계급적 분류는 처음부터 정치적 함의를 지닌다. 인민 형성의 두 번째 단계는 정치통합이다. 각 계급이 혁명에서 차지하는 위치와 역할에 기초해 노농연맹과 혁명 통일전선이 구축되고, 다민족 공동체는 각 계급을 아우르는 연합전선으로 변모한다. 이러한 계급 연합전선은 혁명 과정에서 다민족 공동체를 보존할 뿐 아니라 혁명적 시좌에서 다민족 공동체를 하나의 통합체로 재구성해낸다. 물론 이 통합체는 아직 정치적 실체로서의 인민을 구현하지 못한, 인민의 형성을 가능하게 하는 토대에 불과하다. 중국공산당이 이러한 통합체를 영도하기 시작하면서 인민 형성의 최종 단계가 시작된다. 중국공산당의 영도는 계급 연합전선에 구심점을 제공하고 이로써 각 계급은 연합전선에서 각자가 차지하는 위치를 확립할 수 있게 된다. 중국공산당은 발달한 조직망과 강력한 동원력을 발휘해 인민을 구성하는 각 계급을 접합한다.

이로 미루어 볼 때 인민이란 실상 중국공산당이 혁명건국(革命建

國)의 논리에 입각해 중국 민중을 의도적으로 재구성한 결과물이라고 할 수 있다. 이 의도적인 재구성 과정이 곧 정치과정이며, 구체적으로는 중국공산당이 중국의 대다수 민중과 결합하는 과정을 의미한다. 즉 인민은 대다수 민중으로 구성된 통합체이자, 중국공산당을 정치적 구심점으로 한 정치적 실체이다. 아울러 인민은 중국공산당과 대다수 민중이 긴밀히 결합한 정치적 상태 자체를 뜻하기도 한다. 요컨대 인민은 사회구성원의 결합인 동시에 정치적 관계의 결합인 것이다. 여기서 정치적 관계란 연맹을 바탕으로 한 각 계급 간 관계와 영도를 바탕으로 한 중국공산당과 민중의 관계를 포함한다. 각 계급 간 관계는 중국공산당과 민중이 관계를 맺는 토대를 제공하며, 중국공산당과 민중의 관계는 각 계급 간 관계의 키(key) 역할을 한다.

(2) 인민의 정치적 구심점으로서의 중국공산당

앞서 언급했듯이 인민은 중국공산당의 영도를 바탕으로 구성된 정치적 실체이다. 다시 말해 중국공산당 영도는 인민이라는 정치적 실체가 형성되는 데 결정적 역할을 한다. 중국공산당의 영도적 지위는 그 전위대(前衛隊)적 성격에서 기인한다. 중국공산당은 노동자 계급의 전위대이며, 노동자 계급은 사회의 선진 생산력과 발전 방향을 대표하며 새로운 역사를 개척해야 한다는 정치적 사명을 짊어지고 있다. 즉 노동자 계급은 혁명의 영도계급이며 이러한 노동자 계급의 영도적 지위는 곧 (노동자 계급의 전위인) 중국공산당의 영도지위로 이어진다. 이처럼 노동자 계급이 지닌 선진성은 중국공산당의 영도적 지위에 이론적 근거를 제공한다 그러나 중국공산당의 영도적 지위는 (이러한 이론적 근거에 국한되지 않고) 혁명건국 과정에서, 그중에서도 특히 대다수 민중을 인민으로 결집시킨 정치적 실천을 통해 궁극적으로 구현된다. 대다수 민중을 인민이라는 통합체로 응집시켜야만 인민의 역량을 바탕으로 혁명을 성취할 수 있고, 혁명을 성취해야 노동자 계급의 선진성과 중국공산당의 선진성 및 리더십이 증명될 수 있다. 이로써 노동자 계급과 중국공산당은 그 영도적 지위를 공고히 할 수 있는 것이다.

전위대는 중국공산당이라는 정당의 성격을 집약하는 핵심 키워드이다. 중국공산당은 중앙집권, 엄정한 기율, 발달한 조직력, 사상적 통일, 강한 행동력 등 전위당으로서의 명확한 특징을 가지고 있다.[7] 이러한 중국공산당의 전위대적 성격과 여기에서 비롯된 핵심 특징들은 공교롭게도 당시 중국사회의 현실과 중국혁명의 요구에 제대로 부합하는 것이었다. 당시 중국사회가 지닌 낙후성으로 인해 노동자 계급의 선진성은 중국공산당이라는 구심점을 거쳐 실현될 수밖에 없었다. 당시 중국의 노동자 계급은 취약했고 농민 계급은 분산되어 있었다. 따라서 중국공산당이 보유한 조직적·사상적 강점에 의지해 이러한 한계를 극복해야 했다. 결과적으로 중국공산당은 자신의 조직망과 혁명 강령을 통해 강력한 혁명 역량을 구축해냈다. 레닌이 말한 것처럼 전위당은 응당 조직적 통일을 이룸으로써 사상적 통일을 공고히 하고, 아울러 사상적 통일을 바탕으로 조직적 통일을 강화해야 한다. 이는 프롤레타리아트 계급이 정권을 쟁취하기 위한 투쟁 과정에서 유일하게 가질 수 있는 강력한 무기이다.[8]

중국공산당이 인민을 응집하는 과정은 사실상 중국공산당이 자신의 영도를 실현하는 과정에 다름 아니었다. 인민의 응집도가 중국공산당이 지닌 영도적 지위의 내구성을 반영한다. 혁명 이후 국가 정권의 문제와 관련한 마오쩌둥의 논설은 중국공산당 영도와 인민의 응집도가 정비례 관계에 있음을 잘 보여준다. 항일전쟁 시기, 마오쩌둥은 신민주주의에 대해 논하며 향후 건설될 국가의 성격을 "각 혁명계급의 연합 독재(各革命階級聯合專政)"[9]로 규정하였다. 당시는 중국공산당이 국민당과 패권을 다투던 시기였다. 따라서 마오쩌둥은 혁명 통일전선의 결정적 기능에 대해 주목하면서도 인민의 응집이 완성되었다고 보지는 않았기에 연합을 강조하는 발언을 한 것이다. 인민공화국이 성립될 무렵, 마오쩌둥은 "우리의 경험을 종합하여 (공산당을 거친) 노동자 계급이 영도하는 노농연맹을 기초로 하는 인민민주 독재(人民民主專政)에 집중해야 한다"[10]고 역설하였다. 이때에 이르러서는 중국공산당의 영도적 지위가 이미 혁명 과정을 통해 완전히 확립된 상태였고 노동자 계급, 농민 계급, 도시 소부르주아지 계급, 민족 부르주아지 계급이 함께 구성한 정치적 실체, 즉 인민 또한 완전히 응집된 상태였다. 그렇기 때문에 영도가 전면에 등장할 수 있었던 것이다.

인민의 완성과 인민공화국의 성립은 실질적으로 동일한 시기에 이루어졌다. 인민은 공화국의 정치적 기초이고, 공화국은 인민의 국가이다. 인민을 기초로 한 공화국이 창립되면서 인민의 구심점인 중국공산당 또한 자연스럽게 인민공화국의 정치를 주도하는 핵심 역량이 되었다. 중국공산당에 부여된 정치를 주도하는 핵심 역량과 인민의 지도층이라는 역할은 일맥상통한다. 중국공산당은 중국의 광범위한 민중을 인민이라는 정치적 실체로 응집시킴으로써 인민주권을 실현하는 국가의 면모와 중국공산당 자신의 영도적 지위를 확립했다. 즉 인민을 응집한 중국공산당이 정치를 주도하는 핵심 역량이 되어야만 인민의 의사에 복종하는 국가를 유지할 수 있고, 공산당 스스로도 좋은 삶을 갈망하는 인민의 염원을 실현하는 데 봉사할 수 있다.

요컨대 중국공산당, 인민, 공화국은 긴밀히 결합한다. 중국공산당 영도는 이 삼위일체 구조의 중추에 해당한다. 왜냐하면 중국공산당 영도는 인민과 공화국을 이론적으로 접합시킬뿐더러 인민의 성격과 공화국의 성격을 설정하기 때문이다. 나아가 중국공산당 영도는 그 것이 정치적으로 실천되는 과정을 통해 인민과 공화국을 지탱하고 인민과 공화국의 구체적 형태와 성질을 결정한다.

(3) 인민을 '만드는' 역사적 과정

앞서 살펴본 것과 같이 인민은 중국공산당이 영도하는 정치과정을 통해 만들어진 통합체이다. 이처럼 인민은 개입된 외적 역량에 힘입어 대다수의 민중과 결합한다. 외적 역량이 민중 내부에 개입하는 상황이라야 외적 역량과 민중이 결합된 산물인 인민이 존재할 수 있는 것이다. 이러한 개입된 외적 역량에 해당하는 중국공산당은 동태적 발전을 거듭하는데, 중국공산당의 변화는 인민의 응집에 매우 중요한 영향을 미친다. 거꾸로 중국 민중의 변화 역시 인민을 응집하는 중국공산당의 역할에 새로운 숙제를 부여한다. 다시 말해 중국사회의 변화와 중국공산당의 변화 모두 인민이 응집되는 과정에 주요한 영향을 미친다. 즉 인민이 응집되는 과정은 한 번 완성되었다고 해서 그것으로 종결되지 않는다. 따라서 환경의 변화에 기초해 광범위한 민중을 통합체로 (재)응집하는 부단한 역사적 과정이 요구된다.

중국혁명부터 인민공화국 성립에 이르는 상당히 긴 시간 동안 인민을 구성할 수 있는 중국 민중은 대체로 정해져 있었다. 마오쩌둥은 인민민주 독재에 대해 다음과 같이 개괄한 바 있다. "인민이란 무엇인가? 현재 중국에서 (인민이란) 노동자 계급, 농민 계급, 도시 소부르주아지 계급, 민족 부르주아지 계급을 통칭한다. 노동자 계급과 공산당의 영도 아래 이러한 계급들이 단결하여 자신의 국가를 구성하고 자신의 정부를 선출한다."[11] 노동자 계급, 농민 계급, 도시 소부르주아지 계급, 민족 부르주아지 계급으로 구성되었던 인민은 사회주의 개조 시기를 거친 뒤에 노동자 계급, 농민 계급, 지식인 계층으로 재편되었다. 사회주의 시장화 개혁 시기에 이르러서는 이러한 계급 대오에 더욱 급격한 변화가 뒤따랐다. 장쩌민은 21세기 벽두에 다음과 같은 담화를 발표했다. "개혁개방의 심화와 경제·문화의 발전에 따라 중국 노동자 계급의 대오는 끊임없이 확대되었고 그 소양 또한 나날이 높아지고 있다. 지식인 계층을 수용한 노동자 계급과 수많은 농민은 중국의 선진 생산력 발전과 사회의 전면적 발전을 추동하는 근본 역량이다. 사회 변혁 과정에서 출현한 민영 첨단기술기업의 창업자와 기술자, 외자기업에 고용된 관리기술인력, 개인 상공업자, 사영기업주, 중개업 종사자, 프리랜서와 같은 사회계층 모두가 중국 특색 사회주의 사업의 건설자들이다."[12]

해당 담화를 토대로 귀납해볼 때 중국사회의 구조에는 이미 다음과 같은 중대한 변화가 발생했다. 첫째, 비록 도시 소부르주아지 계급과 민족 부르주아지 계급은 계급 대열에서 사라졌으나, 중국사회의 구조는 단순해지지 않았고 오히려 더욱 복잡해져 노동자 계급, 농민 계급 이외의 새로운 사회계층이 우후죽순처럼 등장했다. 둘째, 중국사회의 주체 역량인 노동자 계급과 농민 계급도 크게 변화하기 시작했다. 노동자 계급의 규모는 대폭 확대되었고 농민 계급에서 이탈한 대규모 인력이 도시로 진입해 노동에 종사하게 되면서 노동자 계급 규모 확대에 일조했다. 그 결과 새로이 형성된 농민공(農民工)을 대표로 한 노동자 계급이 중국 노동자 계급의 주류층이 되었으며, 중국 노동자 계급의 내부 구성 또한 보다 다양해졌다. 셋째, 중국 사회구조의 변화는 사회계층 간 이익 충돌의 포괄성과 복잡성, 계층 간 사상적·관념적 다양성을 수반했다. 새로운 양상을 띤 인민 내부의 갈등이 발생하기 시작했고, 일부 지역과 영역에서 이러한 갈등이 격화될 가능성이 높아졌다.

상기한 변화들은 중국공산당에게 일련의 숙제를 안겨주었는데, 여기에 대해 후진타오는 다음과 같이 진단했다. "중국공산당이 새로운 상황에서 직면한 집권 과정에서 비롯된 시련, 개혁개방에서 비롯된 시련, 시장경제에서 비롯된 시련, 외부 환경에서 비롯된 시련은 장기적이고 복잡하며 엄중한 성격을 띠고 있다. 이와 동시에 당 전체의 눈앞에 정신적 태만의 위험, 능력 미달의 위험, 인민대중으로부터 유리될 위험, 소극행정 부패의 위험이 적나라하게 펼쳐져 있다."[13] 중국공산당이 직면한 시련과 위험은 대다수 민중을 인민으로 응집시키는 중국공산당의 정치적 사명에 크고 작은 영향을 끼친다. 따라서 중국공산당은 새로운 상황에 발맞춰 당의 영도를 전면적으로 강화하고 개선해 인민의 연합을 창조하고 인민의 단결을 이뤄내야 하는 중국공산당 영도의 핵심적 사명을 이행해야 한다.[14] 당의 영도를 전면적으로 강화하고 개선하기 위해서는 전면 종엄치당(從嚴治黨, 엄정한 당 내부 관리)에 의한 당의 건설이 선행되어야 한다. 여기에 대해 시진핑은 다음과 같이 강조했다. "당 스스로 당을 관리하는(黨要管黨) 원칙과 전면 종엄치당을 견지해 당의 장기적 집권능력 및 선진성과 순결성을 구축하는 것을 주된 방향으로, 당의 정치건설을 지침으로, 확고한 이상적 신념과 취지를 근원으로, 당 전체의 적극성·주체성·창조성을 촉진하는 것을 주력점으로 한 당의 정치건설과 사상건설, 조직건설, 기풍건설, 기율건설을 전면적으로 추진해나가야 한다. 여기에 제도건설을 가미해 반부패 투쟁을 강력히 전개하고 부단히 당 건설의 질을 높여 시대를 선도하고 인민의 열렬한 옹호를 받으며 자기혁명에 능하고 다양한 고난과 시련에 견딜 수 있는 생기발랄한 마르크스주의 집권당을 건설해야 한다."15) 중국공산당은 이렇게 해야만 비로소 사회주의 시장경제라는 환경에서 다원화된 중국 민중을 인민이라는 통합체로 응집할 수 있다.

이렇듯 중국공산당은 끊임없는 (재)건설 과정을 필요로 한다. 중국공산당은 이러한 건설과정을 통해 자신의 전위대적 성격을 보존하고 영도력을 강화하여, 중국의 대다수 민중과 결합해 중국사회를 내적으로 지탱하는 핵심 역량으로 진화해나간다. 이로 미루어 볼 때 중국공산당의 건설과정과 중국공산당의 영도과정, 광범위한 민중이 인민으로 거듭하는 과정은 긴밀히 연결된, 현재진행형의 역사적 과정임을 알 수 있다.

3. 인민이 규정하는 국가

(1) 사회주의 국가

국가는 혁명의 핵심 의제이며, 혁명 이후 민주제도를 수립하는 과정에서도 여전히 핵심 의제이다. 모든 민주제도는 인민주권의 정치원칙을 실현하고 인민이 국가를 실질적으로 주도하는 문제를 연구한다. 현대 국가는 (인민의) 직접 통치를 실현한다는 점에서 근대 국가와 근본적으로 다르다. 다시 말해 국가는 통일된 중앙집권적 정치기구를 통해 (국가와 인민 사이에 존재하는) 중간 세력을 통치의 궤도에서 배제하고 민중의 동의 또는 묵인을 기초로 통치를 수립한다. 이렇게 수립된 국가는 이미 사회 내부에 깊이 뿌리를 내린 채 자신의 통치 의도에 따라 사회를 조직하거나, (이미 성립된) 사회조직을 국가의 조직망 안으로 끌어들여 국가권력이 사회의 모든 민중과 영역에 미치도록 한다. 이처럼 현대 국가는 발전하는 과정에서 사회와 민중에 거대한 압력을 행사한다. 이러한 병폐는 민주제도의 중요성을 부각시킨다. 민주제도가 수립되어야만 인민이 국가권력을 제약할 수 있는 경로가 확보되기 때문이다. 민주제도는 현대 국가의 권력이 사회의 이익에 기여하는 방향으로 행사될 수 있도록 하여 국가가 사회에 복종하는 국면의 실현을 보장한다.

마르크스주의는 현실적 인간의 시각에서 국가와 사회를 인식하여 현대 국가의 발전과 여기에서 기인한 문제에 대해 통찰한다. 마르크스와 엥겔스에 의하면 일정한 방식으로 생산활동에 종사하는 특정 개인은 일정한 사회적 관계와 정치적 관계를 수반한다. 사회구조와 국가는 이러한 개인의 생산과정에서 탄생한다. 그러나 여기에서 말하는 개인은 그들 자신이나 타인의 상상에서 비롯된 개인이 아니라 현실 속에서의 개인이다. 이러한 현실적 개인은 그들의 의지에 지배받지 않는 일정한 물질적 경계·전제·조건 아래에서 활동하고 물질 생산에 종사한다.16) 즉 현실적 인간이란 사회관계 속에서 물질생산에 종사하는 개인으로, 개인성과 집단성이라는 이중적 속성을 갖는다. 사회와 국가의 형성은 이러한 현실적 인간이 지닌 개인성과 집단성 및 양자 간의 모순에 기원한다.

물론 현실적 인간은 독립된 개체로서 자유의지와 개인적 권리를 가진다. 그러나 인간은 개별적 상태에서 생존하거나 발전할 수 없기에 반드시 사회와 결합해 집단적으로 존재해야 한다. 집단적 존재는 현실적 인간의 생존과 발전을 담보하는 조건이다. 그러나 현실적 인간이 사회와 결합하는 과정에서 일련의 충돌이 불가피하게 발생하고, 이러한 충돌은 사회의 존속을 위협한다. 따라서 이러한 충돌을 심판해 사회를 유지할 공적 기구, 즉 국가가 필요하다. 국가의 책임은 사회적 충돌을 해소해 집단적 존재로서의 인간을 보장하여 인간의 생존과 발전을 수호하는 데 있다. 린상리에 따르면 "인간은 이기성에서 출발해 사회를 구성한다. 또한 인간은 공공성에서 출발해 사회를 구성한다. 사회이든 국가이든 그 사명은 인간의 자유와 발전을 보장하고 인민이라는 집합체를 유지하여 집합적 존재로서의 인간에게 봉사하는 데 있다."[17] 린상리가 지적한 것처럼 국가의 사명은 사회를 수호해 집합적 존재로서의 인간을 보장하는 데 있다. 그러나 우리는 국가가 발전하는 과정에서 사회를 압박하는 폐해가 발생한다는 점을 알고 있다. 국가를 사회에 봉사하게 하는 한편 사회를 압박하지 않게 하는 유일한 해결책은 사회로 하여금 국가를 주도하게 하는 것이다.

사회주의 국가란 사회가 주도하는 국가이다. 다만 여기에서 말하는 사회는 개인으로 구성된 느슨한 집합이 아니라 공산당의 영도 아래 통합체로 응집된 인민이다. 즉 인민이 곧 사회주의 국가의 사회를 이루는 구체적 형태인 것이다. 현대 중국은 사회가 주도하는 국가, 즉 인민이 주도하는 국가이다. 중국의 대다수 민중이 중국공산당의 영도에 의해 인민으로 응집되었다. 이렇게 만들어진 인민은 국가의 압력에서 벗어나 해방을 성취한 하나의 통합체를 의미할 뿐 아니라, 국가의 역량을 길들여 국가를 효과적으로 통제할 수 있는 강력한 집단 역량을 뜻한다. 요컨대 사회주의 국가는 하나의 통합체로서의 인민이 국가 정권을 장악하고 국가권력을 행사하며 인민주권을 실현하는 국가를 가리킨다. 인민은 애당초 중국공산당의 혁명건국 과정에서 만들어진 정치적 실체이며, 사회주의 국가는 인민을 정치적 기초로 한 국가이다. 이렇게 성립된 사회주의 국가의 민주제도는 인민이라는 통합체를 공고히 하고 인민이 국가를 주도하는 것을 보장하는 근본 문제를 해결해야 한다.

(2) 인민의지에 의해 정립되는 국가제도

사회주의 국가는 인민이 주도하는 국가이기에, 인민의지가 국가제도를 정립한다. 즉 국가제도는 인민의지에 기초해 설계된다. 사실 국가제도는 본질적으로 일종의 사상관계, 관념적 범주에 속한 사물이다. 역사적 유물론에 따르면 정치적 장치와 법률적 장치가 표현하는 관계는 인간의 물질적 생산 과정에서 나타나는 관계와 다르다. 그것은 물질적 관계가 아니라, 인간이 물질적 관계에 대한 발전의 필요성을 인식함으로써 또는 (인간의) 물질적 관계가 발전하면서 파생된 하나의 관계로, 인간의 정치인식에서 비롯된 산물이다. 국가와 같은 정치적·법률적 장치는 인간의 주체적이고 의식적인 활동을 통해 설립된, 일정한 경제적 기초를 보호함으로써 확정된 이익구조이다.[18] 이처럼 국가제도는 본질적으로 사상관계에 속하기 때문에 사회주의 국가제도는 반드시 인민이 주도하는 국가라는 사상관계에 의해 결정되며, 이러한 사상관계의 핵심은 인민의지에 있다. 인민의지에 의해 정립된 사회주의 국가제도만이 인민의 이익에 봉사하는 국가권력을 보장할 수 있기 때문이다.

인민이 주도하는 국가가 집중적으로 구현하려는 의의는 국가의 전환이다. 즉 국가는 인민을 압박하는 외재적 힘이 아니라 인민의 이익을 내적으로 보호하고 지탱하는 역량으로 진화해야 한다. 이러한 국가가 인민의 국가이며, 이러한 국가의 제도는 필연적으로 민주제도이다. 마르크스는 군주제와 민주제를 비교하면서 민주제도를 수립한 국가는 사실상 인민의 국가이며, 이러한 국가의 제도는 인민 스스로에 의해 규정된다고 주장했다. 마르크스에 의하면 군주제에서 전체 즉 인민은 그들의 존재방식인 정치제도에 종속된다. 민주제에서는 국가제도 자체가 하나의 규정 즉 인민의 자기규정에 해당한다. 요컨대 군주제는 국가제도에 종속된 인민에 불과하고, 민주제는 인민의 국가제도이다. 민주제는 모든 형식의 국가제도가 이미 풀어낸 수수께끼이다. 여기서 국가제도란 자유로울 뿐 아니라 본질적 · 존재적 · 현실적 측면에서 끊임없이 자신의 현실적 기초로 되돌아가는 현실적 인간 · 현실적 인민을 상징하는, 인민 스스로에 의해 설정된 작품이다. 이러한 (민주적) 국가제도는 인간 자유의 산물이라는 본래 면모를 구현해낸다.[19) 따라서 사회주의 국가제도는 인민이라는 통합체로 응집되어 해방을 성취한 대다수 중국 민중의 공동의지의 소산, 즉 중국 인민의 자기규정이라고 할 수 있다.

그러나 인민의지는 중국 민중의 의지를 간단히 합하는 것만으로 도출되지 않는다. 인민이 하나의 통합체라면, 인민의지는 이러한 통합체의 근본 이익을 구현한 정치적 의지이다. 인민의지는 자연적으로 형성될 수 없다. 인민이 중국공산당과 중국 대다수 민중이 결합되어 '만들어진' 정치적 실체이듯 인민의지 또한 필연적으로 중국공산당과 중국의 대다수 민중의 근본이익에서 추출될 수밖에 없다. 인민의지는 두 가지 측면에서 규정된다. 먼저 인민의지는 객관적 현실에 입각해 중국 대다수 민중의 객관적 이익을 표현한다. 나아가 인민의

지는 역사적 발전을 염두에 둔 중국 대다수 민중의 장기적 이익을 표현한다. 이처럼 인민의지는 언제나 인민의 이익에 기초한다. 따라서 인민의지는 중국공산당의 주관적 상상에 의해 추출되어서는 안 되며, 어디까지나 인민의 실질이익에서 출발해 인민의 근본이익에 도달해야 한다.

물론 인민의 이익은 끊임없이 발전하고 변화한다. 정치적 실체로서의 인민이 중국공산당에 의해 부단히 만들어졌듯이 인민의지 또한 (인민 이익의 변화와 맞물려) 부단히 발전한다. 요컨대 인민의지는 중국공산당이 사회주의 지도사상과 실제 현실을 결합한 결과로, 중국공산당 국정운영의 기본 강령을 표현한다. 사회주의 국가제도는 인민의지, 즉 중공 국정운영의 기본 강령을 구현하며 이렇게 구현된 국정운영의 강령은 다시 사회주의 국가제도의 발전 과정에 반영되어 나타난다.

(3) 인민을 대표하는 국가권력기관

인민민주의 궁극적 목적은 인민의지에 의해 정립된 국가제도가 아니라, (인민의지에 의해 정립된 국가제도의 운용을 통해) 인민이 국가를 주도함으로써 국가가 인민의 이익을 위해 봉사하도록 하는 데 있다. 따라서 인민이 규정하는 국가는 인민의지에 의해 국가제도를 정립하는 데 그치지 않고 더 나아가 특정한 국가기관을 통해 인민의지가 대표되도록 해야 한다. 이로써 인민의지는 국정운영의 구체적 과정으로 치환된다. 인민의지가 국가제도를 정립하는 핵심으로 기능하고, 공식적으로 설립된 국가기구에 의해 대표된 인민의지는 이러한 국가기구의 효과적 운영을 통해 지속적으로 창출되고, 이것은 다시 정치적 실천으로 구현된다. 현대 중국에서 이러한 인민의지를 대표하는 공식적 국가기구는 인민대표대회이다. 인민대표대회는 자본주의 국가의 입법기관과 다르다. 인민대표대회는 하나의 통합체인 인민의 대표로서 전체 국가권력, 즉 최고 국가권력을 가진다. 인민대표대회는 국가권력기관의 구체적 형태이며, 인민대표대회제도는 사회주의 국가의 정치체제이다.

국가권력기관이 인민을 대표하는 것과 중국공산당이 인민을 응집하고 인민의지를 추출하는 과정은 상충하지 않는다. 왜냐하면 국가권력기관이 대표하는 인민은 중국공산당이 영도한 혁명건국의 산물이며, 중국공산당이 주도하는 국정운영 또한 국가권력기관에 의해 대표되는 인민의 실질적 필요를 객관적으로 반영하기 때문이다. 인민은 중국공산당과 중국 대다수 인민이 긴밀히 결합한 산물이므로 혁명 이후 정치적 실체로서 사회주의 국가의 정치적 기초를 이룰 수 있었다. 따라서 사회주의 국가의 국가권력기관은 '축소된 인민'에 다름 아니며, 인민대표대회를 구성하는 구조는 통합체로서의 인민을 구성하는 구조와 조응한다.[20] 인민이 사회주의 국가와 국가권력기관에 의해 대표되는 과정에서 중국공산당 또한 인민의 지도층에서 국가의 지도층으로 변모하는 중요한 전환을 거친다. 무엇보다 중요한 점은 국가의 지도층으로 변모한 중국공산당이 주도하는 국정은 반드시 국가제도의 효율적 운용을 통해 운영되어야 한다는 것이다. 국가권력기관에 의해 대표되는 인민은 중국공산당이 주도하는 국정운영에서 점차 중요한 위치와 역할을 점유하게 된다.

중국공산당은 국가의 지도층으로서 국가권력기관을 운용해 인민의지를 추출한다. 여기서 중국공산당이 국가권력기관을 운용한다 함은 중국공산당이 국가권력기관 내부에 진입해 해당 기관에 대한 영도를 실현하는 것을 이른다. 다년간의 실천적 탐색과 경험에 힘입어 중국공산당은 이미 국가권력기관 내부에서 이를 영도하는 성숙한 시스템과 메커니즘을 갖췄다. 이러한 시스템과 메커니즘은 크게 두 가지 측면에서 구축되었다. 먼저 인민대표대회 개회 기간에 설립된 임시 당 조직이 각 대표단과 전체 대회를 영도한다. 이로써 대회의 모든 절차와 과정이 중국공산당의 영도 아래 진행된다. 다음으로 인민대표대회 폐회 기간에 설립된 상설 당 조직이 인민대표대회 상무위원회의 업무를 영도한다. 이로써 국가권력기관의 상설기구에 대한 중국공산당의 영도가 확립된다.[21] 이처럼 국가권력기관 내부에서 중국공산당의 영도를 실현하는 것이 인민민주의 주된 내용이다. 중국공산당이 국가권력기관 내부에서 이를 영도함으로써 중국공산당이 대표하는 인민과 국가권력기관이 대표하는 인민이 유기적 통일을 이루고, 중국공산당이 응집한 인민의지와 국가권력기관이 대표하는 인민의지가 또한 유기적 통일을 이루게 되기 때문이다. 요컨대 국가권력기관이 인민을 대표함으로써 중국공산당과 인민의 의지가 곧 국가의지로 승화되는 것이다.

4. 국가가 실현하는 인민주권

(1) 중국공산당 영도

중국 대다수 민중이 인민으로 통합되는 과정을 근본적으로 지탱하는 힘은 중국공산당의 영도에 있다. 사회주의 국가가 건립된 이후 중국공산당은 인민의 구심점에서 국가의 구심점으로 변모했다. 따라서 사회주의 국가에서 인민주권을 실현하는 데 있어 중국공산당의 역할은 결코 간과될 수 없다. 중국공산당 영도를 견지해야만 중국의 수많은 민중이 인민민주의 주체적 역량인 '인민'으로 응집되어 인민민주를 실현할 수 있다. 인민은 중국공산당과 중국 대다수 민중의 긴밀한 결합에서 탄생한 정치적 실체이다. 환언하면 중국공산당은 본래 인민에 내재한, 인민의 구성요소이다. 따라서 인민민주는 자연히 중국공산당 영도를 동반한다.

중국공산당 영도는 사회주의 국가에서 인민주권을 실현하는 기본 전제일 뿐 아니라 사회주의 국가에서 실현되는 인민주권의 기본 내용이자 표상이기도 하다. 중국공산당은 인민의 이익을 대표하고, 중국공산당의 기본 강령과 정책은 인민의지를 반영한다. 따라서 사회주의 국가의 지도층인 중국공산당의 영도는 인민주권을 이루는 기본 내용이 되는 것이다. 더욱이 중국공산당의 영도적 지위는 국가권력기관 내부에서 이를 영도하는 과정을 통해 집중적으로 구현되기 때문에 중국공산당 영도는 곧 인민이 국가 정권을 장악하고 국가권력을 행사하는 주된 표현이라고 할 수 있다. 즉 "중국공산당 영도와 인민민주는 내재적 통일성을 지니며 양자는 입술과 이처럼 의존하는 관계에 있다."22) 이처럼 중국공산당 영도와 인민주권의 실현은 근본적으로 일치한다.

물론 중국공산당 영도가 사회주의 국가에서 인민주권을 실현하는 기본 전제이자 내용이 되기 위해서는 하나의 조건이 따른다. 중국공산당은 반드시 인민의 이익을 대표하고 인민의지를 실현하는 전위대가 되어야 한다는 조건이 그것이다. 따라서 사회주의 국가에서 인민주권을 실현하려면 반드시 전위대적 기준에서 당의 건설을 강화해야 한다. 전위대적 기준을 구성하는 가장 기본적인 내용은 정치적 기준에 있다. 즉 정치건설을 통해 당의 건설을 지휘한다는 것이다. 정치건설을 통한 당의 건설이란 구체적으로 말해 민주집중제를 실현하고 당 중앙의 권위와 당의 집중적 통일을 실질적으로 보위하여 전체 국면을 제어하고 각 영역을 조율하는 지도층으로서의 당의 역할을 보장하는 것을 말한다. 이러한 당의 건설을 강화해야만 당의 영도가 보장될 수 있다. 당의 건설은 장기적이고 체계적으로 진행되는 사업으로, 인민을 응집하고 응집된 인민을 공고히 하는 기본 수단과 인민주권의 질을 높이는 원동력을 제공한다. 이로 미루어 볼 때 중국공산당의 건설 사업은 인민을 응집해 인민주권을 실현하는 역사적 과정과 시종일관 궤를 같이함을 알 수 있다.

(2) 인민대표의 선출

인민대표대회는 국가권력기관으로서 사회주의 국가에서 인민민주를 실현하는 기본 조직이다. 따라서 인민대표를 선출해 인민대표대회를 구성하는 일은 인민주권을 실현하는 기본 내용이 된다. 인민대표대회는 인민대표에 의해 구성되고 인민이 합법적 절차에 따라 선출한 인민대표는 인민의지를 대표한다. 인민대표대회는 국가권력을 행사한다. 그러나 국가권력의 인민주권 실현 여부는 결국 인민대표대회가 인민의 선거에 의해 구성되었느냐에 달렸다. 사회주의 국가에서 선거권 행사는 대다수 민중이 국가사무에 참여하는 주된 경로이다. 인민대표대회를 구성하는 근원은 보통 민중이 향유하는 선거권, 즉 인민대표를 선출할 수 있는 권리에 있다. 국가권력기관으로서 인민대표대회가 갖는 정당성은 인민 선거에 의한 인민대표 선출 여부와 직결된다. 즉 인민대표의 선출은 사회주의 국가에서 인민민주를 실현하는 기초 단계이다. 인민민주는 인민대표의 선출에서 시작해 차츰 발전해나간다.

선출된 인민대표로 구성된 인민대표대회가 국가권력을 행사하는 것이 인민민주의 기본 내용이다. 그러나 인민대표의 선출은 인민주권을 실현하는 간접적 형태이며, 이러한 간접성에 기초한 특징을 지닌다. 현대 중국이 지닌 거대한 강역, 국가 거버넌스의 복잡성, 정책 결정 과정에서 요구되는 전문성과 같은 요인들로 인해 인민주권은 간접적 형태를 통해 실현될 수밖에 없다. 인민대표대회는 다층적 간접민주 형태를 띠고 있다. 향진(鄕鎭), 현구(縣區), 현급시(縣級市)를 포함한 기층 인민대표대회의 대표는 민중의 직접 선거를 통해 선출하고, 기층 이상의 인민대표대회 대표는 하급 인민대표대회의 선거를 통해 구성된다. 이러한 조직구조는 마르크스가 파리코뮌의 경험을 토대로 제시한 것이다. 이러한 조직구조는 사회해방을 기초로 건립된, 사회가 국가를 주도하는 사회공화국의 기본 원칙을 관철하는 데 목적이 있다.23) 이러한 다층적 간접 민주 형태하에서 민중의 선거는 기층 정권에 한해 직접적으로 치러지며, 기층 이상의 국가정권에서는 간접적으로만 실현된다.

인민대표대회제도에서 중국 민중이 가지는 특수한 선거권은 크게 두 가지 함의를 지닌다. 첫째는 국가가 인민주권을 실현하는 과정은 장기적 발전 과정을 필요로 한다는 것이고, 둘째는 선거권의 중요성이다. 인민대표의 선출은 국가가 인민주권을 실현하는 기본 내용이자 단계이므로, 중국 민중이 기층 인민대표를 선출할 권리를 실질적으로 보장하는 것이 무엇보다 중요하다. 현 단계에서 민중이 인민대표를 선출할 권리를 실질적으로 보장한다는 의미는 중국공산당의 영도 아래 인민이 인민대표를 선출하고 동시에 이들의 임면(任免)과

감독에 관여함으로써, 인민의지를 구현하고 인민의 이익을 옹호하며 인민에 대한 책임을 지는 인민대표의 정치적 본질을 끊임없이 강화하는 데 있다. 물론 인민주권의 수준을 향상하기 위해서는 국가가 정치·사회 발전의 필요에 따라 인민이 선출할 수 있는 인민대표의 범위를 적절히 확대하여 민중의 선거권이 보다 높은 차원의 국가권력에까지 닿을 수 있도록 해야 한다. 이러한 발전 과정 자체가 곧 인민민주의 요구이자 인민민주의 실현인 것이다.

(3) 광범위한 협상

민주적 의사결정 과정의 핵심은 다수결이며, 인민민주 또한 예외일 수 없다. 정치적 결정과정은 최종적으로 다수결을 통해 실현된다. 그러나 다수결은 민주적 의사결정 과정에서 협상이 가지는 중요성을 엄폐하고는 한다. 정치적 결정과정은 다수의 의사를 반영하고 다수결 방식에 의해 진행되나, 이 다수 자체가 협상의 소산임을 간과해서는 안 된다. 각기 다른 정책안이 존재하는 상황에서 자율적으로 다수가 형성되기는 어렵다. 협상 과정이 없다면 정치적 결정을 이끌어낼 다수는 형성되지 못한다. 오늘날 자본주의 국가에서 끊임없이 발생하는 정책 교착 상태는 효과적인 협상 과정이 결여되어 있다는 방증이다.24) 인민민주에서 협상이 차지하는 중요성은 자본주의 국가의 민주주의에서 협상이 차지하는 중요성을 크게 상회한다. 협상은 인민민주를 구성하는 핵심이며, 인민민주 과정은 사실상 인민 내부에서 광범위한 협상을 진행하는 과정에 다름 아니다. 다시 말해 광범위한 협상과 인민대표의 선출은 인민민주를 구성하는 두 가지 기본 형식에 해당한다.

인민민주에서 협상이 중요한 까닭은 인민민주의 성격에서 기인한다. 협상이란 곧 상의(商量)이다. 시진핑이 말한 것처럼 문제가 있으면 서로 상의하고, 다수와 관계된 일은 다수가 상의하도록 하는 것이 인민민주의 참뜻이다.[25] 인민민주는 총체적 의미의 민주이다. 인민민주를 구성하는 주체인 인민 자체가 곧 통합체이며, 민주를 실현하는 과정에서 관철되는 인민의지 또한 통합된 의지라고 할 수 있다. 상술했듯이 인민민주란 중국공산당의 영도에 의해 응집된 하나의 통합체인 인민이 국가 정권을 장악하고 국가권력을 행사하는 정치체제를 말한다. 인민은 중국공산당과 중국 대다수 민중의 결합에서 비롯된 산물이다. 중국공산당과 민중의 긴밀한 결합은 계급동원 과정이자 정치통합 과정이며, 또한 중국공산당과 민중 사이에서 진행되는 광범위하고 다층적이며 제도화된 협상 과정이기도 하다. 이 모두가 인민을 형성하는 주된 요건이다. 인민의지 또한 단순한 다수의 의사가 아닌 인민, 즉 통합체의 의지를 뜻한다. 인민의지는 루소가 말했던 공익을 반영한 일반의지, 즉 "개개의 의지들이 적절히 가감되고 서로 상쇄하는 과정의 결과"[26]와 유사하다. 인민의지는 (인민과 마찬가지로) 광범위하고 다층적이며 제도화된 협상을 통해 형성된다. 협상을 거쳐 (인민의) 근본 이익에 기초한 기본적 합의가 이루어지고, 이러한 합의가 인민의지를 구성하는 주요 내용이 된다.

협상은 인민민주에 내재한 정신이다. 그러나 인민주권을 실현하는 데 있어 협상은 반드시 실제 메커니즘으로 구현되어야 한다. 협상은 이러한 구체적 메커니즘을 통해 인민민주를 구성하는 필수 불가결한 요소로 자리 잡게 된다. 협상 정신의 확립과 발전, 협상 절차의 완비와 운용을 바탕으로 광범위하고 다층적이며 제두화된 협상이 조성된다. 이렇게 정착한 협상은 인민민주와 고도로 융합해 더불어 성숙하

면서 인민민주의 새로운 실천형태인 협상민주(協商民主)를 형성한
다. 시진핑은 이러한 협상민주의 제도화에 대해 다음과 같이 강조한
바 있다. "협상민주가 광범위하고 다층적이며 제도화된 발전을 이루
려면 정당 협상, 인대(人大, 인민대표대회) 협상, 정부 협상, 인민단
체 협상, 기층 협상 및 사회조직 협상이 통합적으로 추진되어야 한다.
아울러 협상민주제도 건설에 박차를 가해 제대로 된 제도적 절차와
참여 및 실천이 이루어질 수 있도록 하여 인민이 일상생활에서 광범
위하고 지속적이며 심층적으로 정치에 참여할 수 있는 권리를 보장
해야 한다."[27] 여기에서 우리는 인민주권 실현에 있어 협상민주가
가지는 뚜렷한 경쟁력을 발견할 수 있다. 요컨대 협상민주는 가장
광범위한 절차를 두고 중국 민중이 국가사무와 공적 사무에 참여할
수 있도록 하여 인민대표의 직접적 선출을 기층 정권에 한정하는
문제를 극복하는 동시에 보다 폭넓은 층차와 영역에서 중국 민중의
정치적 권리를 보장한다.

(4) 군중 자치

인민대표의 선출로 국가권력기관을 구성하는 간접적 형태 이외에
도, 기층 민중으로 하여금 자신의 이해관계와 관련된 공적 사무에
직접 참여할 수 있도록 하는 군중 자치 또한 사회주의 국가에서 인민
주권을 실현하는 중요한 형태이다. 군중 자치는 두 가지 측면에서
명확한 특징을 가진다. 하나는 군중 자치의 성격이다. 군중 자치는
정치권력의 형태가 아닌 비정권(非政權) 형태의 인민주권에 해당한
다. 군중 자치가 시행되는 영역은 도시와 향촌의 지역사회 및 공장과
기업에 한한다. 따라서 중국의 군중 자치는 사실상 중국사회의 자치

나 다름없으며 도시주민자치, 농촌주민자치, 기업직원자치라는 구체적 형태로 나타난다. 다른 하나는 군중 자치의 범위이다. 민중은 자신이 몸담은 지역사회 또는 직장에서 자신의 이해관계와 밀접히 관련된 공적 사무에 한해 자체 관리·감독·교육·서비스를 진행할 수 있다. 군중 자치는 정치권력의 형태로 나타나는 민주주의는 아니지만, 민중의 이해관계와 직접적으로 연관되기 때문에 인민민주에 완전히 부합되는 인민민주의 중요한 방법이 될 수 있다.

사회에서 군중 자치라는 형태로 인민주권을 실현하는 것은 국가권력기관 내부에서 인민주권을 실현하는 것 못지않게 중요한 정치적 의의를 지닌다. 인민민주의 취지는 수많은 민중을 인민이라는 하나의 통합체로 응집해, 이 인민으로 하여금 국가권력의 압박으로부터 탈피해 국가를 통제할 수 있는 강력한 힘을 갖게 하는 데 있다. 바꿔 말하면 사회는 인민으로 응집되고 인민의 형태로 해방된다. 사회해방의 궁극적 형태는 국가의 소멸이다. 국가는 계급통치의 도구에서 공권력 기구로 변모하는데, 이것이 곧 국가의 진면목이다. 따라서 사회해방은 필연적으로 사회자치를 요한다. 아직까지 국가가 소멸되지 않은, 인민이 국가를 주도하는 역사적 단계에서 사회해방이 철저히 실현되는 것은 불가능하다. 따라서 현재로서는 국가권력기관 내부에서 인민주권을 실현하는 한편 사회자치라는 형태로 한정된 범위 내에서 사회해방을 실현하는 수밖에 없다. 요컨대 군중 자치는 보다 높은 차원의 인민주권을 담지하고 있다. 역사적 유물론의 시각에서 볼 때 군중 자치는 인민주권의 발전 방향을 함축한다.

군중 자치는 인민민주의 초석을 다지는 과정이다. 인민민주의 발전과 인민주권의 실현은 반드시 군중 자치의 시행으로 귀결된다. 군중 자치의 관건은 기층 민중이 자신의 직접적 이익과 연관된 사무에 대한 결정권을 보유하는 데 있다. 이로써 대다수 민중은 일상생활에서 자체적으로 공적 사무에 관여함으로써 인민주권이 유효함을 체감할 수 있고, 민중의 주인 정신이 가장 일반적인 정치 실천을 통해 뿌리를 내리게 된다. 협상은 군중 자치를 추진하는 과정에서도 매우 중요한 비중을 차지한다. 민중과 직접적으로 관계된 공적 사무일수록 광범위하고 다층적이며 제도화된 협상이 진행되어야 할 필요성이 두드러진다. 군중 자치는 협상을 통한 군중의 자체 관리라고 보아도 틀리지 않다. 이러한 군중 자치는 제도적 지원이 수반되어야만 지속적으로 발전할 수 있는 공간이 확보된다. 따라서 군중 자치의 경험을 체계적으로 종합하고 이를 입법화하여 제도로 정립하는, 군중 자치의 질을 높일 수 있는 제도적 조치가 뒤따라야 한다.

(5) 전과정 실천(全過程實踐)

인민민주의 주체는 중국의 대다수 민중을 응집한 (인민이라는) 통합적 역량이다. 이는 인민민주가 하나의 전과정적 실천임을 의미한다. 인민민주는 정치생활을 실천하는 전과정에 걸쳐 관철된다. 전과정 실천은 인민민주와 자본주의 국가의 민주주의를 명확히 구별하는 차이점이다. 자본주의 국가에서 민주주의는 선거에 한해 작동하며 심지어 선거 자체가 곧 민주주의로 여겨지기도 한다. 따라서 선거 때는 온갖 공약이 난무하다 선거 후에는 아무도 (공약 실천에) 관심을 두지 않는 행태나, 득표를 위한 당쟁과 상호 배척, 선거에서 이기기 위해 민족 분열과 충돌을 선동하는 것도 마다하지 않는 등 다양한 병폐들이 나타난다. 인민민주의 경우 민주적 선거, 민주적 협상, 민주적 정책결정, 민주적 관리, 민주적 감독이 인민민주를 실천하는 정치생활의 기본 골격을 이룬다. 즉 인민주권은 합법적인 민주적 선거에 국한되지 않고, 합법적으로 진행되는 일련의 민주적 과정을 거쳐 실현된다. 민주적 선거, 민주적 협상, 민주적 정책결정, 민주적 관리, 민주적 감독이라는 5가지 요소가 모두 갖춰져야만 인민민주의 실천적 요구에 부합할 수 있다.

위의 5가지 요소는 긴밀히 연결되어 인민민주가 보다 완전하게 실현될 수 있는 과정을 구축한다. 인민민주의 전과정 실천이라는 특성은 통합적 역량으로서의 인민과 조응한다. 인민은 민주의 주체이고, 인민민주의 실천 과정은 인민을 응집하고 공고히 하며 발전시키는 과정이다. 인민민주의 실천 과정 속에서 중국의 대다수 민중은 중국공산당의 영도 아래 꾸준히 '인민'이라는 통합체로 응집되며, 이렇게 응집된 통합체는 더욱 견고해진다. 따라서 인민민주의 실천은 어떤 협소한 과정이나 선거에 국한되지 않는다. 오로지 민주적 선거, 민주적 협상, 민주적 정책결정, 민주적 관리, 민주적 감독이 갖춰진 전과정 실천을 통해서만 중국의 대다수 민중이 정치에 참여하고 정치적 권리를 행사할 수 있는 공간이 확보될 수 있으며, 통합적 역량인 인민이 주인이 되는 조건에 부합할 수 있다. 이러한 전과정 실천의 과정을 통해 인민 스스로도 발전을 이룬다. 이처럼 전과정 실천은 일정한 단계에 도달한 인민민주가 수반하는 필연적 결과이다.

인민민주의 전과정 실천은 중국공산당의 전면적 영도와 짝을 이룬다. 중국공산당 영도는 중국 특색 사회주의 제도가 가지는 가장 큰 경쟁력이다.[28] 중국공산당이 신시대에 진입한 이후에도 변함없이 전체적인 국면을 총괄하고 다양한 역량을 조응하는 기도적 역할을 유지하기 위해서는 중국 특색 사회주의의 비교우위와 특징이 약화·

축소되는 것을 지양하고 이를 확대 및 강화해야 한다.29) 중국 특색 사회주의 제도의 비교우위와 요지를 확대하고 강화하는 것은 곧 중국공산당의 전면적 영도를 강화하는 흐름으로 이어진다. 즉 국가 거버넌스의 각 영역과 측면, 단계에 대한 중국공산당 영도를 실현하는 한편, 중국공산당의 영도가 당국의 모든 기관이 직책을 수행하는 전 과정에 관철될 수 있도록 하여 각 영역의 활동을 조율하고 협력을 증진하는 것이다. 중국공산당이 전면적 영도를 전개하는 과정은 곧 인민주권을 뒷받침하는 과정에 해당한다.30) 중국공산당의 전면적 영도가 심화·발전됨에 따라 민주적 선거, 민주적 협상, 민주적 정책 결정, 민주적 관리, 민주적 감독은 중국 대다수 민중이 주권을 행사하는 기본적인 절차로 정착된다. 요컨대 인민민주의 전과정 실천은 중국공산당의 전면적 영도를 필요로 하며, 중국공산당의 전면적 영도 또한 인민민주의 전과정 실천을 계기로 더욱 강화되고 보완된다.

5. 인간의 자유와 전면적 발전

(1) 인민의 좋은 삶 조성

인민민주의 취지는 인민이 국가 정권을 장악하고 국가권력을 행사하여 인민주권을 실현하는 데 있다. 그러나 인민민주의 중점은 민주가 아닌 인민에 있다. 다시 말해 인민민주는 '인민'을 근본적 출발점이자 지향점으로 한다. 인민민주의 근본 목적은 인민이 국가 정권을 장악하고 국가권력을 행사하는 데 있지 않고, 인민에 봉사하는 데 있다. 시진핑에 따르면 현대 중국의 사회주의 민주는 광범위한 인민의 근본 이익을 실질적 · 효과적으로 보호하는 민주이다. 사회주의 민주정치란 인민의지를 구현하고 인민의 권익을 보장하며 인민의 창조력을 촉진하고 제도체계를 통해 인민주권을 보장하는 것이다.31) 이로 미루어 볼 때 인민민주는 무엇보다 효율성을 중시함을 알 수 있다. 인민민주는 권력배분의 제도이자 인민의지를 정책으로 전환하는 과정이지만, 가장 중요한 것은 (인민민주에 입각한) 국정운영의 실천이 수반하는, 인민을 이롭게 하는 긍정적 결실에 있다. 인민민주의 효율성은 크게 두 가지 측면에서 비롯된다. 하나는 인민의 좋은 삶을 창조하는 것이고, 다른 하나는 철저한 사회해방을 실현하는 것이다.

중국의 대다수 민중은 중국공산당의 영도 아래 인민이라는 통합적 역량으로 응집된 이래 70여 년간 좋은 삶을 창조하기 위해 각고의 노력을 기울여왔다. 따라서 중화인민공화국의 발전사는 곧 좋은 삶을 추구하는 인민의 역정이라 해도 과언이 아닐 것이다. 중국 인민은 좋은 교육, 안정적인 일자리, 만족할 수 있는 소득, 신뢰할 수 있는 사회보장, 양질의 의료 · 위생서비스, 편안한 주거환경, 아름다운 자연환경을 희망하며, 아이들이 보다 좋은 환경에서 성장하고 일하며 생활할 수 있기를 바란다.32) 이처럼 중국 경제 · 사회발전에 따라 인민의 좋은 삶에 대한 요구 또한 갈수록 다양해지고 있다. 좋은 삶에 대한 인민의 요구는 물질문화생활에 그치지 않고 민주 · 법치 · 평등 · 정의 · 안전 · 환경과 같은 영역까지 확대되고 있다.33) 중국공산당 국정운영의 기본 목표는 이러한 인민의 요구에 대한 정확한 파악을 바탕으로 인민의 좋은 삶을 창조하는 데 있다. 인민민주의 효율성은 좋은 삶에 대한 인민의 요구를 충족하는 긍정적 결실을 성취함으로써 달성될 수 있는 것이다. 인민민주는 기본적으로 중국의 사회생산력 발전을 추동함으로써 인민의 좋은 삶을 조성하는 데 기여한다. 인민민주가 충분히 구현되면 상부구조가 하부구조를 변혁할 수 있는 반작용이 발휘되어 인민의 좋은 삶을 창조할 수 있는 물질적 조건이 조성될 수 있다. 그러나 인민의 좋은 삶 창조에 기여하는 인민민주의의 결정적 기능은 좋은 삶에 대한 인민의 요구가 실현되는 것을 제약하는 저해 요소를 집중적으로 해결하는 데 있다.[34] 예컨대 좋은 삶에 대한 인민의 요구에 부합하지 않는 발전 불균형, 불충분 문제는 이미 현대 중국사회가 해결해야 할 숙제로 자리 잡았다. 따라서 중국의 인민민주는 이러한 현대 중국사회의 주된 문제를 해결하는 데 초점을 맞춰 보다 균형적이고 충분한 발전을 실현하는 것을 주된 과제로 삼는다.

(2) 사회해방의 실현

인민을 위해 좋은 삶을 창조하는 인민민주의 효율성은 시대마다 구체적으로 나타난다. 인민은 자신이 속한 시대에서 좋은 삶을 영유하려 한다. 따라서 좋은 삶이란 곧 끊임없이 발전하고 창조되어야 하는 것이다. 그럼에도 불구하고 각기 다른 시대의 각기 다른 좋은 삶을 관통하는 공통적 함의는 존재한다. 인간의 자유와 전면적 발전이 그것이다. 인간의 자유와 전면적 발전은 인민이 자신이 속한 시대에서 좋은 삶을 창조하도록 이끈다. 인간의 자유와 전면적 발전 또한 좋은 삶을 창조하는 장기적 과정을 통해 차츰 실현된다. 사회주의의 궁극적 가치는 인간의 자유와 전면적 발전을 실현하는 데 있다. 혁명 이후 노동자 계급은 사회주의 국가의 영도계급이 되었고 중국의 수많은 민중은 중국공산당의 영도에 의해 국가 정권을 장악하고 국가권력을 행사하는 인민으로 응집되었다. 이러한 전제하에서 인간의 자유와 전면적 발전을 실현하는 주된 요건은 사회해방에 있다. 사회해방의 실현은 인민민주의 유효성을 검증하는 근본적 척도이다.

사회해방은 마르크스가 파리코뮌의 경험을 집약하는 과정에서 제시한 독창적 견해이다. 마르크스는 코뮌을 사회해방을 달성할 수 있는 정치형태로 보았다. 마르크스에 따르면 사회는 코뮌을 계기로 국가정권을 되찾아 사회를 통치하고 압제하던 힘을 사회 본연의 생명력으로 바꾸어놓았다. 인민대중은 국가 정권을 되찾아 그들이 조직한 자체 역량으로 그들을 압제하던 조직적 역량을 대체했다. 인민대중은 사회해방을 달성할 수 있는 정치형태—코뮌—를 획득했고, 이러한 정치형태는 인민대중의 적이 인민대중을 압제하기 위해 사칭하던 사회적 역량을 대신하게 되었다.35) 이로 미루어 볼 때 사회해방이란 결국 국가·사회관계의 반전을 바탕으로 실현되는 사회역량의 획기적인 발전이다. 여기에서 사회역량이란 연합된 개인의 집단역량을 가리킨다. 파리코뮌은 사실상 부르주아지 계급의 공화국을 대체할 수 있는 사회공화국의 시초이며, 사회공화국이 가진 진정한 사회적 성격은 노동자 계급이 정권을 장악하는 데 있다.36) 즉 사회공화국은 곧 사회주의 국가이다. 파리코뮌은 공화국의 위대한 목표는 사회해방에 있다고 선언하였고, 코뮌이라는 조직으로 이러한 사회적 변혁을 완성하려 하였다.37) 따라서 사회주의 국가라면 반드시 사회해방의 실현을 목적으로 해야 하며, 사회주의 국가만이 사회해방을 궁극적으로 실현할 수 있다.

사회주의 국가는 인민이 국가 정권을 장악하고 국가권력을 행사하는 인민주권을 실현하지만 (중국이라는 사회주의 국가의 경우) 그 최대 성과는 계급의 정치해방에 그친다. 왜냐하면 (중국이라는) 사회주의 국가는 생산력 발전 수준이 높지 않은 상태에서 성립되었기에 사회구조는 여전히 계급상 분화된 상태이며 하부구조 또한 자유로운 개인이 연합해 생산력을 점유할 수 있는 수준에 미처 도달하지 못했기 때문이다. 계급의 정치해방이란 노동자 계급을 영도계급으로 한 인민민주 독재를 의미하며, 계급의 정치적 지배를 뜻하는 인민민주 독재는 사회주의 국가 정권이 가지는 기본적 속성이다. 계급의 정치적 지배가 존재하는 한 사회해방은 실현되었다고 할 수 없다. 인민이 국가 정권을 장악하고 국가권력을 행사한다는 전제에서 사회해방은 차츰 빛을 보기 시작한다. 인민주권이 군중 자치를 통해 심화됨에 따라 사회해방은 일정한 범위 내에서 어느 정도 진전을 보이지만, 완전히 실현되었다고 보기는 어렵다. 사회가 (특정 계급이 아닌) 인민이라는 정치적 실체를 선택했을 때라야 사회해방의 길이 닦이고 토대가 갖춰졌다고 할 수 있다.

현실 속의 개인은 사회해방이 철저히 실현되고 난 뒤에야 자유롭고 전면적인 개인으로 발전할 수 있다. 사회해방은 하나의 역사적 과정이다. 사회해방은 먼저 사회생산력을 최대한 발전시켜 하부구조를 부단히 변혁함으로써 개인의 자유와 전면적 발전에 충분한 물질적 조건을 제공해야 한다. 다음 단계는 높은 수준의 인민주권을 실현해 정치생활에서 인간의 자유와 전면적 발전의 수준을 높이는 것이다. 마지막으로 사회해방은 계급 간, 도농 간, 육체노동과 정신노동 간의 격차를 점진적으로 일소해 인민 내부에 존재하는, 인간의 활동에서 생겨난 사회적 경계를 소멸해야 한다.

인민민주가 사회해방의 부단한 발전에 기여하려면 하부구조와 상부구조의 변증법적 관계를 정확히 파악해야 한다. 우선 상부구조로서 인민민주가 가지는 강력한 반작용을 충분히 발휘해 하부구조의 변혁을 적극적으로 추동하고 사회생산력을 최대한 고조시켜 자유로운 개인들이 연합할 수 있는 조건을 만들어야 한다. 다른 한편으로는 하부구조의 발전과 인민주권이 신장된 정도에 발맞춰 인민주권을 실현하는 새로운 내용과 형식을 적극적으로 만들어나가야 한다. 이를 통해 공권력 기구의 계급적 성격을 점차 중화시키고 사회 자치의 범위와 수준을 높여야 한다. 요컨대 사회해방의 실현을 인민민주 제도 및 실천의 내적 규범으로 삼아야만 인민민주의 방향이 명확해지고 그 동력이 지속적으로 확보될 수 있다.

제6장
사회주의 법치 국가

계급성과 규범성은 모든 법치 형태의 두 가지 기본 속성이다. 마르크스주의 이전의 법학 이론은 법치의 계급성을 무시하고, 규범적 의미에서 정의했다. 중국 특색 사회주의 법치 국가 건설에는 계급성과 규범성의 두 가지 측면이 모두 추진되어야 한다. 신중국 성립 70여 년간 법치 국가 건설의 경험은 중국 특색 사회주의 법치 국가 건설의 의미, 함축성과 방식에 대한 점진적인 탐색, 중점의 이전, 부단한 개선과정에 있음을 보여준다.

1. 중국 특색 사회주의 법치 모델

중국 특색 사회주의 법치 모델은 구미 국가의 전형적인 법치 모델과 크게 다르다. 서구 국가 법치 모델의 특징은 주로 추상주의, 절차주의, 전문주의 등으로 표현되며 아울러 그 법치의 길은 생성적(generative)이다. 그 법치 이론과 법치 이념의 가장 근본적인 특징은 법의 규범성을 강조하고 법의 계급성을 무시하는 것이다. 현대 중국의 법치 국가 건설과 중국 특색 사회주의 법치의 길은 서구의 전통적 법치 이념이나 법치 모델과는 큰 차이가 있다. 만약 구미 국가의 법치 모델이 추상적 법치, 정당한 절차 원칙에 기초한 형식적 법치, 사회적 분업에 기초한 전문주의적 법치인 일종의 관념론에 근거

하고 있다고 한다면, 중국 특색 사회주의 법치는 정치형 법치, 거버넌
스형 법치, 융합형 법치의 일종이라 할 수 있다.

(1) 정치형 법치

법은 매우 중요한 정치적 요소이고 법치는 매우 중요한 정치 현상
이다. 모든 법치 형태와 법치 모델에는 그 정치적 기반과 정치적 속성
이 있다. 서구의 법치 이론은 '법치(rule of law)'의 근본적인 의미가
법률 위에 다른 자의적 의지, 보편적 의지 또는 공통의 의지가 없다는
것에 있다고 생각한다. 이러한 법치 관념의 형성은 매우 오랜 이성과
종교적 전통을 가지고 있으며 유럽 역사를 관통하는 끊임없는 중심
이 되었다. 이는 법의 역사적 유물론적 배경과 본질에서 벗어난 추상
적 법치관이며 법의 권력성, 계급성, 정치성을 무시한 것이다. 중국
특색 사회주의 법치는 일종의 정치형 법치로서 법치의 규범성을 강
조할 뿐만 아니라 법치의 정치성을 더욱 강조한다. 이는 중국 특색
사회주의 법치가 그 정치적 속성을 명시하고 확고하게 주장한다는
것과, 다른 한편으로 중국 특색 사회주의에서 법치의 생성, 발전,
실현이 모두 정치적 보장 및 규약의 적용을 받는다는 것을 통해 입증
된다.

1) 정치의 기초는 인민민주

법은 인류 역사상 매우 오래된 현상이다. 마르크스에 따르면 "법의
관계는 국가의 형태와 마찬가지로 그 자체로도, 인류 정신이라는 일반
적인 발전이라는 관점에서도 이해할 수 없는 반면, 그것들은 물질적인
삶의 관계에 뿌리를 두고 있다."[1] 계급사회에서 법권관계(法權關係)

는 "경제적 관계를 반영하는 의지의 관계이다. 이런 법권관계나 의지 관계의 내용은 이러한 경제 관계 자체에 의해 결정된다."[2] 따라서 법은 본질적으로 계급 관계와 정치 권력의 확장이자 특징이다.

그러나 오랫동안 대부분의 서양 법률 사상가들은 고대 그리스 시대의 자연 정의와 자연법 개념, 유럽의 중세 영속법, 신법, 자연법과 인정법의 구분, 계몽시대 이후의 합리주의 법률관 등 법의 정치성을 인정하지 않거나 의도적으로 거부하면서 추상적인 이념에 근거해 법의 본질을 탐구해왔다. 근대 이후 실증법 학파와 분석법 학파는 법의 본질을 주권자의 명령으로 귀결시켜 순수 윤리와 구별했고, 사회법 학파는 소위 법치란 "법을 통한 사회적 통제"라고 명확히 선언하기도 했다.[3] 그러나 이 모든 법률 이론은 법이 자유롭고 추상적인 본질을 가지고 있다고 생각하고 법치 실현의 근본적인 조건은 법에 대한 사람들의 진정한 믿음에 있다고 생각한다. 현대 서구 국가에서 법적 형식주의와 절차주의의 생성은 이러한 법적 추상주의에 가장 큰 원인이 있다고 할 것이다.

마르크스주의는 이러한 추상적인 법치관을 깊이 폭로하고 비판했다. 「목재 절도 단속법에 관한 논쟁」이라는 글에서 마르크스는 법의 일반적 추상화 배후에 있는 이해충돌과 계급의 본질을 보았고, 유산계급은 국가기구를 운용할 수 있어 자연 정의에 부합하지 않는 사유재산을 보호할 수 있었다. 공익의 수호신으로 보이는 국가기구는 사실상 사익의 종에 불과하고, "목재 절도범은 목재 소유자의 나뭇가지를 훔쳤지만, 목재 소유자는 나뭇가지 절도자를 이용해 국가 자체를 훔쳤다"라는 것이다. 법은 정의를 수호하기 위한 '공공의 도구'가 아니라 유산계급의 이익을 대변하는 '대변인'에 불과하고, "목재 소유자의 이익을 보호하기 위한 법리에 대한 감각과 공평에 대한 감각"

은 공인된 원칙이며, "이러한 법리에 대한 감각과 공평에 대한 감각은 다른 사람들의 이익을 수호하기 위한 법리에 대한 감각과 공평에 대한 감각과는 대립한다."4) 그래서 『공산당 선언』에서 마르크스와 엥겔스는 "당신들(부르주아)의 법은 법으로 받드는 당신들의 의지에 불과하다."라고 솔직히 지적한 바 있다. 따라서 추상주의 법치 허위의 베일을 벗기고, 나아가 유물주의의 역사적 토대 위에서 법의 정치성을 천명하는 것, 즉 법은 누구의 법률이고 법치는 누구를 위한 것인지 반드시 설명해야 한다.

중국 특색 사회주의 법치는 항상 자신의 계급적 기초와 정치적 속성, 즉 중국 특색 사회주의 법치의 정치적 기반은 인민민주라고 주장해왔다. 1954년 「헌법」 제1조와 제2조에서는 각각 "중화인민공화국은 노동자 계급이 영도하는 노동자와 농민 동맹에 기초한 인민민주 국가이다."와 "중화인민공화국의 모든 권력은 인민에게 있다. 인민이 권력을 행사하는 기관은 전국인민대표대회와 지방 각급 인민대표대회이다"라고 규정하고 있다. 국가는 법에 따라 자본가의 생산수단 소유권과 기타 자본 소유권을 보호하지만, 국가는 자본주의 상공업에 대하여 이용, 제한 및 개조의 정책을 채택해 자본가 소유제를 전민 소유제로 점진적으로 대체하려고 한다. 신중국 건국 전야에 마오쩌둥은 중국은 인민민주 독재를 실시하고 인민은 언론집회 결사 등의 자유권을 가지며 반동파에 대한 독재를 실행하며 그들이 함부로 말하는 것을 허락하지 않고 "만약 망언 망동을 하면 즉시 단속해 제재를 가할 것"5)이라고 했다. 인민민주는 중국 특색 사회주의 법치의 정치적 기초를 형성하여 오늘날까지 이어지고 있다. 중국 특색 사회주의 법치는 정치와 법의 상호관계를 강조하고, 법치에는 정치가 있으며, 정치는 법치를 벗어나지 않고, 종종 '정법(政法)'과 비교되며, '정'은 '법'의 이전에 위치해6) 정치가 법치를 결정하는 것을 강조한다. "모든 법치 형태 뒤에는 일련의 정치 이론이 있다. 모든 법치 모델에는 하나의 정치 논리가 있고, 각 법치의 길 아래에 하나의 정치적 입장이 있다. 공법은 복잡한 정치적 담론의 형태일 뿐이고, 공법의 영역 내 논쟁은 정치논쟁의 연장선에 불과하다."7)

2) 정치의 핵심은 당의 영도

계급의 이익은 자동으로 실현되지 않는다. 어떤 계급의 권력 요구나 권력 점유가 법적으로 보장되는 것도 아니고, "어떤 계급의 공동이익에서 발생하는 요구는 이 계급이 정권을 잡고 법을 사용하는 형태로 이러한 요구에 보편적인 효력을 부여하는 방법"을 통해서만 실현될 수 있다.8) 즉, 한 계급이 정권을 탈취하고 통치계급의 지위를 획득해야만 계급 의지를 진정으로 국가 의지로 끌어올릴 수 있고, 해당 계급이 장악한 국가기구를 통해 계급 의지가 관철될 수 있다는 것이다.

프롤레타리아 계급이 정권을 탈취하고 국가기구를 장악하는 과정에서 당의 영도 문제가 발생한다. 여기에서 프롤레타리아 계급이 부르주아 계급과 싸움에서 승리하고 다른 중간계급을 연합하여 혁명을 더 높은 수준으로 끌어올리려면 '다른 모든 정당과 달리 그들과 대립하는 특수 정당, 의식적인 계급 정당'을 구성해야 한다.9) 따라서 당의 영도는 공산주의로 가는 과정에서 사회주의 단계의 가장 본질적인 특징이 된다. 바로 이러한 인식에 기초하여 「중국공산당장정(中國共産黨章程)」과 「중화인민공화국헌법(中華人民共和國憲法)」에서는 중국공산당의 영도가 중국 특색 사회주의의 본질적인 특징이라고 규정하고 있다.

중국 특색 사회주의 노선의 일부로서 중국 특색 사회주의 법치국가 건설도 마찬가지로 당의 영도를 정치의 핵심(核心)이자 가장 본질적인 특징으로 삼는다. 당의 영도는 중국 특색 사회주의 법치의 혼(魂)이며 중국의 법치와 서구 자본주의 국가의 법치와의 가장 큰 차이이다. 현대 중국의 법치 건설 과정은 중국공산당이 주도하고 추진하며 당의 영도는 사회주의 법치의 가장 근본적인 보장이다. 중국공산당은 법에 따라 나라를 다스리는 것을 치국이정(治國理政, 국정운영)의 기본방략으로 격상시키고, 당정의 주요 책임자를 법치 건설을 추진하는 제1책임자로 삼고,10) 각급 당정 영도 간부들에게 헌법과 법률을 준수할 것을 요구하였다. 법치 발전의 방향과 동력 모두 당의 영도에 달려 있다. 중국공산당은 정치 및 법률업무에 대한 당의 절대적인 영도를 견지하고 강화하고, 각급 당 위원회와 정법위원회를 통해 정법 업무의 정치성과 유효성을 확보한다.11) 중국공산당이 법치를 추진하고 존중해야 중국의 법치 발전이 비로소 가능하다. 법치 중국은 중국공산당의 영도하에 사회주의의 방향을 확보할 수 있고 광범위한 인민 군중의 근본 이익에 봉사할 수 있다.

중국공산당은 줄곧 신중국의 법치 발전을 촉진하는 가장 중요한 주체적 역량으로 존재해왔다. 관념이나 실천의 각도에서 보더라도 서구의 법치 발전 과정에서 철학가, 종교가, 법학자, 법관과 변호사와 같은 사상가 및 법조계 그룹이 주체적인 역할을 한다. 현대 중국의 법치 건설은 주로 중국공산당, 특히 당의 역대 지도자들이 중국 인민을 이끌고 추동해왔다. 관련 법치 중국 건설의 가치, 목표, 내포, 방략 등은 주로 정치 지도자를 통해 논술되고 추진된다. 이는 또한 신중국의 법치 발전 과정에서 서구의 법률 전문주의 경로와 다른 점을 낳게 하고 뚜렷한 정치 시각과 정치가적 시각을 드러낸다.

3) 정치의 기능은 집정흥국(執政興國)

중국 특색 사회주의 법치는 법률 전문주의를 최종적인 목표로 삼지 않고 항상 법치가 전반적인 상황에 봉사하고 법치의 정치적 기능을 충분히 발휘하는 것에 있다고 강조한다. 서구법학 이론과 달리 중국공산당은 단순히 법치 자체의 가치에서 법치의 가치를 논증하는 것이 아니라 인민민주, 국가발전, 장기집권에 대한 법치의 기능을 강조함으로써 법치의 가치를 구현한다. 덩샤오핑은 정치체제 개혁의 일반적인 목표는 세 가지라고 언급했다. 첫째, 사회주의 제도를 공고히 하는 것, 둘째, 사회주의 생산력을 발전시키는 것, 셋째, 사회주의 민주를 발양하고 광대한 인민의 적극성을 동원하는 것이다.[12] 사회주의 법치 국가 건설은 정치체제 개혁의 중요한 부분으로서 그 기능과 가치도 주로 이러한 방면에 있다. 총체적으로 말하면 법치 건설은 중국공산당이 중국 인민을 영도하여 집정흥국(執政興國, 집권하여 국가를 흥하게 함)하는 데 도움이 되어야 한다. 구체적으로 말하면 법치의 정치적 기능은 다음과 같다.

첫째는 보장 기능으로 구현되는 것이다. 법치의 보장 기능은 중국 특색 사회주의 노선과 제도를 보장하고, 중국공산당의 집정권을 보장하며, 인민 군중의 합법적 권익을 보호하고, 사회질서의 장기적인 안정을 보장하는 등 여러 방면에서 구현된다. 마오쩌둥은 "우리의 법은 노동 인민에 의해 제정되었다. 그것은 혁명 질서를 유지하고 노동자의 이익을 보호하며 사회주의 경제 기반을 보호하고 생산성을 보호한다."라고 여겼다.[13] 그 근본은 중국공산당의 영도를 보장하는 데 있다. 혁명당에서 집권 정당으로 전환하는 과정에서 중국공산당의 합법성의 원천도 많은 중요한 변화를 겪었는데, 그중 근본적인 변화는 법적 합법성과 제도적 합법성의 강화이며, 법과 제도적 정당성의 자원은 주로 법치 건설에서 나온다. 그러므로 법치 국가 건설은 인민이 주인이 되고 당의 장기집권을 보장하는 데 도움이 되며 근본적으로 사회주의 제도를 보장한다. 2018년 제5차 중화인민공화국 헌법 수정안은 중국공산당의 영도력을 헌법에 명시하고 중국 특색 사회주의의 가장 본질적인 특징으로 확정한 것이다.

둘째, 발전 기능으로 구현되는 것이다. 법치 수준은 현대 국가의 거버넌스 체계와 통치 능력의 중요한 지표이다. 법치의 발전 기능은 주로 경제 사회 및 기타 측면의 현대화뿐만 아니라 국가 거버넌스의 현대화를 촉진하는 데 구체적으로 드러난다. 중국의 법치 이념은 의법치국(依法治國, 법에 의한 통치)을 실행하고 견지하는 것은 경제의 지속 가능하고 신속하며 건강한 발전과 사회의 전면적인 진보를 촉진하고 국가의 장기적인 안정을 보장하는 데 매우 중요한 의미가 있다고 강조한다.14) 특히 사회주의 시장경제의 조건에서 법치가 발전을 촉진하는 기능은 더욱 분명해졌으며 시장경제는 주로 법치 경제이며, 재산권 보호, 교역 규칙, 거시적 통제 등 시장경제의 건전한 발전 조건은 모두 법치와 밀접한 관련이 있다. 법치를 통한 발전 촉진의 개념은 중국의 구체적인 법률규범에도 구현되어 있으며,15) 이는 법 집행, 사법, 규정 준수의 모든 측면에서 나타나고 있다. 의법치국은 사회진보와 사회 문명의 중요한 상징으로 간주되고 사회주의 현대화 국가 건설의 필연적인 요구이며 중국 특색 사회주의 법치체계를 건설하고 사회주의 법치 국가를 건설하는 것은 국가 거버넌스 시스템과 능력을 현대화하기 위한 불가피한 요구 사항이다.16)

셋째, 규범 기능으로 구현되는 것이다. 어느 시대 어느 국가에서나 모든 종류의 권력관계와 사회적 관계를 규제하는 것은 법의 기본적 기능이다. 마르크스주의는 권력의 '소외'가 자연적인 속성이며 엄격한 권력 감독은 권력의 이화를 방지하기 위한 필연적인 선택이라고 여긴다. 법률을 통해 권력에 대한 규범을 진행하는 것은 권력 감독의 주된 형식 가운데 하나이다. 의법치국은 중국 헌법이 확정한 국가 통치의 기본방침이며, 의법치국을 할 수 있느냐의 관건은 당이 법에 따라 집권할 수 있는지, 각급 정부가 법에 따라 행정을 할 수 있는지에 달려 있다.[17] 따라서 중국 특색 사회주의 법치 국가 건설은 집권당의 통치권한을 법으로 보장하고, 통치권의 행사를 엄격하게 규제하여 권력을 '제도의 새장' 안에 가둬야 하는 것을 필요로 한다.

(2) 거버넌스형 법치

절차주의적 법치는 법률 규칙과 법률 절차 자체에 더 초점을 맞추고 실질적인 정의보다 절차적 정의를 더 강조하며, 나아가 '정당한 절차적 원칙을 준수하면 정의 자체가 실현된다'라는 법치 이념을 형성한다. 실질적인 정의를 추구하고 실제적인 문제를 해결하는 것은 거버넌스 법치의 가장 기본적인 특징이다. 중국 특색 사회주의 법치 건설은 중국 특색 사회주의 정치건설과 국가 통치 현대화의 유기적인 구성 부분이며, 이는 후자의 두 가지를 실현하기 위한 정치적, 정책적 도구 중 하나이다.

1) 일핵 다원화의 법치구조

중국공산당은 중국 특색 사회주의 법치구조의 핵심이며 과학적 입법, 엄격한 법 집행, 공정한 사법, 전 국민의 준법을 추진하는 과정에서 전반적인 상황을 총괄하고 모든 당사자를 조정하는 역할을 한다. 구체적인 법치 건설과 법치 활동에서 중국공산당의 각급 당 조직과 각급 당정의 주요 책임자는 법치 건설에 관한 당 중앙의 주요 결정과 배치를 이행하고 과학적 입법, 엄격한 법 집행, 공정한 사법, 전 인민의 준법을 총괄 추진하며 각급 인민대표대회, 정부, 정치협상회의, 재판기관, 검찰기관 등은 각급 당 조직의 지도하에 상응하는 법치 건설 활동과 법률업무 활동을 전개하고 있으며 그들이 업무를 전개하는 과정에서 문제와 어려움에 직면하면 당 조직에 도움을 요청할 수 있다. 각급 인민대표대회, 정부, 정치협상회의, 재판기관, 검찰기관은 구체적 업무 활동에서 분업과 상호감독의 기능을 가지고 있지만, 대립관계가 아니라 당 영도하의 협력관계이며 법률과 당의 정책이 시행되고 인민의 합법적인 권익이 실현되고 구체적인 법률 문제가 해결되도록 함께 노력해야 한다. 중대하고 복잡하며 영향력이 큰 사건에 직면할 때 당 위원회와 정법위원회는 공안국·검찰원·법원*을 이끌어 '공동 사건처리(聯合辦案)'를 주도할 수 있다.

일핵 다원화(一核多元)의 본질은 일핵으로 다원 주도의 상호대립이 아닌 일핵 주도하의 다자간 협력을 강조한다. 법치 사업에서 모든 관련 당사자가 협력하여 당이 법에 따라 국가를 통치한다는 정치적 목표에 봉사하는 것은 중국 특색 사회주의 법치 '정치성'의 중요한 표현이자 기본 요구이다. 1949년 1월, 셰줴짜이(謝覺哉) 당시 최고 인민법원장은 사법 양성반에서 "우리의 법은 정치에 복종하는 것이고 정치로부터 독립한 법은 없다. 정치가 요구하는 무엇이든, 법이 규정한 무엇이든 (…) 우리의 사법 종사자는 반드시 정치를 이해해

---

* 중국어 원문에서는 이를 중국어로 '공검법(公檢法)'이라 표현하고 있다. 공검법은 '공안국과 검찰원, 법원이라는 표현을 약칭하는 것으로 이 삼자는 중국 정법 기관의 주요 구성원이라 할 수 있다.

야 한다."라고 말한 바 있다.[18] 중국의 판·검사와 인민대표대회 공무원, 행정부처 공무원 등은 소속과 승진방식이 다르지만, 이들은 모두 당의 간부로 당의 영도를 받아야 한다. 필요에 따라 소속이 다른 공무원과 주요 간부도 교차 보직을 맡을 수 있다. 이는 각 부처의 업무는 분업하되 정치적으로는 통일해야 한다는 특징을 보여준다.

2) 실용주의적 법치 신념

중국 특색 사회주의 법치 모델은 실용주의적 색채가 선명하고 문제 지향적이면서 실질적인 정의의 원인을 견지하며 국가발전과 인민 생활에서 나타나는 실제적 문제 해결을 근본적인 귀착점으로 삼는다. 전면적인 의법치국의 필요성을 논증할 때 먼저 "전면적인 샤오캉 사회를 건설하고 중화민족의 위대한 부흥을 실현하는 중국몽, 전면적인 개혁의 심화, 중국 특색 사회주의 제도를 개선 발전시키며 당의 집정능력과 통치수준을 제고하기 위해서는 반드시 전면적으로 의법치국을 추진해야 한다"라고 강조한다.[19] 인민 군중에 대한 법치 활동, 특히 사법 활동에 대한 국민의 기대에 부응할 때 "우리는 법에 따라 인민 군중의 요구를 공정하게 대우하고 모든 사법 안건에서 인민 군중이 공평과 정의를 느낄 수 있도록 노력해야 하며 불공정한 재판이 인민 군중의 감정을 해치고 인민의 권익을 해치게 해서는 안 된다"라고 중점적으로 강조한다.[20] 사법기관의 교언과 관련하여 사법기관의 업무는 "대국을 위한 봉사(爲大局服務)"와 "인민을 위한 사법(爲人民司法)"을 해야 한다고 강조한다. 법원이 인민대표대회에 보고하는 업무를 예로 들면, 그 글의 작성 방식은 정부 업무보고와 유사하며, 사건 수의 증가 상황, 전반적인 중점 상황의 보장, 민생 업무 서비스 상황, 사법 혁신의 포인트 등 '성적'을 강조하는 때도 있다. 사법기관의 업무를 평가할 때 관료기관 평가방식과 유사한 수치 관리를 채택하고 특히 입안율, 종결률, 조정률, 민원율 등 정량지표를 표준으로 한 업무성적을 강조하고, 법관 등 법조인의 평가기준과 평가방식은 전문주의의 관점에서 진행되는 것이 아니라 안정유지, 모순 해결, 서비스 전반 등과 같은 다른 당정 부문의 평가 표준과 유사하다.

구체적인 법치 실천에서 정치적 효과, 법률적 효과 및 사회적 효과 통일을 강조한다. 그중 정치적 효과는 주로 당의 영도에 복종하고 전체 국면에 봉사하는 것을 강조하고, 법률적 효과는 사회적 효과의 기초이자 전제이며, 사회적 효과는 법률적 효과 가치의 구현이자 귀결점이다. '세경세중(世輕世重, 형벌의 당시 사회 상황에 따라 경중을 정해야 한다는 의미)'의 법치 전략을 채택하고, '공동 사건 처리', '특별 조치(專項行動)'를 통해 통치 문제를 법치 의제로 추진하는데, 예컨대 법률부서는 시대적 조건과 실제 수요에 따라 '농민공 임금체불 해결', '사이비 종교 단속', '법원 판결문 집행의 어려움 해결', '금융 질서 유지', '범죄폭력의 척결' 등의 중앙 집중식 시정 활동을 전개하고, 운동식 거버넌스 방식(법 집행기관이 유리한 인적, 물적 자원을 집중해 조직적이고 목적적이며 대규모 법 집행 활동을 취하는 것을 뜻함)을 채택하여 경제사회질서를 유지하고 인민의 법치적 수요를 만족시킨다.

3) 정책 규제에서의 법치 실천

법치 정책은 법치 영역의 공공 정책이다. 법치 정책은 법소문과 사법 판례에 비해 정치성과 유연성이 더 강하다. 중국 특색 사회주의 법치의 운영은 정책 문건의 광범위하고 깊은 영향을 받았고, 이는 중국 특색 사회주의 법치가 다른 국가와 다른 지역의 사법 제도 및 법치 모델과 구별되는 특징을 구성한다. 법률 전문주의 모델에서 서구 국가들은 주로 입법기관을 통해 법률을 제정하거나 개정하고 사법기관은 새로운 판례를 형성해 법률 발전과 조정을 진행한다. 중국 특색 사회주의 법률 시스템과 법치 실천에는 헌법, 법률과 사법 해석 외에도 '지도적 의견(指導性意見)'과 '규범적 문건(規範性文件)', '비사법 해석적 문건(非司法解釋性文件)' 등이 많이 존재한다. 이러한 정책 문건은 당 위원회의 영도하에 제정된 것이고 당의 의지를 반영하며 실제로는 성문법과 판례처럼 중요하거나 더 중요한 역할을 하기도 한다.

법치 정책은 명확한 거버넌스 기능을 가지고 있고 국가 통치 시스템과 통치 능력의 중요한 부분에 속한다. 일찍이 신중국 성립 초기에 중국공산당은 "사법 업무는 반드시 경제건설에 복무해야 한다"라고 분명히 밝혔고,[21] 1951년 4월 14일에 발표된 「최고인민법원(最高人民法院), 사법부(司法部)의 국가 은행 채권 보호에 관한 통지」(사삼통자 제16호)는 법원 간부가 충분히 중시하지 않고 미루는 잘못된 태도를 명확히 지적하고 "국가 금융을 보위하는 것은 국가의 생산 건설 사업을 보호하는 것이고 인민법원의 중요한 임무 중 하나"라는 문제를 깨닫게 했다. 1949년 이후 국가가 발표한 법치 정책은 토지개혁의 개혁, 사회주의 개조, 시장경제 건설, 국유기업 개혁, 금융 리스크 예방, 조화사회 건설, 신형 도시화 건설, '일대일로(一帶一路)' 건설, 생태 문명 건설, 재산권 보호, 자유무역시험구 건설, 향촌 진흥 전략 및 민영 기업 발전 보호 등 국가 거버넌스의 모든 측면을 포함한다. 사법 정책은 사법 영역에서 국가정책의 구체화이자 전체 국가정책의 중요한 구성요소이고, 사법의 적법성, 합목적성, 합정의성을

보장하는 조절이며, 법률 효과와 사회적 효과를 통합하는 교량이다.22)

　사법기관의 업무 문건에 정책 언어가 많이 등장하고 시대적 특성이 뚜렷하게 드러나고 있어, 모든 단계에서 구체적인 사법 실천을 지도하는 중요한 기반이 된다. 이러한 정책 내용은 명백한 정치성, 시대성과 합리성을 가지고 있고 기본적으로 특정 단계의 주요 거버넌스 과제를 목표로 한다. 예를 들어 서비스 공급측 구조 개혁과 중대 리스크 방지 및 빈곤퇴치, 오염 예방 및 통제라는 3대 공방전을 둘러싸고 사법 정책을 완비하고,23) 최고인민법원 순회법정(最高院巡廻法庭)을 설립해 최고인민법원 본부가 사법 정책 수립에 집중할 수 있도록 한다.24) 최고인민법원은 "경제 사회 발전의 필요에 따라 사법정책을 적시에 개선할 것이다. (⋯) 거시 경제의 이행을 위한 사법적 보장을 제공한다."25) 인민법원의 업무에서 일부 법관은 법률 정신과 사법 정책에 대한 이해에 편차가 존재한다.26) 인민법원은 '관대한 상호 지원', '조정과 판결의 결합', '감독과 지원을 동등하게 중시하는 형사', '민사 및 행정 재판 정책'을 반드시 견지해야 한다.27) 이러한 사법 정책은 중국 특색 사회주의 법치 실천의 유기적인 구성요소가 되었다.

(3) 융합형 법치

　법이나 제도만으로 저절로 정사가 행해질 수는 없다. 모든 법치 모델에는 그에 상응하는 실현 방법이 있다. 서구식 거버넌스 이론과 실천은 그 정치 이론과 실천과 마찬가지로 '나눔'의 논리, 즉 부서의 분권과 전문적 분업을 강조한다. 이를 바탕으로 서구 국가들은 강력한 법률 전문주의 논리를 형성했으며 법치 실천은 주로 법률 전문 부서와 전문가에 의존하며 법률 규범과 정당한 절차 원칙에 따라 자율적으로 진행되기 때문에 법치질서는 일종의 전문주의 논리에 의해 주도되는 자치적 법치로 간주된다. 그리고 중국 특색 사회주의 법치는 중국 특색 사회주의 정치와 마찬가지로 '합침'의 논리를 강조하고 이를 바탕으로 일종의 융합형 법치 모델을 형성한다. 이러한 융합은 아래 세 가지 측면에서 강조된다.

1) 의법치국과 이덕치국(以德治國)의 융합

도덕은 일종의 기본적인 인간 심리와 사회 현상이다. 하지만 덕치(德治)는 중국적 맥락에서 독특한 것이라고 할 수 있다. 덕치는 사회질서를 형성하는 방법으로서 중국에서 오랜 역사적 전통과 깊은 뿌리를 가지고 있다. "법(정령)으로 인도하고 형벌로써 다스린다면 백성들이 처벌은 모면할 수 있을지라도 수치심이 없고, 덕으로 인도하고 예(禮)로써 다스린다면 수치심도 없고 감화도 받게 된다." '위정이형(爲政以刑)'과 '위정이덕(爲政以德)'은 전통 중국 국가 거버넌스의 두 가지 기본 수단이자 버팀목이 되었다. 게다가 선진(先秦) 이후 '덕주형보(德主刑輔, 덕이 주이고 형은 보조이다. 예컨대 현대 중국의 사형집행 유예*)'라는 명확한 관념을 가지고 있었다. 이러한 역사·문화적 유전자의 영향으로 법률 전문주의가 법의 도덕성을 점차 제거한 것과 달리 중국 특색 사회주의 법치는 도덕적 규범, 도덕적 시범 및 도덕적 감화의 역할을 매우 강조한다.

---

* 사형집행유예는 중국에서만 시행하는 제도이다. 사형을 판결함과 동시에 사형집행을 2년간 유예하고 강제 노동에 의한 노동 개조를 실시해 그 태도를 평가한 뒤 무기징역으로 감형하는 것을 말한다.

법치와 덕치의 '양치융합(兩治融合, 두 가지 통치 융합)'의 개념은 중국 특색 사회주의 법치주의의 형성 과정에서 점진적인 발전을 거쳤다. 덕치 사상은 먼저 당내에 반영된다. 당원의 도덕 수양은 마오쩌둥 당 건설 사상의 핵심이다. 중국 전통문화의 대동 이상, 민본 사상, 의리와 이익을 중시하고 집체주의와 같은 도덕적 요인이 마르크스주의의 기본원리와 결합하여 마오쩌둥 사상의 당 창건에서 중요 구성 부분이 되었다. 당시 법치 사상은 매우 약했다. 덩샤오핑은 물질문명 건설, 정신문명 건설, 4대 기본원칙 고수와 개혁개방, 법제도 등 '두 마리 토끼를 모두 잡아야 한다'라는 사상을 여러 차례 제시하며 법률과 교육이라는 두 가지 수단으로 이 문제를 해결해야 한다고 했다.[28]

중국공산당 제15차 전국대표대회 보고에서 장쩌민은 "법제 건설과 정신문명 건설은 긴밀히 통합되고 동시에 추진되어야 한다."라고 제안했다.[29] 21세기에 들어선 이래 장쩌민은 의법치국과 도덕으로 나라를 통치하는 관계에 대해 명확하게 논의했는데, 법치와 덕치는 모두 상부구조의 구성요소에 속하며, 모두 국가를 통치하는 중요한 수단이다. 법치는 정치문명에 속하고 덕치는 정신문명에 속하며, 우리는 "사회주의 법제 건설을 꾸준히 강화하고 법에 따라 국가를 통치해야 한다. 동시에 사회주의 도덕 건설을 끊임없이 강화하여 덕으로 나라를 다스려야 한다."[30] 2012년 후진타오는 중국공산당 제18차 전국대표대회 보고서에서 "의법치국과 이덕치국(以德治國, 덕에 의한 다스림)의 결합을 견지하고 사회 공중도덕, 직업윤리, 가정 미덕, 개인 미덕 교육을 견지하며 중화 전통의 미덕을 고취하고 시대의 새로운 풍조를 선양해야 한다."라고 지적한 바 있다. 시진핑은 여러 차례 의법치국과 이덕치국의 결합을 견지하고, 법치 건설과 도덕 건설을 긴밀히 결합하고, 타율과 자율을 긴밀하게 결합해 법치와 덕치를 상호보완해야 한다고 여러 번 강조했다.

중국공산당 제18기 4중전회의 '결정(決定)'은 의법치국과 덕치 국가의 상호 결합을 견지하고 의법치국의 종합목표를 전면적으로 추진하기 위해 반드시 지켜야 할 중요한 원칙으로 삼을 것을 명확히 제시하기도 했다.

중국 특색 사회주의 법치가 이러한 '양치융합' 패턴을 형성한 것에 는 매우 심오한 이유가 있다. 첫째, 덕치 자체가 우수한 사회질서의 이상적인 상태라는 것이다. 도덕은 인간의 내적 인식과 자기 요구로 서 법률의 외적 구속에 비해 인간의 행동을 규제하는 데 있어 더 높은 기준과 지속적인 역할을 한다. 법률 전문주의를 주장하는 서구 국가에서도 인간의 행동을 규제하는 데 있어 도덕의 중요한 기능을 배제하지 않지만, 그네들은 법치와 이를 명확하게 구분할 뿐이다. 둘째, 중국은 오랫동안 혈연관계를 기반으로 한 윤리사회로 오늘날 에도 여전히 중국사회는 윤리 도덕의 중요성을 매우 강조하고 있고 덕치는 여전히 견실한 사회적 기반과 확실한 사회적 요구를 가지고 있다. 셋째, 법치 전통이 비교적 약하고 법치자원이 부족한 역사적 조건에서 덕치는 중국에서 선치(善治)를 구현하는 합리적인 선택이 라 간주할 수 있다. 넷째, 중국인들은 처지를 바꾸어서 생각하는 편이 고 안에서 밖으로 나아가려는 질서관을 가지고 있다. 이런 질서관은 만약 인간의 내재된 질서가 정의에 부합한다면 정의에 부합하는 외 재 질서가 자연스레 생겨나고, 역으로 인간 마음의 도덕질서가 확립 되지 않으면 '법령이 많아질수록 도적들도 점점 더 많아지게' 되는 결과가 나타날 가능성이 크다고 여긴다. 다섯째, 중국 문화는 '군자 의 덕은 바람이고, 소인의 덕은 풀'임을 강조해 위정자가 덕행에 있어 모범적인 역할을 할 것으로 요구한다. 이 관념은 중국공산당의 '선봉대' 사상과 일치하며, 당원과 간부는 정치적 각성자로서 더 높은 윤리 도덕 기준을 가지고 있어야 사회에서 모범적인 역할을 할 수 있게 된다. 따라서 정신문명 건설 역시 먼저 "당풍과 사회풍토의 근본적인 호전에 초점을 맞춰야 한다."[31] 요컨대 덕치는 전통적인 통치 모델이기 때문에 현대적 가치를 잃지 않으며, 법치와 덕치의 '양치융합'은 전통적 지혜와 현대 문명의 유기적 통일을 구체적으로 드러낸다.

2) 의법치국과 의규치당(依規治黨)

중국공산당은 중국정치와 사회생활의 중심축이다. 중국 인민을 영도하는 당이자 중국의 집권당이며, 중국공산당 자체가 엄격한 조직체계와 9천만 명 이상의 당원을 보유한 초대형 정치집단이다. 이러한 특수성으로 인해 첫째, 중국공산당은 엄청난 영도 권력과 집정 권력을 장악하고 있어 영도 대상 및 모든 국가기관과 정치적 관계를 맺게 된다. 영도 권력과 집정 권력에 있어서 당과 국가 관계와 당과 정부 관계를 어떻게 규제하고 감독할 것인가는 중국 법치 국가 건설의 핵심이다. 둘째, 중국공산당은 초대형 정당으로서 복잡한 조직구조와 운영체계를 가지고 있으며 각급 조직의 설립, 변경, 활동, 권한과 상호관계는 반드시 근거와 규정이 있어야 하고 그렇지 않으면 초대형 조직의 질서 있는 운영 문제를 해결하기 어렵다. 셋째, 정당조직이 입안의 주체로서 이에 상응하는 전당의 위아래 수천만 명의 각급 당원 간부, 특히 그중 고위간부들은 종종 중요한 공공 직위를 차지하고 중대한 공권력을 장악하고 있다. 따라서 당원을 지도하는 간부를 어떻게 관리, 구속 및 규범화할 것인가는 중국의 법치 국가 건설에서 반드시 해결해야 할 문제이다. 만일 당의 영도력과 집권이 규범화되지 않으면 법치 국가 건설은 뿌리 없는 나무라 할 수 있다.

의규치당(依規治黨, 규율에 의한 당 통치)은 당의 조직 건설, 사상 건설, 기풍 건설, 반부패 투쟁, 당 활동 및 당내 생활 등 많은 측면을 포괄적으로 엄격하게 다스리는 중요한 아이디어이자 방법이다. 의규 치당은 무엇보다도 준수해야 하는 규칙과 규정이 있어야 하며, 이에 따라 해당 개념은 주로 당의 내부 규정과 관련 제도를 지속적으로 개선하는 것으로 나타난다. 중국공산당 초기, 당내 관계를 규범화하기 위해 마오쩌둥은 "당내 관계를 정상 궤도에 올려놓기 위해서는 상술한 네 가지 가장 중요한 기율 외에 비교적 상세한 당내 법규를 정하여 각급 영도기관의 행동을 통일해야 할 필요가 있다."라고 언급한 바 있다.32) 덩샤오핑은 1978년 중앙공작회의 연설에서 "국가에는 국법이 있고 당에는 당규와 당법이 있어야 한다. 장정(章程)은 가장 근본적인 당규·당법이다. 당규와 당법이 없으면 국법이 보장되기 어렵다."33)라고 말하면서 처음으로 당규와 당법을 국가 법률과 동등하고 중요한 지위에 놓이게 했다. 중국공산당 제16차 전국대표대회 이후 중국공산당의 당내 법규와 제도는 나날이 개선되고 당의 활동과 정치생활의 제도화, 규범화 수준은 갈수록 높아지고 있다. 2006년 후진타오 주석은 "새로운 형세와 새로운 임무의 요구에 적응하려면 장정을 핵심으로 하는 당내 법규 제도 시스템 건설을 강화하고, 제도 건설의 품질과 수준을 제고시키며 제도로 관권(官權)을, 제도로 일을, 제도로 사람을 관리하는 것을 해내기 위해서는 당의 건설과 당내 생활 제도화와 규율화를 추진해야 한다."라고 제기했다. 당의 제18차 전국대표대회 이후 의규치당과 당내 법규 건설은 전례 없는 수준으로 언급되었다. 제18기 4중전회에서는 「의법치국의 전면적인 추진에 관한 중대한 문제의 결정」을 채택하면서 "의법집정은 여전히 헌법과 법률에 따라 당이 국정을 다스릴 뿐만 아니라 당이 당내 법규에 따라 당을 관리할 것을 요구한다."라고 지적했다. 장기적인 발전을 거쳐 중국공산당은 현재 장정을 핵심으로 하는 약 4,200개의 유효한 당내 법규를 포함한 상대적으로 완성된 당내 법규 체계를 형성했는데, 그중 중앙당의 법규는 약 220여 개다.

　"사회 발전의 초기 단계에서 매일 반복되는 제품의 생산, 분배 및 교환을 하나의 공통 규칙으로 제한하게 되면서 개인이 생산과 교환의 공통 조건에 복종할 수 있도록 해야 할 필요성이 생겨났다. 이 규칙은 먼저 관습으로 나타나 곧 법률이 되었다."[34] 당내 법규의 발전은 국가 법률의 발전과 유사한 규율을 반영하고 있고, 많은 당내 법규는 처음에는 당내 정치생활의 관습이자 관례로 시작되었으며, 이들의 규범성과 권위를 높이기 위해 중국공산당은 일정한 절차를 통해 이를 정식 당내 법규로 승격시켜 특정 영역에서 더 좋은 제도화를 실현했다. 중국공산당의 당내 법규 제정 업무를 표준화하고 건전한 당내 법규 제도 체계를 건립하며 당 건설의 과학화 수준을 향상하기 위해 2013년 5월 27일 중공 중앙은 「중국공산당 당내 법규 제정 조례(中國共産黨黨內法規制定條例)」를 공포했다. 이 조례는 당의 '입법법'에 해당하며, 당내 법규의 제정 권한, 제정 원칙, 규획 및 계획, 초안 작성, 승인 및 공포, 적용과 해석, 기록, 정리와 평가를 명확히 규정하고 있다.

　의규치당과 의법치국은 상호보완적인 성격을 지닌다. "당은 당내 기율의 문제를 관리해야 하고, 법률 범위의 문제는 국가와 정부가 관리해야 한다."[35] "당 업무에 있어서 당풍을 바로잡는 데 중점을 두지만, 전반직으로 법제를 강화하는 것에 있다." 중국으로선 의규치당이 정당정치의 규범성을 강화하는 것 외에도 의법치국을 추동하는 데 중요한 선도적, 시범적 역할을 하고 있다. 당내 관계의 규범화는 권력관계의 규범화에 도움이 되며 당원과 영도 간부가 당의 기율을 준수하는 것은 전체 사회가 국법을 준수하는 데 유용하다. 덩샤오핑은 말했다. "고위간부 자제일수록, 고위간부일수록, 유명인일수록, 그들의 위법사건을 빨리 조사하고 처리해야 한다. (…) 전형적인 것을 포착해 처리하는 것은 그 효과도 커서 우리가 모든 저항을 극복하고 법제 건설과 정신문명 건설에 전념하기로 결정했음을 나타낸다."36) 당내 법규는 당을 관리하고 통치하는 중요한 근거일 뿐만 아니라 사회주의 법치 국가 건설을 위한 강력한 보장이다. 장정은 가장 근본적인 당내 법규이며, 전 당은 반드시 이를 엄격히 실행해야 한다. 당내 법규 제정 시스템과 기제를 개선하고 당내 법규 기록의 검토 및 해석을 강화하며 완전한 당내 법규 시스템을 형성한다. 당내 법규는 국가 법률과의 연계 및 조정에 주의를 기울이고 당내 법규의 집행력을 높이고 당내 법규를 운용함에 있어 당이 당을 관리하려면 종엄치당을 실제 상황에 적용함으로써 당원과 간부가 앞장서서 국가 법률과 법규를 준수하도록 촉진해야 한다.37)

3) 전문 법치와 포괄적 거버넌스의 융합

법치의 생명은 실천에 있고 법치 실천의 형식 역시 법치의 속성과 실질적 효과에 큰 영향을 미친다. 현대 서구 국가의 법치 실천은 고도의 전문주의이며 법치는 고도의 자치성을 가진 일종의 자유 질서로 간주되며, 법치 실천은 주로 변호사, 법관, 직업 관료 및 법률 전문가 그룹에 의해 제정된 법, 판례와 관례에 따라 전문주의적 방식을 통해 추진된다. 중국의 법치 실천은 법치 전문주의와 포괄적 거버넌스 전략이 상호 결합된 특징으로 나타난다.

질서는 장기적인 법치 실천의 결과일 뿐만 아니라 법치 실천이 장기적으로 존재할 수 있는 기본 조건이다. 기본 정치 질서가 결핍된 상황에서 한 사회는 일반적으로 '집정관 체제'38)식의 정글 사회에 빠져들게 되며 규칙의 통치와 규범화된 사회적 관계는 말할 것도 없다. 장기간의 혁명 투쟁 과정에서 중국공산당은 어려운 조건과 급변하는 투쟁 상황에 적응하기 위해 부득이 매우 유연한 투쟁 전략을 채택해야 했다. 당시 상황에서 기존의 거버넌스와 규칙의 준수는 가장 우선되는 원칙과 수요가 아니었다. 오히려 중국공산당은 또 하나의 구체적인 어려움을 극복하기 위해 고도의 유연한 정치 동원 방식을 운용하여 "우세한 병력을 집중시켜 각개 격파"하는 방식으로 동시에 스스로를 보존해야 했다. 그러나 혁명 투쟁 외에도 중국공산당은 생산, 분배, 사회 치안, 권력 감독 등과 같은 일련의 전통적인 통치 과제에 직면해 있으며 특히 정권이 수립된 근거지에서 이러한 종류의 통치 수요는 더욱 절실했다. 그래서 혁명 근거지 시기에 중국공산당은 한편으로 대량의 법치 실천을 전개하였는데, 예를 들면 혁명 근거지 법률을 제정하고 사법기관을 설립하는 것 등이었다. 하지만, 더욱 중요했던 것은 규범화가 불충분한 상황에서 기본질서와 공공 물품을 제공하기 위해 중국공산당이 '엄격한 단속', '정풍'과 같은 운동적 통치 모델과 사상 교육 및 인민 조정과 같은 다양한 통치 도구를 개발해야 했던 것이다. 변화하는 사회에서 질서를 빠르게 실현하기 위해서 이러한 초전통적 거버넌스 도구와 거버넌스 모델은 당시 관례화된 거버넌스 효과를 얻기 위한 필연적 선택이었고, 또한 제도적 침전과 집정경험으로 신중국 성립 이후에 기존의 거버넌스 패턴으로 전환되었다. 상술한 각종 종합 통치 도구는 비록 서구적 의미의 '법치'에 속하지는 않지만, 모두 정치 경제 사회 생활의 질서화에 유리한 것이었다. 따라서 의심할 여지 없이 '법치화'의 실질적인 효과가 있다.

신중국 건국 이후 오랜 기간 법제 건설이 핵심 정치 의제가 되지 못하고 종합 통치로 기본질서를 확보하는 것이 주된 흐름이 되었다. 게다가 객관적으로 중국 국가의 법제 시스템은 완비되지 못하여 국가 거버넌스는 부득이하게 운동적이고 다원화된 종합 거버넌스 모델을 채택해야 했다. 그래서 이러한 거버넌스 모델은 중국의 법치 형태를 깊이 형성했다. 개혁개방 이후 법제 건설이 핵심 정치 의제로 떠오르고, 의법치국이라는 국가를 통치하는 방략이 헌법에 명시되었다. 중국 특색 사회주의 법률 체계의 기본 형성과 같은 배경에서 종합 통치 도구 역시 전문화된 법치의 발전으로 인해 축소되지 않고 오히려 이론과 실제가 점차 융합되어 중국 특색 사회주의 법치 형태의 유기적 구성요소가 되었다. 중국은 서구식 전문주의 법치현대화의 길을 걷지 않고 자체의 역사적 기초와 자원 기질을 바탕으로 법률 전문주의와 다원적 종합 거버넌스의 융합 발전을 위한 법치 모델을 형성했다.

법률 전문주의와 다원적 종합 거버넌스의 융합성은 여러 측면에서 나타난다. 하나는 참여 주체의 융합성이다. 서구의 전문주의 법치 모델에서는 주로 법률 직업 공동체가 법치 과정에 참여하는 것과 달리 중국의 법치 실천에는 법관, 변호사 및 기타 직업 그룹이 참여하는 것 외에도 각급 당 조직, 관련 행정 부문, 기층 자치 조직, 사회 조직, 명망 있는 인사와 일반 시민이 모두 참여한다. 두 번째는 법치 방법의 융합성이다. 법치 전문주의 논리의 규칙 지상주의와 달리 다원적 종합 거버넌스는 대화 협상, 인민 조정, 군중 노선, 사상 교육 등의 수단을 더욱 강조한다. 예컨대 사법 실무에서 다원적 분쟁 해결 메커니즘, 특히 갈등 및 분쟁을 해결하는 중요한 방법으로 인민 조정,

마시우(馬錫五) 재판 방식인 펑차오(楓橋)* 경험 등이 법치 실천에서 널리 홍보되고 적용되었다. 세 번째는 법치 효과의 융합성이다. 구체적인 법치 실천은 문제와 수요에 따라 정치적 효과, 법률 효과와 사회적 효과의 통일을 추구한다. 특히 기층 법치 실천과 서구의 전문 부문 및 관료제 시스템을 위주로 한 전문 법 집행 및 전문 사법과의 가장 큰 차이점은 중국 특색 사회주의 법치가 명백한 다원적이고 종합적인 특성을 나타내고 그 본질은 당의 인도하의 사회 거버넌스 법치화라는 것이다. 이는 구체적으로 세 가지 측면으로 나타난다. 하나는 행정의 법 집행 부서가 법에 따른 행정을 기반으로 법 집행 규범과 공정성을 강조하는 것이다. 다른 하나는 사구(社區, 지역사회) 협상 및 인민 조정과 같은 군중 작업 방법에 참여여 효율성과 효과를 제고하는 것이다. 세 번째는 법원 사무의 일체화된 종합적인 법 집행의 장점을 충분히 발휘하여 기층이 새로운 상황과 새로운 문제에 직면했을 때 혁신을 장려하는 것이다. 요컨대 중국 특색 사회주의 법치는 법률 규범이나 법률 전문 부문의 자기실현을 위한 것일 뿐만 아니라 당의 영도, 인민주권, 의법치국의 유기적 통일의 종합성을 띤 거버넌스 효과를 추구하는 것이다.

2. 정당 주도의 법치 국가 건설 경로

현대 중국의 정치발전과 현대화 건설은 정당의 주도하에 진행되었

---

* 마시우는 중공 초기 최고인민법원 부원장까지 올랐던 인물로 오랜 기간 인민 사법 업무에 종사한, 이른바 '장쑤성 펑차오현 경험'을 상징하는 인물이다.

고, 중국공산당의 영도는 중국 특색 사회주의의 가장 본질적인 특징이다. 중국 특색 사회주의 법치 국가 건설은 중국 특색 사회주의 현대화 건설과 중국 특색 사회주의 정치발전의 내재된 구성 부분에 속한다. 중국 특색 사회주의는 정당 중심의 국가 건설의 길을 걷고 있기[39] 때문에 중국 특색 사회주의 법치 국가 건설도 정당 중심의 총체적 논리를 따른다. 중국공산당 영도는 중국 특색 사회주의 법치의 가장 본질적인 특징이며 "사회주의 법치의 가장 근본적인 보장"이다.[40] 정당 중심의 법치 국가 건설 논리는 이론적 기초, 역사적 과정과 실천 방식의 각 분야로 나타난다.

(1) 이론적 기초

한 국가가 정당의 주도하에 하나의 법치 국가를 건설할 수 있을까? 이것은 실천 문제일 뿐만 아니라 이론의 문제이기도 하다. 정당이 주도하는 법치 국가 건설은 인류 법치 문명의 발전사에서 새로운 탐구에 속하며 그 실천에 있어 전례가 없는 것이다. 그러나 이 실천이 이론적으로 일정한 기초가 없는 것은 아니다. 중국 특색 사회주의 법치 국가 건설의 이론적 기초는 마르크스주의 중국화에 있으며 마르크스주의 법률관의 기본원리를 구체화할 뿐만 아니라 중국의 국가 상황에 기초해 발전과 혁신을 진행할 필요가 있다.

1) 마르크스주의 법률관

마르크스주의 중국화는 마르크스주의 법률관의 중국화를 포괄한다. 마르크스주의 법률관의 기본 특징은 다음과 같다. 첫째, 법률은 통치계급의 의지를 나타내는 것이고 계급통치의 도구라는 것이다.

"정치의 입법이든 시민의 입법이든 모두 경제 관계의 요구를 표명하고 기재하는 것일 뿐이다."41) "의회에서 국민은 자신의 보편적 의지를 법률로, 즉 통치계급의 법을 국민의 보편적 의지로 격상시킨다."42)라는 것이다. 법률의 계급성을 강조하는 것은 마르크스주의 법치관의 가장 선명한 특징이고, 이러한 점은 목재 절도 사건과 헤겔 법철학 비판 등과 같은 고전 문헌에 명확하게 드러나 있다. 둘째, 정권 장악은 통치계급이 그 법률을 시행하기 위한 기본적인 조건이다. "관리는 공권력과 징세권을 쥐고 있어 그들은 사회기관으로서 사회 위에 군림하는 것이다. 이전에 사람들은 씨족제도의 기관에 대해서 자유롭고 자발적인 존경을 그들이 얻을 수 있다고 해도 그들을 만족시킬 수는 없었다. 그들은 사회로부터 점점 더 이탈되는 권력의 대표자로서 특별한 법률로서 존경을 얻어야 했다. 이러한 법 때문에 그들은 특별히 신성하고 불가침적 지위를 향유하게 되었다."43) 셋째, 법은 보편성의 내재적 본질과 외재적 형식을 가지고 있다. 통치계급을 제외한 국가의 형태로 자신을 조직할 수 있는 역량 외에 그들은 그들 자신의 특정한 관계에 의해 결정되는 의지를 국가의 의지 즉 법의 일반적 표현 방식으로 부여해야 한다.44) 법은 통치계급의 의지 표현이지만, 법이 보여주는 통치계급의 의지는 통치계급 중 소수의 의지도 아니고, 개인의 자아 의지도 아닌 통치계급의 전체 이익을 반영한다. 통치계급의 공동의 이익에 의해 결정되는 이러한 의지의 표현이 바로 법이다.45) 넷째, 진정한 법은 집단적 의지의 표현이며 인민민주의 보장이다. "법은 사회 공통적인 것으로 개인의 자의적인 횡포가 아니라 특징 물질 생신 방식으로 인해 발생하는 이익과 필요의 표현이어야 한다."46) "법은 인민의지의 자각적 표현이기 때문에 인민의 의지와 함께 생겨나고 인민의 의지에 의해 창조될 때 비로소 확실한 확신이 생기며, 정확하고 편견 없이 어떤 윤리 관계의 존재가 더는 그 본질적 조건에 부합하지 않는다고 판단할 수 있게 된다. 이로써 법은 과학이라고 할만한 수준에 도달하는 동시에 사회적으로 이미 형성된 관점에도 부합하게 된다."47) 한편 마르크스주의는 민주와 달리 포스트 계급사회에서 법은 존재의 의미와 필요가 없다고 생각한다. 왜냐하면 포스트 계급사회에 가면 법은 계급사회의 상부구조로서 반드시 국가, 정당, 군대, 경찰과 마찬가지로 계급의 소멸에 따라 소멸하기 때문이다. 그래서 부르주아 계급의 허위 법률이든 프롤레타리아 계급의 진정한 법률이든 마르크스주의의 기본원리에서는 실체성이 아니라 도구성의 의미만 있는 것이다.

2) 정당 주도는 사회주의 법치 국가 건설 논리의 필연적 결과

마르크스주의 법률관은 법의 계급성, 권력성과 정치성을 명확히 드러냈고, 이를 바탕으로 착취계급의 보편적 탈을 쓴 허위적 법률관을 무자비하게 비판했다. 하지만 마르크스주의는 일반적인 의미에서 법을 비판하는 것이 아니라 보편적인 탈을 쓴 계급사회의 법을 비판할 뿐이며, 진정으로 공동의 의지를 구현하고 인민민주를 기반으로 하는 법은 마르크스주의에 따라 인정된다는 점에 유의할 필요가 있다. 따라서 마르크스주의는 법을 비판한다고 하기보다는 계급통치와 비민주적 정치상태를 진정으로 비판하는 것이라 말하는 것이 더 좋다. 자연스럽게 마르크스주의는 법치를 추상적으로 반대하는 것이 아니라 오히려 진정한 법치를 기꺼이 추구한다고 할 수 있다. 다만 마르크스주의는 겉으로 드러나는 법치에 비해 내부의 '정치'에 더 중점을 둔다. 공산주의 혁명은 "과거에 전해진 소유제 관계를 가장 단호하게 타파하고" 프롤레타리아 계급의 정치 통치를 확립하는 것이며, "노동자 혁명의 첫걸음은 프롤레타리아 계급이 지배계급으로 변모하여 민주를 쟁취하는 것이다."[48] 따라서 사회주의 법치를 건설하려면 먼저 사회주의 정치를 건설해야 한다. 마르크스는 계급사회에서 정권과 권력은 법과 권리보다 본질적이고 중요한 것이며 프롤레타리아 계급은 자신의 '법(right)'을 가지려면 먼저 자신의 '권(power)'을 획득해야 함을 분명히 했다. 그리고 '권력 박탈'이든 '법률 건설'이든 느슨하고 자유로운 프롤레타리아 계급은 완성할 수 없으며, 반드시 의식적인 프롤레타리아 정당의 영도 아래 그 완성을 의존해야 하는 것이다. 프롤레타리아 정당이 인민을 이끌고 프롤레타리아 정권을 건설하는 것은 프롤레타리아 법치를 건설하기 위한 근본 조건인 것이다.

3) 중국 특색 사회주의 법치 국가 건설은 마르크스주의 법률관에 대한 계승과 발전

마르크스주의 법률관은 중국 특색 사회주의 법치 국가 건설에 깊은 영향을 미쳤다. 중국화된 마르크스주의 법률관은 고전 마르크스주의 법률관을 계승할 뿐만 아니라 중국의 전통을 계승하고 시대적 특성을 강조하며 세계 법치 문명을 융합하는 혁신적인 발전을 하고 있다.

마르크스주의 법률관의 중국화는 주로 다음과 같은 측면에서 나타난다. 하나는 법의 계급적 속성을 강조하는 것이다. 특히 중국공산당 초기에 법의 계급성이 규범성을 초과한다고 강조하여 규범적 의미의 법제 건설에 주의를 기울이지 않았다. 마오쩌둥은 민주적인 헌정법치가 없는 것은 거짓이라고 주장하며 "중국은 이미 헌법이 있지 않은가? 차오쿤(曹錕)이 이미 헌법을 반포하지 않았던가? 그러나 민주적 자유는 어디에 있는가?" "헌정(憲政)이란 무엇인가. 바로 민주적 정치이다. (…) 하지만 지금 우리가 원하는 민주정치는 (…) 신민주주의의 정치는 바로 민주주의의 헌정이다. 그것은 구시대적이고 시대에 뒤떨어진, 구미식의, 부르주아 독재의 민주정치는 아니다."49)라고 밝혔다. 마오쩌둥은 "정치법률은 긴 옷을 입은 선생들의 머릿속에 담겨 있지 않고 노동자·농민들의 머릿속에 담겨 있다. (…) 그들이 법에 대해 어떻게 정하지든지간에."50) 두 번째는 법의 상부구조를 강조하는 것이다. 일면 법은 경제적 기초를 위해 복무하는데, 예를 들어 마오쩌둥은 "중국 사회주의 개조의 승리와 사회주의 노동조직의 설립을 적극적으로 촉진하는 역할을 했으며 이는 사회주의의 경제적 기반, 즉 사회주의 생산 관계에 적합한 것이다."라고 언급했다.51) 다른 한 측면에서 법률은 계급투쟁의 도구, 계급투쟁의 소멸과 함께 법률도 불가피하게 소멸을 향해 가고 있다는 것이다. 세 번째, 법의 도구적 가치를 강조하는 것이다. 이는 낡은 법권에 대한 비판과정에서 법의 규범적 기능을 부정한다. 혁명 투쟁 과정에서 정치적 동원과 정책에 의존해 일을 처리한 경험이 국가의 일상적 통치에 유입되어 공화국 초기 법제 건설을 '과도'하게 간주하고 심지어 민주를 심각하게 짓밟고 법제적 상황을 파괴하는 경우로 나타났다.52) 법치의 기능은 주로 당의 집권과 국가번영에 복무하고, 인민의 행복과 안녕과 관계되며, 당과 국가의 장기적인 안전과 관계되며 자신의 초월적 가치를 형성하지 않는 것으로 설정되어 있다.53) 네 번째, 민주와 법치의 결합을 강조하고 민주를 사회주의 법치의 기초로 삼고 법치를 인민민주의 보장조건으로 삼고 계급성과 규범성을 갖춘 사회주의 법치의 기초를 건설하는 것이다. 다섯째, 법치의 현대 문명 속성을 강조하는 것이다. 정치 권력을 규범화하고 인민의 권리를 보장하는 법치 기능이 나날이 강조되고 있고, 법치는 경제사회관계를 조정하고 규범화하는 핵심수단으로 사용되고 있으며, 사회주의 핵심 가치체계의 중요 구성 부분으로, 국가 통치체계와 통치 능력의 현대화를 위한 기초적 조건으로, 중요한 목표이자 구체적인 실현 방식으로 삼고 있다. 이상의 몇 가지 측면은 궁극적으로 법치의 방향, 법치의 발전, 법치의 보장 및 법치 시행에서 당의 핵심적 지위를 강조하는 것이다.

요컨대 법의 계급성과 정치성을 강조하고 당의 영도를 강조하는 측면에서 중국 특색 사회주의 법치관은 마르크스주의 법률관과 일맥상통한다. 그러나 중국 특색 사회주의 법치 이론은 지속적으로 풍부해져 점차 당의 영도, 인민주권, 의법치국의 유기적이고 통일된 법치 패턴을 형성하고 있다. 한편, 중국 특색 사회주의 법치관은 법치 정치성의 기본원리에 관한 마르크스주의 법률관을 계승하고 있다. 다른 한편으로는 법치의 규범적 의의와 본질적 의의를 점점 더 강조하고 있다. 현대 중국에서 법치는 더 이상 있어도 되고 없어도 되는 대상이 아니라 중국 특색 사회주의의 길, 이론, 제도 및 문화에 있어서 매우 중요한 유기적 구성요소가 되었다.

(2) 역사과정

신중국은 제국주의, 봉건주의와 관료 자본주의와의 어려운 투쟁에서 건립된 사회주의 국가로서 중국공산당은 이 과정에서 절대적인 영도역량과 국가발전 방향의 상악사, 사회자원과 가치의 정합자, 개혁개방의 설계와 추동자 및 중국 인민과 중화민족의 가장 근본적 이익의 대표자이다. 이러한 특수한 국가 건설과 발전 배경은 중국 특색 사회주의 법치 국가 건설의 역사 논리가 결정한 것이다.

1) 혁명 건국에서 의법치국까지

역사가 증명했다시피 중국 특색의 정당 제도는 전쟁을 통한 과도기를 거쳤고, 각종 정치적 이상과 정치 모델과의 충분한 경쟁에서 승리한 것이다. 이러한 역사적 도태 메커니즘이 가장 공평하며 어느 정도 이면에는 다양한 경제, 문화 및 사회적 조건의 집합으로 인한 필연적 결과인 것이다. 이는 적어도 당시 중국이 서구의회제 정당이 낳은 정치적 여건과 문화 기초와 역사적 시기를 갖추지 못했음을 설명한다. 하지만 이런 집합의 배후에 있는 정치 논리를 파악하는 것은 또한 매우 어려운 일이다. 역사 이면에는 두 가지 논리가 있다. 첫째, 중국 특색 사회주의 국가 건설 과정에서 '혁명 건국'에서 '의법치국'으로의 논리적 전환이 존재함을 인식해야 할 필요성이다. 둘째, 혁명 건국 과정이나 의법치국 과정에서 당의 영도는 시종 불변의 핵심 요소이고 이 두 가지는 건국 논리의 가장 근본적인 추동 능력과 보장 역량이기도 하다.

차이점은 혁명 건국 과정에서 당과 국가의 생활은 완전히 일치하며 당의 역량은 국가의 힘이고 당의 의지는 국가의 의지이며 당의 흥망성쇠는 국가의 흥망성쇠이며 그 사이에 뚜렷한 과도기적 연결고리가 없었다는 것이다. 의법치국 과정에서 당의 영도와 국가 정치생활에서 제도상의 기능이 구분된다. 이러한 구분의 제도화는 국가 법제 체계의 형성을 구분하고 당의 영도가 의법치국의 현대적 형태에 의해 나타나야 한다는 것이다. 따라서 혁명 건국의 논리로 '의법치국'의 문제가 발생하지 않기 위해서는 법률 건국의 논리로 당의 영도와 의법치국이 직접적으로 연결되어야 한다. 즉, "당의 영도는 의법치국 - 국가기구 운용 - 당의 의지 관철 - 당의 영도 실현"하는 것이다. 의법치국은 따라서 당의 영도와 필수 불가결의 중간 연결고리가 되는 것이다.

2) 사회주의 건설과 의법치국의 좌절

중국공산당은 의법치국의 풍부한 경험은 없지만, 법제의 우량한 기능을 발휘하는 데 주력해왔다. 혁명 투쟁 시대에 당은 혁명 근거지에서 자신의 조직법을 제정하고 당의 활동을 합법적으로 만들려고 노력했다. 신중국 성립 이전에 당은 각 민주당파와 전국 민족 인민을 지도해 공동 강령을 제정하여 신중국 성립을 위한 확고한 법적 기반을 마련했다. 1954년 신중국 최초의 헌법이 탄생하고 전국인민대표대회가 열린 것은 신중국의 정치생활이 본격적인 법제의 궤도에 올랐음을 의미했다. 그러나 국정을 다스리는 데 있어 법의 역할은 오랫동안 도구론과 가치론 사이의 긴장에 의해 영향을 받았다. 신중국 성립 이후 개혁개방 전까지 당, 특히 당 고위간부의 법에 대한 태도는 주로 도구론의 영향을 받았으며 법률을 사회주의 개조와 혁명의 지속을 위한 도구로 사용했다. 이러한 측면에서 우리는 비교적 짧은 시간에 사회주의 개조를 완료하고 사회주의 기본 제도를 구축했고 다른 한편으로는 법률 의식이 희박한 일부 당원 및 간부들이 법에 따라 처리하지 않는 후유증을 초래하기도 했다. 이런 후유증은 나중에 문화대혁명 기간에 법을 완전히 폐기하는 악한 결과로 발전하기도 했다. 법제의 결핍은 의심할 여지 없이 문화대혁명이라는 극단적인 정치가 형성된 가장 중요한 이유 중 하나였다.

개혁개방 후 중국은 먼저 법에 대한 관념을 수정하고 법률은 당이 국정을 운영하는 도구일 뿐만 아니라 동시에 일정한 가치 속성을 가지고 있음을 인식함으로써 법치는 사회적 합의를 응집하고 국가 생활을 규범화하고 거래 비용을 절감할 수 있게 되었다. 특히 개혁개방 과정에서 우리는 헌법과 법률을 통해 다양한 소유제 경제의 공동 발전을 보호하고 인민 군중의 기본권을 보호하며 당 간부들의 행동을 규제하고 부패를 예방해야 했다. 물론 법률 가치론의 관점 역시 극단적으로 할 수 없고 그렇지 않으면 법의 계급적 속성을 없애고 자본주의 법제와 사회주의 법제의 차이를 희석해 비속하고 허무한 법치관에 빠지게 될 것이다. 법제의 도구적 속성과 가치 속성을 조절하기 위해서 가장 중요한 것은 법치 건설을 추진하는 과정에서 당의 영도를 견지하고 사회주의 법치 인민의 본성을 확보하는 것이다.

3) 개혁개방과 국가발전 : 인민 주체성과 의법치국의 복귀

개혁개방 이후의 국가발전에서 우리는 이론과 실천의 측면에서 인민의 주체성과 법치 국가의 이중적 복귀를 보았다. 첫째, 국가의 정치생활은 제도화되어야 한다. 혁명 중에 당은 동원-공격을 통해 사회 문제를 해결했으며 신중국 건국 후 국가 정치력 간의 관계는 나날이 표준화된 요구에 직면하였다. 둘째, 당의 활동방식은 법치화로 나아가야 할 필요가 있다는 것이다. 혁명의 임무가 완료된 후 중국 특색 사회주의 사업의 지도자인 중국공산당의 주요 사명은 필연적으로 '혁명전쟁'에서 '국정운영'으로의 전환에 직면하게 되었고, 이로 인해 당의 활동방식도 변화가 발생해 부단한 제도화의 국가 생활에 적응하게 됐다. 셋째, 국가 정권의 합법성은 점차 법리화로 나아가야 한다. 혁명에서 당을 이끄는 합법성은 주로 혁명강령의 응집력과 호소력, 혁명 영수의 카리스마, 그리고 이 혁명 지도자가 진정으로 광대한 인민의 근본이익 요구에 따라 혁명을 일으켜 승리하는 것에서 비롯된다. 하지만 집권 정당으로서 혁명강령과 혁명 임무는 이미 완수되었고, 혁명의 영수도 국가지도자로 이미 바뀌었기 때문에 새로운 합법성의 원천을 찾아야 한다. 현대 정치에서 집정당의 합법성 원천은 여전히 종합적이며, 주로 역사적 합법성, 성과적 합법성 및 법리적 합법성을 포함하며, 그중 법리적 합법성이 가장 근본적이고 안정적인 것이다. 법리적 합법성하에서 집권당이 국가 정권을 장악하는 근거는 헌법에 따라 부여되며, 집권당의 모든 활동은 헌법과 법률을 기반으로 하며 국가 헌법과 법률은 또한 당의 영도하에 중국 인민에 의해 공동으로 제정된다. 따라서 당의 영도, 인민주권과 의법치국은 헌법과 법률의 시행 과정에서 유기적인 통일을 달성했다.

실천적 차원에서 사회가 점차 다원화되고 이익은 객관적인 사실로 분화되었다. 사람들의 권익에 대한 요구가 차별화되었고 사회 주체마다 국가와 다른 사회 구성원에 대한 다른 행동 패턴이 기대되며 이 중대한 변화는 법률을 통해 보호되고 규제되어야 한다. 이 밖에 시장경제 발전은 보편적인 공감대가 되어 헌법에 명시되어 보호되고 있으며 시장경제 발전의 가장 중요한 기둥은 재산권 보호와 거래규칙의 법치화를 포함한다. 재산권 보호이든 거래의 규범화된 관리든 결국 법치의 외침인 것이다. 게다가 2002년 WTO에 가입한 후 중국의 국제 사회 통합 속도가 크게 가속화되었고 국제적인 역할도 나날이 성장하는 중이다. 이데올로기적 차이가 단기간에 계속될 수밖에 없는 현실에서 법치는 세계가 인정하는 가치와 거버넌스 방식이 되었다. 따라서 사회주의 법치 국가 건설은 중국이 세계 강대국으로서 중요한 토대를 마련하는 데 도움이 될 것이다.

(3) 실천 방식

인류의 정치 사물과 정치 문명 성과로서의 법치는 저절로 생겨난 것이 아니라 일정한 추진 주체와 생산 조건이 필요하다. 국가마다 법치의 주체는 완전히 동일하지가 않다. 중국에서 법치 건설 주체의 역량을 추동할 수 있는 것은 중국공산당밖에 없다. 중국공산당은 법치 국가 건설의 기본 방식을 주도하는데, 첫째 법치 발전을 촉진하고, 둘째 법치 시행을 보장하며, 셋째 법치 방향을 인도한다.

1) 정당이 법치 발전을 촉진

중국 특색 사회주의 법치 국가 건설의 발전 맥락은 주로 법치의 정치성을 강조하는 것으로부터 법의 정치적 기초를 확보하는 것을 바탕으로 법치의 규범성을 더욱 강조하는 것으로 발전했다. 아울러 주로 법의 도구적 속성을 강조하는 것에서 법의 가치 속성을 중시하는 것으로의 전환을 겪었다. 이러한 도약과 전환의 가장 근본적인 동력과 주체는 중국공산당이다.

혁명 근거지 시기부터 중국공산당은 신민주주의 법제를 건설하기 시작했다. 예를 들어, 중화소비에트공화국은 「중화소비에트공화국 헌법 대강」, 「행정구역 분할에 관한 잠정조례」, 「소비에트 지방정부 잠정조직조례」, 「중화소비에트공화국 중앙 소비에트 조직법 및 중화소비에트공화국 지방 소비에트 임시조직법 초안」과 같은 일련의 헌법적 법률을 연속적으로 제정하고 법제 방식을 사용해 소비에트 정권을 건설했다. 또한 「중화소비에트공화국 토지법」, 「중화소비에트공화국 혼인법」, 「중화소비에트공화국 노동법」, 「중화소비에트공화국 반혁명 처벌에 관한 조례」 등 기타 민사, 행정 법률과 규정을 반포하고 실시함으로써 중요한 영역에서 거버넌스의 일상화가 법에 의거할 수 없는 상황을 해결했다. 산시-간쑤-닝샤(陝甘寧) 국경 지역 정부는 또한 「산시-닝샤-간쑤 국경 지역의 항전 시기 시정 강령」, 「산시-간쑤-닝샤 국경 지역의 인권 및 재산권 보호에 관한 조례」, 「산시-간쑤-닝샤 국경 지역의 정치 업적에 대한 총칙 초안」, 「산시-간쑤-닝샤 국경 지역 공무원 규정」, 「산시-간쑤-닝샤 혼인조례」, 「산시-간쑤-닝샤 노동 보호 조례 초안」, 「항전 시기 매국노 초벌 조례」, 「횡령 처벌 조례」 등의 많은 법률과 규정을 연속해 제정했다.54) 신중국 성립 이후 헌법 조직법, 경제 입법, 재정 및 조세 입법, 형사 입법 및 민사 행정 입법과 같은 많은 분야의 법률 시스템 건설을 적극적으로 강화하여 새로운 정권 수립의 토대를 마련했다. 이 시기 정당 주도의 법치 발전은 정치성과 문제성, 목표적 성격이 강했다. 이러한 법제 건설 활동은 신생 정권을 새로운 인민민주 정치 기초 위에 확립되게 하고, 당시 국가 정치, 경제, 사회생활의 규범화와 질서화 문제를 해결하였다.

개혁개방 이후 당의 법치 발전 추진은 규칙과 규정의 제정에만 국한되지 않고, 과학입법, 엄격한 법 집행, 공정사법, 전 인민의 준법이 전면적으로 추진되었다. 당의 11기 3중전회는 중국 특색 사회주의 법치 국가 건설의 새로운 출발점이었다. 덩샤오핑은 민주주의 법치가 없으면 사회주의도 없다는 유명한 주장을 내놓았다. 법치는 중국 특색 사회주의의 내재 구성요소로 마르크스주의 법치 이론의 중요한 발전이다. 중국공산당 제13차 대회는 국가의 정치생활, 경제생활과 사회생활의 각 방면은 민주와 전정의 가 부분으로 모두 법에 의거할 수 있고 법에 필히 의존해야 하며 법의 집행은 반드시 엄격해야 함을 제시했다. 14차 당대회에서는 법치 건설을 고도로 중시하고 입법 업무를 강화하며 사회주의 시장경제 법률 체계를 구축하고 개선해야 한다고 제시했다. 2010년 리펑(李鵬) 당시 전인대 상무위원장은 중국 특색 사회주의 법체계가 기본적으로 완성되었다고 선언했다. 제15차 대회에서는 의법치국을 당 영도자의 치국이정의 기본방략으로 확립하고, 의법치국은 사회주의 시장경제 발전의 객관적 요구, 국가의 장기적인 안정을 위한 근본적인 보장, 사회 문명 진보의 중요한 상징임을 강조했다. 의법치국 기본방략의 확립은 공산당 통치 이념과 집정 방식의 중대한 전환이다. 제16차 당대회에서는 사회주의 정치 문명의 임무 건설과 민주, 건전 법제, 의법치국, 사회주의 법치 국가 건설을 당이 인민을 이끌고 중국 특색 사회주의를 건립하는 데 있어 반드시 견지해야 할 기본 경험으로 삼았다. 16차 당대회에서는 사회주의 민주정치를 발전시키는 것의 가장 기본은 당의 영도를 견지하고, 인민주권과 의법치국의 유기적 통일이라 강조하였다. 17차 당대회에서는 의법치국은 사회주의 민주정치의 본질적 요구이고, 법치는 중국 특색 사회주의의 전반적인 배치와 발전목표의 중요 부분이며 중국 특색 사회주의 사업의 필연적 요구임을 명확히 강조했다.

중국공산당 제18차 전국대표대회 이후 법치 중국의 건설은 새로운 역사적 시기로 접어들었다. 과학입법, 엄격한 법 집행, 공정사법, 전 인민 준법을 전면적으로 추진하는 것을 바탕으로 의법치국, 의법집정, 의법행정의 공동 추진을 견지하고 법치 국가, 법치 정부, 법치 사회의 일체화 건설을 굳건히 하여 의법치국의 새로운 국면을 부단히 개척하고 있다. 당의 18기 3중전회는 전면 심화 개혁의 총 목표는 중국 특색 사회주의 제도를 개선하고 발전시키며 국가 통치 시스템과 통치 능력의 현대화를 추진하는 것임을 제시했다. 당의 영도를 견지하고 인민주권, 의법치국의 유기적 통일을 중심으로 정치체제 개혁을 심화하고 사회주의 민주정치의 제도화, 규범화, 절차화를 가속화하며 사회주의 법치 국가를 건설한다. 과학집정, 민주집정, 의법집정에 따른 집권수준 향상에 중점을 두고 당 건설제도 개혁을 심화하고 민주집중제 건설을 강화하며 당의 영도체제와 집정 방식을 개선한다. 18기 3중전회 보고서는 또한 다양한 측면과 관련된 수십 가지 법치 중국 건설을 위한 구체적인 개혁 조치를 도입했다.55) 18기 4중전회에서는 당 역사상 처음으로 법치 건설을 전체회의의 주제로 삼았다. 4중전회에서는 이와 같이 명시했다. 의법치국은 중국 특색 사회주의를 견지하고 발전시키기 위한 본질적 요구이자 중요한 보장이며, 국가통치체계와 통치 능력의 현대화를 실현하기 위한 필연적인 요구이며, 공산당의 집정흥국, 인민 행복과 안녕, 당과 국가의 장기적 안정과 직결된다. 의법치국을 전면적으로 추진하는 것의 총목표는 중국 특색 사회주의 법치체계 건설, 사회주의 법치 국가 건설이다. 의법치국을 전면적으로 추진하는 것은 중국공산당 국정운영의 기본방략으로 정당이 법치 중국 건설을 이끌어 전면적 발전의 빠른 궤도에 올라타는 것이라 명확히 제안했다.

중국 특색 사회주의 법치 발전의 핵심 추진 동력은 분명 중국공산당이다. 중국 인민의 민주적 권리는 중국공산당이 인민을 폭력 혁명으로 이끌며 쟁취했을 뿐만 아니라 중국의 국가 조직 체계, 권력 관계, 중국 경제 사회의 규칙과 규범 체계 등은 모두 중국공산당의 주도하에 점진적으로 건립된 것이다. 이러한 정당이 법치의 발전을 주도하는 모델은 현대 중국의 법치 건설을 위한 불가피한 선택이며, 법치의 발전을 촉진하려는 정당의 결의, 강도 및 전략은 근본적으로 법치 중국 건설의 방향, 속도 및 품질을 결정하게 될 것이다.

2) 정당이 법치 시행을 보장

법의 생명은 시행에 있지만, 빈말뿐이고 법은 스스로 운용되지 못한다. 장기간의 노력 끝에 중국 특색 사회주의 법률 체계가 형성되었으며 일반적으로 인민이 따를 수 있는 법률 제정 문제가 해결되었다. 그러나 "무릇 국가 대사는 법령 조례를 제정하는 것이 어려운 것이 아니라 따라야 할 법을 만드는 것이 더 어렵다"*는 것이다.56) 법이 효과적으로 시행되지 않으면 아무리 많은 법도 휴지 조각에 불과하고 의법치국은 공염불이 될 것이다. 따라서 중국공산당은 법치주의 중국 건설을 추진하는 과정에서 모든 법률 체계를 개선하기 위해 많은 노력을 기울여야 할 뿐만 아니라 항상 정당의 힘으로 법치의 시행을 보장하는 데 중점을 두어 인민이 따를 법률 제정, 엄격한 법 집행, 법을 위반하면 엄격히 추궁하는 등의 조치를 해야 한다.

첫째, 의법집정과 의법행정이다. 법률 시행은 먼저 공권력 기관이 법에 따라 권한을 행사하도록 요구한다. 당 18기 4중전회에서 "법의 생명력은 시행에 있고 법의 권위도 시행에 있다. 각급 정부는 당의 영도하에 법치의 궤도에서 업무를 수행하고 직능 과학, 권한과 책임, 엄격한 법 집행, 개방적이고 공정하며 청렴하고 효율적이며 법을 준수하고 정직한 법치 정부의 건설을 가속화해야 한다."고 지적했다. 중국 당정체제의 권력구조 때문에 공권력 기관의 핵심은 정당 자체, 행정기관과 사법기관을 포함한 국가기관이다. 따라서 법치 중국의 기본적 의미는 공산당이 헌법에 따라 통치하고 각급 정부가 법에 따라 행정을 펼치며 사법기관이 법에 따라 독립적으로 재판권과 검

---

* 명나라의 정치개혁가인 장거정(張居正)이 제기한 관점이다.

찰권을 행사하도록 요구하는 것이다. 구체적으로 의헌집정, 의법행정은 각급 정부가 당의 지도하에 법치의 궤도에서 업무를 수행하고 권력을 행사하는 것이다. 법률의 시행을 위해서는 먼저 모든 조직이나 개인이 헌법과 법률의 범위 내에서 활동해야 하며 각급 당 위원회와 정부는 법에 따라 기능을 전면적으로 수행하고 기관, 직능, 권한, 절차 및 책임 법정화를 촉진하고 권한 목록 제도를 구현해야 한다. 각급 당과 정부는 "법이 부여하지 않으면 권한의 즉시 금지, 법정책임을 이행해야 하는 원칙"을 엄격히 관철하고, 집정, 행정의 각 영역에서는 규범적인 권력을 행사한다. 권력 공개와 권력 감독을 강화하고 권력이 양지에서 운영되게 하고 인민 군중의 감독하에 운영되도록 해야 한다. 개혁개방 이후, 특히 18차 당대회 이후 중국은 의법행정, 의법집정에 있어 큰 발전을 이룩했다. 헌법과 법률이 부단히 개선되고 당내 법규 제도가 부단히 개선되며, 집정당이 의법집정하는 기초가 더욱 견고해지고, 정부 직능의 변화가 부단히 심화돼 권력목록 제도가 보편적으로 수립되고 끊임없이 수정되도록 한다. 법치 정부와 투명한 정부 건설이 적극 추진되어 법치 건설이 각급 정부에 심사 지표 체계로 포함되었다. 권력 운영에 대한 감독 및 제한이 지속적으로 증가하고 반부패 투쟁을 계속 심화하며 주요 의사결정의 합법성 검토 시스템을 구축하고 중대 결정 평생 책임 시스템 및 책임 조사 체계를 구축하며 오류를 수정하고 책임 시스템을 개선되게 한다. 의법 결정 시스템의 건전화를 가속화해 대중 참여, 전문가 검증, 리스크 평가, 합법성 검토, 집단 토론 등 중대 행정 결정의 법정 절차에도 개선이 있었다. 이러한 메커니즘과 절차의 수립 및 개선을 통해 중국 법치 정부 건설은 착실하게 추진되고 있다.

둘째, 영도 간부가 법을 준수하는 것에 앞장서도록 하는 것이다.

공권력은 법률과 규정을 시행하는 중요한 주체이며 법에 따라 엄격하게 집행하고 관리해야 한다. 구체적인 권력 행사 과정에서 각급 영도 간부는 준법, 엄격한 법 집행, 법치 사유와 법치 방식을 사용하는 능력을 향상시키는 데 앞장서야 한다. 각급 조직부서는 법에 의거해 일을 처리하고 준법 여부를 검토해 간부를 선발하는 중요한 지표로 삼아야 한다.57) 사법 종사자는 대중과 밀접히 접촉하고 사법 행위를 규범화하며 사법 공개의 강도를 높이고 사법 공정 공개에 대한 인민의 관심과 기대에 부응해야 한다.58) 구체적인 사법 안건에서는 "정법 기관에서 시작하는 각종 암묵적인 잠정 규칙을 단호히 타파하고, 법 외적인 자비의 베풂을 근절하며, 연줄을 찾으면 독식하고 연줄을 찾지 못하면 어려움에 처하는 현상도 바꿔야 한다. 인정을 통해 꽌시를 찾는 사람은 덕을 보기는커녕 대가를 치르게 해야 한다.59) 예컨대 최고인민법원이 「영도 간부의 사법 활동 개입, 구체적인 안건 처리 개입에 관한 기록, 통보 및 책임규정에 관한 규정」을 공포한다. 법원은 데이터베이스 라이브러리를 구축해 사법 인원의 직무수행 개입 경위 등 전체 과정에 흔적을 남기고, 사법 활동에 개입하는 영도 간부의 행위에 대해서는 일률적으로 데이터 라이브러리에 입력해 관련 당 위원회, 정법위원회와 상급인민법원에 보고한다.

셋째, 전체 사회에 법치 신념을 촉진하는 것이다. 신념은 법치 역량의 근원이며, 법이 역할을 하려면 전체 사회가 법을 믿어야 할 필요가 있다. 서구의 성숙한 법치 국가가 '자치형 법률 질서'를 형성할 수 있는 가장 근본적인 원인은 전체 사회가 법치의 신앙이 있어 사람들이 법에 따라 일을 처리하는 것을 가장 좋은 방식이라고 신뢰하기 때문이다. 루소는 모든 법 가운데 가장 중요한 법은 대리석이나 회중시계에 새기는 것이 아니라 시민의 마음속에 새겨져 있는 것이라고 말했다. 중국은 인정이 많은 사회로 법치 관념, 법치 신앙 및 법치 습관이 상대적으로 취약하다. 그래서 사회주의 법치 국가 건설을 위해서는 사회 전반에 헌법과 법률을 존중하는 분위기가 조성되어야 한다. 예를 들어, 2015년 7월 1일 제12기 전국인민대표대회 상무위원회 제15차 회의에서 헌법 선서 제도를 채택하여 국가공무원이 취임할 때 법률 규정에 따라 공개적으로 헌법 선서를 해야 한다. 동시에 법제에 대한 심도 있는 선전과 교육을 실시하고 사회주의 법치의 정신을 고취하며 대중이 일에 직면할 때 법을 찾고 법에 의한 문제 해결을 하도록 이끌어야 한다. 예를 들어, 2014년 11월 1일 제12기 전국인민대표대회 상무위원회 제11차 회의에서 12월 4일을 '국가 헌법의 날'로 정하기로 의결했다. 물론 법치 신념의 형성은 장기적 경험의 축적이 필요하며 가장 어려운 부분은 사회 전체가 법치에 대한 확고한 신뢰와 자신감을 형성하고 모든 사람이 법에 따라 일을 처리하는 습관을 형성하도록 촉진하는 것이다. 따라서 인민 군중은 공권력 기관과 접촉할 때마다 엄격한 규범을 느낄 수 있으며, 모든 사건에서 공정성과 정의가 매우 중요하다는 것을 느낄 수 있을 것이다. 만약 정상적인 절차를 통해 공정하고 정의롭지 못함을 느끼게 된다면 대중이 정법 기관에 대해 안심과 신뢰를 할 수 없게 되고 아무리 법치 관념을 말해도 아무 소용이 없게 된다. 관건은 권력기관과 영도간부 자신이 앞장서서 법을 준수하고 권한을 행사하며 법에 따라 업무를 수행할 수 있느냐에 달린 것이다.

3) 정당이 법치 방향을 인도

근대 중국의 전환과정에서 무술변법, 청말 입헌에서 국민당 정부가 '6법전서'를 제정하기까지가 법제 변혁의 두드러진 줄기였다. 서구 법 개념과 텍스트의 이식은 이 시기의 전형적인 특징이다. 신중국의 법치(법제) 건설은 법률 규범의 의미에서의 혁명이었을 뿐만 아니라 정치적 의미의 깊은 혁명이며 사회주의 법제는 구법제의 기초 위에서 확립될 수 없었다. 이 때문에 방향성의 문제는 중국 특색 사회주의 법치 국가 건설의 근본적인 문제가 되었다.

중국 특색 사회주의 법치 국가 건설의 출발점은 국민당 구정권을 타파하고 국민당의 낡은 법통을 파괴하며 신민주주의 혁명의 근거지에 새로운 정권을 창출하고 새로운 법률을 제정한 것이었다. 예를 들어, 1929년 후난·후베이성 간볜취(贛邊區) 혁명위원회의 정치 강령 중 하나는 "국민당 각급 당부와 민중을 억압하고 기만하는 정부 기관, 반동 단체를 파괴한다"라는 것이었다.60) 항일전쟁 시기, 평화와 민주적 항전을 위해 항일민족통일전선을 구축하기 위해 중국공산당은 공산당이 이끄는 산시·간쑤·닝샤 혁명 근거지 정부를 중화민국 특구 정부로, 홍군을 국민혁명군으로, 무력을 중단하고 국민당의 방침을 전복해 지주 토지를 몰수하는 등의 양보 정책을 중단하는 것 등을 국민당에 제시한 바 있다. 그러나 동시에 중국공산당은 "사회주의와 공산주의의 이상을 절대 버리지 않을 것"이라고 선언하고, 중국은 아래 열거하는 두 가지 민주개혁을 즉시 시행하자고 하였다. 하나는 정치제도상의 국민당 일당 일계급의 반동 독재 정체를 각 당파 각 계급이 합작하는 민주정체로 전환하는 것이었다. "국민대회의 선거와 소집에 있어 반민주의 방법을 피하고 민주적 선거와 대회의 자유로운 개회를 보장하는 것에서부터 시작하여, 진정한 민주헌법을 제정하고, 진정한 민주 국회를 소집하며, 진정한 민주 정부를 선출하고, 진정한 민주정책을 집행할 때까지 지속하자는 것이었다."61) 국민당은 애국 운동을 개방하고 정치범을 석방하며 「민국비상처벌법」과

「신문검열조례」를 폐지하고 인민의 애국 운동을 구속하는 모든 낡은 법령을 폐지하고 혁명의 새로운 법령을 공포할 것을 요구하였다.[62] 다시 말해 항일전쟁 시기에도 중국공산당은 중국 법제 건설의 방향과 속성 문제를 고수했던 것이다.

1949년 1월, 이미 승기를 잡은 중국공산당 중앙위원회는 전쟁범죄자 처벌, 위헌법 폐지, 위법통 폐지, 국민당 군대 개편, 매국 조약 철폐, 관료자본 몰수, 토지제도 개혁, 정치협상회의 개최 등 8가지 조건을 발표했다.[63] 1949년 2월 22일, 중공 중앙은 「해방구 지역의 사법 정의 원칙을 확정하기 위한 국민당 육법전서 폐지에 관한 지시」를 발표하여 국민당의 육법전서는 일반 부르주아 법과 마찬가지로 계급의 본질을 은폐하는 형태로 나타난다는 점을 분명히 했다. 국민당의 모든 법률은 지주와 매판 관료 부르주아 계급의 반동 통치를 보호하는 도구일 뿐이며, 광대한 인민을 탄압하고 속박하는 무기일 뿐이다. 부르주아의 낡은 법통 폐지는 정권 건설에 나타날 뿐만 아니라 부르주아 포기를 위해 제정된 법률 문서로 더욱 구체화하였다.

덩샤오핑은 법제 건설을 대대적으로 제창하면서 4개항 기본원칙을 기치로 선명하게 견지해야 한다며 민주를 중시하며 부르주아 계급 민주주의로 이용해서는 안 되며 삼권 병립을 해서는 안 된다고 분명히 밝혔다. "우리가 대외개방정책을 집행하고 외국의 기술을 배우고 외자를 활용하는 것은 사회주의 건설을 잘하기 위해서지 사회주의 노선을 떠날 수는 없다.", "중국공산당의 영도 없이 사회주의를 하지 않는 것은 미래가 없다.", "독재의 수단 없이는 안 된다."[64] 한편으로 덩샤오핑은 사상의 사상해방, 개혁개방을 추진했고, 다른 한편으로 그는 시종일관 당의 영도를 공고히 하고 사회주의 방향을 확보하는 데 근본적인 위치에 두었다. 중국 특색 사회주의 법치 국가 건설은 당이 늘 전체 상황을 검토하고 모든 당사자의 영도적 핵심 역할을 조정하며, 당이 인민을 영도해 헌법과 법률을 제정하고 당이 인민을 영도해 헌법과 법률을 집행하며 당 자신은 헌법과 법률 범위 내에서 활동해야 진정으로 당의 입법 주도, 법률 집행 보장, 준법에 앞장설 수 있다.[65]

구체적으로 중국공산당이 법치 국가 건설을 주도하는 방향은 다음과 같다. 첫째, 국가의 일체 권력은 인민에게 속하며 법치 발전은 인민민주를 강화하고 인민주권의 지위를 보장하며 인권과 공민권을 보장하는 데 도움이 되어야 한다는 것이다. 둘째, 인민민주 전정의 국가체제와 인민대표대회 제도의 정체를 견지하고 서구 정치제도의 모델을 따르지 않을 것을 강조하는 것이다. 셋째, 사회주의의 방향을 견지하고 사회주의 민주법치건설은 "당의 영도 아래 체계적이고 질서 있게 진전될 것"임을 강조하는 것이다.[66]

3. 유기적 통일의 법치 국가 실천 메커니즘

중국 특색 사회주의 법치 국가 건설의 핵심 문제는 간단히 귀납될 수 있다. 법치 자원과 법치 전통이 결핍된 기초에서 첫째, 법치 건설과 정치발전의 사회주의 방향을 확보하는 것, 즉 법치의 정치성을 확보하는 것이다. 둘째, 국가의 빠른 현대화, 즉 발전성 추구이다. 셋째, 급속한 발전 과정에서 점차 관계의 규범화, 즉 법치의 규범성을 실현해야 한다. 이는 중국 특색 사회주의 법치 국가 건설이 단일하고 함축적인 일방적인 추진이 아니라 정치적, 현대적, 규범적 세 가지 목표와 의미를 동시에 실현해야 한다는 것을 뜻한다. 상술한 세 가지 목표와 의미의 실현을 추구하는 과정에서 중국은 점진적으로 정당이 주도하는 후진국에서 사회주의, 인민민주, 국가현대화, 의법치국의 복합형 법치현대화를 실현하기 위한 노선을 걷게 되었다. 이 노선의 내재적 논리는 당의 영도, 인민주권, 의법치국의 유기적 통일에 집중해 나타난다. 이러한 유기적으로 통일된 법치 모델과 법치 발전의 길은 인류 역사상 유례가 없으며 법치 모델에 대한 사람들의 인식과 법치 실천에 대한 중국인의 지혜에도 도전하는 것이다. 그중 당의 영도는 인민주권과 의법치국의 핵심동력과 근본적 보장이다. 인민주권은 당의 영도와 의법치국의 목표 지향과 가치에 의지하는 것이고, 의법치국은 당의 영도와 인민주권의 기본형식이자 제도적 보장이다. 이런 유기적 통일성을 파고들어야만 중국 특색 사회주의 법치 국가의 고유한 속성과 기본 논리를 이해하고 인식할 수 있으며 이를 바탕으로 중국 특색 사회주의 법치 국가의 지속적인 발전을 추진할 수 있다.

(1) 법치 국가 건설의 기본 차원

중국 특색 사회주의 법치 모델은 그래서 정치형, 통치형, 융합형의 특징을 형성하는 데 주로 중국 특색 사회주의 법치 노선의 내재적 논리의 규정을 받는다.

이론적으로 단일한 규범적 법치의 발전은 중국 특색 사회주의 법치 발전의 요구에 부합하지 않는다. 실제로 단순한 법률의 이식 및 상향식 법치 운동도 중국사회에서 법치의 결실을 볼 수 없다는 것이 역사적으로 증명되었다. 그러나 동시에 유기적 통일의 법치 발전 모델에서 우리는 '법치와 현대화', '법치와 권위', '법치와 민주'의 이

삼대 기본 관계를 반드시 적절히 다뤄야 할 것이다.

1) 법치와 현대화

법치 중국 건설은 역사적 출발점, 가치 목표 및 실천 경로를 포함하는 복잡한 명제이다. 현대 중국의 법치 국가 건설은 몇 가지 규정적인 중대한 제약을 받고 있는데, 첫째 취약한 법치 전통이고, 둘째 사회주의의 방향적 성격이며, 셋째 국가 현대화 발전의 현실적인 요구이다.

이는 첫째, 중국은 법치 자원과 법치 전통이 결여된 비법치 국가의 기초에서 법치 국가를 건설하는 것을 의미한다.[67] 그래서 법치 중국 건설은 중국의 전통적인 정치 형태의 내재적 전환을 촉진한다는 심오한 의미가 있으며, 이러한 전환과정의 발생과 실현은 자동으로 완성될 수 없고 강력한 추진력과 주도력에 의존하여 법치적 요소를 구축하고 축적해야 가능한 것이다. 둘째, 신중국은 사회주의의 발전 방향을 확립하였고, 국내외에서 사회주의 발전의 방향을 확보할 수 있는 구조적 역량이 확고히 형성되지 않은 상황에서 중국이 사회주의 사업을 추구하기 위해서는 강력한 정치적 리더십과 보장이 필요하다. 셋째, 중국의 현대 국가 건설은 세계 현대화 발전의 일반 법칙에 부합해야 하고 현대 국가의 핵심 지표는 경제 사회의 지속적인 발전, 인민민주의 부단한 확대와 법치화 수준의 지속적 향상이 포함되며, 중국은 현대 국가 건설의 다양한 목표 간의 관계를 조절하기 위해 핵심 정치역량에 대한 의존이 필요하다. 이 몇 가지 규정적 결정으로, 중국 특색 사회주의 법치 노선은 저절로 생성될 수 없으며, 자본주의 법치의 발전 모델을 모방할 수도 없고, 필연적으로 당의 영도, 인민주권과 의법치국의 유기적 통일로 나타날 수밖에 없다.

중국 특색 사회주의 법치 국가 건설은 중국 특색 사회주의 현대화

국가 건설의 전반적인 패턴에 내재되어 있다. 중국 특색 사회주의 현대화 국가 건설은 '일체 발전, 전면적 추진'의 복합형 노선,[68] 즉 중국의 현대화 노선은 국부적인 현대화와 편면적인 현대화가 아니라 중국공산당이 전체적 계획과 배치를 수행하고 정치, 경제, 문화, 사회, 생태의 전방위적 발전을 촉진하는 총체적 현대화인 것이다. 중국 특색 사회주의 법치 국가 건설은 중국 국가 전체 현대화의 내재적 성분이자 필연적 요구일 뿐만 아니라 중국 국가 전체 현대화의 중요 보장이자 주요 표현인 것이다. 마르크스는 "인민은 자신의 역사를 스스로 창조하지만, 그들은 자기 마음대로 창조하는 것이 아니고, 그들이 선택한 조건 아래에서 창조하는 것도 아니라 직접 부딪히고 정해진, 과거로부터 계승받은 조건에서 창조하는 것이다."[69]라고 밝혔다. 따라서 역사, 실천과 이념에서 벗어나 추상적 법치 국가 건설을 논할 수가 없다. 중국 특색 사회주의 현대화 국가 건설의 전반적 노선에서 중국 특색 사회주의 법치 국가 건설을 주시하고 인지해야 한다. 중국 특색 사회주의 법치 국가 건설은 단독으로는 돌진할 수 없고 필연적으로 사회주의 현대화 국가 건설의 '유기적 통일'이라는 총체적 논리를 따를 수밖에 없다고 주장했다.

제도화와 법치화는 정치 현대화의 기본 특징 가운데 하나이다. 오랫동안 특히 11기 3중전회 이후 중국공산당은 중국 사회주의 법치 건설 성공 경험과 깊은 교훈을 총결산하면서 인민민주를 보장하기 위해서는 반드시 법치를 강화하고, 민주제도화, 법률화, 의법치국을 당이 인민을 영도하고 국가를 다스리는 기본방략으로 삼으며, 법에 의거한 십정은 당이 국정운영의 기본 방식으로 정해 적극적으로 사회주의 법치를 건설하고, 역사적 성취를 획득해야 함을 제시했다.[70] 중국공산당 19기 4중전회에서는 중국 특색 사회주의제도를 견지하

고 개선하며 국가 거버넌스 체계와 통치 능력의 현대화를 추진하는
데 중점을 두고 있으며, 4중전회의 「결정」에서는 '중국 특색 사회주
의 법치체계를 건설하고 사회주의 법치 국가를 건설하는 것은 중국
특색 사회주의를 견지하고 발전시키는 내재적 요구'임을 명시했다.
70년의 탐색을 통해 일종의 가치 목표와 제도적 형태가 모두 중국
특색 사회주의 제도와 국가 통치 현대화의 본질적인 부분이 되었음
을 알 수 있다. 의법치국의 전면적인 추진은 체계적인 프로젝트이며
국가 거버넌스 영역에서 광범위하고 심오한 혁명이고 궁극적으로
국가 거버넌스의 현대화로 이행된다. 법치가 없으면 사회주의도 없
고 사회주의 현대화도 없는 것이다.

2) 법치와 권위

규범적 의미에서 법치와 권위는 한 쌍의 모순체처럼 보인다. 법치
이기 때문에 법을 최고 권위로 삼아야 하며, 법률 상위에 다른 권위가
있어서는 안 된다. 그러나 법의 권위는 저절로 찾아오는 것이 아니라
반드시 그 형성과 발전 과정을 거치게 되어 있다. 법치의 전통이 부족
한 국가에서는 법률 규범의 권위성을 획득하는 것이 그 법치 발전의
핵심 문제가 됐다. 로베르트 웅거(Robert Mangabeira Unger)의
말처럼 법의 보편성과 자치성을 근간으로 하는 법질서는 "매우 드문
역사적 현상"이다.[71] 법치는 어떤 나라에서도 자동으로 발생하지
않으며 촉진되고 보장하는 주체가 있어야 한다. 따라서 전통적인 중
국이 강력한 규범적 의미의 법질서를 형성하지 못한 것은 역사적
사실일 뿐이며 더 이상 거론할 가치가 없고 현대 중국이 제시한 중국
특색 사회주의 법치 국가 건설의 이상과 전략을 어떻게 실현하느냐
가 매우 중요하다.

중국에서 법치 건설을 촉진하고 법률규칙에 권위를 획득하게 만드는 주체는 중국공산당뿐이다. 중국 특색 사회주의 법치 국가 건설은 먼저 법치 국가의 사회주의 정치 기반 문제를 해결한 다음 규범적 의미의 법치 건설을 추진하는 문제가 필요하다. 마오쩌둥의 말처럼 "중국의 현재 사실은 반식민지 반봉건 정치이다. 설령 좋은 헌법을 공포하더라도 봉건 세력에 의해 반드시 저지되고 보수적인 사람들에 의해 방해될 것이며, 원활한 실행은 불가능하다. 그래서 지금의 헌정 운동은 아직 얻지 못한 민주를 쟁취하는 것이지 민주화되었다는 사실을 인정하는 것이 아니다. 이것은 큰 투쟁이고, 결코 쉬운 일이 아니다."72) 마오쩌둥은 중화민국의 헌정이 영국, 프랑스, 미국 등의 헌정과 마찬가지로 사실상 '사람을 잡아먹는 정치'이며 많은 나라가 공화국의 간판을 내걸었지만 실제로는 '양의 머리를 매달아 개고기를 파는 것'에 불과하며 인민은 진정한 민주적 자유가 없다고 말했다. 헌정은 하늘에서 내려오는 것이 아니다. 회의를 열어 글을 쓴다고 해서 실현되는 것도 아니고, 명령을 내리고, 헌법을 공포하고, 대통령을 선출한다고 해서 실현되는 것도 아니다. 진정한 헌정은 결코 쉽게 손에 넣을 수 있는 것이 아니라 간고한 투쟁을 거쳐서 얻을 수 있는 것으로 생각했다.73) 따라서 구정권을 타파하고 새로운 정권을 건설하는 것은 구법통을 타파하고 신법통을 수립하기 위한 전제이자 기초이며 사회주의 법치 국가를 건설하기 위해서는 먼저 인민민주의 사회주의 정권을 건설해야 하며 이 과정에서 의심할 여지없이 중국공산당을 영도적 권위로 삼아야 한다. 정치적 의미의 법치 중국 건설에는 중국공산당의 권위가 없어서는 안 된다.

문제는 규범적 의미의 법치 중국의 건설을 위해 공산당의 영도 권위 지위를 가지고 있는 것이 법치 발전의 원동력인가 아니면 장애물인가라는 것이다. 규범적 의미에서 법치의 근본은 어떤 조직이나 개인 모두 헌법 및 법률 범위 내에서 활동해야 한다. 법치 국가는 우선 따를 수 있는 법이 요구된다. 신중국의 법률 규범 체계는 전통자원을 계승하지 않고 외부자원을 이식되는 것이 아니라 신정권의 기초에서 인민민주의 기본적 요지에 따라 만들어진 것이다. 이 창설적인 입법 과정은 중국공산당이 중국 인민을 영도해 헌법과 법률을 제정하는 과정이다. 그래서 규범적 의미에서 언급하는 것이라도 중국공산당의 권위는 법치 중국 건설에서도 역시 발생학적인 의미가 있다.

관계의 규범화로서 법치는 이상적인 형태이고 자체적으로 법률규칙의 권위를 의미한다. 그러나 법률규칙이 이러한 권위성을 얻기 전에는 권위가 있을 수 없다. 그 깊은 변증법적 관계는 만일 법률규칙 상위의 권위에서 건립되지 않으면, 법률규칙의 권위가 강화되거나 유지될 수가 없다. 그러면 법률규칙은 영원히 권위를 획득할 수 없게 된다. 이는 중국공산당의 영도권이 규범적 의미에서 법치 중국 건설에서 적극적인 의미이거나 무조건적인 것은 아니라는 것을 의미한다. 가장 근본적인 조건은 당의 영도, 인민민주, 의법치국의 유기적 통일을 보장하는 것이다. 당은 인민을 영도하여 헌법과 법률을 제정했고, 또한 인민을 헌법과 법률을 집행해 영도하도록 하고 당 자체도 헌법과 법률의 범위 내에서 활동하여 당이 입법을 주도하고 법 집행을 보장하며 준법에 앞장서고 있는 것이다. 만약 삼자가 유기적 통일을 실현할 수 있다면 당의 정책과 국가 법률은 모두 인민의지의 반영이며, 삼자가 본질적으로 일치한다면 당의 권위는 바로 인민의 권위이고, 법률이 권위를 실현하고 강화하는 데 도움이 된다. 여섯째으로 이러한 유기적 통일성이 제대로 확립되지 않거나 훼손되면 당의 지도력과 법적 규범 권위 사이에 긴장감이 생길 수밖에 없고 '당이 큰가, 법이 큰가'라는 문제가 생겨 인민민주도 위협받을 수밖에 없다. 그중 근본적인 문제는, 먼저 당이 정치상의 인민성을 증명하는 것이고, 다음으로 당 영도권력 행사의 규범성을 보증하고 당의 영도 권위가 진정으로 인민 이익을 대표하며 헌법과 법률의 범위 내에서 행사되도록 하는 것이다. 즉 덩샤오핑은 "개혁을 통해 법치와 인치의 관계를 잘 처리하고 당과 정부의 관계를 잘 처리해야 한다. 당의 영도는 흔들릴 수 없지만, 당은 영도에 능해야 한다."고 언급했다.74) 다시 말해 법률규칙은 어떤 조직이나 개인보다 높은 권위를 가지고 있으며, 어떤 조직이나 개인도 법률규칙을 존중해야 한다. 중국공산당이 신정권 건설의 영도역량으로서, 그리고 법정 집정당으로서도 헌법과 법률의 테두리 안에서 활동해야 한다는 것을 의미한다.

그렇기 때문에 법치 중국을 건설하려면 먼저 인민민주의 사회주의 국가 성격이 변하지 않도록 해야 하며, 둘째는 법치 국가로서 따라야 할 법이 있어야 하고, 셋째는 제정된 법률과 규범의 권위를 획득하도록 보장해야 한다. 이 세 가지 측면에서 중국공산당의 영도적 권위는 없어서는 안 될 필수 요소이다. 다시 말해 중국공산당의 영도적 권위는 정치적 의미의 법치 중국 건설뿐만 아니라 규범적 의미에서의 법치 중국 건설에도 근본적인 의미가 있는 것이다.

3) 법치와 민주

민주를 추구하는 것은 마르크스주의 이론 계보와 마르크스주의 정당의 실천 역사에서 핵심적 위치를 가지고 있다. 『공산당 선언』에서는 "노동자 혁명의 첫걸음은 프롤레타리아를 지배계급으로 끌어올려 민주를 쟁취하는 것임"을 제시하고 있다.75) 그러나 고전적 마르크스주의자들은 '부르주아 법권'을 줄곧 비판해왔을 뿐 아니라 폭력 혁명을 통한 정권 탈취가 마르크스주의 정당이 갖춰야 할 보편적 경험으로서 강조되다 보니 마르크스주의 국가 이론에서 법치 언어와 법치 실천에 대한 내용은 상대적으로 빈약한 편이다. 이러한 대비는 신중국 성립 이후 한동안 '대민주'를 추구하며 국가 법제 건설을 소홀히 한 잘못된 경로의 이론의 근원이기도 하다. 사실 적어도 국가가 멸망하기 전에는 민주주의와 법치가 동전의 양면이었는데, 마르크스가 명시한 바와 같이 민주가 없는 법치는 허위이고 법치가 없는 민주는 혼란스러운 것이다.

민주를 추구하는 것은 근대 이후 중화민족의 가장 중요한 화두 중 하나이고 중국공산당의 초기 사명 중 하나였다. 하지만 동시에 당의 초기 선집에서는 법제 건설에 대한 논의를 거의 보기 힘들었고 개혁개방 이전의 오랜 역사 동안 법제 건설은 역시 당의 중심 사업이 되지 못했다. 그래서 11기 3중전회에서는 덩샤오핑이 "인민민주를 보장하기 위해서는 법제를 강화해야 한다. 이러한 제도와 법률이 영도자의 견해와 주의력의 변화에 의해 바뀌지 않도록 민주를 제도화하고 합법화해야 한다."라고 말했다.76) 덩샤오핑은 "사회주의 민주와 사회주의 법제는 불가분의 관계이다. 사회주의 법제의 민주, 당영도의 민주, 기율과 질서가 없는 민주는 결코 사회주의 민주가 아니다."라고 언급했다. 이 판단은 중국 특색 사회주의 법치 국가 건설 과정에서뿐만 아니라 마르크스주의 이론의 발전 과정에서도 획기적인 중요 의의를 가지고 있다. 이는 중국 특색 사회주의 법치 국가 건설이 인민민주의 정치성을 추구할 뿐만 아니라 의법치국의 규범성을 강조하여 완전한 의미를 가지게 되었음을 의미한다. 이로써 법제(법치) 건설은 중국의 핵심 정치 어젠다로 진입했고 민주 건설과 긴밀히 통합되었다.

(2) 법치 국가의 실천 형식

당의 영도, 인민주권, 의법치국의 유기적 통일은 중국 특색 사회주의 법치 국가의 근본적인 속성이자 내재적 논리이다. 실천에서 법치 국가 건설을 추진하려면 다른 단계로로 나눌 필요가 있다. 구체적으로, 가치 영역, 전략 영역, 방법 영역 등 세 가지 차원으로 나눌 수 있다. 형이상학적 차원에서 사회주의 법치 국가 건설의 가치 목표는 '법치 중국'을 건설하는 것이며, 이는 전통적인 중국정치 형태를 초월하는 것을 의미한다. 형이하학적 차원에서는 사회주의 법치 국가 건설은 전면적인 의법치국의 기본적인 방침 및 중국 특색 사회주의 법치체계 건설을 위한 다양한 구체적인 조치로 나타난다.

1) 가치 이상 : 법치 중국을 건설

법치 국가 건설의 목표는 '법치 중국'을 건설하는 것으로 귀착된다. 전통 중국은 덕주형보(德主刑輔, 덕을 위주로 하고 형벌은 덕치를 보조하는 개념)라는 치국 이념을 신봉했다. 장기간의 역사적 발전 과정에서 중국은 비교적 완비된 법률 시스템인 중화 법계를 형성했지만, 국가 통치의 총체적인 형태는 덕치와 인치이지 법치가 아니었다. 따라서 비법치 국가에서 법치 국가로 가는 것은 중국에게 있어 현대화된 형태로의 전환에 큰 의미가 있다. 법치 중국 개념은 2013년 시진핑이 중앙정법 업무회의에서 처음 제인했고, 중국공산당 제18기 3중전회의 「결정」에서 공식적으로 법치 중국 건설 추진이라는 주요 명제를 제시했으며, 18기 4중전회에서는 '법치 중국'의 논리적 함의를 체계화하고[77] '법치 중국을 건설하기 위해 분투'하라고 촉구한 바 있다. 이 명제의 제기는 중국공산당이 중국정치 문명형태를 추진하기 위한 본질적 변화, 즉 비(非)법치 형태에서 법치 형태로 향한, 중국의 주권구조와 거버넌스 구조의 법치화를 추동하게 되었음을 의미한다. 법치의 중국은 필연적으로 현대화된 중국이 될 것이고, 민주, 정의, 질서 등의 현대적 가치로 구현될 것이다.

① 민주의 중국

중국공산당은 탄생 초기 '중국공산당 제1강령'을 통해 '프롤레타리아와 함께 자본가계급의 정권을 전복하는 것'(제2조)을 자신의 목표로 명확히 하고 '소비에트 관리 제도'(제3조)[78]를 수립하겠다고 약속했으며, 당의 핵심 조직 원칙인 민주집중제도가 이미 확정되었다.[79] 중국공산당 제2차 전국대표대회는 최고강령과 최저강령의 구분을 더욱 명확히 제시했는데, 당의 최고강령은 "프롤레타리아를 조직하고 계급투쟁의 수단으로 노동 독재의 정치를 확립하고 사유재산제도를 제거하여 점진적인 공산주의 사회에 도달하는 것임"을 밝히고 있다. 최저강령은 "내란을 없애고 군벌을 타도하며 국내 평화를 건설하는 것", "국제 제국주의의 억압을 전복하고 중화민족의 완전한 독립을 이루는 것", "중국본부(둥베이 3성 포함)를 진정한 민주공화국으로 통일하는 것"이었다.

마오쩌둥이 "중국에는 물론 많은 것들이 부족하지만, 가장 중요한 것은 독립과 민주 두 가지"라고 말한 것처럼 당의 초기 지도자들은 민주의 부재를 깊이 인식하고 있었다.[80] 중국의 단점은 "한마디로 말하면 민주의 결핍"이다.[81] 따라서 사회주의 중국이 이익을 창출하고 폐단을 제거하려면 중국 특색 사회주의 민주정치를 건설이 반드시 필요하다.[82] 장쩌민은 "정치체제 개혁은 어떤 상황에서도 사회주의 민주의 기치를 확고히 장악하는 것"이라고 말했다.[83] 또한 "사회주의 민주정치의 발전은 우리의 변함없는 목표다."라고 말했다.[84] 후진타오는 "인민민주는 사회주의의 생명"[85]이고 "중국공산당이 시종일관 높이 들고 있는 찬란한 깃발"이라고 말했다.[86] 시진핑은 여기서 한발 더 나아가 "민주 없이는 중화민족의 위대한 부흥도 없다"고 주장했다.[87] 민주에 대한 이러한 분투와 추구는 결국 법치의 형식으로 보장되어야 하고 법치에서 민주적 가치의 확증을 실현해야 한다. 인민을 위한, 인민에 의지한, 인민의 행복, 인민 보호, 인민 기본권익 보장을 법치 건설의 출발점으로 견지하고, 인민이 법에 따라 광범위한 권리와 자유를 향유할 수 있도록 보장하고, 마땅히 져야 할 의무를 담당하며 사회의 공평과 정의를 수호하고 공동부유를 촉진해야 한다. 당의 영도하에 인민이 법률과 규정에 따라 다양한 경로와 형식을 통해 국가 사무를 관리하고 경제 문화 사업을 관리하며 사회 사무를 관리하도록 보장해야 한다. 법률은 자신의 권리를 보장하는 강력한 무기일 뿐만 아니라 반드시 준수해야 하는 행동 규범임을 인민에게 인식시키고 사회 전체가 법을 배우고 법을 존중하며 준법 및 용법에 대한 의식을 강화하여 법률이 인민을 위해 통제되고 준수되며 사용될 수 있어야 한다.[88]

② 정의의 중국

법치는 어느 나라에서나 정의를 실현하는 데 큰 기대를 걸고 있다. 규범적 의미에서 법치는 모든 사람이 동등하게 대우받는 것을 의미하며 법 앞의 평등은 현대 사회에서 정의의 기본적 윤리이다. 법치 중국 건설은 강력한 정의의 요구를 반영하며, 동시에 정의를 수호하는 초석이라고 말할 수 있다. 정의의 기본적 함의는 평등이고, 평등은 사회주의 법률의 기본 속성이다. 「중화인민공화국헌법」은 모든 조직과 개인은 헌법과 법률의 권위를 존중해야 하고 헌법과 법률의 범위 내에서 활동해야 하며 헌법과 법률에 따라 권력 또는 권리를 행사하고 직책 또는 의무를 수행해야 하며 헌법과 법률을 초과하는 특권이 있어서는 안 됨을 규정하고 있다. 반드시 국가 법제의 통일, 존엄, 권위를 수호하고 헌법과 법률의 효과적인 시행을 보장해야 하며 누구도 어떤 핑계나 어떤 형식으로든 법을 대변하거나 권력으로 억압하거나 개인의 이익을 위해 법을 어기는 것을 절대 허용하지 않아야 한다. 반드시 규제되고 제약되는 공권력을 중점으로 감독역량을 강화하고 권력 책임, 위임감독, 위법 책임 규명을 해내야 하며, 위법과 불법행위는 단호히 시정해야 한다. 헌법을 토애 법 앞에 모든 사람이 평등하다는 정치원칙을 확인하는 것 외에 「중화인민공화국헌법」은 기본 경제 제도의 관점에서 경제정의의 추구를 구현하고 있다. 「헌법」 6조에서는 '사회주의 공유제는 사람을 착취하는 것을 없애는 제도이고, 각자의 능력에 따라 일하고 분배하는 원칙'을 규정하고 있어 평등이라는 사회주의 근본 가치 추구를 구현하고 있다. 제33조의 '국가 존중과 인권보장'은 자유를 중대한 추구로 하는 주장으로 해석할 수 있다. 18기 4중전회의 「결정」에서는 법에 따른 공민권 보장, 권리 공평, 기회 공평 및 규칙 공평의 구현을 위한 법률제도를 강화해 공민 인신권(인격권과 신분권), 재산권, 기본 정치권 등과 같은 다양한 권리가 침해되지 않도록 보장하고, 공민 경제, 문화, 사회 등 각 방면의 권리가 실현되고, 전체 사회의 존중과 인권의식 보장을 강화하며 공민권 구제 경로와 방식은 건전히 할 것을 딤고 있다.

③ 질서의 중국

질서는 어떤 정치체에서도 적극적으로 추구하며 소중히 여기는 일종의 가치이자 상태이다. 성질상 억압의 질서와 자유의 질서라는 구분이 있다. 자유의 질서는 모든 종류의 주체가 각자의 위치에서 각자의 길을 가고, 서로 병행해도 모순되지 않고 조화로운 정치사회 국면을 달성한다는 것을 의미한다. 규범적 의미에서 자유의 질서는 법치질서와 유사하다. 여기서 법은 제정법일 뿐만 아니라 사물의 객관적 법칙을 가리키는 것으로 형이상학적으로 '도(道)'의 의미를 갖는다. 이상적인 형태의 법치질서는 인류사회에서 완벽하게 나타날 수 없고 예외와 모순 등과 같은 불협화음이 항상 나타나기 마련이다. 이를 통해 질서는 자연적 영역에 머물 수 없으며 필요한 경우 권위 있는 개입이 필요하다. 따라서 실천적 의미에서 권위와 질서는 모순되지 않고 때로는 권위가 질서의 존재 조건이다. 실제로 질서의 이면에는 권위에 대한 자발적인 복종이 있다.

전통 중국은 종법 사회를 바탕으로 윤리 질서를 기초로 사회생활의 세계를 형성했다. 유가는 친소원근에 따라 '예(禮)'를 핵심으로 하는 윤리 질서 규칙을 구축했는데, 이 규칙은 중국인의 일상생활과 심리적 인정에 뿌리를 두고 있고 자연질서에 부합하는 규칙체계로 여겨져 합법성을 얻어냈다. 이를 바탕으로 국가제정법이 확장되고 국가권력을 뒷받침해 윤리 질서의 권위적 기초를 강화했다. 이로써 일련의 예법 규칙체계와 종법 윤리 질서가 형성됐다. 비록 정치의 무질서와 왕조 교체가 중국 역사에서 종종 발생했지만, 사회생활 세계의 종법 윤리 질서는 안정적으로 유지되었고 인정-예-법-권위의 기본구조 역시 흔들리지 않았다.

근대 이후 중국은 3,000년 동안 없던 큰 변화에 직면했다. 100년 이상 정치적 권위가 무너지고 봉건적 법률 체계가 무력화됨에 따라 중국인의 사회생활 세계도 근본적인 변화를 겪게 되었다. 예법 질서와 종법 사회의 기반은 거의 사라졌다. 근대 이후 중국은 전형적인 변동 사회와 질서 없는 중국이 되었으며, 이러한 무질서는 정치적 측면뿐만 아니라 사회생활 측면에서도 나타났다. 그래서 질서에 대한 추구는 근대 이후 중국의 기본적 추구가 되어야 했고, 질서 있는 정치사회 생활의 여부, 근대 이후 중국정부가 힘과 효과를 가질 수 있는지 여부, 심지어 합법성을 획득할 수 있는지 여부의 시금석이 되었다.

신중국 건국 이후 혁명운동은 정치와 사회생활의 차원에서 계속되었고 질서는 급박한 공공재가 되었다. 어떻게 하면 신중국이라는 거대한 사회에 질서를 제공하고 당과 정부의 거버넌스 능력과 합법성을 검증할 수 있을까. 신중국에는 종법 윤리사회의 근본이 더 이상 존재하지 않기 때문에 사회에 '상향식'의 질서 규칙을 생성할 가능성도 상실했다는 점을 주목할 필요가 있었다. 신중국의 질서 생성은 부득이 '하향식'의 형태를 취하며, 정치 질서로 사회질서를 형성하고, 정치 권위로 사회질서를 보장했다. 오늘날의 중국사회는 여전히 급속한 변동 속에 있고 견고한 자연질서의 기초가 없기 때문에 사회 질서는 정치 질서의 강력한 영향을 강하게 받으며 정치 질서는 사회 질서의 상황에 직접적인 영향을 미치게 된다. 그래서 개혁개방 이래 안정적인 질서를 추구하는 것은 늘 중국공산당의 핵심업무이자 주류 담론 중 하나였다. '안정은 일체를 압도한다(穩定壓倒一切)'에서 '조화사회 건설(和諧社會建設)'에 이르기까지, 다시 18차 당대회 이후 총체적인 국가안전관을 강조한 것은 모두 중국정치와 중국사회의 질서에 대한 강렬한 추구를 반영한다. 중국에서는 안정은 개혁과 발전의 기초로 여겨지고 있고, 자유 질서가 아직 생성되지 않았기 때문에 국가의 전반적인 발전 상황을 보장하기 위해 어떤 경우에는 억압적인 질서를 사용하여 안정을 달성하기도 한다. 그러나 신중국의 질서 추구는 항상 자유로운 질서를 지향하므로 법치가 질서를 제공하는 기본 방식이 되어야 한다. 오늘날 중국은 세계에서 가장 안전한 국가 중 하나가 되었고 이러한 안전과 질서 유지는 주로 당과 정부가 법치 건설을 부단히 강화함으로써 강력한 보장을 제공하는 것에 의존했다.

2) 전략적 배치 : 전면적인 의법치국을 추진

민주 · 정의 · 질서와 같은 가치 목표는 중국공산당이 추구해온 중요한 정치적 목표였지만, 신중국 성립 이후 오랜 기간 중국공산당은 이러한 목표를 추구하기 위해 정치와 정책 수단에 더 많이 의존했고, 법제(법치)와 밀접하게 연관시키지 못했다. 따라서 법제 건설은 신중국 초기에 중요한 위치를 획득하지 못했고 국가 건설의 전반적인 전략 구성에서 중요한 위치를 차지하지도 못했다.

① 법치 국가 건설의 전략 진전

중국공산당은 혁명 근거지 시기에 제도 건설에 착수했지만, 신중국 건국 후에도 많은 중요한 법률과 규정을 통과시켜 기본적인 국가 제도를 구축했다. 실제로 8차 당대회는 법률제도 기능을 강화할 단서를 보여줬다. 이번 전제회의는 국가의 주요 임무는 '대규모 군중 운동에서 안정적이고 정규적인 법제 건설'을 제시하고 결의문에서는 '현재 국가 생활에서 시급한 임무 중 하나는 비교적 완전한 법률을 체계적으로 제정하고 중국의 법제를 정비하는 것임'을 제안했다. 하지만 일반적으로 오랫동안 법제(법치)의 건설은 진정으로 중시되지 않았고 법치 실천은 치국이정의 중요업무가 되지 못했다. 개혁개방은 진정으로 신중국 법제 건설의 새로운 장을 열었다. 11기 3중전회에서는 사회주의 법제 건설을 당과 국가의 확고한 기본방침으로 삼고 인민민주를 보장하기 위해 사회주의 법제를 강화하고 민주제도화와 합법화로 이러한 제도와 법률이 안정성, 연속성과 최대한도의 권위를 갖도록 해야 한다고 제안했다. 이후 1997년 9월 15차 당대회가 개최될 때까지 20년간의 주요 제안은 사회주의 법제국가 건설, 즉 제도 건설과 법률 규범 체계 건설에 중점을 두었다. 15차 당대회에서는 사회주의 법제 기본방침의 기초에서 '의법치국, 사회주의 법치국가 건설'의 기본방침을 명확히 제시했다. 2018년 현행 헌법의 제5차 개정은 '사회주의 민주를 발양하고 사회주의 법제를 정비한다'는 기존 서문의 내용을 '사회주의 민주를 발양하고 사회주의 법치를 정비한다'로 수정하여 법치 건설이 헌법에 의해 확인되었다. 18차 당대회 이후 의법치국 전략이 다시 격상되었다. 2014년에는 전면적인 의법치국의 추진, 전면적인 샤오캉 사회 건설, 전면적인 개혁 심화, 전면적인 종엄치당이 신시대 중국공산당의 치국위정을 위한 '4개 전면' 전략이 되었다. 18기 4중전회에서는 중국공산당 역사상 처음으로 '의법치국을 전면적으로 추진한다'를 주제로 신시대의 법치 건설을 포괄적이고 새로운 방식으로 배치했다. 나아가 19차 당대회 보고에서는 '전면적인 의법치국'을 신시대 중국 특색 사회주의를 견지하고 발전시키는 기본방략 가운데 하나로 삼기도 했다.

70년 동안 법치 중국 건설은 법제를 중시하지 않는 것에서 사회주의 법제를 반드시 강화해야 한다는 것으로, 법제 건설에서 법치 국가로, 의법치국에서 전면적인 의법치국으로, 기본방침에서 기본전략으로 비약적으로 발전해왔다. 그 중요성이 지속해서 강조되고 내적 풍부함과 가치 속성도 부단히 강화되었다. 장기간의 탐구와 발전을 거쳐 전면적인 의법치국의 기본적 함축—중국공산당의 영도하에 중국 특색 사회주의 제도를 견지하고 중국 특색 사회주의 법치 이론을 관철하며 사회주의 법치 국가를 건설하고 인민주권의 지위를 수호하는 것—은 하나의 가치 총체, 실천 형태와 논리의 폐쇄 루프가 되었다. 18기 4중전회의 「결정」에서는 전면적인 의법치국 전략을 구체적으로 논술했고 그 주요 함의는 세 개의 공동 추진, 세 개의 일체 건설, 네 개의 실현을 포괄한다.

② 세 개의 공동 추진

세 개의 공동 추진은, 즉 의법치국, 의법집정, 의법행정의 공동 추진이다. 의법치국은 바로 광대한 인민 군중이 당의 영도 하에 헌법과 법률 규정에 따라, 국가 사무를 관리하고, 경제 문화 사업을 관리하며 사회 사무를 관리하는 것이다. 그것은 당이 인민을 지도하고 국가를 운용하는 기본전략이다. 의법집정은 집정당이 헌법과 법률의 규범을 수용하고 과학적 영도 메커니즘과 업무 메커니즘을 구축하기 위해 노력하며 완전한 제도와 법률 체계를 통해 국가를 통치하는 것이다. 의법행정은 각급 정부와 그 직원이 법에 따라 엄격하게 권한을 행사하고 법에 따라 국가의 각종 업무를 처리하는 것을 의미한다. 삼자가 공동 추진된다는 것은 정당, 정부, 인민, 법률, 정책 간의 관계를 적절히 처리할 필요를 의미한다. 펑전(彭眞)은 4자 관계에 대해 "비록 당이 인민을 대표하고 인민을 위해 최선을 다하지만, 당원은 10억여 인민 중 소수이며 우리는 당뿐만 아니라 국가도 있다. 당과 국가가 해야 할 일은 내용을 말하면 당연히 같은 것이고, 형식을 말하자면 당뿐만 아니라 국가도 있다. 당의 정책은 국가의 형태를 거쳐 국가의 정책이 되어야 하고, 실천에서 옳다는 것이 증명된 정책은 법률의 형태로 정착되어야 한다. (…) 일단 제정되면 법에 따라 처리해야 한다. 대개 국가와 인민이 관계되는 큰일은 당내에서 결정만 해도 안 되고, 인민과 상의해야 하고 국가의 형식을 통해야 한다."고 말했었다.[89] 그래서 의법치국의 총전략은 의법집정과 의법행정의 양대 버팀목이 요구된다. 의법집정의 근본은 의헌집정이고 그 실질은 인민민주의 법제화이고 당 집권 합법성의 원천이 법리화로 전향되었음을 설명한다. 헌법은 중국의 근본법이며 헌법을 준수하는 것은 공민의 의무일 뿐만 아니라 집권당의 집정 이념이기도 하다. 따라서 의헌집정은 법치 국가 건설의 중요한 추진이고 의법치국은 더 심화되고 투철하게 구현되는 것이다. 의법행정은 정부에 관한 것으로, 정부 기관은 "법이 승인하지 않으면 안 되고 법적 의무는 반드시 해야 하며", 법률과 규정을 엄격히 준수하여 행정 권한을 행사해야 함이 요구된다. 18기 4중전회에서는 의법치국을 견지하려면 가장 먼저 의헌치국을 견지해야 하고, 의법집정을 견지하려면 가장 먼저 의헌집정을 해야 함을 제기했다. 의법치국, 의법집정, 의법행정의 공동 추진을 견지하려면 중국공산당은 반드시 헌법과 법률 범위 내에서 활동해야 한다. 각급 영도 간부는 법에 따라 일을 처리하고 법을 준수하는 데 앞장서야 한다. 각급 조직부서는 법에 따라 일을 처리하고 법을 준수할 수 있는지 여부를 간부를 고르는 중요한 조건으로 삼아야 한다.

③ 세 개의 일체 건설

세 개의 일체 건설은 즉 법치 국가, 법치 정부, 법치 사회의 일체 건설을 견지하는 것이다. 의법행정의 전면적인 추진의 목표는 법치 국가 건설이고, 법치 국가와 법치 정부를 건설함과 동시에 법치 사회를 형성하는 것의 목표는 법치 정부를 실현하는 것이다. 법치 국가는 법치 중국 건설의 장기적인 목표이며 반드시 과학 입법, 엄격한 법 집행, 공정 사법과 전체 인민의 준법 과정을 전면적으로 추진해야 한다. 법치 정부는 법치 중국 건설의 중점이고 핵심은 정부 권력을 규범화하고 제한하며 법치 사유와 법치 방식을 사용하여 사회 모순을 해결하는 능력을 향상해 시장이 자원배분에서 결정적인 역할을 하도록 하고 정부와 기업의 분리, 정무의 분리, 정무와 자본의 분리, 정부와 사회의 분리를 실현하는 것이다. 법치 사회는 법치 중국 건설의 중요 구성요소이고, 그 핵심은 사회주의 핵심가치관을 고양하며, 부강, 민주, 문명, 조화를 선도하며, 자유, 평등, 공정, 법치를 선도하고, 애국, 일에 대한 신념, 성실, 우호를 선도해 전체 사회의 모든 구성원이 법률을 신뢰하고 경외하며, 법을 준수하고 운용하며, 법률의 법치 사유, 법치의식과 법치 문화를 보호하는 것이다.90) 법치 국가, 법치 정부, 법치 사회의 일체 건설은 일체양익의 시동 방식을 구성하고, 상호보완할 뿐만 아니라 상호촉진하며 법치 중국 건설의 중요 내용을 함께 구성하는 것이다. 법치 국가, 법치 정부, 법치 사회 건설의 상호관계는 다음과 같다. 법치 국가 건설은 법치 정부 건설의 전제이고, 법치 정부 건설은 법치 국가 건설의 관건이며, 법치 국가 건설은 법치 사회 건설의 기초이고 법치 사회 건설은 법치 국가 건설의 조건이다. 법치 정부 건설은 법치 사회를 건설하는 보장이고, 법치 사회 건설은 법치 정부를 건설하는 목표이다.91) 법치 국가는 인민주권의 관점에서 입법에 중점을 두고 법치 정부는 의법행정의 관점에서 출발해 행정에 중점을 두고, 법치 사회는 사회 거버넌스의 관점에서 출발해 자치협상에 치중한다.

④ 네 개의 실현

네 개의 실현은 과학적 입법, 엄격한 법 집행, 공정 사법 및 전 인민의 준법을 실현하는 것이다. 1978년 11기 3중전회에서는 '따를 수 있는 법, 따라야 하는 법, 엄격한 법 집행, 위법 불허'의 법제 건설 16자 방침(有法可依, 有法必依, 執法必嚴, 違法必究)을 제안했는데 입법, 집행, 사법, 준법 등 법제 건설의 여러 가지 면을 포함한다. 법의 존재, 법에 의거, 엄격함, 불허는, 즉 중국공산당의 법제 건설 실행의 결심과 의지를 두드러지게 강조하는 것이다. 18기 4중전회는 이를 바탕으로 한 걸음 더 나아가 '과학입법, 엄격한 법 집행, 공정 사법, 전 인민 준법'이라는 법치 건설의 새로운 16자 방침을 제시하여 사회주의 법치 건설의 품질을 한층 더 강조했다. 그중[92] 과학 입법은 의법치국을 전면적으로 추진하기 위한 전제조건이다. 중국은 헌법을 통솔하는 중국 특색 사회주의 법률 체계를 형성하여 국가와 사회생활의 모든 측면에서 따라야 할 법을 만들었다. 실천은 법률의 기초이고, 법은 실천 발전과 함께 발전해야 한다. 입법 계획을 개선하고 입법의 초점을 강조하며 제정, 개혁, 폐지 및 해석을 동시에 견지하고 입법의 과학화 및 민주화 수준을 개선하고 법의 지향성, 적시성, 계통성을 완성해야 한다. 입법 업무 기제와 절차를 개선하고 대중의 질서 있는 참여를 확대하며 모든 당사자의 의견을 충분히 경청하여 법률이 경제 및 사회 발전의 요구 사항을 정확하게 반영하고 이해관계를 더 잘 조정하며 주도적이고 촉진하는 입법 역할을 할 필요가 있다.

엄격한 법 집행은 의법치국을 전면 추진하는 핵심 고리이다. 중국은 헌법과 법률의 시행을 강화해야 하고 사회주의 법제 통일, 존엄, 권위를 수호해 사람들이 법을 위반하지 않고 법을 위반할 수 없으며 법을 위반하는 것도 꺼리는 법치 환경을 조성하여 법이 있으면 반드시 따라야 하고 엄격한 법 집행과 더불어 위법행위는 반드시 조사한다. 행정기관은 법률과 규정을 시행하는 중요한 주체이며 엄격한 법 집행에 앞장서고 공공 이익, 인민의 권익과 사회질서를 수호해야 한다. 각급 영도기관과 영도 간부는 법치 사유와 법치 방식을 운용하는 능력을 제고하고 법치로 개혁에 대한 공감대를 결집하고 발전 행위를 표준화하며 모순 해소를 촉진하고 조화로운 사회를 보장하기 위해 노력해야 한다. 법 집행 활동에 대한 감독을 강화하려면 법 집행 활동에 대한 불법적 관여를 배제하고, 지방 보호주의와 부처 보호주의를 단호히 예방하고 극복하며 부패 현상을 단호히 처벌해 권력이 책임을 ·지고 사용권이 감독되고 불법이 추궁되도록 해야 한다.

공정 사법은 의법치국을 추진하는 주요 임무이다. 시진핑은 다음과 같이 지적했다. "우리는 인민들이 모든 사법 사건에서 공평과 정의를 느낄 수 있도록 노력해야 한다. 모든 사법기관은 이 목표에 집중하여 업무를 개선하고 사법 공정과 사법 능력을 제한하는 심층적인 문제를 중점적으로 해결해야 한다. 인민을 위한 사법을 견지하고 사법 업무 기풍을 개선하며 열정적인 봉사를 통해 서민의 소송 문제를 효과적으로 해결해야 하며 특히 어려운 사람들에게 합법적인 권익을 보호하기 위한 법률적 지원을 늘려야 한다. 사법 종사자는 대중과 긴밀히 연락하고 사법 행위를 규범화하며 사법 공개의 강도를 높이고 사법 공정 공개에 대한 인민의 관심과 기대에 부응해야 한다. 재판

기관, 검찰기관이 법에 따라 독립적이고 공정하게 재판권, 검찰권을 행사할 수 있도록 해야 한다."93)

전 인민이 법을 준수하는 것은 의법치국을 전면 추진하는 기초 공정이다. 법제에 대한 심도 있는 선전과 교육을 실시하고 사회 전반에 사회주의 법치 정신을 고취하며 법을 준수하고 사용하는 양호한 분위기를 조성하기 위해 노력해야 한다. 법제 교육과 법치 실천의 상호 결합을 견지하고 법에 따라 통치 활동을 광범위하게 수행하며 사회 관리의 법치화 수준을 향상해야 한다. 각급 영도 간부는 법에 따라 일을 처리하고 법을 준수하는 데 앞장서야 한다. 각급 조직부서는 법에 따라 일을 처리하고 법을 준수할 수 있는지 여부를 간부를 선발하는 중요한 조건으로 삼아야 한다.

3) 구체적 조치 : 중국 특색 사회주의 법치체계를 건설

진면적인 의법치국의 모든 전략적 과제가 효과적으로 실현되려면, 지지 메커니즘으로 중국 특색 사회주의 법치체계를 구축해야 한다. 구체적으로 완비된 법률 규범 체계, 효율적인 법치 시행 시스템, 엄격한 법치 감독 시스템, 강력한 법치 보장 시스템을 구축하고 완전한 당내 법규 시스템을 형성해야 한다. 최종적인 도착점은 국가 통치체계와 거버넌스 능력의 현대화를 촉진하는 것이다.94)

첫째, 완전한 법적 규범 체계를 형성하기 위해 노력해야 한다. 법치 중국 건설의 주요 조건은 법을 따를 수 있어야 하고, 과학 입법까지 해내는 것이다. 2007년 10월, 17차 당대회 보고서에서는 "중국 특색 사회주의 법률 체계가 기본적으로 형성되었다."라고 밝혔다. 지금까지 중국에는 250개 이상의 법률, 700개 이상의 행정 규정, 9,000개 이상의 지방 법규 및 11,000개 이상의 행정 규정이 있으며 중국 특색 사회주의 법률 체계는 더욱 개선되었다. 그러나 일부 중요한 분야에는 여전히 입법 공백이 있고, 다른 차원과 다른 수준의 법률 및 규정 간의 부조화와 불일치가 여전히 존재하며, 제정법이 경제 및 사회 발전 상황을 따라가지 못하는 것이 점점 돌출되고 있다. 과학 입법은 지속적인 과정이고 향후 입법 목표는 공백을 메우고 법의 질을 제고하는 데 더 중점을 두어야 한다. 따라서 핵심 영역의 입법을 강화하고, 개정과 폐석의 병행을 견지하며, 법률과 규정의 적시성, 체계성, 목표성 및 효율성을 높이고, 법률과 규정의 실행성과 운용성을 향상할 필요가 있다.

둘째, 효율적인 법치 시행 체계를 형성하기 위한 노력이다. 법의 생명력과 권위는 시행에 있으며 법의 효과적인 시행은 전면적인 의 법치국의 중점이자 난점이다. 현재 중국은 여전히 법률 시행 과정에서 부적응하고 부적합한 문제가 많고 법 집행 시스템의 권리와 책임의 불균형 상태가 여전히 존재하며 법 집행 및 사법 부조리가 더 두드러지며 대중은 법 집행의 불공정 및 부패에 강렬하게 반응한다. 앞으로 중국은 법 집행, 사법, 준법 등 방면의 체계와 메커니즘의 개선을 가속화하고 엄격한 법 집행, 공정한 사법, 전 인민의 준법을 견지해야 한다. 각급 정부는 법치 범위에서 업무를 수행하고 법 집행 시스템을 혁신하며 법 집행 절차를 개선하고 포괄적인 법 집행, 엄격한 법 집행 책임을 추진하고 권한 책임 통일, 권위있고 효율적인 법률 행정체제 구축, 직능 과학, 법적 권한과 책임, 엄격한 법 집행, 공정한 공개, 청렴 효율, 준법 성실의 법치 정부 건설을 강화해야 한다.

셋째, 엄밀한 법치 감독 체계를 형성하기 위해 노력하는 것이다. 감독 없는 권력은 필연적으로 부패를 초래한다. 왜 당내에 이렇게 많은 고위간부들이 범죄의 길로 들어섰나. 근본 원인은 이상과 신념이 흔들렸기 때문이다. 불량한 기풍과 부패가 만연한 토양을 제거하기 위해서는 근본적으로 법규 제도에 의존해야 한다. 공권력의 규제와 구속에 중점을 두고 당의 통일 지휘, 전면적 적용, 권위 있고 효율적 감독 체제 구축, 당내 감독을 국가기관 감독, 민주 감독, 사법 감독, 대중 감독, 여론 감독과 통합하고 감독 협력, 감독 책임을 강화하며 감독의 실효성을 높여 권한을 가진 사람은 반드시 책임을 지고, 책임이 있는 사람은 반드시 책임을 지고, 그렇게 하지 못하는 사람은 반드시 추궁해야 한다.

넷째, 강력한 법치 보장 체계를 형성하기 위해 노력하는 것이다. 일련의 보장조건 없이는 법치를 실현하기 어렵다. 중국 특색 사회주의 법치체계를 건설하기 위해서는 강력한 법치 보장 시스템을 구축하는 것이 지극히 중요하다. 우리는 전면적인 의법치국에 대한 당의 영도력을 효과적으로 강화하고 의법집정 능력과 수준을 향상시키며 전면적인 의법치국을 위해 강력한 정치와 조직적 보장을 제공해야 한다. 법치 대오의 건설을 강화하고 전면적인 의법치국을 위해 강력한 대오 보장과 견실한 실질 경비 보장을 제공해야 한다. 부합되지 않는 법치 규율, 의법치국에 도움이 되지 않는 시스템과 메커니즘을 개혁하고 개선하며 전면적인 의법치국을 위한 완비된 제도 보장을 제공해야 한다. 사회주의 법치 정신의 고취, 전 인민의 법치 관념 강화, 준법 성실 포상 메커니즘과 불신행위 처벌 메커니즘을 완비해 법 존중과 준법이 전체 인민의 공동 추구와 자각적 행동이 되도록 한다.

다섯째, 완전한 당내 법규 체계를 형성하기 위한 노력이다. 나라를 다스리려면 당을 먼저 다스려야 한다. 당내 법규는 從嚴치당의 중요한 근거일 뿐만 아니라 의법치국의 강력한 담보이기도 하다. 18차 당대회 이후 140개 이상의 중앙 당내 법규를 제정·개정하고 상징적이고 핵심적이며 기초적인 법규 제도를 도입해 따를 수 있는 규율의 문제는 기본적으로 해결되었으며 다음 단계의 초점은 규정을 엄격히 집행하여 당내 법규가 진정으로 시행될 수 있도록 하는 것이다. 향후 의법치국과 제도를 견지한 당 통치, 규정에 따른 당 통치를 통일적으로 추진하고, 당내 법규는 국가법률과의 연계와 조정에 주의를 기울이며, 당 장정을 근본으로 민주집중제를 핵심으로 삼아 준칙, 조례 등 중앙 당내 법규를 주축으로 하여 각급 당내 법규 제도로 당내 법규 제도 체제를 만들어 당내 법규 집행 능력과 수준을 확실히 향상시켜야 한다.

중국은 전통적인 덕치 국가에서 현대의 법치 국가로 전환하면서 새로운 법치의 노선을 걷고 있다. 중국의 법치 발전의 길은 일방적인 발전의 일차원적 경로가 아니라 다차원적이고 복합적인 경로이다. 현대 중국의 법치 국가 건설은 인민민주와 사회주의 방향을 보장하고 국가현대화 건설을 추구하고 촉진할 뿐만 아니라 이 과정에서 제도의 성숙과 제도 정형을 실현하고 각 방면의 관계 규범화를 실현해야 한다. 어떤 의미에서 사회주의 방향, 현대화 발전, 관계 규범화에는 이론과 실천에 내재된 긴장이 존재한다. 이 삼자의 관계를 조정하고 이 세 가지 방면의 공동 발전을 실현하기 위해 중국은 당의 영도, 인민민주, 의법치국의 유기적 통일의 복합형 법치 모델과 법치 노선으로 나아가고 있다. 그리고 상술한 수많은 관계와 요소 가운데 핵심은 중국공산당이다. 구체적으로 말하면 마르크스주의 중국화의 적재 주체는 중국공산당이고 인민민주의 보장 역량은 중국공산당이며, 중국 현대 국가 건설의 추동 주체도 중국공산당이고, 단순한 혁명당에서 혁명의 집정당으로 전환하는 정치 주체도 중국공산당이며,

중국 법치 건설과 법치 실천의 추진, 보장, 인도 역량 역시 중국공산당이다. 이는 중국 특색 사회주의 법치 노선이 정당 주도의 사회주의 법치현대화 노선임을 충분히 설명한다. 이 법치 발전의 길은 마르크스주의 법률관을 계승하고 중국의 역사 사회적 환경에 입각해 다양한 법치 문명의 성과와 현대 국가 건설의 수요를 통합하고 총체적인 방향은 '정치성'과 '규범성'의 이중 업그레이드를 실현하는 것이다. 따라서 전통 중국에서 법치 중국으로의 문명적 전환을 추동하는 것이다. 실천 중에 중국 특색 사회주의 법치 국가는 '정치형', '관리형', '융합형'의 두드러진 특징을 보여주며, 그 가치의 정당성, 실천 효용성, 운영 문제성 등은 모두 상술한 특징에 포함되어 있다.

제7장
국가 거버넌스 현대화

국가이론이 1980년대에 이르러 부흥기를 맞은 이후부터 국가건설과 정치발전은 정치적 근대화 연구의 양대 축으로서 상호 논쟁과 절충을 반복해왔다. 서유럽 국민국가의 형성을 연구한 찰스 틸리(Charles Tilly)는 자신의 연구 목적이 정치발전 이론에 대한 도전에 있다고 공공연하게 말하고는 했다.[1] 근 20여 년간 제3세계 국가의 정치적 근대화는 새뮤얼 헌팅턴(Samuel Huntington)을 대표로 하는 일군의 학자가 제창한 "민주화의 제3의 물결"에 매혹된 채 서구적 표준에 기초한 모델이 설정한 이론의 함정에 매몰되었다. 그 결과 제3세계 국가의 정치발전은 점차 호소력을 잃게 되었다. 반면 국가건설은 보다 구체적인 국가 시스템과 능력을 비교하는 데 포커스를 두고 각기 다른 국가 및 지역 발전이 갖는 특수성에 주목하면서 국가 거버넌스 현대화 이론체계 내부로 통합되며 설득력을 얻었다. 국가건설이라는 연구 시각은 서구 국가 형성의 경험에 기초해 성립된 이론의 질곡에서 벗어나 새로운 개념과 유형을 발굴하고, 각기 다른 국가의 체제전환과 체계건설 과정을 새롭게 이해하여 참신한 국가이론 구축에 기여할 수 있다.

1. 국가 거버넌스에 대한 이론적 해석

국가 거버넌스는 인류사회가 직면한 난제 중 하나이다. 이러한 국가 거버넌스를 주요 연구 대상으로 하는 정치학 또한 무척 어렵고 논쟁이 분분한 학문이다. 기업의 경우 이윤과 수입의 많고 적음을, 대학의 경우 지적 공헌과 인재 양성을 들어 자체 거버넌스를 평가하는 경성 지표로 삼을 수 있다. 그러나 국가 거버넌스를 평가하는 지표는 그리 간단치 않다. 지역·시대·계층·입장·지위, 심지어 민족 (ethnic group)에 따라 국가 거버넌스에 대한 평가와 인식이 달라질 것이기 때문이다. 따라서 국가 거버넌스를 평가하는 데 있어 합의성을 갖춘 지표를 찾기란 매우 어려운 일이 아닐 수 없다. 역사학자 쉬줘윈(許倬雲)에 따르면 중국인은 2천 년간 줄곧 국가의 올바른 관리에 대해 고민해왔다. 중국은 넓은 영토와 수많은 인구를 가진 대국이다. 4800만 인구를 가졌던 한대(漢代)에서 13억 인구에 이른 오늘날까지, 중국역사의 한 켠을 차지했던 모든 왕조는 어찌해야 국가를 제대로 관리할 수 있으며 어찌해야 관리의 효율을 높이고 어찌해야 기층에서 발생하는 문제를 상층부까지 닿게 할 수 있으며 어찌해야 눈 앞에 닥친 문제를 해결할 수 있을까에 대해 고민했다.[2] 광활한 공간, 유구한 역사, 방대한 인구 여기에 복잡하기 그지없는 사회구조와 각기 다른 입장에서 비롯된 판단, 국가 안과 밖에서 교차해 밀려드는 상황적 압력 등은 중국이라는 초대형 국가의 거버넌스에 셀 수 없이 많은 과제를 안겨주었다. 일천한 역사를 지닌 미국조차 건국 초기에 "인류사회는 심사숙고와 자유로운 선택을 통해 바람직한 정부를 수립할 수 있는가 아니면 영원히 기회와 힘에 의지할 수밖에 없는가"와 같은 곤혹스러운 문제에 직면했었다.[3] 어떤 이는 국가 거버넌스를 하나의 과학으로, 또 어떤 이는 이를 하나의 예술로, 또 다른 이는 정치적 책략으로 본다. 이처럼 다양한 견해는 국가 거버넌스의 복잡성과 난해함을 시사한다. 이론적으로 집약해 볼 때 국가 거버넌스는 일반적 속성, 국가별 특성, 의무적 속성이라는 세 가지 특성을 갖는다.

(1) 국가 거버넌스의 일반적 속성

현대 국가의 거버넌스는 널리 통용될 수 있는 일반적 속성을 포함한다. 이러한 일반적 속성은 현대 국가를 구성하는 공통된 원리에서 기인한다. 신권(神權) 국가, 봉건 국가, 군주제 국가에서 탈피했다고 자부하는 현대 국가라면 예외 없이 이러한 일반적 속성을 보인다. 현대 국가 거버넌스 체계의 일반적 속성을 이루는 요소들은 하루아침에 정립된 것이 아니라 지난한 과정을 거쳐 성숙된 것이다.

1) 국가 거버넌스 체계와 정당성

정당성(legitimacy)은 매우 중요한 정치학 개념 중 하나이다. 정당성은 개인의 내심에서 비롯된 태도를 뜻하며, 이러한 태도에는 정부 통치의 정당/공정 여부에 대한 판단이 깃들어 있다. 부르주아지에 속한 정치학자라면 기본적으로 정당성을 '동의'로 이해할 것이다. 그러나 무릇 민주와 사회개혁 확대를 통해 조성된 동의는 계급적 대립에 대한 억제에 불과하다. 따라서 네오마르크스주의자인 위르겐 하버마스(Jürgen Habermas)는 자본주의 사회의 정당성 위기는 자본주의 국가가 더 이상 단독으로 조성한 동의를 통해 인정을 유지하기 어렵게 만든다고 판단했다. 정당성 위기의 핵심은 자본 축적의

논리와 민주정치가 분출한 대중적 압력 간의 모순과 갈등에 있다.[4]
정당성은 어원적으로 이중적 의미를 내포한다. 하나는 합법성/정통
성이고, 다른 하나는 올바름/합리성/정당성이다. 국왕의 아들이 왕
위를 계승하는 것은 전자에 해당한다. 인민과 국가의 이익을 대표해
전략을 설정하고 이것이 올바르다고 판명될 때는 후자의 의미이다.
따라서 정당성을 단순히 선거와 결부시키면 반드시 오류가 따르게
된다. 예컨대 선거로 구성된 정권이 가지는 정당성은 전자의 의미이
지, 이것이 곧 후자, 즉 올바름으로 이어지는 것은 아니다. 이처럼
거버넌스 체계의 정당성은 그리 단순하지 않으며 오히려 매우 복합
적으로 구성된다. 따라서 이를 단기적으로 분석해서는 유효한 결과
를 도출하기 어렵기 때문에 반드시 장기적인 분석을 통해 그 실질을
파악해야 한다. 정부가 정당성을 획득할 수 있는 경로는 다음과 같은
4가지로 집약된다. ① 장기적 존속, ② 양호한 정치적 업적, ③ 민중
을 공정하게 대표할 수 있는 정부의 구성,[5] ④ 국가상징에 대한 제작
과 유도가 그것이다. 즉 국가 거버넌스 체계의 정당성은 많은 이들의
생각과 달리 선거만으로 충분히 획득되지 않는다. 선거를 통해 출범
한 정부가 정당성을 상실하는 사례는 부지기수다. 본서는 절차적 정
당성, 실질적 정당성, 공동체적 정당성을 제시해 국가 거버넌스 체계
의 정당성에 대해 논하려 한다. 절차적 정당성을 갖춘 국가 거버넌스
체계는 많은 경우 정권이 출범하는 절차와 관련되며, 실질적 정당성
은 국가 거버넌스의 효율성, 장기적 목표와 같은 요소와 관계가 있다.
공동체적 정당성의 경우 시민 또는 국민이 정치체제에 바라는 염원
과 관련된다. 현대 국가의 발전사를 회고해 보면 어떤 정치체제는
절차적 정당성과 실질적 정당성을 갖추었음에도 지배를 행사할 권리
(right to rule)가 결여된 탓으로 정당성에 대한 민중 신념의 진공(眞

空) 상태를 경험하고는 한다. 이로 미루어 볼 때 국가 거버넌스 체계의 정당성은 국가 거버넌스 행위자의 권위와도 밀접한 관련이 있음을 알 수 있다. 정당성의 위력과 위엄, 매력을 구현하는 것이 바로 권위이기 때문이다. 우리는 여기서 본서의 1장에서 제시한 바 있는 중국 문화에서 배양된 '합도성(合道性)' 개념을 통해 기존의 정당성 이론에 대해 보충하려 한다. 정당성 이론의 시각에서 보면 국가 거버넌스 체계는 도덕과 법률, 여론과 같은 다중적 역량의 감시 아래 존재한다. 반면 전통 중국에서 보다 강조했던 것은 권력의 '합도성'이었다. '합도성'이란 정치가 도(道)에 정합하는 정도를 뜻한다. 군왕과 조정, 나라에 도가 존재하면(有道) 절차와 이념, 시비와 질서가 형형하여 백성이 안심하고 생업에 종사할 수 있어 태평성대를 이룰 수 있다. 반면 도가 사라지면 나라가 편안한 날이 없고 인심이 각박해지며 민생은 어려워져 재난이 닥치게 된다.6) 저명한 정치학자 왕샤오광은 도를 중시하는 중국정치의 특성을 인식하고 중국정치와 서구정치를 구별하는 가장 큰 차이점으로 '정치체제(政體)'와 '정치도리(政道)'를 제시한 바 있다.7) 정치체제적 사유(政體思維)는 필연적으로 비(非)서구권의 거버넌스 모델을 '이단'으로 규정하는데, 이는 '정당성'이라는 개념 도구를 통해 선험적으로 판별된다. 따라서 서구 정치이론에서 말하는 정당성이라는 개념만으로는 거버넌스에 대한 의문과 오해를 떨치기 어렵다. 국가 거버넌스 체계의 정당성은 국가의 존재 이유와 국가 거버넌스에 대한 시민의 용인도와 깊게 연관된다. 이는 또한 국가 거버넌스 체계의 일반적 속성을 이루는 가장 중요한 요소로서 국가 거버넌스 체계의 생명력으로 이어진다.

2) 국가 거버넌스 체계의 주체와 구조

국가 거버넌스 체계에서 거버넌스를 담당하는 주체는 누구인가? 거버넌스의 구조는 또 어떠한가? 거버넌스 구조를 영도하고 주도하며 제어하는 행위자는 나라마다 또 어떻게 다른가?

우리는 정도(政道)와 치도(治道)* 두 가지 측면에서 현대 국가의 거버넌스 주체와 구조를 조명해 볼 수 있다. 정도 측면에서 강조되는 것은 권력의 기원 및 권력이 조직되는 방식이며, 이에 따라 거버넌스 주체와 구조는 뚜렷한 정치성을 띤다. 정당은 국가 거버넌스 체계의 중심에 위치한다. 한 나라의 헌법이 규정하는 정부를 대형 공장에 비유한다면 정당은 이 공장의 발전기에 해당한다. 정당이라는 발전기에 시동이 걸려야 기계가 돌아갈 수 있고 공장의 불이 꺼지지 않고 운영을 계속할 수 있다. 따라서 어떤 이들은 습관처럼 정당조직을 기계에 비유하고는 한다. 이 정당이라는 견고하고도 효율이 뛰어난 기계가 잘 운행되어야만 비로소 '정치'를 직업으로 하며 선거 때 진가를 발휘하는 이들에게 다양한 직위를 제공할 수 있다.[8] 집권당이 국가라는 기계에 정치적 에너지원을 부여하는, 국가라는 공장의 발전기라는 데는 별다른 이견이 없다. 물론 각 국가마다 채택한 정당제도가 다르므로 정당이 국가에 에너지원을 주입하는 경로와 방식도

---

* 정도(政道)와 치도(治道) 개념을 제시한 왕샤오광에 따르면 정치라는 두 글자 중에서 '정(政)'은 권력을 행사하는 목적, '치(治)'는 목적을 실현하는 수단에 치중해 있다. '도(道)'란 방법·방식·수단을 망라하는 도술(道術)과 (보편적) 법칙을 이르는 도리(道理), 이념 및 궁극적 목표를 집약하는 도의(道義)와 같은 다양한 함의를 담고 있다. 요컨대 '정도'란 정치체제를 운영하는 목적과 이를 구성하는 방법을 포함하며 '치도'는 이러한 정도를 구체적으로 실현하는 수단, 즉 제도와 모델을 아우른다고 할 수 있다. 王紹光,《中國·政道》(北京 : 中國人民大學出版社, 2014);《中國·治道》(北京 : 中國人民大學出版社, 2014) 참조.

각각 다를 수밖에 없다.

치도 측면에서 국가 거버넌스 체계를 조망해보면 그 주체는 일원적이지 않으며, 구조의 중심 또한 단일하지 않다. 이러한 특성은 현대사회의 복잡성과 유한(有限)한 정부 역할에서 기인한다. 정부, 기업, 커뮤니티, 사회조직 모두 거버넌스 주체로서의 자격과 가능성을 가지고 있다. 그중에서 가장 공신력을 얻고 있는 것은 정부-사회-시장이라는 삼원적 조합의 협력적 거버넌스 구조이다. 이러한 협력적/협동적 거버넌스 구조는 정부 거버넌스의 리스크를 축소할 수 있는 실리적인 대안이기도 하다. 따라서 현대 국가의 거버넌스 체계는 날이 갈수록 다자 협력과 각계 협동에 치중하는 경향이 짙어지고 있다. 즉 폐쇄적 기준에 따라 경계와 공간을 나누던 시대는 이미 마감했다고 할 수 있다. 지역적으로 분할되고 계층적·민족적으로 격리된 '보호성' 거버넌스에만 의존해서는 만인과 연관된 공공안전, 공공위생, 생태문명과 같은 의제에 제대로 대응할 수 없기 때문이다. 이미 많은 공공의제가 초지역·초계층·초민족적 특성을 보이고 있으며, 이러한 공공의제는 만인의 길흉화복과 연관된다. 즉 이미 많은 공공의제가 제도적, 물질적, 민족적, 지역적, 국가적 장벽을 뛰어넘는 '통화(通貨)'가 되었다는 것이다. 이에 협력적 거버넌스, 협동적 거버넌스, 협상적 거버넌스 등 개인-국가, 시장-정부, 자유주의-조합주의, 지배계급-피지배계급, 부유층-빈민층과 같은 기존의 이원대립적 제도 틀과 사유방식에서 탈피한 다양한 패러다임이 연이어 출현하고 있다. 특히 인터넷 시대가 도래한 이후 디지털화된 생활양식과 표현방식 및 거버넌스 방식이 현대 사회의 모세혈관에까지 스며든 상태이다. 요컨대 정부권력을 중심으로 한 금자탑 형태의 전통적 거버넌스 체계는 이미 빛을 잃었고, 확산성과 광범성을 특징으로 한 협력적 거버넌스 국면이 구축되는 것은 거부할 수 없는 추세가 되었다.

3) 국가 거버넌스 체계와 정치질서

현대 국가는 다종다양한 충돌을 내포한다. 현대 국가에서 발생하는 충돌은 이전 시대에서는 상상할 수 없는 규모와 강도를 지닌다. 계급충돌 또는 계급적 색채가 짙은 민족 갈등은 많은 경우 현대 국가를 헤어날 수 없는 무질서와 혼란으로 몰아넣는다. 더구나 현대 사회의 충돌은 응당 획득해야 할 권리와 그것에 대한 공급, 정치와 경제, 시민권과 경제성장 사이의 알력을 통해 전방위적으로 표출된다.9) 그렇다면 현대 국가는 어떻게 해야 질서 있는 상태를 유지할 수 있을까? 이 엄중한 문제는 법치 국가의 탄생을 촉진했다. 현대 국가는 반드시 합리적인 제도에 의거해 사회질서를 유지하고 개인이 발전할 수 있는 토대를 제공해야 하는데, 이것을 가장 집중적으로 구현한 것이 현대 국가의 법 제도이다.10) 법의 의무는 질서를 수립하는 데 있다. 법은 사회적 교류 과정에서 발생하는 기회주의적 행위를 최소화하고, 사회 조정 과정에서 발생하는 부수적 비용을 절감한다. 이는 사회·경제질서를 유지하는 데 있어 매우 중요한 기능이 아닐 수 없다.11) 때문에 현대 국가는 거의 예외 없이 법치주의를 신봉한다. 법에 대한 다양한 시각과 상관없이—그것이 '보편성에 대한 진술'이든 국가 거버넌스의 수단이든—법은 현대 국가 거버넌스 체계에서 결코 간과될 수 없는 위상을 가진다. 법은 결코 단일한 통제 수단의 조합이 아니라, 하나의 사회제도이자 사회규범이다. 즉 법은 풍속 및 관습과 밀접한 관계에 있으며 현존하는 제도와 도덕, 윤리와 같은 가치관념을 수호한다. 따라서 법에는 특정 시대와 사회의 구조가 반영되어 있다.12) 거버넌스 과정에서 끊임없이 개인의지에 의해 좌우되는 문제에 직면하거나 (사회 내부에) 기회주의의 함정이 만연해 있는 국가는 법치 국가와는 거리가 멀다. 물론 법이 만병통치약은 아니기에 명석한 국가 거버넌스 행위자라면 법에 과도하게 집착하지 않는다. 그러나 현대 국가의 정치과정은 본질적으로 법률과 내적 친연성을 가진다. 이는 현대 국가의 거버넌스 체계와 전통 국가의 운영 체계의 가장 명확한 차이점이기도 하다. 애정, 도덕, 개인관계, 혈연관계에 기초해 건립된 사회질서는 견고하지 못하다. 반면 법은 거버넌스 행위자와 정책 수혜자가 이성에 입각해 공적 사무에 임한다는 것을 시사한다. 무엇보다 중요한 것은 법은 거버넌스 행위자와 정책 수혜자를 모두 규제하는 이중적 제약 기능을 수행한다는 점이다. 즉 법은 국가권력이 확장할 수 있는 범위를 한정할 뿐 아니라 정책 수혜자의 행위를 규정하는 강제적 성격의 규칙으로도 기능한다. 우리가 흔히 사법부패를 가리켜 한 국가에서 발생할 수 있는 가장 심각한 부패라고 하는 까닭은 그것이 사법정의를 공개적으로 모독하는 행위이기 때문이다. 사법정의는 국가 거버넌스 체계의 현대성을 측량할 수 있는 중요한 지표이다. 요컨대 법치 국가의 구축이 선행되어야만 국가 거버넌스 과정의 제도화, 절차화, 규범화가 비로소 진행될 수 있다. 다원적인 관념과 복잡한 구조, 다양한 차이가 두드러진 현대 국가에서는 법치의 척도에 의거해야만 안정성·지속성·재생성·확장성을 확보한 정치질서를 조성할 수 있다. 국가 거버넌스의 제도와 절차는 법치를 통해야만 비로소 정착되고 보급된다. 따라서 법치 국가는 그 자체로 국가의 장기적 안정과 동의어이다.

(2) 국가 거버넌스의 국가별 특성

상술했듯이 현대 국가의 거버넌스 체계는 이론적 측면에서 일반적 속성을 갖고 있다. 그러나 실상 완전히 동일한 거버넌스 체계를 가진 국가는 현실에서 찾아볼 수 없다. 이것이 현대 국가 거버넌스 체계의 국가별 특성이다. 모든 국가는 특정한 역사-사회-문화적 조건을 가진다. 각국이 직면한 국제적 압력 및 국제교류 현황 또한 모두 다르다. 따라서 모든 국가의 성장 경로와 거버넌스 체계의 전환 과정, 국가와 사회 혁명을 촉발한 원동력에는 모두 나름의 색깔이 묻어난다. 예컨대 근대 영국의 정치는 시민사회의 발전이 수반한 다양한 문제를 해결하는 과정에서 성숙되었다. 시민이 문제를 해결하기 위해 벌인 협상 과정에서 정치의 중심인 의회가 탄생했는데, 이러한 영국의 의회정치는 (중앙집권과 외부 팽창에 치중한) 프로이센과 판이한, 내정을 우선시하는 정치체제였다. 이후 양국은 해외 팽창노선에서 또한 확연히 다른 모습을 보였다. 반면 일본은 독일제국의 정치체제를 도입해 근대 국가 정치체제를 구축했다. 국왕과 천황을 중심으로 한 제도적 배치는 이후 독일과 일본이 군국주의로 나아가는 길을 닦았다.[13] 다른 예로 연방제를 들 수 있다. 같은 연방제라고 해도 그 성격은 같지 않다. 미국, 캐나다, 오스트레일리아의 경우 국가 간 연방주의, 대립적 연방주의를 채택하고 있는 데 반해 독일의 경우 국가 내적 연방주의, 협력적 연방주의를 채택하고 있다.[14] 왜 이러한 차이가 발생하는가? 연방제가 출범하기 전 국내의 세력 분포 양상, 계급구성 및 (국가가 성립한) 역사적 시점 등 각국의 상황이 모두 다르기 때문이다. 이러한 국가별 특성은 국가 거버넌스 체계가 일률적으로 발전하는 경향을 차단하는 동시에 나라마다 다른 국가권력 구조와 정부 간 관계, 구조 간 관계를 심층적으로 고찰할 수 있게 해준다.

1) 역사-문화-지리에 기초한 국가 거버넌스 체계의 형성

역사와 문화는 국가 거버넌스 체계의 국가별 특성에 영향을 미치는 항구적 요인이다. 역사와 문화는 변하지 않기 때문에 장기간에 걸쳐 국가 거버넌스 체계의 정치적 유전자를 조성한다. 일반적으로 국가 거버넌스 체계가 성립된 역사적 시점에서 이미 국가 거버넌스가 지향해야 할 궤도와 노선이 결정되고는 한다. 이후 국가 거버넌스 체계는 여러 차례 혁명적 변혁을 겪게 되겠지만 (이미 생성된) 정치적 유전자 자체는 변하기 어렵다. 진시황이 구축한 중앙집권체제를 예로 들어보자. 중앙집권체제라는 제도적 창조는 일찍이 『시경(詩經)』에서 말한 "하늘 아래 왕의 땅 아닌 곳이 없으며, 땅의 위에 왕의 신하 아닌 사람이 없다(普天之下, 莫非王土, 率土之濱, 莫非王臣)"는 정치적 상상을 현실로 만들었으며, 이후의 국가운영체계가 획기적으로 전환되는 역사적 기점을 마련했다. 오늘날 중국의 국가 거버넌스 체계는 이 시기를 기점으로 확립된 국가형태에서 연속되고 재생된 결과로서 존재하는 것이다. 미국의 건국사는 세계의 어느 나라와도 닮은 점이 없다. 이러한 측면에서 미국의 예외주의적 색채가 두드러진다고 하겠다. 미국은 카운티(county)와 시(city)가 (상위 행정단위인) 주(state)보다 먼저 생겨났고 주(state)는 국가보다 먼저 생겨났으며, 연합이 연방보다 먼저였다. 미국의 연방제는 건국 초기에 진행된 지방·가문·계급 간의 이익 협상과 담판에서 기원하였는데, 여기서 미국 국가 거버넌스 체계의 역사적 기전이 형성되었다. 후일 집권을 주장하는 운동이 심심치 않게 발생했지만, 분권을 기본적 특징으로 한 미국의 연방제 자체를 바꾸어놓지는 못하였다.

모든 역사와 문화는 일정한 공간을 배경으로 한다. 특정한 역사와 문화를 담지한 공간은 현대 국가 거버넌스 체계의 국가별 특성을 설명하는 중요한 근거가 된다. 예컨대 미국의 국가 거버넌스 체계가 지정학적 측면에서 높은 안전도와 비교적 양호한 지리적 환경 및 기후를 가진 북아메리카 대륙과 밀접한 상관이 있음은 의심할 여지가 없다. 남아메리카의 대농장 경영 및 노예제에서 비롯된 군사정권과 남미의 작물 재배구조에서 기인한 취약한 경제력은 천부적인 지리와 기후적 여건을 보유한 북아메리카와 선명한 대조를 이룬다. 일부 학자들은 치수(治水)사회가 중앙집권을 유발했다는 견해에 의문을 제기하기도 하지만, 중국의 독특한 지리적 환경과 중앙집권의 상관성은 부정하기 어렵다. 예컨대 중국의 남쪽 지방과 북쪽 지방은 아프리카나 멕시코 북부처럼 사막으로 단절되거나 중앙아메리카처럼 비좁은 지협으로 단절되지 않았다. 중국의 경우 동서로 흐르는 긴 강들(북부의 황허 강과 남부의 양쯔 강) 덕분에 연해지역과 내륙지역이 작물과 기술에 대한 정보를 주고받기에 편리했고, 동서 방향이 넓고 지형도 비교적 평탄하여 수계를 관통하는 운하를 통해 연계될 수 있었기에 남북 간의 교류가 활발해질 수 있었다. 이러한 요소들이 복합적으로 작용한 결과 중국은 비교적 빨리 문화적 · 정치적 통일을 이룰 수 있었다. 반면 유럽의 경우 면적은 중국과 큰 차이가 나지 않지만, 지형이 험난하고 각 지역을 이어주는 큰 강이 없다 보니 오늘날까지도 문화적 · 정치적 통일이 이루어지지 못했다.[15] 고대 그리스의 도시국가의 경우 산맥으로 인해 단절된 지형과 밀접한 관련이 있다. 영국의 국가 거버넌스 체계가 유럽 대륙의 국가 거버넌스 체계와 사뭇 다른 까닭은 섬나라라는 특수한 지리적 조건에서 기인한다. 영국은 섬나라라는 지형 탓에 유럽 대륙으로부터 격리되어 전쟁의 위협과 타국의 압력으로부터 상대적으로 자유로울 수 있었기 때문에 제도 혁신에 집중할 수 있었던 것이다.[16] 이처럼 역사와 문화, 지리가 복합적으로 조성한 국가 거버넌스 체계는 고금을 관통하는 항구성을 지닌다. 그러나 국가 거버넌스 체계는 한편으로 부단히 변화하는 사회구조와 국제적 환경의 압력에 직면해 있기 때문에 사회구조의 조정 및 국제정세의 변화에 따라 지속적으로 재구성된다. 그러나 역사-문화-지리적 환경이 조성한 정치적 유전자에서 비롯된 본질은 쉽게 변하지 않는다.

2) 사회구조에 기초한 국가 거버넌스 체계의 형성

여기에서 말하는 사회구조란 어떤 사회의 계급구성과 민족구성 및 양자의 상호관계를 가리킨다. 모든 국가의 거버넌스 체계는 일정한 단계의 사회구조와 조응한다. 물론 거버넌스 행위자도 이데올로기와 정책적 역량을 운용함으로써 사회구조를 변화시킬 수 있다. 그러나 사회구조는 일단 형성된 이후에는 비교적 장기간에 걸쳐 상당한 안정성을 유지한다. 따라서 사회구조에 기초한 국가 거버넌스 체계는 이중적 양상을 보인다. 하나는 역사적 전환기에 등장한 혁명의 영도계급이 향후 구축될 국가 거버넌스 체계의 성격을 결정하는 경우이다. 다른 하나는 사회구조가 역사적 제도주의에서 말하는 경로의존성을 띠며 국가 거버넌스 체계를 좌우하거나 심지어 결정할 수 있는 능력을 갖게 된 경우이다. 이때 국가 거버넌스 체계는 기존의 사회구조와 영합하는 성격을 띠게 된다. 그러나 (사회적) 갈등이 축적됨에 따라 영합적 성격을 띤 국가 거버넌스 체계는 부득불 변혁의 필요성을 인식하게 된다. 장기적 측면에서 볼 때 국가 거버넌스 체계와 사회구조는 전형적인 상호작용 관계에 있다. 수많은 역사적 경험이 증명하듯이 한 국가의 거버넌스 체계는 (해당 국가의) 계급구성과 계급적 성격, 그리고 국가 거버넌스 체계의 변혁을 추동하는 영도계급과 긴밀히 연관되어 있다. 일례로 미국의 국가 거버넌스는 방대한 중산계급에 기초해 있다. 따라서 부르주아지 계급의 팽창과 중산계급의 축소는 미국의 국가 거버넌스에 심각한 위기를 가져왔다. 영국과 일본의 경우 각 정당은 도시와 농촌, 각기 다른 지역에 분포한 지지층과 뚜렷한 관계를 맺고 있다. 일찍이 알렉시 드 토크빌(Alexis de Tocqueville)은 계급만이 역사를 차지할 수 있다고 말했다. 역사적 전환이 이루어지는 중요한 고비이자 국가 거버넌스 체계가 탄생하는 역사적 시점에서 지도적 위치에 있는 계급은 향후 국가 거버넌스의 향방을 주도하는 결정적인 역할을 수행한다. 역사적 전환기를 맞이한 계급은 매우 좁은 통계학적 의미만을 지닌 오늘날의 계급과 다르다. 영도계급이 신봉하는 이데올로기와 이들의 정치적 행동전략, 이들이 의지하는 연맹 세력이 곧 국가 거버넌스의 성격과 형태를 결정한다고 해도 지나치지 않다. 마르크스에 따르면 부르주아지 계급이 대두하는 과정에서 부르주아지 계급이 발전하는 모든 단계마다 여기에 상응하는 정치적 성과가 뒤따랐지만, 현대의 국가 권력은 전체 부르주아지의 공동 사업을 관장하는 위원회에 불과하다.17) (부르주아지 계급이 주도하는 역사적 전환기에) 사람들을 매혹할 만한 사회적 유동이 발생했다고 해도 이는 민주화의 산물이 아니며, 새롭게 통치집권에 가담한 타 계급인사의 '부르주아지화' 과정에 다름 아니다.18) 자본주의 사회의 국가 거버넌스 체계는 지금까지도 여전히 부르주아지 계급이 주도하는 사회구조에 영합하고 복종하는 모습을 보인다.

몇몇 국가에서는 계급 간 불평등이 선천적인 민족성과 결부되는 경향이 나타난다. 민족 내부에 스며든 계급적 억압은 보다 짙은 은폐성과 기만성을 띤다. 민족이라는 바뀔 수 없는 선천적 요소를 이용해 기존의 계급관계를 영구히 지속하려 하기 때문이다. 이러한 상황에서 계급은 민족 내부로 새겨 넣어지고 민족의 피부색이 곧 계급의 피부색이 되어버린다. 이러한 민족성에 상응하는 국가 거버넌스는 지배계급의 독점과 특권을 거리낌 없이 강화한다. 인도와 남아프리카 등 신분 또는 인종에 기초한 분리가 자행되는 국가의 거버넌스 체계는 폭력과 종교를 동원해 각기 다른 피부색을 가진 '민족계급'의 지위를 확정짓는다. 종족적 평등을 주장하는 움직임과 기존의 국가 거버넌스 체계가 공존하기 어려워질 때에 이르러서야 국가 거버넌스는 변혁을 맞게 된다.

3) 국제 환경의 압박에 기초한 국가 거버넌스 체계의 형성

국제정치와 국내정치의 상호작용은 국가 거버넌스 체계의 국가별 특성을 설명하는 중요한 변인이다. 상당수 국가의 거버넌스 체계가 국제적 환경의 압박에 대응하는 과정 속에서 성숙해왔다. 예컨대 오늘날 일본의 국가 거버넌스 체계에는 미국의 의도가 짙게 배어 있으며, 근대 유럽 민족국가의 거버넌스 체계에는 극도로 복잡했던 당시의 국제정세가 십분 반영되어 있다. 프랑스의 정치가이자 역사가인 프랑수아 기조(François Pierre Guillaume Guizot)에 따르면 영국과 프랑스의 전쟁은 프랑스의 국가 형성과 통일을 촉진하여 프랑스로 하여금 상비군을 갖추게 하고 공권력으로 봉건권력을 대체하는 시대를 맞게 하였다.[19] 자본주의 국가가 대두하기 전에는 로마제국·중화제국과 같은 글로벌 제국이 여전히 세계를 주도했으나, 또전 세계를 한데 묶을 특정 메커니즘이 결여된 탓으로 흡인력과 확장력을 갖춘 국제적 환경이 갖춰지지 못했다. 그러던 것이 16세기에 이르러 세계적 범위의 노동 분업을 기초로 한 자본주의 세계체제가 윤곽을 드러내기 시작했고,[20] 향후 거의 모든 국가 거버넌스 체계를 망라할 수 있는 국제적 환경이 조성되었다. 대다수 국가는 핵심국들이 주재하는 세계체제로 편입된 이후 거버넌스 발전에 참조할 대상 및 표준을 획득함으로써 기존의 국가체계를 변혁시킬 동력을 얻었다. 이로써 새로운 거버넌스 이념이 전통적 거버넌스 이념을 대체하게 되고, 새로운 거버넌스 좌표가 전통적 거버넌스 좌표를 치환하게 되었다. 현대 국가는 세계정치의 내·외적 구조를 강화하는 경향이 있다. 전에 없던 독특한 역할로 역사의 무대에 등장한 이후 3,400년의 시간 동안 현대 국가는 전 세계의 거의 모든 정치적 단위를 소멸한 뒤 이를 대체했다. 바꿔 말하면 현대 국가는 자신 이외의 모든 정치적 단위를 식민화하거나 자신의 지배에 굴복시켰다. 현대 국가 등장 이전에 주도적 지위를 차지했거나 독립을 유지하고 있던 보다 오래된 몇몇 정치적 단위—일본, 중국, 에티오피아, 오스만 제국, 태국—는 강압에 못 이겨 조정을 진행한 끝에 유사 국가의 형식을 갖추게 되었다.[21] 비록 후세의 학자들에 의해 한때 성행했던 '충격과 반응'이라는 학설을 반성하는 기조가 조성되기는 했지만, 자본주의 세계가 글로벌 범위에서 행사하는 영향력은 여전히 후발 국가 거버넌스 체계의 전환을 분석하는 주요 동인이다. 그러나 새로운 국가 거버넌스 체계가 걸친 외피는 (각국의) 유서 깊은 정치적 유전자를 감추고 있다. 이러한 국가 거버넌스 체계의 복합적·혼성적 성격은 거버넌스 체계가 가진 국가별 특성을 집중적으로 반영하고 있다.

국가 거버넌스 체계에 영향을 미치는 국제적 환경의 압력은 서구

학자들이 말하는 것처럼 단일화된 노선을 따라 중심에서 주변으로 이동하지 않는다. 냉전 체제의 형성은 사회주의 국가와 자본주의 국가 간의 체제 경쟁을 격화시켰다. 이러한 국면으로 인해 양대 체제에 내재한 각기 다른 성격의 거버넌스 체계는 강렬한 배타성을 지니게 되었다. 그 결과 2차 세계대전 이후 대국 간 정치 · 경제협력이 실종되었고 세계는 두 진영으로 갈라졌다. 소련과 그 위성국들이 한 축을 차지했고 나머지 국가들이 다른 한 축을 이뤄, 지구상에는 하나의 세계가 아닌 두 개의 세계가 존재하게 되었다.22) 냉전이 종식된 이후 많은 국가의 거버넌스 체계는 천지개벽에 가까운 변화를 겪었고, 프랜시스 후쿠야마(Francis Fukuyama)가 호기롭게 선언했던 '역사의 종말'의 서광이 비쳐왔다. 현대 국가 거버넌스 체계의 일반적 법칙에서 벗어나 있던 국가의 거버넌스 체계는 유례없는 충격을 겪었다. 국제적 환경의 압력에 침착하게 대응하며 자신의 국가상황에 적합한 국가 거버넌스 체계를 모색해 충분한 정당성과 안정성, 지속성을 확보하는 것, 이것이 전환기에 접어든 국가들이 완수해야 할 현대적 숙명이었다. 작금의 국제적 환경을 둘러보면 이매뉴얼 월러스틴(Immanuel Wallerstein)이 말했던 세계체제는 이미 다양한 역량에 의해 잠식되고 와해되었음을 알 수 있다. 후발국의 부상, 서구세계가 직면한 위기와 딜레마와 같은 현상은 많은 국가로 하여금 새로운 거버넌스 체계를 모색하는 데 한층 박차를 가하게 하였다. 자본주의 국가의 거버넌스 체계가 겪고 있는 제도적 · 정책적 · 이념적 · 구조적 딜레마로 인해 지금의 국제 환경은 냉전 시기와 소련 및 동유럽의 격변 때처럼 서구세계가 자긍해 마지않는 자유주의적 숨결과 낭만으로 가득 차 있지는 않다.

모든 국가의 거버넌스는 영토라는 고정된 공간을 배경으로 인민과 결부된다. 국가 거버넌스의 좋고 나쁨에 대한 가장 큰 발언권을 가진 이는 해당 국가의 인민이다. 물론 개개인의 입장과 계층, 관념이 다르기 때문에 국가 거버넌스에 대한 평가도 천차만별일 수밖에 없다. 그러나 인류사회에는 국가 거버넌스를 평가하고 판단할 최대공약수가 분명 존재한다. 이 최대공약수에는 객관적 지표와 주관적 느낌이 두루 포함되어 있다. 즉 최대공약수는 구체적이고 경성적인 지표뿐 아니라 주관적 · 공감적인 감정과 체득을 통해 표현되기도 한다. 한 국가의 거버넌스 체계를 인민이 신고 있는 신발에 비유해보자. 거버넌스라는 신발이 발에 맞는지, 크기는 어떤지, 걸을 때 편안함은 어떠한 지에 대해 가장 큰 발언권을 가진 이는 인민뿐이며, 국가 거버넌스가 구현하는 실상만이 (이를 증명할 수 있는) 가장 큰 설득력을 가진다.

(3) 국가 거버넌스의 의무적 속성

모든 국가의 거버넌스 체계는 해결해야 할 정치적 의제와 난관이 있다. 인류가 제도화라는 방식을 통해 새로운 정치적 의제 또는 정치적 난관을 해결할 때마다 국가 거버넌스 체계는 한층 더 성숙된다. 모든 국가의 거버넌스 체계에는 항구적 일면과 가변적 일면이 공존한다. 국가 거버넌스 체계의 항구성은 거버넌스 이념과 원칙, 전통에서 비롯되며, 가변성의 경우 거버넌스 체계가 이행해야 할 의무와 책임과 연관된다. 이러한 의무와 책임을 완성했을 때 국가 거버넌스 체계는 조정과 혁신의 운명에 직면한다. 현대 국가 거버넌스 체계의 일반적 속성과 국가별 속성에는 항구성과 지속성이 짙은 반면, 의무적 속성의 경우 늘 가변성에 노출되어 있다. 국가 거버넌스가 해결해야 할 중대한 의무와 난관 자체가 고정불변이 아닌 까닭이다.

1) 자본 논리와 현대 국가 거버넌스 체계의 성립

마르크스와 엥겔스는 『공산당 선언』에서 자본의 논리에 기초해 생성된 국가 거버넌스 체계에 대해 다음과 같이 예리하게 지적했다. "부르주아지는 생산수단, 재산, 인구의 분산 상태를 점차 소멸시켰다. 그들은 인구를 집결시키고 생산수단을 집중시켰으며 재산을 소수의 손에 집중시켰다. 그 필연적 결과는 정치의 중앙집권화였다. 서로 다른 이해관계, 서로 다른 법률, 서로 다른 정부, 서로 다른 관세를 갖고 동맹 관계를 통해서만 겨우 연결되었던 독립적인 각 지방이 통일된 정부, 통일된 법률, 통일된 민족계급적 이해와 통일된 관세 구역을 지닌 국가로 결합하였다."23) 자본주의 세계에 속한 국가가 자본의 논리에 따라 생성되었다는 것을 의심할 사람은 없다. 따라서 자본주의 국가의 거버넌스 체계 또한 자본의 논리에 입각한 요구에 부응할 수밖에 없다. 찰스 틸리의 연구에 따르면 영국과 프랑스는 최종적으로 자본과 강압의 조합방식에 따라 자본가와 자본의 출처를 국가기구 내부로 병합하는 데 주력했다. 자본과 강제력을 보유한 이들은 상대적으로 평등한 조건 아래에서 상호작용했다. 중간 경로인 자본화된 강압 방식은 단순한 강압 집약적인 방식(러시아, 폴란드, 헝가리가 여기에 해당)이나 자본 집약적인 방식(제노바, 네덜란드 공화국 등 도시국가, 도시제국, 도시연합이 여기에 해당)에 비해 탁월하고 용이하게 성숙한 국민국가를 건립할 수 있었다.24) 그러나 자본이 권력보다 높고, 자본이 권력보다 중요하며, 자본이 권력을 지지하는 것이 모든 자본주의 국가의 근본적 특징이다. 즉 자본주의 국가의 거버넌스 체계는 애당초 자본의 궤도에서 자본의 논리에 따라 잉태되었으며 이러한 속성은 오늘날까지 변하지 않았다. 마르크스에 따르면 자본가는 인격화된 자본으로서 생산과정에서 직접 권위를 획득한다. 자본가가 생산의 지도자이자 지배자로서 담당하는 사회적 기능은 노예제 생산, 농노제 생산을 바탕으로 수립된 권위와 전혀 다르다.[25] 경제과정에 내장된 국가 거버넌스는 단순히 정치적 지배나 신권통치에 의존하는 것에 비해 훨씬 은폐성이 짙다. 부르주아지 계급은 상품을 통해 권력이 부를 지배하는 전통을 전복했고, 자본 논리를 축으로 하여 이전과 전혀 다른 국가 거버넌스 체계를 구축했다. 자본이 국민국가의 경계를 넘어 전 세계를 누빌 무렵에 이르러서는 정치제도를 개혁하고자 하는 경제 엘리트의 의지와 동력이 급격히 줄어들게 된다. 가상경제가 실물경제를 압박하는 후기 산업화 시대에 진입한 이후 정치권력의 근간은 변화하기 시작했으며, 자본과 권력의 관계 및 거리에도 변화가 생겼다. 국내 거버넌스 체계가 장기간 혁신을 경험하지 못하고 정체하게 되면 국가 거버넌스 체계와 사회생산력이 균형을 이루지 못해 마침내 현대 국가 거버넌스 체계 자체도 유명무실해진다. 서구 정치제도의 위기를 유발한 정치·경제적 근원이 여기에 있다고 할 수 있다. 자본의 궤도에 따라 무제한 질주하던 국가 거버넌스는 자본의 팽창이 극대화될 시기에 이르러 필연적으로 극복할 수 없는 위기와 딜레마에 빠지게 된다.

2) 민주 논리와 현대 국가 거버넌스 체계의 변혁

현대 국가 거버넌스 체계는 민주의 기치를 내걸고 절대 왕권의 예속으로부터 탈피했다. 그러나 민주 논리는 꽤 오랫동안 그 고전적인 매력과 기능을 발산하지 못했다. 이러한 한계로 인해 현대 국가 거버넌스 체계는 늘 순수한 민주주의자들의 비판에 시달렸다. 현대 국가 거버넌스 체계에서 민주 논리가 실현되는 수준은 항쟁자가 통치자에 가하는 압력과 여기에 대한 통치자의 양보 정도에 좌우된다. 민주 논리가 구현되는 과정은 결코 순탄치 않았다. 현대 국가의 모든 통치자는 민주를 지고한 정치원칙으로 떠받드는 한편 민주에 대한 경계를 늦추는 법이 없다. 왜냐하면 주지하듯이 어떤 시대, 어떤 국가든 실질적인 민주의 요구에 입각해 모든 자원을 철저하게 민주적으로 재분배하는 것은 불가능하기 때문이다. 그렇다면 현대 국가 거버넌스 체계는 민주를 요구하는 항쟁자의 압박에 어떻게 대응하는가? 바꿔 말하면 통치자는 어떻게 민주 논리와 현대 국가 거버넌스 체계를 교묘히 융합하는가?

민주 논리에 기초해 구축된 국가 거버넌스 체계가 우선적으로 해결해야 할 문제는 큰 규모를 지닌 국가라는 유기체 내부로 민주적 원칙을 끌어들이는 일이다. 이는 곧 새로운 국가가 짊어져야 할 중요한 책임인 동시에 새로운 국가의 존재 이유를 드러내 정당성을 획득할 수 있는 과정의 일환이다. 이러한 과정을 통해 사르토리(Giovanni Sartori)가 말했던 "수직적 민주"가 탄생한다. 선거가 민주의 수평적 배치에 대한 전형적 설명이라면, 민주의 수직적 배치 또는 수직적 변형에 해당하는 것이 곧 대의 민주주의이다.[26] 국민국가 탄생 이전의 서구사회는 수직적 사회가 아니라 수평적 사회였다. 심지어 어떤 이들은 중세의 분계선은 수준에 있지 수직에 있지 않다고 말한다.[27] 그러나 국가라는 방대한 정치적 유기체가 등장한 이후 곧바로 복잡한 수직적 사회가 형성되었다. 다시 말해 서구의 현대 국가 거버넌스 체계는 기층 영역에 민주의 수평적 배치를 묶어놓은 채 고대 그리스 도시국가의 민주주의나 장원을 경제구조로 했던 중세의 수평적 민주에 보다 가까워졌다 이와 동시에 기민한 제도저 배치를 통해 선거권의 범람을 제한 및 조절하여 절차주의 선상에서 현대 서구 국가 거버넌스 체계의 패권적 지위와 '보편적 지위'를 부각시키는 수직적 민주제도를 구축했다. 엘리트 민주주의, 다원적 민주주의, 숙의 민주주의, 합의제 민주주의 등 세인의 눈을 어지럽히는 민주 이론 유형이 계속 쏟아져나와 이러한 수직적 국가 거버넌스 체계에 철통같은 이론적 포장과 논리적 설명을 가했다.

　민주 논리의 부상은 분명 국가 거버넌스의 중대한 변혁을 촉진했다. 경제발전과 민주주의의 상관성에 대해 집약한 S. M. 립셋 (Seymour Martin Lipset)의 유명한 가설에 따르면 경제발전에 힘입어 이제 막 궁핍으로부터 멀어졌을 때 인민은 정치적 자유가 없는 생활에 만족할지도 모른다. 그러나 사회경제적으로 부유해지게 되면 인민은 보다 많은 정치적 자유를 주장하게 된다.28) 이와 동시에 통치자와 거버넌스 행위자 또한 자본의 논리에 기초해 구축된 국가 거버넌스 체계는 민주적인 자원 재분배 체계에서만 충분한 안전지수를 확보할 수 있다는 것을 인식하게 된다. 따라서 서구 국가 거버넌스의 민주적 변혁은 각기 다른 시기와 정도에서 진행된 시민들의 항쟁과 통치자의 양보를 통해 추진되었다고 보아도 좋을 것이다. 민주의 논리는 현대 국가 거버넌스 체계에 형식적·절차적 정당성과 합법성을 부여한다. 다시 말해 민주의 논리를 실현하는 것은 현대 국가 거버넌스 체계의 불가결한 책임이자 의무이다. 문제는 이러한 의무를 이행하기에 앞서 거버넌스 행위자와 인민대중 사이에서 민주에 대한 인식의 합의가 상당 부분 이루어야 한다는 것이다. 민주에 대한 사회적 합의가 국가 거버넌스 체계가 실현할 수 있는 민주주의 수준과 정도를 결정한다.

3) 발전 논리와 현대 국가 거버넌스 체계의 강화

거의 모든 후발산업국은 서구 자본주의 세계의 압력에서 자유로울 수 없었기에 더더욱 경제발전에 목이 마를 수밖에 없었다. 경제발전과 국가능력의 향상은 상호 인과관계에 있다. 국가가 한창 부상할 시기에는 발전 논리와 민주 논리가 조화를 이루기 어렵다. 민주주의를 구현했으나 낮은 발전상태에 머무르고 있는 자메이카, 민주주의와 경제발전 중 어느 것 하나 이루지 못한 소말리아, 민주주의와 거리가 멀지만 중동 최고의 산업발전을 이룬 이란과 같은 사례가 이를 방증한다.[29] 대다수 후발산업국은 서구 자본주의 국가들이 주도하는 경제체제가 가하는 압력에 직면하여 통치형 정권에서 혁명형 정권으로, 혁명형 정권에서 발전형 정권으로의 전환을 경험했다. 이에 비교정치경제학에서는 이러한 사례를 바탕으로 '발전국가'라는 개념을 제시했다.[30] 발전 논리에 의해 도출된 발전국가는 강한 국가능력을 갖춘 국가 거버넌스 체계를 선호하는 경향이 두드러진다. 무엇보다 중요한 점은 강한 국가능력은 많은 경우 계급에 대한 국가의 허용이 아닌 국가 권위의 응집으로 나타난다는 것이다. 아툴 콜리(Atul Kohli)는 『국가가 견인한 발전(State-Directed Development: Political Power & Industrialization in the Global Periphery)』에서 신형 세습국가, 집약형 자본주의 국가, 분산형 다계급 국가라는 세 가지 이상형을 제시해 우리가 후발산업국에서 나타나는 다양한 국가권위 유형을 이해하는 데 중요한 이론적 근거를 제공하였다. 신형 세습국가의 경우 현대 국가의 외피를 걸치고 있을 뿐 공직자가 공공자원을 사유재산처럼 남용하는 등 후진적 행태를 보인다. 집약적 자본주의 국가는 사회의 주요 경제단체와 일련의 연계점을 확보해 효율적인 정치적 도구를 고안해냈다. 분산형 다계급 국가는 폭넓은 계급연맹에 기초해 있으나 집약적 자본주의 국가처럼 목표 범위를 축소해 효율적으로 그것을 추진해내지는 못한다. 왜냐하면 분산형 다계급 국가의 영수는 다른 국가유형의 영수에 비해 정치적 지지에 더욱 집착하기 때문이다.31) 분산형 다계급 국가가 발전 논리를 얼마나 이행할 수 있느냐에 따라 집권당의 관할 범위와 엘리트 간의 단결 정도가 달라진다. 발전 논리와 상응하는 국가 거버넌스 체계는 종종 국가간섭이나 국가기획, 국가자본주의 등으로 설명되고는 한다. 국가 거버넌스 체계는 많은 경우 효율성에 대한 지향 및 자본과 영합하는 경향을 표출한다. 심지어 국가 자체도 하나의 경제 주체로서 직접 경제과정에 개입하기도 한다. 그 결과 정계는 정치를 논하고, 재계는 경제를 논하던 현대적 분리 상태가 정계에서 경제를 논하고 재계에서 정치를 논하는 혼재된 상태로 변모한다. 발전국가의 거버넌스 체계는 권력과 자본이 영합에 의해 더욱 확고해진다. 국가는 강력한 자원수취 능력과 임의로 제공 및 수취가 가능한 사회자원 총량을 거머쥐게 되며, 자본은 국가권력의 비호와 지원 아래 국경을 넘어 글로벌 자본주의 경제체제로 곧장 진입할 수 있게 된다. 그러나 경험적 근거들을 살펴보면 발전 논리는 무제한 팽창되기 어려우며 자본의 오만과 권력의 범람 또한 한계가 있음을 알 수 있다. 발전국가의 거버넌스 체계는 경제의 고속 성장이 동반한 불평등한 부의 분배 및 정경유착이 빚어낸 양극화 문제에 직면하면서 부득불 효율에서 공평으로, 특권에서 공정으로의 전환을 시도하지 않을 수 없기 때문이다.

2. 거버넌스형 국가를 향한 탐색

원론적 측면에서 본다면 현대 국가는 모두 거버넌스형 국가에 속한다. 국가에 대한 엥겔스의 고전적 정의를 상기해보자.

"국가는 사회가 해결할 수 없는 자기모순에 빠졌으며 자기의 힘으로는 벗어날 수 없는 적대적 대립으로 분열했다는 고백이다. 그런데 이 대립, 즉 경제적으로 서로 모순되는 이해관계를 가진 계급들이 무익한 투쟁에서 자신과 사회를 파멸시키지 못하도록 하려면 외관상 사회 위에 서 있는 권력이 충돌을 완화해 사회를 '질서'의 범위 내에서 유지할 권력이 필요하다. 사회로부터 발생하였으나 그 위에 서서 사회와 멀어져가는 권력이 곧 국가이다."32)

마르크스주의 이론에 따르면 국가는 지배계급의 이익에 봉사하며, 자본주의 사회는 곧 부르주아지 계급의 착취 기능에 봉사한다. 국가는 지배계급의 이익에 총체적·간접적으로 봉사하기 위해 자신을 공동 이익의 대표로 꾸며야만 하기에 이른바 공적 기능을 일정 부분 담당하지 않을 수 없다. 이것이 국가 탄생의 역사적 합리성이자 필연성이다.

엥겔스는 국가 기능의 탄생은 국가와 사회의 분화 내지 대립에 기초한다는 매우 중요한 지적을 했다. 국가는 사회로부터 분리되어 사회 위에 군림하기에 사회적 갈등의 '조정자'로 변신하지 않을 수 없었고, 나아가 사회 거버넌스 기능을 담당하는 거버넌스형 국가로 거듭나지 않을 수 없었다. 이것이 우리가 현대 국가를 이해하는 이론적 기저이다.

(1) 재정 · 군사국가에서 거버넌스형 국가로

이론상 모든 현대 국가는 거버넌스형 국가이다. 다만 거버넌스의
형태와 실현 정도에 차이가 있을 뿐이다. 만약 국가 정권이 지배계급
의 이익에 치중한다거나, 지배적 위치에 있는 착취계급의 이익에 직
접적으로 봉사한다면 거버넌스형 국가의 형태를 갖췄다고 말할 수
없다. 국가건설이 일정한 수준에 도달하게 되면 다양한 역사적 · 사
회적 조건이 변화하게 되고 이에 따라 사회 각 영역에서 갈등이 발생
한다. 국가는 이러한 갈등을 해소하려 할 것이기 때문에 지배계급의
이익에 간접적으로 봉사하는 한편 공공성을 띤 사회 거버넌스 기능
을 수행하지 않을 수 없다. 여기에 해당하는 국가는 거버넌스형 국가
의 형태에 근접했다고 할 수 있다. 결론적으로 국가 정권이 경제적으
로 지배계급 위치에 있는 착취계급의 이익을 대표한다면 그러한 국
가는 올바른 거버넌스형 국가라고 할 수 없으며, 기껏해야 지배계급
의 도구에 불과하다. 거버넌스형 국가의 가능성은 국가 정권 성격의
전환 가능성에 기초한다. 즉 국가 정권은 반드시 프롤레타리아트 계
급에 의해 장악되어야 한다는 의미이다. 마르크스와 엥겔스는 근대
초기 유럽의 국가 정권을 '국가기구'로 규정하고 『고타 강령 비판
(Kritik des Gothaer Programms)』을 통해 라살레(Ferdinand
Johann Gottlieb Lassalle) 일파가 이러한 '국가기구'에 기대를 거
는 모습을 조롱하였다. 마르크스와 엥겔스에 따르면 자유는 국가를
사회의 상위 기관에서 사회의 완전한 하위 기관으로 전환했을 때
존재할 수 있으며, 오늘날 국가 형태의 자유 여부는 국가 형태가 '국
가의 자유'를 제한하는 정도에 따라 판가름 난다.[33] 아울러 엥겔스

는 「권위에 관하여」라는 글을 통해 자본주의에서 사회주의로 나아가는 과도기에도 '권위'는 여전히 필요하다고 강조했으며, 공공기능은 "진정한 사회의 이해관계를 돌보는 단순한 행정적인 기능"으로 변모할 것이라 주장했다.[34] 문헌을 바탕으로 이해할 때 여기서 엥겔스가 말한 '권위'는 공적 사무에 봉사하는 데 필요한 거버넌스형 국가를 뜻한다고 할 수 있다.

단순한 국가기구에서 이른바 '재정·군사국가'로, '재정·군사국가'에서 다시 거버넌스형 국가에 가까운 형태로 발전한 서유럽 국가들의 변신 과정은 결코 순조롭지만은 않았다. '재정·군사국가'는 찰스 틸리와 같은 학자들이 초기 서유럽 국가들의 경험을 토대로 정립한 개념으로, 이미 널리 통용되고 있다. 그러나 엄밀히 말해 이것을 틸리의 독창적 공헌이라고 할 수는 없으며, 자본주의의 발전 과정에 대한 마르크스와 엥겔스의 설명을 계승한 것이라 할 수 있다. 아래는 공산당 선언의 일부이다.

"부르주아지는 생산수단, 재산, 인구의 분산 상태를 점차 소멸시켰다. 그들은 인구를 집결시키고 생산수단을 집중시켰으며 재산을 소수의 손에 집중시켰다. 그 필연적 결과는 정치의 집중이었다."[35]

이처럼 마르크스와 엥겔스는 '집중'을 현대화의 주된 특징으로 보았다. 여기서 집중이란 자본의 집중과 정치의 집중이 병존하는 현상을 일컫는다. 자본의 집중과 정치의 집중은 각각 다른 조직화된 결과를 수반하는데, 전자는 생산기업의 발흥을, 후자는 현대 국가의 부상을 가리킨다. 양자를 중개한 것은 도시의 발전이었다. 틸리는 이러한 마르크스와 엥겔스의 발견을 전적으로 수용하여 자본 집약과 강압

집약이라는 국가 형성의 양대 모델을 구축했다.36) '재정·군사국가'
는 권력의 소유자로서 현대 국가가 가지는 두 가지 기본적 이미지를
집약한 개념이다. 현대 국가는 강압을 통해 사회로부터 자원을 수취
함으로써 자신을 불리는 수탈자이다. 또한 현대 국가는 통제자이기
도 하다. 자본 집약과 강압 집약을 통해 자신의 능력을 강화하여 신민
(臣民)이 대한 완전한 감시와 통제를 형성할 때까지 끊임없이 권력
을 기층사회로 침투시킨다. 이에 신민은 감히 벗어날 엄두를 내지
못한다. 따라서 레스터대학이 배출한 노베르트 엘리아스(Norbert
Elias)나 앤서니 기든스(Anthony Giddens)와 같은 학자들은 현대
화 과정을 국가라는 '권력의 용기(容器)'가 신민에 대한 감시와 통제
를 높여가는 과정으로 이해했다.37)

물론 재정의 집중과 군사의 집중은 동일한 과정이 아니다. 상업세
에 의존하는 도시국가나 가렴주구를 일삼던 토지-관료 국가 모두
현대화로 나아가는 과정에서 역사의 뒤안길로 사라졌다. 재정 집중
과 군사력 집중을 유기적으로 결합해낸 국가만이 최후의 승리자이자
타국이 앞다투어 모방하려는 대상이 되었다. 틸리의 추종자들은 틸
리가 제시한 재정·군사국가 모델이 널리 모방됨으로써 정치적 근대
화의 세계적 이상형이 구축되었다고 할 것이다.

그러나 재정·군사국가는 그리 쉽게 이루어지지 않는다. 그렇지
않다면 근대화 과정에서 발생하는 분기를 설명할 수 없게 된다. 역사
사회학자 리처드 라크먼(Richard Lachmann)은 스페인이나 네덜란
드 같은 초기 국민국가들에게서 지배층 간의 투쟁으로 인해 높은
재정수입을 유지하면서도 군사능력은 여전히 쇠퇴일로인 비선형 회
귀 현상이 발생했다고 지적했다.38) 즉 재정·군사국가는 고정불변
의 대상이 아니며, 그것의 건설 과정에는 복잡한 메커니즘이 내포되

어 있다.

　재정·군사국가 틀에 비추어 볼 때 초기 서유럽 국가들은 진정한 '공적 권위'을 구현했다고 보기 힘든, '궁정권력'의 확대판에 불과했으며, 정책적 목적에 있어서도 애덤 스미스(Adam Smith)가 말했던 야경국가 수준에 머물러 있었다. 이들 국가는 공인된 사회 거버넌스 주체가 아니라 전쟁을 수행하는 기구였을 따름이다. 사회 거버넌스 기능은 교회나 상공인 연합, 길드와 같은 조직들이 담당하고는 했다.

　일반적으로 도시공화국은 재정과 세무에 대한 의존도가 군주제 국가보다 높다. 도시공화국은 공공재를 제공하는 것으로 시민이 납부한 세금을 사회적으로 환원하는 경향이 있다. 이러한 측면에서 거버넌스형 국가가 될 요소를 갖췄다고 할 수 있다. 군주제 국가는 직접세에 보다 의존하며 비교적 강한 자율성을 가진다. 따라서 사회적 역량의 요구에 귀 기울일 필요가 없어 단순한 징수자에 가깝다고 할 수 있다. 그러나 서유럽의 역사적 사례들이 말해주듯이 양자의 차이는 생각보다 크지 않은데, 이는 서유럽의 작은 국가 모델에서 기인한다. 군주제 국가든, 도시국가든 주변의 소국들이 병립하는 상황에서 언제든지 위험부담이 큰 지역정치의 경쟁에 휘말릴 수 있었다. 국토 자체가 크지 않기 때문에 경쟁에서의 패배는 곧바로 국가의 붕괴로 이어질 수 있었다. 따라서 초기 국민국가들은 대부분의 재정 지출을 전쟁과 그 준비에 할애할 수밖에 없었다. 전쟁은 통치자가 시민과 농민을 독촉할 수 있는 주된 명분 중 하나였다. 당시의 서유럽은 공공재가 없었던 것이 아니라 전쟁을 주요한 공공재로 삼았다고 보는 편이 정확할 것이다. 이 때문에 거버넌스와 관련된 공공재를 제공할 수 있는 잉여 자체가 부족했다.[39]

　괴이한 점은 국가 간 전쟁이 재정·군사국가가 거버넌스형 국가로 전환하는 것을 저해했다는 것이다. 이러한 전환을 가능하게 한 것은 (국가 간 전쟁이 아니라) 전쟁 규모의 확대와 과도한 징세로 유발된 사회적 항쟁이었다.[40] 전쟁이 빈번해지고 전쟁 규모가 확대되면서 전승국과 패전국 모두 (전쟁의 희생에) 상응하는 공공재를 제공할 것을 요구하는 거대한 사회적 압력에 직면하게 되었다. 이러한 요구는 전쟁 중에는 두드러지지 않다가 종전과 동시에 터져 나왔다. 만약 국가가 적시에 사회 엘리트와 민중에게 상응하는 보상을 제공하지 못하면 정치적 위기에 봉착할 것이 자명했다.[41]

역사를 회고해볼 때 나폴레옹 전쟁 이후 이어진 100년간의 평화는 서유럽 국가들이 거버넌스형 국가로 나아가는 중요한 전환점을 마련했다. 이 100년간 국가 간 전쟁이 눈에 띄게 감소하는 한편 사회적 항쟁이 빈번하게 발생했고, 보통선거권이 확대되었으며 의회제도 및 조세제도가 완비되었다. 이러한 조건들이 복합적으로 작용해 거버넌스형 국가로 나아가는 전환기가 조성되었다. 고전적 마르크스주의 이론의 해석에 따르면 이 과정에서 서구 열강이 제3세계 국가에 대한 식민 지배와 수탈을 통해 부르주아지 계급 내부의 경쟁 및 국내 부르주아지 계급과 노동계급의 모순을 완화하려 한 것이 무엇보다 주요했다. 다시 말해 유럽과 미국 등 서구 국가들은 제3세계에 대한 제국주의적 억압과 수탈을 기반으로 한 다분히 허구적이고 형식적인 거버넌스형 국가를 건설해 거버넌스형 국가의 미래에 후환을 남겼다. 제국주의 국가 간의 모순이 첨예화되고 제3세계 국가가 부상하면서 제국주의적 거버넌스형 국가는 치명적인 위기를 맞았다. 20세기 초 유럽은 장기간 이어진 평화의 종말과 함께 찾아온 두 차례의 세계대전을 반세기에 걸쳐 치렀고 거버넌스형 국가를 탐색하는 움직임은 거의 중단되었다. 서유럽은 종전 이후에야 미국의 군사적 보호 아래 거버넌스형 국가를 건설하기 위한 노력을 재개할 수 있었다. 이후부터 반세기가 조금 넘는 시간이 지난 오늘날 글로벌화가 확산되면서 유럽의 전통 강국들은 이미 경제적 쇠퇴와 인프라 노후화, 난민 문제와 같은 사회적 위기에 제대로 대응하지 못하는 무력한 모습을 보이고 있다. 이러한 곡절은 실질보다 형식에 치우친 서구식 거버넌스형 국가의 허구성을 은연중에 드러내고 있다.

(2) 원시적 형태의 거버넌스형 국가

중국의 국가 거버넌스는 서유럽보다 한참 앞서 자연스럽게 발생하였고, 내륙 아시아의 정치적 전통으로부터 지대한 영향을 받으며 자체적인 진화 논리를 형성했다.[42] 중국의 전근대 국가를 깊이 들여다보면 그것이 거버넌스형 국가에 상당히 근접함을 어렵지 않게 알 수 있다. 초기 국가의 형성 시기만 해도 중국은 서유럽에 크게 앞선다. 선사시대 말기부터 중원(中原)문화의 핵심 단위는 농경 부락에서 성읍(城邑) 국가로 진화했으며,[43] 비교적 완전한 관료 행정체계가 형성되었다. 또한 중국은 동아시아 전체에서 독보적인 지위를 차지하고 있었기에 치명적인 지역정치 경쟁을 경험하지 않았다. 따라서 북방 유목민족의 침입에 대비하는 것을 제외하고는 별다른 전쟁의 부담을 겪지 않았다. 최근 몇 년간 캘리포니아 학파는 공공재 공급 비율을 바탕으로 중국과 서구의 국가 거버넌스 수준을 비교하는 연구를 진행했다. 해당 연구에 따르면 중국의 전통 왕조체제가 제공한 공공재 비율은 동시대 서구를 훨씬 웃돌았으며,[44] 국가 재정지출의 상당 부분 또한 하천, 관개수로, 도시 네트워크, 여참시설과 같은 기초 인프라 건설에 할애되었다.

물론 중국의 전근대 국가는 "황제의 권력이 현 아래로는 미치지 않는다(皇權不下縣)"는 원칙을 줄곧 신봉했으며, 기층사회의 백성들 사이에서는 "황제의 힘이 나와 무슨 상관이냐(帝力於我何有哉)"며 통치자의 존재를 도외시하는 습속이 있었던 것은 맞다. 이로 미루어 보면 왕권이 국가운영의 책임을 기층의 자기조절에 맡겨버린 것처럼 보인다. 그러나 이는 단면만을 보고 전체를 추측하는 격이다. 백성에게 식량을 공급하는 문제는 진(秦)나라 이후 형성된 체계적인 민생정책으로 귀결되었다.45) 구휼은 모든 중국 왕조가 지속적으로 행한 문화적 치적 중 하나였다. 반면 유럽에서 민중의 생로병사는 늘 왕권의 관심 밖에 있었으며, 현대 국가가 조성되는 계기를 통해서야 비로소 국가가 통제하는 식량 공급 체계가 갖춰질 수 있었다. 틸리는 이것을 서유럽 국가 형성의 표상으로 보았다.46) 그러나 식량 공급은 재정·군사라는 양대 주력 분야에 밀려 퇴색되기 일쑤였다. 이처럼 중국의 국가 거버넌스는 서구에 비해 훨씬 유구하고도 안정적인 전통을 갖고 있었다. 물론 그렇다고 해서 중국의 전근대 국가 정권이 완전한 거버넌스형 국가에 해당한다고 할 수는 없으며, 그저 원시적 형태의 거버넌스형 국가로서 특징을 구현했다고 보는 편이 타당할 것이다.

그러나 전근대 중국의 국가 거버넌스는 청 제국의 쇠퇴로 인해 재정·군사적 기초를 상실했다. 따라서 재정·군사국가를 회복하는 것은 근대 이후 국가건설이 나아가지 않을 수 없는, (일종의 전진을 위한 후퇴와 같은) 우회로였다. 이는 또한 해당 시기—청말민초(清末民初)—역사에 대한 학자들의 인식에 영향을 미쳤는데, 예컨대 몇몇 학자들은 재정·군사국가 모델 자체를 중국 국가 거버넌스의 모델로 간주하였다.47) 이러한 오해는 주로 두 가지 측면에서 비롯되었다. 하나는 근대 이후 중국 관민(官民)이 하나되어 제창한 '부국강병'의 목표와 재정·군사국가 모델이 매우 흡사하다는 것이다. 다른 하나는 아편전쟁 이후 중국이 취한 (양무운동洋務運動과 같은) 일련의 대응책이 재정·군사국가 모델에 상당히 부합한다는 것이다. 요컨대 중국은 후발국으로서 낙오된 상태에서 보다 선진적인 재정·군사국가로 나아가기 위해 학습하며 국민국가 건설을 위한 여정을 시작했다는 것이다. 근대 이후 중국의 국가건설에 대한 연구는 기본적으로 이러한 국가의 징수와 군사화라는 두 가지 테마에서 벗어나지 못하고 있다.[48] 이러한 연구는 서유럽의 근대화 경험을 보편적 준칙으로 설정하고 중국을 단순히 서구를 모방하거나 추종하는 대상으로 간주하는 경향이 두드러져 그다지 설득력 있게 다가오지 못한다.

앞서 언급했듯이 재정·군사국가에 대한 지향은 중국의 국가건설 과정에 있어서 하나의 전주곡에 불과했다. 중국은 근대 이후 서구 제국주의로부터 충격을 받기는 했으나, 국가건설 과정에서 재정과 군사에 단편적으로 치중하지 않았다. 실상 틸리가 말한 자본 집약이나 강압 집약은 중국의 근대화 과정에서 제대로 실현되지도 못했다. 사실 '부국강병'의 막후에는 뿌리 깊은 관념이 자리하고 있었으니, 전적으로 국가에 의지해 전심전력으로 민족 중흥이라는 중대한 임무를 감당해야 한다는 발상이 그것이다. 다시 말해 이른바 재정·군사국가는 그 자체로 목적이 될 수 없는 수단에 불과했다.

우리는 민족전쟁이 혁명의 촉매제 역할을 했다는 역사적 사실을 간과해서는 안 된다. 대규모 민족전쟁은 광범위하고 투철한 사회적 동원을 유발했다. 찰머스 존슨(Chalmers Ashby Johnson)의 관점에 따르면 중국 농민이 민족주의를 움트게 한 것은 일본 제국주의의 중국 농촌 침탈이었다.[49] 중국은 민족정권의 기치를 앞세워 일본

제국주의의 침략에 저항함으로써 신분정치(身份政治)에서 탈피한 국가의 건설을 완성할 수 있었다. 국공(國共) 양당 모두 중국 농민의 민족주의를 자극해 여기에서 비롯되는 시너지를 얻으려 했는데, 중국공산당은 여기서 국민당에 완승을 거뒀다. 왜냐하면 중국공산당은 쌍방의 세력이 엇비슷한 상황에서는 정치적 약속을 통해 민심을 얻는 것이 혁명을 성취하는 필요조건임을 분명히 인식하고 있었기 때문이다. 이와 대조적으로 국민당 정권은 여전히 재정·군사국가 모델이라는 '구식'에 미련을 버리지 못했다. 중국혁명의 승리는 역사적 필연이자 재정·군사국가에 대한 거버넌스형 국가의 승리였다. 중국공산당은 전후 정당성을 재구성하는 과정에서 재정·군사국가와 거버넌스형 국가를 양손에 움켜쥔 채 근대 이후 계속된 국가건설의 딜레마에서 벗어나고자 하였으며, 그 결과 전례 없는 거버넌스형 국가를 건설하는 노선으로 나아갔다. 중국공산당 제18차 3중전회는 "전면 심화 개혁의 총체적 목적은 중국 특색 사회주의 제도의 개선 및 발전과, 국가 거버넌스 체계와 거버넌스 능력의 현대화를 추진하는 데 있다"고 강조하였는데, 이로 미루어 볼 때 거버넌스형 국가의 건설은 전면 심화 개혁의 기본적 요구로서 매우 특별한 이론적·정책적 의의를 담지하고 있음을 알 수 있다.

(3) 거버넌스형 국가와 '국가 거버넌스'

단순한 폭력적 통치기구인 국가와 비교했을 때 거버넌스형 국가는 공공정책을 제정하는 책임 주체로서 다음과 같은 특징을 지닌다. 첫째, 공공성에 기초한 일련의 정치윤리체계를 갖추고 있으며, 이것이 곧 거버넌스형 국가의 정당성을 구성하는 토대이다. 둘째, 합리적 분업과 상호 규제가 가능한, 책임과 대칭을 이루는 조직구조를 통해 권력의 운용을 보장하고 정책적 목표를 실현한다. 셋째, 공공재 제공을 정책의 주요 목적으로 하며, 사회 전체의 장기적 발전에 중점을 두고 전략을 설정한다.

이로 미루어 볼 때 거버넌스형 국가의 근본적 취지는 '국가 거버넌스'에 있음을 알 수 있다. 그러나 서유럽에서 '국가 거버넌스'는 장기적 실종 상태에 놓여 있다. '국가 거버넌스'는 서구학자들이 줄곧 주장해온 '거버넌스(governance)'와 근본적인 차이가 있다. '거버넌스'는 '탈국가화'에 취지를 두며 '다중심주의'를 주창한다. 이러한 '거버넌스' 개념의 정당성은 사회적 역량이 공적 업무에 참여해야 하는 필요성을 강조한 데 있다. 그러나 '거버넌스' 개념은 서유럽의 역사적 경험을 토대로 하여 국가를 선험적으로 이해한 나머지 거버넌스 과정에서 국가가 발휘하는 결정적인 기능을 배제했다.

서유럽에서 국가는 본래부터 유일한 거버넌스 주체가 아니었다. 서유럽에서 왕권은 정치권력의 원형으로서 지고한 불가침성을 지닌 권력이었다. 그러나 이후 유럽에서는 왕정이 단절되었고, 로마제국 이후 일정 기간 지속된 암흑기는 왕정이 타파된 뒤 발생한 질서의 혼돈기였다고 할 수 있다. 그 뒤 유럽에서 출현한 새로운 권력형태는 교권(敎權)이었다. 교권의 대두는 하나의 결정적 전환점을 마련했다. 이후 재건된 세속적인 국가권력은 그것이 얼마나 강력한가와는 상관없이 시종일관 교권의 견제를 받았다. 더구나 중세 이후 재건된 유럽의 왕권은 줄곧 부침을 겪었다. 세속군주들은 권력과 이익 다툼에 골몰한 나머지 민중에게 공공재를 제공하는 일에는 관심이 적었다. 왕권은 이러한 투쟁 과정에서 끊임없이 소모되고 침식되었으며 심지어 타도되었다. 요컨대 전근대 유럽의 정치체가 지닌 권력 자체는 뭇사람들이 상상하는 것처럼 강력하지 못했다. 더 중요한 것은 그것이 유일한 정부권력도 아니었다는 점이다. 지고무상한 교권을 제외하고도 영주와 길드, 무역연합과 같은 권력형태가 존재했으며, 이들은 각각 '경제 외적 강제'를 행사하며 할거하면서 자체 '정부'를 구성할 정도의 권력을 가지고 있었다. 이러한 정부권력의 다원화가 중세 이후 유럽의 정치 전통을 형성했다.

국가가 형성된 이후로는 일견 통일된 권력이 형성되어 중앙집권을 실현한 것처럼 보였다. 그러나 국가는 실상 현대에 진입할 무렵부터 태생적 결함에 시달렸다. 심지어 다양한 권력을 장악한 사회집단은 수단과 방법을 가리지 않고 국가의 제약에서 벗어나 자신의 권력을 독자화하려 했다. 유럽의 국민국가가 소멸시킨 것은 자신과 경쟁을 벌이던 정치체였기 때문에 사회에 깊이 뿌리 내린 다양한 권력은 건재했으며, 이들 앞에서 국가는 여전히 무력했다. 이 밖에도 국가는 자신과 권력을 다툴 새로운 역량과 마주하게 되었으니, 부르주아지 계급이 그들이다. 부르주아지 계급은 본래 중세 장원제 밖에서 탄생한 세력으로서 국가로부터 상대적인 독립성을 확보하고 있었다. 이들은 이후 성장하면서 프랑스 대혁명 이후 의회공화제라는 완전히 새로운 방식을 통해 정치권력을 장악했다.

부르주아지 계급의 국가권력 장악은 과거 유럽 구체제에서 성행하던 '경제 외적 강제'의 현대판이다. 부르주아지 계급은 사회경제를 지배함과 동시에 국가권력을 통제하기 시작했고, 이에 국가권력은 부르주아지 계급 통치의 '도구'로 전락했다. 마르크스의 관점에 따르면 자주적 통치역량으로서의 국가는 프랑스 제2공화국 때 발원했으며, 경제권력과 정치권력의 분리와 '경제 외적 강제'라는 중세의 정치 전통의 쇠퇴가 그 조건이었다. 부르주아지 계급은 자신이 시장에서 경제권력을 장악하는 것을 무엇보다 중시했기 때문에 부득이 직접 통치를 포기한 채 국가권력을 자신의 대리인에게 건네주었다. 이로써 국가는 비로소 하나의 자주적 역량이 될 수 있었던 것이다.[50]

현대 국가는 사회권력을 관통한 채 '사회 위에서 군림'하며, 이에 국가권력은 마치 사회 내에서 유일한 관제적 성격을 가진 권력으로서 자리매김한 것처럼 비친다. 이러한 국가 이미지는 도구성과 자율성이라는 국가의 이중적 속성을 지적한 마르크스주의의 틀 안에서만 설명될 수 있다. 국가의 기능을 과장하고 심지어 보통선거권의 확대 등 민주정치의 방식을 통해서만 국가권력을 길들일 수 있고 권력의 관제를 영구히 해소할 수 있다는 주장은 사실상 국가 이외의 사회권력을 발견하지 못하도록 하기 위한, 손바닥으로 하늘을 가리는 속임수에 불과하다. 국가를 제외한 다양한 권력형태는 아주 오래전부터 존재했으며, 국가가 탄생했다고 해서 소멸한 것도 아니었다. 현대 사회의 국가 외적 권력이 전통 사회의 그것과 유일하게 다른 점이 있다면 보다 은밀한 방식을 택해 사회의 구석구석까지 만연해 있다는 것이다. 미셸 푸코(Michel Foucault)의 발언을 빌리자면 권력의 진상(眞相)은 권력의 기저에서만 발견할 수 있다.[51]

특정 영역에서 국가권력이 발휘하는 결정적 기능을 강조하며 일군의 학자가 제시한 '국가의 귀환'에 비해 이를 비판한 조엘 미그달(Joel S. Migdal)이 제시한 '사회 속의 국가'[52]가 좀 더 권력의 진상에 가깝다고 할 수 있다. 일찍이 노르베르토 보비오(Norberto Bobbio)도 국가와 사회권력의 이원적 대립 틀[53]에서 사회역량의 강약에 따라 국가권력이 변화하는 문제를 논한 적이 있다. 여기서 중요한 점은 국가권력은 현대화 과정 속에서 이른바 '공공성'을 부여받고 공중(公衆)의 감시와 제재 아래 놓이게 된다는 것이다. 반면 중세 또는 그 이전부터 존재해왔던 다양한 권력형태는 계속해 독자적·폐쇄적으로 발전해나갈 수 있는 지위를 유지하면서 사실상 그어떤 견제도 받지 않는, 임의적이고 독단적인 권력으로 군림하게 되었다. 이러한 권력형태는 순리적인 것으로 여겨져 누구도 의문을 제시하지 않기에, 민주적 방법을 통해서 감시하거나 통제할 수도 없다. 더욱이 자본주의가 발전하려면 이러한 권력의 독단적 성격이 끊임없이 강화되어야만 한다. 약화되어서는 안 된다.

이러한 유럽의 전통적인 국가-사회의 이원모델은 두 차례의 세계대전을 겪으며 중요한 변화를 겪었다. 많은 구(舊)권력 그중에서도특히 국가와 장기간 자웅을 겨루던 기존의 사회세력 집단은 전쟁을겪으며 허물어지고 약해졌다. 맨커 올슨(Mancur Olson)의 관점에따르면 독일·일본과 같은 패전국처럼 기존의 사회세력이 철저히무너진 국가일수록 전후 경제·사회발전을 이루는 속도가 빨랐다.54) 이처럼 전후 서구 국가의 국가-사회 관계는 근본적으로 변화하기 시작했는데, 국가는 대규모 전쟁 및 전후 처리 과정을 통해 사회거버넌스 내에서 자신의 기능을 강화해나갔고 이러한 변화는 '복지국가'의 형태로 나타났다. 그러나 미국과 같은 비(非)복지국가 또한'큰 정부의 부상'이라는 대세를 거스르기 어려웠고, 따라서 너나 할것 없이 여러 국가는 형태적인 측면에서 거버넌스형 국가에 가까워졌다.

이처럼 국가가 전통적으로 독자성을 지닌 사회권력에 도전하기시작하고 거버넌스 영역에서 발휘하는 역할 또한 확대되기는 했지만, 혁명적인 변혁을 이끌어낼 정도는 아니었다. 어쩌면 자본주의사회에서 국가권력이 다원적인 사회권력에 도전하는 것 자체가 무리일지도 모른다. 사회권력은 법률, 민주, 보편선거와 같은 수단을 통해 국가권력을 규제함으로써 국가의 도전에 대응했는데, 이는 국가권력을 통제 가능한 범위 내에 주저앉혀 자신의 아성에 치명적 위협을 가하지 못하도록 하기 위함이었다. 선거 민주주의의 발전은 주권의 다원성을 지향하는 유럽 전통의 역사적 논리에서 비롯되었다고 할 수 있다. 실상 이러한 선거식 민주는 그 자체로 뚜렷한 한계를 노정한다. 선거식 민주는 국가권력을 어느 정도 제한할 수는 있어도, 사회권력이 그 전횡을 위해 남겨놓은 대량의 잉여 공간에는 어떠한 제재도 가할 수 없다. 이러한 선거식 민주주의는 오늘날까지도 여전히 현대 사회·경제에서 지배적인 위치를 차지하는 유력집단이 국가권력을 통제할 수 있는 가장 효과적이고 간명한 수단으로 활용되고 있다. 이것이 곧 선거식 민주주의와 거버넌스 효율성 사이에 존재하는, 양자택일의 딜레마라고 할 수 있다. 요컨대 선거식 민주주의는 특수 이익층이 보다 효율적으로 정치권력을 통제하게 할 수는 있어도 특수 이익층의 권력 남용 자체를 제재할 수는 없다. 따라서 우리는 강력하면서도 자주적인 사회적 역량이 결여된 지역에서 실현된 민주화가 오히려 보다 나은 거버넌스 효과를 수반할 수 있다는 점을 발견할 수 있다. 반면 구속받지 않는 사회적 역량의 방종이 심각한 지역에서 실현된 민주화는 많은 경우 재난에 가까운 결과를 초래할 수 있다. 이러한 상황에서 맹목적으로 선거식 민주를 추종해 국가권력을 제약하자 주장하면서 거버넌스형 국가건설을 통한 사회 거버넌스의 실제 방법을 고려하지 않는 것은 그야말로 연목구어(緣木求魚)식 발상이라고 할 수 있다. 프랜시스 후쿠야마가 깊은 통찰 끝에 내놓은 한마디처럼 나약하고 무능한 국가, 실패한 국가는 작금 세계에서 발생하는 여러 심각한 문제의 근원이 되고 말았다.[55] 짐작건대 후쿠야마는 21세기의 현대화 사업은 거버넌스형 국가의 성립 여부에 좌우된다는 사실을 간파한 듯하다.

유엔 사무총장을 역임한 반기문(潘基文)은 세기의 전환에 따라 달라진 국가의 책임에 대해 다음과 같이 언급한 바 있다. "지난 세기 유엔의 중심 과제는 국가(country) 간 상쟁을 제지하는 데 있었다. 한편 신세기 유엔의 근본적 책임은 국제체제를 강화하는 데 있다. 그래야만 새로운 도전에 대응할 수 있고 인민에게 더 나은 서비스를 제공할 수 있다. 따라서 우리는 인민의 요구에 부합하는 유능하고 책임감 있는 국가(state)를 필요로 한다. 유엔 또한 인민을 위해 창건되었기 때문이다."[56] 반기문은 세계 각국이 보편적으로 거버넌스형 국가를 건립하기를 기대한 듯 보이나, 이는 실상 불가능한 임무라고 할 수 있다. 서구 국가들이 거버넌스형 국가를 건설해나가는 과정은 근본적으로 실질이 아닌 형태에 치우쳐 있다. 이 형태에 치우친 거버넌스형 국가는 타국에 대한 제국주의적 착취에 의해 지탱된다. 제국주의적 착취 및 압력이 상당한 효력을 발휘해야만 서구 국가 스스로가 건설한 거버넌스형 국가의 형태가 보다 성공적으로 완성되는 것이다. 다시 말해 서구 국가들은 자신들의 국제적 패권을 이용해 국내 거버넌스를 보전하고 실현한다. 이러한 거버넌스 메커니즘은 선척적인 결함을 내포하기에, 각종 위험과 충격에 취약한 속 빈 강정이 될 수밖에 없다. 따라서 서구 국가들은 그 패권이 실질적인 도전에 직면하게 되었을 때 매우 쉽게 (특정 이익층을 대변하는) 국가'기구'로서의 본색을 노출하고 만다.

3. 수렴형 국가에서 개방형 국가로

20세기 중국은 비록 심각한 재정·군사적 위기를 겪었음에도 불구하고 신중국 성립 이후 매우 신속하게 거버넌스형 국가 노선을 선택했다. 국가 정권의 성격은 이러한 선택에서 기인한다. 프롤레타리아트 계급이 영도하고 노동자·농민의 연합을 기초로 하는 국가 정권은 필연적으로 참된 거버넌스형 국가를 건설하고자 하는 열망을 품는다. 물론 국가건설은 단박에 이루어지는 것이 아니기에 중국 또한 상당히 험난한 탐색과 실천을 경험했다. 본서는 신중국 건국 이후 이루어진 전략적 선택에 기초해 중국의 국가건설 과정을 수렴형 국가와 개방형 국가라는 두 단계로 나누어 살펴보려 한다.

(1) 수렴형 국가의 건설

중화인민공화국이 성립된 이후 무엇보다 시급한 일은 국가 정권을 이루는 체계를 건설하고 국가의 인적·물적 역량과 재정력, 군사력을 회복하는 것이었다. 신중국 정권은 생산력이 극도로 낙후된 구(舊)사회에서 비롯된 데다 장엄한 혁명전쟁을 겪은 직후였기 때문에 보다 강건한 정치권력을 지향했다. 정치권력체계를 재정립하는 일은 급선무이기도 했지만, 당시 신중국은 이를 위한 비교적 충분한 조건을 갖춘 상태였다. 혁명전쟁을 경험한 중국은 이미 단결력이 높고 투지가 왕성한 정당 조직과 강력한 인민의 군대를 보유하고 있었으며, 엄격한 하향식 명령체계 또한 구축되어 있었다. 이 모두가 새로운 정치권력체계를 구성하는 데 매우 유리한 조건으로 작용했다.

신생국가의 정권에게는 대개 민족 건설과 국가기구 건설이라는 긴박한 임무가 주어진다. 민족 건설이란 민족 정책과 민족구역자치를 통해 각 민족의 단결과 통일을 실현해 중화인민공화국의 국민을 공동으로 구성케 하는 것을 뜻한다. 국가기구 건설이란 위에서부터 아래에 이르는 하나의 완전한 실체적 국가기구를 건립하는 일이다. 군대, 경찰, 사법기구 등 일련의 강제력을 지닌 기구들이 가장 먼저 건립되었다. 여기에 발맞춰 기층사회의 거버넌스 체계가 형성되기 시작했으며, 상하이(上海), 베이징(北京), 항저우(杭州), 톈진(天津)과 같은 대도시들은 잇따라 주민위원회(居委會) 체계를 구성하였다.57)

이와 대조적으로 행정기구의 건설과정은 보다 복잡한 양상으로 진행되었다. 몇몇 학자는 전근대 중국의 행정체계는 이미 충분히 현대화된 상태였기에 신생 정권은 그저 앉아서 그 과실을 누리기만 하면 되었다고 주장한다.58) 그러나 이는 매우 단편적인 시각이다. 신생 정권은 새로운 행정관리 기구를 필요로 하기 마련이다. 줄곧 보존되어온 중국의 전통적 행정체계와 그 기구들은 과도히 조숙한 탓으로 이를 개조하는 과정은 유난히 복잡할 수밖에 없었고 따라서 음으로 양으로 많은 어려움이 따랐다. 행정기구의 주요 기능은 사회 자원을 개발하고 통제하며 분배하는 데 있다. 따라서 행정기구는 경제사회적 발전에 따라 적절히 조정되고, 시간과 공간에 따라 적절히 조성되어야 하는 등 변화의 폭이 큰 영역에 속해 있다. 이러한 면에서 행정체계의 개혁은 중국의 국가건설 과정 전반에 걸쳐 진행되었다고 해도 과언이 아닐 것이다.

일반적 관점에 따르면 정치권력체계의 재정립은 어떤 국가권력도 회피할 수 없는 첫걸음에 해당한다.59) 이때 신생 정권이 강력한 군사 체제와 군사력을 가지지 못한다면 다방면에 걸친 국가건설을 평화적으로 진행하기 어려워진다. 앞서 언급했듯이 신중국의 경우 여러 조건이 잘 갖추어진 상태였기 때문에 정치권력체계를 건설하는 초기 단계에서 국가는 사회자원을 충분히 집중시킬 수 있었고 국가의 강제력을 동원해 중공업 등 국가전략과 연계된 산업의 발전을 하향식으로 추동하였다. 그 결과 비교적 완전한 공업체계가 건립되었으며 훗날의 사회·경제건설과 국가 거버넌스를 위한 견실한 물질적 기초와 조직체계적 기초가 마련될 수 있었다.

우리는 이 단계의 정치권력체계 건설 과정에서 이루어진 전략적 선택을 수렴형 국가의 건설이라고 부를 수 있다. 수렴형 국가의 건설은 주로 두 가지 측면에서 두드러진다. 첫째, 생산방식과 관리방식의 집약화이다. 국가는 신속한 캐치업(catch-up)을 실현하기 위해 강제력과 집중된 자원을 활용해 자원 투입의 효율과 생산의 효율을 보장하고 투입과 산출의 비율을 엄격히 통제해야 할 필요가 있었다. 둘째, 이를 위해 국가는 반드시 자원과 강제력의 집중을 실현하고 이를 집중적·통일적으로 관리해야 했다. 위의 두 가지 사항은 반드시 통합적으로 다루어져야 한다. 다시 말해 집중을 통해 집약을 달성해야만 수렴형 국가의 건설이라 일컬을 수 있다.

찰스 틸리 등 몇몇 학자의 연구에 따르면 초기 서유럽 국가는 건설 과정에서 집중만 실현했을 뿐 집약을 이루어내지는 못했다. 집약화는 대규모 공업화를 거친 뒤에야 나타나는, 집중화의 후속 단계라고 할 수 있다. 그렇다면 왜 서유럽의 국가건설은 탈집중화된 '자유시장'을 수반했다는 착각을 줄까? 이는 물론 특정한 이데올로기에 기초한 서구 이론이 장기간에 걸쳐 고취시킨 결과이다. 아울러 경쟁우위를 확보한 상황에서 초기 국가들이 당연히 가질 수밖에 없는, 그들의 '자유시장'을 유지하려는 강력한 동기는 종종 그들이 경제가 급속하

게 발전하는 단계에서 집중화된 특징을 보였다는 사실을 망각하게
한다. 이는 분명 부르주아지 계급의 이익을 옹호하기 위한 발로이다.
따라서 후발 국가는 사실 (발전을 위해 채택한) 집중화 체제의 기능
에 대해 쉬쉬할 이유가 없다. 거센크론(Alexander Gerschenkron)
은 낙후된 후발 국가가 가질 수 있는 비교우위는 자원을 집중시켜
특정한 전략적 영역을 중점적으로 발전시키는 것과 모방과 학습의
속도를 끊임없이 높이는 것뿐이라고 주장했다.60) 이렇듯 집중화 체
제는 어쩌면 현대화에 필수적인 조건일지도 모른다. 그러나 보다 중
요한 것은 이러한 집중화 체제가 압축적인 성과를 성취할 수 있는가
하는 데 있다. 단순히 집중하기만 한 채 집약을 이루지 못한 집중화
체제는 반드시 실패하게 된다.

신중국 건국 초기의 국가건설을 수렴형으로 집약한 까닭은 (당시
중국이) 집중을 위한 집중이 아닌 집약을 목적으로 한 집중을 이루었
기 때문이다. 수렴형 국가의 건설은 집중을 통해 집약에 도달하는,
(형태가 아닌) 실질에 치중한, 집중적 투입으로 사회화된 대규모 생
산을 이루어내는 고도의 집약화 과정으로 요약할 수 있다. 신중국
국가 정권의 성격은 (신중국으로 하여금) 일반적 의미의 재정·군사
국가가 아닌 거버넌스형 국가를 목표로 나아가게 하였다. 신중국 성
립 이후 국가는 자원의 집중을 통해 공업체계와 국가체제, 국가 거버
넌스의 기본 틀과 구조 등에 대한 기초적인 건설을 진행하였고, 국가
역량은 경제의 '감제고지'를 장악하고 자원의 개발과 분배, 이용을
주도하였다. 이는 국가권력의 자율성을 확보하는 동시에 자원의 축
적을 달성해 사회 전체의 발전에 이바지하려는 목적에서 비롯되었
다. 이러한 과정을 통해 고도로 압축화된 특징이 발현된다.

수렴형 국가의 건설은 사회체제적 차원에서 단위제도를 중심으로

한 조직화된 특징을 수반했다. 정치학자 류젠쥔(劉建軍)의 연구에 따르면 단위는 중국의 사회자원 총량 부족 문제에서 기인한 필연적 산물이며, 하나의 제도화된 조직형태로서 단위가 가지는 목적은 사회통합과 자원총량의 확충을 실현하는 데 있었다.[61] 단위제도는 1990년대에 이르러 해체되는 추세에 접어들었고, 이에 따라 적잖은 학자들이 단위제도를 낙후된 시대의 표상으로 간주하게 되었다. 그러나 사실 그렇게 간단하지 않다. 수렴형 국가가 건설되는 과정에서 단위제도는 매우 중요한 역할을 수행했다. 먼저 중국사회는 단위제도로 말미암아 고도로 조직화되었다. 정치 · 행정상 단위제도는 매우 집약적으로 운용되면서 하향식의 극도로 엄격한 명령체계와 자원통제 및 배분 메커니즘을 형성했다. 그 결과 정치명령의 하달과 정책적 목표가 고도로 일치될 수 있었다. 물론 단위 바깥에는 민간사회가 존재했지만 이 단위에 상대적인 '사회'라는 대명사는 상당 기간 동안 부정적인 의미로 통용되어 단위제도의 통제 밖에 있는 비(非)체제적 심지어 반(反)체제적 역량을 가리키기도 했다. 예컨대 사회 청년(社會青年)은 사회에서 일자리를 갖지 못한 청년이나 룸펜 집단 또는 부랑배 집단을 일컬었다. 사회 차량은 해당 단위의 소유가 아닌 차량을 가리키며 단위가 소유권을 행사하는 도로에서 차별 대우를 받았다. 물론 '단위'와 '사회'의 차이는 단순히 '국가'와 '사회'라는 이분법으로 치환될 수 없다. '사회'가 지칭하는 것은 '단위'의 대립이 아닌 잉여이다. 또한 '단위'와 '사회'는 대등하지 않다. '사회'는 그저 '단위'의 외부에 존재하는, '단위'에 미치지 못하는 위상을 가진 역량을 가리킬 뿐이다. 당연하게도 이 '사회'는 그 '사회'가 아니다. '단위'와 상대적인 '사회'는 어떤 단체나 지역에 대한 총칭일 뿐, 사회 전체에 대한 통칭이 아니다.

수렴형 국가를 건설하는 정치문화 또한 매우 수렴적이다. 수렴적 정치문화는 개성의 발산이나 욕망의 표현을 권장하지 않는다. 그보다는 엄밀하고 절제된 생활 태도를 지향하며 근검절약과 소박함을 기본 미덕으로 한다. 이러한 단계에서 소비주의는 사회적 해악으로 간주된다. 생산과 투자가 소비와 저축보다 중시되는데, 이는 단기간에 급속도로 자본과 자원을 효과적으로 축적하기 위함이다. 생산의 목적은 재생산을 확대하는 데 있지, 소비에 있지 않다. 즉 수렴형 정치문화에서 생산은 소비를 위한 생산이나 소비를 통해 자극되는 생산이 아닌 것이다. 이러한 모델은 기본적으로 공급 확대를 통해 끊임없이 투자를 늘려나감으로써 소비를 억누른다. 문화적으로도 소비를 억제하고 욕망을 통제하는 것이 권장된다. 우리는 이러한 모델을 막스 베버(Max Weber)가 제시한 '자본주의 정신'과 비견될 수 있는 국가 주도의 '집체주의(集體主義)' 정신이라 부를 수 있다. 여기에 앞서 언급한 초기 공업화에 필수적인 문화적 통제가 이루어짐으로써 소비사회의 발전은 최대한 억제된다.

(2) 개방형 국가의 건설

수렴형 국가의 건설은 국가권력의 강화라는 결과를 수반했으며, 이를 바탕으로 단기간에 고도의 체계화 및 높은 효율성을 달성할 수 있었다. 그러나 상술한 것처럼 집중 자체가 목적이 될 수는 없다. 이른바 역량을 집중시켜 '중대사'를 처리(集中力量辦大事)한다고 하면 '중대사'가 곧 목적인 것이다. 여기서 '중대사'란 다름 아닌 사회 전체의 발전이다. 올슨의 합리적 선택 이론에 따르면 지배권력은 반드시 번영을 이룩하며, 합리적인 정부는 마땅히 '시장 확장적 정부'

여야 한다.62) 수렴형 국가는 자원의 집중을 통해 자본 축적을 실현했으며, 집약화된 관리를 통해 완전한 공업체계와 기초 인프라를 건설하였고, 국가신용을 통해 투자 규모와 사회적 협력 네트워크를 확대하였다. 시장경제가 발돋움할 단계에서 마땅히 시장주체의 자발적 참여로 이뤄져야 할 투입들이 모두 국가에 의해 실현된 것이다. 이로써 훗날 중국경제의 급속한 성장을 견인한 중요한 토대가 마련되었으며, 이러한 성과는 부정할 수 없다. 그러나 만약 수렴형 국가의 건설이 집중화 체제에서 답보한다면 국가가 사회를 일원적으로 지배하는 국면이 도래하고 만다. 만약 단위제도가 계속해서 자원의 생산과 분배를 극도로 통제하게 되면 시장사회는 활력을 잃을 것이 자명했다. 거버넌스형 국가 건설의 성패는 집중화 체제의 발전이 일정한 정도에 도달했을 때 체제가 자기조정을 통해 전환을 실현하고 새로운 발전전략과 발전모델을 수립할 수 있느냐에 달렸다. 물론 이는 매우 어려운 일이며 심지어 막대한 사회적 대가가 초래되기도 한다. 세계 각국의 현대화 경험을 회고해볼 때, 이러한 고비마다 일정한 분기가 나타나고는 했다. 서유럽의 재정 · 군사국가와 같은 초기 현대화 국가들의 경우 폭력에 의한 식민화를 통해 자본의 세계적 확장을 추진해 현대화의 구조-기능의 순응 문제를 극복했다. 시장을 세계로 확장할 역사적 기회를 포착하지 못한 후발 국가의 경우 자체적인 제도 조정을 통해 전환이 추진되지 않으면 이제까지의 발전 과정마저 중단되기 쉽다. 아직 집약화 단계에 도달하지 못해 전환을 논하기 이른 국가는 더 말할 것도 없다. 다행히도 중국은 이러한 재난에 가까운 비극을 되풀이하지 않았으며, 중국공산당의 강건한 영도 아래 주도적으로 전환을 추진한 결과 수렴형 국가에서 개방형 국가로 나아가는 비약적 발전을 이뤄냈다. 구체적으로 중국은 질서 있는 권한 이양과 효과적인 조정, 규범화된 관리를 통해 기존의 집중화 체제가 시장사회의 역량을 충분히 분출하도록 유도했다. 나아가 체계적인 분업이 이루어진 환경에서 각 발전주체에게 상대적 자율성을 부여해 적극성과 창의성을 최대한 독려함으로써 국가와 사회가 양성적 상호 작용을 할 수 있는 구조를 형성해 전면 샤오캉 사회를 향해 나아갔다.

수렴형 국가모델이 정치권력체계의 건설에 치중한 것과 대조적으로 개방형 국가모델은 시장사회의 건설에 중점을 두었다. 즉 국가체제 바깥에서 시장사회를 양성하는 것이다. 국가에만 의존하는 자원의 집중적 투입을 고집하지 않고, 시장화 방식을 통해 자원을 효과적으로 배분하는 것을 강조한다. 아울러 자기혁신을 조직적으로 장려하여 확산효과를 유발, 보다 다원적인 역량이 국가 거버넌스 및 경제발전에 참여하도록 유도하여 국가와 사회가 공생(共生)·공영(共治)하는 국가 거버넌스 모델을 수립하는 것이다. 따라서 개방형 국가모델은 반드시 다음과 같은 4가지 정책 목표를 달성해야 한다.

① 경쟁적인 시장

시장화의 주된 목적은 최적화된 자원 배치를 실현하는 것이다. 시장화의 최대 장점은 공급과 수요의 조절을 통해 균형에 도달하고, (각 주체들의) 자기혁신을 장려할 수 있다는 데 있다. 물론 완전 경쟁 시장이란 존재하지 않으며 시장 자체 또한 다양한 문제를 내포하고 있다. 그러나 경쟁적 시장의 존재는 적어도 개인 또는 행정 의지에 좌우되는 국가 거버넌스가 아닌, 경제법칙에 의거한 국가 거버넌스를 담보할 수 있다.

② 법치화

경쟁적 시장은 법치를 통해 담보되며 법치화 또한 시장화가 일정 수준에 도달한 이후에 건립된, 경제발전 법칙에 기초한 사회 거버넌스 모델이라고 할 수 있다. 법치화의 본질은 규칙을 존중하고 준수하는 데 있다. 법치는 규칙에 입각해 규칙을 위반하고 파괴한 대상에게 행위와 상응하는 처벌을 가한다. 법치화된 환경에서 만인은 자신의 행위가 수반할 결과에 대해 예측할 수 있으며 이러한 예측에 근거해 자신의 행위 여부를 결정한다.

③ 한층 분화된 사회체계

시장화 환경에서 국가와 사회의 기능은 한층 더 분화되었다. 국가 체계 내부에서는 보다 복잡한 직능 분업이 형성되었고 권력구조 또한 사회의 발전 추세에 따라 조정되었다. 시장경제가 발전하는 과정에서 분화된 사회역량은 자주적인 능력을 갖추게 되었으며 자체 조직화를 통해 국가기구와 더불어 공적 사무에 참여할 수 있게 되었다. 국가가 견인하고 사회가 참여하는 거버넌스 국면이 형성된 것이다. 이로써 국가의 부담은 절감되며, 국가 거버넌스가 내포한 강성(強性) 또한 중화된다. 이러한 국면에서 국가역량은 (마땅히 집중해야 할) 중대한 사무에 집중할 수 있으며 충분한 사회적 활력을 고양시켜 공적 사무의 효율을 높일 수 있다.

④ 성장하는 소비사회

자원 축적 단계에서 국가 거버넌스는 생산에 치중하고 소비사회의 성장을 억제하는 경향이 있다. 시장이 확대되는 단계에서 소비사회의 부상은 불가피하다. 소비로 생산을 촉진하고 수요를 통해 공급을 조절하는 것은 경제법칙에도 부합할 뿐 아니라 나날이 높아지는 인민의 좋은 삶에 대한 요구에 부응하기에도 적합하다.

이제까지 열거한 정책 목표는 자연히 어느 하나도 따로 떼어볼 수 없는, 일반적인 시장사회가 반드시 갖추어야 필수 요건에 해당한다. 중국 국가건설의 차별성은 모델의 전환 그 자체에 있다. 국가역량을 통해 배양되고 구현된 시장사회는 국가의 안티테제가 되지 않았고 오히려 국가와의 상호 조화 및 발전을 보다 중시한다. 시장사회의 역량이 차츰 성장함에 따라 해결해야 하는 사회적 갈등과 문제 또한 차츰 두드러지기 시작했다. 국가역량에만 의존한 거버넌스로는 체제의 과부하가 초래되기 쉬우며, 시장사회와 국가의 대립은 상황을 타개하는 데 도움이 되지 않는다. 따라서 발상을 전환하여 성장하기 시작한 사회역량을 활용하는 다원화·입체화된 사회 거버넌스를 지향해야 한다. 국가는 직접적 또는 간접적 방식으로 사회조직을 양성하고 그 발전을 견인하며, 더 많은 사회역량을 수용해 국가 거버넌스에 참여할 수 있도록 한다. 이것이 곧 국가 거버넌스 능력을 그대로 보존하고 더 나아가 새로운 역사·사회적 조건에서 국가 거버넌스 능력을 강화하는 가장 적합한 경로이다. 이러한 측면에서 볼 때 중국의 국가건설 과정에서 '국가와 사회의 이원적 대립' 국면은 존재하지도, 존재할 수도 없었다.

중국의 역사적 경험을 회고해보건대 수렴형 국가에서 개방형 국가로 나아가는 전환점이 조성된 역사적 시기는 개혁개방 때였다. 개혁개방 시기에 이르러 다양한 체제개혁과 정책이 시행되었고 이로써 상품경제의 발전이 장려되고 시장경쟁이 개방되었으며 대외무역 규모가 확대되었고 인민의 물질적 생활 수준이 향상되었다. 뿐만 아니라 개혁개방 이후 '집권(集權)에서 방권(放權, 권한 이양)'을 위시로 한 권력의 운용체제에 대한 심층적 개혁이 전개되었다. 이러한 일련의 개혁은 다방면에서 진행되었는데, 국가와 시장의 관계는 물론 국가체제 내부의 각 권력주체 간 관계를 조정하는 내용도 포함되었다. 따라서 우리는 개혁개방을 단순한 경제체제개혁으로만 보아서는 안 되며 장기적이고 심층적인 국가체제개혁으로 보아야 한다. 정치-행정, 경제, 사회 등 다양한 방면의 제도 혁신은 국가건설의 시각으로 접근해야만 보다 잘 이해할 수 있다.

이쯤에서 우리는 개방형 국가는 수렴형 국가를 일방적으로 부정하는 시도가 아니라 보다 높은 차원에서 이를 초월한 모델임을 인식해야 한다. 개방형 국가는 더 이상 수렴적 특징에 중점을 두지 않기 때문에 그 건설 과정에서 일련의 혼란상을 노정할 수밖에 없다. 예컨대 경제건설 과정에서 나타나는 쏠림 현상이나 모조품 판매, 저질 상품 생산과 같은 문제가 그것이다. 어떤 의미에서 보면 이러한 혼란상들은 수렴형 국가가 성취한 결과에 대한 부정이기도 한다. 마찬가지로 수렴에서 개방으로의 전환 또한 단순히 국가권력의 수렴 및 이양 과정으로 보아서는 곤란하다. '권한을 (아래로) 이양하면 혼란스러워지고(一放就亂), (이양한) 권한을 수렴하면 죽어버리는(一收就死)' 현상은 개혁개방 초기에 자주 발생했던 국가 거버넌스의 고질적 문제였다. 국가의 일원적 통제에서 개혁개방으로 전환할 때 가장 우선적으로 해야 할 일은 권한의 이양이다. 권한 이양은 두 가지 차원에서 이루어지는데, 하나는 지방에 권한을 이양하는 것이고, 다른 하나는 사회에 권한을 이양하는 것이다. 지방으로의 권한 이양은 지방정부의 혁신적 적극성과 능동성을 촉진했다. 큰 틀에서 볼 때 지방정부의 성장은 국가발전 전체에 크게 이바지하였다. 그러나 다른 한

편으로는 지방분산주의를 야기하여 국가능력이 약화되는 한 원인이
되기도 했다.63) 사회로의 권한 이양은 거의 모든 일을 도맡아 하던
국가가 자신의 전방위적 직능의 일부를 사회에 이양해 사회가 자체
적으로 처리하도록 한 것이다. 그러나 이 또한 사회권력의 방대화를
초래해 국가권력의 자율성 침식과 더불어 '분배연합(distributional
coalitions)'의 형성 및 부패의 양산이라는 문제가 대두되었다.64)
그렇기 때문에 개방형 국가모델은 단순한 권한 이양이 아니라 질서
있는 권한 이양을 주장한다. 그래야만 권력의 수렴과 이양이 원활하
게 이루어질 수 있기 때문이다.

　개방형 국가의 건설은 국가 거버넌스 현대화에 있어 심화된 혁신
단계에 해당한다. 단위화(單位化) 통제로 압축될 수 있는, 상대적으
로 간단한 수렴형 국가 건설 논리와 달리 개방형 국가는 보다 입체적
인 국가 거버넌스 체계를 지향한다. 이러한 입체적인 국가 거버넌스
체계의 특징은 크게 두 가지 측면에서 나타난다. 첫째, 국가의 사회
거버넌스이다. 국가의 사회 거버넌스는 다양한 층차에 걸친 복합적
인 구조를 형성하는데 중앙·지방관계 거버넌스, 기층사회 거버넌
스, 사회계층 거버넌스, 정부-기업 관계 거버넌스를 망라하는 새로
운 거버넌스 구조가 그것이다. 이 모두가 체계적으로 분화된 구조에
서 비롯된 것이며, 이러한 구조 안에서 각 발전주체의 자율성이 강화
되고 각기 다른 거버넌스 요구가 발생한다. 둘째, 국가와 사회 간에
형성된 다차원적 연계이다. 전통적인 국가의 일원적 통제는 '국가
속의 사회'와 '사회 속의 국가'가 뒤얽히는 국면으로 진화한다. 사회
역량은 다양한 방식으로 국가를 향해 자신의 이익을 표출하고 어젠
다를 만들어낸다. 국가 또한 끊임없이 공공정책을 제공해 사회를
(재)조성하고 다방면에서 사회에 대한 거버넌스를 진행하는데 그

방법은 날이 갈수록 다양해진다.

4. 국가 거버넌스 현대화와 국가능력의 계발

국가 거버넌스의 수준은 결국 국가능력에 의해 판가름 난다. 이미 여러 학자가 국가능력의 유형에 대한 분류를 진행한 바 있다. 이를 바탕으로 종합적으로 볼 때 국가능력은 크게 두 가지 측면에서 이해할 수 있다. 하나는 국가의 자기계발 능력이다. 국가의 군사력, 조직 구축력 등이 여기에 속한다. 우리는 이를 국가의 내적 계발 능력이라 부를 수 있다. 다른 하나는 정치권력의 사회 거버넌스 능력이다. 자원 개발 능력과 정당화·합리화 능력 등이 여기에 포함되며 우리는 이를 국가의 외적 계발 능력이라고 부를 수 있다. 본서는 이러한 두 가지 측면에 착안하여 국가능력을 국가의 통제능력과 재분배 능력으로 나누어 살펴보려 한다. 이를 토대로 국가능력의 계발과 국가 거버넌스 능력의 상관관계를 이해해볼 것이다.

(1) 통제능력

전술했듯이 중국은 유구한 국가 거버넌스 전통을 가진 국가이다. 전근대 중국을 실질적인 거버넌스형 국가로 보기에는 무리가 있으나, 중세 서유럽과 비교했을 때 일찌감치 높은 수준의 거버넌스를 이룩한 것만은 분명하다. 중세 서유럽에서는 교회, 영주, 길드, 무역 연맹이 사회의 주요 자원을 전유했다. 이들의 권력은 기본적으로 어떠한 제약도 받지 않았고 인신에 대한 각종 상해와 생사여탈은 모두 사회조직 내부의 규칙에 근거해 이루어졌다. 오로지 조직을 초월한 거래에서만 계약이 있을 수 있었고 법률은 계약 범위 내에서만 효력을 발휘했다.[65] 이처럼 사회의 거버넌스는 고도로 '봉건화'되어 있었고 전반적으로 무질서했다. 반면 전통적 제정체제(帝制)하의 중국에서 국가권력은 시종일관 각종 요소에 의해 제약되어 자의적 전횡이 어려웠다. 이러한 제약적 요소는 예제(禮制, 예치 시스템), 법률과 같은 제도적 요소와 도덕이나 윤리와 같은 정신적 요소를 두루 포함한다. 그러나 무엇보다 주요한 것은 관료집단의 신권과 군주의 왕권 간의 상호 제약이었다. '사생활'에 기초한, 특수 이익으로 구성된 사회권력의 경우 사적 영역에서 거리낌 없이 자의적 행보를 할 수 있지만, 문제는 중국의 전통 사회는 이러한 사적 영역에 별다른 공간을 부여하지 않는다는 것이다. 왜냐하면 중국 전통의 정치문화에서 '공공성'으로부터 독립된 정당한 '사생활'은 거의 없다시피 했기 때문이다. "하늘 아래 왕의 땅 아닌 곳이 없기에(普天之下, 莫非王土)" 군주 또한 예외 없이 '공(公)'에 의한 제약에서 자유로울 수 없었다. 정치는 절대 군왕 일신 · 일가의 전유물이 아니었다. 사대부(士大夫) 또한 이러한 공적 질서에 그대로 노출되었다. 고생을 무릅쓰고 솔선수범하는 것이 사대부 정치의 기본 준칙이었다. 정치권력은 대대로 이어진 예제에 의해 규제되었고 엄격한 형벌과 법률은 중단된 적이 없어 "왕자라도 법을 범하면, 백성과 같은 죄로 다스렸다(王子犯法, 與庶民同罪)." 따라서 거버넌스의 '봉건화'가 어느 정도 예방될 수 있었다.

그러나 국가권력을 주체로 한 거버넌스는 유사 이래 조직체제적으로 심각한 모순을 내포하고 있었다. 이는 집권 국가와 분화된 거버넌스의 모순으로 요약될 수 있으며, 신중국 성립 이후 국가건설 과정에서도 여지없이 나타났다. 중국학자들은 각각 '압력형 체제(壓力型體制)', '선택적 집행(選擇性執行)', '지방형 국가(地方性國家)', '구역-계통의 분할(條塊分割)', '연성예산제약'과 같은 개념을 들어 이러한 모순에 대해 분석하였다. 사회학자 저우쉐광(周雪光)은 조직사회학적 시각에서 기존의 연구를 집약하였고 "통일된 체제의 핵심은 중앙의 관할권과 지방의 거버넌스권 간의 관계에 있다"고 주장했다. 아울러 "양자 간의 긴장과 불용납은 통일된 체제와 효과적 거버넌스 간의 내재적 모순으로 나타난다"고 하였다.66) 그러나 사실 집권 국가와 분화된 거버넌스 간의 조직적 모순은 중국 고유의 문제라고 할 수 없다. 다만 여러 중국학자의 눈에는 그 대표성이 유독 두드러져 보일 뿐이다. 중국의 국가 거버넌스는 유구한 역사를 가진 만큼 다양한 모순이 비교적 집중되어 있어 그만큼 노출되기도 쉽기 때문이다. 또 중국은 매우 큰 규모의 영토와 인구를 가진 만큼 사회구조 또한 상당히 복잡해 진정한 의미의 '초대규모 국가'라고 할 수 있다. 이러한 '초대규모 국가'에서 전개되는 집권과 분산의 충돌은 당연히 매우 전형적으로 비칠 수밖에 없다.

중앙집권체제를 갖춘 초대규모 국가의 거버넌스는 일련의 융통성과 유연성을 가지지 않을 수 없다. 지역 실정을 고려한 정책을 수립하는 등 지방 거버넌스의 탄력성은 물론 유지되어야 한다. 그러나 권력 자체는 관료화된 조직적 경로에 따라 운용됨에도 불구하고, 시공(時空)적 요소로 인해 하달되는 내용이 비균질적으로 분포되고 가변될 가능성을 배제할 수 없었다. 이러한 환경에서 국가는 어떻게 비교적 좋은 공공재를 제공할 수 있는가? 이것은 물론 국가권력이 톱다운 방식으로 발휘할 수 있는, 어느 정도 일체화된 통제능력에 달려 있다. 조직학적 관점에서 볼 때 가변된 권력이 수반하는 역기능을 최대한 억제하기 위해서는 관료제 내부에 동기부여 메커니즘이 없어서는 안 된다. 가장 효과적인 동기부여 장치는 분권이며, 분권은 통상적으로 재정권 부여와 직권 부여로 압축된다. 연방제를 채택하고 있는 미국에서도 유사한 상황이 존재했다. 리처드 닉슨(Richard Milhous Nixon)과 로널드 레이건(Ronald Wilson Reagan) 집권기에 두 차례에 걸쳐 제시되었던, 주(州)정부의 권한과 책임을 확대한 신연방주의는 먼저 재정권을 부여하고 후에 직권을 부여하는 방식으로 진행되었다.

중국에서 재정권을 부여하는 제도는 직권을 부여하는 제도보다 더 경직되어 있다. 거버넌스형 국가의 효율성 문제가 바로 여기에 있다고 할 수 있다. 중화인민공화국 성립 이후부터 개혁개방 초기에 이르기까지 중국이 줄곧 마주한 가장 큰 거버넌스 과제는 바로 재정 부족이었다. 중앙정부와 지방정부가 모두 재정 부족에 시달리고 있었던 것이다. 재정이 부족했기 때문에 역량을 집중시켜 중대사를 처리하는 것으로 의견이 모아졌고, 재정적 지원에 따른 동기부여는 미미했다. 이러한 상황에서 정책 집행의 효율을 높여 효과적인 거버넌스를 달성하려면 보조적 또는 보상적 성격의 동기부여 메커니즘이 반드시 주어져야 했다. 주지하다시피 중국사회에는 매우 독특한 동기부여 장치가 존재했는데, 정신적 차원에서의 사상적 동원이 그것이다. 중국 국가 거버넌스의 효율성은 꽤 오랫동안 이처럼 고도로 조직화된 사상적 동원에 상당 부분 의존했다. 통계에 따르면 중화인민공화국이 성립된 이후부터 개혁개방 초기까지 재정 수입의 증가세는 줄곧 국내총생산, 식자율 등 객관적 거버넌스 지표의 성장세에 미치지 못했다. 다시 말해 중국은 저비용으로 고성장을 이끌어낸 것이다.[67] 이는 임금을 낮은 수준으로 장기간 유지했기 때문이기도

하지만, 그보다 중요한 원인은 다른 국가에서는 상상하기도 힘든, 사상적 동원을 통한 중국식 '근로혁명(勤勞革命)'에 있다. 고도로 조직화된 사상적 동원을 핵심으로 한 정책 집행 메커니즘은 수렴형 국가 건설에 매우 큰 공헌을 했다.[68] 이로써 권력의 집중화와 집약화가 비교적 높은 수준에 도달했고 정책 집행의 효율도 높았으며 동시에 상대적으로 폐쇄적인 조직체계가 구축될 수 있었다. 그러나 혁신 능력이 비교적 취약했고 성장의 병목현상이 발생하면 적시에 구조를 조정할 수 없어 새로운 문제가 끊임없이 발생하고는 했다.

개혁개방 이후 감행된, 수입과 지출을 구분하고 재정을 분할해서 책임지는 개혁에 힘입어 지방정부의 재정 부족 문제는 부분적으로 해결되었지만, 전체적인 재정 수입은 여전히 매우 긴장된 수준에 머물렀다. 중앙재정 수입의 탄력성이 떨어졌기 때문이다.[69] 동기부여 메커니즘 측면에서는 조직화된 사상적 동원에 대한 의존도는 낮아지고, 창조성이 높아진다는 전제 아래 분권에 대거 의존하게 되었다. 이때 재정권과 직권이 모두 주어져야 동기부여 메커니즘이 곧바로 효력을 발휘할 수 있으며 최종적으로 '재정 연방주의'를 실현할 수 있을 것으로 예상되었다.[70] 이렇게 되면 일부 지방의 수장(一把手)은 지방에 남아 있을지언정 한층 높은 직능 부문의 책임자로 진급하는 것을 원치 않게 될 것이다. 그러나 이러한 시각은 이른바 '진급쟁탈전(晉升錦標賽)'[71]으로 설명되는 세태를 전혀 반영하지 못했다. '진급쟁탈전'은 1994년 분세제(分稅制) 개혁 이후 지방재정의 동기부여가 약화되고 책임기제가 강화되는 와중에 나타난 현상이다. 분세제가 시행되면서 지방재정과 중앙재정의 비중에 변화가 생겼다. 이로써 중앙 재정력의 약화가 중앙의 권위 퇴색으로 이어지는 리스크를 어느 정도 해소할 수 있었고 국가는 분화의 도전에 보다 효율적으로 대응할 수 있게 되었다. 그러나 성쇠가 순환하듯 지방재정은 다시금 빠듯해졌고 이로 인해 일부 지방정부는 부동산 개발, 토지사용권 양도 등 토지소유권을 활용해 재정수입을 확보하는 토지재정(土地財政)이나 외부 자본을 유치해 투자하는 레버리징과 같은 궁여지책72)을 선택할 수밖에 없었고 이는 새로운 거버넌스 문제를 유발했다.

　동기부여 메커니즘을 강구하는 목적은 집권 국가와 분화된 거버넌스의 모순을 완화하기 위해서이나, 결과적으로는 지방 거버넌스의 가중과 중앙의 권위 약화를 야기했고 이는 국가 거버넌스의 효율성에도 영향을 미쳤다. 그렇다고 해서 동기부여 자체를 간과할 수도 없는 일이다. 동기부여 장치가 미비한 정책이 바람직한 결과를 수반할 리 만무하기 때문이다. 이처럼 국가권력의 체계통합 수준을 향상하는 문제는 일종의 딜레마이다. 현대 중국 국가 거버넌스 제도의 경쟁력은 바로 이러한 상황에서 부각된다. 집권당의 집중화된 조직적 리더십이 그것이다. 전국적으로 조직화된 톱다운식 정당 시스템은 책임체계를 강화해 분화로 인해 발생할 수 있는 거버넌스의 사각지대를 성공적으로 메울 수 있다. 실제로 개혁개방이 진행되면서 국가 거버넌스의 여러 영역에서 발생한 '이중(雙軌)'적 과도기 현상에서 비롯된 문제들은 모두 당의 조직적 운용을 통해 극복되었다. 현대 중국의 국가 거버넌스가 줄곧 전반적으로 효율성을 유지할 수 있었던 근본 요인이 여기에 있다. 물론 사회 거버넌스 영역에서의 갈등이 당 내부로 유입되어 당 자체의 발전과 건설에 좋지 않은 영향을 미칠 수 있는 위험이 존재하는 것도 부정할 수는 없다. 그러나 당이 부단히 자기계발에 힘쓴다면 이러한 문제를 극복하기는 어렵지 않다. 요컨대 통제능력 계발 측면에서 국가체제 내부의 동기부여 장치에만 의존해 국가 거버넌스의 효율성을 실현하려는 시도는 충분하지 못하다. 근본적인 해결책은 정당의 리더십과 국가 주도를 통해 사회건설을 추동하는 데 있다. 사회의 질서화와 점진적 권한 이양이 이루어져야만 국가와 사회가 공생하고 공영할 수 있는 국가 거버넌스 모델을 수립할 수 있다.

(2) 재분배 능력

국가는 재분배 능력을 통해 사회를 조성하고 계발한다. 국가건설의 성과는 결국 재분배 능력을 계발하는 데 쓰인다고 해도 과언이 아니다. 마이클 만(Michael Mann)은 재분배를 현대 국가의 중요한 기능 중 하나로 꼽았다. 왜냐하면 재분배는 각기 다른 생태환경, 연령집단, 성별, 종교, 계급과 같은 요소에 따라 희소한 물질적 자원에 대한 권위적 분배를 진행하는, 가장 구체적이고 공적인 특징을 가지고 있기 때문이다.[73] 알몬드(G. Almond)와 버바(Sidney Verba)에 따르면 재분배 능력의 계발은 이른바 정치발전의 가장 마지막 단계이자 가장 결정적인 단계이다. 이들은 정치체제가 (발전 과정에서) 5가지 과제에 직면하게 된다고 주장한다. 첫 번째 과제는 침투와 통일 문제이다. 이들은 이를 '국가건설'이라 부르며 그 취지는 새로운 국가권력조직을 구축하는 데 있다. 두 번째 과제는 충성과 의무를 확립할 민족 건설 문제이다. 이는 결국 영내(領內)에 속한 인구를 통일된 민족으로 만들 수 있을 것인가 하는 문제이다. 각 개체에 국민 신분을 부여해 이들을 전체 조세-권리체계 안으로 끌어들여 국가와 인민의 관계를 충성심에 기초한 의무-권리 관계로 재편하는 것이다. 세 번째 과제는 정치참여에서 기인한다. 현대 국가는 보통선거권을 확대하여 민중에게 다양한 경제적 권리와 정치적 권리를 제공한다. 네 번째 과제는 많은 개발도상국이 직면한 경제건설 문제로, 국가에 대한 민중의 지지는 대개 경제적 측면에서의 업적에 좌우된다. 다섯 번째 과제는 분배 또는 복지의 문제이다. 알몬드와 버바는 이를 가리켜 국내 사회에서 발생한, 정치체제의 권력을 운용해 소득과 부, 기회와 영광을 다시 분배할 것을 요구하는 압력이라고 하였다.[74] 많은 개발도상국의 정치발전이 좌절된 까닭은 루시안 파이(Lucian W. Pye)가 말한 '분배의 위기'에서 기인했을 가능성이 크다.[75] 이로 미루어 볼 때 국가의 재분배 능력은 결코 우리가 일반적으로 아는 것처럼 재정체제와 그 운행의 문제에 한정되지 않는다. 국가의 재분배 능력은 응당 국가-사회관계의 재구성과 지속적 발전을 지향하는 흐름에서 다루어져야 한다.

과거 어떤 학자들은 국가의 재분배 능력을 국가 재정능력의 일부로 보았다. 이들이 보기에 국가의 재분배 능력 계발은 기본적으로 공공재정을 구축하는 일과 별반 다르지 않았다. 물론 국가의 재분배 능력 계발은 상당 부분 재정의 운영을 통해 구현된다. 따라서 어떤 의미에서 현대 국가는 현대 조세체계에서 탄생했다고 할 수 있으며, 국가 재정능력의 중요성은 현대의 국가권력 자체가 지닌 재정 집중화 특징에서 직접적으로 기인했다고도 할 수 있다. 그러나 우리는 국가 재분배 능력의 계발을 재정지출 구조의 조정 문제에 국한해 보아서는 안 된다. 재정지출 구조가 변화했다고 해서 국가의 공공서비스 제공 능력이 저절로 향상되거나 분배정의와 지속적 발전이라는 성과가 거저 주어지지는 않기 때문이다. 이 분배정의와 지속적 발전은 곧 국가 거버넌스 체계의 근본적 변혁과 관련된다. 국가의 직능 측면에서 볼 때 국가의 재분배 능력은 국가가 사회능력을 재구성하는 주된 표현이다. 국가가 재분배 능력을 갖춰야만, 나아가 재분배를 국가능력 향상의 주요 지표로 삼아야만 국가와 사회의 양성적 상호 작용이 이루어질 수 있다. 따라서 국가 재분배 능력의 계발은 공권력의 체계적·합리적 운용은 물론 공권력의 효과적인 개입과 사회발전 촉진 여부와 관련된다. 국가 재분배 능력의 계발은 외적 계발에 속하지만, 달리 생각하면 국가능력의 내적 함의에 대한 계발이기도 하므로 국가 거버넌스 체계의 자기완성이자 자기혁명의 과정으로도 볼 수 있다. 국가는 사회를 조성하는 과정에서 자신을 하나의 유기체로 발전시키며 자신의 제도화·규범화를 추진함으로써 권력 운용의 효율성과 지지도를 높인다. 우리는 이러한 인식에 기초하여 재정적 시각에 국한해 국가 재분배 능력 및 계발을 재단하던 기존의 입장에서 탈피함으로써 보다 풍부한 이론적 함의를 발굴할 수 있다.

재분배 능력은 국가가 제도적 권위를 통해 사회 거버넌스를 추진하고 사회발전을 추동하는 능력이라고 할 수 있다. 국가체제가 발전함에 따라 국가가 사회를 조성하는 메커니즘 또한 점점 다양해진다. 마이클 만의 개념을 빌려 말한다면 현대 국가는 전제권력(despotic power)에 기댄 통제가 아닌 기반권력(infrastructural power)의 확대를 중시한다. 국가 거버넌스 체계는 전쟁 또는 혁명을 겪은 뒤 건립된 국가가 폭력에만 의존해 독점적으로 사회의 자원을 수취하던 방식에서 다양한 기제를 통해 더욱 세밀하게 사회조직망을 조성하는 방향으로 전환되었다. 물론 그에 따른 복잡성과 우여곡절도 증가하였다. 국가의 재분배 능력은 국가 거버넌스 현대화 수준을 측량할 수 있는 지표라고 해도 지나치지 않다. 국가 거버넌스 현대화는 재분배 능력의 계발로 귀결되며 국가와 사회의 상호 강화로 이어진다

국가능력의 계발은 더 이상 사회발전을 대가로 하지 않는다. 국가

는 오히려 사회의 진보에 강한 제도적 동력을 제공해 사회의 건강하고 질서 있는 발전을 견인하려 한다. 경제학자 더글러스 노스(Douglass C. North)에 따르면 수취형 국가는 줄곧 재정능력의 확대와 시장의 활성화 사이에서 갈등한다. 즉 사회를 대가로 국가능력을 향상시키는 모순에 직면하는 것이다.76) 여기서 더 나아가 제임스 스콧(James C. Scott)은 국가는 강제력을 바탕으로 거시적인 현대화 개조 프로젝트를 야심만만하게 추진하면서 지역적 협력 네트워크를 파괴할 가능성이 있다고 보았다.77) 국가 거버넌스의 현대화는 이러한 역설(逆說, paradox)을 타파하고 국가능력의 계발을 통해 사회협력을 양적·질적으로 도약시킨다. 틸리는 이제까지의 역사적 경험에 기초해 국가의 신용과 개입은 사회협력 네트워크를 확대하는 가장 근본적인 제도 보장에 해당한다고 주장했다. 국가가 충분한 능력을 갖추고 계약의 이행, 우정통신 시스템의 건설, 신용 시스템의 설립을 완성해야만 원거리가 가능한 대규모 장기 투자와 무역이 이루어질 수 있다.78) 고로 강력하고 적극적인 현대 국가는 현대화 과정에 없어서는 안 될 필수적인 존재인 것이다.

사회발전 또한 더 이상 국가와의 대립을 전제로 하지 않으며, 최적화된 국가 거버넌스에 대한 의존도가 나날이 높아지고 있다. 국가 거버넌스 현대화 수준이 향상됨으로써 국가와 사회 간의 양성적 상호작용이 가능해지고 이에 따라 빈부 양극화를 효과적으로 완화할 수 있고 사회가 무질서하게 발전하는 것을 예방할 수 있게 된다. 국가는 법률과 세수, 정책적 수단을 통해 사회자원에 대한 일정한 재분배를 진행하고 공공복지와 공공서비스의 수준을 높여 사회 전체가 건강한 방향으로 발전할 수 있도록 유도한다. 국가체제가 완비될수록 국가능력은 한층 향상되며 사회에 대한 국가 거버넌스의 정밀도와 효율성 또한 높아진다. 사실 사회의 발전은 국가를 대가로 요구하지 않는다. 국가의 역할을 배제한 채 고립적으로 발전하는 사회는 그저 이론적으로 빚어낸 허구이자 상상에 불과하다. 요컨대 국가 거버넌스 현대화 과정은 근본적으로 국가능력, 그중에서도 특히 국가 재분배 능력이 꾸준히 진작되는 과정을 포함한다.

우리는 현대 중국의 재분배 능력이 심각한 도전에 직면했음을 부정할 수 없다. 개혁개방을 기점으로 중국의 재정지출은 줄곧 재분배가 아닌 투자에 중점을 두고 진행되었다. 즉 자본의 투입으로 경제성장을 실현했던 것이다. 이러한 재정지출 정책은 '규제를 풀면 혼란스러워지고(一放就亂), 혼란스러워지면 다시 긴축하고(一亂就收), 긴축하면 죽어버리는(一收就死)' 순환을 유발했다. 사회주의 시장경제가 발전함에 따라 재정투입을 통해 경제성장을 자극하는 한계효용은 꾸준히 감소했고, (재정투입의) 전반적 효과와 이익도 높지 않았다. 뿐만 아니라 투자를 위주로 한 재정정책으로 인해 사회보장체계와 공공서비스체계가 오랫동안 제자리를 찾지 못했고, 소득의 조정자로서 국가의 역할 또한 퇴색되어 국가 재분배 능력에도 문제가 발생했다. '일부를 부유하게 하는' 선부(先富)방침이 중국사회의 빈부격차 확대를 야기하는 원인 중 하나가 되는 것은 피할 수 없는 흐름이었다. 여기에 상응하는 분배 불공정 현상이 사회 곳곳에서 모습을 드러냈다. 3단계 경제발전전략의 1단계인 온포(溫飽)가 기본적으로 달성되었을 무렵 사회의 빈부격차는 확연히 벌어진 상태였다. 중국 국가통계국의 통계에 따르면 2008년 중국의 지니계수는 최고치인 0.491에 달했다. 동시에 경제확대, 빈부격차, 계층 고착화와 같은 일련의 문제가 대두되었다. 몇몇 학자들은 라틴아메리카의 경험에 근거해 중국이 곧 '중진국 함정'에 빠지게 될 것이라 보았고 이와 동시에 시민사회가 국가에 대항하는 국면이 조성되리라 예측했다. 또한 해외학자들의 불완전한 통계에 따르면 시장화 개혁 이후 중국사회는 확실히 집단적 소요, 즉 군체성 사건(群體性事件)의 위협으로부터 자유로울 수 없게 되었다. 이로 미루어 볼 때 전환기 국가의 사회 거버넌스는 어떤 측면, 어떤 영역에서 반드시 효력을 잃게 됨을 알 수 있다. 군체성 사건은 다양한 원인에 의해 발생하기 때문에 꼭 사회분배 문제로 인해 야기되었다고 보기는 어렵다. 그러나 군체성 사건은 많은 경우 국가의 재분배 능력을 가늠하는 바로미터 역할을 하며, 재분배 능력 계발이 시급하다는 경종을 울린다. 아울러 재분배 능력이 장기간 답보 상태에 있다면 경제가 급속도로 성장하는 시기에 국가가 사회를 재구성할 수 있는 가능성이 매우 낮아져 국가 거버넌스 전환이 적시에 이루어지지 못한다. 그러나 중국의 지니계수는 2009년 이후 지속적으로 줄어드는 추세에 있다는 것에 주목할 필요가 있다. 중국의 지니계수는 머지않아 1990년대 수준으로 돌아갈 수 있을 것으로 예측된다.

중국공산당 제19차 전국대표대회 이후 중국공산당은 혁신, 조정, 녹색, 개방, 공유를 새로운 발전이념으로 제시했고, 이것들은 궁극적으로 발전의 과실을 공유하는 방향으로 귀결되었다. 여기에 대해 시진핑은 다음과 같이 부연한 바 있다. "우리는 반드시 인민을 위해 발전하고 인민에 의지해 발전하며 발전 성과를 인민과 나누어야 한다. (따라서) 보다 효과적인 제도적 안배를 통해 인민 전체가 공동부유를 향해 안정적으로 나아갈 수 있게 해야 한다."79) 이는 전면적 소강 사회 건설이라는 목표를 염두에 두고 국가건설의 중점 또한 국가 재분배 능력의 계발에 두어야 한다는 의지의 표현이라고 할 수 있다. 이는 물론 지난하고도 복잡한 과제이다. 왜냐하면 국가 재분배 능력의 계발은 단순히 재정지출구조를 조정한다고 해서 달성되는 것이 아니라, 국가의 사회 재구성 문제, 국가와 사회역량의 양성적 상호작용, 사회 전체 거버넌스의 법치화 등 일련의 주요 쟁점과 연계되어 있기 때문이다. 현대 중국에서 국가가 사회역량을 배양하는 목적은 국가권력의 자율성과 공적 권위를 훼손하기 위한 것이 아니라, 사회로 하여금 상응하는 거버넌스 기능을 담당하게 하여 (중앙과 지방, 지역 간 경계를 초월하는) 복합적 구조와 (계급, 기층 등) 입체적인 내용, 다양한 경로를 확보한 거버넌스형 국가를 수립하기 위함이다. 거버넌스형 국가는 원자화된 사회적 계약이 아닌 거버넌스의 통합성을 강조하며, 비협력적 경쟁이 아닌 정치권력 운용의 협력성을 주장한다. 거버넌스형 국가의 정책적 목표는 사회적 배척이 아닌 충분한 사회적 포용을 달성하는 데 있다. 이러한 거버넌스형 국가는 서구 근대화 이후 공식처럼 굳어졌던 기존의 국가모델을 초월하는, 중국 나름의 국가 거버넌스 현대화 노선에 해당한다고 할 수 있다.

이제까지의 내용을 바탕으로 우리는 1949년 이후 진행된 중국의 국가건설 노선을 다음과 같이 집약해볼 수 있다. 중국의 국가건설은 집중에서 분화로 나아가는 과정이었으며, 여기서 분화는 집중을 바탕으로 한 분화였다. 그 첫걸음은 다양한 노력을 통해 역량을 집중시켜 중대사를 처리하는 것이었고, 그렇게 해서 완비된 정치권력체계와 공업체계는 국가건설과 사회발전을 위한 기본 토대를 제공했다. 이후 개혁개방을 계기로 국가가 시장사회에게 권한을 양도하기 시작하면서 사회역량을 배양하는 과정이 뒤따랐고, 이로써 국가가 주도하는 다자공영 모델이 형성되었다. 방권, 즉 권한 이양은 사회 거버넌스 권한의 일부를 사회에게 양도하는 것을 의미하며, 이로써 사회는 나름의 자율성을 발산할 수 있게 되었다. 물론 사회에게 권한을 이양하는 것은 서유럽 역사에서 자주 재현되었던, 다양한 주체에 의한 거버넌스권 쟁탈 국면을 조성하기 위함이 아니라 국가가 주도하고 사회가 참여하는 국가 거버넌스 모델을 형성하기 위함이다.

분권에서 방권으로의 전환은 국가 거버넌스 모델의 자기조정이 수반한 결과이다. 국가는 사회에게 권한의 일부를 양도함으로써 사회의 창조력을 촉진할 수 있을 뿐 아니라 국가 거버넌스에 대한 사회 역량의 지지를 이끌어낼 수 있다. 동시에 시장사회라는 참조 사례의 존재는 국가체제 내부의 각종 자원이 적정하게 배치되는 데 기여한다. 어떤 의미에서 방권은 집권 국가와 분화된 거버넌스의 모순을 어느 정도 완화하는 기능을 한다. 물론 방권은 그 자체로 중대한 사무인 만큼 아래와 같은 상황이 유발되는 것을 경계해야 한다. 첫째, 국가권력이 원래 보유하고 있던 자율성이 잠식되어 국가 거버넌스의 '공적 권위'가 약화되는 문제가 발생해서는 안 된다. 둘째, 거버넌스형 국가의 발전이 심화되는 과정에서 신흥 시장역량이 위협을 받아서는 안 된다. 이를 위해서는 강건한 견인 역량이 필요한데, 강력하기 그지없는 당 조직이 이러한 역할을 담당한다. 중국공산당은 조직적 운영을 통해 국가권력이 시장화 과정에서 신흥 시장역량에 비해 확연히 높은 자율성을 확보할 수 있도록 담보한다. 이처럼 중국공산당의 강력한 리더십은 '사회주의' 시장경제의 발전 방향을 근본적으로 보장한다.

옮긴이

구성철

한밭대와 한국외국어대 대학원에서 중국어와 중국정치를 공부한 뒤 푸단대학 국제관계와 공공사무학원에서 「중국의 대한국 영향력에 관한 연구」로 국제관계학 박사논문을 쓰고 졸업했다. 현재 창원대 중국학과 강사로 재직 중이며 학술활동을 통한 실천적 삶에 많은 관심을 가지고 있다. 주요 논문으로는 「한중수교 30주년: 한중관계 회고와 그 미래」가 있고 역서로는 『북한이라는 수수께끼』, 『대중음악으로 이해하는 중국』(공역)이 있다.

김미래

푸단대학 국제관계와 공공사무학원에서 「신시대 탈빈곤정치 연구」로 정치학 박사학위를 받았다. 중국공산당을 중심으로 한 현대 중국정치 전반에 관심을 가지고 사회주의적 근대는 가능한가라는 물음에 천착하고 있다. 현재 푸단대학 국제관계와 공공사무학원에서 박사후연구원으로 재직 중이며 참여한 역서로는 『한중 협력의 새로운 모색, 부산-상하이 협력』, 『전환시대 중국정치의 논리』가 있다.

강애리

성균관대학교 정치외교학과를 졸업하고 동대학원에서 정치학 석사학위를 취득했다. 현재 푸단대학 국제관계와 공공사무학원에서 국제관계학을 공부하고 있으며, 중국 담론과 중국국제정치이론에 많은 관심을 갖고 있다. 참여한 역서로는 『무위무불위』, 『국제정치의 사회적 진화 기원』이 있다.

정혜미

지린대 영문과를 졸업하고 한국외국어대 국제지역대학원에 진학해 국제관계학 석사학위를 취득했다. 현재 푸단대학 국제관계와 공공사무학원에서 정치학을 공부하고 있으며, 현대 중국의 정치제도 및 당정기구에 많은 관심을 갖고 있다.

중국식 현대화의 논리 1
사회주의 중국을 움직이는 체계와 동력

초판 발행일 2024년 2월 29일

지은이 류젠쿼 · 천저우왕 · 왕스카이
옮긴이 구성철 · 김미래 · 강애리 · 정혜미
펴낸이 강수걸
편집 이혜정 강나래 오해은 이선화 이소영
디자인 권문경 조은비
펴낸곳 산지니
등록 2005년 2월 7일 제333-3370000251002005000001호
주소 부산광역시 해운대구 수영강변대로 140 부산문화콘텐츠콤플렉스 626호
전화 051-504-7070 | 팩스 051-507-7543
홈페이지 www.sanzinibook.com
전자우편 sanzini@sanzinibook.com
블로그 http://sanzinibook.tistory.com

ISBN 979-11-6861-241-9 94340(1권)
       979-11-6861-240-2 94340(세트)